# 重钢年鉴

CHONGGANG NIANJIAN

重钢年鉴编辑委员会

2012

四 川 出 版 集 团
四川科学技术出版社

成都·2012

**图书在版编目(CIP)数据**

重钢年鉴.2012/《重钢年鉴》编辑委员会编. -成都:四川科学技术出版社,2012.10

ISBN 978-7-5364-7483-3

Ⅰ.①重… Ⅱ.①重… Ⅲ.①钢铁厂-重庆市-2012-年鉴 Ⅳ.①F426.31-54

中国版本图书馆 CIP 数据核字(2012)第225822号

## 重钢年鉴 2012

编　　者　重钢年鉴编辑委员会
责任编辑　梅　红
责任校对　龙志敏
责任出版　邓一羽
出版发行　四川出版集团·四川科学技术出版社
　　　　　成都市三洞桥路12号　邮政编码610031
成品尺寸　210mm×291mm
　　　　　印张24　字数900千　插页17
印　　刷　四川新华印刷有限责任公司
版　　次　2012年10月第一版
印　　次　2012年10月第一次印刷
定　　价　195.00元
ISBN 978-7-5364-7483-3

## 重钢宗旨

报效国家 发展自我

## 重钢精神

『三峰』无限 攀登不止

## 重钢形象

钢铁品质 表里如一

## 重钢愿景

建设精品基地 再造百年重钢

# 2012年重钢集团四大战略任务

- 统筹兼顾生产经营

- 环保搬迁

- 资源开发

- 企业改革

# 2012年重钢集团主要工作目标

## · 主要生产经营指标

销售收入(合并)320 亿元

利润 1 亿元

## · 钢铁主业主要指标

焦炭 274 万吨　生铁 610 万吨　钢 650 万吨

钢材 618 万吨　产销率和货款回收率 100%

## · 非钢产业主要指标

非钢收入比重≥20%

## · 精神文明主要指标

保持全国文明单位称号

# 2012年重钢集团

## ·行政工作指导思想·

以科学发展观统领企业发展，认真贯彻落实党的十七届六中全会和十八大精神，坚持持续发展理念，积极应对困难和挑战。统筹兼顾生产经营，环保搬迁，资源开发，企业改革四大战略任务，坚定实施“引进来、走出去”战略，拓展多领域发展。强化企业精细化管理和规范化管理，努力提高经济效益，增强技术创新能力。夯实企业人文基础，以人为本，关注民生，构建和谐重钢，推进重钢持续稳定发展。

## ·党委工作指导思想·

以邓小平理论和“三个代表”重要思想为指导，全面贯彻落实科学发展观，以加强国有企业党的先进性建设为主线，以深入开展创先争优活动为载体，以加强领导班子和干部队伍建设为重点，以加强企业文化建设为支撑，以加强民主法治建设为关键，坚持党要管党、从严治党，围绕中心、服务大局，固本强基、改革创新，切实增强各级党组织的创造力、凝聚力、战斗力，充分发挥党委政治核心作用、党支部战斗堡垒作用和党员先锋模范作用，为重钢集团全面落实四大战略任务、推动科学发展提供坚强的思想保证、政治保证和组织保证。

# ·党委工作基本思路·

**加强五个建设**。加强思想建设，用中国特色社会主义理论体系武装全体党员和干部；加强组织建设，培养造就忠诚事业、推动发展、促进和谐的干部队伍、党员队伍和人才队伍；加强作风建设，密切企业党组织同职工群众的血肉联系；加强制度建设，逐步建立创先争优长效机制，完善重钢党建工作目标责任制体系、保证体系、考核评价体系；加强反腐倡廉建设，全面完成《重钢集团建立健全惩治和预防腐败体系 2008~2012 年工作规划》。

**深化四项活动**。围绕深入开展创先争优活动的目标要求，深化创建“四好”班子、“四强”党组织和争当“四优”党员活动；围绕“科学理论武装、具有世界眼光、善于把握规律、富有创新精神”的要求，深化创建“学习型党组织”活动；围绕落实重钢集团“十二五”规划，以“明形势，强信心，扭亏增盈促发展”为主题深化厂情教育活动；围绕深入实施四大战略任务，开展“降本增效当先锋，推动发展作贡献”党内主题活动。

**确保三大目标**。确保重钢集团 2012 年党的建设各项目标全面实现；确保重钢集团 2012 年生产经营、环保搬迁、资源开发、企业改革目标任务的完成；确保重钢集团总体稳定，保持“全国文明单位”称号，实现和谐发展。

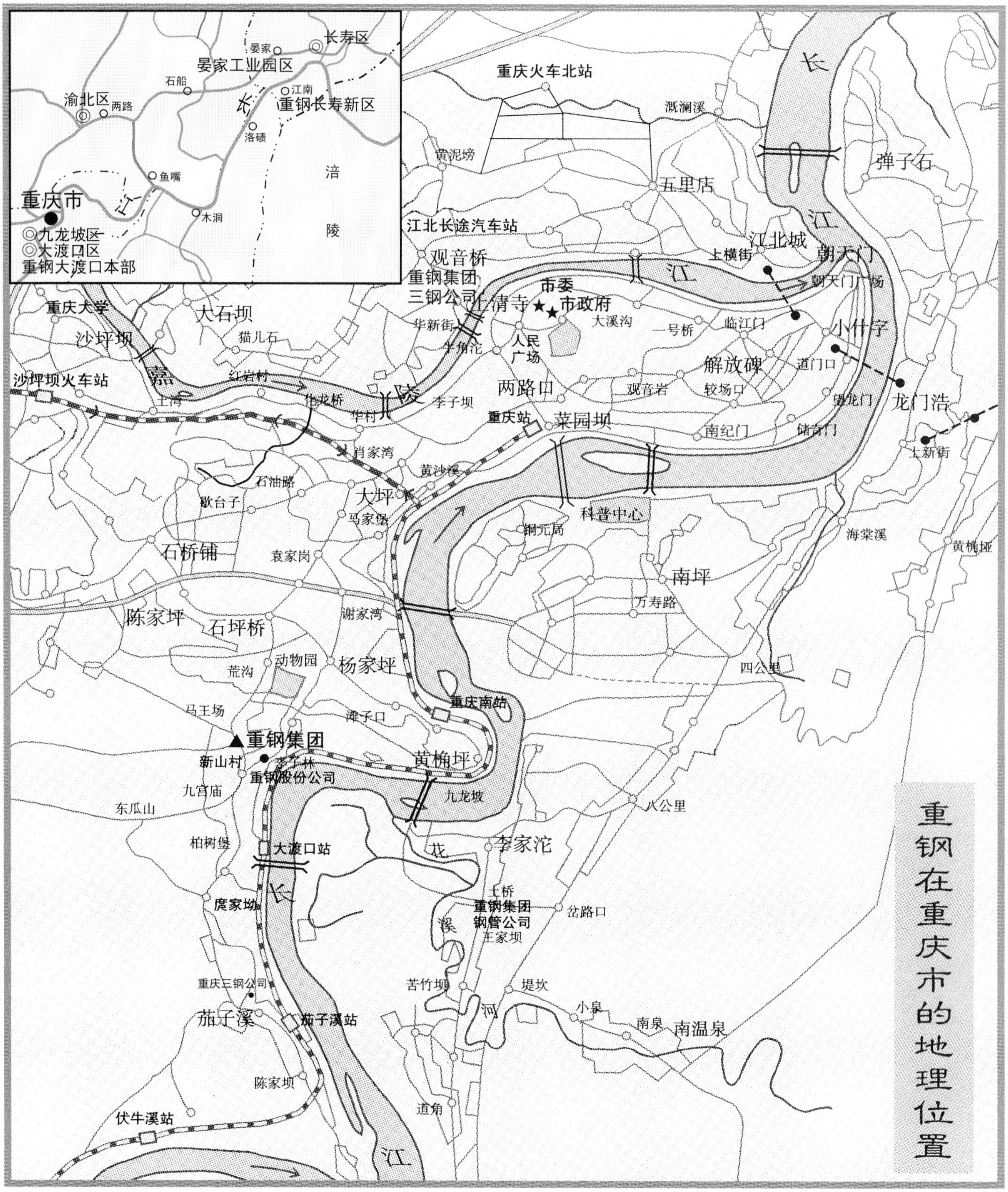


重钢在重庆市的地理位置

# 重钢年鉴 编辑委员会

主 任 委 员　董　林　张再坤　赵世庆

副主任委员　朱建派　潘向宇　董荣华　郭德勇　李岚峰

袁进夫　邓　强　周　宏　曹敬明

委　　　员　（按姓氏笔画排列）

王锡萍　张　培　罗嗣宏　罗　琳　夏　彤

常晓冬　章金楠　黄二卫　游晓安　谭亚夫

谭敏剑

终　　　审　郭德勇

# 重钢年鉴 编辑部

主　　　编　黄二卫

副　主　编　龙志敏

编　　　辑　唐克洪　龙志敏　温勇耀　张　兵　方小容

郝高潮　陈雪梅　郑玉明　张红海　张　萍

2011年8月3日，重庆市委副书记、市长黄奇帆（左一）视察重钢长寿新区。黄奇帆肯定重钢环保搬迁取得的成绩，并指出重钢历经脱困、改造、开放三个阶段，建成了西部第一流的工程，希望重钢抓住机遇，实现科学发展。

2011年12月15日，重庆市委副书记张轩（中）视察重钢长寿新区。

2011年1月25日，国家发展与改革委员会副主任解振华（右一）在重庆市发展和改革委员会主任杨庆育、重钢集团董事长董林等陪同下考察重庆同兴垃圾焚烧发电厂、重钢环保投资公司垃圾焚烧产业化基地。解振华表示：从政策上支持、鼓励重钢发展环保产业。

2011年9月13日，国家商务部副部长陈健（右二）来重钢听取有关澳大利亚伊斯坦鑫山磁铁矿项目投资、开发、建设等方面的工作汇报。陈建听取汇报后指出，重钢该项目的投资是值得肯定的，商务部将加快相关手续的办理，协调各部门在基础设施、劳动力、税收、权益保障等方面给予支持。

2011年3月22日，国家档案局副局长李和平(左一)率国家重点建设项目档案工作检查组来重钢检查指导环保搬迁工程档案工作。

2011年2月24日，国家安监总局副局长孙华山(左二)率国务院安委会督查组到重钢长寿新区督导检查贯彻落实国务院安委会安全生产工作要求的情况。

2011年5月23日，中国钢铁工业协会名誉会长吴建常（中）参观重钢长寿新区。

2011年9月22日，全国人大环境与资源保护委员会副主任委员蒲海清(中)到重钢集团指导工作。

2011年10月20日，原冶金部副部长、中科院院士、钢铁研究总院名誉院长殷瑞钰(左一)来重钢长寿新区调研指导工作，并作“钢铁业的时代命题”专题学术报告。

2011年12月1日，中国工程院院士、原冶金部副部长翁宇庆(左二)到重钢长寿新区中厚板厂考察。

2011年1月19日，重庆市委常委、市纪委书记徐敬业(中)视察重钢长寿新区。

2011年9月27日，重庆市副市长凌月明(中)在重钢集团董事长董林等陪同下，到重庆丰盛环保发电厂、长生桥垃圾卫生填埋场检查指导工作。

2011年4月27日，重庆市副市长吴刚(中)视察重庆三峰环境产业集团有限公司，并希望重钢做大做强环保产业。

2011年5月9日，重庆警备区司令员朱和平（中）参观重钢长寿新区并检阅重钢民兵。

重钢集团公司董事长董林(右二)慰问驻军。

重钢集团公司党委书记、副董事长张再坤(左)慰问驻军。

重钢集团公司总经理刘加才（中）向客人介绍新区情况。

重钢集团监事长、党委副书记、纪委书记朱建派(右)在三高炉检查工作。

重钢集团公司党委副书记、工会主席潘向宇（右）出席统战人士会议。

集团公司副总经理董荣华(左)出席中国钢结构协会钢管分会会议。

重钢集团公司副总经理郭德勇（左）陪同韩国浦项集团客人参观重钢厂情馆。

重钢集团公司副总经理李岚峰（中）参加新区2700mm轧机投产仪式。

重钢集团公司副总经理、总会计师袁进夫(右)陪同客人参观新区。

重钢集团公司副总经理、股份公司董事长邓强对青年活动提出要求。

重钢集团公司副总经理周宏(中)陪同客人参观新区。

重钢集团公司副总经理曹敬明(中)在新区调研。

2011年4月7日，重庆市委副书记、市长黄奇帆在希尔顿酒店会见韩国浦项集团投资成长部部门长朴基洪一行，并希望重钢与韩国浦项尽快合作，把合作项目建成国内样板工程，打造成中国钢铁企业合作的典范。

2011年7月12日，重钢集团与韩国浦项签署FTNEX综合钢厂项目合作协议。

2011年12月2日，重钢澳大利亚伊斯坦鑫山磁铁矿项目举行开工仪式，重庆市副市长凌月明，重庆市政府副秘书长、市国有资产监督管理委员会主任崔坚，重庆市发展和改革委员会副主任王平，重庆市外侨办副主任张海清，重钢集团总经理、重庆重钢矿产开发投资有限公司董事长刘加才，重钢集团监事长、党委副书记、纪委书记朱建派，重钢集团副总经理、总会计师袁进夫出席开工仪式。

2011年9月16日，重钢长寿新区3号高炉开炉投产，重钢环保搬迁工程一期600万吨钢生产系统全线贯通，进入试生产阶段。

2011年5月3日，重钢产品结构调整型钢项目破土动工。

2011年8月28日，朝阳公司4000Nm$^3$/h空分塔投产。

2011年11月30日，重钢集团大渡口老区土地首批移交重庆渝富集团的“重钢五厂、六厂地块交接签字仪式”举行。

2011年9月22日下午，重钢建厂120周年纪念大会在重庆市人民大礼堂隆重举行。

纪念大会后，领导与参加演出的中国人民解放军总政治部歌舞团演员合影。

2011年7月1日，重庆钢铁(集团)有限责任公司党委被中共中央组织部授予“全国先进基层党组织称号”。

2011年6月，为挖掘重钢发展中涌现的典型的人与事，树立一批青年榜样，激励年轻一代重钢人更好地肩负起重钢跨越式发展的历史重任,重钢集团组织团员青年开展“身边的榜样”演讲比赛

2011年4月19日，中俄企业档案管理研讨会在苏州举行，重钢档案处处长黄二卫应邀参加，并作题为《基于企业需求的档案服务有形化探索》的报告。

重庆市档案局及重钢领导观看“重钢老区生产厂档案照片评比”获奖优秀作品。

2011年9月29日，重钢集团召开新闻发布会宣布：重钢集团重庆钢铁研究所有限公司自主研发制造的黑色金属材料再次大量用于我国长征二号F运载火箭。

2011年12月19日，三峰靖江港务物流有限责任公司在江苏省靖江市新港园区内长江码头2号泊位现场，举行开港运营庆典仪式。

2011年2月10日20时58分，重钢中厚板厂2700毫米中板轧机，在顺利轧制完最后一块钢板后，正式关停。

2011年9月22日9时55分，重钢集团举行大渡口老区钢铁主业关停仪式。仪式举行现场，重钢集团大渡口老区最后一条生产线——型钢厂棒材轧机轧制完最后一根钢，重钢集团董事长董林宣布重钢集团大渡口老区钢铁主业正式全部关停。

2011年9月3日，由重钢集团三峰环境产业公司承办、中国环境科学学会主办的中国环境科学学会团体单位会员交流年会在重钢召开，100多家包括各类环保公司科研院所在内的单位负责人共计200余人参会。

编辑：郑玉明　张　兵

摄影：郑玉明　张　兵　王　钢　刘　聪　李　科　甘　泉　李清荣　邓泽平　周式庆　吕俐桦

2011年9月3日，由国家环保部设立的“国家环境保护垃圾焚烧处理与资源化工程技术中心”在重钢集团三峰环境产业公司正式启动建设，国家环保部科技标准司副司长刘志全，重钢集团董事长董林，重庆市环保局局长曹光辉等在启动仪式上为中心建设启动揭牌。

# 编辑说明

《重钢年鉴》(2012)是由重庆钢铁(集团)有限责任公司主办、重钢集团各部门和子公司供稿、《重钢年鉴》编辑部编纂而成的第21部年鉴,是系统记载2011年重钢集团改革、发展情况的资料性工具书。为读者了解、研究重钢提供基本资料。

《重钢年鉴》以出版年号为卷次名称,2012年卷设特载、专文专论、重钢综述、大事记、企业管理、生产经营、环保搬迁、科学研究与应用、文化教育、党的工作、工会建设、职工生活、子公司、人物、媒体看重钢、统计资料、拾遗与补正、附录等18个部目。全书采用分类编辑方式,主要由部目、分目、条目组成,在少数分目中,增加有子目层次,条目是主要表现形式。全书条目标题用黑体加【】显示。卷后设主题词(关键词)索引,方便读者检索。

"重钢""重钢公司""重钢集团""重钢集团公司"在《重钢年鉴》中均指"重庆钢铁(集团)有限责任公司",是其在不同的情况下的不同称谓;其子公司用全称或用规范简称。条目的排列是按其内容而组合,不体现"位置"。

《重钢年鉴》(2012)"特载"部目收录有国家关于重钢的重要文件,记录了当年度领导视察、重钢120周年厂庆等重要活动;"环保搬迁"部目全面记述了重钢环保搬迁改造工程长寿新区完成600万吨钢产能建设及重钢大渡口老生产区钢铁业全面关停情况;"统计资料"部目的数据资料为重钢专业部门提供,具有归口性、真实性、权威性;其他各部目的数据均为各单位提供,可供参考;"拾遗与补正"部目是《重钢年鉴》区别于其他年鉴的独特部目。

《重钢年鉴》体现时代性和行业特色,守正出新,先后荣膺"全国'最早出版的年鉴'""全国年鉴校对质量优秀奖""新闻出版总署优质产品""第一届全国年鉴编校质量优秀奖"。在第三届全国年鉴质量评比中同时荣获"中国年鉴提名奖""框架设计一等奖""条目编写特等奖""装帧设计一等奖"等4个专项奖。

"规范编纂,标准操作"是《重钢年鉴》始终不渝的工作方针。重钢年鉴编辑部努力标准、规范化使用语言文字,在数字、标点符号、计量单位及拼音字母等诸多方面的使用上,也都严格以国家标准为依据,注意规范要求。毋庸置疑,《重钢年鉴》在这方面做得还不够,诚盼读者指正。

**重钢年鉴编辑部**

2012年7月

# 目录

**2012 年重钢集团行政工作指导思想**
**2012 年重钢集团党委工作指导思想**
**2012 年重钢集团党委工作基本思路**

**编辑说明**

## 1 特载

### ·国家重要文件·



### ·领导视察·



### ·行政工作报告·



### ·120 周年厂庆·

## 2 专文专论



## 3 重钢综述

### ·概貌·



### ·概况·



### ·名录与机构·



## 4 大事记



## 5 企业管理

### ·职能管理·



### ·法纪管理·



### ·人才开发·



### ·工作机构·

## 6 生产经营

### ·主业生产·



### ·非钢生产·



## 7 环保搬迁

### ·工程管理·



### ·工程建设·



### ·老区关停·

#### ·关停·



#### ·搬迁·

**· 资产处置 ·**



## 8 科学研究与应用

**· 科技项目 ·**



**· 新产品开发 ·**



**· 专利发明 ·**



## 9 文化教育

**· 教育 ·**



**· 文化 ·**



**· 报刊 ·**



**· 体育 ·**



## 10 党的工作

**· 党委工作 ·**

**·焦化厂·**



**·烧结厂·**



**·炼铁厂·**



**·炼钢厂·**



**·高速线材轧钢厂·**



**·型钢厂·**



**·冷轧薄板厂·**



**·中厚板厂·**

**·热轧薄板厂·**



**·能源管控中心·**



**·维护检修部·**



**·环保设施运行部·**



**·物流储运部(运输部)·**



**·重庆钢铁集团电子有限责任公司(自动化部)·**



**·重庆钢铁集团运输有限责任公司·**



**·三峰靖江港务物流有限责任公司·**



**·靖江三峰钢材加工配送有限公司·**



**·重庆钢铁集团朵力房地产股份有限公司·**



**·重庆三钢钢业有限责任公司(中兴公司)·**

1

# 特载

重钢年鉴

2012

# 国家重要文件

## 国家发展改革委关于重庆重钢矿产开发投资有限公司开发建设澳大利亚西澳洲伊斯坦鑫山磁铁矿项目核准的批复

（发改外资〔2011〕1893号）

**重庆市发展改革委：**

报来《关于核准重庆重钢矿产开发投资有限公司开发建设澳大利亚伊斯坦鑫山磁铁矿项目的请示》（渝发改外〔2011〕185号）和《关于核准重庆重钢矿产开发投资有限公司开发建设澳大利亚伊斯坦鑫山磁铁矿项目的补充请示》（渝发改外〔2011〕881号）收悉。经研究，现就有关核准事项批复如下：

一、同意重庆重钢矿产开发投资有限公司（以下称“重钢矿投”）开发建设澳大利亚西澳洲伊斯坦鑫山（ExtensionHill）磁铁矿开发项目。

伊斯坦鑫山磁铁矿位于西澳洲中西部地区吉布森山矿区，探明资源量16.68亿吨，平均铁品位39.4%，亚洲钢铁控股有限公司（以下称“亚钢公司”）拥有该矿100%权益。重钢矿投和宬隆投资有限公司（以下称“宬隆公司”）分别持有亚钢公司60%和40%股权。

二、伊斯坦鑫山磁铁矿开发项目拟分8个子工程建设，包括采矿、破碎、选矿、尾矿、管道输送、港口地面设施、公辅设施及生产人员营地，计划形成年产原矿2500万吨、铁品位67%的铁精矿1000万吨的生产能力。

三、伊斯坦鑫山磁铁矿开发项目总投资291613万美元，其中建设投资281329万美元，建设期利息5437万美元，流动资金4847万美元。

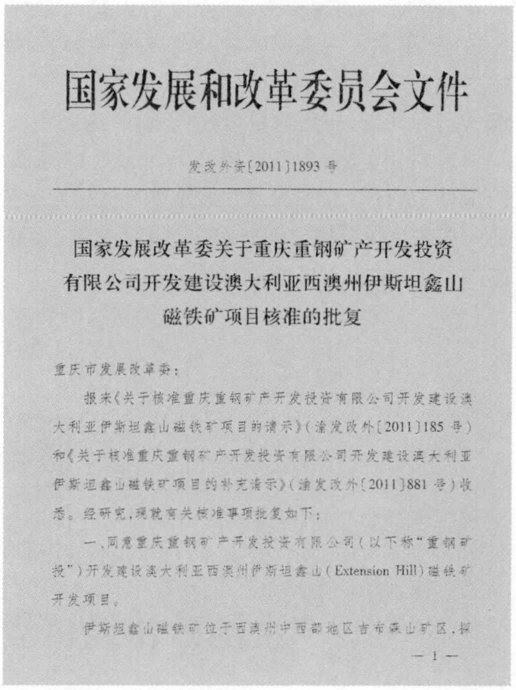
国家发展和改革委员会文件

发改外资〔2011〕1893号

国家发展改革委关于重庆重钢矿产开发投资有限公司开发建设澳大利亚西澳州伊斯坦鑫山磁铁矿项目核准的批复

重庆市发展改革委：

报来《关于核准重庆重钢矿产开发投资有限公司开发建设澳大利亚伊斯坦鑫山磁铁矿项目的请示》（渝发改外〔2011〕185号）和《关于核准重庆重钢矿产开发投资有限公司开发建设澳大利亚伊斯坦鑫山磁铁矿项目的补充请示》（渝发改外〔2011〕881号）收悉。经研究，现就有关核准事项批复如下：

一、同意重庆重钢矿产开发投资有限公司（以下称“重钢矿投”）开发建设澳大利亚西澳州伊斯坦鑫山（Extension Hill）磁铁矿开发项目。

伊斯坦鑫山磁铁矿位于西澳州中西部地区吉布森山矿区，探

— 1 —

上述投资中，58322.6万美元为项目股本金，由重钢矿投和宬隆公司按股比分别向亚钢公司提供34993.56万美元和23329.04万美元股东贷款解决；233290.4万美元由亚钢公司澳大利亚全资子公司申请银行贷款解决。

四、本核准文件自印发之日起两年内有效。请据此向商务、外汇管理等、有关部门申办相关手续。

伊斯坦鑫山磁铁矿开发项目投资规模大，建设周期长。请你委指导重钢矿投继续深入开展工作，进一步落实项目建设相关配套条件，推动项目尽早开发建设并投产，有效防范投资风险，争取取得预期效益。有关重大情况和问题，请及时向我委报告。

中华人民共和国国家发展和改革委员会

2011 年 8 月 25 日

# 国家发展改革委办公厅关于支持重钢环保搬迁项目的函

（发改办产业〔2011〕2980 号）

**重庆市人民政府办公厅：**

你市领导就支持重钢环保搬迁项目融资事致我委领导的信收悉。经研究，现函复如下：

实施重庆钢铁（集团）有限责任公司（以下简称“重钢”）环保搬迁、压缩产能总量、淘汰落后产能、升级工艺装备、优化产品结构、发展循环经济、提高节能减排水平，符合钢铁产业政策，《国务院关于推进重庆市统筹城乡改革和发展的若干意见》（国发〔2009〕3 号）、《钢铁产业调整和振兴规划》和《中共中央、国务院关于深入实施西部大开发战略的若干意见》（中发〔2010〕11 号）等文件中都明确予以支持。

为贯彻落实党中央、国务院有关文件精神，深入实施西部大开发战略，我委支持重钢实施环保搬迁项目，有关项目核准事宜正在按程序办理之中。考虑到重钢环保搬迁项目承担了大量压缩产能、淘汰落后任务，肩负着重大社会责任，为防范企业资金断链风险，保证项目顺利实施，在目前资金需求最大的情况下，同意重钢通过银行贷款、发行债券等多种方式筹集项目建设运营所需资金，请重钢据此向相关金融机构申请办理融资相关事宜，所筹资金严禁用于申请核准项目范围之外的产能扩张项目建设。

国家发展和改革委员会办公厅

2011 年 12 月 4 日

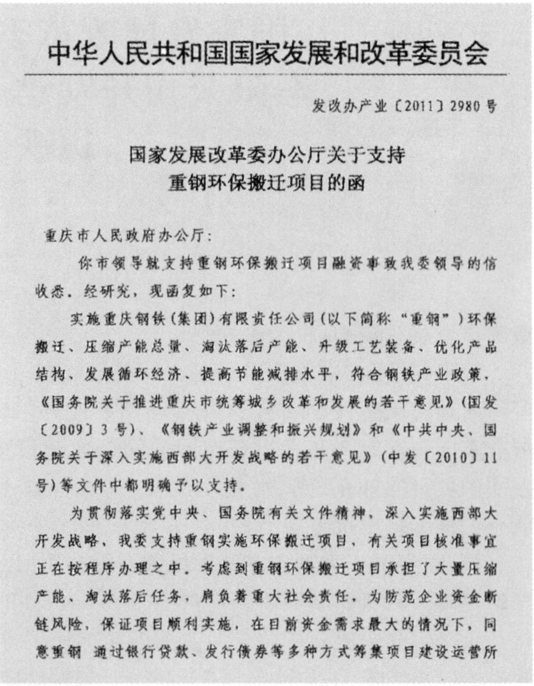

中华人民共和国国家发展和改革委员会

发改办产业〔2011〕2980 号

国家发展改革委办公厅关于支持
重钢环保搬迁项目的函

重庆市人民政府办公厅：

你市领导就支持重钢环保搬迁项目融资事致我委领导的信收悉。经研究，现函复如下：

实施重庆钢铁（集团）有限责任公司（以下简称“重钢”）环保搬迁、压缩产能总量、淘汰落后产能、升级工艺装备、优化产品结构、发展循环经济、提高节能减排水平，符合钢铁产业政策，《国务院关于推进重庆市统筹城乡改革和发展的若干意见》（国发〔2009〕3 号）、《钢铁产业调整和振兴规划》和《中共中央、国务院关于深入实施西部大开发战略的若干意见》（中发〔2010〕11 号）等文件中都明确予以支持。

为贯彻落实党中央、国务院有关文件精神，深入实施西部大开发战略，我委支持重钢实施环保搬迁项目，有关项目核准事宜正在按程序办理之中。考虑到重钢环保搬迁项目承担了大量压缩产能、淘汰落后任务，肩负着重大社会责任，为防范企业资金断链风险，保证项目顺利实施，在目前资金需求最大的情况下，同意重钢 通过银行贷款、发行债券等多种方式筹集项目建设运营所

## 领导视察

# 全国政协经济委员会主任张左己莅临重钢调研

2011 年 11 月 14 日下午，中共十七届中央委员、全国政协经济委员会主任张左己一行，在重庆市政协副主席吴家农、重钢集团和长寿区相关负责人陪同下莅临重钢调研。张左己一行参观重钢长寿新区 1780 毫米热轧薄板生产线、管控中心及重钢厂史馆。在重钢长寿会议中心二会议室举行的座谈交流会上，重钢集团总经理刘加才向张左己一行作工

作汇报:重钢环保搬迁工程自2007年破土动工以来,全体重钢人攻坚克难,至2011年9月完成了环保搬迁工程一期建设;重钢大力发展钢铁主业和矿业、环保两大重点产业,在长寿区江南镇已经建成一个年产600万吨钢的板带精品基地和船舶用钢精品基地;目前仍有资金和"走出去"项目两大问题影响新重钢发展,希望给予支持。

王硕

## 国家安监总局副局长孙华山来重钢督导安全生产

2011年2月24日,国家安监总局副局长孙华山率国务院安委会督察组到重钢长寿新区,督导检查贯彻落实国务院安委会安全生产工作要求的情况。孙华山表示,重钢实施环保搬迁,企业生产实力和安全水平得到全面提升,发展前景广阔。孙华山要求重钢不断强化企业安全生产基础管理,结合新形势需要,抓规范化和制度化建设;利用"科技兴安",全面提升企业的安全保障能力;发挥国有企业的带头示范作用,不断完善安全生产体制机制,建立健全领导责任制,提升安全生产的本质水平,做安全生产的典范。

王硕

## 国家发展与改革委员会副主任解振华考察重钢环保产业

2011年1月25日上午,国家发展和改革委员会副主任解振华一行在重庆市发展和改革委员会主任杨庆育、重钢集团董事长董林陪同下考察重庆同兴生活垃圾焚烧发电厂、重庆三峰环境产业集团有限公司生活垃圾焚烧炉总装基地。解振华副主任在考察中高度评价了重钢在生活垃圾焚烧发电领域所取得的成就,并要求重钢加大生活垃圾焚烧发电技术的推广和应用,为城市节能减排工作做出应有的贡献。

李颖

## 国家商务部副部长陈健莅临重钢指导工作

2011年9月13日下午,国家商务部副部长陈健在重庆市政府副秘书长艾扬、市外经贸委主任王毅等陪同下来重钢听取有关澳大利亚伊斯坦鑫磁铁矿项目投资、开发、建设等方面的工作汇报。陈健听取汇报后指出,重钢目前正处在发展关键时期,其澳矿项目的投资是值得肯定的,商务部将加快相关手续的办理,协调各部门在基础设施、劳动力、税收、权益保障等方面给予支持。

张红海

## 全国人大环境与资源保护委员会副主任委员蒲海清莅临重钢指导工作

2011年9月21日,全国人大环境与资源保护委员会副主任委员蒲海清到重钢集团指导工作,重钢集团董事长董林,重钢集团党委书记张再坤,重钢集团副总经理李岚峰,重钢老领导潘青山、郭代仪出席"见面、叙情、交流"座谈会。

张红海

## 中组部原部长张全景参观重钢长寿新区

2011年4月13日上午,中组部原部长张全景在重庆市委常委、市委组织部部长陈存根,市委组织部副部长、老干部局局长石国文,重钢集团董事长董林、党委副书记朱建派、副总经理李岚峰,以及长寿区相关负责人的陪同下参观重钢长寿新区4100毫米宽厚板生产线、生产指挥中心、能源管控中心,对重钢实施环保搬迁取得的成绩给予肯定;鼓励重钢党员继续发扬党的艰苦奋斗作风,加强学习,不断进步,希望重钢向1000万吨钢目标迈进,为重钢的发展、为国家的经济发展作贡献。

王硕

# 重庆市委、市政府主要领导视察重钢老区中厚板厂

2011年2月10日上午，中共重庆市委副书记、重庆市市长黄奇帆，中共重庆市委副书记张轩，中共重庆市委常委、市委秘书长徐鸣，重庆市副市长童小平等在大渡口区委、区政府主要负责人和重钢集团董林、张再坤、刘加才的陪同下视察即将停产搬迁的重钢股份公司大渡口老区中厚板厂。

张红海

# 重庆市委副书记、市长黄奇帆视察重钢长寿新区

2011年8月3日上午，重庆市委副书记、市长黄奇帆，重庆市政协副主席吴家农，重庆市政府秘书长、办公厅主任陈和平，重庆市政府副秘书长、市国有资产监督管理委员会主任崔坚一行莅临重钢长寿新区视察指导工作。在视察1780毫米热轧薄板生产线、2700毫米中厚板生产线后，黄奇帆一行在重钢长寿新区会议接待中心报告厅观看《致敬，百年重钢》电视专题片。黄奇帆肯定重钢环保搬迁取得的成绩。他指出，重钢经历脱困、改造、开放三个阶段，拥有了中国最先进的工艺布局，建成了西部第一流的钢铁企业，希望重钢抓住机遇，实现科学发展。

王硕

# 重庆市委副书记张轩莅临重钢检查指导工作

2011年12月15日下午，重庆市委副书记张轩一行在重钢集团董事长董林，重钢集团党委书记、副董事长张再坤，重钢集团党委副书记、工会主席潘向宇，重钢集团副总经理董荣华的陪同下，参观重钢长寿新区1780毫米热轧薄板生产线、焦化厂和厂史馆。在1780毫米热轧薄板生产线，张轩边听取相关负责人的工作汇报，边询问职工的生产、生活情况，对职工们的辛勤工作表示感谢。张轩在听取重钢集团党委副书记、工会主席潘向宇就重钢集团厂务公开体制机制的建立、制度的完善，以及厂务公开工作的汇报后，对重钢集团的厂务公开工作给予了高度评价，并强调：新重钢这个现代化的钢铁企业让人感到振奋，希望重钢能做好厂务公开工作和民主法治工作，多为重庆市其他企业提供更多的借鉴经验。张轩还希望新重钢在发展中再创辉煌，实现宏伟目标。

王硕

# 重庆市常务副市长马正其莅临重钢调研环保产业

2011年8月11日下午，重钢市委常委、常务副市长马正其在重钢集团董事长董林陪同下，到重庆三峰环境产业集团公司调研。在三峰环境集团公司，马正其详细听取了生活垃圾焚烧技术、发展业绩、垃圾焚烧炉总装机地的基本情况汇报，并对重钢环保产业采用国内一流、世界领先的垃圾焚烧发电技术的先进性和市场前景给予了高度评价和充分肯定，希望重钢环保产业抓住机遇，快速发展，在“十二五”销售收入100亿元的基础上，实现更大突破。

张红海

# 重庆市纪委书记徐敬业<br>莅临重钢长寿新区视察指导工作

2011年4月19日，重庆市委常委、市纪委书记徐敬业莅临重钢长寿新区视察指导工作，先后参观江边码头、炼钢生产线、1780毫米热轧薄板生产线和管控中心，了解生产工艺流程、技术参数等方面的情况。徐敬业用“震撼、感动、受教育”7个字概括此次重钢长寿新区之行。他说，重钢长寿新区的崛起，令人刮目相看，而重钢精神，更是一笔财富，需要不断的挖掘、提炼和传承。他对重钢集团以改革创新之举，构建惩防腐败体系的做法给予肯定，希望重钢的纪检监察工作继续发挥作用，为企业科学发展保驾护航。

王硕

# 重庆市副市长凌月明二次莅临重钢视察调研

2011年9月27日，重庆市副市长、市创建国家环保模范城市领导小组办公室主任凌月明一行，在重钢集团董事长董林及相关负责人的陪同下，考察由三峰环境集团公司投资建设的重庆市创建国家环保模范城市重点工程——重庆市第二垃圾焚烧发电厂建设情况，并听取重钢对该项目建设进度情况的汇报。

2011年10月10日上午，重庆市副市长凌月明在重钢集团党委书记、副董事长张再坤，重钢集团副总经理董荣华、李岚峰陪同下，到重钢长寿新区2700毫米中板生产线、炼铁厂3号高炉实地调研，并参观位于重钢会议中心的重钢厂史馆，当看到重钢长寿新区全景时，凌月明称赞新重钢今非昔比。

刘颖　王硕

# 行政工作报告

# 坚定信心　迎难而上
# 为全面实现重钢集团发展目标而努力奋斗

## 重庆钢铁(集团)有限责任公司2011年职代会
## 行政工作报告(摘要)

重钢集团总经理　刘加才

(2011年12月29日)

**一、钢铁产能大幅增长，非钢产业业绩突出**

钢铁主业在大渡口老区顺利关停，长寿新区大力推进达产达效，生产规模再创历史最高水平。非钢产业业绩突出，效益明显。纳入计划的17家子公司中13家实现盈利，4家亏损，其中1家完成控亏目标。重钢集团预计全年实现销售收入310亿元、同比增长40.91%。在2010年中国企业500强中，重钢排名338名，比上年提升33位；获重庆工业企业50强第5名。

1. 钢铁主业生产规模大幅提升。预计全年产焦266万吨、同比增长18.88%，铁558万吨、同比增长25.54%，钢603万吨、同比增长32.25%，钢材570万吨、同比增长33.57%。

钢铁股份公司老区生产超额完成预定计划，2011年9月22日按期实现全线关停；长寿新区生产水平逐月提高，技术经济指标持续向好。全年预计产钢601万吨、销售钢材546万吨，实现销售收入230.5亿元，均创历史同期最高水平。但进入4季度后，受国际国内宏观经济形势影响，钢材价格急转直下，而原燃材料成本及钢材生产成本居高不下，导致钢铁主业与国内其他钢铁企业一样，出现较大数额的亏损。

2. 非钢产业绩效优良，利润贡献突出。非钢子公司，一方面全力做好钢铁主业的配套保障，积极承担环保搬迁工程建设任务和服务保障工作，另一方面继续大力拓展外部市场，取得良好经营业绩。预计全年非钢产业实现销售收入121亿元、同比增长34.67%，实现利润4.9亿元、同比增长32.79%。

重点非钢支柱产业作用发挥好。矿业公司预计全年实现销售收入27亿元、同比增长35.53%，实现利润1.5亿元、同比增长49.64%。三峰环境集团公司的成都九江垃圾焚烧发电厂于2011年9月30日建成发电，其他8个在建项目快速推进，预计该公司全年实现销售收入11.5亿元、同比增长41.99%，实现利润1.25亿元、同比增长24.2%。朵力房地产公司在国家实施严厉的房地产调控政策情况下，全力抓好在建和待建项目，经营效果良好，预计全年实现销售收入4.5亿元、同比增长15.3%，实现利润0.8亿元、完成年目标任务160%、同比增长12.6%。朝阳公司、设计院、监理公司等非钢子公司都取得了显著的效益，建设公司、三峰科技公司、电子公司、生活服务公司等在环保搬迁工程中充分发挥了“子弟兵”“突击队”作用。

**二、资产管理成效显著，财务资金运转基本正常**

截至2011年11月末，重钢集团资产总额633亿元，较年初增长18.3%。1~11月，实现利润5137万元，但因钢铁股份公司4季度亏损加上提取矿石、钢材等存货减值损失6.5亿元后全年亏损12亿元，预计全年重钢集团亏损8亿元，较上年减利11.2亿元。

1. 对外筹资成效明显，资金运营基本正常。面对国家紧缩银根、企业资产负债率偏高等导致融资困难的客观实际，重钢集团千方百计多渠道、多方式筹集资金184亿元，其中用于归还借款91.82亿元，净增融资额92.18亿元。卓有成效的融资，缓解了资金支付压力，支撑了重钢的快速发展。12月初，国家发展和改革委员会对重钢环保搬迁工程过渡性融资方案批复，国家开发银行首笔项目贷款15亿元顺利启动。

2. 强化老区资产处置管理，实现资产利用价值最大化。随着大渡口老区生产陆续全面关停，大渡口老区资产处置利用成为重钢集团环保搬迁工程的重要组成部分。一是充分有效利用大渡口老区存量资产。2700毫米中板轧机以业界瞩目的“重钢速度”率先整体搬迁至长寿新区。750立方米高炉、1350立方米高炉、3座80吨转炉，线材、棒材和大型材生产线等整体利旧搬迁改造到长寿新区和江津基地。二是规范有序地处置大渡口老区资产。重钢集团成立资产处置领导小组和资产处置监督小组，制定《老区资产处置专项管理办法》《老区资产处置监督管理办法》，对大渡口老区的土地、房屋构筑物、机器设备等资产进行全面清理。2011年，处置大渡口老区资产共计384项（不含内部转让），实现资产处置收入1706万元。同时，推进大渡口老区拆除交地工作，2011年11月30日，向重庆渝富公司移交第一批重钢集团原五厂、六厂地块85.13公顷。

**三、环保搬迁一期工程完美收官，新区600万吨钢规模建成投产**

2011年9月16日，重钢长寿新区炼铁3号高炉正式装料投产，标志着重钢环保搬迁工程600万吨钢系统建设目标胜利完成，9月22日大渡口老区按期实现全线关停，重钢集团兑现对重庆市委、市政府及全体市民的承诺。

重钢环保搬迁工程总投资306.57亿元，实际用地面积450公顷，主要包括码头、料场、焦化、烧结、炼铁、炼钢、轧钢以及公辅能控、理化检验等项目建设，主体设备包括4座60米×6米焦炉、3座360平方米烧结机、3座2500立方米高炉、3座210吨转炉以及4100毫米宽厚板生产线、1780毫米热轧板带生产线和2700毫米中厚板生产线等，长寿新区“森林钢城”建设绿化面积90.3公顷。自2007年5月17日重钢环保搬迁工程奠基以来，全体参建将士按照“把重钢环保搬迁工程建设成为落实科学发展观的典范”的总体要求，坚持发扬“克难奉献、创新争先”的精神，全力以赴、奋力拼搏，在历时4年多的时间里，创造了国内冶金建设史上同类工程建设奇迹，平场施工、4100毫米宽厚板项目、炼钢项目、2700毫米中厚板项目等多项工程建设速度均创国内第一。工程质量、工期、投资、安全等总体受控，1780毫米热轧板带工程获全国冶金优质工程奖，长寿新区工程吨钢投资4708元，与国内当期建成的生产线同口径比吨钢投资低2000元，总投资低100亿元以上，为国内同类钢铁企业建设投资最低。通过消化、吸收、再创新，从规划布局、工艺设计、施工管理到新技术应用，长寿新区建设集重钢自主技术创新成果大成，拥有自主知识产权43项，引领冶金制造流程革新的铁－钢界面“一罐制”和RH干式真空技术创新应用成效突出。

结束大渡口老区钢铁使命，开辟长寿新区钢铁未来。通过4年多艰辛努力，一个长江上游钢材精品生产基地和中国最大的船舶用钢生产基地，一座技术装备先进、资源配置合理、环保节能高效、产品竞争力强的现代钢铁企业——我们的新重钢，傲然屹立在重庆长寿长江之滨。

**四、资源开发及“走出去”“引进来”成效斐然**

1. 国内矿山资源开发建设加速推进。围绕西昌矿业资源进行逐步扩能和产业链延伸研发，年产630万吨矿采选扩建工程完成形象进度90%以上，选矿系统进入重负荷试车阶段，大部分工程处于项目收尾阶段。年产1000万吨矿采选扩建项目各项准备工作启动。接龙铁矿建设项目进入平硐掘进、生产矿块准备和选矿焙烧工艺建设收尾阶段。巫峡桃花铁矿建设项目正进行采矿许可证和安全生产许可证等手续办理的施工前期准备工作。小金河铁矿首采段年产40万吨矿实验生产线建设项目开始建设施工图设计，主体设备招投标的前期准备工作以及建设资金筹措同步推进中。

2. 澳矿项目开工建设。2011年8月25日，国家发展和改革委员会正式核准重钢矿投公司建设澳大利亚西澳洲伊斯坦鑫山磁铁矿项目。该项目一期工程计划总投资30亿美元，建成年产原矿2600万吨、铁精矿1000万吨生产能力，开采年限20年以上。2011年，项目管理公司所做的执行研究基本完成，2011年12月2日，在伊斯坦鑫山磁铁矿区现场正式隆重举行开工仪式，工程建设全面启动，计划2013年初步建成，2014年出矿，对重钢集团建立自给自足的资源保障，完善产业链将提供强力支撑。

3. 韩国 POSCO 正式选定重钢为 FINEX 综合钢厂项目中国唯一合作企业。在重庆市委、市政府的高度重视和大力支持下，作为重庆市“引进来”战略的重点项目，重钢集团与韩国 POSCO 在 2011 年 7 月 12 日正式签订 FINEX 综合钢厂项目引进合作协议书。目前，项目设计单位确定，可行性研究编制、环评现场调研工作基本完成，将开展国家发展和改革委员会的报批手续。

4. 靖江物流基地首期项目建成投产。该项目首期总投资 13.7 亿元，征地 40 公顷，总规划用地 120 公顷，拟建码头 7 个泊位，最大停靠 15 万吨海船，年吞吐量 4500 万吨。项目启动后，打破常规推进工程建设，实现当年开工、当年投产，并完善所有批文手续，创造了大型港口建设的一个奇迹。2011 年 12 月 19 日，举行靖江物流基地首期项目长江码头开港运营庆典仪式。

**五、“十二五”发展规划有力推进，保障重钢持续发展**

“十二五”是重钢发展又一个十分关键而重要的时期，按照《重钢集团“十二五”发展规划纲要》及全面打造“双千”企业集团的战略目标，各项重大投资项目按计划分头抓紧推进。继重钢环保搬迁工程全面建成投产后，钢铁股份公司产品结构调整项目，2011 年 4 月全面铺开，4 号高炉、二炼钢、线棒材、型钢等主体厂房和主体设备的建设安装按计划有序推进。重钢环保搬迁江津基地项目 9 月 28 日正式开工建设。截至 11 月，共新下达立项批复 5 项，投资计划 54 项（批），计划总投资 22.83 亿元；3000 万元以上的施工项目 15 个；累计完成固定资产投资 74.56 亿元。同时，根据重庆市国有资产监督管理委员会要求，结合重钢实际，编制完成《重钢集团三年发展战略规划》，对重钢“十二五”发展规划进行补充和细化。

**六、科技管理、科技创新取得新突破**

1. 科技项目管理和技术攻关取得成效。全年下达科技项目计划 6 批 29 项，计划总投入 2184 万元，其中重钢集团计划投入 982 万元，已申请使用研发费 681 万元。科技项目结项 13 项。申请大渡口区科委立项 4 项，重庆市经委立项 4 项，开展各类攻关 65 项。

2. 科技成果硕果累累，群众性技术创新活动有效开展。“干式（机械）真空系统应用于 RH 工艺技术研发”获 2011 年中国冶金科学技术成果一等奖；“新型少齿差传动关键技术研究及应用”获教育部 2010 年度科研优秀成果一等奖。获重庆市科技成果三等奖 1 项，获大渡口区科技成果奖 7 项。重钢集团表彰 2010 年科技成果 39 项。征集合理化技改成果 86 项，表彰 59 项。创新工程立项 619 项，实施 520 项，创经济效益 2.1 亿元。

3. 技术经济指标得到改善。2011 年，长寿新区各主要工序通过开展“对标挖潜”，35 项主要技术经济指标与上年比，有 25 项实现明显改善，指标改善率 77.14%。其中焦化工序的“干熄焦率”和“冶金石灰消耗”指标达到国内先进水平。

4. 新产品研发全面提速。通过加大长寿新区新产品开发及特殊要求产品试制力度，长寿新区产品替代大渡口老区产品生产进一步加速，重点完成 4100 毫米宽厚板生产线船板和 1780 毫米冷轧基料系列新产品开发工作。重庆钢研所成功开发研制用于运载火箭和嫦娥飞船系列新材料。

5. 知识产权保护工作取得新成效。“重钢炼铁——炼钢界面‘一罐到底’工艺”等 93 件专利获国家授权，其中发明 21 件，征集实施效益提成奖励专利 40 项，获专利政策资助 45.64 万元。

6. 产品质量稳步提升，质保体系稳定运行。通过优化内控标准和管理制度，强化大宗原辅料入厂质量验收管理，有效落实创优保优和产品签证工作，产品质量保障得到进一步加强，质量事故和质量异议总体受控。2011 年 1～11 月，纳入长寿新区质量考核和监控的 41 项质量目标完成率 83.87%，完成 4100 毫米生产线 8 家船级社的正火船钢认证和扩大规格认可；2700 毫米生产线 8 家船级社认证，并成为国内首家通过 E47 超高强度船钢认证的企业，船板和锅炉压力容器钢板认证厚度规格达到 80 毫米。质量异议处理量下降，避免直接经济损失 260.42 万元。

7. 信息化建设不断优化完善。对生产管理系统进行 6 次大规模改版，实现中厚板厂两条生产线互通信息、互换补产的功能，以及销售系统远程订货和远程质保书查询、打印的功能，为理顺流程管理、强化市场开拓提供强力支撑。

**七、深入推进企业改革，集团法人治理结构进一步完善**

继续以“缩幅减链”，优化产业和组织结构为改革工作重点，通过重组、关闭等方式，减少二级和三级公司数量。同时，推进落实集体企业利用环保搬迁政策分流安置人员，为彻底解决集体企业问题创造条件。一是改革工作目标完成计划进度。重钢集团三峰传媒公司等 9 家二、三级子公司完成关闭注销工商手续；铁业公司股权转让在联交所挂牌，受让方钢铁股份公司正报联交所审核收购；中兴实业公司完成公司制改造；热陶瓷公司破产终结。二是继续实施结构调整，理顺管理。将建设公司电气修造公司划入三峰工业公司，将三峰科技公司环保设施运行服务的职责转交钢铁股份公司，成立钢铁股份公司环运部负责环保设施的运行管理，与扬子江船业公司等 4 家企业合作成立靖江三峰钢材加工配送公司，组建三峰环境公司广东汕尾、安徽六安两个项目公司。三是继续推进社会职能移交工作。实现企业电视网络社会职能移交，将原有的有线电视网络线路及客户资源有偿移交给重庆广电网络公司。四是强力推进集体企业人员政策分流安置工作。全年共分流安置193名符合政策条件的集体职工。

2011年10月，重庆市国有资产监督管理委员会任命重钢集团监事长，重钢集团设立监事会办公室，健全监事会机构，明确职责，保证监事会职能的发挥，重钢集团法人治理结构得到进一步完善。

**八、全面强化企业管理，夯实持续发展基础**

1. 加大考核管理力度，有效提升管理效率。通过经济责任制、专业责任制考核的斗硬执行，进一步强化管理执行力和工作目标的实现。1～11月，有15家子公司完成资产经营责任制利润考核进度目标，对43家单位、66个项目进行专业经济责任制考核，重钢集团领导全部进行挂钩考核。统计工作获中国钢铁协会“2010～2011年度统计工作先进集体”。

2. 安全生产和环境保护效果明显。顺利实现大渡口老区末期安全生产和安全关停，在大渡口老区全面关停过程中，未发生一例人身伤害、设备损坏和环保等事故。截至2011年11月，重钢生产区域内重伤事故2起，未发生死亡事故，实现工亡为零的目标。新、老区环保工作没有一例因污染物排放超标和环保污染事故受到环保部门的处罚，实现处罚为零的目标，长寿新区废水污染物综合排放合格率81.28%，废气污染物综合排放合格率90.10%，生活水达标合格率98.13%，环境大气平均降尘、总悬浮微粒、二氧化硫、氮氧化物浓度均达标。

3. 设备管理和节能降耗取得新的成效。在加强大渡口老区设备保障，确保大渡口老区安全平稳度过末期生产的同时，强化长寿新区设备管理，健全完善设备维检体系，强力推进点检定修以及等级设备管理工作，实现集中管理与专业管理、静态管理与动态管理相结合，实现维护检修力量全部整合集中的阶段性目标。同时，抓好节能降耗工作，高效利用转换能源，转炉煤气回收量从吨钢40立方米提高到66立方米，吨钢耗新水由10吨降低到4.5吨，长寿新区全年自发电量10.8亿千瓦时。

4. 监察保障作用充分有效发挥。一是以认真贯彻落实《国有企业领导人员廉洁从业若干规定》为重点，全面开展各级领导人员和关键岗位人员廉洁从业教育，始终保持对违法违纪案件的查办力度。二是积极开展环保搬迁专项检查和招投标监督工作，建立完善并实施对工程参建不合格供应商、服务商的监督管理。三是发挥效能监察强管理、降成本、增效益的作用，积极开展生产经营、环保搬迁、大渡口老区资产处置等热点问题和关键环节的效能监察。全年重钢集团有162人（次）主动登记上交礼品礼金186万元，共立案6件，对6人分别给予党纪政纪开除处分，其中处级2人，科级1人；环保搬迁工程自2007年启动以来，公开招标率达80.15%；效能监察共立项78个，提出监察建议219条，避免经济损失1829.44万元，挽回经济损失764.19万元，节约资金5700万元。

5. 内审工作推进有力。审计全过程参加重钢环保搬迁工程招标文件及施工承包合同条款的讨论、审查及招投标的开标、评标监督工作；对已办理结算的环保搬迁工程进行审计，审减工程造价213万元。全年开展对6位离任负责人的经济责任审计和对钢铁股份公司热轧产品价格政策的专项审计。继续开展“小金库”专项治理，查出漏报“小金库”44.55万元。重钢被国家审计署评选为“2008～2010年度全国内部审计先进集体”。

6. 法律纠纷的历史积案办理取得突破。因兼并特钢而被岳阳中院扣划的价值2100万元的股权已执行回转，特钢遗留系列案件处理基本终结，金源案与重钢互有债务抵消取得重大进展，原恒达公司股东诉重钢股份公司、朵力房地产公司股东权益纠纷案历经5年终获胜诉，重钢商标被私人抢注案历时3年终获胜诉。同时，新增大渡口区拆迁房屋、公司维权、劳动争议等案件得到很好处理，并做好重钢对外合资合作、重大资产处置等重大事项的法律审查；审查新老区生产合同4817个，环保搬迁合同463个，子公司分包合同238个。

7. 新老区土地管理及利用开发进展顺利。重钢长寿新区取得国有土地使用权证530.93公顷，另有160.8公顷用地在办证过程中。配合大渡口区危旧房改造拆迁工作，办理土地资产移交给大渡口区2.7949公顷。确定重钢社会职能移交所涉及的住宅区的道路、公厕等土地面积，盘活存量土地资产4公顷。

8. 档案管理服务上台阶。长寿新区工程档案管理通过国家重点项目组的督查，工程档案管理模式被国家档案局向全国推广；重钢成为全国企业档案馆交流平台；建立重钢工业遗产档案库，大渡口老区被授予“钢铁厂迁建委员会旧址”文物保护单位；编辑出版的《百年重钢史话》纳入中国钢铁工业近代史丛书，职工书屋被全国总工会评为“全国优秀职工书屋示范点”。

**九、认真抓好干部队伍建设，人力资源工作持续优化**

1. 继续抓领导班子和干部队伍建设，厂处领导班子结构进一步优化。为适应重钢发展需求，采取引进来讲、走出去学、实践中锻炼等方式，加强干部教育培训工作，加强对后备干部队伍的动态管理，干部队伍年轻化工作得到有效推进。

同时，不断深化干部人事制度改革，选人用人公认度得到不断提高，对钢铁股份公司炼钢厂厂长和钢铁股份公司副总工程师人选进行民主推荐；对提拔人员在所在单位进行任前公示，干部选拔任用实行“一报告两评议”。全年“四好班子”达标率96.08%，调整厂处领导班子52个，调整交流厂处人员109人，其中新提拔23人，副转正19人，退二线13人，免职和辞职3人。共选派47名领导人员参加高校等培训，组织89人（次）参加重庆市国有资产监督管理委员会等部门举办的专题讲座。

2. 调整优化人力资源结构，推进重钢人才队伍建设。一是以高层次人才培养为核心，推进职工培训与人才开发。送培优秀管理技术骨干攻读各类学位硕士19人。推荐7人参加博士研究生考试，53人参加硕士学位入学考试。选派中层及以上管理人员国内和境外培训136人（次）。开展各类培训与技能提升活动，重点实施长寿新区关键岗位的强化培训和技能达标活动。至11月末，共开展各类培训25613人（次）。成功举办重钢集团第十届职业技能竞赛，首次承办“重庆市青工技能大赛金属轧制工的竞赛”。二是完善适应公司转型发展需要的劳动用工管理体系。夯实人力资源管理基础，在总结6家试点单位工作的基础上，全面开展《岗位说明书》编制工作。推进钢铁股份公司等长寿新区单位优化劳动组织和人力资源配置，按照“精简高效”的原则，核定长寿新区600万吨钢生产规模定员编制，加强劳务派遣用工管理，严格控制自主用工，进一步理顺劳动关系、管理关系。结合大渡口老区停产，多渠道全方位实施人力资源结构调整，继续用好环保搬迁人员分流政策，开辟大渡口老区留守、内退、提前退休等富余人员分流渠道，组织实施退休返聘人员和富余劳务工清退工作，有序推进大渡口老区关停后的富余人员分流安置。三是统筹规划，有序开展青年技术技能人才的引进，为企业快速发展提供人才保障。全年新招收职工851人，其中硕士24人、本科214人、大专生377人。

3. 技术技能专家制度建设迈出新的步伐。2011年重钢制定实施《技术专家管理办法》和《技能专家管理办法》，建立技术技能专家制度，为专业技术、技能操作人才开辟5级职业发展通道，执行与经营管理人才相应职级的薪酬标准，从而引导和激励人才立足岗位成长成才。全年选聘主任工程师32人，副主任工程师86人，技能尖子35人，技术能手95人，完成首批2名高级技术专家、14名技术专家、3名技能大师的选拔聘任。

4. 完善收入分配管理，进一步加强子公司间和内部各类人员工资水平的调控。一是坚持以效益为前提，继续执行“保中、限高、提低”的分配原则。逐步提高工资水平较低子公司的工资增长幅度，继续加大对承担环保搬迁工程任务和长寿新区生产任务子公司的工资总额投入，提高其工资增长比例，重钢集团各子公司总体收入分配水平更趋合理。预计2011年职工人均工资收入较上年增长13%。二是统一基础工资标准，为建立与企业效益增长相适应、与职工工作业绩挂钩的考评晋级工资增长机制奠定基础。三是继续加强子公司内部各类人员间工资收入差距的调控，工资集体协商制度得到有效执行。四是进一步加强对子公司社会保险费申报管理，统一了社会保险缴费工资的申报和管理程序。

**十、两个文明建设齐头并进，全力构建和谐重钢**

在环保搬迁工程600万吨钢系统建成投产之际，成功隆重举办了重钢建厂120周年系列纪念庆祝活动，展示了重钢120年来发展历程和辉煌成就，提振了重钢广大职工自信心、自豪感，鼓舞和激发了重钢广大职工热爱企业、奉献企业的激情和斗志。

1. 抓好厂情教育，统一思想认识。全年共组织“国家‘十二五’规划纲要解读”“学习贯彻胡锦涛总书记‘七一’重要讲话精神”等中心组集中学习10次。开展以“建设新重钢，实现新跨越”为主题的厂情教育活动，参与面100%。厂情教育活动使职工对重钢集团面临的形势任务认识明显增强，对重钢集团科学发展的信心明显增强，对投身参与“四大战略任务”的积极性明显增强。

2. 企业文化建设、文明单位创建推进有力。编制完成《重钢文化建设“十二五”规划》，启动《重钢文化手册》（第三版）修订工作，编印《我所亲历的重钢》，总结提炼120年来重钢主要文化历程和重钢搬迁精神。完成重钢集团全国文明单位复查验收，继续保持全国文明单位称号。完成市级以上文明单位的复查，新创市级文明单位1家，开展“感动重钢”2010年度人物评选活动等。重钢和华谊联合摄制的33集大型电视连续剧《钢魂》摄制完成，正进行播出前的审查工作。再现重钢西迁的5集大型电视纪录片《追访西迁路》已在中央电视台播出。

3. 注重民生建设，保持企业稳定。长寿新区后勤保障方面：长寿新区职工衣、食、住、行等方面保障重钢进行了统筹考虑，系统规划，同步建设，新区医疗、子女教育通过协调相关部门也得到妥善解决，生活后勤各方面保障工作得到全面强化。

职工住房保障方面：“龙泉苑”集资合作建房项目办理完房改批文等，进入施工建设阶段。继续出售公有住房246户，投入资金267万元，对大渡口区本部及长寿铁合金职工住房进行解危改造。为解决长寿新区职工住房困难，重钢分二期修建的“朵力·半岛香颂”项目，一期“西苑”总建筑面积27.5万平方米，其中住宅22.7万平方米，共3038户，正抓紧施工建设；二期“东苑”总建筑面积12.7万平方米，其中住宅9.6万平方米，共1156户，完成相关报建手续，在2011年底开工建设。预计全年重钢为职工缴纳住房公积金1亿元。

职工医疗保险方面：重钢集团全年医疗经费支出1.71亿元，继续平稳有序推进市级医疗保险和补充医疗保险工作，制作发放社会保障卡38483个。

困难职工帮扶方面：有757名困难职工进入全国帮扶中心管理建档。全年开展“庆、谈、访”活动19809人(次)，慰问金额253.16万元；办理职工特殊困难补助3280人(次)，补助金额192.68万元。建立完善节日“送温暖”长效机制。重钢集团领导分别与20名困难职工结对帮扶。对省部级特困劳模、“五老”人员、全国帮扶中心建档困难职工等2418人(次)进行慰问；重钢集团各子公司自筹资金慰问5519人(次)。开展“金秋助学”活动，资助职工子女上大学268人(次)。全年办理医疗互助基金521人(次)，金额200.64万元。组织职工疗休养133人。向重庆市开县捐赠扶贫基金30.8万元，向“绿化长江、重庆行动”捐赠20万元。

信访维稳方面：以维护重钢两线生产、环保搬迁、老厂区关停、建党90周年、建厂120周年、企业人力资源结构调整和集体企业改制等方面的稳定工作为重点，认真开展大下访大接访工作，着力解决稳定中的突出问题，努力化解各种矛盾。全年共受理职工群众来信来访1694件15605人次，化解赵镇等8人长达20年的信访积案。

老干部和退休职工管理坚持热情服务，到位管理，关心并尽力解决在医疗和生活方面的疾苦。

治安保卫消防和民兵武装工作得到进一步加强，厂区生产生活秩序、治安形势良好，为企业稳定和“五个重庆”建设作出了贡献。

回顾一年的工作，我们应清醒地看到，2011年，因受国内经济减速及国际经济危机加剧等因素的影响，钢铁行业不景气，钢材社会有效需求不足，钢材价格于4季度出现急剧大幅下跌，加之长寿新区建成后达产达效尚不理想，各类消耗相对较高，管理有待进一步理顺，钢铁主业出现大额亏损。重钢集团存在的主要问题和不足：一是钢铁主业过渡期新老区两线作战，拉高生产成本，加上国际国内市场因素影响，经营亏损严重，对急剧恶化的市场应对乏力；二是产能规模的扩大、新管理模式的实施，与原燃材料均衡供应、市场开拓、人力资源结构调整的矛盾突出，长寿新区达产达效还有较大差距；三是安全环保形势依然严峻，亟待解决的问题很多，环保问题已对重钢战略实施可能造成新的制约；四是部分子公司生产经营仍然困难，职工收入偏低，对扭亏增盈还缺乏新的增长点和切实举措；五是国家收紧银根，重钢集团资产负债率偏高，融资难度不断加大，存在资金断链的风险；六是内部精细化管理有待进一步加强，执行力有待进一步提高；七是干部职工的精神状态、综合素质、知识储备仍与重钢集团规划发展要求有较大差距等。我们一定要采取措施，千方百计解决这些问题和不足，为重钢集团持续健康发展创造条件。

# 认清形势　增强信心<br>坚决打赢扭亏增盈攻坚战

## ——在重钢集团2011年职代会上的讲话

重钢集团董事长　董林

(2011年12月30日)

同志们，加才总经理昨天所作的行政工作报告，如实地总结了一年来我们所做的工作，通过努力我们取得了显著的成绩，也存在巨大的差距；同时，也对重钢集团2012年重点工作做出了安排。鉴于重钢目前面临的严峻形势，我参加职代会分组讨论的时间比往年延长，目的是让职工代表们充分地谏言献策，提出更多的建议，解决存在的问题，实现2012年工作目标。下面我简要地讲几个问题：

**一、2011年成绩与挫折**

2011年，对重钢来说是一个极不平凡的年头。这一年，我们工作的特点是硕果同挫折并存。

一是取得的成绩：

1.环保搬迁工程全部建成投产，实现600万吨钢生产规模目标

重钢股份公司实现600万吨钢规模，这是一个很重要的事情。重钢通过环保搬迁，让产能规模上一个台阶；同时，重钢经济总量也上一个台阶——2011年销售收入迈上300亿元。纵观重钢经济规模，我们“十五”末有这几组数据：资产

总额140亿元,净资产60亿元;至2011年底,重钢资产总额630亿元,净资产达180亿元。“十五”末,即2005年末,重钢销售收入170亿元;而2011年销售收入是310亿元。“十五”末,人均产值是40万元,2011年人均产值是129万元,接近130万元,也是大幅增加。所以,今天的重钢已成为一个名副其实的“大块头”。

黄奇帆市长常在会上说,重庆市的几个“大块头”,包括重钢在内,即使放在全国100余家央企中排名,也不会排在最后。我也查了一下,确实我们比大约1/3的央企规模大。

大家已经清楚2010年重钢在中国企业500强排名中较2009年上升33位,列338位。我估计,2011年重钢的排位上升的幅度还要大,说不定能够“破3”,进入前两百位。就经济总量而言,2011年重钢以40%以上的经济增长速度,为重庆市实现全年经济增长16.5%的目标作出了贡献。

2. 长寿新区的硬件系统优势在业界获得好评

我们所说的优势,不是指规模,而是指其系统优势,包括流程的先进、装备的先进。最近得到很多院士、专家,还有我们行业老领导的好评,他们对我们长寿新区的评价是:“令人震撼”。

3. 大渡口老区实现安全、有序、平稳关停

2011年9月22日,重钢生产73年的大渡口老区钢铁生产如期实现安全平稳的全线关停。这是重庆市委、市政府及相关市级部门高度关注的一件大事,也是重钢全体干部职工高度关注的一件大事。

4. 主业战略大转移获政府部门完全认可

重钢人用近5年的时间,用有目共睹的事实,证明了重钢环保搬迁决策的正确、实施的有效,最终获得国家发展和改革委员会的认可。2011年12月4号,国家发展和改革委员会以发改办产业〔2011〕2980号文,发给重庆市政府“关于支持重钢环保搬迁项目的函”,这标志着重钢环保搬迁工程项目的最后一关获得关键的认可和通过。

5. 资源开发硕果累累

2011年12月2日,重钢澳矿项目如期开工建设;12月19日,重钢靖江物流项目一期工程正式开港运营。这些资源开发项目将为重钢钢铁主业的发展打下很好的基础。

6. 非钢产业成绩显著

重钢非钢子公司主要以“二重”——矿业公司和三峰环境公司牵头带动,从而实现非钢产业的快速发展。职代会上大家听到,重钢集团除“二重”以外,重钢房地产业也快速跟上,2010年实现7600万元利润,2011年就超过8000万元。我们的房地产业规模不仅突飞猛进,而且成为重钢集团效益的主要来源,整个发展形势欣欣向荣。

同时,我们也获得很多荣誉:2011年9月22日重钢建厂120周年庆典,汇聚了重钢人几年来,几十年来,百多年来拼搏业绩,彰显了重钢人的精神,展现了重钢人的风貌,在社会上引起巨大的反响,为重钢继续发展获取各界的支持创造了条件。2011年重钢获“全国先进基层党组织”称号,并继续保持“全国文明单位”的称号。我们非钢产业中的三峰环境公司也成为中外企业高度关注的环保企业,在职代会分组讨论会上,三峰环境公司董事长雷钦平也介绍了该公司关于战略合作发展的问题。2011年,在成都召开的全国城镇生活垃圾处理设施建设及运营交流会上,国家发展和改革委员会副主任解振华高度评价重钢环境产业的创新发展。重钢非钢产业取得的成就还有重庆钢研所,其在航空航天上也取得重大的进展,不管是在“嫦娥三号”“天宫一号”,还是“神舟八号”等研制发射中,都为中国航天事业作出了贡献,成为中国航天事业光荣的一分子。以上这些荣誉的取得,都与全体重钢职工的努力密不可分。

二是遭遇的挫折:

由于多方面的原因,2011年4季度,重钢股份公司出现大额亏损,从而造成重钢集团自2006年到2011年共6年间的第1次亏损。简要分析,大致有以下因素:

1. 由于市场形势急转直下的剧烈变化

这个剧烈变化,来自于国际金融危机和欧债危机的影响,也来自于2011年国内进行的产业结构调整,而且这个结构调整还在继续。因此,钢铁业下游市场的主体——制造业中的造船、汽车生产企业受到极大的冲击,订单大幅减少、价格大幅下降。其间,我们和一些大船厂接触,了解到造船业价格是上几年的60%到70%,即下跌30%以上。昨天,长航重工与我们交流,他们的船价现已跌幅超过40%。因此,船价的大幅度下降,最终是转嫁到重钢等船厂的上游企业,这对我们影响也是巨大的。重钢股份公司董事长陈洪在职代会分组讨论会上提到,2011年前只有日本新日铁在中国境内可以提供E40、E47这种高强度的船板,2011年,重钢用半年时间也可以生产此类船板,这种思路和创新非常好!但是,就算这种用高强度船板造的船2010年前的价格是1.5亿美元每条,2011年重钢的一个长期战略客户接了25条此类船,而每1条的价格大约是9800万美元,价格降了1/3以上。售价下降必然将压缩成本费用,而最终这个成本费用的降低大部分要转嫁到我们头上,这是市场因素。

2. 环保搬迁形成的高额财务费用

为推进环保搬迁工程建设，重钢形成了巨额的债务压力，2011 年有息负债已达 300 亿元。作为重钢环保搬迁资金支撑的渝富公司，截至 2011 年底只支付了 70 亿元。当然这也不能责怪渝富公司，因为至 2011 年底，我们只交出大渡口老区原五厂和六厂 85.13 公顷的土地，另外 400 余公顷的土地还需要我们共同努力尽快从大渡口老区撤出，争取在 2012 年 3 月能够全部交出。所以目前的财务费用，对我们来说，也是一个巨大的压力。

3. 长时间的“两线作战”

从 2007 年开始至 2011 年 9 月 22 日，重钢股份公司长期坚持新老区两线作战。无论从现场管理，还是人力资源安排等都给企业带来巨大的问题。同时，由于长寿新区陆续刚建成，所以管理和技术的掌握，操作和运行的熟练，都有一个较长的适应过程。据我了解，首钢曹妃甸项目是 2009 年投产的，现在才开始逐渐顺行。因此，长时间的“两线作战”给我们的生产运行造成了很大的影响。

三是亏损带来的影响：

1. 巨大的亏损必将引起社会极大的反响，和重钢一贯的正面形象产生冲突

当我预计到重钢 2011 年 10 月份要亏损的时候，重钢集团领导班子研究首先向重庆市的主要领导作汇报。我们就是要把亏损“亮出来”，让全体职工知道，同时也为我们 2012 年乃至于 2013 年的发展创造一个好的条件，你把这些亏损移到后头，2011 年“梳个光光头”，好像“一好百好”——2011 年 9 月 22 日开了个庆功会，那么 2011 年就不能有不好的消息出来，这是不对的。重钢集团领导班子经过认真研究，要如实的将实际情况反映出来。

2. 影响 2012 年重庆市工业 50 强的评比

重庆市工业 50 强的评比方式和中国企业 500 强有所不同。中国企业 500 强是按经济规模论，重钢 2011 年可能会从 300 多位跃进到 200 多位。但是重庆市工业 50 强是按照利润来评比的。多年来，重钢在重庆市工业 50 强排名都是前 5，突然大家都熟悉的重钢这个老大哥不在排名之列，不好的影响是可想而知的。

3. 职工的收入要受到一定程度的影响

特别是我们如果完不成 2011 年的任务——当然，2011 年是肯定完不成了，由此职工收入增长会受到影响。原来我们说，要在 5 年内让职工收入翻一番，但面对预计的大额亏损，从重钢集团领导到重钢股份公司各级领导的收入，估计都要下降 20% 左右，这个正在进行全面考核。那么，如果 2012 年我们还不能扭亏，那么职工的收入比照 2011 年也将有一定程度的下降。这是给我们一个实实在在的影响。

4. 重钢股份公司一旦公告亏损，金融机构的帮助和支持将会受到影响

金融机构突然发现他们曾经非常看好的、发展非常好的企业居然突然出现亏损，是会造成一定的紧张情绪。

我讲这些，是因为我们必须直面这些客观存在的问题，是因为我们必须直面困难。大家想一想，重钢前几年是在几乎无路可走的情况下打了这场绝地反击战，打得是很惨烈。因此我们也不要奢望一帆风顺，胜利的喜悦和挫折的打击将始终伴随我们前行。

**二、2012 年面临的巨大挑战**

对于重钢来说，2012 年应该是极具挑战的一年，形势很严峻，关键是影响经济运行的负面因素没有完全消除，有些甚至加深。

一是几个主要的负面因素：

1. 国际、国内的经济形势并没有出现好转

国际制造业，特别是钢铁行业的市场形势不明朗，到现在为止，我们预计整个钢铁业至少在 2012 年上半年要完全扭转还很困难。在我们的了解中，2011 年底国内中板 70 余条线，热轧 70 余条线，几乎都没有满开工，重钢还算好——我们 2011 年 12 月还是开足马力生产，很多钢铁企业都在限产。2012 年 1 季度估计总的趋势还是如此。

2. 重钢股份公司尚未完全调整到最佳状态

所谓最佳状态，是指包括我们的管理、流程、技术得以熟练掌握，人力资源的配置得到最佳优化等。而行业里有一些企业目前是调整到了最佳状态，他们是以最佳的状态来参与这场最激烈的竞争，所以这也是我们不容忽视的。

3. 较重的负债短期内无法根本解决

所有负面的因素中，也就上述这些是最主要的，当然还有其他的，这里就不详细的说。这是一个巨大的考验。

二是必须具备几个方面的能力：

1. 抗打击、抗压力的能力

几年来，我们在推进重钢发展的大战略过程中，承受的压力已经够大了，这一点我相信凡是在各个领域、各个岗位

自觉承担责任的干部职工,都会有深刻的体会,但是真正考验我们的巨大压力来自 2012 年。同时,就打击而言,2011 年重钢股份公司的重度亏损就是极其沉重的一击。能够在劣势之中,不被击昏、不被压垮,方显英雄本色。中国共产党在红军时期的艰难历程,就是一部抗打击、抗压力的历史。同样,重钢 120 年所走过的艰难岁月,也是一部抗打击、抗压力的历史。重钢牵头摄制的电视连续剧《钢魂》就要播映,它将充分展现重钢人抗打击、抗压力的英勇历程。

2. 自我调整、自我反思的能力

2011 年出现的问题,尽管主要因素是市场这个大盘造成的,但那不能作为开脱我们自身工作差距的理由,特别是不能成为开脱我们领导层,主要是重钢集团领导班子、重钢股份公司班子责任的理由。自律、学习,掌握事物发展的客观规律,是一项很重要的工作,需要我们静下心来,以历史的自觉,勇敢正视自身的问题和差距。

我曾经单独向黄奇帆市长和重庆市国有资产监督管理委员会主要负责人汇报重钢的问题,也剖析了产生这些问题的原因,并且表示我本人要承担主要责任。尽管上级领导理解重钢的问题,也安慰说:这是前进过程中的问题。昨天上午,重庆市国有资产监督管理委员会副主任王玉祥发表充满激情的讲话,也是在鼓励重钢。虽然到今天为止,还没有人责怪重钢,但那淡化不了客观存在的事实和作为企业领导应该承担的责任。所以,在这里,我和重钢集团领导班子应该向全体职工表示深深的歉意,只有通过 2012 年更加努力的工作,来弥补 2011 年所造成的损失,才是我们正确的态度。所以,欢迎职工们同我们一起剖析存在的问题,并且找出解决的措施。

3. 应对危机正确决策的能力

对于这个能力的考验,主要是重钢集团领导层要注意几点:一是要深切领会中央宏观政策导向,把控金融、财经复杂局面和瞬息万变、剧烈震荡的市场;透彻了解和掌握点和面上的人、事、物。二是要果敢的战略决策、缜密的战术方案和雷厉风行的推进执行力。

4. 广泛动员群众、战胜困难的能力。

中国共产党的历史,就是一部"唤起民众千百万,同心干"的历史。重钢的发展,重钢的工作也不例外,必须是广大的干部职工以主人翁态度共同努力,这是我们扭转不利局面的根本和基础。

**三、2012 年重钢集团重点工作**

重钢集团 2012 年重点工作,以简明扼要的一句话来说,就是坚决打赢扭亏增盈攻坚战。为此我觉得我们应该抓好以下工作。

1. 要让广大干部职工了解厂情

要把企业真实的情况,特别是负面的,就是我们亏损的事实,如实地告诉职工。这方面我们不遮掩、讳忌,要坦然相对。百年重钢不止一次遇到这种困难,我们之所以高调庆祝重钢建厂 120 周年,不仅仅是颂扬它取得的成就和它取得的历史贡献,同时更重要的也是在讴歌前辈们矢志不渝、历经艰辛,用劳动甚至是鲜血和生命来谱写重钢永不停息的奋斗历程。

2. 坚决树立信心、振奋士气

特别是重钢股份公司,信心和士气尤为重要。我在重钢股份公司干部大会曾说过:尽管遇到了前所未有的困难,但我们仍应清晰地了解——我们能够把握机遇,战胜困难。

关于信心的支撑,我觉得有这样几点:第一,经济发展周期性的波动是客观规律,有峰就有谷,世界经济如此,中国也不例外。在这段时间里,"挺住"是至关重要的。第二,中央政府绝不会放任经济大幅下滑,严重影响发展大业。最近召开的中央经济工作会,已经开始采取行动,阻止经济的进一步下滑。我相信,2012 年全国"两会"和党的十八大的召开,一定会有显著的改观。第三,重庆市委、市政府和市国有资产监督管理委员会一定会尽全力支持重钢,为重钢环保搬迁所承担的巨额债务等负担,找出解决的办法。第四,经过环保搬迁的重钢钢铁主业,从硬件上已经进入中国钢铁行业的第一梯队——我们已具备很强的物质条件,已不再是"小米加步枪"的年代,应该说现在是"飞机加大炮"。当前只需要生产组织走上正轨,我们是有物质条件在恶劣的市场环境里,赢得市场竞争的。第五,经过几年的大发展,重钢人的精神面貌已经发生天翻地覆的变化。不断增强的自信心,使重钢人敢于迎接挑战,战胜困难。昨天我参加的职代会分组讨论是从下午 14 时到 17 时 20 分,大家都在热情地发言,群策群力想办法,找出我们战胜当期困难的措施和办法。因此,我感觉重钢股份公司的职工没有在困难和挫折面前垂头丧气,而是做好了拼搏一番的准备,这是非常好的,这是我们的希望所在。第六,从中长期来看,重钢即将形成的资源优势,已经开始运转的现代化物流,传统上形成并正在进一步扩大和加深的上下游战略合作关系,这些都是我们战胜困难的信心支撑点。

3. 以坚定的措施,对标挖潜,降本增效

重钢股份公司 2011 年亏损 12 亿元,固然外部因素影响巨大,但自身工作中的差距也是显而易见的。宝钢作为全国钢铁企业学习榜样,精细化管理的典范,2011 年下半年再度通过各项措施降耗降成本 30 多亿元。在他们这种情况下半年降30亿元，相比而言，重钢股份公司离精细化管理还差得很远，因此重钢挖潜的空间比宝钢大得多。2012年开始，重钢股份公司各工序要按行业先进水平设置考核指标。这一点我想给广大的干部职工讲，在这个问题上是没有退路的，有些职工说能不能慢一点，我说不行。希望重钢股份公司的广大干部职工要有充分的思想准备，在这种激烈竞争的态势下，在同行业中不能保持先进水平，那就是死亡。

最近，重钢股份公司开展全方位的降本增效的工作。昨天我也在职代会分组讨论会上，把重钢股份公司最近做的工作简单地归纳了三大块，比照2011年降成本40亿元：明确的分给原材料系统20亿元、分给生产过程15亿元、分给新产品开发5亿元。这是大局，必须完成，当然还有其他的一些措施。把这40亿元降成本消化好，用重钢股份公司现在的数据判断才刚好持平，所以这是个非常艰巨的任务，我们需要条块落实，层层分解指标，因此各级领导干部要带头在思想上、行动上接受严格的考核。

4. 科技创新

创新是立足之本，创新也是立企之本。科技创新、新产品开发必须进一步加大力度，2011年是做了部分工作，取得一定的成绩，但是还不够。2011年高强度船板E40、E47是做得非常漂亮的，一开始日本新日铁和我们竞争，最后在这个战役当中，重钢股份公司从科研开始一直到生产完毕，应该说积极的配合，相互的协调，这一仗是非常的漂亮。2012年在这块上还要加强。

5. 非钢子公司2012年仍要承担起重钢集团效益的重任

最近我多次强调，近几年的情况比较特殊，最特殊就是我们集中精力在搞环保搬迁，所以钢铁主业，非钢产业各自承担的责任有所侧重。钢铁主业主要承担重钢集团经济规模的不断大幅提升，谓之曰："做大"；非钢产业要承担重钢集团的效益重任，谓之曰："增效"。当期钢铁企业基本如此。

所以，我们2011年经济规模增长40%，主要是重钢股份公司的成绩；非钢产业实现利润5亿元，成绩非常不错，希望2012年再接再厉，更上一层楼。我们再交给非钢子公司一个光荣而艰巨的任务，再掩护好我们的主力打一场阻击战，为主力实现华丽转身争取时间。最近我们在跟非钢子公司做2012年计划目标，矿业公司2012年要实现2亿元利润，三峰环境公司要实现2亿元利润，朵力房地产公司要实现1亿元利润，其他如三环监理公司、设计院、朝阳公司等相关子公司加起来实现1亿元利润目标，打一个好底子，这样2012年我们的非钢子公司利润可以达到6亿～7亿元。对于我们的非钢子公司，这是一场艰巨而光荣的任务。战争中，往往是这样，为了掩护主力部队全面实现战略目标，必须要靠辅助力量的支撑支持，我相信我们非钢子公司的干部职工会把这一仗打好！

6. 各级领导班子和干部必须作勤奋工作、攻坚克难的表率

重庆市委三届六次全委会上，重庆市委主要领导在会上强调：工作要做好，要取得全面胜利，要做出成绩，首先是从各级领导班子开始。对此，我不详细讲，等到干部大会上再作详细讲解。重庆市委主要领导、黄奇帆市长明确强调，领导干部的表率和工作作风非常重要。包括你每周上几天班，是上6天班还是7天班，每天是几点上班，工作状态如何等等，重庆市委主要领导都说得很细。今天不展开讲，以后我们会专门讲这方面工作。

7. 人力资源的优化是打造软实力、提高竞争力的关键

对此，在这里我提几点：第一，前几年重钢股份公司新老区两线生产形成的用工现状，对于下一步发展的制约是非常揪心的，给人力资源管理带来巨大压力，现在的人均劳动生产率远低于同行业先进指标。第二，在残酷的行业竞争环境里，如果不做好人力资源的优化，影响是巨大的。我们在长寿新区300多亿元投入打造的硬件优势，就不复存在——因为完全被我们人力资源方面的劣势所掩盖。所以，竞争力、生产效率关乎重钢股份公司生存发展的大事。我们各级领导干部和全体职工一定要有清醒的认识，一定要有紧迫感，同时做好相关工作，不能只是站在自己的角度去思考，要以全局发展的眼光看问题、处理问题。第三，有序推进人力资源优化，做到厂务公开，加强民主与法治建设。第四，人力资源优化方面，坚持党的领导，做好思想工作，关注特困职工生活，处理好特困职工的特殊矛盾。

8. 坚定不移地推动发展、推进改革

发展是硬道理，对此，我们绝不含糊——不能遇到困难，就停滞不前、甚至倒退，这是没有出路的。我们除推行坚决的措施实现扭亏增盈外，正在实施的钢铁股份公司产品结构调整项目、江津生铁项目、特钢项目、澳矿建设、靖江物流基地、韩国浦项FINEX项目和钒钛资源综合利用项目，都要按计划推进。

近几年，重钢的改革发展取得了令人瞩目的巨大成绩，但要确保在激烈的市场竞争中，真正立于不败之地，还需要继续加大力度推进体制、机制的改革，人力资源结构调整和管理分配制度的改革，还任重道远。

近几年，我们每一年都有发展的机遇，我们不失时机地抓住了，所以我们一步一步稳步向前；同时，我们每一年都遭遇极大的困难和挑战，我们从未气馁，迈过了一道又一道的坎，我们一直是胜者。今天的重钢人有勇气和信心、有基础和能力，再一次抓住机遇、迎接挑战，实现我们最终的目标。

# 120 周年厂庆

## 在重钢建厂 120 周年纪念大会上的讲话

重庆市市长　黄奇帆

（2011 年 9 月 22 日）

尊敬的各位来宾，同志们、朋友们：

花甲重开启新程，钢铁品质铸丰碑。今天，我们欢聚一堂，隆重庆祝重钢建厂 120 周年华诞。在此，我代表重庆市委、市政府，对重钢 120 年来取得的辉煌成就表示热烈的祝贺！对前来参加纪念大会的各位来宾表示衷心的感谢！对积极支持和参与重钢建设发展的历代仁人志士致以崇高的敬意！

120 年炉火熊熊，120 年筚路蓝缕，重钢在见证国家由弱到强、民族巍然屹立的同时，也锻造了攻坚克难的钢筋铁骨，谱写了浴火重生的壮美诗篇，成为了民族工业的一面旗帜、重庆近现代工业的脊梁。回眸 120 年风雨历程，我们可以清晰地感触到重钢成长的体温和脉动。

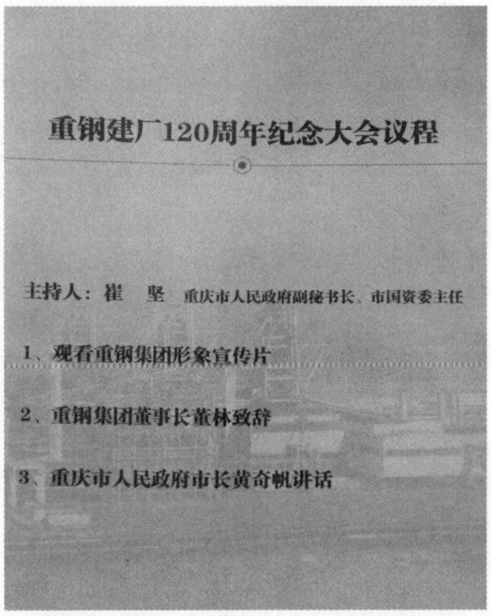


重钢 120 年的发展史，是一部负重自强、勇于拼搏的奋斗史。重钢自诞生之初，就肩负着为国家富强、民族振兴奋起抗争的艰巨使命，开启了近代民族工业的“破冰”之旅。抗战时期，重钢作为抗御强敌最大的后方钢铁基地，全力投身民族军事工业，为八年浴血奋战提供了坚强后盾。新中国成立后，重钢以钢铁强国为己任，不甘人后，奋勇争先，创下了第一根钢轨、第一台立式方坯连铸机、第一台弧形板坯连铸机、第一条中厚钢板控轧控冷示范生产线等一系列新中国第一。直辖以后，重钢更是全面融入新重庆建设，与时间赛跑，与风雨抗争，用一系列大手笔续写了改革发展新的辉煌。

重钢 120 年的发展史，是一部与时俱进、革故鼎新的嬗变史。不管是烽火硝烟中的重组整合、改革洪流中的制度更替，还是太平盛世下的“开疆拓土”，重钢人从没放弃过与时代的同步和对发展的追求。抗战之初，重钢抓住迁建之机，推动相关钢铁企业资源整合，成功打造了轰动一时的钢铁“航母”。经济体制改革大潮下，重钢率先突破钢材购销模式，推行厂长负责制，开启了国内钢企市场化、自筹资金搞技改等先河，为国企改革提供了经验和范本。进入新世纪，重钢顺应时代需求，积极推动特钢公司破产关闭，完成了国企规模最大、国企职工最多的“中国第一破”。这几年，重钢抓住国家宏观调控的机遇，并购 12 家本土小型钢铁企业，突破产能“路条”的束缚，闯出一片发展的新天地。同时，组建重钢股份公司，先后到香港、上海交易所上市，成功化解自有资本金的制约。一系列的吐故纳新、资源整合，使得曾经遥不可及的梦想变成了鲜活的现实，勃勃生机正在重钢强劲涌动。

重钢 120 年的发展史，是一部科学发展、和谐发展的探索史。新的发展时期，重钢直面环境、能源和资源挑战，孜孜以求地探索着科学发展、和谐发展的路子。早在本世纪初，重钢就主动关闭燃煤锅炉、推进烟气脱硫改造和清洁生产，大力发展垃圾焚烧发电等节能环保产业，垃圾焚烧炉产品制造、应用技术研究得到业界高度认可。尤其让历史铭记的是，重磅推进整体环保搬迁和并购 12 家小钢铁企业，既为主城区减少了一半左右的污染，又实现了工艺、设备节能环保性能的全面提升，为宜居重庆、健康重庆建设贡献了肱股之力。作为国家级循环经济试点企业，重钢这艘全新的钢铁船舰已经起航。

重钢120年的发展史，是一部走出去、引进来的开放史。近些年来，重钢主动参与内陆开放高地建设，积极走出去、引进来，成为国资系统对外开放的主力军。一方面，筹资30亿美元收购澳大利亚年产千万吨的铁矿石基地，一举根治了长期以来矿石资源制约的“心病”，成为重庆有史以来最大规模的海外投资；另一方面，积极开展技术交流合作，已经和正在引进铁钢界面“一罐制”、钢轧界面“热辊送”以及“融熔炼铁”技术，装备水平提前了5～10年。

厂庆120周年庆祝大会会场　郑玉明摄影

回顾过去，120年的厚重积淀，已为重钢发展奠定了坚实的基础；展望未来，祖国的繁荣富强，更为重钢壮大建设了通往胜利的桥梁。百尺竿头，更进一步。希望重钢集团坚持以科学发展观和胡锦涛总书记“314”总体部署为统领，更加注重体制机制改革，建立与国际接轨的现代企业制度；更加注重技术创新，加快技术从“跟跑”向“领跑”转变，实现以技术创新为驱动的科学发展模式；更加注重节能降耗，不断加快循环经济发展，实现产业互动促进、融合发展；更加注重国际化经营，“走出去”“引进来”珠联璧合，建设完善国际化产业集群，力争到2015年，基本建成千亿级企业集团和西部重要的钢铁基地。

我们坚信，有重庆市委、市政府的坚强领导和大力支持，有重钢人的精诚团结和不懈奋斗，重庆钢铁集团一定能够以更加非凡的气魄、更加昂扬的斗志，凝心聚力，开拓奋进，创造出经得起实践检验、经得起人民检验、经得起历史检验的光辉业绩，为重庆早日建成西部地区重要增长极、长江上游经济中心作出新的更大的贡献！

谢谢大家！

# 百年重钢　继往开来

## ——在重钢建厂120周年纪念大会上的致辞

重钢集团董事长　董林

（2011年9月22日）

尊敬的重庆市委主要领导、黄奇帆市长、陈光国主任、邢元敏主席、各位领导、各位来宾、各位朋友，职工同志们：

大家下午好！

在这金秋收获的美好时节，重钢集团在此隆重举行建厂120周年纪念大会，同时，庆祝环保搬迁一期工程全面投产及大渡口老区全部关停。历经4年多的建设，彩绘的蓝图已落成为一座现代化的钢厂，昨天重钢人的梦想已在今天重钢人的手中实现！这个具有历史意义的辉煌时刻，将成为重钢发展史上又一新的里程碑。

在此，我谨代表重钢集团，向一贯给予重钢发展鼎力支持的重庆市委、市政府、市人大、市政协表示衷心的感谢！向大力支持重钢发展的重庆市国有资产管理委员会及重庆市各部委局、各相关区县，向给予重钢集团鼎力相助的社会各界朋友表示诚挚的谢意！向奋战在生产、建设战线上的广大干部和职工，向在重钢工作过的各级领导、离退休干部，表示亲切的慰问和崇高的敬意！

百年老企源远流长，历经沧桑钢魂永系。重钢传承着中国钢铁工业的血脉，溯源在1890年洋务运动创办之汉阳铁厂，其始为近代中国钢铁工业的摇篮。1938年，在抗日图存的危难关头，由武汉逆长江而上，西迁重庆，成为民族解放事业的后方钢铁基地。新中国诞生后，“北有鞍钢，南有重钢”的产业布局和国家三线建设的战略格局，使重钢在国民经济恢复时期和社会主义建设时期，发挥着重大的作用。重钢轧制出新中国第一根钢轨，铺筑了包括新中国第一条铁路——成渝铁路在内的全国10多条铁路干线；新中国品种钢和军工钢生产基地在重钢建成；新中国第一台立式方坯连铸机和弧形板坯连铸机在重钢投运。重钢向全国10多个省市、100多个单位输送了8000多名领导干部和技术骨干，以自己开放的胸怀和坚实的身躯挺立起共和国的钢铁脊梁。

中国共产党三代领导核心毛泽东、邓小平、江泽民，以及周恩来、刘少奇、李先念、薄一波等老一辈无产阶级革命家在重钢这片热土上留下了视察的足迹，这是重钢人永远的精神财富和力量源泉。

解放思想谋出路，环保搬迁换新姿。历史长河跌宕起伏，世纪关头风云万千。随着中国钢铁工业的发展和崛起，各大冶金企业迅猛扩张，受种种条件制约，重钢在新世纪之初，仍承载着负重前行的艰难，国企改革攻坚仍停滞徘徊。

严峻的形势把重钢推向了改革的潮头，不甘沉沦的重钢人，在重庆市委、市政府和重庆市国有资产监督管理委员会的英明决策和正确领导下，解放思想，扩大开放。继率先推行现代企业制度改革，彻底解决历史包袱，又不失时机的于2006年启动实施定位为重庆市“十一五”规划发展“一号工程”的重钢环保搬迁，以科技创新和装备大型化推进现代冶金流程再造，优化总图布局，提升工艺技术水平，实施节能减排，提升环境质量，调整产品结构，以优利产品雄踞市场，打造一流的现代钢铁企业。

重钢集团环保搬迁工程，通过艰苦卓绝的建设攻坚，现已形成年产600万吨钢规模，以4100毫米、2700毫米、1780毫米三条板带轧机为主导产品的全流程生产线，并以此推进建立长江上游钢材精品生产基地和中国最大的船舶用钢生产基地。

战略规划展宏图，励精图治创未来。今天，站在“十二五”又一新起点的重钢，按照重庆市重化工产业规划，坚持持续发展理念，依托品牌优势，以钢铁主业为发展轴心，主辅并重，扩大经济增长板块，发展壮大企业规模。“走出去”澳洲开矿立足长治久安，“引进来”携手浦项建立综合示范钢厂，勇立现代钢铁前沿，打造现代物流基地，开拓江海联运，延伸产业价值链，实现钢铁主业规模与效益的再度跨越，以1000万吨钢、1000亿元级企业为目标，走出一条落实科学发展观、促进共同富裕和绿色生态的可持续发展之路。

回顾重钢发展的历程，厚重的企业文化凝结成丰富的精神内涵，我们的血脉始终如钢水般涌动，如火龙般奔流，荡涤一切艰难险阻；展望未来，重钢人任重而道远，在重庆市建设长江上游经济中心，统筹城乡改革和发展，建设内陆开放高地的伟大实践中，把握西部大开发、大发展的历史新机遇，以开放的襟怀，携手全球冶金同行，以及各界人士和朋友，共谋发展，共创未来！

祝愿我们的重钢再铸百年辉煌！

祝愿中国的钢铁工业做大变强！

祝愿我们新兴的直辖市蒸蒸日上，人民富裕安康！

谢谢！

重钢建厂120周年美术、书法摄影作品展览现场　郑玉明　摄影

**【纪念重钢建厂 120 年宣传工作】** 2011 年,为配合纪念重钢建厂 120 周年,重钢集团党委宣传部牵头开展以总结、回顾重钢 120 年来的历程、成就、发展经验为主要内容的宣传工作。

1. 开展“百年重钢新生之路”主题宣传活动。主要依托中央、市级及境外主流媒体,通过现场直播、新闻连线、专题专版、开设栏目等方式,开展全面报道。形式上:对内宣传主要依托《重钢报》、重钢电视台、《钢花》《重钢》和各类网站等媒介,通过开设专栏专版、出版特刊、开展系列报道等形式,予以全面的宣传报道;对外宣传主要依托中央、市级及境外的报、网、电台、电视台 4 类媒体等主流媒体,通过现场直播、新闻连线、专题专版、开设栏目等方式,开展全面报道。内容上,《人民日报》《经济日报》《工人日报》等中央媒体均报道重钢大渡口老区关停。《重庆日报》两天用 8 个专版、2 万余文字、20 余幅图片、1 个头版头条和 4 个头版消息报道重钢新生之路。重庆电视台派出 40 余名记者赴武汉、重钢长寿新区等地实地采访,用近 10 小时的新闻全方位地报道重钢大渡口老区关停、长寿新区投产等,在《民生十条》《财经时间》《直播重庆》《重庆发现》等栏目推出 6 个专题;1 场 155 分钟的《百年重钢薪火相传——重钢环保搬迁》特别直播节目,通过 4 组记者的直播连线,演播室里主持人和两位嘉宾的访谈串接,再加上 21 个 VCR 短片,为观众展现一个立体的重钢,一个有血有肉的重钢。重庆市内 4 家都市报报道重钢的篇幅均超过 5 个专版。《重钢报》派出记者队伍深入一线采访,编辑人员加班加点,完成各项宣传报道任务,围绕重钢建厂 120 周年暨大渡口老区关停主题刊发消息 28 篇、通讯 26 篇、言论 7 篇、文艺作品 11 件、新闻图片 58 幅,专题报道 3 个,20 个整版专版、2 个祝贺专版。重钢电视台编采人员加班制作新闻节目,保证了所有关于大渡口老区关停和厂庆电视新闻按时播出,共播出“纪念建厂 120 周年”“聚焦老区关停”“百年重钢档案”“祝福重钢”等系列新闻节目 70 多条,2011 年 9 月 21 日和 22 日《重钢新闻》节目时长达到 30 分钟以上,创重钢电视新闻时长纪录。效果上,创造纪念日当天的“重钢时间”,实现 3 个突破:首次实现企业内外报、网、刊、电台、电视台 5 媒联动和互动,首次实现在重庆卫视多点异地现场连线和直播报道重钢新闻,首次实现重钢新闻全方位的集中覆盖重庆市各大主流媒体。

2. 开通重钢“第三大官方媒体”(门户网站)。2011 年 6 月,重钢集团党委宣传部正式接手管理重钢门户网站,对原先相对单一、不易更新的旧版门户网站进行全面改版。本着打造“重钢第三大官方媒体”的原则和要求,调动各方资源,加紧改版工作,丰富板块信息,用全新的门户网站向建厂 120 周年庆典献礼。一是成立网站改版工作组,明确网站改版的主题、重点和原则,并通过公开招聘确立 1 名网络信息管理员,负责网站改版维护工作。二是根据新重钢展示新形象的要求,结合浏览者的需求,明确网站改版合作单位,确立网站改版方案,以期体现简洁、大气、现代、稳重的特点。三是新版门户网站正式上线开通后,按照重钢集团的统一部署和安排下,跟进重钢集团各方面的动态消息,更新和完善新门户网站版面和内容,开展基于新门户网站各项活动,做好网站推广工作,发挥媒体职能。

重钢 120 周年厂庆纪念邮册、宣传画册及刊物

3. 开展“我所亲历的重钢”主题征文活动。征文以《钢铁赞》为引,沿着 120 年重钢发展历程中的主线,突出重钢发展的成就、今昔面貌的变化、老重钢人奋斗的事迹等主题内容,统一征集、评定,选择优秀文章 67 篇、共计 12 万字结集出版。

4. 制作重钢电视宣传片。重钢电视台策划,组织配合重庆电视台制作重钢电视宣传片《百年重钢》,时长 8 分钟。该片通过视听语言和电视艺术手法,表现百年重钢走过的历程,展示作为中国钢铁工业“摇篮”的重钢,实施环保搬迁的意义,展现肩负历史和未来责任的重钢人拼搏向上的精神风貌,展现新重钢规模、管理、工艺、环保节能、产品等元素,憧憬新重钢崛起的蓝图。

刘世华

**【拍摄播出电视纪录片《追访西迁路》】** 2011 年,由重钢集团党委宣传部、档案处、经理办公室牵头,重钢与中央电视台海外专题部联合摄制 5 集电视纪录片《追访西迁路》。(1)联合拍摄。重钢记录着中国民族钢铁工业诞生 120 周年的历史。为此,重钢集团从“忠于历史、还原历史”的角度出发,2010 年 10 月开始与中央电视台海外专题部合作启动反映重钢 120 周年历史的 5 集大型电视纪录片《追访西迁路》摄制工作。2011 年 1 月,中央电视台《走遍中国》栏目派出多路记者分别前往武汉、宜昌、重庆、南宁、北京等地,沿着抗战期间汉阳铁厂西迁的线路,用重走西迁路、采访当事人或知情人等形式,采访数十名当事人、知情人、专家学者等,对汉阳铁厂西迁这一重钢重大历史事件进行还原与再现。(2)主要内容。本片共分 5 集来讲述西迁过程中的历史细节。第 1

集《特殊手令》讲述西迁的大背景；第2集《诡异轰炸》讲述汉阳铁厂西迁前日军的阴谋；第3集《艰难启程》讲述铁厂设备拆装的经历；第4集《铁血西迁》讲述运输设备的船队在日军轰炸和三峡天险中通过川江；第5集《浴火重生》讲述在重庆重建后的铁厂如何在重庆大轰炸中继续生产。(3)创作班底。总策划：董林、张再坤、刘加才，策划：潘向宇、王洪展、黄二卫，制片人：王贵亮，副制片人：董鑫，制片主任：许朴，总编导：李铁华，编导：李华俊、汤宏、雷扬、古伟，摄像：章琦、李博文、李刚，解说：蓝强。(4)播出。为配合重钢建厂120周年庆典宣传，中央电视台调整播出计划，将《走遍中国》栏目2011年9月23日原本播出的《抗战岁月》暂停，转而开始播《追访西迁路》。2011年9月23日20时在CCTV－4《走遍中国》栏目开播，次日5时5分和13时30分重播。CCTV－4所有节目均在其亚洲台、欧洲台和美洲台3台播出，《追访西迁路》单集节目在欧、美、亚3大洲首播及重播次数为8次。

刘世华

**【《百年重钢史话》出版】** 2011年9月，在重钢集团建厂120周年纪念大会前夕，由重钢集团档案馆依托档案资源编纂的企业史《中国钢铁工业缩影：百年重钢史话》由冶金工业出版社正式出版。

2009年，为满足重钢集团建厂120周年厂庆需要，重钢档案馆决定对馆藏档案资源进行补充、整理和挖掘，编1部“有可读性，观赏性、收藏性”的厂史普及读物，并将其纳入重钢建厂120周年系列主题活动。《百年重钢史话》在重钢集团党政领导组织指导下开展，从选题、编制编研框架、编撰体例、素材筛选、组织撰稿、图文编辑到联系出版，历时3年，于2011年上半年完成编撰工作，期间大的修改20次，小的增删无数，围绕企业6大时期78件主题事件对近百名重钢职工和离退休干部进行采访和资料收集。为丰富汉阳铁厂、钢铁厂迁建委员会等企业早期史料，工作人员借助网络工具和社会力量，对散存于湖北省档案馆、武汉市汉阳区档案馆、张之洞与汉阳铁厂博物馆、重庆市档案馆、重庆市图书馆等处的档案文献进行了补遗性收集。同时，为精选书中的300余幅插图，工作人员对重钢档案馆保存的数十万张照片进行筛选，并采取复制和征集，弥补馆藏空白。书稿编撰过程中，还得到中国科学院、湖北省和重庆市相关文史专家的指导和帮助，以保证编撰质量。

重钢120周年厂庆在人民大会堂举行　李科　摄影

2011年经冶金工业出版社审稿，《百年重钢史话》被纳入“冶金历史文化丛书”正式出版。2011年9月20日，重钢集团在重钢档案馆举行《百年重钢史话》首发仪式。重钢集团党委副书记、工会主席潘向宇和重钢集团宣传部部长王洪展为该书揭彩，冶金工业出版社专程发来贺信。

《百年重钢史话》为彩色插图本，共220页，内容分为“汉厂兴衰”“钢迁岁月”“南有重钢”“钢铁备战”“改革攻坚”和“环保搬迁”等6部分，在编纂方式上首次采用大事件结合小故事、小人物、小细节的主辅材料混排方式，将企业发展简史、亲历亲闻、采访手记、事件背景、珍贵档案、工业遗产和历史照片等融为一炉，最大限度地还原历史，调动读者的阅读兴趣。同时，也从一个侧面再现了中国近现代冶金工业的发展历程，为学者研究冶金工业的历史提供资料。

温勇耀

**【重钢十大历史事件评选】** “重钢十大历史事件评选活动”是纪念重钢建厂120周年系列活动之一，由重钢档案处牵头实施。本项活动旨在提升广大职工对重钢历史的了解和认知程度，增强职工对企业的认同感和自豪感。

评选活动于2011年8月启动，便得到重钢各二级单位的支持，组织发动职工参与投票。同时，职工也通过邮递或发电子邮件的形式参与投票。大渡口区外的职工还自费将其评选结果邮寄到重钢档案处。截至2011年8月31日共有5284名职工参与投票。

职工在评选重钢十大历史事件的同时，也发表对新重钢的未来寄语3000多条，其形式活泼，感情真挚。这些寄语将被重钢档案馆封存10年，至重钢建厂130周年时，开封评比。

在职工评选的基础上，经专家评审和重钢集团班子集体讨论，最终确定重钢10大历史事件（按时间排序）：“张之洞创办汉阳铁厂”“汉阳铁厂奉令西迁”“轧制新中国第一根钢轨，铺就新中国第一条铁路”“毛泽东、邓小平、江泽民三代领导人视察重钢”“重钢成为我国连铸机的诞生地”“20g锅炉板、16MnR容器板首获国家金质奖”“重庆钢铁境内外上市”“重钢开发澳矿”“重钢环保搬迁工程顺利实施，实现年产钢600万吨建设目标”“重钢集团党委获全国先进基层党组织称号”。

张兵

**【摄制《百年重钢》】** 2011年，为迎接重钢建厂120周年，展现百年重钢创业的历程和取得的业绩，根据重钢集团领导要求，重钢集团党委宣传部联合重庆电视台制作公司，由重钢电视台策划，自2011年7～9月历时2个多月，历经组建制作团队、签订制作合同、策划讨论创作分镜头脚本、外景素材拍摄、制作编辑合成、样片初审、修改完成、正式播出等制作进程。

《百年重钢》结构分"激情岁月铸就钢魂""凤凰涅槃惊艳夺目""风蓬正举踏浪高歌"3个篇章，是重钢第1部电视形象片。《百年重钢》运用电视视听结合的手法和表现元素，描述重钢历史、现在和未来。再现百年重钢的企业文化精神和"报效国家，发展自我"的理念，以及闯市场和改革创新发展，实施环保搬迁所走过的历程。2011年9月22日，在重庆市人民大礼堂举行的重钢建厂120周年纪念大会上，重钢集团电视形象片《百年重钢》首次正式播出。

张冰

**【重钢建厂120周年主题读书活动】** 为庆祝重钢建厂120周年，重钢集团工会、宣传部、团委、档案处联合主办"与重钢历史同行"主题读书活动，重钢档案处承担活动的组织工作。2011年3月，重钢档案处开始采购和征集与重钢历史相关的读物，向职工展示和推荐。同时将电子版的重钢历史读物挂在重钢数字图书馆网页上，方便职工了解重钢历史和重钢文化。并号召职工撰写"读后感"，述谈自己对重钢的认识。9月20日，在重钢档案处多功能厅举行"与重钢历史同行"主题读书征文颁奖活动，此次活动共收到征文45篇，评选出一等奖3名，二等奖5名，三等奖10名；还评选出8名"三峰书友会"的优秀会员，表彰他们"好读书、读好书"的学习作风，鼓励他们在各自的工作岗位上发挥骨干作用，为重钢长寿新区建设作出贡献。重钢集团党委副书记、工会主席潘向宇出席颁奖活动并致辞，指出通过读书活动为重钢营造了学习氛围，使重钢"创建学习型企业、争做知识型职工"的活动向纵深发展，为提升企业文化实力发挥了作用。

张红海

**【纪念重钢建厂120周年系列文化活动】** 1.组建职工合唱团参加厂庆120周年庆典演出。为配合重钢建厂120周年庆典活动，重钢集团工会牵头组织来自25个基层单位共120人的合唱队伍，自2011年8月22日开始每周两次对《脊梁颂》(重钢投资拍摄的电视连续剧《钢魂》主题曲)、《咱们工人有力量》两首歌曲进行排练。于2011年9月22日、23日，在重庆市人民大礼堂举行的纪念重钢建厂120周年庆典活动上，与总政歌舞团演员同台演唱了以上两首歌曲。其中《脊梁颂》是首次与观众见面。

重钢120周年厂庆纪念币

2.举办纪念重钢建厂120周年大型美术书法摄影展。2011年9月22日，由重钢集团工会、档案处牵头举办的"百年重钢再铸辉煌"——纪念重钢建厂120周年大型美术、书法、摄影展开始分别在重庆人民大礼堂广场、重钢长寿新区、钢花影剧院举行。展览以"百年重钢，再铸辉煌"为主题，通过"一书一画一镜头"述说重钢120年的钢铁故事、钢铁文化、钢铁精神，向重钢建厂120周年献礼。展览分历史图片资料和职工美术、书法、摄影作品两部分。历史图片资料共62件，分"亲切关怀""钢铁足迹""环保搬迁"3个板块，反映新中国成立以来党和国家领导人、重庆市历届领导对重钢的关怀，展示重钢"报效国家、发展自我"的历程与成就，勾勒出实施环保搬迁战略、建设精品基地、再造百年重钢的蓝图。参展的职工美术、书法、摄影作品共180件，由历年重钢职工创作的优秀作品中选出。

3.召开纪念重钢建厂120周年征文笔会。由重钢作协组织的纪念重钢建厂120周年征文笔会，于7月15日在天赐温泉度假酒店举行。参加笔会的作品系纪念重钢建厂120周年征文获奖作品。笔会上《钢花》栏目编辑与获奖征文作者进行交流探讨。参加笔会的作者对自己创作的诗歌、散文、小说进行再思考和再创作。

4.举办纪念重钢建厂120周年"钢铁诗"朗诵会。由重钢集团工会主办，重钢集团文联、作协承办的"百年重钢盛世新韵"纪念重钢建厂120周年"钢铁诗"朗诵会，于2011年11月9日在重钢会议中心小礼堂举行。来自重钢集团二级单位的干部职工参加了朗诵会。朗诵会上参加朗诵决赛的12个作品经2011年9月27号预赛选拔，且分别在纪念重钢建厂120周年和庆祝中国共产党建党90周年的诗歌征文获奖作品中选出的优秀作品。其中诗歌《听，钢铁的声音》《我的思绪跟随一面红旗》《新近炉火》《钢铁足音》《春雨中，江南寻诗》《今夜我为你守候》等作品抒发了职工爱党、爱国，热爱重钢的情怀，展现了重钢职工在构建和谐重钢中的精神风貌。

焦志华

**本部目编辑　黄二卫**
**本部目校对　陈雪梅**

2

# 专文专论

重钢年鉴
2012

# 振奋精神　乘势而上<br>开创百年重钢跨越发展新局面

## ——在重钢集团2011年经济运行分析会上的讲话<br>（摘要）

重钢集团董事长　董林

（2011年7月22日）

我下面主要讲3个方面：一是把握重钢集团总体经济发展态势；二是认清当前的使命和任务；三是结合实际传达重庆市委三届九次全委会精神。

**一、把握重钢集团总体经济发展态势**

在中国宏观经济形势较为严峻的大环境下，重庆经济发展得较好。近2天，我参加了重庆市委三届九次全委会，会上讲到今年上半年重庆市生产总值同比增长16.5%，增速位列全国第2位。重钢和重庆市其他国企一样，今年上半年销售收入增长比较快——重庆市国有资产监督管理委员会系统上半年销售收入同比增长30%，利润同比增长22%。其中，重钢销售收入同比增长幅度是最快的，净增近80亿元，利润同比也增加1亿余元。

1. 钢铁主业

就当前重钢集团钢铁主业总体经济发展态势来讲，我主要想通过重钢论规模在国内、国外钢铁行业位次排名来阐述。2009年，重钢产钢320万吨，位居世界钢企第74位，国内第38位。2010年，重钢产钢456万吨，位居世界钢企第69位，国内第32位。由此我对今后5年重钢排名进行一个预测：

2011年，产钢如果突破600万吨，位居世界钢企55～60位之间，国内20多位靠后；

2012年，产钢破700万吨，位居世界钢企40多位，国内20位靠前；

2013年，环保搬迁工程、钢铁股份公司产品结构调整项目全部建成，年产钢可能达到850万吨，世界钢企排名进入前30位，国内进入前20位；

2014年，与韩国浦项合作的FINEX项目上马后，年产钢将超过1000万吨，世界钢企排名稳居前30位，国内进入前15位；

2015年，在一定条件下，如果我们实现年产钢1500万吨，世界钢企排名有望进入前20位，国内排名进入前10位；

就上市公司而言，钢铁股份公司上年正式跨入中国上市企业500强前200位，比2009年提升22位。据钢铁股份公司发展态势的预测，今年有望位居166位左右。

黄奇帆市长曾说："大企业强国、小企业富民。"对于重钢来说，我的理解是"钢铁主业强企、非钢产业富企富民"。今年上半年，钢铁股份公司销售收入占重钢集团销售收入的78%。尽管我们其他的非钢产业突飞猛进，毕竟在规模上还是赶不上钢铁主业，所以说我们应该以主业强企。近年来，钢铁主业年销售收入将大幅增长，有望从上年的166亿元快速增长到今年的260多亿元，估计净增100亿元左右。所以要想强企，主业必须做强，钢铁规模必须做大。我在这里讲到预测钢铁主业发展态势，其目的在于强调坚持钢铁主业强企的发展原则。

2. 非钢产业

环境产业方面，三峰环境产业公司的竞争力现在基本上居于世界一流水平，确保了中国第一。其竞争优势体现在4个方面：

一是技术路线的竞争已占明显优势。10年来的垃圾填埋和垃圾焚烧处理方式之争，目前已经尘埃落定，国家确立城镇垃圾处理以焚烧发电方式为主。关于机械炉排与流化床之争也已明确以机械炉排为主。最近三峰环境产业公司签下的东莞大单，就是把东莞在国内最早花几亿投资建设的流化床发电项目全部拆掉，重新换成机械炉排焚烧炉。焚烧代替填埋，机械炉排代替流化床，这就是重钢在技术决策路线上的胜利，这不仅仅赢得了在中国国内技术路线的胜利，还成为世界技术路线的胜利者。

二是牵头制定《生活垃圾焚烧炉及余热锅炉》国家标准，建立国家环境保护垃圾焚烧处理与资源化工程技术中心。该技术中心将建成我国垃圾焚烧发电技术研究开发平台，“产、学、研”合作示范基地，成为垃圾焚烧发电领域国内外合作与交流的窗口和技术人才、管理人才培训基地。

三是拥有自主知识产权，走向国际市场。经过10年的消化、吸收，并结合中国实际情况进行改进、创新，三峰环境产业公司在技术上已成为国际成熟可靠的垃圾焚烧处理专业公司，最终实现关键设备完全国产化，并由此树立了在国内该领域的绝对话语权，进而延伸出一个巨大的制造产业链，并将产品卖到美国。

四是建立起全球最大的炉排生产技术研发基地。目前，三峰环境产业公司除整厂建设外，同时提供成套设备，其市场份额正在快速扩大，销售收入正按照每年翻一番的速度快速增长，争取2015年达到100亿元，实现利润10亿元。

矿业方面，其发展分为国外和国内资源两大块的建设。矿业国内的发展以太和铁矿为主。近年来，太和铁矿领导班子积极开动脑筋，采取非常有效的方式，低成本扩张，已经成为一个现代化的矿山建设基地。太和铁矿所拥有的矿产远期储量估计达到30多亿吨，市值上千亿元。单就铁矿石储备而言，就够重钢上百年的连续生产。这是矿山人默默地为重钢集团积攒下的一笔可观的资源财富。到今年底，太和铁矿将形成650万吨原矿采选生产能力，并且已启动年产1000万吨原矿的工程规划，为即将开发的钒钛资源综合利用打下坚实的基础。同时，也将支撑钢铁主业1000万吨钢产能规模的资源供给，矿业公司在綦江、巴南、巫山的铁矿石基地正在积极建设中，其他辅料生产基地建设也在快速推进。

矿业国外的发展以澳矿资源建设为主。目前澳矿建设正处于全力推进中，力争2013年出矿。最近，重庆市国有资产监督管理委员会对重钢领导的3年考核指标中，“2013年澳矿投产出矿”是重要的考核指标之一。昨天，在重庆市委三届九次全委会上，重庆市委主要领导再次把“重钢走向国际投资开发澳矿”，作为重庆改革开放的亮点工作予以评述。

长寿新区1号门岗大门　郑玉明　摄影

到“十二五”末，矿业公司应该成为国内特大型矿业集团。

目前，重庆市已认定的“一主二重”产业发展态势中，“二重”基本上不依赖于钢铁主业，而且都有望在2015年销售收入突破百亿元。另外，在其他非钢产业中，建设公司、朵力房地产公司在规模和利润上的突破上升都有可喜的成绩，重庆钢研所也通过不懈的努力，走出自己专业特色之路，目前，其产品90%以上都是航空航天领域产品。重庆钢研所的发展思路定位和三峰环境产业公司一样，都是非常对的。一个企业一定要有自己的主打产品，这样才有出路。

3. 环保搬迁

这里，我专门讲讲重钢环保搬迁的总体发展态势。以前可能是讲解不到位，大家在思想上、在工作上理解不到位，现在我就专门对环保搬迁工程的总体态势作以说明。

就发展态势来讲，有两种方式，一种是步步为营，一种是快速突破。当然，从稳妥来讲，如果我们有时间、生存上没有压力，可以步步为营，稳扎稳打，这样可能可以少一点失误。但是，对于我们来说，环境不允许我们稳扎稳打，形势不允许我们步步为营。我们必须抢准时机、快步前进，尽快干出成绩，才能有所生机。从广义上讲，快速突破的战略意义是巨大的。

从战略上讲，我个人倾向于“快速突破”。因为“快速突破”其核心的优势，就是能够抓住机遇。我认为，错失良机、不抓住机遇的错误是最大的错误，是不可挽回的错误。而“快速突破”前进中的小错误、困难都是能够挽回的。如果当年垃圾焚烧发电项目不是抓住时机、谈判到凌晨3点，就不会有今天的环境产业；靖江物流如不是当年看准机会果断决策，就不会有今天的规模和成绩。所以说，今天的环保搬迁工程，必须首先在长寿江南尽快“立起来”，否则如何赢得更多的支持？正是因为我们实施了“快速突破”，“重钢速度”让世人瞩目，才得到了社会各界的尊重，重庆市政府才会对我们倾尽全力的支持，金融界才能给予重钢不断的支持。

环保搬迁“快速突破”的战略意义是巨大的，在全社会引起巨大的影响。重庆市委主要领导、黄奇帆市长，多次到重钢关心发展和视察工作。国家发展和改革委员会等部委领导来现场视察后，也对重钢在奋进中快速发展给予了肯定，重钢环保搬迁工程核准工作将于近期有望取得突破。韩国浦项能够在国内诸多钢铁强企中选择我们，这也与我们环保搬迁的“快速突破”有关。同时，近年来，重钢的“快速突破”发展态势，极大地鼓舞了职工士气。至少，现在“唱衰”重钢的声音已经渐渐消失。但我仍然觉得，我们在整体的后续执行方面和相关跟进工作上，还是有一定的差距，需要我们积极面对，认真解决。

**二、认清当前的使命和任务**

下半年是重钢发展战略最关键的时期，重钢环保搬迁工程全面建成投产，钢铁股份公司产品结构调整项目也以最快的速度启动了。作为中国国内与韩国浦项在FINEX项目方面的唯一合作者，重钢也以最快的速度全面展开筹备环保搬迁三期工程。

资源战略方面，投入20多亿元的太和铁矿650万吨原矿扩能技改工程将在今年底全面建成投产，为全方位启动钒钛资源综合利用奠定了基础；澳矿的开发建设正在全面推进，确保2013年出矿；靖江物流基地一期工程在今年底要建成投产。其中，靖江物流基地的建设速度，在江苏省这样经济发达的地区也让当地政府敬佩和“跟不上趟”，他们希望重钢的速度放缓。但是我们的速度绝不能慢，什么都应该首先去突破。目前，在我们承担上述如此艰巨浩瀚工作的同时，市场环境、金融形势也给我们带来了重重困难和压力，但是，既定的战略方针不能因为前进路上的困难而改变，箭在弦上的重钢绝不能停下来，环保搬迁工程必须一气呵成，几百亿的投入，给我们的建设、生产和经营等系统均提出一个非常明确而严肃的要求：工程建设必须按时保质完成、生产经营必须顺行有效。除上述提到的工作压力外，我们在各系统工作中也遇到很多的困难，但这只是前进中的困难，是重钢“快速突破”带来的困难。没有困难，要我们这些领导们做什么？我们的领导们就是要担当责任，带领职工解决困难。

当前的困难是暂时的，比如项目的核准问题是压了我们4年多的巨大难题。项目的核准就是高压线，项目的核准是这4年来无时无刻不悬在我们头上的一把利剑，但是，重钢人顶住了、挺过来了，很快能够得到解决！另一方面就是资金问题。老区土地置换，尽管土地置换价格在不断提高，但由于我们至今未交一亩土地，我们本来在上年底该交出土地，而至今没有一亩交出去。

现在我们的工作中出现了很多问题。但我想，不能一出问题就是外因，我们还是应该首先反省下自己，是否真正的问题还是因为我们自己的工作没有做到位。

我们刚刚庆祝了建党90周年，接下来要庆祝重钢建厂120周年。一个政党能够坚持发展90年不衰，而且屡创奇迹，其必定有其坚强的核心力量。通过学习胡锦涛总书记“七一”重要讲话精神，我认为我们的党取得成功有几个很重要的方面：一是在于优秀的组织结构和成员素质，成员素质包括思想、文化、知识、理想和意志等。中共早期直至现代的领导人均具备极高的素质；二是在于正确的路线、方针指引；三是“动员力”，即号召力、组织力和凝聚力；四是要有明确的终极目标。胡锦涛总书记的“七一”重要讲话中，明确党的一切奋斗，归根到底都是为了解放和发展生产力，不断改善人民生活。

对于重钢来说，首先我们在组织结构和成员素质方面是很高的。我们的领导干部都是经过基层千锤百炼，然后通过层层推荐、组织考察，一步一步走到领导岗位上的。今年“七一”期间，我们的党组织获得了“全国优秀基层党组织”光荣称号，得到党中央的表扬。这次与重庆大学、重庆市公安局等并列荣获这样的荣誉，就是对重钢党组织的高度肯定。

其次，近年来的重钢实践充分证明了重钢大战略方向是正确的。对于第二点，我个人认为，重钢目前的一切奋斗目标，同样也是为了发展重钢的生产力，不断改善职工群众生活。

其他方面没有问题，唯有第三“动员力”方面，我感觉还是有些欠缺。我们的工作还不能仅仅是自己做好了，关键还在能不能带动2万余名职工一起奋斗。我们应该好好学习中国共产党从1921年的50余人，发展到现在8000万余名党员，然后带领13亿人民共同走向繁荣富强。巨大的号召力决不是凭空而来。我们应该在学习贯彻胡锦涛总书记“七一”重要讲话中，结合具体工作，去认真思考和体会我们党伟大的号召力究竟来自于何处。

我们当前在很多方面所面临的困难，需要全体共产党员，特别是领导干部在困难时期发挥作用，在困难时期闪光添彩。领导干部的精神状态和工作作风，是战胜困难的关键。我们身边很多职工忘我的工作精神，是令人感动的。在环保搬迁工程现场，很多职工数年一日，无论寒暑还是节假日都在现场值守岗位和努力工作。对于环保搬迁工程战线的将士，黄奇帆市长多次在大会上提出要给一线将士请功。他们是重钢精神的代表。对于领导干部作风，我特别看重亲力亲为。领导干部要主动找事去做，主动去找问题、解决问题，随时把自己位置摆正，是我们在求别人还是别人在求我们，是主动承担责任还是推卸责任，这是本质的区别。我总结自己，这几年作为重钢集团董事长，我的主要工作就是三点：核心就是"求人"。一是为项目核准，从上至下，我"求"过方方面面的人。二是为建设资金，不停地与金融界接触，"求"各种各样的贷款。三是为产品销售，跟销售系统一起"求"客户下订单。我在想，有什么事情需要别人来求你？所以，我很看重领导干部工作是不是在"求人"。比如雷钦平天天跑出去求别人给项目，重庆钢研所的程健放下架子，天天与航空航天方面的负责人打交道、求人办事。我认为，凡是求人的，都是兢兢业业在做事情，是正常的；凡是自己当老爷，别人都在求他的，就是不大正常，当然也可能是你的工作确实不用求人，那么你也应该主动去找事情、找问题，主动解决。

所以，我再次强调重钢已经到了一个很关键的时期，我们正在面临一个坎、一道关。而且这个坎、这个关，重钢必须过。但是能不能越过，我们领导干部的工作状态至关重要，大家一定要进入角色。请大家注意，我们当领导干部是必须要"求人"的，当你放下架子去求人做事的时候，那就对了。

我们重钢，特别是钢铁主业正在经历最艰难的时刻，领导干部的个人所作所为众目睽睽。重钢的美好前景，正如毛泽东所说的"无限风光在险峰"。

**三、正确对待和处理发展中的各种关系和矛盾**

1. 正确处理生产力提高的过程中，生产要素的增加与技术管理创新之间的关系。

2. 正确处理现代管理理念与传统经营管理模式的关系和矛盾。

3. 正确处理规模化生产与个性化服务的关系。

4. 正确处理自成体系与社会化服务的关系。

5. 正确处理利益与法律的关系。需要强调，在利益与法律的关系上我们一定要"重法"。在经济交往中"擦边球"尽量少打，正确解决好各种纠纷。

6. 正确处理好生产率、企业效益同职工收入之间的关系。

企业要正常推进运转，归根结底在于人的问题。这次重庆市委三届九次全委会上提出缩小三大差距，即缩小贫富、城乡、区域差距。对于《重庆市缩小"三大差距"，促进共同富裕》的 12 条决定，我结合企业实际归纳起来理解为：一是企业规模做大容易，但是必须解决与之相伴的矛盾。二是贫富差距拉大，危害极大。目前企业不稳定因素、上访闹事，大都与贫富差距有关。贫富差距大制约了劳动者的积极性，导致人心涣散。三是消除一些错误观点，比如：公平会影响效率，是平均主义；市场可自动调节、自动修复等。四是不能继续维护少数人的权益，包括规范国企领导层薪酬等。如果企业发展了，职工没有真正受益，职工会认为企业好不好跟我没关系。五是必须围绕缩小差距、实现共同富裕在推进重大改革上做文章。

参加重庆市委三届九次全委会后，针对重钢现有的很多问题，我反复思考：重钢目前存在的问题与职工收入差距有没有关系？我反复自问：怎样才能进一步激发职工的工作热情和克服困难的斗志？

最后，我要强调的是：只要我们的领导干部真正以身作则、切实关心职工、处处身先士卒，我们的工作是一定能够干好的，我们的目标就一定能实现。

同志们，振奋精神，乘势而上，百年重钢跨越发展的新局面是完全可以在我们手中不断开创和努力实现的。

# 充分发挥企业党组织的政治核心作用<br>推进集团公司又好又快发展

## ——在重钢集团 2012 年党建工作会上的讲话

重钢集团党委书记、副董事长　张再坤

（2011 年 12 月 30 日）

同志们：

今天，我们在这里隆重召开重钢集团 2012 年党建工作会。这次会议的主要任务是：总结重钢集团 2011 年党建工作，安排部署 2012 年党建工作重点任务，命名重钢集团"党建示范点"，表彰 2011 年度"红旗党委"。首先，我代表重钢集团党委向受到命名和表彰的单位表示热烈祝贺！向辛勤工作的广大党员和党务工作者表示衷心的感谢！

今天的会议，我讲三点内容。

**一、2011 年的各项工作**

2011 年，重钢集团各级党组织紧紧围绕“四大战略任务”奋斗目标，全面推进思想、组织、作风、制度、反腐倡廉“五大建设”，深入开展“创先争优”、建设学习型党组织、厂务公开、党内主题活动，有力地推动了重钢改革发展稳定各项工作。重钢集团荣获“全国先进基层党组织”“全国企业文化建设优秀单位”，继续保持了“全国文明单位”称号。主要成绩表现在：

1. 重钢集团的改革发展开创新局面

一是主要生产经营指标全面提升。预计 2011 年产焦 266 万吨、生铁 558 万吨、钢 603 万吨、钢材 570 万吨，实现销售收入 310 亿元，均创历史最高水平，实现重钢长寿新区环保搬迁工程 600 万吨钢生产规模全面建成和大渡口老区安全、平稳、顺利关停的目标。

二是举办纪念建厂 120 周年系列活动。召开了隆重热烈的纪念大会，重庆市委主要领导、重庆市长黄奇帆、重庆市人大主任陈光国、重庆市政协主席邢元敏等出席，总政歌舞团演出了精彩的节目。《重庆日报》用 8 个专版报道重钢新生之路，重庆电视台用近 10 小时的新闻报道重钢大渡口老区关停、长寿新区投产等，拍摄了电视连续剧《钢魂》，中央电视台播出了电视纪录片《追访西迁路》，塑造了重钢新形象，提振了职工精气神，增强了企业凝聚力。

三是“走出去、引进来”初见成效。澳矿项目工程建设全面启动，计划 2013 年初步建成；韩国 POSCO 正式选定重钢为 FINEX 综合钢厂项目中国唯一合作企业；靖江物流基地建设实现当年开工、当年投产，首期项目长江码头的 2 个泊位建成投用。

四是非钢产业快速发展，绩效突出。重钢非钢子公司在服务钢铁主业、拓展外部市场两条战线上均取得良好的业绩，预计 2011 年非钢产业实现销售收入 121 亿元，实现利润 4.9 亿元。

五是科技创新取得新突破，技术经济指标逐步改善。“干式（机械）真空系统应用于 RH 工艺技术研发”获 2011 年冶金科技成果一等奖；“新型少齿差传动关键技术研究及应用”获教育部 2010 年度科研优秀成果一等奖；重庆钢研所成功开发研制用于运载火箭和嫦娥飞船系列新材料。长寿新区各主要工序通过开展“对标挖潜”，35 项主要技术经济指标与上年相比，有 25 项实现明显改善，指标改善率 77.14%。

2. 重钢集团的党建工作取得新成效

一是思想政治教育广泛深入，团结奋斗的思想基础更加牢固。坚持两级中心组学习，不断提高领导干部政治素质和科学决策水平；通过辅导讲座、党员组织生活、职工政治学习会等方式抓好党员和职工政治理论教育工作，统一思想，凝聚共识、形成了合力。坚持理论联系实际，用党的科学理论和方针政策指导实践工作，扎实开展党建和思想政治工作研究，2011 年重钢集团撰写党建、政研论文共 168 篇。

二是领导班子、干部队伍建设全面加强，引领科学发展能力不断提升。开展“理想信念、宗旨意识、廉洁从业”三项教育，深化“三走进”活动，促进党员干部“讲党性、重品行、作表率”，做到忠诚敬业，廉洁从业。深化“四好”领导班子创建活动，在提高素质、统一思想、明确目标、改进作风、完善制度上下工夫，发挥了班子的整体功能和合力。以“坚持以人为本理念，发扬密切联系群众优良作风”为主题，召开领导班子民主生活会，增强了团结与活力。2011 年共选派 136 人（次）厂处级及以上人员参加重庆市国有资产监督管理委员会组织的各类培训或讲座，进一步提高各级领导人员的综合素质。制定重钢集团“十二五”人才队伍建设规划，完成经营管理人才、专业技术人才、技能人才三个人才成长晋升通道的建设，选聘了首批技术专家、技能大师。

三是各项重点工作深入开展，党的自身建设不断加强。全面落实“一讲二评三公示四整改”，完善考核评价、定期评先、信息报送和党群共建制度，党支部、党员承诺事项 45300 多条，兑现率 99% 以上，“创先争优”活动取得明显成效。深入开展“生产经营作表率，环保搬迁立新功”党内主题活动，搭建凝心聚力、提升素质、建功立业三大平台，党支部攻难关 1800 个，党员攻关立项 2300 项，建立党员示范岗 1700 个。加强基层党组织建设，90% 以上的党委、95% 以上的党支部达到重庆市国有资产监督管理委员会级“五个好”党组织标准，提前 1 年完成创建工作 5 年规划目标。确定 10 个重钢级党建示范点单位，在党建工作体制机制、活动内容、活动方式、服务发展等方面进行积极的探索与创新。扎实抓好组织发展工作，2011 年发展党员 286 名。完善和落实党内激励、关怀、帮扶机制，2011 年慰问老党员、困难党员以及优秀共产党员 1408 人（次），开支慰问金 54 万元。

扎实推进学习型党组织建设，制定年度工作安排和学习型党组织建设管理办法，巩固“四级联创”体系和“四级联动”体系。组织召开学习型党组织建设经验交流大会，进一步明确工作要求和重点，使建设学习型党组织的过程成为凝聚力量、战胜困难、化解矛盾、推动工作的过程。

完善党务公开工作机构，制定《党务公开实施办法》，明确公开原则、内容、方式、程序和时限等；确定 12 家联系点单位，聘请 20 名党务公开监督员，加强督促检查，保证党务公开各项要求落到实处。继续在 10 个单位开展党代表大会常任制试点工作，落实党代表大会代表任期制，党支部书记“两推一选”，试行党支部书记（委员）“公推直选”，加强党内民主建设。

四是宣传思想工作重心下移，企业凝聚力不断增强。深入开展“建设新重钢，实现新跨越”厂情教育活动，讲清企业面临的形势和发展机遇，发展的目标、思路和措施，干部、职工的任务和职责，增强干部、职工对形势任务的认识、对发展的信心和工作的积极性主动性。以“三贴近”原则抓思想政治工作，把职工思想教育引导的重点与当前形势任务结合起来，提高针对性；把解决职工思想问题与解决职工实际困难结合起来，增强实效性；通过当面征求意见等方式扩大职工思想动态的信息来源，保证真实性。高度重视企业文化建设和精神文明建设，制定《重钢文化建设“十二五”规划》，修订编印《重钢文化手册》（第三版），开展重钢120年来主要文化历程和重钢搬迁精神的总结工作。组织开展2009～2011年重钢劳动模范推荐评选活动，“感动重钢”2010年度人物评选活动，2011年重钢集团继续保持“全国文明单位”称号。

五是惩防体系建设取得新进展，干部廉洁自律意识不断强化。认真落实党风廉政建设责任制，明确责任领导和主要任务、目标，开展责任制落实情况的专项检查，确保责任制落实到位；召开反腐倡廉工作会、干部警示教育大会、领导人员廉洁从业谈心会，举办工程建设领域专项治理暨廉洁从业专题讲座等，开展法纪教育、案例教育和警示教育；加强廉洁文化建设，广泛开展廉洁互动讲座、廉洁家书征集等活动。制定重钢集团《关于贯彻落实“三重一大”决策制度的实施办法》，并组织各子公司制定本单位的“三重一大”决策制度。加强环保搬迁监督和大渡口老区资产处置专项效能监察，确保国有资产不流失，促进资产处置效益最大化。加强各项廉洁制度的贯彻执行，两级纪委负责人同下级党政主要负责人谈话401人（次），任前廉政谈话177人（次），诫勉谈话47人（次），述职述廉302人（次），253名厂处领导人员按规定报告个人有关事项，162人（次）主动向重钢纪委登记上交礼品礼金，36名新提任厂处领导人员参加廉洁法规考试。坚持严惩腐败，对6人分别给予党纪政纪开除处分，挽回直接经济损失28万元。

3. 重钢集团的和谐稳定实现新进步

一是认真开展“大下访”，2011年受理职工群众来信来访总量为1339件、6743人（次），与上年同期分别下降5%、40%。

二是落实稳定工作“一岗双责”制度和稳定风险评估制度，做好集体企业改制、企业人力资源结构调整、大渡口老区关停搬迁等重点稳定工作，使大量矛盾纠纷在企业内部得以化解。

三是坚持和完善职工代表大会制度，召开重钢工会委员会与职工代表团长联席会3次，职代会权益保障专委会3次，审议决定涉及职工切身利益的重要制度、办法。

四是认真开展民主测评领导干部工作，共有4387人（次）职工代表参加对重钢集团厂处领导班子成员进行的民主测评和考核。

五是深化厂务公开，完善目标责任制、定期报告制、职工评价制、效能监察制、检查考核制、责任追究制等六项制度，定期召开专题厂务公开发布会，对重钢环保搬迁工程建成投产等重点工作进行公开。

六是落实“两个普遍”工作，积极构建和谐劳动关系，重钢集团被评为“全国机械冶金建材系统劳动关系和谐企业”。

七是加强法制宣传和依法治企工作，开展“六五”普法，宣传国家基本法律制度，组织开展安全生产大宣教大排查大整治大执法专项行动、冶金企业煤气安全管理专项检查、节能宣传、安全生产月等活动。

八是认真做好统战工作，做到广开言路，团结共进。

九是加大帮扶工作力度，开展困难职工重点帮扶、结对帮扶和“庆、谈、访”活动，慰问7937人（次），开支慰问金171.5万元；办理医疗互助基金648人（次），金额212.74万元。通过“金秋助学”活动资助268人，金额31.03万元。

在取得一系列辉煌成绩的同时，我们也要清醒地认识到，我们的工作依然存在着一些差距和不足，各级党组织对广大干部职工的理想信念教育还有差距；党要管党、从严治党方面还应进一步强化；企业文化建设的系统性和执行力还显得不足，子公司企业文化建设的规范性还不够；基层党组织活动阵地建设力度不足；厂、科两级干部中，个别人员在廉洁自律方面意识不强、按规依法办事意识不强。

**二、认清形势，坚定信心，带领广大职工团结奋进**

当前，国内外经济环境十分复杂，不稳定、不确定因素增多。中国经济受世界经济的影响，钢材市场需求放缓，市场价格深幅下跌。同时，钢材成本因铁矿石、煤炭等原辅材料供不应求，价格居高不下，钢材的利润空间进一步受到挤压。我国钢铁行业经过多年的高速发展，钢铁产能已达7.2亿吨，形成供大于求、严重过剩的局面，已经进入微利时代。2011年1～10月，大中型钢铁企业销售利润率只有2.8%，比我国工业行业的平均盈利水平还低，其中10月的销售利润率只有0.47%，全行业处于低效益的状态。77户大中型钢铁企业中，亏损面达到30%。重钢集团内部，由于两线作战、战线拉长，导致成本的大幅上升，钢铁主业出现大额亏损，重钢集团自2000年至今取得连续11年盈利的成绩之后，2011年出现大额亏损。600万吨钢生产规模全面建成投产之后，新的考验又摆在我们面前，现代化设备映射出操作的生疏，生产事故频发；金牌产品的光环之下质量问题凸显，用户投诉频频；粗放管理与管理缺位交织，盲目乐观与信心缺失交错，人才匮乏与人员臃肿并存。

同时，我们也要看到，我国经济基本面持续向好，正由政策刺激向自主增长有序转变，宏观经济政策更加注重针对性、灵活性和前瞻性。实体经济作为经济结构的坚实基础，国家将会更加注重和发展实体经济。应该说，重钢生逢其时，在重庆市委、市政府、市国有资产监督管理委员会的正确领导下，在重庆市各部门的大力支持下，抢抓机遇，艰苦努力，以“重钢速度”建成600万吨钢的生产规模，现代化的新装备、新工艺、新流程全面提升了硬件条件。过去，很多人怀疑我们的环保搬迁工程能不能按期建成投产；现在，重钢集团已经把这份圆满的答卷摆在了所有人的面前。而且，澳矿项目已经动工，困扰我们多年的资源问题即将得到解决；靖江物流基地已经剪彩运行，运输瓶颈也随之缓解。可以说，这些年来，重钢集团班子解放思想、开拓创新，为重钢破除了“宿命论”等思想枷锁和资源匮乏等先天不足，为重钢未来的发展奠定了坚实的基础。下一步，重钢的新设备、新工艺、新流程能不能高效顺行，就要靠广大干部职工共同努力，完成这份全新的答卷。面对当前的严峻形势，我们只有一条路，就是变压力为动力，对照先进找差距，坚定信心干实事，战胜困难，逆势前进，把企业做优做强。

逆境长精神，危中也有机。越是艰苦的环境，越能考验一个企业的耐力、凝聚力、竞争力，也越能考验干部职工与企业同舟共济的忠心、信心、责任心。在这一场拼耐力、拼斗志、拼消耗的战役里，我们唯有以十足的信心、百倍的勇气，团结奋斗，共赴时艰，立足岗位履职尽责，在理顺流程，实现精细化管理上再现“重钢速度”；在确保设备顺行、力争精细操作上体现“重钢精神”；努力提升产品质量、档次和稳定性，不负“金牌产品”的盛名；积极调整产品结构，努力研发量大面宽，国内需求仍有较大缺口的高品质、高附加值钢材；对照行业先进水平，对内挖潜，实现工序降本；快速推进钢铁股份公司产品结构调整项目工作，完善产品系列；顺利完成大渡口老区拆除、资产处置工作，确保国有资产不流失；通过原材料采购、钢材销售中的科学判断、精打细算，为重钢争取最大利益。

重钢集团“十二五”规划目标是钢铁产能达1000万吨、销售收入达1000亿元，跻身世界500强企业之列。要实现这一目标，需要我们按照科学发展观要求，结合中国钢铁工业的现状，进一步明确发展思路、寻求科学方法、探索有效路径。在生产经营上，要进一步由追求产量扩张，靠增加投入的粗放经营，向注重品种质量、提高效益，靠技术进步、科学管理、人才成长的集约化经营转变；在企业发展上，要进一步由注重钢铁产业发展，向既做强钢铁主业，又向钢铁上下游产业链延伸的一业为主，适当发展相关产业转变；在科技创新上，要进一步由引进消化、集成创新，逐步向原始创新转变。

面对新的形势任务，各级党组织要坚定不移地发挥政治核心作用，坚定不移地加强和改进企业党的建设，坚持党要管党、从严治党，使各级党组织和广大党员始终成为企业改革发展稳定的中坚力量。党员干部要发挥骨干带头作用，胸怀“三心”，带好队伍，勇挑重担，扎实苦干，以自身的表率作用影响一个群体，带动一方发展，确保企业和谐稳定，团结带领广大职工努力实现重钢集团提出的各项目标。要带头深入学习，武装头脑。带头学习党的路线方针政策，学习党的十七届六中全会精神和中央经济工作会议精神，学习重钢集团“十二五”规划的各项战略部署，深刻把握精神实质和根本要求，不断加强工作中的理论自觉和理论指导。要带头振奋精神，“创先争优”。做好2012年和“十二五”时期各项工作，精神状态至关重要。要始终保持蓬勃朝气、昂扬锐气，树立争创一流的工作理念，以高要求激发强动力，强动力引领快发展。要按照“创先争优”活动各项部署和工作要求，围绕实现2012年生产经营目标、环保搬迁工程达产达效和钢铁股份公司产品结构调整项目建设、澳矿建设、企业结构调整、推动“十二五”发展等中心工作，突出工作重点，把握工作节奏，注重务实创新，坚持以身作则，带动广大党员、职工创先有方向，争优有目标。要带头转变作风，狠抓落实。坚持深入基层，深入实际开展调查研究，广泛了解情况，总结经验，推动各项工作。要强化领导就是服务的意识，为基层单位和职工群众解难题办实事。要始终坚持求真务实，真抓实干，不搞花架子，全心全意抓落实。要带头廉洁自律，忠诚敬业。党员要始终绷紧廉洁自律这根弦，守住底线，带头执行廉洁从业的各项规定，做廉洁从业的表率。要切实树立对重钢的忠心、发展的信心、干好工作的责任心，带头发扬优良传统，讲团结，顾大局，我要特别强调，在困难时期各级领导班子和干部要特别注意加强团结，有问题共同想办法解决，决不能互相推诿、互相指责、互相埋怨。要用自己的模范行动，带动队伍建设，推动事业发展。

## 三、充分发挥企业党组织政治核心作用，推动重钢科学发展

刚才，朱建派作了重钢集团2011年党委工作要点的说明。这个工作要点经过重钢集团党委全委会讨论通过，请各单位党组织务必认真贯彻落实。下面，我再强调几点。

1. 以强化干部教育培训为切入点，提高党员干部思想政治水平

胡锦涛总书记指出："在新的历史条件下提高党的建设科学化水平，必须坚持解放思想、实事求是、与时俱进，大力推进马克思主义中国化时代化大众化，提高全党思想政治水平。"

党的发展历程告诉我们，理论上的成熟是政治上坚实的基础，理论上的与时俱进是行动上锐意进取的前提，思想上的统一是全党步调一致的重要保证。当前，我们面临着复杂多变的市场形势、承担着全面实施四大战略任务的艰巨任务、推动着实现"千亿重钢"发展目标的伟大实践，全体党员干部都要不断提高思想政治水平，坚定理想信念，增强事业心和责任感，真正做到坚定不移、矢志不渝。

与此同时，各级党组织要增强党员干部教育培训的针对性和实效性，加强理论武装，提高党员干部的思想政治水平。要坚持服务大局、以人为本，适应企业发展需要，准确把握干部队伍特点，真正做到企业发展需要什么就培训什么、干部缺什么就补什么，更好地为企业发展服务、为干部成长服务；坚持上下结合、统筹协调，充分整合利用各种培训资源，为干部提供更多的教育培训机会、创造更好的教育培训条件；要坚持分级管理、分类实施，根据不同单位、不同类别、不同岗位干部实际开展教育培训，注重实效。

要继续深入开展"理想信念、宗旨意识、廉洁从业"三项教育，高度警醒、时刻预防精神懈怠的危险、能力不足的危险、脱离群众的危险、消极腐败的危险。要用中国特色社会主义理论体系武装头脑，引导干部树立正确的世界观、权力观、事业观，增强贯彻落实科学发展观的自觉性坚定性；加强重钢集团发展战略和形势任务教育，引导干部增强全局感和紧迫感，更有力地执行重钢集团的各项决策部署；加强法律法规培训，提高干部法制意识和依法办事能力；加强业务知识和工作技能培训，提高干部履行岗位职责、创造性开展工作的能力；加强道德品行教育和反腐倡廉教育，引导干部带头践行社会主义荣辱观，自觉遵守廉洁从业各项规定。

2. 以推进"创先争优"、建设学习型党组织、党务公开三项重点工作为抓手，加强企业党组织的先进性建设

深入开展"创先争优"活动，是加强党的基层组织建设的一项经常性工作，也是新形势下加强党的先进性建设的有效载体和有力抓手。要认真落实"一讲二评三公示"，同时做到"讲述必谈整改、点评必讲整改"，增强"创先争优"活动的规范化和实效性。要围绕本单位中心工作、党员岗位职责和服务职工群众，抓好党组织和党员的公开承诺及其实施兑现，使"创先争优"活动成为职工群众满意工程。2012 年上半年，重钢集团将按照上级安排，开展"创先争优"活动"回头看"，加强理论研究和实践总结，将有效做法、成功经验固化下来，建立健全"创先争优"长效机制。

不断学习、善于学习，努力掌握和运用一切科学的新思想、新知识、新经验，是党始终走在时代前列引领中国发展进步的决定性因素。要按照"科学理论武装、具有世界眼光、善于把握规律、富有创新精神"的要求，把建设学习型党组织作为重大而紧迫的战略任务抓紧抓好。要从以书本为中心的学习转向以问题为中心的学习，从以文凭学历为目标的学习转向以提高素质能力为目标的学习，从灌输式学习转向研讨式学习，从个人化学习转向组织化学习，从人生一个阶段的学习转向终生学习。要以是否学有所用，作为检验学习型党组织建设成效的最终标准，大力弘扬求真务实精神，把加强学习与攻克"四大战略任务推进"中的困难结合起来、与推动本单位工作结合起来、与解决好涉及职工切身利益的突出问题结合起来，使学习的过程成为凝聚力量、推动工作、解决问题的过程。

党内民主是党的先进性的本质体现，党内民主的发展程度和进步状态，决定着党的先进性建设的成效。党务公开作为党加强和改进党内民主，接受党外监督的重要举措，其实质就是党的先进性建设的具体体现。要按照"党委统一领导，部门各负其责，纪委协调监督，党员群众积极参与"的要求，形成一级抓一级、层层抓落实的工作格局。要创新载体，采取党务公开栏、局域网、电视、广播、报纸、会议等多种形式实施公开，增强党务公开工作的可操作性和党务工作的透明度。要健全制度，完善情况通报、意见收集处理反馈和监督员制度等制度办法，加强党务公开的督促指导和检查，确保党务公开的质量和效果。切实保障广大党员、职工的知情权、监督权、参与权，使党组织的先进性和凝聚力、号召力、战斗力不断增强。

3. 以扎实开展社会主义核心价值体系教育为主要内容，推进企业文化建设

中国共产党从成立之日起，就是中华优秀传统文化的忠实传承者和弘扬者，是中国先进文化的积极倡导者和发展者。我们党历来高度重视运用文化引领前进方向、凝聚奋斗力量。"十二五"时期，是重钢集团全面实现"双千"目标的关键时期，也是传承和创新企业文化、实现重钢文化大发展大繁荣的黄金时期。抓文化就是抓方向、抓未来，也是抓民生、抓发展的内生动力。2012 年，重钢集团将着力实施文化建设 5 大工程：通过文化塑魂工程，切实加强理想信念教育，加强和改进企业思想政治工作，广泛开展"唱读讲传"和群众性精神文明创建活动，提振广大职工的精气神。通过文化传播工程，构建定位明确、特色鲜明、功能互补、覆盖广泛的重钢传媒体系，把握正确舆论导向，唱响主旋律，打好主动仗。通过文化惠民工程，加快"森林钢城""和谐重钢"建设，规范文化视觉识别系统建设，完善文化活动设备设施，为职工提供丰富有益的

文化生活。通过文化精品工程，充分挖掘重钢优秀文化资源，结合新重钢建设和发展的生动实践，创作反映重钢历史、体现重钢特色、展示重钢人文风采的文化精品，形成一批有影响力的文体活动品牌。通过文化育人工程，将学习、培训、岗位练兵、技术竞赛有机结合，开展学劳模学先进活动，提高职工思想政治素质和科学文化素质，培养和造就一支适应新重钢发展要求的，有理想、有道德、有文化、有纪律的职工队伍。

中国特色企业文化是中国特色社会主义文化的重要组成部分，是具有社会主义性质的企业文化。社会主义核心价值体系是兴国之魂，是社会主义先进文化的精髓，决定着中国特色社会主义发展方向。企业文化建设必须坚持以科学发展为主题，以社会主义核心价值体系为根本，把社会主义核心价值体系建设贯穿于企业文化建设的全过程，融入企业文化建设的各个方面、每个环节。要把社会主义核心价值体系融入职工教育、精神文明建设和党的建设全过程，体现到精神文化生产传播各方面，坚持用社会主义核心价值体系引领思潮，在重钢集团形成统一指导思想、共同理想信念、强大精神力量、基本道德规范。要坚持马克思主义指导地位，坚定中国特色社会主义共同理想，弘扬以爱国主义为核心的民族精神和以改革创新为核心的时代精神，树立和践行社会主义荣辱观，深入推进社会公德、职业道德、家庭美德、个人品德建设，形成积极向上的精神追求和健康文明的生活方式。

4. 以营造风清气正的发展环境为目标，加强反腐倡廉建设

重钢集团旗帜鲜明地反对腐败，反腐倡廉建设不断取得新的明显进展。同时，一些领域依然存在易发腐败问题的情况，如果腐败得不到有效惩治，我们就会丧失职工的信任和支持。必须警钟长鸣，充分认识反腐败斗争的长期性、复杂性、艰巨性，把反腐倡廉建设摆在更加突出的位置，以更加坚定的信心、更加坚决的态度、更加有力的举措，加强惩治和预防腐败体系建设，营造风清气正的发展环境。

各级党组织要以更加坚决的态度、更加有力的措施、更加扎实的工作，继续加强教育、健全制度、强化监督、规范管理，更加有效地预防腐败。要严格落实党风廉政建设责任制，强化落实各级领导人员的责任，巩固党风廉政建设齐抓共管的良好局面。深入开展廉洁从业道德教育、纪律教育和警示教育，持续推进廉洁文化建设，不断增强各级管理人员和重要岗位人员廉洁从业的自觉性。要对“三重一大”决策制度的执行情况进行检查，确保权力规范运行，坚持不懈地把党风廉政建设和反腐败工作引向深入，为重钢集团科学发展提供有力的纪律保证。

5. 以切实维护职工权益为宗旨，推进民主法治建设

重庆市委三届十次全会《决议》指出：“民主法治是经济发展、社会进步的重要动力和制度保障。党的十七大以来，中央反复强调扩大社会主义民主，建设社会主义法治国家。”按照重庆市委要求，我们要切实把思想和行动统一到中央的决策部署上来，以职工利益为中心、依法治企为重点，推进企业民主法治建设，增强推动发展、构建和谐的合力。一是完善干部直接联系职工群众制度。听民声、知民情是做好工作的基本前提，干部直接联系群众是畅通民意的有效实践。要深入开展“大下访”，落实干部与职工“同吃同住同劳动”的要求，手牵手、面对面、心连心地做好职工思想工作和心理疏导，依法、按政策做好稳定工作，使矛盾纠纷在企业内部得以化解。二是坚持和完善职工代表大会制度。民生是民主的基础和前提，改善民生就是发展民主。反过来，发展民主可以促进民生的改善。企业的各项重大决策，特别是涉及职工切身利益的重要制度、办法，都要依法、按程序通过职代会审议。三是健全民意测评机

2011 年 12 月 30 日，重钢集团 2011 年党建工作会　张兵　摄影

制，抓好民主测评领导干部工作。选好人、用好人关乎人心向背，而选好、监督好干部，关键是发扬民主，实施群众监督。群众的眼睛是雪亮的，干部德才好不好，实绩怎么样，群众清楚，也最有发言权。四是健全厂务公开制度。定期召开专题厂务公开发布会，重点公开重大决策、生产经营重要内容、干部选拔任用、领导班子建设、党风廉政建设、涉及职工切身利益等方面内容，切实保障职工知情权。五是加强法制宣传和依法治企工作，要认真开展“六五”普法活动，广泛宣传与人民群众生产生活密切相关的法律法规，增强职工法制观念和遵纪守法意识。各级干部要自觉学法、带头守法，依照法律、按照制度管人、管事，在法律框架内行使权力。六是加大帮扶工作力度，不让1个职工因经济困难而生活不下去、看不起病、使子女辍学。2012年元旦、春节快要到了，各单位要结合实际认真做好安全生产、职工稳定、走访慰问等各项工作，保障农民工工资按时足额发放，确保职工群众过一个“欢乐祥和、喜庆安宁”的节日。

同志们，时代赋予重任，奋斗铸就辉煌。百年重钢的历史告诉我们：没有什么困难是不能被克服的。绝不向命运低头是重钢人的百折不挠的精神，艰苦奋斗是重钢人百年传承的品质，负重自强是重钢人百战百胜的能力。我们一定要按照中央和重庆市委、市政府的部署，在重庆市国有资产监督管理委员会的坚强领导下，坚定信心，迎难而上，全力以赴，落实好重钢集团的决策和措施，完成好2012年各项目标任务，以优异成绩向党的十八大、重庆市第四次党代会的召开献礼！

**本部目编辑　黄二卫**
**本部目校对　陈雪梅**

3

# 重钢综述

重钢年鉴

2012

# 概貌

**【自然环境】** 重庆钢铁(集团)有限责任公司暨重庆钢铁集团位于重庆直辖市主城大渡口区,距重庆渝中区解放碑15千米。重钢在大渡口区的地方称之为重钢本部。重钢本部冬湿夏热,夏秋多雨,属中亚热带湿润气候,年平均气温为17.7摄氏度,7、8月气温在36.1~38.5摄氏度;年降雨量为1204.4毫米,6~9月雨水最多,降雨量在150.4~199.7毫米间。风向随季节变化,秋末冬初为北风;年平均风速为1.4米/秒,最大风速可达12米/秒;大气稳定以中性(D类)为主。

重钢本部东去17千米可达重庆朝天门码头,往西北2千米可进成渝高速公路;距内环高速公路2千米。袁茄路(袁家岗—茄子溪)、杨渡路(杨家坪—大渡口)、钢铁路(李子林-丁子路)、陈庹路(陈家坪—庹家坳)、内环高速公路等公路穿过重钢本部生活区、厂区。重庆二号轻轨线(较场口—新山村)平安站距重钢集团机关0.5千米。

重钢本部生产区位于长江上游北岸,长江由南向北奔流。重钢在本部长江边建有3座码头。重钢本部所在地的长江段江面在枯水时江面宽度在700~1190米间;河床底部标高151.48~163.84米,个别洼地的水槽深4.88米,水槽在厂区地段偏左。重钢本部生产区三面环山,地呈月牙状;与九龙坡区毗邻,隔江与巴南区相望。重钢本部厂区大地构造单元属四川盆地川东弧群褶皱带,厂区东为南温泉背斜高耸,西为中梁山背斜直立。阶地分四级:第一级阶地位于大渡村及高炉、焦炉一带,厂区标高195~200米,阶地前缘边坡为长江岸坡;第

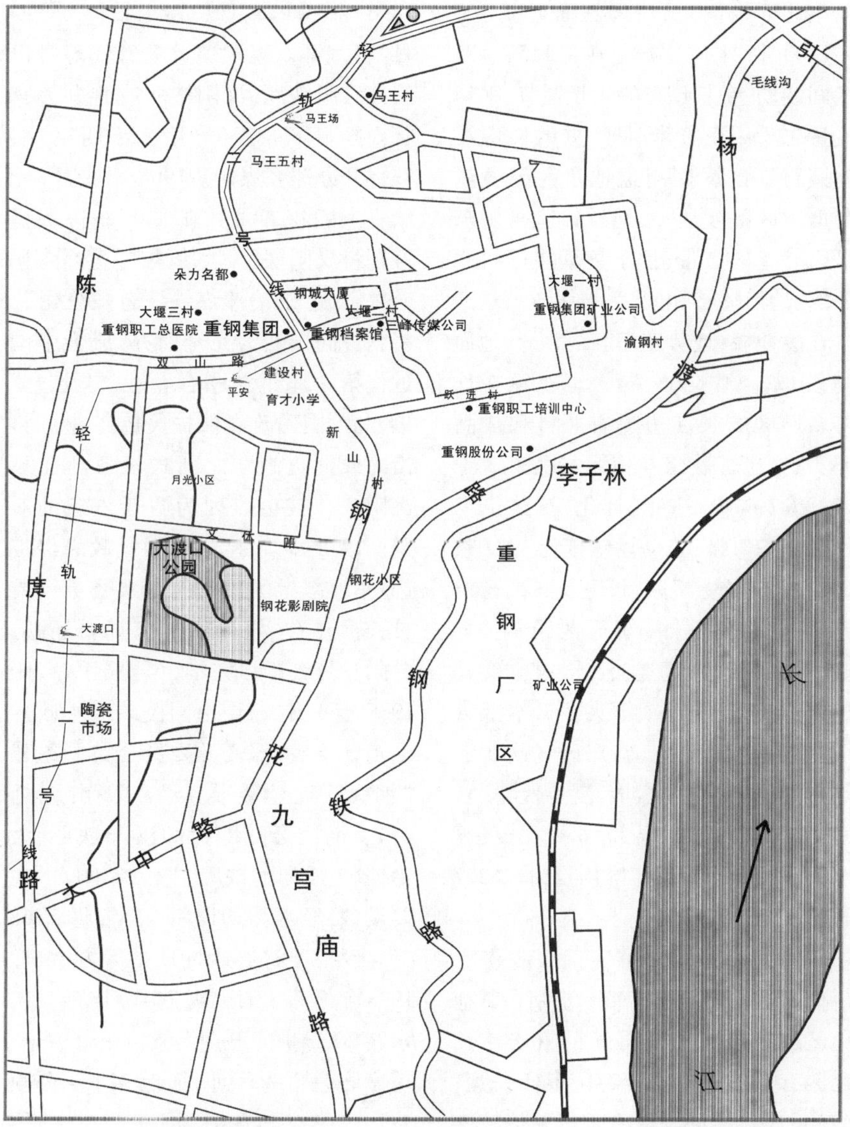

二级阶地标高220米，其边沿坡度40～50度，基岩基座的表面坡度为4度，向江倾斜；第三阶地成不连续分布，出露标高为260～278米，坡度5～7度，向江倾斜；第四阶地发育完整，出露标高为295～320米，组成物多为残积层，其前沿边坡大于45度。

2007年重钢启动环保搬迁改造工程，重钢的主要生产区由重庆市大渡口区本部逐步转移至长寿区江南镇。重钢长寿江南镇新厂区地处重庆市主城区下游长江南岸，东与涪陵区石砣镇相邻，南靠五堡山山脉，与涪陵区石合乡接壤，西与巴南区麻柳嘴镇牵手，北临长江黄金水道，长江从西南向东北环绕而过，流经江面宽度700～1100米，水位夏升冬降在145～175米间波动，受长江三峡大坝调节，平均流量13357立方米/秒。重钢长寿江南镇新厂区属四川盆地东南部丘陵与低山区斜坡地带，地质构造属川东平行岭谷褶皱带；位于黄草峡背斜北西翼，地形岭谷相间，为坡缓、谷宽、湾多丘陵地貌，地势东南高西北低，地面高程171.83～306.64米。重钢在长寿新厂区的长江边建有原料和成品码头；修建有铁路专用线与距离3千米的渝（重庆）—怀（怀化）铁路王家坝火车站对接；公路运输依托“茶（茶园）—涪（涪陵）”路，长寿长江大桥位于新厂区北东侧，新厂区距渝（重庆）—长（长寿）高速公路晏家立交式出口1.5千米，距重钢大渡口本部直线距离63.5千米。新厂区气候属亚热带季风区，冬暖春早、夏多伏旱、秋多阴雨，年平均气温17.6摄氏度；雨水集中在5～9月，年降雨量为1162.7毫米。

重钢核心企业重庆钢铁股份有限公司在长寿区江南镇。重钢在其他地区还有二级子公司：（1）重庆市江北区有重庆三钢钢业有限责任公司；（2）重庆市沙坪坝区有重庆东华特殊钢有限责任公司；（3）重庆市巴南区有重庆钢铁集团钢管有限责任公司；（4）重庆市长寿区有重庆钢铁集团三峰工业有限公司；（5）重庆市綦江县有重庆四钢钢业有限责任公司；（6）香港有重庆钢铁（香港）有限公司。

*龙志敏*

**【历史】** 重钢的前身，是清朝洋务运动时期，由湖广总督张之洞于1890年9月6日（光绪十六年七月二十二日）奏准而创办的汉阳铁厂。同年12月23日，汉阳铁厂奠基动工。1893年10月（光绪十九年九月），汉阳铁厂生产系统工程全部完工，于1894年6月28日（光绪二十年五月）开工试产。1896年5月24日（光绪二十二年四月）盛宣怀以直隶道员越省代筹身份接办汉阳铁厂，汉阳铁厂改官办为官督商办。1898年（光绪二十四年）盛宣怀开办萍乡煤矿。1908年3月（光绪三十四年二月），邮传部右侍郎盛宣怀将汉阳铁厂、大冶铁矿、萍乡煤矿合并组成“汉冶萍煤铁厂有限公司”，将官督商办变为完全商办，成为中国近代第一座钢铁联合企业。“七七”事变后，国民政府保护民族工业，“将沿海或逼近战线之新式设备内迁”；汉阳铁厂被重点列为西迁重庆的对象。1938年2月7日，国民政府经济部、军政部奉国民政府军事委员会委员长蒋介石“汉阳铁厂应择要迁移，并限三月底迁移完毕，为要”手令，于1938年3月1日，由国民政府军政部兵工署、经济部资源委员会共同组建“钢铁厂迁建委员会”（简称：钢迁会）。钢迁会随即拆卸汉阳铁厂、大冶铁矿、六河沟铁厂、上海炼钢厂的主要设备，经水路历时一年半，将5.68万吨设备器材送达抗日大后方重庆。1938年8月1日，钢迁会确定距重庆水路20千米的巴县大渡口镇落中子、黄家湾一带为厂址，征地222.4公顷建厂。1940年3月，钢迁会20吨炼铁炉投产出铁。1949年3月，钢铁厂迁建委员会更名为军政部兵工署第二十九兵工厂。

1949年12月6日，中国人民解放军重庆市军事管制委员会接管二十九兵工厂，成立中国人民解放军重庆市军事管制委员会二十九兵工厂军代室。1949年12月至1952年12月，对工厂实行军事管制。1951年3月，二十九兵工厂更名为西南工业部第一零一厂；1955年2月，一零一厂、西南钢铁公司两家企业合并，称“西南钢铁公司”。西南钢铁公司直接领导一零二厂、一零四厂、一零五厂、贵州省遵义锰铁厂、綦江铁矿等。1955年4月，西南钢铁公司改称“重庆钢铁公司”，一零一厂改名为重庆第一钢铁厂、一零二厂改名为重庆第二钢铁厂、一零四厂改名为重庆第三钢铁厂、一零五厂改名为昆明钢铁厂，遵义锰矿（贵州省遵义锰铁厂更名）名称不变。当年10月，重庆第一钢铁厂、綦江铁矿、遵义锰矿合成为独立的计算单位及经济核算单位的重庆钢铁公司；重庆第一钢铁厂建制取消，重庆第三钢铁厂归重庆钢铁公司领导，为重庆钢铁公司的一个分厂，保留原计划与经济独立核算。重庆第二钢铁厂、昆明钢铁厂归国家重工业部钢铁工业管理局直接领导，但“由局委托陈登崑、刘柏罗两同志在西南地区基建和生产的工作安排力量，布置和互相支持等方面代表加以照顾、指导”。1965年6月，四川省冶金工业局发文件，同意“原重庆市三江钢铁厂定名为重庆钢铁公司第四钢铁厂，刘家坝第二中板厂定名为重庆钢铁公司第五钢铁厂，原重庆第三钢铁厂定名为重庆钢铁公司第三钢铁厂，原綦江铁矿定名为重庆钢铁公司綦江铁矿。公司小平炉改称第一炼钢厂，公司大平炉改称第二炼钢厂”。1968年9月，重钢成立“重钢革命委员会”，1978年

3月,重钢取消"重钢革命委员会"名称,恢复"重庆钢铁公司"称号。

重钢在1958年前属中央在省企业,后下放由四川省管理。1964年5月,归国家冶金部管理,接受冶金部、四川省双重领导。1970年8月,重钢划归四川省管理,实行中央和地方双重领导以省为主的管理体制;1975年8月,四川省省委将重钢的人权、物权、财权下放重庆市,由重庆市领导,接受冶金部管理。1979年2月,重钢被四川省确定为首批进行扩大企业自主权试点单位;1984年7月,重钢率先在全国试行经理、厂长负责制。1988年,重钢成为国家二级企业;1993年成为全国特大型企业。1992年12月,重庆钢铁集团成立,重庆铁合金厂、江津钢铁厂、重庆无缝钢管厂、重庆耐火材料总厂、重庆钢铁研究所等"四厂一所"进入重庆钢铁集团;重庆钢铁公司更名为"重庆钢铁(集团)公司",为重庆钢铁集团核心企业。1994年重钢开始现代企业制度试点,11月2日,被确定为全国100家首批现代企业制度试点单位。1995年6月,重钢建立母子公司体制,"重庆钢铁(集团)公司"更名为"重庆钢铁(集团)有限责任公司";重庆钢铁(集团)有限责任公司为重庆钢铁集团的母公司。1997年4月,重钢被批准为全国第二批120家企业集团试点单位,1999年为国家大型企业集团试点单位。1998年重钢为国家重点联系的512户企业之一、重钢为国家认定的企业技术中心及国家级博士后科研工作站。2000年1月,重庆钢铁(集团)有限责任公司兼并重庆特殊钢(集团)有限责任公司,重庆特殊钢(集团)有限责任公司更名为"重庆钢铁集团特殊钢有限公司";2003年4月,重庆市政府撤销重庆钢铁(集团)有限责任公司对重庆特殊钢(集团)有限责任公司的承债式整体兼并。解除兼并后,重钢受重庆市政府委托,管理重庆特殊钢(集团)有限责任公司。2005年7月,重庆特殊钢(集团)有限责任公司宣告破产。

1950年5月,第二十九兵工厂轧制成功新中国第一根钢轨(英制85磅每米),在此基础上,一零一厂试制成功38千克每米钢轨,并于1952年5月19日提前12天完成新中国第一条铁路成渝铁路全长505千米所需要的全部钢轨;为此获得新中国成立以来中央重工业部颁发的第一张一等奖奖状。1960年5月12日,国家主席刘少奇视察重钢时肯定重钢生产了新中国第一根钢轨:"新中国成立后第一根钢轨是重钢生产的,这样就对了"。1964年6月,我国第一台R6－1700毫米弧形连续铸钢机在重钢试制成功;当年秋,中国第一台700毫米钳式行星轧机在重钢试制成功;1965年11月15日,中共中央政治局常委、中共中央委员会总书记邓小平视察重钢时肯定连续铸钢机与钳式行星轧机的试制成功:"这是两件好事、两件大事"。

重钢于1957年提前11个月完成第一个五年计划。在第二个五年计划期间,重钢产钢19.27万吨,生产生铁10.57万吨。在10年"文化大革命"中,重钢累计亏损1.31亿元。"六五"期间,生产焦炭272.6万吨,生产生铁273.22万吨,产钢324.66万吨,生产钢材311.89万吨,分别比前5年增长19.03%、59.39%、56.92%、25.58%;"七五"期间,重钢生产焦炭351.03万吨,生产生铁374.77万吨,产钢386.50万吨,生产钢材441.11万吨;"八五"期间,重钢生产焦炭474.55万吨,生产生铁564.13万吨,产钢517.02万吨,生产钢材481.30万吨,分别比"七五"期间增长35.19%、50.53%、33.77%、9.1%;"九五"期间生产焦炭548.85万吨,生产生铁709.14万吨、产钢695.04万吨、生产钢材664.71万吨,分别比前5年增长15.66%、25.70%、34.43%、38.10%;"十五"期间,重钢生产焦炭593.20万吨、生产生铁1037.82万吨,产钢1115.17万吨,生产钢材1057.95万吨,分别比"九五"期间增长8.08%、46.35%、60.45%、74.95%;"十一五"期间,重钢生产焦炭840.01万吨,生产生铁1706.17万吨,产钢1792.72万吨,生产钢材1748.67万吨,分别比"十五"期间增长41.62%、64.40%、60.76%、55.81%。

1993年,重钢生产生铁112.27万吨,产钢104.47万吨,钢材103.59万吨;生铁、钢、钢材产量均突破百万吨;2003年产钢205.98万吨;2006年,产钢313.35万吨、钢材315.73万吨;重钢实现年产钢300万吨规模。2007年,重钢产钢347.31万吨、钢材342.26万吨。2004年重钢营业收入破百亿元,实现营业收入107.45亿元;2005年重钢营业收入116.25亿元,比上年增长8.19%;2006年重钢营业收入为124.07亿元,比上年增6.73%;2007年重钢营业收入148.96亿元,比上年增长20.06%;2008年重钢营业收入突破200亿元达204亿元,资金总额达到260亿元,成为重庆市市属国有企业首家"两百亿集团"。

2007年1月,重钢启动节能减排环保搬迁改造工程,将钢铁主业逐渐从主城大渡口区搬迁至重庆市长寿区江南镇;建立"长江上游钢材精品生产基地和中国重要的船舶用钢生产基地"。同年5月17日,重钢举行环保搬迁改造工程奠基仪式。2008年重钢环保搬迁工程按总体目标全力推进,各主流程项目进入实质性施工,工程建设总体受控。2009年12月,重钢环保搬迁改造工程长寿新区第一步200万吨钢全流程贯通投产。

2010 年 11 月，重钢环保搬迁改造工程长寿新区第二步 450 万吨钢系统全流程投产。2011 年 9 月 16 日，重钢环保搬迁改造工程长寿新区年产 600 万吨钢生产能力建成投产，同年 9 月 22 日，重钢举行大渡口老区钢铁主业关停仪式宣布老区钢铁业全面关停。

龙志敏

## 概况

**【2011 年重钢年度情况】** 重庆钢铁（集团）有限责任公司实行董事会、监事会、经理执行层领导体制和母子公司管理体制。监督层设监事会，董事会设“科技与发展委员会”“财经与审计委员会”“人力资源与薪酬委员会”“企业改革委员会”4 个工作机构；重庆钢铁（集团）有限责任公司为母公司。2011 年，重钢直接管理的二级子公司有 20 家，其中全资子公司 11 家，控股子公司 9 家。截至 2011 年末，重钢在岗职工 21897 人，其中女职工 5541 人；在岗职工人数比上年减少 1606 人，女职工人数比上年减少 274 人；重钢离休、退休、退职“三退”职工 2021 人，较上年少 860 人；终止、解除劳动合同 386 人，比上年增加 193 人。

2011 年 9 月 16 日，重钢节能减排环保搬迁新区具备 600 万吨钢综合产能，2011 年 9 月 22 日，重钢生产 73 年的重庆市大渡口老厂区共 320 万吨钢的综合产能全线安全、平稳关停。截至 2011 年 12 月，重钢钢铁主业具备 600.3 万吨钢的综合产能，重钢年末资产总额达到 675.60 亿元，同比增加 140.80 亿元，增幅 26.33%。重钢钢铁业主导产品钢材有板材（特厚板、厚板、中板、薄板、镀层板、涂层板）、管材（无缝钢管、精密焊管）、线材、型材（专用型材及工字钢、槽钢、角钢、螺纹钢）、带材（热轧钢带、冷轧钢带、镀铅钢带、镀锌钢带）、棒材等 6 大类。非钢产业以矿业、环境产业、房地产业为主。

2011 年，重钢现实生产与环保搬迁改造工程并行，钢铁主业 1 至 9 月新、老厂区两线生产，其生产水平和技术经济指标持续稳定，新厂区主要技术经济指标与上年同比改善率 77.14%，其中干熄焦率、冶金石灰消耗指标达到国内先进水平。全年焦炭产量 266.21 万吨、完成年目标 102.39%、同比增长 18.98%，生铁产量 557.85 万吨、完成年目标 97.02%、同比增长 25.51%，钢产量 602.99 万吨、完成年目标 98.85%、同比增长 32.24%，钢材产量 573.01 万吨、完成年目标 95.50%、同比增长 34.28%。钢材销售量 571.11 万吨、同比增长 33.83%，钢材产销率 103.27%、同比上升 4.04 个百分点。全年重钢钢铁主业实现营业收入（汇总）252.36 亿元，同比增长 34.12%，占重钢营业收入（汇总）的 68.63%。其中钢产量突破 600 万吨，以 208 万吨的船用钢年产量居全国行业第 2 位。

2011 年，重钢非钢重点支柱产业矿业、环境产业、房地产业利润突出，全年矿业实现营业收入 23.50 亿元、同比增长 39.16%，实现利润 1.55 亿元、同比增长 54.87%；环境产业实现营业收入 11.20 亿元、同比增长 38.32%，实现利润 1.3 亿元、同比增长 29.50%；房地产业实现营业收入 4.54 亿元、同比增长 17.53%，实现利润 0.84 亿元、同比增长 18.39%。2011 年重钢非钢产业营业收入（汇总）首次突破 100 亿元，实现 115.33 亿元、同比增长 31.73%，占重钢营业收入（汇总）的 31.36%，比年目标“非钢收入比重≥20%”提高 11 个百分点，实现利润 5.03 亿元、同比增长 35.50%。

2011 年，重钢纳入年计划的 17 家子公司中 13 家盈利，4 家亏损，1 家完成控亏目标。全年重钢货款回笼率 98.15%、同比下降 2.27 个百分点，货币回笼率 93.24%、同比下降 1.47 个百分点，营业收入（合并）首次突破 300 亿元，实现 313 亿元，完成年目标 97.81%、同比增长 142.54%。但因 2011 年整个 4 季度，国内钢材价格大幅下跌，而原燃材料售价降幅小于钢材售价降幅等因素，导致重钢钢铁主业亏损，从而造成重钢全年亏损 95400 万元。

重钢自 2007 年 1 月开始实施节能减排环保搬迁改造工程，将钢铁主线从重庆市主城区大渡口区搬迁至重庆市长寿区江南镇，建设“长江上游钢材精品生产基地和中国重要的船舶用钢生产基地”。2011 年 9 月 16 日，重钢环保搬迁改造工程实现 600

重钢长寿新区全景　李科　摄影

万吨钢生产系统全流程建成投产。9月22日,重钢安全、平稳全线关停生产了73年共320万吨钢综合产能的重庆市大渡口老厂区。至12月30日,重钢环保搬迁新厂区实现600万吨钢生产规模达产,全年产钢453.47万吨。截至2011年底,重钢环保搬迁工程总投资306亿元,吨钢投资4216元;占地面积600公顷;共签订规划设计、总包工程、设备采购等各类合同2326个,工程公开招标率80%以上。设备主要采取自主集成方式,其中国产设备投资占设备总投资92.26%。主要设备含4座60米×6米焦炉、3座360平方米烧结机、3座2500立方米高炉、3座210吨转炉及4100毫米宽厚板生产线、1780毫米热轧板带生产线和2700毫米中厚板生产线等,其中重钢4100毫米生产线完成8家船级社正火船钢认证和扩大规格认可;2700毫米生产线完成8家船级社认证,并成为首家通过E47超高强度船钢认证的企业,船板和锅炉压力容器钢板认证厚度规格达到80毫米;1780毫米热轧板带生产线获"2011年中国冶金行业优质工程"。拥有自主知识产权43项,其中"干式(机械)真空系统应用于RH工艺技术研发",获2011年中国冶金科学技术一等奖;全年签订合同金额16.97亿元,至2011年底累计签订工程合同总金额221.02亿元;年度支付资金38.72亿元,累计支付资金212.37亿元。

重钢实施资源战略,推进矿山资源开发建设,2011年重钢太和铁矿进行扩能和产业链延伸,其年产630万吨采选扩建工程完成进度90%,选矿系统进入重负荷试车阶段,工程处于收尾阶段,年产1000万吨采选扩建项目启动;陕西旬阳小金河磁铁矿首采段年产40万吨实验生产线建设项目、巫山桃花铁矿建设项目处于施工图设计及采矿许可证办理等施工前期准备阶段;2011年8月25日,国家发展和改革委员会正式核准重钢矿产开发投资公司建设澳大利亚西澳洲伊斯坦鑫山磁铁矿项目,同年12月2日在该项目矿区现场举行开工仪式,启动工程建设。2011年12月19日,重钢延伸产业价值链,首期总投资13.7亿元、征地40公顷、总规划用地120公顷、拟建码头7个泊位的靖江物流基地首期项目长江码头的2个泊位建成投用。

2011年,重钢完成高强度桥梁用钢板、厚规格船板和汽车旋压轮辐用钢带、热轧硅钢用钢带、SPHC(攀)低碳钢带等5个新产品及用于运载火箭和嫦娥飞船系列新材料的开发试制。全年新产品及特殊要求产品试制完成60.79万吨,实现产值27.79亿元。"干式(机械)真空系统应用于RH工艺技术研发"获2011年冶金科技成果一等奖;"新型少齿差传动关键技术研究及应用"获教育部2010年度科研优秀成果一等奖。2011年重钢申请职务发明专利104件,"重钢炼铁—炼钢界面'一罐到底'工艺"等95件专利获国家授权,其中发明专利25件,实用新型专利70件。

2011年,重钢新、老厂区污染物排放超标和环保污染事故实现零处罚目标,全年重钢环保搬迁新厂区废水污染物综合排放合格率81.28%,废气污染物综合排放合格率90.10%,生活水达标合格率98.13%,环境大气平均降尘、总悬浮微粒、二氧化硫、氮氧化物浓度均达标;吨钢转炉煤气回收量66立方米,吨钢耗新水4.5吨,自发电量10.8亿千瓦时。截至2011年,重钢淘汰80万吨转炉1座、100万吨高炉1座、焦炉5座共175万吨、10台小火电设备共13.5万千瓦时,合计5个落后产能项目通过立兴大华会计师事务所对淘汰落后产能项目的审计,并通过国家淘汰落后产能核查组的检查验收。

2011年,重钢按"一主(钢铁业)二重(环境产业、矿业)加若干辅业"的产业结构发展模式推进,以"缩幅减链"方式,实施产业和组织结构优化,通过股权转让、重组、关闭等方式,减少二级和三级子公司数量。全年重钢清算注销二、三级子公司10个,股权转让1个,完成公司制改造1个,破产终结子公司1个。按照《重钢集团"十二五"发展规划纲要》目标,2011年4月,重钢股份公司产品结构调整项目主体设备进入安装阶段。2011年7月12日,作为重庆市重点"引进来"战略项目,重钢与韩国POSCO正式签订FINEX综合钢厂项目引进合作协议书。启动矿业钒钛资源综合利用研究项目。9月3日,由国家环保部设立的"国家环境保护垃圾焚烧处理与资源化工程技术中心"在重钢集团三峰环境产业公司启动建设。重钢环保搬迁新厂区获GB/T19001:2008质量、GB/T28001:2001职业健康安全管理体系认证。截至2011年,重钢累计完成固定资产投资74.56亿元。全年处置老厂区资产384项(不含内部转让),资产处置收入1706万元,完成老厂区地块移交85公顷。

重钢统筹兼顾现实生产与环保搬迁改造工程,2011年仍以2010年度219.87亿元的营业收入列中国企业500强第338位,较上年提升33位;列中国制造业企业500强第178位,较上年提升17位;列重庆工业企业五十强第5位。重钢党委获"全国先进基层党组织"称号,重钢继续保持"全国文明单位"称号。2011年重钢低合金结构钢热轧厚钢板通过冶金行业品质卓越产品复评,有效期3年。

龙志敏

**【重钢环保搬迁改造工程600万吨钢生产系统建成投产】** 重钢自2007年

1月启动实施节能减排环保搬迁改造工程,将钢铁主线从重庆市主城区大渡口区搬迁至重庆市长寿区江南镇,建设“长江上游钢材精品生产基地和中国重要的船舶用钢生产基地”。2011年9月16日随着重钢长寿新区3号高炉的正式点火开炉,重钢环保搬迁改造工程——重钢长寿新区年产600万吨钢生产系统历时4年多基本建成。同年12月30日,重钢环保搬迁长寿新区实现600万吨钢生产规模达产。兑现向重庆市委、市政府的承诺。

重钢环保搬迁改造工程总投资306亿元,吨钢投资4216元,占地面积600公顷,吨钢占地面积0.6平方米。主要包括码头、料场、焦化、烧结、炼铁、炼钢、轧钢以及公辅能控、理化检验等项目建设,主要设备含4座60米×6米焦炉、3座360平方米烧结机、3座2500立方米高炉、3座210吨转炉及4100毫米宽厚板生产线、1780毫米热轧板带生产线和2700毫米中厚板生产线等3条板材生产线。形成专用钢板生产比例占中厚钢板总产量90%以上的产品结构,2011年重钢船用钢板产量跃居中国行业第2位。其中1780毫米热轧板带生产线获“2011年中国冶金行业优质工程”。

按照“重点投资主流程,公辅配套通过招商,掌握定价”的环保搬迁引资原则,重钢采取盘活当期资产、土地置入、增加资本金等融资和投资的方式,实现气体制造,低温低压余热回收利用,烧结石灰加工,冷固球团加工,热熔钢渣综合利用,中、低温固态渣综合利用,CDQ-CCPP发电,10万吨焦油加工和高炉鼓风脱湿等9个项目的招商引资工作,引资额度26.24亿元。

重钢环保搬迁600万吨钢生产系统项目共签订规划设计、总包工程、设备采购等各类合同2326个。截至2011年底,累计签订工程合同总金额221.02亿元,累计支付资金212.37亿元。工程公开招标率80.15%。其中平场土石方工程、4100毫米宽厚板、1780毫米热轧板带、35000立方米/时制氧机组等4个项目与国内钢铁企业同规模项目当期相比,分别降低投资约3.2亿元、1.5亿元、2亿元、4000万元。

重钢环保搬迁改造工程拥有自主知识产权43项,其中“干式(机械)真空系统应用于RH工艺技术研发”,获2011年中国冶金科学技术一等奖;重钢围绕“RH干式真空精炼装置及控制技术”,先后申请15项专利加以保护。其工程项目以自主集成方式应用了干熄焦、KR机械搅拌脱硫、LF精炼炉、干法一次除尘、CAS多功能处理站、一键式炼钢、负能炼钢、RH真空冶金精炼等冶金前沿技术成果及国产装备,其国产设备投资占设备总投资的92.26%,占项目工程费用96.36%,占设备总重钢97%,吨钢投资比当期同规模钢厂项目减少投资近20%。

重钢环保搬迁改造工程以“清洁生产、节能减排、发展循环经济”为规划设计理念、以“资源-产品-废物-再生资源”为循环模式,节能环保投入占总投资20%以上。工程通过完善总图,优化物流,在厂区内取消铁路,以采用皮带和辊道输送生产物料,较当期一般钢厂吨钢物流运量指标的1:6,重钢长寿新区吨钢物流运量减少为1:3.2;转炉实现负能炼钢;工程采用国内首创的铁钢界面“一罐制”、焦炉干熄焦和高炉、转炉煤气干法除尘“三干”技术,配备了3H-TRT、CCPP、CDQ等利用余热余能发电装置,将蒸汽、烧结余热和高炉煤气、焦炉煤气、转炉煤气等回收利用和用于发电,每年可少耗天然气5亿立方米。2011年重钢长寿新区实现吨钢综合能耗608千克标煤,吨钢可比能耗568千克标煤,发电站总装机规模312兆瓦,自发电量能力可达用电总量的63%~65%;采用串级供水、分质用水、中水回用,以实现工业水零排放,2011年重钢长寿新区实现吨钢耗新水低于4.5吨的当期行业先进指标,水循环率达到97%以上;将冶金流程除尘灰及含铁尘泥,返回烧结或炼钢工序循环利用。至2011年,重钢长寿新区废水、废气、废渣基本实现“零排放”和再生利用。其采取政企合作斥资2亿元的方式,建设的“绿色钢城、生态钢城”新重钢,2011年绿化率完成32%。

龙志敏

**【老区钢铁业全面关停】** 2011年,重钢大渡口老区钢铁业全面关停的主要设备:(1)焦化。2号焦炉,1960年1月建成投产;3号焦炉,1988年12月建成投产;4号焦炉,1988年12月建成投产;5号焦炉,1977年建成投产。2011年9月24日,4座焦炉分别推出最后一炉焦,大渡口老区焦化全面停产。生产期间,老区5座焦炉(1号焦炉2010年关停)焦炭总产量约3800万吨。(2)烧结。球团生产线,2000年4月30日建成投产,生产期间总产量460.15万吨,2011年8月25日安全关停。1号240平方米烧结机,2005年3月8日建成投产,生产期间总产量1692.27万吨,2011年9月15日安全关停。3号105平方米烧结机,1989年1月3日建成投产,生产期间总产量4188.83万吨,2011年9月18日关停。至此,大渡口老区烧结全线2座烧结机、1条球团生产线安全、平稳关停。(3)炼铁。大渡口老区标志性生产设备、最大容积1350立方米4号高炉,2006年3月15日建成开炉,生产期间总产量659万吨,2011年9月13日熄火停产。3号750立方米高炉,2003年11月9日建成投产,生产期间总产量540万吨,2011年9月21日出最后1炉铁水。大渡口老区炼铁完成3座高炉(5号高炉2010年关停)的全面关停。(4)炼钢。3号80吨转炉,1999年1月建成投产,年生产能力80万吨,生产期间产钢817.1万吨,2011年9月13日停产。1号、2号80吨转炉,分别于1993年3月、4月建成投产,年生产能力80万吨,生产期间分别产钢1115.7万吨、888.1万吨。其3座转炉的配套设施2号900吨铁水混铁炉、生产能力190万吨的铁水脱硫装置1套2工位、1号和2号80吨LF炉外精炼炉、4台连铸机(1号方坯连铸机、2号板坯连铸机、3号方坯连铸机、5号方坯连铸机)随之关停。当大渡口老区1号转炉完成最后1炉钢水出炉时,大渡口老区炼钢实现实际年生产能力达到350万吨钢,主体设备为年生产能力80万吨转炉4座(4号80吨转炉及配套设施1号900吨混铁炉、4号板坯连铸机、3号LF炉外精炼炉2010年6月关停)、连铸机5台、混铁炉2座、铁水脱硫1套2工位、精炼LF炉3座的全面关停。(5)中板;2700毫米中板生产线,1965年12月20日建成投产,在大渡口老区46年共生产钢材2130万吨,曾生产出"金牌产品"锅炉板、压力容器板。2011年2月10日,2700毫米中板生产线在大渡口老区停产,并启动工期为120天的"拆、运、修、存、安、调"搬迁工程,于2011年6月10日在重钢长寿新区建成投产。(6)高线。重钢自行设计国内制造的第1条80米/秒、年产量35万吨国产高速轧制生产线,2011年9月20日完成大渡口老区最后一块钢坯的轧制,该生产线自2000年8月25日建成投产,共生

炼钢厂职工在关停的老区转炉前合影　炼钢厂　供稿

产11年零26天,生产优质盘圆413万吨。(7)型钢。$\phi$800毫米大型轧机,1938年5月由汉阳钢铁厂搬迁至重庆大渡口,几经改造,其年设计能力30万吨,实际生产能力达到35万吨,1950年5月至2011年9月生产钢材1095.62万吨,2011年9月14日完成最后一根钢轧制。$\phi$650毫米中型轧机,建于1991年,年设计能力30万吨,实际生产能力达到47万吨,1991年至2011年9月共生产钢材566.03万吨,2011年9月19日关停。棒材轧机,2003年1月投产,年设计能力40万吨,实际生产能力达到50万吨,2011年9月22日停产时共生产钢材336.09万吨,是大渡口老区最后关停的1条生产线,关停时,标志着重钢大渡口老区钢铁业的全面关停。

另于2010年先期关停的大渡口老区钢铁业主要设备:(1)焦化。1号焦炉,1965年5月投产,2010年8月17日进行停产操作。(2)炼铁。5号1200立方米高炉,1989年4月19日建成投产,是当时重钢容积最大、装备最先进的高炉,也是重钢"百万吨铁系统"技术改造的标志性工程。生产运行21年,2010年8月18日停炉。(3)炼钢。4号板坯连铸机,2010年6月30日停机。该机服役25年,1993年至停产17年间共生产合格钢坯600万吨以上。4号80吨转炉,投运至关停共冶炼54176炉,生产钢水703万吨,2011年7月7日结束在大渡口5年零4个月的生产。同日,为重钢品种钢上台阶作出贡献的3号LF炉外精炼炉随之停用。1号900吨混铁炉,2011年8月30日停用。(4)码头运输。七码头,随着大渡口老区第1座高炉的关停,2011年6月30日其整个生产线全面停产。老区004浮吊船,9月25日经1个月适应性改造检修,拖移至长寿新区1号码头区域泊位服役。停运前,七码头年设计起卸矿石能力100万吨,是重钢老区第二大综合码头,1986年建成投运时年设计能力为30万吨,属重钢铁系统改造项目。从建成投运到2010年关停共完成起卸量487.84万吨。004浮吊船从1992年至2007年4月20日,在老区四、七码头共完成起卸量1996.50万吨,其中在四码头完成起卸量1806.35万吨,在七码头完成起卸量192.85万吨。

龙志敏

## 名录与机构

### 2011年重钢集团公司领导名录

董事长　董林
党委书记、副董事长　张再坤
总经理　刘加才
监事长、党委副书记、纪委书记　朱建派
　(2011年9月任监事长)
党委副书记、工会主席　潘向宇
副总经理　董荣华　郭德勇　李岚峰　袁进夫
　邓强　周宏(2011年10月任)
　曹敬明(2011年10月任)
总会计师　袁进夫

### 2011年重钢董事会名录

董事长　董林
副董事长　张再坤
董　事　董林　张再坤　刘加才
　朱建派(至2011年9月止)
　袁进夫(2011年12月任)
独立董事　张宗益　李贤贵
职工代表董事　潘向宇

### 2011年重钢监事会名录

监事长　朱建派(2011年9月任)
监　事　李整(2011年12月任)
　蒙耀(外部,2011年12月任)
职工代表监事　李保卫　罗琳

### 2011年重钢技术中心负责人名录

主　任　董荣华(至2011年11月止)
　周宏(2011年11月任)
副主任　孙毅杰　曾競
重钢公司副总工程师　周宏(至2011年10月止)
　曹敬明(至2011年10月止)

赵拓山　梁正明　沈勇革　徐刚

### 2011年重钢公司机关负责人名录

**经理办公室**(董事会办公室)
主　任　夏彤(至2011年11月止)
　何男男(2011年11月任,此前任环保搬迁指挥部党委副书记)
副主任　唐启斌
董事会秘书　夏彤(至2011年11月止)
　何男男(2011年11月任,此前任环保搬迁指挥部党委副书记)

**监事会办公室**(2011年11月成立)
主　任　李整(2011年11月任)
副主任　周兴卫(2011年11月任)

**技术发展办公室**
主　任　章金楠
副主任　金华聪

**经济运行处**
处　长　冯成伟(至2011年3月止)
　王锡萍(2011年3月任,此前任设计院院长、党总支书记)
副处长　冷强红

**财务处**
副处长　张宗明(2011年7月起主持全面工作,此前代行处长职责)

**人力资源处**(培训处、企管处、企协)
处　长　罗嗣宏
副处长　田永明(至2011年11月止)
企协秘书长　罗嗣宏

**人事处**
处　长　谭亚夫

**监察处**
处　长　李保卫

**审计处**
处　长　李整
副处长　周兴卫(2011年11月任,此前任股份财会处副处长)

**国土办**
副主任　龚建奎(主持全面工作)

**法律事务室**
主　任　李美军(2011年7月任,此前任副主任主持全面工作)

**行政管理处**(信访处)
处　长　周健
副处长　傅继美

**退休工作处**

处　长　曾庆琴

党委书记　曾庆琴

**党委办公室**（机关党工委）

主　任　谭敏剑

副主任　徐春（至2011年7月止）

龚洋（2011年7月任，此前任耐材公司党委副书记主持党委全面工作、纪委书记、工会主席）

书　记　谭敏剑

**党委组织部**

部　长　谭亚夫

**党委宣传部**

部　长　王洪展（2011年11月止）

常晓冬（2011年11月任，此前任集团技改办公室主任、股份技改处处长）

重钢报社总编　王洪展（兼任，至2011年11月止）

常晓冬（2011年11月兼任）

**统战部**

部　长　王洪展（2011年11月止）

常晓冬（2011年11月任）

**政研会**

秘书长　黄文才（正处级调研员）

**纪委**

副书记　李保卫

**工会**

副主席　罗琳

**团委**

副书记　刘畅（2011年3月起主持全面工作）

**武装部**

第一政委　张再坤

政　委　朱建派

第一部长　董林

部　长　冯大明

**离干办**

主　任　滕明全

党委书记　滕明全

**科协**

秘书长　金华聪（兼任）

**重钢总医院**

院　长　张俊

副院长　龚涛　李起

党委书记、纪委书记　涂峰

工会主席　涂峰

**机动处**（同属重钢集团、股份机关部门）

处　长　李红宇

副处长　夏武

**保卫处**（同属重钢集团、股份机关部门）

处　长　左宁松

副处长　吴刚渝　张斌

党总支书记　左宁松

**档案处**（同属重钢集团、股份机关部门）

处　长　黄二卫

**培训中心**（职工大学、党干校、中专技校）（同属重钢集团、股份机关部门）

主　任（校长）　岳庆

副主任（副校长）　阎传义（至2011年3月止）

牟坚毅　汪晓东（2011年3月任）

党委书记　岳庆（至2011年11月止）

田永明（2011年11月任）

**技术改造办公室**

主　任　常晓冬（至2011年11月止）

杨伟才（2011年11月任，此前任副主任）

**安全环保办公室**

主　任　刘东

副主任　余沛

**重钢环保搬迁指挥部**

指挥长　董林

副指挥长　张再坤　刘加才　董荣华　郭德勇

李岚峰　袁进夫　邓强

指　挥　曹敬明（至2011年12月止）

周宏（至2011年12月止）

徐刚　涂德令　沈勇革

赵拓山（至2011年12月止）

吴自生（至2011年4月止）

**规划与设计管理部**

主　任　章金楠（兼任）

常务副主任　谢朝忠（至2011年11月止）

杨发金（2011年12月任，此前任副主任）

**财经部**

主　任　涂德令（兼任）

副主任　刘代华

**设备材料采供部**

主　任　姚小虎

副主任　李巍

**炼铁项目部**

经　理　鲁德昌（兼任，至2011年12月止）

雷有高（2011年12月兼任）

常务副经理　张勇

**炼钢项目部**

常务副经理　安昌遐

**特钢项目部**

常务副经理　李顺成（2011年12月任，此前任副经理）

**重钢环保搬迁指挥部党委**

党委书记　夏彤（至2011年11月止）

何男男（2011年11月任，此前任党委副书记）

党委副书记　董南平（2011年11月任）

**重钢FINEX项目筹备组**

组　长　郭德勇（兼任）

常务副组长　朱斌（正处级）

## 2011年重钢集团子公司负责人名录

**重庆钢铁股份有限公司**

董事长　董林（至2011年3月止）

邓强（2011年3月任）

副董事长　陈山（至2011年11月止）

夏彤（2011年11月任）

执行董事　董林（至2011年3月止）

邓强（2011年3月任）　袁进夫

陈山（至2011年11月止）　陈洪　孙毅杰

李仁生　夏彤（2011年11月任）

独立非执行董事　刘星　张国林　刘天倪

监事会主席　朱建派

监　事　朱建派　李美军　李整

职工代表监事　陈红　高守伦（至2011年7月止）

窦辉（2011年7月任）

总经理　陈洪

副总经理　孙毅杰　吴自生（至2011年3月止）

李仁生　管朝晖（2011年1月任）

总工程师　孙毅杰（至2011年11月止）

周宏（2011年11月起代行股份总工程师职务）

党委书记、纪委书记　陈山（至2011年11月止）

夏彤（2011年11月任，此前任集团经理办主任、董事会秘书、环保搬迁指挥部党委书记）

工会主席　陈山（至2011年11月止）

夏彤（2011年11月任）

团委书记　刘畅（副处级，兼任）

**股份公司办公室**（董秘室）

主　任　游晓安

副主任　刘蓉

董事会秘书　游晓安

**股份公司总工程师办公室**（2011年11月成立）

副总工程师　沈勇革（2011年12月兼任）

常恨非（2011年12月任，此前任股份焦化厂厂长）

鲁德昌（2011年12月任，此前任股份炼铁厂厂长）

陈文满（2011年12月任，此前任股份生产指挥中心副主任）

王绍斌（2011年12月任，此前任股份生产指挥中心主任）

主　任　谢朝忠（2011年11月任，此前任环保搬迁指挥部规划与设计管理部常务副主任）

**党委工作部**

主　任　罗佳琳（至2011年11月止）

张发明（2011年11月任）

股份纪委副书记　罗佳琳（至2011年11月止）

张发明（2011年11月任）

**生产管理处**（2011年11月撤销）

处　长　刘贤富（至2011年11月止）

**生产指挥中心**

主　任　王绍斌（至2011年12月止）

张理全（2011年12月任，此前任股份烧结厂厂长）

副主任　陈文满（至2011年12月止）　黎均红

庞勇（2011年11月任）

陈安福（2011年12月任，此前任新港公司、新港长龙公司副总经理）

**安全环保管理处**

处　长　刘东

副处长　余沛

**人力资源处**

处　长　罗建

**财会处**

处　长　巩君

副处长　周兴卫（2011年7月任，至2011年11月止）

廖光军（2011年12月任）

**保卫处**

处　长　左宁松

副处长　吴刚渝　张斌

党总支书记　左宁松

**销售处**

处　长　贾安才

副处长　毛勇（兼任）　谭兴强

刘宇红（2011年11月任）

党总支书记　毛勇

**原材料处**

处　长　肖华高

副处长　马平（兼任，至2011年12月止）

周远华（2011年12月任，此前任股份钢研所副所长）　陈应明（2011年12月任）

党委书记　马平（至2011年12月止）
党委副书记　周远华（2011年12月任，主持党委全面工作）
纪委书记、工会主席　马平（至2011年12月止）
周远华（2011年12月任）

**档案处**

处　长　黄二卫

**培训中心**（职工大学、党干校、中专技校）

主　任（校长）　岳庆
副主任（副校长）　阎传义（至2011年3月止）
牟坚毅　汪晓东（2011年3月任）
党委书记　岳庆（至2011年11月止）
田永明（2011年11月任）

**后勤管理处**

处　长　陈红
副处长　陈造（兼任，至2011年11月止）　胡增文
易远菊（2011年11月任）

**进出口处**

处　长　周志宇

**机动处**

处　长　李红宇
副处长　夏武

**技改处**

处　长　常晓冬（至2011年11月止）
杨伟才（2011年11月任，此前任副主任）

**质量管理处**（2011年11月撤销）

处　长　原建华（至2011年11月止）
副处长　王绍松（至2011年3月止）
许增平（至2011年11月止）
唐志刚（2011年3月任，至2011年11月止）
党委书记　张明梁（至2011年7月止）
党委副书记　徐春（2011年7月任，主持党委全面工作；至2011年11月止）
纪委书记、工会主席　张明梁（至2011年7月止）
徐春（2011年7月任，至2011年11月止）

**品质部**

主　任　原建华
副主任　王绍松（至2011年3月止）　许增平
唐志刚（2011年3月任）
党委书记　张明梁（至2011年7月止）
党委副书记　徐春（2011年7月任，主持党委全面工作）
纪委书记、工会主席　张明梁（至2011年7月止）
徐春（2011年7月任）

**装备处**

处　长　姚小虎
副处长　罗小吟
党总支书记　吴兴波（2011年3月任，此前任党总支副书记主持党总支全面工作）
工会主席　吴兴波

**焦化厂**

厂　长　常恨非（至2011年12月止）
马平（2011年12月任，此前任股份原材料处党委书记、纪委书记、工会主席兼副处长）
副厂长　李小华　毛小英
党委书记　胡兵（2011年3月任，此前任党委副书记主持党委全面工作）
纪委书记、工会主席　胡兵

**烧结厂**

厂　长　张理全（至2011年12月止）
朱忠荣（2011年12月任，此前任副厂长）
副厂长　林福生
党委书记、纪委书记　邓俊高
工会主席　邓俊高

**炼铁厂**

厂　长　鲁德昌（至2011年12月止）
雷有高（2011年12月任，此前任副厂长）
副厂长　贺镇　张勇（2011年12月任）
党委书记、纪委书记　张俊
工会主席　张俊

**炼钢厂**

厂　长　周宏（兼任，至2011年10月止）
副厂长　梁庆（2011年10月起主持行政全面工作）
熊银成（至2011年12月止）
吴银兵　胡兵　安昌遐（2011年12月任）
党委书记、纪委书记　窦辉
工会主席　窦辉

**中厚板厂**

厂　长　管朝晖（至2011年1月止）
罗运清（2011年1月任，此前任副厂长）
副厂长　王鑫　杨斌　王绍松（2011年3月任）
胡家勇（2011年3月任）
党委书记　高守伦（至2011年7月止）
党委副书记　杨斌（2011年7月任，主持党委全面工作）
纪委书记、工会主席　高守伦（至2011年7月止）
杨斌（2011年7月任）

**型钢厂**

厂　长　李兴国
副厂长　罗军　代晓斌
党委书记、纪委书记　储瑜琩
工会主席　储瑜琩

**高线厂**

厂　长　陈志伟

副厂长　刘勇　任德友

党总支副书记　李春海(主持党总支全面工作)

工会主席　李春海

**热轧薄板厂**

厂　长　刘树

副厂长　黄仑(兼任)　徐朝辉　刘昌凤

党委书记、纪委书记　黄仑

工会主席　黄仑

**冷轧薄板厂**

厂　长　李兰天

副厂长　申志强

党总支书记　李兰天

工会主席　申志强

**动力厂**(2011 年 11 月撤销)

厂　长　黄龙强(至 2011 年 11 月止)

副厂长　李志红(至 2011 年 11 月止)
郑含燕(至 2011 年 11 月止)

党委书记　黄龙强(至 2011 年 7 月止)

党委副书记　邱阳(2011 年 7 月起主持党委全面工作,至 2011 年 11 月止)

纪委书记、工会主席　邱阳(至 2011 年 11 月止)

**能源管控中心**

主　任　黄龙强

副主任　李志红　郑含燕

党委书记　黄龙强(至 2011 年 7 月止)

党委副书记　邱阳(2011 年 7 月起主持党委全面工作)

纪委书记、工会主席　邱阳

**运输部**(2011 年 11 月撤销)

主　任　王贵伟[2011 年 6 月任,此前任副主任(正处级)代行主任职责;至 2011 年 11 月止]

副主任　唐光华(至 2011 年 11 月止)
杨腾跃(至 2011 年 11 月止)

党委书记、纪委书记　张发明(至 2011 年 11 月止)

工会主席　张发明(至 2011 年 11 月止)

**物流储运部**

主　任　王贵伟[2011 年 6 月任,此前任副主任(正处级)代行主任职责]

副主任　唐光华　杨腾跃

党委书记、纪委书记　张发明(至 2011 年 11 月止)
陈造(2011 年 11 月任,此前任生服司党委书记、纪委书记、工会主席兼副总经理)

工会主席　张发明(至 2011 年 11 月止)
陈造(2011 年 11 月任)

**维护检修部**

主　任　郭明

副主任　陈东升　郭建(2011 年 4 月任,此前任建设公司副总经理)
陈旭(2011 年 4 月任,此前任股份自动化部副主任、电子公司副总经理)

党委书记、纪委书记　方毅

工会主席　方毅

**钢研所**

所　长　曾兢

副所长　周远华(至 2011 年 12 月止)　肖亚
熊银成(2011 年 12 月任)

党委书记　贾志刚(2011 年 12 月任,此前任党委副书记主持党委全面工作)

纪委书记、工会主席　贾志刚

**自动化部**

主　任　张桥川

副主任　任红波　陈旭(至 2011 年 4 月止)
陈东生(2011 年 6 月任)

**重钢集团电子有限责任公司**

董事长　张桥川

总经理　张桥川

副总经理　任红波　陈旭(至 2011 年 4 月止)
陈东生(2011 年 6 月任)

党委书记　任疆川(2011 年 3 月任,此前任党委副书记主持党委全面工作)

纪委书记、工会主席　任疆川

**环保设施运行部**(2011 年 5 月成立)

党总支书记、工会主席　张明梁(2011 年 6 月任,主持行政全面工作)

主　任　熊绍武(2011 年 5 月任,至 2011 年 6 月止)

副主任　严华(2011 年 5 月任)
何玉福(2011 年 5 月任,至 2011 年 6 月止)

**重钢集团运输有限责任公司**

董事长　周宏(兼任,至 2011 年 10 月止)
雷敬川(2011 年 10 月任)

总经理　雷敬川

副总经理　龙晓波　戴英

党委书记、纪委书记　牟少平

工会主席　牟少平(2011 年 3 月任)

**重钢集团三峰工业有限公司**(2011 年 4 月起股份公司代管)

董事长　黄健

总经理　程进

副总经理　谢泽强(正处级,至 2011 年 6 月止)
卢巍

党委书记　程进

纪委书记、工会主席　卢巍

**三峰靖江港务物流有限责任公司**

董事长　李仁生

总经理　金自力(副处级)

**靖江三峰钢材加工配送有限公司**(2011年5月成立)

董事长　陈洪(法定代表人,2011年5月任)

总经理　金自力(副处级,2011年5月任)

**重钢集团矿业有限公司**

董事长　梁正明

总经理　陈大元

副总经理　刘贻民(正处级)　蒋显奎(正处级)

总工程师　魏平(正处级)

党委书记、纪委书记　甘伟前(至2011年11月止)
罗佳琳(2011年11月任,此前任股份党委工作部主任)

工会主席　甘伟前(至2011年11月止)
罗佳琳(2011年11月任)

**重钢西昌矿业有限公司**

董事长　陈大元

总经理　毛胜光(法定代表人)

副总经理　梁典德(至2011年3月止)　陶治其
龙茂华　李从德(2011年3月任)

党委书记　毛胜光

党委副书记　杨德明

纪委书记、工会主席　杨德明

**綦江铁矿**

矿　长　侯红斌(2011年11月任,此前任副矿长主持行政全面工作)

副矿长　唐强　廖知力

总工程师　廖知力

党委书记　李春唯(至2011年3月止)

党委副书记　周渝(2011年3月任,主持党委全面工作)

纪委书记、工会主席　李春唯(至2011年3月止)
周渝(2011年3月任)

**乐山粘土矿**(乐山耐火材料厂)

矿　长(厂长)　邬贵轩

副矿长(副厂长)　向利平　陈文峰

党委书记　邬贵轩

**歌乐山石灰石矿**(重庆环亚建材有限公司)

矿　长　詹光模

副矿长　刘健

党委书记、纪委书记　文家强

工会主席　文家强

**大宝坡石灰石矿**

矿　长　龚明斌

副矿长　董渝旭(兼任)　唐培怀
程国建(2011年11月任)

党委书记　董渝旭

纪委书记、工会主席　唐培怀

**景星白云石矿**

矿　长　詹光模

副矿长　舒西刚　廖绍波

党委书记、纪委书记　袁长清

工会主席　袁长清

**接龙矿**

矿　长　满先云(2011年3月任,此前任副矿长主持行政全面工作)

副矿长　周成彦　田继成

总工程师　田继成

**重钢集团耐火材料有限责任公司**

执行董事　陈学锋(法定代表人)

总经理　陈学锋

副总经理　李兴

党委副书记　龚洋(主持党委全面工作,至2011年7月止)

纪委书记、工会主席　龚洋(至2011年7月止)

**矿业公司冶金材料厂**

厂　长　邬贵轩(2011年7月任)

副厂长　向利平(2011年7月任)
李兴(2011年7月任)
陈文峰(2011年7月任)

党委书记　陈学锋(2011年7月任)

纪委书记、工会主席　陈学锋(2011年7月任)

**重庆巫峡矿业股份有限公司**

董事长　陈大元

总经理　代大平

副总经理　谭其尤　付冠文(2011年11月任)

**陕西三金矿业股份有限公司**

董事长　梁正明

总经理　李贤杰

副总经理　范伟(2011年7月任)

**重庆三峰环境产业集团有限公司**(原"重钢集团环保投资有限公司",2011年2月更名)

董事长　雷钦平

总经理　刘思明

副总经理　唐国华　钟兴荣(正处级,2011年8月任,此前任数码模公司董事长)
彭宏(2011年3月任,此前任福州红庙岭垃圾发电有限公司总经理)

党委书记　雷钦平

党委副书记、纪委书记　唐国华

工会主席　唐国华

**重庆三峰卡万塔环境产业有限公司**

总经理　雷钦平

副总经理　王定国　丁堂文(2011年3月任)

**重钢集团三峰科技有限公司**

执行董事　熊绍武(法定代表人)

总经理　熊绍武

副总经理　何玉福　严华(至2011年6月止)

**成都九江环保发电有限公司**

董事长　雷钦平

总经理　司景忠(副处级)

**重庆丰盛环保发电有限公司**

董事长　刘思明

总经理　杨毅(副处级)

**福州红庙岭垃圾发电有限公司**

总经理　彭宏(副处级,至2011年3月止)
段光华(副处级,2011年3月任)

**昆明重钢再生能源发电有限公司**(2011年3月成立)

执行董事　刘思明(法定代表人,2011年3月任)

总经理　雷东(副处级,2011年3月任)

**重钢集团产业有限公司**

董事长　韩罗庆

总经理　赵亮

副总经理　旷渝训(正处级)

总会计师　韩罗庆

党委书记、纪委书记　刘大龙

工会主席　刘大龙
孙立(正处级,重庆腾辉公司副总经理)
尹开政(副处级,环保搬迁指挥部辅料及资源综合利用项目部副经理)

**商贸公司**(2011年2月撤销)

总经理　王昌荣(至2011年3月止)

**重庆钢铁集团钢管有限责任公司、重庆三钢钢业有限责任公司**(重钢集团中兴实业有限责任公司)

董事长　熊明祥

总经理　谢光健

副总经理　刘世文　欧志章　孙胜国　刘力

党委书记、纪委书记　谢传新

工会主席　谢传新

**重庆四钢钢业有限责任公司**

董事长　沈勇革(兼任)

总经理　袁思胜

副总经理　李德建(兼任)　向洪林

党委书记　李德建(2011年7月任,此前任党委副书记主持党委全面工作)

纪委书记、工会主席　李德建

**重钢集团建设工程有限公司**

董事长　周灿(至2011年8月止)
李岚峰(2011年8月兼任)

总经理　周灿(至2011年11月止)
袁晓彤(2011年11月任,此前任朵力房产司副总经理、纪委书记、工会主席)

副总经理　郑权　郭建(至2011年4月止)
任继冬　欧渝　刘俊(2011年11月任)
蔡宏志(2011年11月任)

总会计师　周隆武(2011年8月任,此前任数码模公司财务总监)

党委书记　陈怀萱(至2011年11月止)

党委副书记　欧渝(2011年11月任,主持党委全面工作)

纪委书记、工会主席　陈怀萱(至2011年11月止)
欧渝(2011年11月任)

**重庆朝阳气体有限公司**

董事长　罗绯

总经理　罗绯

副总经理　袁红　严豪

党委书记、纪委书记　陈捷(至2011年3月止)
吴冬(2011年3月任)

工会主席　陈捷(至2011年3月止)
吴冬(2011年3月任)

**重钢集团朵力房地产股份有限公司**

董事长　黎伟

总经理　曾朝夕

副总经理　袁晓彤(至2011年11月止)　沈智成

总工程师　袁晓彤(至2011年3月止)
刘劲松(2011年3月任)

党委书记　黎伟

纪委书记、工会主席　袁晓彤(至2011年11月止)
沈智成(2011年11月任)

**重钢集团设计院**(2011年7月党总支改建为党委,成立纪委)

董事长　曹敬明(兼任,至2011年10月止)
张佩(2011年10月任)

院　长　王锡萍(至2011年3月止)
张佩(2011年3月任,此前任副院长;至2011年10月止)
叶继承(2011年10月任,此前任副院长、纪委书记)

副院长　张佩(至2011年3月止)

叶继承(至 2011 年 10 月止)
孙长领(2011 年 3 月任)
党总支书记　王锡萍(至 2011 年 3 月止)
曹敬明(2011 年 3 月兼任,至 2011 年 7 月止)
党委书记　曹敬明(2011 年 7 月兼任,至 2011 年 10 月止)　叶继承(2011 年 10 月任)
纪委书记　叶继承(2011 年 7 月任,至 2011 年 10 月止)

**重庆新港装卸运输有限公司**

董事长　刘勇(至 2011 年 11 月止)
周灿(2011 年 11 月任,此前任建设公司总经理)
总经理　明安灿
副总经理　陈安福(至 2011 年 12 月止)
党总支书记　明安灿

**重庆新港长龙物流有限责任公司**

董事长　刘勇(至 2011 年 11 月止)
周灿(2011 年 11 月任)
总经理　明安灿
副总经理　陈安福(至 2011 年 12 月止)

**重庆三环建设监理咨询有限公司**

执行董事　熊伟
总经理　熊伟
副总经理　罗朝晖
党总支书记　熊伟

**重钢集团生活服务有限责任公司**

董事长　陈红
总经理　陈红
副总经理　陈造(兼任,至 2011 年 11 月止)　胡增文
易远菊(2011 年 11 月任)
党委书记　陈造(至 2011 年 11 月止)
党委副书记　易远菊(2011 年 11 月任,主持党委全面工作)
纪委书记、工会主席　陈造(至 2011 年 11 月止)
易远菊(2011 年 11 月任)

**重钢集团三峰传媒公司**(2011 年 7 月撤销)

执行董事　王洪展(至 2011 年 7 月止)
总经理　李成富(至 2011 年 7 月止)
党总支书记　王洪展(至 2011 年 7 月止)

**重庆东华特殊钢有限责任公司**

董事长　张培
总经理　张军
副总经理　吴省三(正处级)　张景惠　罗彦
李顺成[2011 年 11 月任,此前任重钢环保搬迁指挥部特钢项目部副经理(副处级)]
党委书记　张培
党委副书记　吴省三
纪委书记、工会主席　吴省三

**重钢集团铁业有限责任公司**

董事长　徐刚(兼任)
总经理　吴晓华
副总经理　牟勇　刘川全
党委书记、纪委书记　廖大金
工会主席　廖大金

**重庆钢铁研究所有限公司**

执行董事　程健(法定代表人)
总经理　程健
副总经理　李杨(兼任)　李荣之
党委书记　李杨(2011 年 7 月任,此前任党委副书记主持党委全面工作)
纪委书记、工会主席　李杨

**重钢集团热陶瓷有限责任公司**

总经理　孙立

**重钢进出口公司**

总经理　周志宇

**重庆钢铁(香港)有限公司**

董事长　刘加才(兼任)
总经理　周志宇

**重庆数码模车身模具有限公司**(2011 年 8 月完成股权转让)

董事长　钟兴荣(至 2011 年 8 月止)
财务总监　周隆武(副处级,至 2011 年 8 月止)

**重庆中节能三峰能源有限公司**

副董事长　沈勇革(兼任)
总经理　胡祥东(副处级)

**重庆重钢矿产开发投资有限公司**

董事长　刘加才(法定代表人,兼任)
总经理　郭德勇(兼任,至 2011 年 11 月止)
周志宇(2011 年 11 月任,此前任副总经理)
副总经理　周志宇(正处级,至 2011 年 11 月止)
李传茂
财务总监　涂德令

**亚洲钢铁控股有限公司**

董事长　刘加才(法定代表人,兼任)
总经理　郭德勇(兼任,至 2011 年 11 月止)
周志宇(2011 年 11 月任)

重钢集团党委组织部(人事处)供稿

# 重庆钢铁（集团）有限责任公司组织机构图

(2011年12月28日)

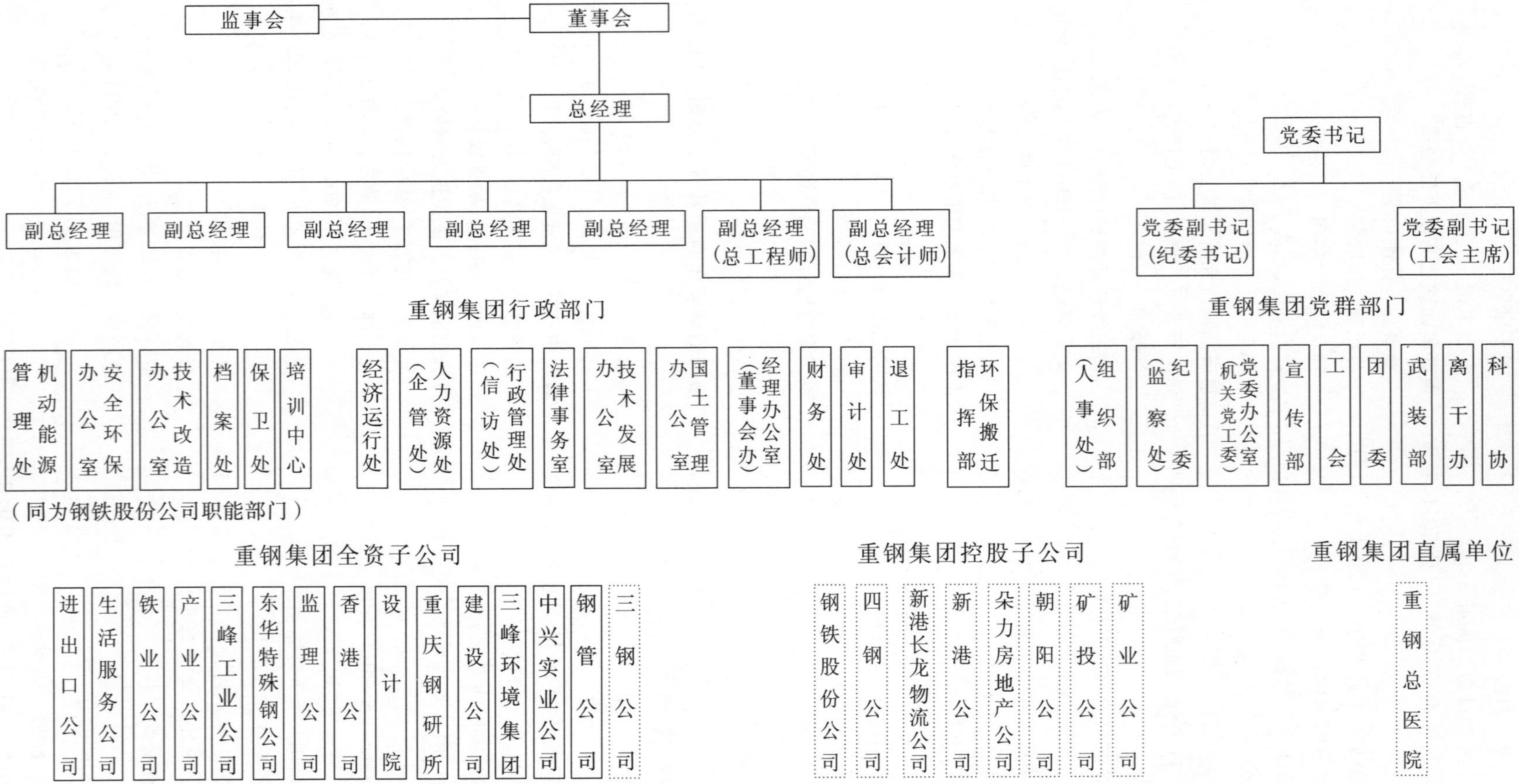


注：环保搬迁指挥部为临时机构，下排子公司实线框为全资子公司、虚线框为控股公司。

陈里林

本部目编辑 唐克洪
“名录与机构” 唐克洪
本部目校对 陈雪梅

4

# 大事记

重钢年鉴

2012

# 2011年重钢集团大事记

## 1月8日

重庆钢铁股份有限公司与江苏新世纪造船有限公司签署战略合作协议。

## 1月10日

重钢2011年董事(扩大)会召开,会议讨论《2011年职代会行政工作报告(初稿)》。

丹麦驻重庆领事HansHalskov先生及两家丹麦公司部门负责人访问重钢,宾主双方就固体垃圾焚烧发电领域加强合作等事宜座谈交流。

## 1月11日

重钢2011年1季度安全环保工作会,会议总结2010年、部署2011年安全环保工作,会上重钢集团总经理刘加才与部分子公司安全第一责任人签订责任书。

韩国浦项(中国)投资有限公司总经理郑吉洙一行,就推进FINEX综合钢厂项目合作的有关议题来重钢与重钢集团总经理刘加才,重钢集团副总经理董荣华,重钢集团副总经理、FINEX项目组组长郭德勇进行洽商与交流。

## 1月13日

四川省凉山州政协主席周文安一行在重钢集团副总经理董荣华陪同下,参观重钢长寿新区。

## 1月20日

重庆市国有资产监督管理委员作出关于表彰2010年度"国企贡献奖"的决定,重钢集团获"国企贡献奖——先进集体";重钢集团党委书记、副董事长张再坤,重钢集团副总经理李岚峰,重钢集团经理办主任、环保搬迁指挥部党委书记夏彤,重钢股份公司焦化厂职工邓波被评为"国企贡献奖——先进个人";重钢集团副总工程师曹敬明、徐刚被评为"国企贡献奖——科技进步带头人"。

## 1月21日

穆迪评级重庆矿投海外有限公司海外发债重钢集团现场会在重钢会议中心召开,重钢集团董事长董林阐明重钢"大战略"并回答提问。重钢集团总经理刘加才,重钢集团副总经理、会计师袁进夫,穆迪公司副总裁、高级分析师仲汶权,鑫根资本合伙人钱军,高宏乐通投资集团董事长、总经理冯晓薇,美国银行董事长崔真镕等出席现场会。

## 1月25日

国家发展与改革委员会副主任解振华一行在重庆市发展和改革委员会主任杨庆育、重钢集团董事长董林等陪同下考察重庆同兴垃圾焚烧发电厂、重钢环保投资公司垃圾焚烧产业化基地。解振华表示:从政策上支持、鼓励重钢发展环保产业。

## 1月27日

重钢集团工会第十四次会员暨第十二届职工代表大会第八次会议召开,重钢集团总经理刘加才作《乘势再,加快发展,坚定不移地实现重钢跨越式发展目标》行政工作报告;重钢集团副总经理、总会计师袁进夫作财务工作报告,重钢集团党委副书记、纪委书记朱建派作第十二届七次职代会提案建议意见执行情况报告,重钢集团董事长董林作《十大亮点辉映重钢持续发展》重要讲话。

## 1月28日

重钢集团2011年党建工作会,重钢集团党委书记、副董事长张再坤作《适应新形势,不断加强和改进党的建设,推进重钢集团又好又快发展》重要讲话,会议向获"五个好党委""五个好党支部"等称号的单位及先进个人颁奖和授牌。

## 2月10日

上午,重庆市委主要领导,中共重庆市委副书记、重庆市市长黄奇帆,中共重庆市委副书记张轩,中共重庆市委常委、市委秘书长徐鸣,重庆市副市长童小平等在大渡口区委、区政府主要负责人和重钢集团领导董林、张再坤、刘加才的陪同下视察将停产搬迁的重钢股份公司大渡口老区中厚板厂。

20时58分，重钢大渡口老区首条搬迁重建生产线——重钢股份公司中厚板厂2700毫米中板轧机，在顺利轧制完最后一块钢板后，正式关停。

2月21日

《重钢报》载，重钢股份公司与中国船舶工业集团在上海船舶大厦会议室签署战略合作协议。

2月24日

国家安监总局副局长孙华山率国务院安委会督查组在重钢集团董事长董林，重钢集团副总经理董荣华、邓强陪同下到重钢长寿新区督导检查贯彻落实国务院安委会安全生产工作要求的情况。

2月25日

在2010年"重庆国企新闻奖"颁奖大会上，重钢集团获"重庆国企新闻奖"第1名。

3月1日

重钢集团2011年反腐倡廉、维护稳定、宣传思想、民兵武装工作会召开，重钢集团党委副书记、纪委书记朱建派作反腐倡廉和稳定工作报告，重钢集团董事长董林与重钢股份公司、建设公司、产业公司签订《2011年度稳定工作目标责任书》，重钢集团党委书记、副董事长张再坤与矿业公司党委、环保搬迁指挥部党委、环保投资公司党委签订《2011年度党建工作目标责任书》，颁奖表彰2010年度维护稳定、宣传思想文化等工作先进单位。

重钢集团与涪陵区人民政府签署战略合作框架协议签约仪式在重庆市涪陵区举行，重钢集团总经理刘加才与涪陵区委常委、常务副区长杨中举分别代表双方在协议书上签字，重钢集团董事长董林、副总经理董荣华，涪陵区委书记张鸣等出席签字仪式。

3月2日

重钢集团董事长董林，重钢集团副总经理、总会计师袁进夫会见到访的汇丰集团总经理、汇丰银行（中国）有限公司行长兼行政总裁黄碧娟，汇丰银行（中国）有限公司重庆分行行长张政敏，双方就加强合作、共谋发展座谈交流。

3月12日

重庆市副市长童小平、市经济和信息化工作委员会主任沐华平，重钢集团董事长董林，重钢集团副总经理郭德勇等就重钢引进FINEX技术合作项目，在北京会见浦项（中国）投资有限公司总经理郑吉洙等高层。

3月16日

召开重钢环保搬迁工程监督领导小组暨特邀监督员工作会，重钢集团领导董林、张再坤、朱建派、潘向宇及重庆市国有资产监督管理委员会驻重钢监督办负责人和重钢27名特邀监督员参会。会议通报2010年监督工作情况、提出2011年工作思考，表彰2010年度先进特邀监督员并宣布聘用、解聘重钢环保搬迁工程特邀监督员的决定。

3月17日

由重庆市经济和信息化工作委员会、市财政局、市国有资产监督管理委员会、市监察局等部门负责人组成的重庆市淘汰落后产能工作领导小组来重钢大渡口老厂区，在重钢集团副总经理董荣华等陪同下对重钢集团落实淘汰落后产能工作进行现场检查和考核验收。

3月22日

国家档案局经科司副司长王燕民率国家档案局重点建设项目档案工作检查组来重钢检查指导环保搬迁工程档案工作。

3月21日

重钢大渡口老厂区动工拆除服役20余年的1200立方米高炉。

3月23日

重庆市总工会副主席张建新一行就劳动保护工作开展情况，在重钢集团党委副书记、工会主席潘向宇陪同下到重钢长寿新区4100毫米宽厚板生产线调研。

3月25日

《重钢报》载，经重庆市国有资产监督管理委员会、市港航管理局、海事处、大渡口区交通局组成的评估小组的现场评估，重钢集团重庆新港装卸运输有限公司被评为重庆市第一家A级安全港口企业。

3月29日

重钢股份公司热轧薄板厂试轧出第一卷热轧硅钢（DR）。

4月1日

重钢股份公司总经理陈洪与广州中船龙穴造船有限公司总经理陈立平，在重钢长寿新区生产指挥中心签署年度供货协议，重钢集团董事长董林、副总经理邓强出席签字仪式。

4月6日

中国银行重庆市分行行长罗小明一行来重钢就进一步加强合作与重钢集团董事长董林，重钢集团副总经理、总会计师袁进夫交流座谈。

4月7日

重庆市委副书记、市长黄奇帆在希尔顿酒店会见韩国浦项集团投资成长部部门长朴基洪一行，并希望重钢与韩国浦项尽快合作，把合作项目建成国内样板工程，打造成中国钢铁企业合作的典范。重庆市政府副秘书长廖庆轩及重庆市相关部门负责人、重钢集团董事长董林、重钢集团总经理刘加才、副总经理郭德勇会见时在座。

重钢集团总经理刘加才、副总经理郭德勇在渝接待韩国浦项(POSCO)投资成长部部门长朴基洪一行,双方就推进 FINEX 技术合作项目的有关议题进行交流。

**4 月 11 日**

国家发展和改革委员会产业司司长陈斌一行在重钢集团董事长董林,重钢集团总经理刘加才,重钢集团副总经理董荣华、李岚峰陪同下视察重钢长寿新区。

**4 月 13 日**

中共中央组织部原部长张全景在重庆市委常委、市委组织部部长陈存根,重庆市委组织部副部长、老干部局局长石国文,重钢集团董事长董林、重钢集团党委副书记朱建派、重钢集团副总经理李岚峰及长寿区相关负责人的陪同下参观重钢长寿新区。

召开2011 年重钢集团"十大重点劳动竞赛"动员会,会议宣布 2011 年重钢集团"十大重点劳动竞赛项目",为获重钢集团"老区生产稳定顺行、新区生产达产达效"劳动竞赛工人先锋号的先进集体授牌,向十大重点劳动竞赛青年突击队授旗。

重钢集团董事长董林率重钢集团技术发展办公室、经济运行处和四钢公司负责人到重庆市綦江县与綦江县委书记王越、县长徐世国和綦江县人大、政协相关负责人就加强政企合作、实现可持续发展进行座谈交流。

**4 月 18 日**

在中国国家档案局和俄罗斯联邦档案署共同主办的中俄企业档案管理研讨会上,重钢档案处处长黄二卫作为中方企业代表应邀向大会作《基于企业需求的档案服务有形化探索》的档案管理实践经验介绍。

**4 月 19 日**

重庆市委常委、市纪委书记徐敬业,原冶金部生产司司长刘树和一行在重钢集团党委书记、副董事长张再坤,重钢集团副总经理董荣华,长寿区委书记、区长等陪同下视察重钢长寿新区。

**4 月 21 日**

重庆市国有资产监督管理委员会副主任王娴一行,在重钢集团副总经理、总会计师袁进夫等陪同下参观重钢长寿新区。

**4 月 27 日**

重庆市副市长吴刚在重庆市大渡口区委书记刘本荣、区长方佳军、副区长李青,重钢集团副总经理董荣华陪同下,视察重庆三峰环境产业集团有限公司,并希望重钢做大做强环保产业。

**4 月 28 日**

重钢长寿新区 1780 毫米热轧板带生产线产量累计突破 100 万吨。

**4 月 29 日**

重钢环保搬迁600 万吨钢系统工程的长寿新区 3 号焦炉正式装煤投产。

**4 月 30 日**

重钢长寿新区第一期铁路专用线工程实现临时开通。

**5 月 3 日**

重钢股份公司产品结构调整项目工程的型钢项目破土动工。

**5 月 6 日**

中国金属学会秘书长洪及鄙一行参观考察重钢长寿新区,与重钢集团董事长董林、重钢集团副总经理董荣华等就重钢环保搬迁工程规划、创新技术等进行交流。

**5 月 9 日**

重庆警备区司令员朱和平一行,在重钢集团董事长董林,党委书记、副董事长张再坤,党委副书记朱建派及长寿区区委书记周勇等陪同下,参观重钢长寿新区并检阅重钢民兵。

**5 月 12 日**

澳大利亚国库部公使衔参赞麦烨明一行为了解重庆市经济和钢铁工业发展情况到访重钢,重钢集团总经理刘加才作重钢相关情况介绍,双方就进一步加强交流与合作交换意见。

**5 月 13 日**

重庆朝阳气体有限公司与河南开元空分集团有限公司举行战略合作协议签字仪式。

**5 月 17 日**

陕西省安康市市长方玮峰一行在重钢集团总经理刘加才陪同下参观重钢长寿新区。

**5 月 19 日**

在重庆国际会展中心召开的第十四届中国(重庆)国际投资暨全球采购会上,重钢集团三峰环境公司分别与安徽六安市、云南大理市、山东东营市正式签订总额为6.8 亿元的生活垃圾焚烧发电厂项目建设协议。

**5 月 23 日**

中国钢铁工业协会名誉会长吴建常一行,在重钢集团副总经理董荣华、长寿区委副书记张明生、长寿区常务副区长陈金山等陪同下参观重钢长寿新区。

5月27日

《重钢报》载，在北京人民大会堂召开的"全国资源综合利用科技大会"上，重钢西昌矿业有限公司获"国家金属尾矿综合利用先进适用技术依托单位及示范工程"证书，为全国首批获此证书的单位之一。

5月30日

重钢大渡口老区生产现场照片及视频资料评比活动颁奖仪式在重钢档案处举行，重钢集团党委书记、副董事长张再坤，重庆市档案局副局长李玳明等出席颁奖仪式。

重庆市总工会党组书记、常务副主席黄建国一行，在重钢集团党委书记、副董事长张再坤，重钢集团副总经理邓强陪同下，到重钢股份公司炼铁厂对职工进行端午节前慰问。

5月31日

重钢大渡口老区2700毫米生产线搬迁长寿新区重建工程的1号加热炉举行点火仪式。

6月1日

召开重钢集团工程建设领域突出问题专项治理现场工作会，对8个工程建设项目进行排查，共查出问题36个，截至是日其中33个问题完成整改。

6月4日

由重钢集团钢管有限责任公司承办的2011年中国钢结构协会钢管分会秘书长会议在渝召开，重钢集团副总经理董荣华，中国钢结构协会钢管分会秘书长庄钢，鞍钢股份有限公司无缝钢管厂、宝钢股份有限责任公司钢管条钢事业部等16家钢管企业的代表出席会议。

6月10日

10时08分，重钢环保搬迁收官标志性工程——2700毫米中板生产线热负荷试车成功，完成4个月由大渡口老区搬迁至长寿新区的重建目标。

国家档案局王岚副司长在重钢集团副总经理邓强等陪同下考察重钢档案工作。

6月16日

浦项（重庆）汽车配件制造有限公司总经理金奉男一行6人，在重钢集团总经理刘加才的陪同下参观重钢长寿新区。

6月20日

重庆市国有资产监督管理委员会党委委员、副巡视员周登署率队来重钢开展新闻宣传工作约谈活动。

6月28日

重钢集团庆祝建党90周年暨"创先争优"表彰大会召开，重钢集团党委书记张再坤代表重钢集团党委作《坚定理想信念，增强宗旨意识，为建设千亿重钢而努力奋斗》讲话，会议表彰重钢集团"十佳红旗党委""十佳党员标兵""百佳红旗党支部""优秀共产党员""优秀党务工作者"和2010年度重钢集团"先进'四好'领导班子"。

重钢集团总经理刘加才应邀参加韩国POSCO在浦项制铁所举行的200万吨FINEX第三工厂开工仪式，并与韩国浦项有关人员就FINEX技术进行交流。

7月1日

北京人民大会堂举行的庆祝中国共产党成立90周年大会上，重庆钢铁（集团）有限责任公司党委被中共中央组织部授予"全国先进基层党组织称号"。

重钢集团董事长董林、重钢集团老领导郭代仪、重钢集团副总经理郭德勇在重钢长寿新区会议中心，会见来重钢交流考察的印度尼西亚千禧国际集团董事会主席林仲平先生一行，双方就加强交流合作、促进双方共同发展等方面作交流。

7月11日

23时28分，重钢长寿新区30000立方米每时制氧机组出氧。

7月12日

重钢集团与韩国浦项签署FINEX综合钢厂项目合作协议，重庆市市长黄奇帆，重庆市政府副秘书长严晓光和重庆市相关部门领导，重钢集团董事长董林，重钢集团党委书记、副董事长张再坤，重钢集团总经理刘加才，重钢集团副总经理董荣华、郭德勇，韩国浦项成长投资事业部部门长朴基洪一行出席签字仪式。签字仪式后重庆市市长黄奇帆会见韩国浦项成长投资事业部部门长朴基洪一行，重钢集团董事长董林，重钢集团党委书记、副董事长张再坤，重钢集团总经理刘加才，重钢集团副总经理董荣华、郭德勇会见时在座。

7月13日

韩国浦项制铁株式会社李厚根常务率团在重钢集团总经理刘加才、重钢集团副总经理董荣华、长寿区区长韩树明陪同下参观重钢长寿新区，实地考察FINEX综合钢厂项目预留地，座谈会上双方就FINEX综合钢厂项目合作的可行性研究等进行磋商和交流。

美国《财富》中文网发布的2011年中国上市企业500强排行榜上，重庆钢铁股份有限公司以2010年营业收入166.18亿元列第199位，较上年上升22位，跨入中国上市企业前200位，居重庆上榜企业第3位。

7月21日

澳大利亚驻华使馆公使梅耕瑞、

政治处参赞林明浩一行,在重庆市外侨办主任助理王广成、重钢集团总经理刘加才的陪同下参观重钢长寿新区。

7 月 22 日

重钢集团 2011 年经济运行分析会召开,重钢集团 2011 年 1～6 月营业收入累计完成 170.52 亿元,同比增长 86%,利润总额 2.299 亿元,钢、生铁、钢材产量实现时间过半任务过半。

7 月 27 日

美国卡万塔能源公司执行副总裁兼首席运营官约翰·克莱特一行,在重钢集团董事长董林、卡万塔能源(中国)公司总裁兼三峰卡万塔公司董事长约翰·申克等陪同下参观重钢长寿新区。

7 月 28 日

重庆市人大副主任、市总工会主席胡健康一行在重钢集团副总经理李岚峰、邓强陪同下慰问重钢长寿新区生产一线职工。

7 月 29 日

重钢集团董事长董林、重钢集团总经理刘加才会见中非信银投资管理有限公司总经理陈凡一行,双方就有关合作事宜进行交流。

澳大利亚首席经济学家、澳新银行悉尼分行艾凡·克霍尔等 14 人组成的考察团,在重钢集团总经理刘加才、重钢集团副总经理董荣华以及重庆市相关部门负责人的陪同下参观考察重钢长寿新区。

8 月 3 日

重庆市市委副书记、市长黄奇帆,重庆市政协副主席吴家农,重庆市政府秘书长、市国有资产监督管理委员会主任崔坚等一行,到重钢长寿新区视察指导工作。重钢集团领导董林、张再坤、刘加才、董荣华、李岚峰、邓强陪同视察。黄奇帆肯定重钢环保搬迁取得的成绩,并指出重钢历经脱困、改造、开放三个阶段,建成了西部第一流的工程,希望重钢抓住机遇,实现科学发展。

重钢集团举行环保搬迁特钢江津项目签字仪式,重钢正式启动对东华特殊钢公司优势资产进行改造并搬迁至江津夏坝镇的规划。重钢集团党委书记、副董事长张再坤,重钢集团总经理刘加才,重钢集团副总经理郭德勇以及江津区四大班子领导出席签字仪式。

8 月 4 日

长寿区政协主席游志明率调研组到重钢长寿新区调研,重钢集团董事长董林、重钢集团副总经理李岚峰分别就重钢生产经营、环保搬迁及长寿新区建设等方面情况作介绍,座谈会上游志明说:重钢环保搬迁带动了长寿区的发展。

8 月 5 日

重钢锅炉压力容器用钢板特种设备材料制造许可扩大认证通过国家质量监督检验检疫总局指派的专家评审鉴定,至此,重钢具备生产最大厚度为 80 毫米的锅炉压力容器用钢板资质。

8 月 10 日

汇丰银行银团专家组一行来重钢长寿新区参观考察,并就加强银企合作与重钢集团副总经理、总会计师袁进夫交流座谈。

8 月 11 日

重庆市委常委、常务副市长马正其一行在重钢集团董事长董林陪同下到重庆三峰环境产业集团公司调研,马正其调研时给予重钢环保产业高度评价,希望重钢环保产业抓住机遇、快速发展,在“十二五”销售收入 100 亿元目标的基础上实现更大的突破。

8 月 17 日

《重钢报》载,三峰卡万塔公司与合肥市重点工程建设管理局、合肥市热电集团有限公司签订《合肥市垃圾焚烧发电项目辅助设备集成买卖合同》。

8 月 18 日

重钢举行“金秋助学”座谈会,会上 2011 年考入大学的 15 名应届和 10 名往届困难职工子女获重钢集团帮扶助学金、28 名困难职工子女得到重庆市总工会帮扶。

8 月 23 日

首届“感动重钢”2010 年度人物颁奖典礼举行,“真的勇士”重钢股份公司炼钢厂胡俊勇等 8 名获奖者受表彰。

8 月 24 日

重庆钢铁集团朵力房地产股份有限公司入围“重庆市第七届房地产开发企业五十强”,列第 27 位。

8 月 25 日

23 时 40 分,重钢股份公司烧结厂大渡口老厂区两座球团竖炉排完炉内熟料正式停产。

8 月 26 日

重庆市安监局局长肖健康率重庆市政府综合安全督察组在重钢集团董事长董林、副总经理邓强,重庆市长寿区区委书记周勇、区长韩树明陪同下,到重钢长寿新区检查指导工作。

重钢开发的最高级别船用钢 EH40、E460、E47 通过中国船级社(CCS)、挪威船级社(DNV0、德国劳氏船级社(GL)型式试验检查,验船师现场签字认可厚度达到70毫米。至此，重钢具备生产高级别船用钢资质，重钢在超高强度船用钢生产领域超过国内同行水平。

**8月30日**

重钢集团、重钢股份公司与昆仑金融租赁有限责任公司举行融资租赁签字仪式，重钢集团、重钢股份公司再获人民币19亿元融资，重钢集团董事长董林，重钢集团副总经理、总会计师袁进夫，昆仑金融租赁有限责任公司总经理贺金霞、副总经理刘兴东等出席签字仪式。

17时28分，重钢长寿新区5号焦炉点火烘炉。

**9月1日**

瑞典国家议会工贸委员会副主席玛利亚·维特斯特兰德女士率瑞典国家议会工业贸易委员会代表团，在瑞典驻华大使馆公使衔参赞齐亚博先生的陪同下到重钢长寿新区参观访问，重钢集团总经理刘加才代表重钢接待到访客人。

**9月3日**

由重钢集团三峰环境产业公司承办、中国环境科学学会主办的中国环境科学学会团体单位会员交流年会在重钢召开，100多家包括各类环保公司科研院所在内的单位负责人共计200余人参会。

由国家环保部设立的"国家环境保护垃圾焚烧处理与资源化工程技术中心"在重钢集团三峰环境产业公司正式启动建设，国家环保部科技标准司副司长刘志全，重钢集团董事长董林，重庆市环保局局长曹光辉等在启动仪式上为中心建设启动揭牌。

据中国企业联合会和中国企业家协会联合发布的2011中国企业500强名单显示：重钢集团以2010年营业收入219.87亿元，列中国企业500强第338位，较上年提升33位；列中国制造业企业500强第178位，较上年提升17位；列重庆10家上榜企业第4位。

**9月6日**

重钢集团大渡口老厂区拆除工作准备会召开，重钢集团董事长董林，重钢集团总经理刘加才，重钢集团副总经理董荣华、李岚峰，重庆建工集团董事长杨镜璞、总经理陈晓等就关停拆除重钢大渡口老厂区生产设备相关事宜进行磋商。会议宣布：2011年9月起至2011年12月止，逐步全部关停、拆除重钢大渡口老厂区生产设备。

**9月13日**

国家商务部副部长陈健在重庆市政府副秘书长艾扬、市外经贸委主任王毅等陪同下来重钢听取有关澳大利亚伊期坦鑫山磁铁矿项目投资、开发、建设等方面的工作汇报。陈建听取汇报后指出，重钢该项目的投资是值得肯定的，商务部将加快相关手续的办理，协调各部门在基础设施、劳动力、税收、权益保障等方面给予支持。重钢集团董事长董林，重钢集团党委书记、副董事长张再坤，重钢集团总经理刘加才，重钢集团副总经理、总会计师袁进夫参会。

0时56分，标志着重钢历史上第二次战略大转移全面启动的重钢大渡口老区最大容积高炉（有效容积：1350立方米）——4号高炉熄火停产。

**9月14日**

《重钢报》载，重钢集团副总经理董荣华率团前往中冶南方工程技术有限公司参加FINEX项目工作会议，会议期间与韩国浦项、中冶南方工程技术有限公司签订了FINEX综合示范钢厂项目可行性研究和环境影响评价技术咨询合同。

22时11分，重钢股份公司型钢厂大渡口老区800毫米轧机轧制完关停前的最后一根钢。

**9月15日**

10时36分，切割重钢股份公司中厚板厂大渡口老区1号加热炉煤气

关停前的重钢老区1350立方米高炉　李科　摄影

管道，重钢启动大渡口老厂区工业建筑拆除工程。

9 月 16 日

9 时 16 分，重钢长寿新区 3 号高炉开炉投产，重钢环保搬迁工程 600 万吨钢生产系统全线贯通，进入试生产阶段。

召开纪念重钢建厂 120 周年“回顾历史、展望未来”座谈会，重钢集团党委书记、副董事长张再坤，重钢集团党委副书记、工会主席潘向宇及重钢集团相关处室负责人，重钢集团老、中、青三代职工代表参会。

重钢 120 周年厂庆纪念大会会场　李科　摄影

9 月 17 日

9 时 8 分，重钢长寿新区 2500 立方米 3 号高炉出第一炉铁水。

长寿新区 3 号高炉　李清荣　摄影

9 月 18 日

19 时，重钢股份公司烧结厂大渡口老区 3 号烧结机关停，重钢大渡口老区烧结系统全线正式停产。

9 月 19 日

重钢集团召开干部大会，会议就重钢大渡口老区安全平稳关停、资产处置及社会职能移交等重点工作进行部署。

西澳大利亚州发展部副部长布莱特 · 赛德勒一行到重钢长寿新区参观调研。

重钢集团第三大官方媒体——门户网站（新版）开通启动仪式在重钢会议中心一会议室举行。

9 月 20 日

7 时 38 分，重钢股份公司高线厂大渡口老区加热炉推出最后一块钢坯送入高速线材轧机，完成轧制后重钢大渡口老区 80 米每秒高速轧制生产线停轧。

9 月 21 日

0 时 28 分，重钢股份公司炼铁厂大渡口老区生产随着 750 立方米高炉的最后一炉铁水出尽而正式停产。

10 时 46 分，重钢股份公司炼钢厂大渡口老区转炉冶炼完最后一炉钢水，结束大渡口老区炼钢生产。

全国人大环境与资源保护委员会副主任委员蒲海清到重钢集团指导工作，重钢集团董事长董林，重钢集团党委书记、副董事长张再坤，重钢集团副总经理李岚峰，重钢老领导潘清山、郭代仪等出席“见面、叙情、交流”座谈会。

配合重钢厂庆 120 周年活动推出的冶金历史文化丛书《中国钢铁工业缩影：百年重钢史话》在重钢档案馆举行首发式，重钢集团党委副书记、工会主席潘向宇，重钢集团党委常委、宣传部部长王洪展出仪式并剪彩。

9 月 22 日

9 时 10 分，重钢股份公司焦化厂大渡口老区 4 座焦炉全部完成停产前的最后一次循环加煤，28 小时后，推焦车将陆续推出 4 座焦炉的最后一窑焦炭，4 座焦炉即同时关停。

9 时 55 分，重钢集团举行大渡口老区钢铁主业关停仪式。仪式举行现场，重钢集团大渡口老区最后一条生产线——重钢股份公司型钢厂棒材轧机轧制完最后一根钢，重钢集团董事长董林宣布重钢集团大渡口老区钢铁主业正式全部关停，重钢集团在家领导董林、张再坤、刘加才、朱建派、潘向宇、袁进夫、邓强，重钢老领导潘青山、郭代仪及劳模代表、职工代表等 100 余人参加关停仪式。

9 时 ~11 时 30 分，重庆电视台重庆卫视、新闻频道并机直播纪录重钢纪念建厂 120 周年、环保搬迁工程 600 万吨钢生产系统建成投产、大渡口老厂区生产全面关停历史性时刻的大型专题电视片《百年重钢 薪火相传——重钢环保搬迁》。

下午，重钢建厂120周年纪念大会在重庆市人民大礼堂隆重举行。重庆市委主要领导，重庆市委副书记、市长黄奇帆，全国人大环境与资源保护委员会副主任委员蒲海清，全国政协社法委副主任委员秦玉琴，韩国浦项株式会社会长郑俊阳，重庆市人大主任陈光国，重庆市政协主席邢元敏，中共重庆市委常委、组织部部长陈存根，中共重庆市委常委、市委秘书长徐鸣等领导及重钢集团在家领导董林、张再坤、刘加才、朱建派、潘向宇、董荣华、李岚峰、袁进夫、邓强等出席纪念大会。重庆市政府副秘书长、市国有资产监督管理委员会主任崔坚主持大会，重钢集团董事长董林致辞，黄奇帆市长代表重庆市委、市政府讲话。纪念大会后，是中国人民解放军总政治部歌舞团的文艺演出。

**9月23日**

重钢集团第十四届第四十一次全委会暨第十二届职代会第四十一次团长会召开，会议审议通过《关于朵力·半岛香颂（东苑）职工团购方案》，部署2009～2011年劳动模范、先进集体推荐评选工作。

20时，重钢集团与中央电视台海外专题部联合摄制的5集大型电视纪录片《追访西迁路》在CCTV—4《走遍中国》栏目首播。

**9月27日**

重庆市副市长凌月明一行在重钢集团董事长董林等陪同下，到重庆丰盛环保发电厂、长生桥垃圾卫生填埋场检查指导工作。凌月明表示支持配合重钢，以加快丰盛环保发电厂的建设投产进程，并对填埋场内土地的未来规划利用提出意见。

《重钢报》载，由重钢自主研究、设计、开发并实施的《干式（机械）真空系统应用于RH工艺技术研发》成果，获2011年中国冶金科学技术一等奖。

**9月28日**

重钢集团环保搬迁工程江津基地项目举行奠基仪式，重钢集团董事长董林，重钢集团党委书记、副董事长张再坤，重钢集团总经理刘加才，重钢集团副总经理郭德勇及江津区委副书记、区长陶长海，江津区政协主席王忠德等出奠基仪式。

《重钢报》载，重钢股份公司与扬子江船业集团公司签订"高强度船板供货协议"，全国人大环境与资源保护委员会副主任委员、中国钢铁工业协会名誉会长蒲海清，重钢集团董事长董林，重钢集团副总经理袁进夫，重钢集团副总经理、重钢股份公司董事长邓强，扬子江船业集团公司总经理任乐天、副总经理王伟等出席签字仪式。

**9月29日**

重钢集团召开新闻发布会，重钢集团党委副书记、新闻发言人潘向宇宣布：重钢集团重庆钢铁研究所有限公司自主研发制造的黑色金属材料再次大量用于我国长征二号F运载火箭。是日21时16分，长征二号F运载火箭点火升空，将"天宫一号"目标飞行器送入预定轨道。

**9月30日**

重庆市国有资产监督管理委员会行文任命朱建派为重庆钢铁（集团）有限责任公司监事、监事长。

**10月10日**

重庆市副市长凌月明一行在重钢集团党委书记、副董事长张再坤，重钢集团副总经理董荣华、李岚峰陪同下对重钢长寿新区生产现场进行实地调研。

重庆市总工会副主席冉崇伦率重庆市总工会组织部、重庆市机械冶金工会等部门负责人考察重钢长寿新区。

重钢长寿新区3号烧结机正式投产。

**10月12日**

重钢朝阳公司大渡口老区10000立方米每时制氧机组关停，朝阳公司供重钢股份公司生产用气全面转至重钢长寿新区。

**10月14日**

重庆市劳动竞赛委员会、重庆市总工会和重钢集团联合开展的重庆市"建好一号工程"劳动竞赛总结表彰大会在重钢长寿新区会议中心举行，北京中日联节能环保工程技术有限公司等80个集体、王永红等141人获表彰；重钢股份公司热轧薄板厂等6个单位获"重庆五一劳动奖"，重钢建设公司第二项目部等30个集体获"重庆市工人先锋号"，重钢环保搬迁指挥部工程部常晓冬等8人获"重庆五一劳动奖章"。重庆市人大常委会副主席、市总工会主席胡健康，重庆市总工会党组书记、常务副主席黄建国，重庆市国有资产监督管理委员会党委副书记罗聪，重钢集团领导张再坤、刘加才、潘向宇、董荣华、李岚峰及长寿区常务副区长陈金山等出席表彰会。

**10月19日**

重钢集团副总经理董荣华、郭德勇接待韩国浦项POSCO李福炯部长一行，宾主双方就加快推进FINEX综合钢厂项目合作进度进行交流。

**10月20日**

重钢集团、韩国浦项POSCO和中冶南方工程技术有限公司三方在重钢会议中心就FINEX项目召开专题工作会，参会三方在FINEX项目可行性研究的产品结构、总图等技术方案上达成初步意见，形成会议备忘录。会议期间举行了“POSCO驻重钢临时工作站”揭牌仪式，重钢集团副总经理董荣华、郭德勇与韩国浦项POSCO、中冶南方工程技术有限公司的相关领导出席揭牌仪式。

原冶金部副部长、中科院院士、钢铁研究总院名誉院长殷瑞钰来重钢长寿新区调研指导工作，并在重钢长寿新区会议接待中心作“钢铁业的时代命题”专题学术报告。

**10月23日**

德国马丁环境技术公司董事长约翰·马丁、总裁埃德蒙·费莱克参观重钢长寿新区，重钢集团董事长董林会见马丁先生一行，并就下一步合作进行交流。

**10月24日**

经重庆市国有资产监督管理委员会9月30日行文提名，重庆钢铁(集团)有限责任公司董事会10月22日会议议决，是日重庆钢铁(集团)有限责任公司行文聘周宏、曹敬明任重庆钢铁(集团)有限责任公司副总经理。

**11月14日**

中共十七届中央委员全国政协经济委员会主任张左己一行，在重庆市政协副主席吴家农，重钢集团总经理刘加才，重钢集团党委副书记、工会主席潘向宇，重钢集团副总经理董荣华及长寿区委书记周勇、区长韩树明等陪同下来重钢长寿新区调研。

12时46分，重钢环保搬迁铁路专用线二期工程——XDK联络线新界牌坡隧道(全长4125米)贯通。

**11月30日**

重钢集团大渡口老区土地首批移交重庆渝富集团的“重钢五厂、六厂地块交接签字仪式”在重钢会议中心举行，重钢集团副董事长、党委书记张再坤，重钢集团副总经理李岚峰，重庆渝富集团董事会秘书、重庆渝富地产公司总经理庞先威等出席签字仪式。

**12月2日**

重钢澳大利亚伊斯坦鑫山磁铁矿项目举行开工仪式，重庆市副市长凌月明，重庆市政府副秘书长、市国有资产监督管理委员会主任崔坚，重庆市发展和改革委员会副主任王平，重庆市外侨办副主任张海清，重钢集团总经理、重庆重钢矿产开发投资有限公司董事长刘加才，重钢集团监事长、党委书记、纪委书记朱建派，重钢集团副总经理、总会计师袁进夫，西澳洲州长代表伊恩·布雷尼和亚洲钢铁澳洲公司董事、总经理比尔·麦威烈以及重庆有关国企和银行系统负责人出席开工仪式。

由重庆钢铁(集团)有限责任公司承办的重庆企联一届四次副会长暨常务理事会在重钢长寿会议中心召开，会议通报重钢集团、商社集团等重庆连续10年上榜“中国企业500强”，征集2012年协会工作思路。

**12月5日**

交通运输部安全监督司司长王金付率领国务院安委会安全生产第六综合督察组来重钢长寿新区督察指导工作，重庆市安监局负责人，重钢集团党委书记、副董事长张再坤，重钢集团副总经理邓强等陪同参加检查，督察组在听取重钢汇报和实地检查后，对重钢长寿新区的安全生产环境给予了肯定。

**12月7日**

重钢集团董事长董林、重钢集团副总经理郭德勇会见到访的四川省凉山州副州长唐皓一行，双方就西昌市太和镇钒钛资源综合开发利用等事宜座谈交流。

中国档案学会自动化管理委员会一行8人由副主任李玉民带队，来重钢考察交流档案数字化工作。

**12月8日**

重庆市国有资产监督管理委员会监事工作办公室副主任杨一率队到重钢长寿新区指导工作，重钢集团监事长、党委副书记、纪委书记朱建派及相关负责人出席座谈会。

12 月 13 日

重钢集团与攀华集团在重钢 202 会议室举行 2012 年度合作协议签字仪式，重钢集团总经理刘加才、攀华集团董事长李兴华代表双方在合作协议书上签字。

三峰环境产业集团有限公司与安徽六安市签约生活垃圾焚烧发电特许经营项目，安徽六安市市委书记孙云飞、副市长钟园及重钢集团董事长董林等出席在该市举行的签约仪式。

12 月 15 日

重庆市委副书记张轩一行在重钢集团董事长董林，重钢集团党委书记、副董事长张再坤，重钢集团党委副书记、工会主席潘向宇，重钢集团副总经理董荣华等陪同下到长寿新区检查指导工作。张轩一行先后参观重钢长寿新区 1780 毫米热轧薄板生产线、焦化厂和厂史馆，并听取重钢集团党委副书记、工会主席潘向宇就重钢集团厂务公开体制机制的建立、制度的完善，及厂务公开工作的汇报。

12 月 19 日

三峰靖江港务物流有限责任公司在位于江苏省靖江市新港园区内的长江码头 2 号泊位现场，举行开港运营庆典仪式，标志着重钢靖江物流基地一期工程项目建成投运。靖江市委书记陈明冠、靖江市四大班子领导，重钢集团总经理刘加才，重钢股份公司总经理陈洪，重钢股份公司副总经理、三峰靖江港务物流有限责任公司董事长李仁生等与股东单位代表、客户代表、三峰港务和工程设计、建设、监理等单位 500 余人参加庆典仪式。

12 月 21 日

在蓉召开的全国城镇生活垃圾处理设施建设及运营经验交流会上，国家发展和改革委员会副主任解振华对重庆三峰环境产业集团有限公司成为我国垃圾焚烧处理领军企业和发展典型给予肯定。

12 月 29 日

重钢集团 2009 ~ 2011 年度劳动模范、先进生产（工作）者、先进集体表彰大会，会议表彰马渐平等 15 名“重钢劳动模范”、文贻刚等 65 名“重钢先进生产（工作）者”及朵力房地产公司等 13 家“先进单位”、产业公司金洲分公司金属材料制品车间等 20 个“先进车间”、三峰科技公司项目管理部等 30 个“先进科（班）组”。

重钢股份公司与长航集团船舶重工总公司签订战略合作协议，重钢集团副总经郭德勇、长航集团船舶重工总公司总经理李文德、重钢股份公司总经理陈洪等出席签字仪式。

12 月 29 ~ 30 日

重钢集团工会第十四次会员暨第十二届职工代表大会第九次会议召开，重钢集团总经理刘加才代表重钢集团作题为《坚定信心，迎难而上，为全面实现重钢集团发展目标而努力奋斗》的行政工作报告，重钢集团副总经理、总会计师袁进夫作《财务工作》报告，重钢集团董事长董林作题为《认清形势　增强信心　坚决打赢扭亏增盈攻坚》的讲话，审议通过《行政工作报告的意见和建议》。

12 月 30 日

重钢集团 2012 年党建工作会召开，重钢集团总经理刘加才宣读《关于命名重钢集团党建示范点的决定》《关于表彰 2011 年度红旗党委、先进党委（总支）的决定》，重钢集团监事长、党委副书记、纪委书记朱建派对《重钢集团党建 2012 工作要点》进行说明，重钢集团党委书记、副董事长张再坤回顾重钢集团 2011 年党建工作。会议还对重钢集团干部选拔任用工作进行了民主评议。

*龙志敏*

**本部目编辑　温勇耀**
**本部目校对　张红海**

5

# 企业管理

重钢年鉴

2012

# 职能管理

【企业改革与管理改革】 2011年，按照重庆市国有资产监督管理委员会下达的改革工作目标，围绕重钢环保搬迁发展规划和生产经营目标，改革工作继续以“缩幅减链”，优化产业和组织结构为重点，通过重组、关闭销号、空壳等方式，减少二级和三级公司数量，提高效率，增强实力。同时，推进落实集体企业环保搬迁人员分流安置政策，为彻底解决集体企业问题打下基础。

1. 改革工作目标完成计划进度。2011年初，重庆市国有资产监督管理委员会以渝国资〔2011〕207号文件下达重钢企业改革工作目标，即“消壳缩链”：清算注销10户、股权转让1户；公司制改造1户；破产终结1户。为完成2011年工作目标，重钢集团制定企业改革工作目标计划和措施。重钢集团分管领导多次主持召开专题会议，布置工作，定期检查工作进展情况，相关子公司也制定相应的改革计划和措施，推进企业改革。2011年，重钢集团三峰传媒公司、重钢四厂职工技协技术服务部、重钢产业公司四厂公司、重钢綦江铁矿建筑工程安装公司、重庆三峰科定防腐工程有限公司、重庆绿能环境产业有限公司、重庆三峰固鼎建材有限公司、重庆新科钢格板有限公司、重庆东源交通工程有限公司等9家公司完成关闭注销工商手续；铁业公司股权转让完成审计评估等前期工作，于2011年上半年在联交所挂牌，但因受让方重钢股份公司报联交所审核而延误收购；中兴实业公司的公司制改造在2011年5月末重庆市国有资产监督管理委员会批复同意后，进行工商变更登记手续，完成公司制改制；经过两年多的努力，重庆市大渡口区人民法院下达热陶瓷公司破产终结书，完成热陶瓷公司的破产终结。

2. 继续推进结构调整和社会职能移交工作。(1)为优化资源结构，2011年上半年，重钢将建设公司下属从事电机维修的电气修造公司成建制划入三峰工业公司，为下步将三峰工业公司并入重钢股份公司，增强钢铁主业实力创造条件。(2)为加强重钢长寿新区的环保工作，2011年5月将三峰科技公司为重钢股份公司环保设施运行服务的职责转交给重钢股份公司，由重钢股份公司成立环保设施运行部负责其环保设施的运行管理。(3)为适应市场需要，2011年5月，重钢股份公司在江苏靖江与扬子江船业集团有限公司等4家企业，共同成立由重钢股份公司控股的靖江三峰钢材加工配送有限公司，为重钢的钢材产品提供销售配送服务。(4)2011年，三峰环境公司中标广东汕尾、安徽六安两个垃圾焚烧发电项目，并以此为基础组建按分公司化管理的两个项目公司。(5)经与重庆广电网络公司协商，2011年5月，重钢完成将大渡口区本部原有的有线电视网络线路及客户资源的有偿移交工作，并不再从事有线电视网络的经营服务，实现企业电视网络社会职能的移交。

3. 完善法人治理结构。重钢集团自1995年开始进行企业改制工作，其法人治理结构得到不断健全完善，2011年10月，重庆市国有资产监督管理委员会委派重钢集团监事长，据此，重钢集团按照重庆市国有资产监督管理委员会的相关要求，设立监事会办公室，明确其职责，为进一步发挥监事会监督职能创造条件。

4. 继续推进集体企业人员政策分流安置工作。2011年，重钢集团继续按照确定的方针推进集体企业人员政策分流安置工作。各相关子公司督促、指导代管的集体企业推进符合条件集体职工政策分流安置工作，2011年共分流安置192名符合条件的集体职工。

周明

【责任制考核管理】 2011年，为贯彻重庆市国有资产监督管理委员会关于开展全员业绩考核的工作要求，重钢的考核管理工作由经济责任制考核逐步向全员业绩评价考核转型过渡。(1)日常考核。①2011年重钢集团经济责任制考核领导小组组长与18家子公司、27个职能、党群部门和直属单位签订资产经营责任书和工作目标责任书,并按照签订的责任指标每月进行考核;②重钢集团经济责任制考核工作小组每月定期召开考核工作会议,商议解决考核工作中的出现问题;③2011年1至11月,重钢集团有15家子公司完成资产经营责任制利润考核进度目标,职能、党群部门和直属单位全部达到工作目标责任制考核目标要求。在专业经济责任制考核中,重钢集团共对43家单位、66个项目进行考核,考核罚金249311元;④2011年4月2日,重钢集团下达《关于2011年重钢长寿新区达产达效领导挂钩考核指标的通知》(重钢经运发〔2011〕85号),以长寿新区10个生产部门和钢铁股份公司机关处室的考核指标以及重大事件的专题调查报告为依据,对重钢集团10位领导进行挂钩考核,并设立重大事件的专项考核。2011年1月至8月因达产达效指标,重钢集团领导均受到考核,考核金额共计69040元在基薪中兑现。(2)全员业绩评价考核。2011年5月25日,按重庆市国有资产监督管理委员会关于开展全员业绩考核的工作要求和重钢集团完善内部考核工作制度的需要,由经济运行处牵头,对重钢集团的经济责任制考核工作进行审视,征集修改意见,构建新的考核组织机构,初步形成全覆盖的业绩评价考核体系,颁发《关于健全和完善重钢集团全员业绩评价考核暂行管理办法》(重钢经运发〔2011〕130号),管理办法主要包括3个层面:一是经济责任考核,包括对子公司的资产经营责任制考核和对职能部门工作目标责任制考核;二是专业经济责任制考核,从专业管理的角度,进行考核;三是全员岗位责任制考核,包括对重钢集团领导、厂处级领导和全体职工进行岗位责任制考核。2011年,首先是对前两部分进行考核,由考核领导小组主管负责人与各单位厂处级负责人签订目标责任书;其次按照考核管理办法的要求,正建立以职工工作业绩考核为主的《重钢职工工作业绩考评晋级》等制度,将职工的工作业绩与工资晋级挂钩,建立正常的工资增长机制。

沈小园

【统计管理】 (1)基础工作管理。①2011年,重钢统计工作运行以综合统计为中心,保持重钢统计工作稳定顺行。2011年初,为适应重钢生产经营管理,修改和颁发《重钢统计管理规定》(重钢经运发〔2011〕37号)、《重钢原始记录管理规定》(重钢经运发〔2011〕34号)、《统计报表管理规定》(重钢经运发〔2011〕32号)、《重钢统计数据提供和使用规定》(重钢经运发〔2011〕33号);②针对重钢部分子公司管理方式的改变,分别对相关单位统计口径、统计报表的报送渠道和报送要求作规定,要求规范统计,保证统计工作平稳,统计数据不乱。(2)日常工作。①完成国家、行业和部门的各种统计年报和定期报表工作。重钢对外的统计报表,以报表及时、数据准确、指标完整和统计涵盖面广为基本要求,为保证统计数据的质量,针对基层单位管理模式变化和统计人员变动频繁的现状,全年加强对统计工作和统计资料的交接管理,进行业务培训,要求统计人员持证上岗。完成全年各项统计工作任务;②随着企业内部改革的深入和生产经营的需要,重钢的统计工作重点逐步由为上级部门服务为主转向为企业的改革和生产经营服务为主,为此建立系列内部统计报表制度,定期编制统计报表,发布《统计快报》和《统计公报》,满足重钢各职能部门的数据需要,并定期汇编统计历史资料和每年编制《主要统计指标领导手册》等,为重钢决策提供参考依据。(3)组织参评。①参评“中国企业500强”。2011年4月,重钢经济运行处组织相关处室完成“中国企业500强”的申报工作,10月经中国企业联合会和中国企业家协会评审,重钢以2010年营业收入2198712万元,获2011年度“中国企业500强”第338名,较上年提升33位,获2011年度“中国制造业企业500强”第178位;②参评“重庆工业企业50强”。2011年3月~4月,经济运行处组织相关处室和工业子公司搜集资料和证明材料,完成“重庆工业50强”的申报和评选工作,经重庆市工业经济评价考核办公室审核评比,2011年9月,重钢获“重庆工业企业50强”第5名。(4)统计资料汇编。①编印《2006~2010年重钢统计资料汇编》。为保持重钢自新中国成立以来统计资料的完整,2011年5月开始由经济运行处组织编印第七册重钢统计历史资料。该资料分21个部分,重点记载“十一五”时期重钢在产品生产、产品质量、技术经济指标、原燃材料消耗、产品生产能力、主要专业生产设备、固定资产投资、产品销售、人力资源以及主要经济效益等方面的基本情况;②2011年4月完成《重钢主要经济技术指标领导手册》编印,该资料将重钢2010年人财物供产销资料及国内外钢铁行业的资料浓缩为1本手册,是重钢自1998年后编印的第13本资料。

沈小园

【经济责任审计】 2011年,审计处对产业公司商贸原经理、三环建设监理咨询公司原经理、三峰科技公司原董事长、矿业公司綦江铁矿原矿长进行了离任经济责任审计。

涂江涛

【工程审计】 (1)履行招投标监督职责,全过程参加招标文件及施工承包合同条款的讨论、审查,参加招投标的开标、评标监督工作;参与重钢集团设计院、电子公司(环保搬迁工程部分)的开标、评标监督工作。(2)按照重钢集团领导要求,参加4个项目的专项检查,并牵头完成重钢环保搬迁招标最高限价专项检查。(3)对已办理结算的重钢环保搬迁工程进行审计。2011年,重钢环保搬迁工程完工,进入40亿元的建筑安装工程结算办理阶段,审计处结合前期监督情况,向重钢集团建议对环保搬迁工程按实结算部分进行全面审计。针对环保搬迁工程结算办理集中的特点,审计处向重钢集团班子会编制《重钢环保搬迁工程结算审计方案》,建议委托社会造价咨询机构对重钢外部施工单位的工程结算进行审计,审计处负责对重钢内部施工单位的工程结算进行审计,同时对外委审计的质量、进度进行控制,对相关各方进行协调,该审计方案得到重钢集团班子会的同意。2011年,经重钢集团审计处审计及配合外委审计,共计审减工程造价213万元。

涂江涛

**【环保搬迁资金支付专项审计】** 经重钢审计处对重钢环保搬迁工程2010年1月1日至2011年6月30日的资金收支情况进行审计,截至2011年6月30日,重钢环保搬迁工程签订各种项目合同1850个,合同金额2,224,990.75万元(不含建设公司无暂定总价合同),工程资金到位合计2,220,4.00万元,已累计支付1,969,558.44元,其中:①工程项目支出1,864,741.98万元,占合同金额83.81%;②待摊工程管理费27,018.96万元;③重钢集团工程借款利息73,552.62万元;④保证金及固定资产等4,244.88万元。

审计报告指出,环保搬迁工程资金支付程序和制度较完善,资金支付整体情况较好,基本遵守合同条款,支付审批程序也较规范;但由于工期紧等客观原因,也存在协议签订不及时、不规范、支付中存在先于合同签订而付款的情况;个别合同也存在擅自分包、用预付款抵履约保证金,未及时扣回预付款,工程质量事故未及时索赔等问题。报告建议重钢环保搬迁指挥部相关职能部门应进一步加强精细化管理,强化合同签订、执行、变更、评审等各环节审核力度,提高合同管理能力和资金支付管理能力,为重钢集团节约投资、降低资金压力作贡献。

涂江涛

**【"小金库"专项治理】** 按重庆市国有资产监督管理委员会《关于印发重庆市国有资产监督管理委员会系统2011年"小金库"专项治理工作实施方案的通知》(渝国资〔2011〕248号)文件精神,2011年5月,重钢组织所属各部门、各单位开展全面复查,所有独立法人企业负责人都签署承诺书。5月25日,重钢所属23个二级企业、32个三级企业(含分厂)、7个四级企业全部上报工作总结和复查报表。其中1家公司于2008年4月至2009年6月期间取得收入445,477.05元,未入该公司财务账,而是用于支付运行人员的误餐费、员工奖励等,截至2009年6月共支出164,216.05元。2009年6月重钢自行开展"小金库"专项治理期间,该公司于2009年6月22日及24日将余款281,261.00元缴回三峰科技公司财务账内。2010年开展"小金库"专项治理时,该公司未上报此"小金库",本次全面复查报出。

重钢治理"小金库"领导小组办公室于2011年6月1日召开"小金库"治理工作会议,总结全面复查阶段工作情况,部署重点抽查和整改落实阶段工作目标任务。2011年8月25日前完成督促整改落实阶段的工作。2011年11月25日,重钢各单位按照"边治理、边研究、边总结、边完善"的思路,完善和建立健全防治"小金库"长效机制。2011年12月,重钢各单位完成"小金库"治理工作总结、评价和验收。

涂江涛

**【规划管理】** 1.重钢集团3年发展规划编制工作。根据重庆市国有资产监督管理委员会要求及贯彻落实《重钢"十二五"发展规划纲要》,重钢集团2011年2月启动重钢集团3年(2011~2013年)发展规划编制工作。该规划编制工作是在重钢集团"十二五"规划的基础上,结合重钢集团现实生产和固定资产投资情况,以及面临的国际国内形势,对2011~2013年期间重钢发展目标、任务分解、实施方案、保障措施等进行规划,也是对《重钢"十二五"发展规划纲要》细化和补充。2011年4月,《重钢集团3年发展战略规划》编制完成并通过重钢集团审查。

重钢集团2011年~2013年总体发展目标:抓紧实施环保搬迁工程建设,争取在"十二五"前3年,完成钢铁股份公司产品结构调整项目及江津基地建设,并力争引进韩国浦项FINEX熔融还原炼铁技术,形成"铁—钢—轧"短流程系统,提升钢铁产能规模及工艺技术和管理水平,突出品牌优势,以科技创新提升指标,同时加快推进靖江物流基地建设和矿山资源开发利用工作,全面实现重钢集团"四大战略"任务,为实现"十二五"目标奠定基础。

按照《重钢集团3年发展战略规划》,重钢集团至2013年末,力争达到焦炭390万吨、生铁830万吨、钢900万吨、钢材850万吨的综合生产能力,重钢集团力争实现汇总销售收入500亿元,利润总额12亿元,其中非钢产业实现汇总销售收入150亿元,利润总额8亿元。

2."十二五"规划重点项目实施情况。(1)环保搬迁600万吨钢系统工程收官。2011年9月16日,重钢长寿新区炼铁3号高炉正式装料投产,标志着重钢环保搬迁600万吨钢系统工程建设目标完成。重钢环保搬迁600万吨钢系统工程总投资306亿元,占地面积600公顷,主体设备:4

座60×6米焦炉、3座360平方米烧结机、3座2500立方米高炉、3座210吨转炉以及4100毫米宽厚板生产线、1780毫米热轧板带生产线和2700毫米中厚板生产线等。重钢集团环保搬迁工程中的平场施工、4100毫米宽厚板项目、炼钢项目、2700毫米中厚板项目等工程建设速度均创国内第一。工程质量、工期、投资、安全等总体受控,长寿新区工程吨钢投资4216元,与国内当期建成的生产线同口径比较吨钢投资低2000元,总投资低100亿元以上,为国内同类钢铁企业建设投资最低。重钢长寿新区通过消化、吸收、再创新,从规划布局、工艺设计、施工管理到新技术应用,拥有自主知识产权43项,其"铁-钢"界面"一罐制"和"RH干式真空技术创新应用"成效突出。(2)钢铁股份公司产品结构调整技改工程推进。2011年4月,该工程建设工作全面启动,至2011年年底,二炼钢项目、型钢项目、线棒材项目等工程有序推进中。(3)国内矿山资源开发建设推进。围绕太和铁矿资源进行逐步扩能和产业链延伸研发,2011年年产630万吨原矿选扩建工程完成形象进度90%以上,选矿系统进入重负荷试车阶段,大部分工程处于项目收尾阶段。年产1000万吨原矿采选扩建项目各项准备工作已启动,同时开展了钒钛资源综合利用实验及相关研究工作,为钒钛资源综合开发利用提供基础技术参数,基本确定了钒钛资源综合开发的工艺流程和建设方案。接龙铁矿建设项目进入平硐掘进、生产矿块准备和选矿焙烧工艺建设收尾阶段。巫峡桃花铁矿建设项目进行采矿许可证和安全生产许可证等手续办理的施工前期准备工作中。小金河铁矿首采段年产40万吨原矿实验生产线建设项目进入建设施工图设计,主体设备招投标及建设资金筹措同步推进中。(4)靖江物流基地首期项目建成投产。该项目首期总投资13.7亿元,征地40公顷,总规划用地120公顷,拟建码头7个泊位,最大停靠15万吨海船,年吞吐量4500万吨。项目打破常规建设,实现当年开工、当年投产,并完善所有批文手续。2011年12月19日,靖江物流基地首期项目长江码头2个泊位建成投用。(5)澳矿项目开工建设。2011年8月25日,国家发展和改革委员会正式核准重钢矿投公司建设澳大利亚西澳洲伊斯坦鑫山磁铁矿项目。该项目一期工程计划总投资30亿美元,建成年产原矿2600万吨、铁精矿1000万吨的生产能力,开采年限达20年以上。2011年项目管理公司所做的执行研究基本完成,2011年12月2日,在伊斯坦鑫山磁铁矿区现场正式举行开工仪式,工程建设全面启动,计划2013年初步建成,对重钢集团建立自给自足的资源保障,完善产业链提供支撑。(6)FINEX综合钢厂项目取得进展。2011年,韩国POSCO选定重钢为FINEX综合钢厂项目中国唯一合作企业。作为重庆市"引进来"战略的重点项目,重钢集团与韩国POSCO在2011年7月12日正式签订FINEX综合钢厂项目引进合作协议书。截至2011年底,项目设计单位确定,可行性研究编制、环评现场调研工作基本完成,正开展国家发展和改革委员会的报批手续。

杨俊

**【投资管理】** 1.固定资产投资管理。按照固定资产投资管理主管部门初审、有关职能部门会审、重钢集团董事会审议(投资100万元以上)的程序,加强固定资产投资管理。2011年共收到子公司固定资产投资申请72项(批),经初审合格后,组织会审11批,共64项(批)项目,会审通过61项(批)。下达立项批复5项:"重钢总医院建设内科综合大楼重新立项""矿业公司800吨/天烧结石灰回转窑生产线项目""矿业公司白云石深加工项目""靖江三峰钢材加工配送有限公司三峰钢材加工配送中心一期项目""矿业公司重钢西昌钒钛资源综合开发利用项目"。下达投资计划批复60项(批),涉及钢铁股份公司、矿业公司、三峰环境公司、朝阳公司、建设公司、新港公司、产业公司、四钢公司、钢管公司、重钢(集团)公司、总医院、三环监理公司、设计院等,计划投资总额240034.52万元。

2.重点项目管理。2011年共向国家发展和改革委员会、国家财政部、国家工信部、重庆市发展和改革委员会、重庆市经济和信息委员会等申报12大类32个项目,其中:(1)在"重庆市人民政府办公厅关于印发2011年重庆市工业和信息化投资工作意见的通知"(渝办发〔2011〕15号)文件中,"钢铁股份公司产品结构调整"项目纳入2011年重庆市工业和信息化投资"双百"计划项目(建设项目),"白云石深加工项目""江津基地"项目纳入2011年重庆市工业和信息化投资"双百"计划项目(前期项目)。(2)在重庆市经济和信息化委员会"关于印发《关于加快推进重庆市'十二五'工业转型升级项目实施意见》的通知"(渝经信投资〔2011〕26号文件)中,"FINEX项目""钢铁股份公司产品结构调整项目""钢管环保搬迁项目""特钢环保搬迁项目"纳入重庆市"十二五"工业转型升级重大项目,"巫山桃花铁矿项目"纳入重庆市"十二五"工业转型升级重点项目。(3)在"重庆市人民政府关于认真作好2011年市级重点项目有关工作的通知"(渝府发〔2011〕22号文件)中,"重庆市第二垃圾焚烧处理厂""同兴垃圾焚烧处理二厂"纳入重庆市2011年政府资本类重点项目,"特钢环保搬迁项目"纳入重庆市2011年社会资本类重点项目,"钒钛冶炼、钢铁股份公司产品结构调整项目、FINEX项目""万州垃圾处理场二期工程"纳入重庆市2011年重大前期项目。2011年，重钢“工业企业能源管理中心示范建设”项目获国家能源管理中心示范建设资金870万元、“基于新型传感器的钢铁行业制造过程实时监控系统”项目获重庆市工业和信息化发展专项资金60万元、“大宝坡矿冶金石灰窑和景星矿风机系统改造”项目获重庆市节能专项资金54万元。同时完成往年获政府支持的“焦化废水治理项目”的竣工验收等。

3. 项目核准、备案管理。执行重庆市人民政府制定的重庆市企业投资项目核准和备案暂行办法，配合、协调环保搬迁工程核准及备案工作，2011年12月4日，重钢环保搬迁600万吨/年钢工程获“国家发改委办公厅关于支持重钢环保搬迁项目的函”，协助矿业公司、电子公司、铁业公司和钢铁股份公司办理“大宝坡矿冶金石灰窑和景星矿风机系统改造”及“重钢环保搬迁长材线信息化建设”等项目备案，为争取项目支持提供条件。

4. 固定资产投资统计管理。2011年下发“重钢集团固定资产项目统计管理暂行办法”，强化固定资产统计工作。至2011年，重钢集团累计完成固定资产投资832300万元（其中环保搬迁600万吨/年钢工程484444万元，钢铁股份公司精品特钢产品结构调整技改工程50585万元）。2011年共有施工项目30项（批），其中：技改项目16个，技术措施项目10个，扫尾项目4个。2011年无项目完工。

5. 项目后评价管理。为规范投资活动，提高投资效益，根据重钢集团领导指示，2011年重钢技术发展办公室组织相关部门对四钢公司“1450毫米冷轧硅钢生产线技术改造”项目进行后评价，指导业主单位完成项目的自评工作，并组织相关职能部门对该项目进行独立评价。

崔艳　梅化

**【信息化工作】** 2011年，重钢集团信息化工作围绕现实生产，一是优化和完善长寿新区信息化建设600万吨钢系统工程已建成的信息系统，为重钢长寿新区生产经营达产创效提供支撑；二是开展重钢大渡口老区搬迁至长寿新区的型、棒线和炼钢厂信息化建设，争取与生产线投产同步上线。具体工作：（1）对生产管理系统进行6次改版，2011年第六版生产管理系统能更好地适应一级计划管理；（2）随着大渡口老区2700毫米中板生产线的搬迁，完成2700毫米中板MES系统的适应性改造建设，并与4100毫米宽厚板MES系统进行整合，实现钢铁股份公司中厚板厂两条生产线互通信息、互换补产的功能；（3）实现销售系统远程订货和远程质保书查询、打印的功能；（4）完成1780毫米生产线热装直送的相关支持软件；（5）推进长寿新区产品结构调整工程的信息化建设，主要包括型钢MES系统、高棒线MES系统和二炼钢MES系统建设，以及与之相关的生产、销售、技术质量、检化验系统的改造和二期信息化配套的网络、平台建设。2011年，在解决现实生产信息化需要的同时，协调解决了重钢集团工会、重钢矿投公司等单位服务器搬入中心机房的问题。同时配合中国钢铁协会完成“2010年两化融合发展水平评估”和“钢铁企业低碳和绿色增长情况调查表”工作，并填报“2010年钢铁企业信息化统计年报”；配合重庆市“两化”融合促进会完成“两化”融合情况调查表和咨询与人才培训需求征集表。分别向重庆市“两化”融合促进会、重庆市发展与改革委员会申报“重钢中厚板MES系统”“重钢长材线信息化建设”“重庆钢铁股份有限公司2700毫米轧钢生产线信息化建设”等项目，其中“重钢长材线信息化建设”项目获重庆市发展和改革委员会的推荐，2010年申报的“基于新型传感器的钢铁行业制造过程实时监控系统”2011年获60万元财政支持。

杨俊

**【科技项目管理】** 1. 科技项目情况。2011年，重钢集团根据实际工作需要，按照突出重点、少而精的立项原则，先后组织各专业进行科技项目立项论证，下达2011年重钢集团科技项目计划6批共计29项。计划总投入2184万元，其中重钢集团计划投入982万元，申请使用研发费681万元；科技项目结项13项。2011年申请大渡口区科学技术委员会立项4项，其中创新能力培育计划3项、创新奖励计划1项。申请重庆市科学技术委员会立项5项。国家科技部立项2项、国家发展和改革委员会立项1项。共获得各级政府部门支助资金2000万元。申请重庆市经济和信息化委员会立项4项，按照国家重大产业技术开发项目的管理要求，《选铁尾矿中回收钛铁矿》项目通过重庆市经济和信息化委员会、发展和改革委员会组织的专家验收。

2. “产学研”合作。2011年，重钢集团推进与科研院所及高校的“产学研”合作。与重庆大学合作开展项目5项：《重钢烧结除尘风机并联稳定运行动态理论研究》《分钢种工艺路线摸索及优化技术研究》《无缺陷坯的生产技术研究》《长寿新区RH工艺正常化研究》《重钢长寿新区铸坯带缺陷轧制试验研究》。与北京科技大学合作开展项目2项：《D36级高强船用钢产品研究与开发》及《E40级高强船用钢产品研究与开发》。与重庆科技学院合作开展项目3项：《垃圾焚烧气化技术的研发及示范》《冶金石灰在烧结生产中深化应用研究》《优化烧结矿冷却参数，降低冷却工序电耗》。与重庆理工大学合作开展项目2项：《重钢1号连铸机动力电压突降的诊治以提高连铸浇铸的可靠性》《重钢烧结除尘风机并联稳定运行动态理论研究》。与重庆钢铁设计研究总院合作开展项目1项:《铌、钒、钛微合金化钢连铸坯角部横裂的形成机理和防止措施研究》。开展博士后项目1项:《高效重金属螯合剂的开发与垃圾焚烧飞灰固化技术研究》。

3.科技成果获奖情况。2011年重钢集团组织优秀科技成果参加各级政府、行业协会的奖励申报。全年获重庆市科技进步奖3项:《干式真空系统应用于RH工艺技术研发》获二等奖,《特大型钢铁企业整体环保搬迁工程的系统化管理》《孔型合并技术研究与应用》获三等奖;获大渡口区科学技术奖励7项:《二段式生活垃圾焚烧炉研发》获一等奖,《航空用GH536高温合金管的研发》《Q420高强角钢产品系列化开发》《增大轧辊辊径无槽工艺研究与应用》获二等奖,《重钢1350立方米高炉强化冶炼技术研究及应用》《生活垃圾焚烧炉液压系统产业化及应用》《同眼自体角巩膜板层部分移植临床应用研究》获三等奖;获中国钢铁工业协会中国金属学会冶金科学技术奖1项:《干式(机械)真空系统应用于RH工艺技术研发》获2011年冶金科学技术奖一等奖。

4.高新技术产品及重点新产品申报。重庆钢铁研究所有限公司0Cr20Ni24Si4Ti不锈钢棒、1Cr18Ni11Si4AlTi双相不锈钢、X14CrMoS17双相不锈钢锻件、高温合金GH625太阳能精密管4个新产品被认定为重庆市高新技术产品。重庆三峰卡万塔环境产业有限公司SLC350型生活垃圾焚烧炉、重庆钢铁股份有限公司高强度船板E40列入重庆市重点新产品计划。

严明英

**2011年重庆钢铁(集团)有限责任公司科技项目计划表**

| 序号 | 项目名称 | 负责单位 | 项目投入(万元) | 项目实施时间 | 预计直接经济效益(万元/年) |
|---|---|---|---|---|---|
| 1 | GH1131高温合金棒材开发 | 重庆钢研所 | 50 | 2010.10~2011.9 | 500 |
| 2 | 真空感应炉脱硫、脱气工艺研究 | 重庆钢研所 | 45 | 2010.1~2011.11 | 30 |
| 3 | 建立重钢集团产业公司化验室 | 产业公司 | 30 | 2010.10~2011.3 | / |
| 4 | 太和铁矿采场调整强采工艺及配矿研究 | 矿业公司 | 50 | 2010.1~2011.4 | 3070 |
| 5 | 尾矿中回收钴硫精矿试验研究 | 矿业公司 | 70 | 2010.2~2011.4 | 104 |
| 6 | 太和铁矿西漂尾矿库扩容技术方案研究 | 矿业公司 | 90 | 2010.1~2011.4 | / |
| 7 | 白云石优化利用深加工工艺研究 | 矿业公司 | 80 | 2010.2~2011.4 | / |
| 8 | 接龙铁矿采矿工艺研究 | 矿业公司 | 97 | 2010.2~2011.4 | 128 |
| 9 | 重钢桃花鲕状赤铁矿利用技术实验研究 | 矿业公司 | 95 | 2010.8~2011.4 | / |
| 10 | 大宝坡矿供电系统稳定性研究及实施 | 矿业公司 | 45 | 2010.1~2011.4 | 5.6 |
| 11 | 石灰石资源优化综合利用 | 矿业公司 | 30 | 2010.1~2011.4 | 300 |
| 12 | 智能式焦饼温度实时测量系统的研究 | 钢铁股份公司焦化厂 | 50 | 2011.1~2011.6 | / |
| 13 | 采用新工艺提高风机等定型产品质量 | 三峰工业公司 | 30 | 2010.10~2011.12 | 35 |
| 14 | 减速机模拟工况检测技术开发及应用 | 三峰工业公司 | 13 | 2010.12~2011.12 | 9 |
| 15 | 铌、钒、钛微合金化钢连铸坯角部横裂的形成机理和防止措施研究 | 钢铁股份公司炼钢厂 | 50 | 2011.1~2012.12 | 107 |
| 16 | $\phi$114热轧厚壁塔机管的开发 | 三钢公司 | 93.2 | 2011.1~2011.6 | 200 |
| 17 | 钒钛球团矿竖炉还原实验研究 | 矿业公司 | 155 | 2010.9~2011.7 | / |
| 18 | 热轧减径生产高压锅炉钢管 | 钢管公司 | 98 | 2010.7~2011.6 | 295 |
| 19 | 编制《热轧球扁钢》和《船用锚链圆钢》国家标准 | 钢铁股份公司质管处 | 25 | 2010.2~2011.12 | / |
| 20 | 重钢烧结除尘风机并联稳定运行动态理论研究 | 钢铁股份公司机动处<br>钢铁股份公司烧结厂 | 48 | 2011.5~2011.12 | 218 |
| 21 | 分钢种工艺路线摸索及优化技术研究 | 钢铁股份公司炼钢厂 | 49.3 | 2011.3~2012.3 | 1000 |
| 22 | 重钢1号连铸机动力电压突降的诊治以提高连铸浇铸的可靠性 | 钢铁股份公司机动处 | 45.506 | 2011.4~2011.12 | / |
| 23 | 350吨行车主起升主减速机系统在线监测技术研究与应用 | 钢铁股份公司机动处<br>钢铁股份公司炼钢厂 | 47 | 2011.5~2012.5 | / |

续表

| 序号 | 项目名称 | 负责单位 | 项目投入（万元） | 项目实施时间 | 预计直接经济效益（万元/年） |
|---|---|---|---|---|---|
| 24 | 多功能一体化开卷机生产线组建与技术优化研究 | 建设公司 | 77 | 2011.8～2012.6 | 222 |
| 25 | 工程现场新型围挡应用工程研究 | 建设公司 | 34 | 2011.6～2012.3 | / |
| 26 | 垃圾焚烧发电厂ACC(自动燃烧控制系统)研发 | 三峰卡万塔公司 | 22 | 2011.5～2011.12 | 958 |
| 27 | 垃圾焚烧发电厂DCS的研发 | 三峰卡万塔公司 | 20 | 2011.5～2011.12 | 407.5 |
| 28 | 垃圾焚烧干法/半干法烟气处理技术的研发与中试示范 | 三峰卡万塔公司 | 320 | 2011.8～2012.10 | 762.3 |
| 29 | 垃圾焚烧气化技术的研发及示范 | 三峰卡万塔公司 | 325 | 2011.1～2011.12 | / |
| | 合计 | | 2184.006 | | |

严明英

**【科技成果及科技进步奖评审】** 2011年，重钢集团《干式(机械)真空系统应用于RH工艺技术研发》获冶金科学技术一等奖，该成果被评为2011年度世界钢铁技术十大要闻。全年重钢集团获重庆市科技进步奖3项，其中二等奖1项、三等奖2项。获大渡口区科技功臣1人，科学技术奖7项，其中《二段式生活垃圾焚烧炉研发》获一等奖。

为表彰和奖励在重钢科学技术进步活动中作出贡献的科技人员和职工，推动重钢集团科技进步和技术创新。经重钢成果鉴定、专家评审、专业评审委员会答辩评审及综合评审，评出重钢集团2011年度科技进步奖40项，其中特等奖空缺，一等奖2项、二等奖7项、三等奖31项。评出重钢集团2011年度先进个人31人次，先进集体5个，其中科技工作先进单位5家，突出贡献奖1人，环保搬迁科技功臣10人，优秀科技管理工作者10人，优秀科技工作者10人。2011年共征集优秀合理化技改成果86项，表彰59项。

陈强

**【攻关项目管理】** 2011年，围绕提高连铸机作业率、解决断面匹配及1780毫米生产不稳定问题、提高1号高炉运行水平等重点课题，围绕解决生产流程的约束环节及改善技术经济指标等关键课题，重钢集团开展各类技术攻关65项，其中效益提成攻关11项。

2011年，长寿新区各主要工序通过开展技术攻关、“对标挖潜”攻关，35项主要技术经济指标与上年相比，有25项实现明显改善，指标改善率77.14%。主要表现在“干熄焦率、烧结固体燃料消耗、烧结转鼓指数、高炉槽下返矿率、综合焦比、喷煤比、炼钢钢铁投入消耗和热轧薄板成材率”等方面。其中焦化工序的“干熄焦率”和“冶金石灰消耗”指标达到国内先进水平。全年按照攻关项目管理要求，重钢集团由技术发展办公室牵头进行攻关项目的立项审查和验收工作，组织对重钢集团下达的技术攻关及效益提成项目进行进度检查，协调和解决项目在实施过程中存在的问题，形成攻关项目进度完成情况简报。2011年1～12月，重钢集团下达的65项攻关项目按进度计划推进，基本完成预定目标计划。

陈强

**【质量管理】** 2011年，重钢集团质量工作坚持“系统考虑，统筹兼顾，预防为主，落实措施，提升质量，支撑产销”的指导思想和工作思路，以扩大质量认证认可为主线，强化全过程质量监督、控制和管理工作，优化检验方式，跟踪实施效果，开展质量攻关，防止系统波动，保证大渡口老区产品实物质量基本稳定和长寿新区质量稳定提升。

2011年，重钢集团新产品及特殊要求产品开发取得成绩。全年，重钢成功开发超高强度船板E40、E47。完成长寿新区低合金高强度钢板Q550D、耐候钢板Q295NHA、合金容器钢15CrMoR及09MnNiDR、Q420级桥梁钢板、硅钢及管线钢的开发，并完成“4100”厚规格船板、冷轧基料系列产品、热轧硅钢、热连轧汽车钢的开发。2011年，重钢集团面对市场需求，加大长寿新区新产品开发及特殊要求产品的试制力度，全年完成新产品及特殊要求产品开发试制60.79万吨，实现产值27.79亿元，完成目标计划，满足了用户的供货需求。

2011年，为稳定长寿新区辅料耐材供货质量，重钢集团对44家辅料耐材供货单位进行市场准入评审，2家被列入进一步观察的供货方。2011年长寿新区产品实物质量认证取得突破，完成锅炉压力容器钢板的扩大认证认可，最大厚度规格达到80毫米，并涵盖09MnNiDR等高端牌号。三体系和检测中心管理体系的建立与实施全力推进，2011年10月底，一次性通过国家认证认可监督管理委员会组织的实验室认可现场评审。船用产品实物质量现场签证工作有序推进，全年未发生验船师拒签事件，整个船检工作得到验船师的好评。2011年，重钢纳入长寿新区质量考核和监控质量目标41项，实际质量目标指标31项，达到计划的28项，达到目标的26项，目标完成率83.87%。

陈强

【土地利用及开发】 (1)2011年，审定重钢集团环保搬迁后社会职能移交大渡口区、九龙坡区政府工作中的重钢住宅区道路、公用厕所土地权属。(2)配合大渡口区国土资源局清理农村用地、外单位用地等不属于重钢移交给重庆渝富公司的土地，确认大渡口区刘家坝地区移交边界。(3)为大渡口区国土资源局刘家坝地区无确权资料的国有土地提供土地权属划分依据。(4)办理重钢集团三峰工业有限公司代管企业重庆冶金机械制造厂建设用地申请，批准将重钢集团三峰工业园4号地块用于重庆冶金机械制造厂搬迁重建用地。

李雪平

【新区土地规划管理】 (1)2011年，重钢在长寿江南新区征地累计完成900公顷(含铁路、码头、三期FINEX用地)，全年办理82.67公顷国有土地使用权证，取得530.93公顷国有土地使用权证，剩余的土地证办理中。(2)完成重钢长寿新区铁路SDK专用线、XDK联络线19.94公顷土地的现场勘界工作，并通过重庆市国土局的建设用地预审。(3)督促办理长寿新区大学生公寓房的建设用地共计3.53公顷，长寿区国土局对重钢江南职工公寓地块进行招拍挂，由重钢朵力房地产公司竞买获得该宗土地的使用权。(4)配合相关部门做好长寿新区配套产业、出入口道路建设用地及全厂总图运输管理。(5)对长寿江南新区重钢土地应纳税的土地面积进行核实。(6)解决和落实长寿新区基础设施施工过程中参建各方出现的争议和问题，从技术角度优化投资和缩短工期。

龚建奎

【大渡口区土地移交】 (1)2011年，会同重庆渝富公司到大渡口刘家坝地区(原五厂、六厂)现场踏勘需移交的土地及边界，绘制并确定移交重庆渝富公司的住宅用地、国有土地宗地图。为重钢土地移交做准备。(2)对在重钢移交重庆渝富公司土地储备范围内的重庆三木实业有限公司、车家坪小学和两处集体土地权属有争论的地区，进行逐一核实，并会同大渡口区教委、国土局查看国土证及相关原始资料，确认以上4处土地均不在重钢移交重庆渝富公司的土地储备红线范围内。(3)现场确认钢铁股份公司、产业公司、改制企业移交土地位置，绘制出移交位置示意图。(4)2011年11月30日，重庆钢铁(集团)有限责任公司与重庆渝富地产有限公司签订《土地资产移交备忘录》，明确重钢集团将位于大渡口刘家坝原五厂、六厂片区85.13公顷土地移交给重庆渝富公司。

卓洪玉

【国土管理】 2011年，在大渡口区推进城市危旧房改造工程中，配合大渡口区政府办理大渡口区新山村街道花生堡土地(证号：渡国用〔2001〕字第5388号)中的0.423187公顷、大渡口区新山村街道建设村土地(证号：渡国用〔99〕字第0921号)中的2.7949公顷土地资产移交给大渡口区政府。根据2011年3月4日大渡口区政府工作协调会议精神，办理大渡口区跃进村街道大堰一村农贸市场土地(证号：102D房地证2007字第00149号)中的0.14456公顷土地资产移交给大渡口区政府。按房改相关政策办理大渡口区、九龙坡区重钢公有住房土地使用权手续262件。办理重钢集团土地变更登记手续6件，土地面积4.174167公顷。对大渡口区重钢土地使用税纳税土地面积进行核查。配合审计相关部门对重钢集团大渡口区、九龙坡区2011年土地资产进行核查。对重钢集团国土资源进行综合开发和利用，盘活存量土地资产4公顷。

卓洪玉

【重钢科学技术协会工作】 2011年，重钢科学技术协会有17个专业委员会，1280名会员，1048名中国金属学会会员，专职管理人员4人，兼职管理人员1人。

2011年，重钢科学技术协会组织重钢集团内部技术论证活动181次，7500人次参与。向重钢集团领导提交科技建议书63份，向重钢子公司或厂矿提交科技建议书32份。组织对外学术交流25次，参加交流人数368人次；组织各专业科技人员撰写论文483篇，分别在全国一级、二级刊物或各类学术交流会发表。举办各类技术报告或技术讲座142次，5300人次参加。与重钢集团宣传部《重钢报》合办《科普园地》12期，发表科普文章126篇。2011年，重钢科学技术协会表彰在“讲理想、比贡献”竞赛活动中做出成绩的炼钢、矿山、安全环保3个优秀专委会和炼铁、轧钢、焦化、理化4个先进专委会，评选、表彰11份优秀科技建议书。2011年，重钢正式成为中国科协对西部大型国企的调查站点，对科技人员不定期进行抽样问卷调查，完成“全国科研环境状况调查问卷”“科技工作者时间利用状况问卷调查”“科技女性孕哺两期对职业发展问卷调查”等3项问卷调查。2011年，重钢科学技术协会被重庆市科协评为先进集体。2011年，经重庆市科协推荐，重钢科学技术协会1人作为重庆市企业科协代表出席中国科协第八次全国代表大会；1人获得由国家发展和改革委、国有资产监督管理委员会、国家人事部、中国科协等5部委颁发的“全国科协系统先进工作者”称号。

汪祥义

【档案管理】 2011年重钢集团档案工作以重钢环保搬迁工程档案为重点，以为重钢环保搬迁工程建设和重钢新、老区生产提供档案利用服务为中心，继续完善档案管理制度，夯实档案基础管理，组织重钢大渡口老区各搬迁单位进行档案资料清理、鉴定、移交，保证应归档文件的齐全、完整，对无利用价值和历史价值的资料进行销毁,不发生泄密事件。(1)业务指导。2011年组织档案人员313人次档案专业技术骨干到各单位检查、指导、督促档案管理和档案业务工作。①日常业务指导。检查、指导、督促重钢集团财务处、人力资源处,钢铁股份公司经理办公室、财会处、机动处、炼钢厂、矿业公司、重庆三峰环境投资集团公司、东华特殊钢公司等32个单位档案的收集、整理、保管(库房安全)、利用和2010年文书档案归档、移交,以及重钢大渡口老厂区全面关停有关文件的归档、处理。完成底图及设备备品、备件图纸的管理、工程建设项目文件归档与档案整理,工程竣工资料(设备开箱随机资料)、竣工图的编制、移交。热陶瓷公司破产后档案的清理、鉴定、移交。②环保搬迁工程档案业务指导。检查、指导、督促重钢环保搬迁各项目部、中钢设备公司、中钢公司各项目部、重庆路桥公司、武钢建设公司、北京首钢国际中日联公司、中国一冶集团有限公司、中国三冶电装公司、中国五冶、上海十三冶建设有限公司、中国十八冶、中国十九冶、大连大重等47个单位的重钢环保搬迁单位工程建设项目文件的归档与档案整理,工程竣工资料(设备开箱随机资料)、竣工图的编制和移交。全年分5次对焦化项目部、中钢公司(烧结项目部)、中冶焦耐(总包)、中国一冶集团有限公司、中国三冶电装公司、大连大重、中钢公司(总包)等单位79名资料员进行培训。(2)分别组织召开长寿新区管理部、项目部资料员会,重钢集团、钢铁股份公司机关处室档案人员工作会,重钢档案分类编号讨论会以及科技档案人员工作会、设备科长座谈会、大渡口老区全面关停有关文件处理会等安排、检查、督促文书档案、科技档案的清理、鉴定、移交,大渡口老区全面关停有关文件的清理、归档、处理。(3)档案鉴定。2011年重钢集团档案处组织档案人员对馆藏六厂文书档案鉴定销毁清单,锭坯厂会计档案(1969~1988年),一炼厂会计档案(1969~1988年),原小罗铁路文书档案,原一炼厂文书档案,原综合加工厂文书档案,矿山、耐火、焦化、烧结、炼铁、炼钢、轧钢、总图、案、计器、综合、土建、排水、电气、热力、燃气、通风、机械、地质、测量专业以及外文HTL和三江、杂图、无冠号底图档案鉴定销毁清单进行初步鉴定和复审,其中会计档案1052卷、文书档案219卷(另单份文件24462份)、科技档案1740卷。组织重钢集团档案鉴定小组成员完成对钢铁股份公司炼钢厂文书档案、科技档案鉴定销毁清单的复审。对馆藏的重钢原锭坯厂、六厂、一炼厂、小罗铁路、综合加工厂等单位的文书档案及建设公司的科技档案进行鉴定会审。(4)完善档案管理制度,创新管理模式。2011年先后完成《重钢集团档案馆档案借阅利用规定》《重庆钢铁(集团)有限责任公司档案馆长寿新区档案库房管理规定》《重钢文书档案归档范围及保管期限、密级》《重钢环保搬迁工程项目档案管理工作程序及要求》《重钢集团子公司(生产厂、矿)保管科技档案鉴定销毁指导建议》《重钢长寿新区工程建设项目档案管理》等19个档案专业管理制度、办法和业务工作文件拟草。(5)业务学习。2011年重钢集团档案处坚持走出去,请进来的方式,学习、交流、借鉴档案管理经验,全年组织档案人员到四川攀枝花钢铁集团有限责任公司、安徽马鞍山钢铁(集团)控股有限责任公司等单位进行了交流考察。

彭地富

【环保搬迁工程档案管理】 (1)开展档案业务指导和咨询服务,督促、检查、指导总承包单位、施工单位按照《国家重大工程建设文件归档要求与档案整理规范》《重钢环保搬迁工程建设文件归档要求与档案整理规范》质量要求做好竣工资料的编制。与总承包单位、施工单位沟通,解决在档案管理中出现的问题。对档案收集、整理过程中出现的问题提出意见。2011年到环保搬迁各项目部,施工单位指导档案管理204人次,接受各项目部、施工单位档案管理咨询193人次。(2)参加由环保搬迁指挥部主持召开的工程施工联席协调会、工程例会,各项目工程交工预验收会议、验收会议,并选择参加由工程部主持召开的工程调度会议,为档案工作的开展收集相关信息。2011年共参加148个工程验收会,48人次参加工程例会、工程协调会。(3)加强重钢环保搬迁工程控制,架构《重钢环保搬迁工程档案归档跟踪记录及监管台账》《重钢环保搬迁长寿新区工程建设一级网络计划》等基础(动态)管理台账。(4)参与联合督查,汇同环保搬迁综合部、工程管理部和股份公司质监站、三环监理公司等单位对重钢环保搬迁指挥部各管理部、项目部、总包单位和施工单位进行联合督查,对发现的问题提出整改要求,保证重钢环保搬迁工程建设中形成并应归档保存的文字、表格、声像,图纸等载体材料能完整、准确地归档并符合归档案卷质量要求。2011年6月6日、9月20日2次召开焦化项目档案协调会,决定焦化项目资料在1个月内整理完毕并移交长寿新区资料室,竣工图电子版由总承包单位统一移交给重钢档案处。2011年7月15日,召开铁路资料协调会,决定重钢铁路专用线建设文件要求整理按《重钢集团工程建设项目文件归档与整理规范》执行;其归档用表和填表及竣工章按铁道部办公厅〔2002〕8号文件《铁路建设项目竣工文件编制移交办法》的要求执行,但竣工图首页需盖重钢规定的竣工图首页章;信息化需要移交操作程序软件光盘及纸质文件、操作手册资料;需提交两套资料给重钢档案馆,1份原件,另1件可以是复印件;照片小的单位工程(如涵洞)可以适当减少照片归档张数,但大单位工程要保证15张以上,归档格式为JPG;竣工图电子版要求归档用PDF格式。2011

年9月15日，炼铁1号、2号高炉项目随机资料协调会，因该工程早已完工，分包单位已撤场，会议决定由总承包单位按重钢档案处的相关规范进行整理，由档案处检查审核符合规范后，按单位工程统一向重钢长寿新区资料室移交。2011年10月17日，200万吨链篦机－回转窑球团项资料协调会，决定项目资料在1个月内整理完毕并移交长寿新区资料室，竣工图电子版由总承包单位统一移交给重钢档案处。2011年11月8日，长寿新区厂围墙资料协调会，第1阶段围墙的竣工图务必齐备，所有围墙须绘制1套竣工图，其中厂界围墙须标注坐标，用于生产区与施工区隔离的临时护网可标注相对尺寸。所有围墙，无论其当期是否存在，均按其当时实际建成的情况绘制竣工图。(5)截至2011年，重钢环保搬迁工程项目归档687个工程单位工程，占应归档单位工程40%左右，入库并录入计算机档案管理系统共25284卷，其中平基土石方项目636卷、码头铁路项目444卷，料场项目1736卷，焦化项目2190卷，烧结项目880卷，炼铁项目312卷，炼钢项目774卷，4100毫米项目3088卷，1780毫米2156卷，公辅项目782卷，冶金辅料430卷，管控项目3850卷，三电项目182卷，制氧项目508卷，监督档案123卷，监理档案39卷，地质勘测、可行性研究、初步设计等档案900卷，中标文件937件，未中标文件1510件，前期文件579件，文书档案3228件。接收竣工图、照片电子版光盘453张，累计接收环保搬迁工程电子光盘831张。科技档案借阅64人次195卷，监督档案15人次50卷。(6)累计拍摄长寿新区照片13587张，全程“立体”记录工程建设主体设备、重要节点安装(吊装)及重要节点等情况，以及工程招投标、开标、合同签订，工程完工、点火、投产仪式和重要会议，党和国家、重庆市领导、重钢集团领导视察工程等活动。(7)主持由环保搬迁项目部、三环监理公司参加的环保搬迁单项工程档案验收会，对单项工程档案管理按规则逐条评分，69个单项工程档案被评为合格。(8)2011年3月22日，重钢环保搬迁工程档案接受国家档案局重点建设项目档案工作组的检查，工作组对重钢“纳入体系、全程控制、联合督查、立体记录”的工程项目档案监管模式给予认可，2011年以该监管模式形成的重钢档案处《大型企业迁建工程项目档案管理模式》科技成果获重庆市档案局科技成果二等奖。

陈光云

**【档案信息资源开发】** 2011年，重钢档案馆共有44个全宗245466卷档案，文献资料30万册，各类标准6000个，馆藏较上年增加12%。其中新增各类案卷19716卷，新增以件为保管单位档案14598件，新增照片41584张，新增底图550张，新增录音、录像、影视档案52盘，新增电子光盘457张，新增文献资料1124册，新增标准文献1068条。此外，工业遗产档案、工装劳保用品样品档案、模型和产品及影视道具实物档案等档案资源从无到有，拓展档案馆的资源类型。在掌握和丰富档案资源的基础上，档案馆坚持“把档案馆打造成企业服务产品的加工厂”理念，开展档案信息资源开发工作。(1)高层决策支持服务。档案处定期编制《决策参考》等信息刊物供重钢集团领导作决策参考。2011年向重钢集团提出《关于重钢大渡口老区地块用于集中展示中国近现代钢铁工业发展史的建议》《关于使用重钢历史文化元素命名新钢城道路的建议》《关于抓住重钢120周年厂庆机遇向社会公众系统展示百年重钢发展历程的建议》《关于企业出现重大危机适时说明的建议》《关于提炼重钢核心价值观并以此引导员工的建议》《关于企业档案管理向知识管理转型的建议》《关于将采购经理指数(PMI)纳入企业分析判断国家宏观经济走势的建议》等专题建议，采纳率100%。(2)120周年厂庆服务。2011年，档案处被重钢集团领导选定为重钢建厂120周年系列活动的牵头单位之一，全面参与拍摄电视剧《钢魂》、拍摄纪录片《追访西迁路》、摄影书画展、浮雕创作、厂庆邮册画册及相关制作等文化活动。为配合重钢厂庆宣传，档案处在重钢电视台开辟“百年重钢档案”栏目，在《重钢报》开辟“百年重钢史话”栏目，在《重钢》杂志开辟“重钢简史”和“历史人物”栏目，定期对档案研究成果进行披露和介绍。同时，还牵头组织长寿新区厂情馆建设、“汉阳铁厂与重钢”国际研讨会方案论证、“重钢历史上的十件大事”评选、厂庆专题读书活动评比、重钢大渡口老区生产厂照片(视频)评比等活动。在2011年9月22日重钢集团在人民大礼堂举行建厂120周年纪念大会上，档案处派出工作组全程记录，并对相关资料、实物进行收集。(3)档案借阅服务。档案处按照工作流程向重钢集团各部门和社会各界提供“一站式”档案借阅服务。全年共有20万人次通过档案系统利用档案信息，提供各类档案来馆查阅1248人次6492卷次，为637名职工提供身份及工龄凭证，为重钢集团管理人员和技术人员100人次提供专题信息咨询服务。(4)服务有形化探索。2011年，档案处对服务工作的产品化、有形化进行探索，档案处服务产品开发中心按照档案服务产品项目立项、产品设计、档案资源配置、编制产品化流程、确定产品加工方式、产品质量(效果)评估、产品包装推介、听取产品消费意见等工作环节，开发完成《百年重钢史话》《重钢年鉴》《领导公务活动纪念册》、馆藏照片明信片等服务产品，整理编制了《重钢服务产品手册》，向服务对象推介了100余种服务产品。

温勇耀

**【工业遗产工作】** (1)基础工作。2011年，重钢档案处作为履行重钢集团工业遗产管理办公室的职能处室，完成重钢大渡口老区工业遗产的认定及处置办法、范围、管理职责的制定。负责牵头召开工作例会和组织收集整理工业遗产相关资料和信息，为工业遗产管理工作组提供相关信息。定期组织召开大渡口老区工业遗产处置例会，对重钢股份公司大渡口老区设备进行认定和提出保留意见。完成重钢各单位工业遗产相关资料的收集，全年共拍摄工业遗产设备图片150张、收集图纸3张。建立了重钢工业遗产库房的管理办法、管理职责。(2)工业遗产认定。成立由重钢集团财务处、技术发展办公室、钢铁股份公司机动处及相关单位组成的工业遗产鉴定小组，对其前期初步认定的工业遗产设备进行认定。全年认定钢铁股份公司大渡口老区中厚板厂需保留的7号水站水处理系统离心泵1套、加热炉入炉辊道3号、6号空压机、热处理矫直机全套，焦化厂2号拦焦车和1号螺旋卸煤机，炼钢厂3号连铸机(炼钢厂3号连铸机由于整体保留过于庞大且不利于后期利用展出，2011年10月组织专家汇同重庆渝富集团相关人员对该3号连铸机再次进行论证，保留部分主体设备作为工业博物馆建设所需)，型钢厂压直机，动力厂江边卷扬机2台，运输部蒸汽机火车头等。前往重钢集团印刷房、三峰工业公司认定工业遗产设备，对三峰工业公司不再使用的10台设备纳入工业遗产设备管理范围。(3)工业遗产设备的转运保管。征集钢铁股份公司运输部发现的重钢上世纪六十年代轧制的35千克/米钢轨4根。联系和协调重钢大渡口老区工业遗产设备及重庆渝富集团所需物品的转运工作，协助重庆渝富集团办理转运手续。2011年共转运钢铁股份公司中厚板厂大渡口老区工业遗产设备和重庆渝富集团所需物品21车，重454.98吨。(4)配合重庆渝富集团筹建重庆工业博物馆。2011年，重钢档案处陪同重庆渝富集团、重庆市文博专家对重钢股份公司大渡口老区中厚板厂、型钢厂、运输部、炼钢厂、焦化厂、动力厂和三峰工业公司工业遗产进行考察，重庆渝富集团提出对由重钢档案处纳入工业遗产范围的所有设备全部由重庆工业博物馆保存，并保留部分特色建筑和设备作为重庆工业博物馆建设所需，档案处负责协调重钢资产处置中涉及工业遗产部分的相关工作。2011年11月4日，组织召开重钢集团、钢铁股份公司相关部门参加的工业遗产协调会，会议就重庆渝富集团认定的工业遗产设备、建筑物移交方式，需保留的设施设备的拆运费用，有文物价值的设备处置等问题进行明确。并配合大渡口区文广局完成对重钢大渡口老区烈士墓、钢铁股份公司型钢厂8000匹马力机保护性文物的挂牌工作。

徐华伟

**【档案信息化工作】** (1)电子文件录入。2011年重钢档案处共著录各类电子档案记录102826条，其中文书档案6509条、科技档案90299条、照片档案603条、实物档案200条、音像档案20条、文档人名5195条。加载、挂接电子档案8933份，其中科技图纸7169张、文书档案1764件。截至2011年底，共接收重钢环保搬迁改造工程归档电子版竣工图51889张。(2)接待档案同行来访交流。档案处计算机中心接待长安股份、酒钢、福建三明钢铁公司、山东企业档案工作代表团、湖南省国有资产监督管理委员会企业档案代表团、中石油新疆油田公司等单位的档案人员，并交流信息化工作经验。(3)与档案信息化专业公司交流。与飞狐灵通、中科曙光，金碟、紫光等专业档案信息化公司交流信息化建设思路。(4)数字化设备及备品备件采购。全年购置7台电脑，其中2台用于重钢环保搬迁改造工程竣工图纸的备份，5台用于档案著录。(5)人员培训。2011年10月12～19日，档案处派员参加由工信部主办的电子文件管理及档案信息化建设高级研讨班；11月28日，组织重钢长寿新区各机关处室及钢铁股份公司焦化厂、炼铁厂、炼钢厂、中厚板厂、自动化部、高线厂、生产指挥中心等单位200余名管理人员进行“重钢数字化档案管理系统”查阅操作使用培训。(6)计算机系统维护。对档案处计算机及其网络进行日常安全巡查；对计算机系统及软、硬件进行杀毒、修复和维护；解决维护数字化档案管理系统，对数字化系统进行数据备份；协助重钢保卫处消防队工作人员检查主机室的消防问题；解决长寿新区档案电子档案的管理、专用计算机的设置、数字化档案系统使用权限的发放范围等问题。(7)报送《数字档案馆风险管理初探》论文到国家档案局。(8)12月7日，中国档案学会自动化管理技术委员会专家组在国家档案局档案科学技术研究所副主任李玉明率队下，到重钢档案处就档案数字化的规模、范围、数量与内容等进行调研。档案处计算机中心负责人从重钢档案数字化系统发展历程、档案数字化加工制度建设、加工模式探索和加工实务，以及重钢档案数字化升级思路等方面作汇报。中国人民解放军总装备部档案馆、中国人民解放军第二炮兵档案馆、中国人民解放军海军档案馆的负责人，以及中国科学院档案馆参加了此次调研。

张兵

**【重钢档案处举行老区照片、视频评比活动】** 2011年9月22日，重钢大渡口老厂区全面关停。自1938年汉阳铁厂西迁至重庆市大渡口，几代重钢人已经在大渡口这片土地上生活、工作了73年。至2011年9月，重钢大渡口老厂区仍运行着具有历史价值的功勋设备、具有标志性人文特色的建筑，为抗战胜利、新中国建设、国防建设、改革开放做出了重大贡献，更有为重钢的改革发展贡献青春和才华的重钢人。为全面、完整、系统地记录重钢人的生产、生活面貌，展现重钢工业遗产资源，2011年1～5月，重钢档案处在重钢集团范围内进行大渡口老区照片及视频档案资料的评比活动。重钢集团董事长董林批示拨付专项经费。

重钢档案处通过座谈会、电话、QQ群等形式发动重钢摄影人参赛，共收到重钢集团各基层单位摄影爱好者选送的参赛照片4027张。其中有不少是解放初期反映重钢历史的史料照片，为重钢的工业遗产保护和利用提供了影像参考。重钢集团大渡口老区摄影、视频比赛共评选出一等奖2名，二等奖3名，三等奖8名。2011年5月30日，在重钢档案处多功能厅举行颁奖仪式，重庆市档案局副局长李玳明，重钢集团党委书记、副董事长张再坤，重钢股份公司党委书记、副董事长陈山等出席颁奖仪式并为获奖者颁奖。

张兵

**【档案查阅服务】** 重钢档案馆查阅服务中心2011年接待845人次来馆查阅文书档案1935卷、158人次查询会计档案713卷、32人次查询科技资料137卷、212人次查阅蓝图2730卷、81人次查阅底图88套1776张、59人次查阅资料210本、16人次查阅实物档案122件、8人次查照片档案149张、13人次查光盘档案36张，共接待电话查询225个，为职工办理调动手续盖章368人，收集利用效果15例。

2011年是重钢推进实施"30、5年"政策重要的一年，职工在办理退休手续时所需的入厂通知书，有大量未能在本单位保管的个人人事档案中查到，因此对退休工作造成阻碍。重钢档案馆自上世纪70年代开始保存职工的招工表或录取通知书，但因历史等原因其中小部分未保存，无法查找该部分职工的招工手续，档案处借阅人员就查找职工的工资册，并联系职工所在单位的档案或人事人员，为职工完善资料，全年共为重钢集团663名办理退休手续的职工提供真实、准确的依据，保证了职工的个人利益和重钢环保搬迁"30.5年"政策的推进。

在2011年重钢大渡口老区拆除工作中，大量设备需搬迁至江津。中冶赛迪工程技术股份有限公司负责重钢股份公司大渡口老区750立方米高炉等项目的设计搬迁工作，需要重钢档案处提供原设计图，重钢档案处查阅服务中心所属档案管理科职工，加班加点，提供重钢大渡口老区原料场竣工图250卷，750立方米高炉竣工图309卷，1350立方米高炉竣工图438卷，钢铁股份公司大渡口老区高线厂竣工图70卷、动力厂竣工图351卷、炼钢厂竣工图177卷、棒材厂竣工图144卷，共计1739卷竣工图纸。中冶赛迪工程技术股份有限公司通过以上原设计图，掌握重钢大渡口老区的原料、高炉、炼钢等项目的设备及基础施工情况，缩短了大量工程设计时间，为推进重钢环保搬迁江津工程项目的设计工作及设备搬迁利旧，发挥了作用。

王祯

## 法纪管理

**【信访稳定工作】** 2011年，重钢集团共受理职工群众来信来访1694件、15605人次，同比分别上升17%、29%。实现在"全国两会、厂庆120周年、大渡口老区关停搬迁、建党90周年"等活动期间，无职工进京上访，无到市级机关集访，无发生大规模群体性事件的"三无"目标。(1)2011年3月1日，重钢集团组织召开《2011年重钢集团信访稳定工作会》，产业公司等23个完成责任指标的单位，兑现5000～15000元奖励；表彰钢铁股份公司等6个先进集体、40名先进个人；与23家子公司签订《重钢集团2011年信访稳定工作目标责任书》。(2)根据2011年4月7日，渝信联办〔2011〕9号文件《关于集中交办信访积案的通知》，重钢集团对重庆市国有资产监督管理委员会交办的闫传英、卢纪碧等5人的信访积案，按照"五个一"要求进行研判和调查化解。6月27日，将处理情况分别以重钢文〔2011〕106、107、108、109、110号文件上报重庆市国有资产监督管理委员会；按2011年2月21日，渝国资〔2011〕54号文件要求，排查梳理信访案7件，并上报重庆市国有资产监督管理委员会；按2011年4月29日，渝国资〔2011〕190号文件《重庆市国有资产监督管理委员会关于转发重庆市处理信访突出问题及群体性事件联席会议关于印发重庆市信访事项终结认定实施细则的通知的通知》精神，5月20日，向重庆市国有资产监督管理委员会拟报《关于申请赵大珍信访事项联合接待的请示》(重钢文〔20011〕75号)。(3)2011年4月8日，谭志坤等5人反映，其于1954年10月30日前参加中国人民解放军，退伍时持有《中国人民解放军回乡转业建设军人证明书》，要求组织认定身份，享受"老复员"军人待遇。经重钢集团行政管理处、人资处、武装部，对该5人的情况调查后，向重庆市政府有关部门反映争取政策，5月11日重庆市处理信访突出问题及群体性事件联席会议办公室，召集重庆市人力资源和社会保障局、市民政局、市国有资产监督管理委员会、重钢集团开专题会研究，形成会议纪要：①明确谭志坤等5人系"1954年10月31日前参加中国人民解放军的老战士"身份。②按渝府发〔2011〕92号有关文件规定，从2006年8月执行。落实政策后，每人补发生活困难补贴12450元，以后每月增加450元。(4)构建平安重钢。一是针对重钢大渡口老区关停可能出现的不稳定因素，下发重钢党发〔2011〕14号文件《关于重钢集团领导开展信访稳定接待活动的通知》，6月完成《重钢环保搬迁信访稳定工作风险评估报告书》，每月定性进行评估，做出研判，制定应对措施；二是按渝国资〔2011〕5号文件《重庆市国有资产监督管理委员会关于贯彻落实渝委发〔2011〕8号文件精神坚持用群众工作统揽信访工作推动干部下访群众制度化的实施意见》的文件精神，7月8日下发重钢党发〔2011〕38号文件《关于推动干部下访群众制度化的实施意见》，重钢集团群众工作联席会议办公室7月15日正式挂牌。全年化解的主要问题：①2011年6月20日，重钢集团党委负责人接待谭世东，其反映妻子李世芳在重钢厂区内偷盗废铁被重钢保卫人员发现，在跑至百花村公园附近意外坠崖死亡，要求重钢赔偿问题。经协调，谭世东的劳务单位重庆中顺建筑工程有限责任公司考虑到李世芳死亡后，其家庭困难，给予1次性困难补助4.5万元。②2011年5月20日，重钢集团领导接待重钢退休职工、伤残军人黄坤福等人，其要求对伤残军人在医疗待遇上给予照顾，提高医疗费报销比例的问题，重钢制定《特殊人群就医管理办法》对伤残军人在医疗待遇上给予特殊照顾。③2011年8月18日，重钢集团领导接待胡玲等24位重钢职工子女考入大学的家长，重钢投入6.2万元解决其入学难的问题。④2011年8月29日，重钢集团领导下访东华特殊钢公司，听取该公司2011年9月22日前停产后潜在的有关问题。⑤重钢集团领导到东华特钢公司、铁业公司、钢铁股份公司召开座谈会，协助基层单位做好关停重建人员安置稳定工作方案。⑥2011年9月19日，重钢集团领导接待原29兵工厂18位护厂烈士遗属代表柳丽英等，应其诉求，邀请18位烈士遗属代表参加重钢集团120周年庆典活动并赠送120周年厂庆纪念币。(5)2011年4月18日，国务院办公厅国办发〔2011〕18号文件《关于在全国范围内开展厂办大集体改革工作的指导意见》出台后，引发原重钢集团20余家集体企业在2000年前后解除劳动合同的3000余人，于同年6月持续到重钢集团集访，要求：一是解决养老保险，二是解决医疗保险，三是分企业资产。重钢集团将情况向大渡口区政府、重庆市国有资产监督管理委员会作汇报。6月9日，大渡口区政府牵头组织重庆市国有资产监督管理委员会、重钢集团、钢城治安支队针对该集访事件召开专题会，会议决定：①由钢城治安支队做重点人头的稳控工作；②由大渡口区信访办向重庆市维稳办反映，争取召开专题会议。6月14日，重庆市维稳办牵头组织重庆市财政局、市人力社保局、市国资委、市信访办及大渡口区财政局、区社保局、区信访办、钢城治安支队和重钢集团等相关部门在大渡口区政府召开原重钢集体企业"解合"人员专题会，结论是：尊重历史，"解合"人员的诉求不予支持，各级共同做好政策的宣传解释工作。会后与会代表联合接待牟娟、黄燕、石宗惠、傅达英7名代表。(6)2011年5月23日，国资分配发〔2011〕63号文件《关于妥善解决国有企业职教幼教退休教师待遇问题的通知》出台后，引发重钢原幼儿园幼教退休教辅人员6次300余人到重钢、重庆市国资委集访，要求将其纳入63号文件和渝国资发〔2011〕9号文件《关于妥善解决国有企业职教幼教退休教师待遇问题的通知》解决范围，享受退休教师同等待遇。(7)2011年9月1日，东华特殊钢公司将涉及职工利益的《停产方案》《分配办法》两个讨论稿印发到本单位征求职工意见，9月2日下午4时30分，该厂区内和厂外生活区公路上出现"否定两个讨论稿、号召职工集访"的标语。9月5日上午，100余名东华特殊钢公司职工到该公司办公大楼前集访，9月6日上午8点至7日下午3点，200余名职工分别将该公司两个厂门封堵，阻止车辆物资进出和地铁车辆和施工人员进出。要求：①不能停产，坚持生产到环保搬迁建成，做到无缝搬迁或者停产后立即安排到重钢集团长寿新区；②物价高，停产后的待遇（放休1200元、值守1500元、留守1700元）低，无法生活；③对环保搬迁没有信心，不愿意去江津；④要求参照周边"带资"企业关停标准给予30万元的1次性经济补偿；⑤认为签两年劳动合同是骗局，两年后公司将无人对其管理，职工利益得不到保障。东华特殊钢公司在集访事件发生前后，采取应对措施，疏导沟通，做职工的分流安置工作，阻止事态升级，使职工情绪得以稳定。(8)2011年9月26日，陈容、胡晓梅、周绍于来访反映：要求解决重钢生活服务公司正式职工的身份问题。经调查：胡容等3人系2005年12月7日，按照重庆市国有资产监督管理委员会安排，重钢生活服务公司接纳了原特钢公司破产后陈容、胡晓梅等8名职工。2007年9月，罗彦春、袁玲等5名职工与生活服务公司解除劳动合同。2008年12月，生活服务公司将陈容、胡晓梅、周绍于的劳动合同变更为重庆绿方舟保洁服务有限公司，对此，陈蓉等3人要求解决重钢生活服务公司正式职工身份问题。经重钢集团研究，同意对陈蓉等3人"按重钢生活服务公司正式职工的身份对待"。(9)2011年7月1日，郭绍颖来访反映：要求重钢集团恢复生活补助费，补发停发期间的生活补助费。重钢集团领导责成行政管理处牵头调查处理。经调查：1989年经重庆市沙坪坝区政法委、交通局牵头协调沙坪坝区第三运输公司、重钢耐火材料公司，以沙委落〔1989〕字第13号文件明确：由沙坪坝区第三运输公司、重钢耐火材料公司分别给予郭绍颖生活补助费15元/月（后增加为35元/月），直至郭绍颖终老为止。重钢矿业公司耐火材料公司2009年1月1日以郭绍颖办理超龄养老保险为由，停发其生活补助费。但查实有关资料并没有表述停发生活补助费的依据。2011年7月11日，由重钢集团领导带队，行管处、矿业公司相关负责人到重钢耐火材料公司接访郭绍颖，恢复郭绍颖生活补助费35元/月，补发停发期间的生活补助费1050元。(10)上访人吴正友，1966年8月以轮换工从江津区朱沱公社招进重钢四厂当工人,1970 年 9 月 27 日,重钢四厂革命委员会对其做出“开除出厂送回原籍,交群众监督劳动”的处理。吴正友不服,申诉上访。1986 年 6 月 4 日,中共重庆市委工交政治部渝委工政〔1986〕204 号文件批复“按工人三级工资标准计发,从批准之月起执行。错处理期间的工龄连续计算,过去的工资不予补发”。吴回厂复工后,向四钢公司提出补发错处理期间的工资,解决子女就业及住房等问题。经四钢公司研究分别于 2006 年 7 月 19 日、2008 年 6 月 28 日给予 8000 元、6000 元的困难补助。根据国发〔1986〕77 号文件《国务院关于发布改革劳动制度四个规定的通知》,第三、“废止子女顶替”制度。吴正友 1998 年 4 月退休前,全家人已从农村户口转为城市户口,子女顶替不符合政策规定。2011 年 12 月 13 日,为化解吴正友的信访结案,重庆市国有资产监督管理委员会同重庆市委、市政府信访办、重钢集团、四钢公司、吴正友等召开专题协调会,就吴正友要求按中办发〔1986〕6 号文件补发错处期间的工资问题,经过反复沟通和协商,达成一致意见,补发吴正友错处理期间的工资 41115 元。其中重庆市信访办出 2 万元、重庆市国有资产监督管理委员会出 1 万元、四钢公司出 11115 元,至此息访息诉。(11)2011 年 11 月 30 日、12 月 1 日,綦江铁矿二冶建劳务人员 2 次共 45 人次到重钢集团集访,要求享受和小南海矿劳务工同等的补偿待遇。经协调,钢铁股份公司解决二冶建 345 名劳务工的经济补偿差额共计 1335725 元。(12)2011 年 12 月 26 日上午 9 点,钢铁股份公司符合重钢环保搬迁距法定退休年龄提前 5 年办理内退或提前退休、从事特殊工种的女职工共 40 余人到重钢集团集访,反映钢股人资发〔2011〕303 号文件规定:“从事特殊工种的‘B 类’操作人员于 2011 年 12 月 31 日之前办理内退或提前退休”不合理,要求工作到法定退休年龄。重钢集团相关负责人接待并听取职工的诉求,落实再就业岗位 116 个。

黄胜辉

**【起诉应诉要案】** 1. 知识产权诉讼。重钢标识被李金春作为商标抢注纠纷一案,历时 3 年诉讼,2011 年 9 月国家工商行政管理总局商标局撤销李金春的对重钢标识的注册,保证了重钢商标、标识、字号的完整性。

2. 遗留诉讼案件处理情况。(1)因兼并原重庆特殊钢公司遗留的债务案件的处理工作基本终结。该案始自 2000 年。2011 年 10 月 17 日岳阳中级法院执行扣划了重钢持有的“重庆钢铁”股份 567 万股,市值 2100 万元,经重庆市国有资产监督管理委员会、市高院、市政府的协调,最终在最高人民法院的主持下,以重钢支付 500 万元为代价了结该案。更为重要的是,通过该案的处理,得到最高人民法院的口头承诺,“特钢案件,下不为例”。2011 年 12 月,被扣划的股票已执行回转至重钢名下,减少经济损失 1600 万元。(2)金源与重钢互负债务的抵消取得进展。金源系列案件是重钢历史上损失最大、耗时最长、影响最大的案件。2010 年 12 月,历时 14 年的金源诉重钢的承包纠纷案终审判决重钢支付金源承包利润 5000 万元和承包经营期间的亏损 5100 余万元及相应利息。重钢基于为金源承担 2.21 亿余元的担保责任而对金源享有追偿权的事实,要求与金源公司就互负债务进行抵消。2011 年 10 月,受案法院基本认可重钢主张抵消的请求,经法院委托中介机构对双方的债权进行计算,重钢对金源的债权完全可以覆盖金源对重钢的债权。(3)原恒达股东诉重钢、重钢股份、重钢朵力侵犯股东权益纠纷案,历时 5 年终审。2011 年 7 月 14 日法院驳回股东的诉讼请求。该案胜诉的意义在于,使始于 2000 年的恒达资产重组的合法性得到司法确认,平息了原恒达股东对恒达资产重组的异议。

罗永华

**【合同审查】** 2011 年,重钢法律事务室审查新、老区生产合同 4817 个,金额 220.14 亿元。审查重钢环保搬迁合同 463 个,金额 61.36 亿元。审查子公司分包合同 238 个,金额 8.73 亿元。经审查签订的合同未出现法律瑕疵,95% 的合同履行较好。2011 年,在重钢环保搬迁投资额度大的情况下,全年重钢无 1 例合同纠纷案件发生。

罗永华

**【治安专项整治】** 2011 年,保卫处针对因中厚板厂拆迁其大渡口刘家坝片区偷盗严重,长寿新区周边村民及江南镇居民进入厂区偷盗问题突出,以及重钢周边违法收购人员收购重钢生产性废旧金属屡禁不止的现象,协同和配合公安机关开展治安专项整治及查破发生在厂区的各类案件。全年共计破获案件 110 件,打击处理 93 人,(其中刑事拘留 28 人次、行政拘留 59 人次、劳动教养 3 人次、取保候审 1 人次、监视居住 2 人次),挽回经济损失 44.72 万元。与此同时,为保证节日期间重钢治安平稳,2011 年由保卫处牵头,重钢各单位相关部门配合,针对重钢长寿新区场区内治安复杂场所、易发偷盗区域、重要部位等不定时开展夜间集中清查行动 92 次、出动人员 2724 人次,遏制偷盗事件的发生。

刘晶

**【治安巡逻】** 2011 年,保卫处在分析重钢新、老区治安形势及特点的基础上,完善治安防控体系,强化巡逻堵卡工作的预见性和有序性,安排巡逻力量,采用机动车与人员徒步相结合的巡逻方法,坚持带犬巡逻制度,建立起“人、车、犬”三位一体的巡逻方式,加强对钢铁股份公司重要部位与厂区外围的巡逻堵卡力度。针对夜间炼钢厂、型钢厂、中板厂区域的复杂性,尤其在大渡口老区全面关停,中厚板厂大渡口老区刘家坝区域全面拆迁阶段,研究判断搬迁过程中将面对的问题和矛盾,及时调整巡逻堵卡防控方案,加强对各个区域重要部位的巡防堵卡,保证重要部位有人堵,周边区域有人巡，并且各巡逻人员联系和沟通有序，协调有力；同时对装运废渣车辆执行装载程序，做到空车进场，废渣装车"全程监控，责任到人"的制度，保证监装工作有序、规范进行。全年巡逻堵卡拦获偷盗342起，抓获盗窃人员512人次，拦获废钢铁30.875吨，铜1.162吨，焦炭1.520吨，不锈钢0.860吨，合金60千克，铝153千克，电缆线130米，轻轨2根，扣件208个，出动处突维稳及安保任务2500人次。

龚川

# 人才开发

### 2011年重钢送培工程硕士学位人员名单

| 序号 | 单位 | 姓名 | 性别 | 送培重庆大学学院 | 专业 |
|---|---|---|---|---|---|
| 1 | 重钢股份公司自动化部 | 张　涛 | 男 | 重大自动化学院 | 控制工程 |
| 2 | 重钢股份公司钢研所 | 王　铎 | 男 | 重大材料科学与工程学院 | 冶金工程 |
| 3 | 重钢股份公司钢研所 | 黄微涛 | 男 | 重大材料科学与工程学院 | 材料工程 |
| 4 | 重钢股份公司炼铁厂 | 杨世超 | 男 | 重大材料科学与工程学院 | 冶金工程 |
| 5 | 重钢股份公司炼铁厂 | 冯　彦 | 男 | 重大电气工程学院 | 电气工程 |
| 6 | 重钢股份公司型钢厂 | 祈苗苗 | 女 | 重大材料科学与工程学院 | 材料工程 |
| 7 | 重钢股份公司中厚板厂 | 陈艳明 | 男 | 重大材料科学与工程学院 | 材料工程 |
| 8 | 重钢股份公司中厚板厂 | 杨　崟 | 男 | 重大材料科学与工程学院 | 材料工程 |
| 9 | 重钢股份公司中厚板厂 | 鞠　伟 | 男 | 重大机械工程学院 | 机械工程 |
| 10 | 重钢股份公司焦化厂 | 刘志成 | 男 | 重大化学化工学院 | 化学工程 |
| 11 | 职工培训中心 | 魏仁群 | 女 | 重大材料科学与工程学院 | 冶金工程 |
| 12 | 三峰环境公司 | 张晓秋 | 女 | 重大资源与环境科学学院 | 环境工程 |
| 13 | 重钢集团宣传部 | 钟　锐 | 男 | 重大自动化学院 | 控制工程 |
| 14 | 三峰工业公司 | 张　砚 | 男 | 重大电气工程学院 | 电气工程 |
| 15 | 重庆钢研所 | 徐鸿昊 | 男 | 重大材料科学与工程学院 | 材料工程 |
| 16 | 矿业西昌公司 | 周　俊 | 男 | 昆明理工大学 | 控制工程 |
| 17 | 矿业西昌公司 | 江新飞 | 男 | 昆明理工大学 | 矿业工程 |

### 2011年送培工商管理硕士学位人员名单

| 序号 | 单位 | 姓名 | 性别 | 送培学校 | 专业 |
|---|---|---|---|---|---|
| 1 | 三峰环境公司 | 周　礼 | 女 | 重庆理工大学 | 工商管理 |
| 2 | 三峰环境公司 | 赵凌云 | 男 | 重庆大学 | 工商管理 |
| 3 | 重钢集团国土办 | 龚建奎 | 男 | 重庆理工大学 | 工商管理 |
| 4 | 进出口公司 | 吕俐桦 | 女 | 重庆大学 | 工商管理 |

周敏

### 2011年获国家正高级政工师职称人员名单

| 序号 | 单　位 | 姓　名 | 性　别 | 职称资格 | 获得时间 |
|---|---|---|---|---|---|
| 1 | 重钢集团党办 | 张再坤 | 男 | 教授级高级政工师 | 2011.10.28 |

刘虎

### 2011年获国家正高级职称人员名单

| 序号 | 单位 | 姓名 | 性别 | 职称资格 | 获得时间 |
|---|---|---|---|---|---|
| 1 | 重钢股份公司经理办 | 陈　洪 | 男 | 正高级工程师 | 2011.11.22 |
| 2 | 重钢集团经理办 | 周　宏 | 男 | 正高级工程师 | 2011.11.22 |

续表

| 序号 | 单位 | 姓名 | 性别 | 职称资格 | 获得时间 |
|---|---|---|---|---|---|
| 3 | 设计院 | 何秀明 | 男 | 正高级工程师 | 2011.11.22 |
| 4 | 三峰工业公司 | 黄　健 | 男 | 正高级工程师 | 2011.11.22 |
| 5 | 职工总医院 | 滕小春 | 男 | 主任医师 | 2011.12.15 |
| 6 | 职工总医院 | 黄　诚 | 男 | 主任医师 | 2011.12.15 |

**2011 年获国家高级职称人员名单**

| 序号 | 单位 | 姓名 | 性别 | 职称资格 | 获得时间 |
|---|---|---|---|---|---|
| 1 | 矿业西昌公司 | 毛胜光 | 男 | 高级工程师 | 2011.08.16 |
| 2 | 环保搬迁指挥部 | 王国华 | 男 | 高级工程师 | 2011.11.19 |
| 2 | 环保搬迁指挥部 | 曾　蓁 | 女 | 高级工程师 | 2011.11.19 |
| 3 | 环保迁搬指挥部 | 陈　彦 | 男 | 高级工程师 | 2011.11.19 |
| 4 | 产业公司 | 陈　蓓 | 女 | 高级工程师 | 2011.11.19 |
| 5 | 朝阳公司 | 赵先涌 | 男 | 高级工程师 | 2011.11.19 |
| 6 | 朵力房地产公司 | 傅明军 | 男 | 高级工程师 | 2011.11.19 |
| 7 | 朵力房地产公司 | 汤　华 | 女 | 高级工程师 | 2011.11.19 |
| 8 | 朵力房地产公司 | 张玉杰 | 女 | 高级工程师 | 2011.11.19 |
| 9 | 重钢股份公司安环处 | 胡　建 | 男 | 高级工程师 | 2011.11.19 |
| 10 | 重钢股份公司薄板厂 | 邹继涛 | 男 | 高级工程师 | 2011.11.19 |
| 11 | 重钢股份公司钢研所 | 马建国 | 男 | 高级工程师 | 2011.11.19 |
| 12 | 重钢股份公司机动处 | 曾德棋 | 男 | 高级工程师 | 2011.11.19 |
| 13 | 重钢股份公司机动处 | 赵　俐 | 女 | 高级工程师 | 2011.11.19 |
| 14 | 重钢股份公司机动处 | 王又耘 | 男 | 高级工程师 | 2011.11.19 |
| 15 | 重钢股份公司机动处 | 刘卫兵 | 女 | 高级工程师 | 2011.11.19 |
| 16 | 重钢股份公司炼钢厂 | 张杰新 | 男 | 高级工程师 | 2011.11.19 |
| 17 | 重钢股份公司能控中心 | 孙　红 | 女 | 高级工程师 | 2011.11.19 |
| 18 | 重钢股份公司能控中心 | 李海东 | 男 | 高级工程师 | 2011.11.19 |
| 19 | 重钢股份公司型钢厂 | 唐建国 | 男 | 高级工程师 | 2011.11.19 |
| 20 | 重钢股份公司型钢厂 | 严世平 | 男 | 高级工程师 | 2011.11.19 |
| 21 | 重钢股份公司中厚板厂 | 王绍松 | 男 | 高级工程师 | 2011.11.19 |
| 22 | 重钢股份公司自动化部 | 任智华 | 女 | 高级工程师 | 2011.11.19 |
| 23 | 建设公司 | 何中文 | 男 | 高级工程师 | 2011.11.19 |
| 24 | 建设公司 | 岳　瑜 | 男 | 高级工程师 | 2011.11.19 |
| 25 | 集团公司经理办 | 邓　强 | 男 | 高级工程师 | 2011.11.19 |
| 26 | 矿业公司 | 谢俊平 | 男 | 高级工程师 | 2011.11.19 |
| 27 | 矿业公司綦矿 | 邓　彬 | 男 | 高级工程师 | 2011.11.19 |
| 28 | 矿业公司巫峡矿 | 谭其尤 | 男 | 高级工程师 | 2011.11.19 |
| 29 | 三峰卡万塔公司 | 雷钦平 | 男 | 高级工程师 | 2011.11.19 |
| 30 | 三峰卡万塔公司 | 康大友 | 男 | 高级工程师 | 2011.11.19 |
| 31 | 三峰科技公司 | 程福伟 | 男 | 高级工程师 | 2011.11.19 |
| 32 | 设计院 | 段桂花 | 女 | 高级工程师 | 2011.11.19 |
| 33 | 设计院 | 蒋孝兵 | 男 | 高级工程师 | 2011.11.19 |
| 34 | 设计院 | 张群力 | 男 | 高级工程师 | 2011.11.19 |
| 35 | 设计院 | 赵　雷 | 男 | 高级工程师 | 2011.11.19 |
| 36 | 设计院 | 梁自力 | 男 | 高级工程师 | 2011.11.19 |
| 37 | 重庆钢研所 | 张全新 | 男 | 高级工程师 | 2011.11.19 |
| 38 | 重钢股份公司后勤处 | 屈锦萍 | 女 | 高级工程师 | 2011.12.28 |

续表

| 序号 | 单位 | 姓名 | 性别 | 职称资格 | 获得时间 |
|---|---|---|---|---|---|
| 39 | 重钢股份公司高线厂 | 杨浩东 | 男 | 高级经济师 | 2011.11.30 |
| 40 | 重钢股份公司自动化部 | 余代钢 | 男 | 高级经济师 | 2011.11.30 |
| 41 | 产业公司 | 李金春 | 男 | 高级经济师 | 2011.11.30 |
| 42 | 重钢集团人力资源处 | 周　敏 | 女 | 高级经济师 | 2011.11.30 |
| 43 | 职工总医院 | 杭井燕 | 女 | 副主任护师 | 2011.12.16 |
| 44 | 职工总医院 | 何　霞 | 女 | 副主任护师 | 2011.12.16 |
| 45 | 职工总医院 | 肖健英 | 女 | 副主任护师 | 2011.12.16 |
| 46 | 职工总医院 | 罗晓英 | 女 | 副主任医师 | 2011.12.15 |
| 47 | 职工总医院 | 惠自兵 | 男 | 副主任医师 | 2011.12.15 |
| 48 | 职工总医院 | 杨　波 | 男 | 副主任医师 | 2011.12.15 |
| 49 | 矿业公司接龙矿 | 梁世友 | 男 | 高级会计师 | 2011.12.12 |
| 50 | 三峰卡万塔公司 | 钱　静 | 女 | 高级会计师 | 2011.12.12 |
| 51 | 产业公司 | 夏小平 | 男 | 高级会计师 | 2011.12.12 |
| 52 | 重钢集团工会 | 余春林 | 男 | 高级教练 | 2011.12.20 |
| 53 | 环保搬迁指挥部 | 黎红英 | 女 | 高级政工师 | 2011.10.28 |
| 54 | 重钢股份公司党工部 | 颜其亮 | 男 | 高级政工师 | 2011.10.28 |
| 55 | 重钢股份公司能控中心 | 卢宗蓉 | 女 | 高级政工师 | 2011.10.28 |
| 56 | 重钢股份公司钢研所 | 贾志刚 | 男 | 高级政工师 | 2011.10.28 |
| 57 | 重钢股份公司炼铁厂 | 王有志 | 男 | 高级政工师 | 2011.10.28 |
| 58 | 重钢股份公司烧结厂 | 吴清平 | 男 | 高级政工师 | 2011.10.28 |
| 59 | 重钢股份公司维检部 | 方　毅 | 男 | 高级政工师 | 2011.10.28 |
| 60 | 重钢份公司运输公司 | 牟少平 | 男 | 高级政工师 | 2011.10.28 |
| 61 | 重钢股份公司自动化部 | 任疆川 | 男 | 高级政工师 | 2011.10.28 |
| 62 | 培训中心 | 钱晓语 | 女 | 高级政工师 | 2011.10.28 |
| 63 | 重钢集团经理办 | 何男男 | 男 | 高级政工师 | 2011.10.28 |
| 64 | 重钢集团武装部 | 冯大明 | 男 | 高级政工师 | 2011.10.28 |
| 65 | 重钢集团宣传部 | 常晓冬 | 男 | 高级政工师 | 2011.10.28 |
| 66 | 职工总医院 | 涂　峰 | 男 | 高级政工师 | 2011.10.28 |

周敏

## 2011 年获国家高级政工师职称人员名单

| 序号 | 单位 | 姓名 | 性别 | 职称资格 | 获得时间 |
|---|---|---|---|---|---|
| 1 | 重钢运输公司 | 牟少平 | 男 | 高级政工师 | 2011.10.28 |
| 2 | 重钢股份公司培训中心 | 钱晓语 | 女 | 高级政工师 | 2011.10.28 |
| 3 | 职工总医院 | 涂　峰 | 男 | 高级政工师 | 2011.10.28 |
| 4 | 重钢股份公司党委工作部 | 颜其亮 | 男 | 高级政工师 | 2011.10.28 |
| 5 | 重钢股份公司钢研所 | 贾志刚 | 男 | 高级政工师 | 2011.10.28 |
| 6 | 重钢环保搬迁指挥部 | 黎红英 | 女 | 高级政工师 | 2011.10.28 |
| 7 | 重钢股份公司能控中心 | 卢宗蓉 | 女 | 高级政工师 | 2011.10.28 |
| 8 | 重钢集团武装部 | 冯大明 | 男 | 高级政工师 | 2011.10.28 |
| 9 | 重钢股份公司烧结厂 | 吴清平 | 男 | 高级政工师 | 2011.10.28 |
| 10 | 重钢电子公司 | 任疆川 | 男 | 高级政工师 | 2011.10.28 |
| 11 | 重钢股份公司维护检修部 | 方　毅 | 男 | 高级政工师 | 2011.10.28 |
| 12 | 重钢环保搬迁指挥部 | 何男男 | 男 | 高级政工师 | 2011.10.28 |
| 13 | 重钢股份公司技改处 | 常晓冬 | 男 | 高级政工师 | 2011.10.28 |
| 14 | 重钢股份公司炼铁厂 | 王有志 | 男 | 高级政工师 | 2011.10.28 |

刘虎

2011 年获高级技师资格人员名单

| 工作单位 | 姓名 | 性别 | 文化程度 | 工种 | 获资格时间 |
| --- | --- | --- | --- | --- | --- |
| 重钢股份公司烧结厂 | 黄志权 | 男 | 中专 | 烧结工 | 2011.11.28 |
| 重钢股份公司炼钢厂 | 宁 东 | 男 | 大专 | 转炉炼钢工 | 2011.11.28 |
| 重钢股份公司高线厂 | 王伟任 | 男 | 大专 | 线材轧制工 | 2011.11.28 |
| 重钢股份公司品质部 | 周德华 | 男 | 中专 | 化学分析工 | 2011.11.28 |
| 重钢股份公司维检部 | 王 勇 | 男 | 中技 | 焊工 | 2011.11.28 |

顾艳萍

# 工作机构

**【经理办公室概况】** 重钢集团经理办公室是负责重庆钢铁(集团)有限责任公司秘书、文书、信息、行政、接待和保密工作的综合管理部门,亦是重钢集团董事会的下设机构董事会办公室。经理办作为重钢集团的信息枢纽和重要职能部门,主动地做好服务,发挥参谋助手、综合协调和督促检查作用。参与重钢集团的政务,管理好事务,贯彻、检查、督促、落实重钢集团董事会决议和重钢集团领导班子会议决定的执行情况,使政令畅通,上情下达,下情能及时上报和反馈。履行各项职能,做好上下联系、对外协调工作。2011 年设秘书科、机要文书科、行政接待科 3 个科室。2011 年在岗职工 30 人,其中管理岗位 20 人,操作岗位 10 人,具有高级技术职称的 10 人,中级技术职称的 5 人,技师 2 人。

2011 年主要工作:(1)协调和参与做好重钢环保搬迁工程 600 万吨钢生产系统建设和大渡口老区按期全线关停工作;协调参与长寿新区已投产项目的指标体系建立、对标挖潜、达产达效等系列工作。(2)参与协调澳矿项目开工建设。与重庆市政府及市国有资产监督管理委员会、市发展和改革委员会等相关部门联络协调,使澳矿项目在 2011 年 8 月 25 日正式获得国家发展和改革委员会的核准。并与重钢矿投公司作好澳矿项目开工仪式的筹备组织工作,保证澳矿项目按期于 2011 年 12 月 2 日在澳大利亚西澳洲伊斯坦鑫山磁铁矿区举行了开工仪式,启动工程建设。(3)组织协调并参与重钢集团与韩国浦项(POSCO)的合作。配合重钢 FINEX 项目组,做好合作谈判会晤组织、接待,以及重庆市领导的接见、资料准备等工作,使重钢集团与韩国 POSCO 于 2011 年 7 月 12 日,正式签订 FINEX 综合钢厂项目引进合作协议书,韩国 POSCO 正式选定重钢为 FINEX 综合钢厂项目中国唯一合作企业。(4)参与推进靖江物流基地建设,并联系协调重庆市发展和改革委员会前往江苏靖江,协调解决该项目在推进过程的问题和困难,联系协调项目各项手续的报批和完善,保证靖江物流基地 2011 年 12 月 19 日,举行首期项目长江码头开港运营庆典仪式,实现当年开工、当年投产目标。(5)参与协调处理重钢大渡口老区的关停和社会职能的移交。为保证停产搬迁的稳定有序,经理办公室向重庆市政府及市国有资产监督管理委员会上报了重钢集团设立的停产搬迁稳定机构和“重钢集团钢铁主业相关子公司停产搬迁稳定工作”方案。协调重庆市政府常务副市长马正其、副秘书长丁先军、副秘书长徐代银相继主持召开的重钢环保搬迁大渡口老区停产人员安置和社会职能移交专题工作会。落实 2011 年 8 月 31 日重庆市常务副市长马正其主持召开的专题研究重钢环保搬迁后社会职能移交及人员安置和社会保险有关问题的会议纪要精神,参与配合实施市政设施移交、供水供电职能移交、职工房屋管理职能移交和文教体卫移交等方面的移交工作。同时,协调落实重钢大渡口老区由建工集团和重钢建设公司承担拆除工程,保证拆除工程的顺利推进和按期交地。(6)筹备启动实施重钢建厂 120 周年的纪念活动。经理办公室作为活动的主要牵头组织单位,按照重钢集团的决定和要求,经筹划和准备,活动于 2010 年 8 月启动,到 2011 年 9 月 22 日在重庆人民大礼堂召开重钢建厂 120 周年纪念大会,期间开展了系列的纪念庆祝活动。并负责编制了重钢 120 周年纪念画册、邮册和制作银质纪念品的工作。(7)由经理办公室主导负责建设的重钢长寿新区会议中心于 2011 年 7 月正式投运。(8)协同有关部门做好铁业公司关停工作,以及处理好集体企业改制中出现的职工集访等问题。参与维护重钢厂区治安,保障重钢财物安全和正常的生产秩序。接待上访人员,保持重钢集团办公大楼稳定的工作秩序和环境。协调和督促重钢有关单位和部门,回复重庆市人大和重庆市政协的提案,解决好重庆市市长电子公开信箱,以及其他部门转来的有关重钢职工及家属的问题和困难的信访函件等。(9)做好对外接待工作。完成国家工信部、殷瑞钰院士、钢铁工业协会常务副会长罗冰生、四川省凉山州党政代表团、陕西省安康市代表团、韩国浦项访问团、澳大利亚西澳洲代表团，以及重庆市领导、市国有资产监督管理委员会及市有关部门领导，金融界各大银团等重要来访接待活动，以及对外合作、环保搬迁工程中重大项目的签约仪式等大型活动的筹备工作。(10)做好日常的文秘、行政接待和后勤服务工作。发挥参谋助手作用，拟写重钢集团负责人的讲话材料、汇报材料、职代会报告、职代会提案、人代会和政协会的议案和提案，以及各类公文等近100个，共20万字；打印各类公文、文字材料近4800件，复印文件材料8万页；收发传递各类函件、传真等3万件；收发各类报刊300种、30万份；接待国家部委、重庆市领导以及来重钢的各兄弟、友邻单位的主要领导等来宾47批，650人；接待其他来宾来访700人次；组织、协助各种大小会议100次；接办公开电话300人次。完成由经理办负责收集、整理和编辑的《领导信息专递》。加强对重钢集团大楼的安全隐患的排查，维护重钢集团大楼的正常工作秩序和工作环境。全年小车班安全行车30万公里，完成各种出车任务。2011年，经理办公室被评为重钢集团"先进集体"。

李建业

【财务处概况】 重钢集团财务处是重钢集团董事会办事机构，同时也是重钢集团的管理职能部门，2011年设资金管理科、会计管理科、费用管理科。年末在岗职工12人(男性6名，女性6名)，其中高级会计师1人，会计师10人，经济师1人；均为大专以上文化程度。主要职责：负责组织编制、实施重钢集团财务预算，负责重钢集团货币资金的统一管理，监督重钢集团各单位资金使用情况和银行账户情况，负责重钢集团对外融资、担保的管理；负责重钢集团各子公司财务科级负责人的考察和管理；负责组织重钢集团会计核算工作和会计事务的管理，编制重钢集团财务会计报告；负责重钢集团组织执行国家财经制度、税收法规，制定重钢集团财务管理制度，负责重钢集团资产管理；负责重钢集团对外投资、各项费用的核算以及管理，负责重钢机关处室费用的管理等。

2011年主要工作。(1)完成本处工作责任目标。2011年，重钢集团营业收入(合并)314亿元，比上年增加94亿元，增幅42.73%。筹措资金净增加29.59亿元，超额完成全年融资工作目标。(2)抓对外融资工作。2011年，国家为控通胀，持续收紧信贷规模，不断调高存款准备金率，社会资金面紧张，企业普遍存在融资难、融资成本高等问题。财务处采取直接间接并举，本外币并重以及融资租赁等形式，开展筹集资金。全年重钢对外融资184亿元。①加强与国内外金融机构合作，筹集债务资金174亿元。2011年，重钢实现银行借款121.41亿元，归还银行借款91.82亿元，净增29.59亿元。其中向国家开发银行重庆市分行贷款2.1亿美元，中国进出口银行给予澳矿项目贷款4387万美元；同时，获得银行新增授信额度27.56亿元，其中钢铁股份公司新增12.4亿元、矿业公司新增12.85亿元。二是以融资租赁方式筹资29.65亿元。其中向昆仑租赁公司融资14亿元，通过中钢设备公司向英顺租赁公司融资10.65亿元。三是信托融资23亿元。其中重庆国际信托公司13亿元，中信信托公司10亿元。四是经过多年努力，国家发展和改革委员会正式同意金融机构可以为重钢环保搬迁项目发放贷款，重钢即开展了项目贷款相关工作。②调整财务结构，筹集权益资金10亿元。一是重庆渝富公司对矿业公司增资扩股5亿元。该资金由重钢专项用于环保搬迁工程。二是在重庆市国有资产监督管理委员会的协调下，为澳矿项目筹集部分资本金，重庆能投集团公司对矿投公司增资扩股5亿元。三是三峰环境集团公司拟引进有实力的财务投资者，实施增资扩股2.7857亿股，总价款5亿人民币，以解决该公司快速发展带来的项目资本金不足的问题。2011年底该项募股工作进行中。2011年，重钢降欠计划为4050万元，目标5200万元。全年实现降欠4679万元，其中降老欠36万元，占总降欠额0.76%；收回货币资金4643万元，占总降欠额99.24%，超额完成重钢集团下达的计划。2011年，重钢投入环保搬迁等技改技措项目共计支出58.77亿元。(3)加强财务管理，提高企业财务管理水平。一是实现从大渡口老区二级财务管理模式向长寿新区一级财务管理模式的平稳过渡，减少管理层级，提高管理效率。同时，加强长寿新区产品成本对标分析工作，提出有效控制成本的措施；二是加强存货控制，专题召开重点子公司存货控制工作会，提出存货控制目标，并从存货采购资金上给予控制，降低存货占用资金水平，减少存货价格下跌损失；三是落实环保搬迁财税优惠政策，维护企业利益。2011年重钢集团从重庆市财政和长寿区财政申请到环保搬迁财政补贴资金2.37亿元。四是抓会计档案管理，出台会计档案鉴定销毁工作意见，指导大渡口老区关停后会计档案的清理处置工作。(4)继续抓对《企业会计准则》的学习和贯彻执行工作。聘请高校教师对重钢集团457名财会人员开展新会计准则的继续教育学习和培训，同时组织15名高级职称人员参加重庆市财政局举办的培训班学习。(5)加强资产、产权管理。①加强大渡口老区资产处置管理。2011年重钢大渡口老区关停，大量资产需处置。一是重钢集团成立老区资产处置及监督组织机构；二是出台《老区资产处置专项管理办法》《老区资产处置监督管理办法》等规定，规范处置范围、程序和相关的监督行为，防止资产流失，提高处置效益；三是对大渡口老区资产进行全面分类清理，摸清情况，解除出租资产的租赁关系，为明确资产处置渠道，或搬迁利用或对外变卖或报废回收等打基础；四是加大资产处置力度。全年重钢集团以“招、拍、挂”等方式对外处置大渡口老区资产384项，处置资产账面价值1277.27万元，处置价款1705.98万元，增值率33.6%；五是完成大渡口老区刘家坝原重钢五、六厂、热陶瓷公司片区资产的拆除工作，实现向重庆渝富公司交地85.13公顷。资产拆除中回收废钢铁14491吨。同时，对该区域非重钢资产的拆除，按评估价格给予相关集体和改制企业补偿，共支付补偿金4282.35万元。六是加强监督检查。主要是实地查看处置资产的实物情况，检查部分单位出租资产租金收取及入账情况，检查大渡口老区资产处置制度的执行情况，以及在大渡口老区资产处置过程中出现的违规案件。②继续推进重钢集团资产整体上市工作。2011年完成将运输公司的资产整体注入钢铁股份公司的工作。同时，抓重钢集团长寿新区资产整体上市的前期准备工作。③加大资本金投入，推动非钢产业发展。2011年重钢集团利用财政补贴资金对三峰环境集团公司增资3亿元，对建设公司增资1.2亿元，以增强市场竞争力。④盘活存量资产。通过重庆联合产权交易所公开挂牌处置重钢集团持有的数码模公司41.89%的股权，收回资金2811万元。(6)加强对财务人员的管理。2011年对重钢集团有关单位财务机构负责人共47人次进行岗位调整和聘用，其中8人为初次聘用。

2011年，重钢集团获“重庆纳税50强”称号。财务处保持重钢集团机关“文明处室”称号。

李红

**【人力资源处概况】** 重钢集团人力资源处(企管处)是重钢集团的管理职能部门。2011年设企管改革科、人员管理科、人才开发科、工资保险科4个科室，有管理人员11名(其中女职工5名，高级职称5名，大学本科学历9人，双学士学位1人，研究生1人)。主要职责：负责重钢集团改革改制和企业组织结构管理，指导子公司企业基础管理工作；负责重钢集团用工制度改革，指导子公司劳动用工管理；负责重钢集团人才引进招聘的组织管理；负责重钢集团专业技术人员队伍建设工作；负责重钢集团职工教育培训管理及职业技能鉴定管理；负责重钢集团工资分配制度改革和管理；负责重钢集团职工养老、失业、工伤等社会保险管理；负责重钢集团人力资源系统信息化建设的组织实施；负责人力资源系统各专业统计工作；负责重钢集团管理技术人员的人事档案管理。

2011年主要工作：(1)企业改革。继续以“缩幅减链”，优化产业和组织结构为改革工作重点，通过重组、关闭等方式，减少二级和三级公司数量。同时，推进落实集体企业利用重钢环保搬迁政策分流安置人员，为彻底解决集体企业问题创造条件。一是改革工作目标完成计划进度。重钢集团三峰传媒公司等9家二、三级子公司完成关闭注销工商手续；铁业公司股权转让在联交所挂牌，受让方钢铁股份公司正报联交所审核收购中；中兴实业公司完成公司制改造；热陶瓷公司破产终结。二是继续实施结构调整，理顺管理。将建设公司电气修造公司划入三峰工业公司，将三峰科技公司环保设施运行服务的职责转交钢铁股份公司，成立钢铁股份公司环保设施运行部负责环保设施的运行管理。与扬子江船业公司等4家企业合作成立靖江三峰钢材加工配送公司。组建三峰环境公司广东汕尾、安徽六安两个项目公司。三是继续推进社会职能移交工作。实现企业电视网络社会职能移交，将重钢原有的有线电视网络线路及客户资源有偿移交给重庆广电网络公司。四是重钢集团法人治理结构进一步完善。重庆市国有资产监督管理委员会任命重钢集团监事长，设立监事会办公室，健全监事会机构，明确职责。五是推进集体企业人员政策分流安置工作。全年共分流安置192名符合政策条件的集体职工。(2)调整优化人力资源结构，推进重钢人才队伍建设。一是以高层次人才培养为核心，推进职工培训与人才开发。全年送培管理技术骨干攻读各类学位硕士19人。推荐7人参加博士研究生考试，53人参加硕士学位入学考试。选派中层及以上管理人员国内和境外培训136人次。开展各类培训与技能提升活动，重点实施长寿新区关键岗位的强化培训和技能达标活动。共开展各类培训25613人次。举办重钢集团第十届职业技能竞赛，首次承办“重庆市青工技能大赛金属轧制工的竞赛”。二是完善适应企业转型发展需要的劳动用工管理体系。夯实人力资源管理基础，在总结6家试点单位工作的基础上，全面开展《岗位说明书》编制工作。推进钢铁股份公司等重钢长寿新区单位优化劳动组织和人力资源配置，按照“精简高效”的原则，核定长寿新区600万吨钢生产规模定员编制，加强劳务派遣用工管理，控制自主用工，进一步理顺劳动关系、管理关系。结合大渡口老区停产，实施人力资源结构调整，继续用好环保搬迁人员分流政策，开辟大渡口老区留守、内退、提前退休等富余人员分流渠道，组织实施退休返聘人员和富余劳务工清退工作，推进大渡口老区关停后富余人员的分流安置。三是统筹规划，开展青年技术技能人才的引进，全年新招收职工851人，其中硕士24人、本科214人、大专生377人，为企业发展提供人才保障。(3)技术技能专家制度建设。制订实施《技术专家管理办法》《技能专家管理办法》，建立技术技能专家制度，为专业技术、技能操作人才开辟五级职业发展通道，执行与经营管理人才相应职级的薪酬标准，从而引导和激励人才立足岗位成才。全年首批选聘高级技术专家2名，技术专家14名，技能大师3名，主任工程师32人，副主任工程师86人，技能尖子35人，技术能手95人。(4)完善收入分配管理，加强子公司间和内部各类人员工资水平的调控。一是坚持以效益为前提，继续执行“保中、限高、提低”的分配原则。逐步提高工资水平较低子公司的工资增长幅度，继续加大对承担环保搬迁工程任务和长寿新区生产任务子公司的工资总额投入，提高其工资增长比例。2011年职工人均工资收入较上年增长9.56%。二是统一基础工资标准，为建立与企业效益增长相适应、与职工工作业绩挂钩的考评晋级工资增长机制打下基础。三是继续加强子公司内部各类人员间工资收入差距的调控。四是加强对子公司社会保险费申报管理，统一了社会保险缴费工资的申报和管理程序。

刘文玥

**【经济运行处概况】** 2011年末，重钢集团经济运行处在岗职工8人，均为管理人员；本科学历4人、专科4人；高级职称4人、中级职称3人、初级职称1人。主要职责：①负责重钢集团年、月度生产经营计划的编制、检查、督促、落实、监控；②负责重钢集团新增(包括更新)、报废、变卖运输车辆管理；③负责重钢集团和子公司之间在生产经营中的运行管理及协调工作；④负责重钢集团各子公司不能生产或不能满足生产所需和要求(在数量、质量、进度上)的辅料及设备、备品备件等外购、外委的初审；⑤负责重钢集团改制企业在维护检修工程的规范管理，牵头组织专业资质审查工作；⑥负责重钢统计网络和基本统计制度建设，统计工作组织，协调重钢集团综合统计和专业统计工作，实施统计数据归口管理，统一对外报送重钢集团综合统计报表，对外分布统计公报；⑦负责健全完善重钢集团经济责任制考核体系，牵头组织实施资产经营责任制、工作目标责任制、专业经济责任制考核工作。

2011年完成的主要工作：(1)修订、颁发规章制度：《重钢经济运行工作制度》《重钢废金属及渣源管理办法》《重钢长寿新区设备检修及维修工程管理办法(暂行)补充规定》《重钢统计报表管理规定》《重钢统计数据提供和使用规定》《重钢统计管理规定》等。(2)组织编制完成重钢集团2012年度及2011年月度生产经营计划、2012年辅助生产单位及部门检修、维修计划。(3)对改制企业承接重钢长寿新区维护检修项目的单位进行资质审查并下达2011年改制企业承接长寿新区设备维护检修额度。同时办理各单位设备备品备件、设备检修与维修工程、耐材辅料外委外购和其定向议标的初审，对重钢集团内部能够制造的设备备品备件、工程把关控制。(4)保产保供及服务工作。协调解决钢铁股份公司供应钢管公司(三钢公司)、四钢公司坯料的数量和进度问题；协调、督促矿业公司做好老、新区烧结石灰石、炼钢石灰的保产、保供工作；协调解决重庆炀琨焰公司为长寿新区烧结石灰石自7月开始的外购工作；落实新港长龙公司货物港务费包干代缴16万元/年，3年不变的政策；牵头组织协调重庆中节能三峰能源公司2011年上、下半年售电结算价格的协调会；根据刘家坝地区(原五厂、六厂)重钢红线范围内需移交的生产企业关停拆除时间节点要求，协调督促辅料加工企业，尽可能保证长寿新区生产保供，保证大渡口老区辅料在拆除期间的保产保供。(5)子公司经济运行的监控和生产运行分析。①每月初收集、整理、分析重钢集团和各子公司上月的生产经营完成情况和运行状况，分析计划未完成的原因及主要问题和建议，每月20日前形成生产经营分析资料；②参加重庆市经济和信息化委员会月度经济运行分析会，汇报重钢生产经营完成和预测等情况及外部因素(煤、电、天然气、运输等)对重钢集团生产经营的影响，争取重庆市经济和信息化委员会的支持与解决。2011年重钢集团获重庆市经济和信息化委员会颁发的“重庆市经济运行工作先进集体”称号。(6)高炉矿渣、新区钢渣处理协调工作。①编制新、老区高炉矿渣资源分配方案建议，做好大渡口老区高炉矿渣供应重庆腾辉新型建材有限公司和重庆环亚公司、长寿新区高炉矿渣供应重庆润江环保建材公司和拉法基瑞安重庆分公司的协调工作，保证高炉矿渣的按时运出；②牵头完成长寿新区高炉矿渣供应“重庆小南海水泥厂、重庆光远投资发展有限公司”协议的商谈及供应协议的签订。(7)老区关停工作。①制定重钢大渡口老区、东华特殊钢公司生产设备关停计划。2011年9月22日重钢大渡口老区、9月13日东华特殊钢公司分别按计划实施安全、平稳关停；②按重钢集团红线范围内原五厂、六厂周边需移交土地生产企业关停拆除的部署和要求，组织召开协调会，就重庆冶金机械制造厂拆迁涉及有关搬迁土地、人员安置与保产、改制与稳定和补偿等问题进行沟通和协调；③与重庆市经济和信息化委员会协调落实矿业公司歌乐山矿、钢铁股份公司、东华特殊钢公司、铁业公司搬迁电费附加费补贴政策，并送重庆市财政局审核；协调落实重庆博登等大渡口老区拆除范围内改制企业享有环保搬迁的优惠政策。(8)统计工作。①全年完成国家、行业和部门统计年报和定期报表工作。2011年重钢集团获中国钢铁工业协会授予的“统计工作先进集体”的称号；②完成“中国企业500强”“重庆工业企业50强”申报、评选工作；③编印《2006～2010年重钢统计资料汇编》《2010年重钢主要经济技术指标领导手册》。(9)责任制考核。①2011年重钢集团与18家子公司、27个职能、党群部门和直属单位签订资产经营责任书和工作目标责任书；②全年重钢集团共对43家单位，66个项目进行考核，考核罚金249311元；③开展对重钢集团领导的达产达效考核。2011年1至8月，因达产达效指标，共考核重钢集团领导

69040元,并在基薪中兑现。

黄紫群

**条目另见部目**

【钢铁主业实现660万吨钢生产规模】:《生产经营》

【重钢非钢产业利润持续6年增长】:《生产经营》

**【法律事务室概况】** 2011年,重庆钢铁(集团)有限责任公司法律事务室有专职法律事务人员6人,其中3人具有执业律师资格,3人取得企业法律顾问执业资格;法学硕士3名,本科2名,大专1名。法律事务室主要负责健全和落实重钢对外诉讼案件的基本管理制度,处理诉讼纠纷,健全和落实重钢对外合同管理及基本制度,以及工商(商标、著作权)事务的管理。对所属子公司的合同负责指导、审查、检查和监督等。2011年主要参与重钢环保搬迁工程及子公司对外重大合同的谈判,出具法律意见等工作。

罗永华

**【审计处(监事会办公室)概况】** 重庆钢铁(集团)有限责任公司审计处是根据国家法律、法规、政策及重钢集团的规章制度,对重钢集团各单位经济活动的合法性、合规性、合理性、效益性以及反映经济活动的真实性进行审核、监证和评价,促进企业改善经营管理,提高企业经济效益的职能部门。2011年11月,按照重庆市国有资产监督管理委员会的相关规定和要求,设立重钢集团监事会办公室,主要职责:负责贯彻国家对监事会管理的有关法规政策,制定重钢监事会管理制度、业务规范等内部管理制度;负责草拟监事会工作计划、检查方案、监事会报告及监事会工作文件;负责建立重钢集团董事、高管人员履职档案;负责收集、准备监事会议案,承办监事会会议并做会议内容的记录,形成会议纪要;协助监事长、监事贯彻落实监事会决议和反馈决议的执行情况;负责收集整理重钢集团有关资料、文件和记录,并按规定提供给各位监事,为监事会决策提供咨询和建议;负责与重庆市国有资产监督管理委员会监事会管理机构相关工作的沟通与衔接,并按规定要求报送有关资料;负责监事会监督检查工作的组织协调和日常事务管理;负责子公司监事会工作的协调、指导和检查等。监事会办公室与审计处合署办公。2011年末,审计处下设综合、审计、工程审计3个科,监事会办公室下设监事科。审计处(监事会办公室)有在岗职工11人,其中高级会计师1人,会计师4人、经济师2人、工程师1人。

2011年审计处(监事会办公室)主要工作:(1)在抓好环保搬迁工程审计的同时,统筹安排常规审计服务于现实生产经营工作,并把内审工作转型同做好常规审计工作有机结合起来。全年完成审计项目15个,专项治理项目1个,实现审计效益213万元。(2)修订《重钢集团经济责任审计办法》《重钢集团工程审计办法》,制定《重钢集团内部控制制度审计评价办法》。2011年4月审计处被重庆市人力资源和社会保障局、重庆市审计局评为“2008~2010年度内部审计工作先进集体”,同年9月被国家审计署评为“2008~2010年度全国内部审计先进集体”。(3)结合重钢实际情况,完成《重钢集团监事会议事规则》《重钢集团监事会监督检查工作操作规范》的草拟;形成《重钢集团2011年度集中检查方案》《重钢集团2012年度监事会工作要点》草案。

涂江涛

**【行政管理处(信访处)概况】** 重庆钢铁(集团)有限责任公司行政管理处(信访处)是重钢集团的综合管理部门,主要负责重钢集团信访稳定工作、住房制度改革、医疗保险制度改革、人口与计划生育工作。下设信访科(信访办)、综合科(房改办)、医疗保险科(医改办)、人口与计划生育办公室4个科级机构及国家安全小组办公室、爱国卫生委员会办公室、献血办公室3个非常设机构。2011年末在岗职工13人,具有高级职称2人,中级职称7人,初级职称3人。2011年,行政管理处获重钢集团机关党工委“先进党支部”称号。

2011年,主要工作:(1)信访稳定工作。全年受理职工群众来信来访总量为1694件、15605人次,同比分别上升17%、29%。其中集体上访112批次、4827人次,同比分别上升31%、50%;来信175件、9067人次,同比分别上升15%、17%;来访1407件次、1711人次,同比分别上升16%、26%。实现在“全国两会、厂庆120周年、老区关停搬迁、建党90周年”活动期间,无职工进京上访,无到市级机关集访,无发生大规模群体性事件的“三无”目标。(2)“龙泉苑”职工集资建房项目。截至2011年12月项目取得规划许可证、施工许可证;项目1栋修至10层,2栋修至1层。(3)公积金管理。2011年,重钢集团为职工缴纳住房公积金10026万元。7392名职工支取公积金14196.81万元,其中5131名职工购房支取8663.34万元;2261名退休职工销户支取5533.47万元。(4)公有住房出售及维修管理。①2011年重钢集团投入资金296.9万元,对大渡口区本部公有住房进行维修、排危改造,对长寿铁合金职工住房进行解危改造;②2011年3月9日~11日牵头组织重钢朵力房地产公司及重钢集团人力资源处、财务处等部门开展公有住房出售工作,全年出售公有住房246套,为重钢集团回收建房资金397.5万元。(5)医疗保险工作。2011年,重钢集团大渡口本部缴纳医疗保险金12521.57万元,其中基本医疗单位缴纳8637.96万元(其中退休人员缴纳2944.71万元),个人缴纳1573.69万元;大额单位缴纳1653.69万元,个人缴纳91.23万元;离休干部缴纳565万元;补充和沉淀医疗保险金重钢总医院使用1563.52万元,医疗保险办公室报账及退卡支出350.81万元。全年发放职工及退休人员社会保障卡38490

个。(6)计生工作。2011年重钢保持政策生育率100%,共办理独生子女父母光荣证575个,办理生育服务证和再生育服务92个,审批兑现放弃再生育奖励235例,其中新增10例,合计47万元。

何娟

**条目另见部目**

【社会职能移交情况】:《职工生活》

【计生工作】:《职工生活》

**【技术发展办公室概况】** 技术发展办公室是负责重钢集团规划投资管理、科技管理专项工作的管理部门,2011年设有规划投资科、科技管理科2个科室,年末在册职工12人(含重钢集团副总工程师3人,正处级调研员1人),其中具有高级职称9人、中级职称2人,初级职称1人。

2011年主要工作:1.规划投资管理。(1)规划管理。为完善和细化《重钢"十二五"发展规划纲要》,2011年4月编制完成《重钢集团3年发展战略规划》。2011年是重钢发展关键的一年,在完成生产经营、企业改革任务的同时,"十二五"规划的重点项目得到推进,较好地完成"十二五"开局之年的任务。(2)投资管理。①2011年下达立项批复6项,下达投资计划批复59项(批),计划总投资240034.52万元;②全年共申报10大类32个项目,其中11个项目纳入重庆市重点项目、3个项目分获市级和国家政策资金支持;③全年办理项目备案3项,项目核准1项;④全年完成固定资产投资832300万元(其中环保搬迁535029万元);⑤后评价项目1个。(3)信息化管理。一是优化和完善长寿新区信息化建设600万吨/年钢工程已建成的信息系统,为重钢长寿新区生产经营达产创效提供支撑;二是开展大渡口老区搬迁至长寿新区的型、棒线和炼钢厂信息化建设。

2.科技管理。(1)科技项目管理。①2011年共下达6批29项科技项目,计划总投入2184万元;申请国家科技部立项2项、国家发展和改革委员会立项1项;重庆市经济和信息化委员会立项4项、重庆市科学技术委员会立项5项、大渡口区科学技术委员会立项4项。2011年,科技项目共结项13项;②推进与科研院所及高校的"产学研"合作:与重庆大学合作开展项目5项,与北京科技大学合作开展项目2项,与重庆科技学院合作开展项目3项,与重庆理工大学合作开展项目2项,与钢铁总院合作开展项目1项,开展博士后项目1项。(2)专利工作。2011年共申请专利104件,其中发明15件,实用新型专利89件;授权专利95件,其中发明25件,实用新型专利70件。截至2011年底,共有14件专利获授权,其中发明专利1件,实用新型专利13件。(3)技术攻关。2011年重钢集团开展各类技术攻关65项,其中效益提成攻关11项。(4)质量工作。2011年开发试制完成新产品及特殊要求产品60.79万吨,实现产值27.79亿元;对44家辅料耐材供货单位进行市场准入评审;完成锅炉压力容器钢板的扩大认证认可,一次性通过国家认可委员会组织的实验室认可现场评审,全年未发生验船师拒签事件。2011年,纳入长寿新区质量考核实际质量目标指标31项,达到计划的28项;达到目标的26项,目标完成率83.87%。(5)科技进步奖。2011年重钢获中国钢铁工业协会中国金属学会冶金科学技术奖一等奖1项;获重庆市科技进步奖3项,其中二等奖1项、三等奖2项;获大渡口区科学技术奖励7项,其中一等奖1项、二等奖3项、三等奖3项。评出重钢集团2011年度科技进步奖40项,其中特等奖空缺,一等奖2项、二等奖7项、三等奖31项。评出重钢集团2011年度先进个人31人次,先进集体5个,其中科技工作先进单位5家,突出贡献奖1人,环保搬迁科技功臣10人,优秀科技管理工作者10人,优秀科技工作者10人。(6)2011年共征集优秀合理化技改成果86项,其中表彰59项。

梅化

**条目另见部目**

【重钢专利工作】:《科学研究与应用》

**【国土管理办公室概况】** 国土管理办公室是重钢集团的职能管理部门。2011年设土地开发利用科1个科室。有管理人员6人(其中男性4名,女性2名)。学历结构为研究生3人,本科2人,专科1人。主要职责:(1)负责重钢集团贯彻执行国家和地方各级政府关于国土资源工作的方针政策和法律法规,拟订和组织执行重钢集团国土资源管理办法和措施;(2)负责拟订重钢集团国土资源发展规划和实施及总图管理;(3)负责组织协调重钢集团国土资源的综合开发与利用和土地的征用工作;(4)负责查处违反规定占用重钢集团国土和违章建设行为,组织处理地产纠纷工作;(5)负责重钢集团各单位建设用地的审批和建(构)筑物的初审工作;(6)负责重钢集团地质灾害的预防及处置工作;(7)负责重钢集团长寿新区土地规划、征用土地及管理工作。

2011年主要工作。1.大渡口区本部。(1)大渡口老区土地移交。按重钢集团与重庆渝富资产经营管理公司签订的《重钢资产收购协议书》的进度要求,现场踏勘重钢第1批移交给重庆渝富资产经营管理公司刘家坝片区需移交的土地位置和土地边界,并现场确认钢铁股份公司、产业公司及其他改制企业移交的土地位置,绘制移交位置示意图。(2)配合大渡口区危旧房改造拆迁。办理大渡口区新山村街道花生堡、建设村共2.7949公顷的土地资产移交给大渡口区政府。(3)根据2011年3月4日大渡口区政府工作协调会议精神,将大渡口区跃进村街道大堰一村农贸市场土地中的0.14456公顷土地资产移交给大渡口区政府。(4)确定重钢环保搬迁后，社会职能移交所涉及的重钢大渡口本部住宅区的道路、公用厕所等土地的面积。(5)按房改相关政策办理大渡口区、九龙坡区重钢公有住房土地使用权手续262件。(6)办理重钢集团土地变更登记手续6件。(7)对大渡口区重钢土地应纳税的土地面积进行确认。(8)对重钢集团国土资源进行综合开发和利用，盘活存量土地资产4公顷。

2. 长寿新区。(1)2011年，重钢在长寿江南新区征地累计完成900公顷(含铁路、码头、三期FINEX用地)，全年办理完成82.66公顷国有土地使用权证，累计取得530.93公顷国有土地使用权证，其余的国有土地使用权证协调办理中。(2)完成重钢长寿新区铁路SDK专用线、XDK联络线19.94公顷土地的现场勘界工作，并通过重庆市国土局的建设用地预审。(3)重钢长寿新区基础设施项目建设施工过程中参建各方出现的争议和问题，及时配合相关部门解决和落实，尽量节约投资和缩短工期。(4)对长寿江南新区重钢土地应纳税的土地面积进行核实。(5)配合相关部门做好长寿新区配套产业、出入口道路建设用地及全厂总图运输管理。

伍杉

**【档案处概况】** 重钢档案处是重钢集团集中统一管理各个时期档案资料的专业管理部门和信息服务中心，履行重钢集团档案鉴定委员会、重钢年鉴编辑部、重钢历史文化研究中心和重钢工业遗产领导小组办公室职能。为重钢集团各单位提供档案利用服务，对二级单位的档案工作进行业务指导和监督、检查与考核，对重钢史志工作的归口管理和业务指导及图书、期刊、标准、报纸的管理和信息开发。

重庆钢铁(集团)有限责任公司档案处、重庆钢铁(集团)有限责任公司档案馆、重庆钢铁股份公司档案处合一办公，实行三块牌子、一套班子。重庆钢铁(集团)有限责任公司档案馆是经国家档案局注册的企业档案馆和“企业档案工作目标管理国家一级”档案馆。2011年下设档案管理科、征集编研科、知识管理科3个行政科室，并设有计算机管理中心、服务开发管理中心2个辅助工作机构。2011年末在岗职工32人，聘用职工20人。

2011年，主要完成工作：(1)资源建设。综合采用接收、征集、采集和举办专题资源评比活动等手段对各类档案、历史文献、重大事项声像记录、企业标准、竞争情报、工业遗产等信息资源进行全面收集和整合，馆藏比上年度增加12%。其中新增各类案卷19716卷，新增以件为保管单位档案14598件，新增照片41584张，新增底图550张，新增录音、录像、影视档案52盘，新增电子光盘457张，新增文献资料1124册，新增标准文献1068条。(2)资源管理。2011年，重钢档案处对《重钢档案分类法》等管理文件进行修订，重点对重钢集团文书档案、合同档案、财务档案、招投标档案、工程建设档案、实物档案、电子档案、领导公务活动声像和各类证照档案进行整理。利用“重钢档案信息系统”对各类馆藏档案进行数字化加工。同时，对重钢档案鉴定委员会进行调整，组织专业力量对档案馆馆藏档案进行全面鉴定，并对重钢集团下属各单位档案鉴定工作进行指导。(3)资源服务利用。被重钢集团领导选定为重钢建厂120周年系列活动的牵头单位之一，全面参与重钢建厂120周年厂庆服务，牵头筹建重钢长寿新区厂史馆，组织“重钢历史上的十件大事”评选、厂庆专题读书活动评比、重钢大渡口老区生产厂照片(视频)评比等活动；编辑出版《百年重钢史话》《重钢年鉴》《重钢档案》等文化产品，定期编制《决策参考》《中厚板》等信息刊物和专题信息产品供重钢集团领导作决策参考。并尝试以专题工作建议形式支撑和影响企业的重大决策。陆续向重钢集团提出《关于重钢大渡口老区地块用于集中展示中国近现代钢铁工业发展史的建议》《关于使用重钢历史文化元素命名新钢城道路的建议》《关于抓住重钢120周年厂庆机遇向社会公众系统展示百年重钢发展历程的建议》等专题建议，采纳率100%；同时，按照工作流程向重钢各部门和社会各界提供“一站式”档案借阅服务，为重钢集团管理人员和技术人员100余人次提供专题信息咨询服务。(4)成绩和荣誉。2011年，档案处接待来自国务院国有资产监督管理委员会、国家档案局、重庆市档案局等上级主管部门和中石化、中石油、解放军各总部、中科院、工商总行等400个单位档案同行上千人次来馆参观和交流。应邀参加中俄企业档案管理研讨会、中国档案学会企业学术委员会年会、苏州论坛、京津沪渝档案学术交流会等学术研讨。国家档案局重点建设项目档案工作检查组、国家档案局副局长李和平、司长李晓明、副司长王岚、王燕民先后到重钢检查指导工作，并要求在全国推广重钢环保搬迁项目档案“纳入体系，全程监控，联合督查，立体记录”的管理经验。2011年，重钢档案处再获重庆市档案系统先进集体称号，《企业档案服务产品化探索》《大型企业迁建工程项目档案管理模式》《依托档案资源打造独具特色的企业厂情馆》等科研课题分获2009~2010年重庆市档案局优秀科技成果一、二、三等奖。《重钢年鉴》获中国版协全国第五届年鉴编校质量二等奖。

唐克洪

**条目另见部目**

【《百年重钢史话》出版】:《特载》

【重钢十大历史事件评选】:《特载》

【重钢建厂120周年主题读书活动】:《特载》

【新区厂史馆建成开馆】:《文化

教育》

【重钢图书馆工作】:《文化教育》

**【退休工作处概况】** 重庆钢铁(集团)有限责任公司退休工作处是重钢主管退休工作的职能机构,主要负责重钢大渡口本部21162名退休人员(其中362名退休"中干")及1953名退休人员遗属的日常管理服务工作,并对重钢大渡口本部以外的重钢集团各单位的退休工作进行业务指导。

2011年,设综合管理科、劳动保险管理科、直属工作站、跃进村工作站、新山村工作站、九宫庙工作站6个科、站;在岗职工18人。建有400平方米的"退干"活动室。2011年重钢非统筹养老金发放的及时率100%,准确率99.98%。生活特别困难退休人员走访率100%,保持退休人员思想的基本稳定。

2011年,退休工作围绕重钢改革发展稳定的大局,继续开展以"凝聚退休人员智慧和力量,促进重钢科学发展"为主题,以"维护权益,搞好服务,开展活动,健康快乐"为载体的"创先争优"活动。协助大渡口区社保局对20181名退休人员的基本养老金进行调整,并对13535名退休人员进行生存验证。继续深入开展"温馨服务、细节服务、亲情服务"让退休人员信赖和满意的承诺活动,接待来访47485人次,处理来信310件,处理家庭纠纷2件,元旦、春节、重阳节期间,慰问退休人员4610名。按重钢集团要求为20000名退休人员发放"重钢建厂120周年纪念章",配合重钢集团工会办理退休人员大病医疗互助基金报销533人次,报销金额1866322.00元。

何小川

**条目另见部目**

【退休人员管理】:《职工生活》

【维护退休人员合法权益】:《职工生活》

**【环保搬迁指挥部概况】** 重钢环保搬迁指挥部成立于2007年1月22日,负责环保搬迁工程建设期间的规划设计、投资控制、工程建设、安全质量及全面工作的领导和管理。

2011年,指挥部设5个管理部门(综合部、规划与设计管理部、财经部、工程管理部、设备材料采购部),2011年底根据工程建设的需要,调整为23个专业项目部、管理机构(物运项目部、焦化项目部、烧结项目部、炼铁项目部、炼钢项目部、中厚板项目部、型钢项目部、高线项目部、热轧板带项目部、冷轧涂镀项目部、理化检验项目部、线棒材项目部、能源管控项目部、三电项目部、制氧项目部、特钢项目部、钢管项目部、冶金辅料及资源综合利用项目部、后勤管理项目部、机械制造项目部、四钢产品结构调整项目部、新区现场安全环保监察组、新区设备工作组)及FINEX项目筹备组。同时重钢集团成立矿山建设分指挥部、江津基地建设分指挥部。截至2011年底,在册职工186人、在册党员152人。

2011年9月16日,重钢环保搬迁实现600万吨钢生产系统全流程贯通投产,截至2011年底,重钢环保搬迁工程建设按工程建设节点计划的总体部署推进。

孙耿涅

## 2011年重钢环保搬迁指挥部及各项目部负责人名录

**重钢环保搬迁指挥部**

指　挥:徐刚　沈勇革　涂德令

**工程管理部**(与重钢集团技改办、钢铁股份公司技改处一套班子)

主　任:杨伟才(2011年11月任重钢人资发〔2011〕243号)

**设备材料采购部**(与钢铁股份公司装备处一套班子)

主　任:姚小虎

副主任:李巍

**规划与设计管理部**

主　任:章金楠

常务副主任:杨发金(2011年11月任重钢人资发〔2011〕243号)

**财经部**

主　任:涂德令

副主任:刘代华

**综合部**

主　任:何男男(2011年11月任重钢人资发〔2011〕243号)

常务副主任:董南平(2011年11月任重钢人资发〔2011〕243号)

**新区现场安全环保监察组**

组　长:刘东

**新区设备工作组**

组　长:李红宇

**焦化项目部**

经　理:马平

常务副经理:毛小英

**烧结项目部**

经　理:朱忠荣

**炼铁项目部**

经　理:雷有高

常务副经理:张勇

**炼钢项目部**

经　理:梁庆

执行副经理:吴银兵

常务副经理:安昌遐

副经理:刘伟

**型钢项目部**

经　理:李兴国

常务副经理:代晓斌(2011 年 5 月任重钢人资发〔2011〕131 号)

**线棒材项目部**

经　理:陈志伟

副经理:刘勇(2011 年 5 月任重钢人资发〔2011〕131 号)

**中宽厚板项目部**

经　理:罗运清

常务副经理:杨斌

**热轧板带项目部**

经　理:刘树

常务副经理:黄仑

**冷轧涂镀项目部**

经　理:李兰天

常务副经理:申志强

**特钢项目部**

常务副经理:任德友

**能源管控项目部**

经　理:黄龙强

常务副经理:郑含燕

**后勤管理项目部**

经　理:陈红

副经理:易远菊(2011 年 11 月任重钢人资发〔2011〕243 号)<br>胡增文(2011 年 11 月任重钢人资发〔2011〕243 号)

**物运项目部**(原码头铁路项目部与料场项目部合并)

经　理:王贵伟

常务副经理:杨腾跃

副经理:明安灿　王德智

**三电项目部**

经　理:张桥川

**理化检验项目部**

经　理:原建华

**制氧项目部**

经　理:罗绯

常务副经理:袁红

**冶金辅料及资源综合利用项目部**

经　理:赵亮

副经理:尹开政

**钢管项目部**

经　理:熊明祥

副经理:宋大宁

**机械制造项目部**

经　理:黄健

常务副经理:卢巍

**四钢产品结构调整项目部**

经　理:沈勇革

常务副经理:袁思胜

**FINEX 项目筹备组**

组　长:郭德勇

常务副组长:朱斌

**江津基地建设分指挥部**(2011 年 6 月 22 日成立)

指挥长:郭德勇(2011 年 8 月起)

副指挥长:徐刚(2011 年 8 月起)<br>张军(2011 年 8 月起)

指　挥:吴晓华(2011 年 8 月起)<br>李顺成(2011 年 8 月起)

**工程管理部**

主　任:吴晓华

副主任:陈谋　甑涛　江志强

**综合管理部**

主　任:牟勇

副主任:刘春　潘利梅

**铁前项目部**

经　理:刘川全

**钢锻项目部**

经理:李顺成

副经理:雷旭刚　袁昌文

**矿山项目建设分指挥部**

指挥长:梁正明

副指挥长:陈大元　魏平

重钢环保搬迁综合部供稿

# 重钢环保搬迁指挥部组织机构图

（2011年12月）

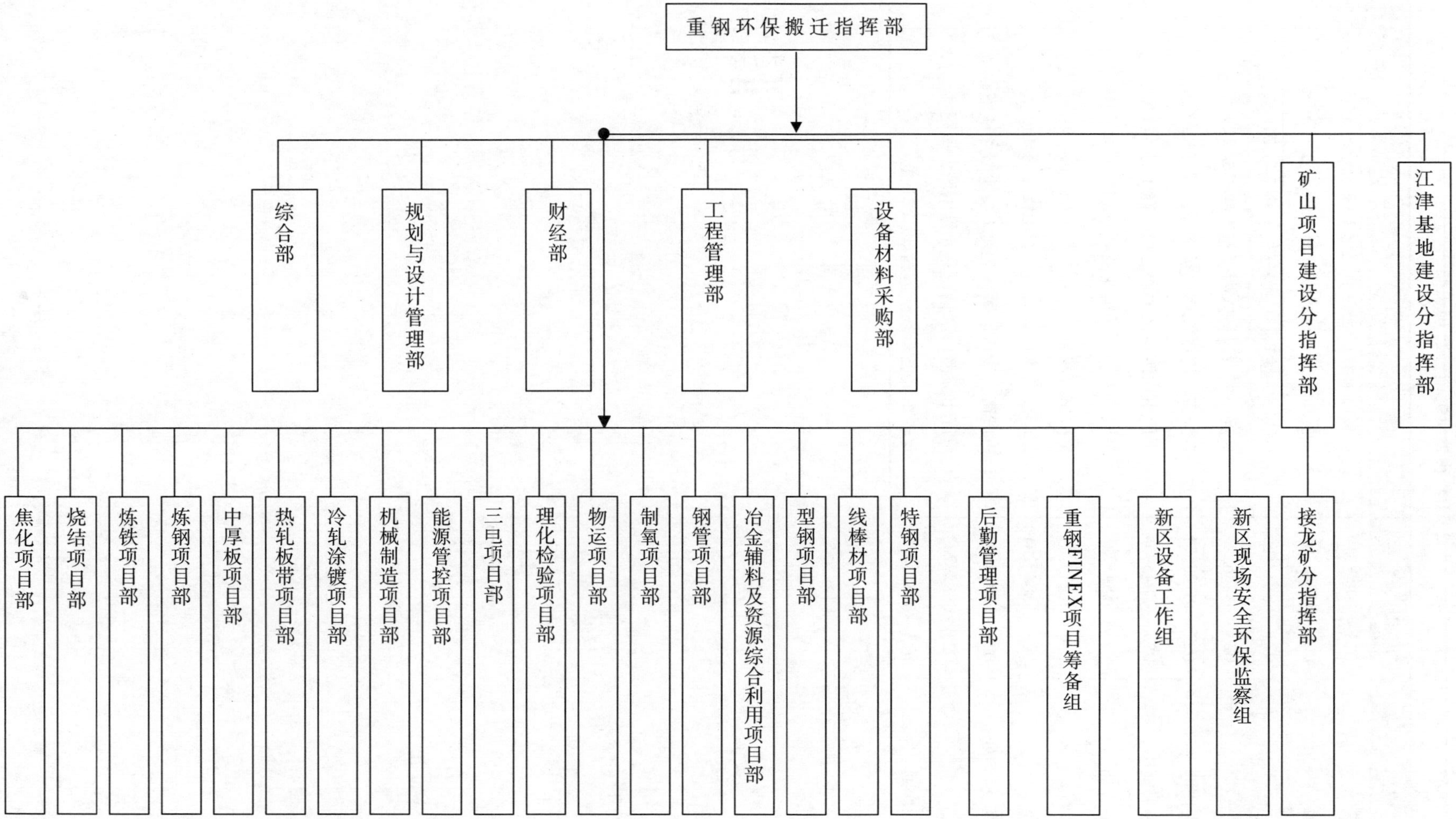


说明：另外成立的四钢产品结构调整项目部独立运行管理

张辉

2011 年重钢机关(行政)通讯录

| 单位 | 电 话 | 地址 | 邮编 |
|---|---|---|---|
| 经理办公室 | 023－68843319 | 重庆市大渡口区大堰三村 1 幢 1 号 216 室 | 400080 |
| 财务处 | 023－68846486 | 重庆市大渡口区大堰三村 1 幢 1 号 112 室 | 400080 |
| 审计处 | 023－68842469 | 重庆市大渡口区大堰三村 1 幢 1 号 201 室 | 400080 |
| 人力资源处 | 023－68846228 | 重庆市大渡口区大堰三村 1 幢 1 号 210 室 | 400080 |
| 环保搬迁指挥部 | 023－40726521 | 重庆市长寿区江南镇重钢环保搬迁指挥部 | 401258 |
| 技术发展办公室 | 023－68845964 | 重庆市大渡口区大堰三村 1 幢 1 号 508 室 | 400080 |
| 国土管理办公室 | 023－68843728 | 重庆市大渡口区钢花路 8 号钢城大厦后面 | 400080 |
| 法律事务室 | 023－68846331 | 重庆市大渡口区大堰三村 1 幢 1 号 411 室 | 400080 |
| 经济运行处 | 023－68842281 | 重庆市大渡口区大堰三村 1 幢 1 号 408 室 | 400080 |
| 行政管理处(信访处) | 023－68843393 | 重庆市大渡口区大堰三村 1 幢 1 号 404 室 | 400080 |
| 档案处 | 023－68877242 | 重庆市大渡口区钢花路 8 号钢城大厦附楼 | 400080 |
| 退休职工工作处 | 023－68841806 | 重庆市大渡口区跃进村 38－21 号 | 400080 |

陈曼玲

本部目编辑　龙志敏
本部目校对　陈雪梅

6

# 生产经营

重钢年鉴

2012

# 主业生产

**【钢铁主业实现 600 万吨钢生产规模】** 2011 年，重钢以生产经营为中心，克服铁矿石、煤炭、生铁、废钢、合金等原燃材料价格大幅上涨，电力、资金紧张等不利因素给生产组织带来的困难和影响，认真组织生产，抓原材料的采购、储备和保产保供工作，并采取按市场需求和效益原则调整产品结构等措施。2011 年 1 月至 9 月，重钢生产经营基本稳定运行，产销衔接和货款回笼基本正常。长寿新区生产通过不断的理顺和技术攻关，生产水平和技术经济指标得到提升与改善，2011 年 8 月达到年产 450 万吨钢的生产水平。同时，重钢环保搬迁有序推进，9 月 16 日长寿新区第 3 座 2500 立方米高炉投产，标志着重钢环保搬迁年产 600 万吨钢全流程生产线打通和完满收工，9 月 22 日按时实现大渡口老厂区安全、环保、平稳关停。2011 年，重钢集团主要产品钢、生铁、钢材、焦炭产量和钢材销售量、销售收入比上年大幅增长，并创历史最高水平，特别是钢产量首次实现 600 万吨钢生产规模。但自 2011 年 9 月后，因受欧债危机恶化及国家为控制物价与房价的过快上涨采取的系列宏观调控政策等影响，国内钢材市场出现逆转，价格下跌，由于原燃材料价格降幅小于钢材价格降幅，重钢钢铁业子公司产生亏损，致使重钢集团亏损严重，企业经营形势严峻。

2011 年，重钢集团钢产量 602.99 万吨，完成年目标 98.85%，同比增长 32.24%；生铁产量 557.85 万吨，完成年目标 97.02%，同比增长 25.51%；钢材产量 573.01 万吨，完成年目标 95.50%，同比增长 34.28%；焦炭产量 266.21 万吨，完成年目标 102.39%，同比增长 18.98%；钢材销售量 571.11 万吨，同比增长 33.83%；钢材产销率 99.67%，同比下降 0.33 个百分点；货款回笼率 98.15%，同比下降 1.97 个百分点；钢铁主业实现销售收入(汇总)252.36 亿元，同比增长 34.12%。

张军庆

**【长寿新区厚板生产线船板产量突破 113 万吨】** 2011 年，重钢继续将船板列为中厚板的主导产品，全年通过生产工艺的优化、攻关，船板生产工艺相继通过几家船级社的认证。2011 年，船板订单成为重钢长寿新区厚板生产线的主打产品，共生产船板 1137275 吨，居单条生产线全国第一。

陶宏宇

**【产品质量认证】** 2011 年 1 月，完成中厚板厂 4100 毫米生产线 CCS、DNV、GL、RINA、NK 等 5 家船级社正火船钢认证工作。3 月完成 BV、KR、LR 等 3 家船级社正火船钢认证工作。2011 年 5 月完成 CCS、DNV、GL、RINA、NK、BV、KR、LR 等 8 家船级社扩大厚度规格到 80 毫米船钢认证工作。8 月完成 CCS、DNV、GL 等 3 家船级社 4100 毫米船钢扩大钢级到 E47 认证工作。2011 年 9 月完成 CCS、DNV、GL、RINA、NK、BV、KR、LR 等 8 家 2700 毫米热轧船钢认证工作。2011 年 10 月一次性完成 ABS 船级社 2700 毫米热轧船钢认证和 4100 毫米正火船钢认证工作。2011 年 6 月完成 4100 毫米容器钢、锅炉钢扩大认证试验工作，8 月完成鉴定评审工作。2011 年，重钢产品认证工作，在国内同行中创造了认证时间最短、认证费用最少的新纪录。

陈锐

**【保优创牌】** 1. 重庆名牌产品申报。2011 年重庆钢铁股份有限公司生产的工业结构用型钢(工字钢、槽钢、角钢)、优质碳素钢热轧盘条 2 个系列产品到期复评。2011 年 6 月完成申报材料编制，收集企业各类获奖证明材料、认证证书、专利证书等 100 份。重庆市名牌产品协会组织重庆市质监局、市经委、市商委、市建委等部门和相关行业专家对企业申报材料进行审查。重钢申报的 2 个产品通过复评。

冶金行业品质卓越产品复评申报。2011 年，重钢低合金结构热轧厚钢板品质卓越产品称号到期，同年 3 月品质部向中国质量协会冶金工业分会提交该产品冶金行业品质卓越产品的复评申报申请，5 月完成申报材料编制。2011 年 7 月中国质量协会组织行业专家到重钢股份公司进行现场审核，11 月品质部组织相关人员到北京进行低合金结构钢热轧厚钢板申报冶金行业品质卓越产品专家答辩，并获一次性通过。中国质量协会冶金工业分会发文确认重钢股份公司生产的低合金结构钢热轧厚

长寿新区1780毫米轧机产品成品库　郑玉明　摄影

钢板获2011年度冶金行业品质卓越产品称号，有效期3年。

阴楠楠

**【顺应市场抓热卷销售】** 1780毫米热轧板带是重钢股份公司新增的1条生产线，为全国第73条热轧生产线，该品种销售竞争激烈。2011年，销售处将1780毫米热轧板带产品按用途分为普通用途产品和专业用途产品，采取不同的销售模式和价格机制：一是普通用途产品。采取在成渝两地选择有实力的经销商进行销售，依靠经销商的销售网络将1780毫米热轧板带产品推向市场。截至2011年底，该产品在重庆地区市场占有率达到65%。价格采取订货价与结算价有差异的机制，即订货时按指导价，出库时按结算价；二是专业用途产品。如硅钢、取向硅钢等则采取由重钢销售分公司直接销售的模式。价格采用订货价与结算价无差异的机制，此销售机制与中厚板产品基本相同，按月定价，定后不变，订货价就是结算价。2011年，重钢1780毫米热轧板带产品按用途分类销售和分类定价的模式，基本上保证了该产品的销售顺行。全年重钢实际销售热轧卷205.68万吨，其中普通用途类产品161.89万吨，专业用途类43.79万吨。

陈义茂

**【品种结构调整】** 2011年，销售处以产品结构调整为导向，销售高附加值品种。一是中厚板生产线（含2700毫米生产线和4100毫米生产线）减少普板、低合金板轧制量，销售船板、容器锅炉板等高附加值品种。全年高强度船板销量占船板70%，容器板销售上升3%。二是调整1780毫米产品结构，除销售普通钢卷和低合金钢卷外，还销售低碳钢卷、汽车用钢卷、硅钢卷，初步形成产品由普通用途向专业用途延伸的格局。三是开发新品种。2011年，重钢股份公司开发出合结板、耐候板和汽车板3个新品种，增加中厚板生产线品种结构。其开发的EH40、E460、E47最高级别船钢，填补了市场空白，拓展了“三峰”品牌及市场空间。

陈义茂

**【质量异议处理】** 2011年，销售处成立客户服务中心，履行客户关系管理、售前售中售后服务管理（包括异议受理、理赔方案制订和实施等）等职责，将客户服务工作集中管理，提高客户服务水平。全年，重钢共收到用户质量异议674件，销售处本着“实事求是、公理、合理”的原则，受理、处理用户提出的各类质量异议，其中通过与用户沟通、协商未产生索赔368件；赔偿303件，赔偿金额240.96万元；协商处理中3件，处理率99.55%。

陈义茂

# 非钢生产

**【重钢非钢产业利润持续6年增长】**

2011年，重钢集团非钢子公司一方面做好为钢铁主业保产保供任务，完成承担的环保搬迁工程建设和服务保障工作，另一方面继续拓展外部市场，全年利润突破5亿元，实现利润持续6年增长。

2011年，重钢非钢子公司完成销售收入（汇总）115.33万元，同比增长31.73%，纳入计划的11家非钢子公司全部超额完成年度销售收入目标，其中矿业公司、三峰环境集团公司、朵力房地产公司、朝阳公司、建设公司、监理公司、产业有限公司、中兴公司8家子公司销售收入同比有不同幅度的增长；纳入计划的11家非钢子公司中有7家子公司利润超额完成年度目标，中兴公司1家子公司实现扭亏增盈，全年非钢子公司实现利润50267万元、同比增长35.50%，其中矿业公司、三峰环境集团公司、朵力房地产公司、朝阳公司、建设公司、设计院、监理公司7家子公司利润比上年同期有不同幅度的增长。

2011年，重钢集团重点非钢支柱产业矿业、环境产业、房地产业运行状况良好。（1）矿业公司克服高炉喷煤用煤、烧结用煤、外购长寿新区炼钢用石灰石资源紧张和运距较远等困难，全力抓好新、老区转供产品煤炭和石灰石、白云石系列产品的保产保供工作。同时大力推进太和铁矿630万吨/年采选工程、钒钛矿深加工、接龙铁矿、巫山桃花铁矿、陕西安康旬阳小金河铁矿、冶金材料厂等项目的建设和推进工作，为矿业公司的持续健康发展打下基础。2011年矿业公司完成销售收入23.50亿元、同比增长39.16%,实现利润15524万元、同比增长54.87%。(2)三峰环境集团公司在运营管理好同兴、福州垃圾焚烧发电厂的同时,加快推进重庆丰盛、重庆万州、成都九江、云南昆明、云南大理、四川西昌、山东东营、广东汕尾等项目的建设工作。成都九江垃圾焚烧发电厂2011年9月30日全面建成发电,计划重庆丰盛、云南昆明、云南大理、山东东营项目在2012年陆续投产。同时在长寿新区环保设施建设方面,承担了2号烧结脱硫、3号烧结电除尘、3号高炉环境除尘、炼钢精炼除尘、2700毫米中厚板轧机除尘、5号和6号焦炉废水处理等项目的建设。2011年三峰环境集团公司完成销售收入11.20亿元、同比增长38.32%,实现利润13038万元、同比增长29.50%。(3)朵力房地产公司在国家继续实施房地产调控政策的情况下,以抓在建、待建项目为基础,推进各项工作任务。抓在建的"朵力·半岛香颂西苑""朵力·半岛香颂东苑"和"朵力·品道"3个项目的建设,工程进度总体受控;加快"朵力·江畔"和九龙坡含谷镇项目的实施,推进长寿阳鹤山、长寿湖等项目的前期工作,以实现可持续发展。同时承担长寿新区会议中心、第二批分厂办公及洗浴配餐、纬四路西段公园、文体综合楼等工程的项目管理工作。2011年,朵力房地产公司完成销售收入4.54亿元、同比增长17.53%,实现利润8424万元、同比增长18.39%。

张军庆

**【垃圾焚烧炉设备供货合同及BOT协议签订】** 1.聊城市生活垃圾焚烧发电项目(600吨/天)焚烧炉供货合同。2011年4月26日,三峰卡万塔公司与山东省聊城市国环垃圾处理有限公司签订《山东聊城市垃圾焚烧发电项目垃圾焚烧炉供货合同》,供货内容为2台处理能力为300吨/天的垃圾焚烧炉。聊城市生活垃圾焚烧发电项目2×300吨/天焚烧炉设备供货。2011年4月产品开始制造,2011年11月产品开始预组装。截至2011年底,该焚烧炉成套设备产品制造及预组装完成80%,满足项目现场总体进度需要。

垃圾焚烧炉设备 三峰环境集团公司 供稿

2.广东粤丰投资有限公司旗下子公司焚烧炉供货合同。2011年7月12日下午,三峰卡万塔与广东粤丰投资有限公司旗下的东莞中科环保电力有限公司签订东莞市区垃圾处理厂改造项目3×600吨/天焚烧炉供货合同、与东莞市科维环保电力有限公司签订东莞横沥垃圾焚烧厂一期技术改造项目3×600吨/天焚烧炉供货合同。

3.合肥市生活垃圾焚烧发电A标段辅助设备集成项目。2011年7月29日,中标合肥市政府重点项目——合肥市生活垃圾焚烧发电A标段辅助设备集成项目。该项目规模为2×500吨/天,供货范围包括除焚烧线、汽轮发电机组以外的全厂所有辅机设备。2011年8月8日,合肥市垃圾焚烧发电项目辅助设备集成合同举行签字仪式。

4.三峰环境集团公司与德国马丁在中德环保论坛上签订合作框架协议,在深度和广度上加强在生活垃圾焚烧发电领域的技术合作。

5.汕尾生活垃圾焚烧发电项目(700吨/天)BOT协议。2011年8月,三峰环境集团公司中标广东省汕尾市生活垃圾无害化处理中心项目,签下特许经营权协议。汕尾市生活垃圾无害化处理中心项目建设总规模为处理生活垃圾2100吨/日,首期建设规模为700吨/日(包括生活垃圾焚烧发电厂、卫生填埋场、处理能力300吨/日的污水处理站及系列配套设施)。首期建设工程总投资4.2亿元,计划2012年建成投产。

6.六安生活垃圾焚烧发电项目(600吨/天)BOT协议。2011年11月8日,三峰环境与六安市人民政府就六安生活垃圾焚烧发电项目(600吨/天)举行特许经营协议签约仪式,三峰环境集团公司董事长雷钦平与六安市副市长钟园分别代表双方在协议书签字。六安项目处理规模600吨/天。

李颖

**【"国家环境保护垃圾焚烧处理与资源化工程技术中心"启动建设】** 3月3日,国家环境保护部以环函〔2011〕4号文件批复同意由重庆三峰环境集团有限公司为依托单位建设"国家环境保护垃圾焚烧处理与资源化工程技术中心"。根据批复要求,该技术

2011 年 12 月 21 日，全国城镇生活垃圾处理设施建设及运营经验交流会　张兵　摄影

中心将建成为我国垃圾焚烧发电技术研究开发平台，“产、学、研”合作示范基地，成为垃圾焚烧发电领域国内外合作与交流的窗口和技术人才、管理人才培训基地。2011 年 9 月 3 日，“国家环境保护垃圾焚烧处理与资源化工程技术中心”建设启动揭牌仪式在三峰环境集团公司举行。

李颖

**【朵力房产入选重庆市第七届房地产开发企业五十强】** 2011 年 8 月 24 日，在重庆市房地产开发协会举办，聘请第三方机构进行审查，增设评选监督委员会，由专家评委主要从企业开发实力、企业管理水平、产品水平、企业信用、社会捐助、企业品牌和文化建设等 6 个方面进行综合评审的“重庆市第七届房地产开发企业五十强”评选活动中，朵力房地产公司从 108 家报名企业中胜出，入选“重庆市第七届房地产开发企业五十强”列第 27 位。该次为朵力房地产公司第 5 次入选“重庆市房地产开发企业五十强”。

尹宁

**本部目编辑　龙志敏**
**本部目校对　张　萍**

7

# 环保搬迁

重钢年鉴

2012

# 工程管理

**【工程建设管理】** 1. 工程建设。(1)600万吨钢系统工程建成投产。2011年是长寿新区600万吨钢系统工程建设全面推进之年,在抓工程推进及保产的同时要强化功能整改。全年纳入建设计划的各项目推进顺利,场内全年实现土石方开挖量147万立方米,混凝土浇筑量105万立方米,钢结构安装10.8万吨,设备安装11.2万吨。2011年4月30日,长寿新区铁路XDK线路及工厂站投入试运行,2700毫米中板生产线于6月10日全线热试车一次性成功并实现投产,3号高炉于9月16日正式装料投产,标志着重钢环保搬迁工程600万吨钢系统全流程建成投产。焦化系统2号干熄焦、3号烧结、0号码头等重点项目也按期建成投用。钢铁股份公司产品结构调整项目各项工程、铁路二期建设等重点项目按计划推进中。(2)项目投产运行情况。2011年,重钢长寿新区焦化、烧结、炼铁、炼钢、轧钢各工序投产后运行稳定,自2011年10月始,长寿新区具备月产50万吨钢的生产能力,各项经济技术指标逐步达到设计要求。

2. 工程管理。(1)健全管理制度体系。2011年共修订完善及补充包括《重钢集团环保搬迁指挥部合同管理办法的补充规定》《指挥部关于进一步加强新区民工工资管理抓好新区稳定工作的紧急通知》《关于加大工程考核力度严明工程管理纪律的紧急通知》《重钢环保搬迁工程文明施工保证金收取办法》等在内的工程管理制度50个,覆盖环保搬迁工程建设各方面、各阶段、各系统的管理工作,形成针对性和完备性的环保搬迁工程管理制度体系。招投标、合同管理涉及的审批流程和造价咨询、材料询价审核、工程资料档案管理等工程基础管理流程运行趋于完善。(2)签订工程建设责任状。上年,环保搬迁指挥部和所有管理部、项目部通过责任状明确600万吨钢系统全流程工程建设投资、质量、工期、达产达效及安全控制和重点关键工作完成的量化指标,各相关参建子公司相应细化了责任指标的制定落实,建立和完善责任落实和考核奖罚激励机制。(3)工程考核和督办问责。对管理部、项目部重点工作、关键节点控制按月执行工程考核,对所有参建施工单位实施动态履约管理,对重点项目通过专题检查例会制度进行过程管控,加大工程指令执行及检查力度,重点关注和化解影响网络推进及关键节点的制约因素,调整补网,强化计划目标管理,同时通过创新督办方式,加大督办力度,强化督办效果,实施问责强化工程指令执行效力和效率,保证工程建设的推进。2011年累计考核247项,考核、处罚金额470165元,其中对环保搬迁指挥部体系考核159项,考核金额78065元,对重钢集团子公司考核43项,考核金额47500元,对参建单位考核45项,处罚金额34.46万元。保证了"610""916"等关键节点的完成和600万吨钢生产能力的全流程贯通。(4)优化协调机制。发挥工程联席协调机制的作用,"小事速办理、大事不过夜,问题处理123(反映需协调处理的问题到项目部1小时内解决、到工程部2小时内解决、到环保搬迁指挥部3小时内解决)"的协调理念和"靠前指挥、深入现场"的响应机制得到认同和落实,同时还通过统筹与政府相关部门的外围协调保障,统筹与总包、设计单位的进度控制和设计保障,统筹与供应商的设备制造和供货保障,统筹土石方、混凝土等场内建设资源的平衡保障,统筹工程资

重钢长寿新区全景　李科　摄影

金支付保障，为工程建设的推进和实现600万吨钢生产能力全流程项目投产创造了保障条件。(5)施工资源管理。2011年，通过强化施工管理及持续开展“建好一号工程劳动竞赛”等活动，中钢设备、中冶赛迪、中冶焦耐、十九冶等参建企业履行合同，按总体要求强化工程建设目标，抓工程推进。建设公司、三峰科技、三环监理、朵力房地产公司、电子公司、重钢设计院等参建子公司服从工程大局、服务于工程建设，尤其是建设公司在2700毫米中厚板、3号高炉、“森林钢城”种植土抢运等突击性任务的施工组织中，绩效突出。2011年底，在重庆市“建好一号工程劳动竞赛”2次评比中，电子公司等141个集体，常晓冬等80名职工获表彰奖励，其中8名职工被授予“重庆五一劳动奖章”，6个参赛单位被授予“重庆五一劳动奖状”，30个参赛集体被授予“重庆市工人先锋号”。

3. 工程质量管理。2011年，按照已投产系统实现“流程全打通、功能全投入、作用全发挥”和“连续均衡、稳定生产，逐步上台阶”的达产达效总体目标要求，环保搬迁指挥部以抓工程质量来保证项目功能的全投入、以抓功能考核来助推生产系统的达产达效、以抓发电项目来助推生产系统的直接降本、以抓道路建设来助推生产系统的物流畅通、以抓项目投运确认来助推生产系统的稳定顺行。全年共颁发质量相关管理文件20份，下发整改通知46份，质量周报46份，质量公示2次，处理2700毫米轧钢厂桩基塌孔质量问题、长寿新区会议中心装修工程装修材料质量问题、2号高炉电缆桥架垮塌问题，1、2号高炉矿仓耐磨层脱落导致穿漏问题、棒线工程桩基未达持力层问题等6起。并重点强化了对遗留问题的整改工作，要求并安排各管理部、项目部和总包、施工单位对项目投产后出现的各种问题逐项进行清理、确认，落实整改措施、时限和责任人，并以此作为功能考核的任务。2011年共进行各项整改1000项。

4. 招标、合同、资金管理。(1)工程招标。2011年共签订规划设计、总包工程、设备采购等各类合同683个，总金额241027.13716万元，公招率达到80%以上。(2)设备采购到货管理。一是以设备交货进度为主线，保证设备按合同配套到位，按安装进度到位，按交验程序合格到位。二是强化合格供方管理、抓设备监制催货、解决运输瓶颈，对设备招标采购、制造、交货、运输、安装调试、功能考核全过程进行细化管理和协调服务，促使设备供应满足各项目工程建设和调试投产的需要。(3)财务管理从招标源头开始介入全程发挥监控作用，工程资金按照“保证重点、兼顾一般”的原则，从资金计划、审核支付等方面强化工程资金保障工作，提高工程资金使用效率，保证工程资金安全、准确、及时支付。2011年共支付38.72亿元，无一例违规支付行为发生。

5. 工程监督。2011年，重庆市国有资产监督管理委员会以及重钢环保搬迁监督工作领导小组对若干重点项目进行“回头看”的专项检查，重点对工程建设领域突出问题进行清理、分析，对问题整改进行跟踪检查。全年通过工程监督指出存在的问题和差距6项，提出意见和建议20条，截至2011年底相关项目部和责任单位均进行了整改落实。全年已签订的工程合同中均附签了廉洁协议。

6. 环境综合整治及后勤服务保障。(1)“森林钢城”建设。截至2011年底，长寿新区绿化完成185.9万平方米，完成率87.81%，栽植银杏、香樟、小叶榕、天竺葵等乔木共3.8万株，金叶女贞、红继木、珊瑚等灌木共234万株，草坪、麦冬、葱兰等地被植物共140万平方米，冷轧预留区域播撒42.92万平方米草籽绿化等，实现“森林钢城”建设进度目标。(2)环境整治。通过开展“环境综合整治月”等活动，从生产、建设2个系统开展“全员创造环境、全员享受环境，环境陶冶情操”的环境整治工作，使工程建设围挡施工、大临清理重新规划、道口道路保洁、路灯人行道整改、环境卫生管理等到实施，长寿新区1号大门、停车场、道路标识标牌、LED等形象工程全面启动建设。(3)道路及后勤保障设施基本建成投用。截至2011年底，长寿新区完成40千米主干道路建设，形成五横五纵的道路主干网，规划的分厂办公楼、倒班房、食堂及厂前配餐点、更衣洗浴室、场区公厕、职工候车亭等设施基本建成。通讯保障、场内循环车及各项物业管理等满足长寿新区生产、建设及职工生活的需求，其集中规划的阵地建设及综合文体楼即将投入使用，后勤保障服务体系建设和运行管理得到理顺和加强。

7. 安全、治保、稳定工作。(1)2011年，本着“谁主管、谁负责”的原则，对所有部门实施安全风险责任承包管理，对进场的总承包单位、施工单位签订“安全环保责任书”和“安全协议”。通过开展“安全月”及“大排查、大整治、大执法”专项活动，抓爆破作业、挖孔桩、高空作业、设备安装等现场安全检查。全年共对施工现场日常检查391次，发现隐患521项(不包括现场纠违)，对违章作业人员及单位共处罚2.67万元。(2)治安保卫及维稳工作以创建平安长寿新区为着力点，督促进场单位落实治安保卫责任制，同时结合工程建设及生产各阶段重点，强化治安、交通、消防及易爆物品管理，协调民工劳资纠纷和抓突发事件的处理，2011年长寿新区现场无重特大恶性刑事案件和重特大事故发生。

孙耿涅

**【重点项目审查情况】** 2011年1月24日，审查通过重钢长寿新区炼铁3号高炉初步设计；3月3日审查通过二期废钢加工初步设计；4月22日审查通过钢铁股份公司环保搬迁项目可行性研究报告(二炼钢)；4月22日审查通过CCPP－CDQ发电项目二期建设可行性方案；5月19日审查通过5、6号焦炉及配套工程初步设计；5月31日审查通过第二大件库方案；6月3日审查通过二炼钢初步设计；6月

15日审查通过二期信息化、安保技防、计量设施完善方案;6月23日审查通过二炼钢系统大公辅初步设计和二炼钢系统调整方案;7月25日审查通过二炼钢工程增建4#板坯连铸机设计方案;8月6日审查通过矿业公司白云石深加工项目初步设计;8月23日审查通过线棒材项目和4号高炉初步设计;10月14日审查通过二期理化检验方案;10月14日审查通过车辆物流门禁控制系统方案;10月28日审查通过钢管项目可行性研究报告。

龙平

**【工程资金支付管理及工程资金筹措】** 1.项目招投标及合同商务谈判。2011年,财务部参与重钢环保搬迁第三步工程、第一二步"填平补齐"项目及部分钢铁股份公司产品结构调整项目招投标文件的审查、合同的商务谈判、合同(含补充协议)支付条款的审查及投产项目功能考核验收、交工验收工作,对合同谈判及审查中对损害重钢利益和存在潜在风险的条款提出修改意见和建议。截至2011年底,重钢累计签订工程合同金额221.02亿元,其中2011年签订合同金额16.97亿元。

2.资金支付审查。(1)编制审核月度和周资金支付计划,执行审批的月度和周资金支付计划,杜绝计划外开支和违规支付。(2)执行《资金支付管理办法》规定的审批程序,按合同约定的支付条件审核支付手续。对不符合合同约定或未及时签署合同而因工程推进需提前支付的款项,按要求完善相关手续后支付。对项目承接单位需转移支付工程款的,要求委托方、受托方、收款方签署委托支付协议,保证交易的真实性。截至2011年12月31日,累计支付资金212.37亿元(其中2011年支付资金38.72亿元)。(3)大额资金大部分采用银行承兑汇票方式结算支付,延缓资金支付时间,降低资金使用成本。2011年重钢集团共开出(支出)银行承兑汇票55525.53万元,节约资金利息1335.02万元。(4)保证工程资金在银行流通环节的安全。2011年在资金筹措困难的情况下,前期投用项目的部分设备供货商和施工单位发来律师函或催款函,要求支付拖欠的工程款,为避免出现银行账户冻结和资金扣划,细化资金安全管理应急处理预案,避免资金风险。截至2011年底,未发生银行账户冻结情况。

3.工程成本核算。(1)执行工程成本核算管理办法,核算各项目直接工程成本、工程管理费及试生产期间产生的损益,保证工程成本准确。按国家增值税征收改革办法规定,向大渡口区国税部门申报办理设备增值税抵扣手续,将增值税从固定资产投资成本中转出,降低工程造价。2011年共申报抵扣增值税1.53亿元,截至2011年12月底,累计申报抵扣增值税12.57亿元。(2)按重钢集团和钢铁股份公司两个投资主体,分别编制会计系列报表和相关资料,反映工程资金来源和使用情况及工程成本情况。

4.工程筹融资。(1)参与重钢集团与昆仑租赁公司等单位融资租赁,钢铁股份公司与英顺租赁公司、华融租赁公司等单位的融资租赁工作。截至2011年12月底,通过设备融资租赁方式,全年重钢集团筹集资金4亿元,钢铁股份公司筹集资金约10亿元。(2)按融资租赁协议的约定,对照设备买卖合同支付条件,审核融资租赁设备款的支付时间及租赁利息的分段计算和审核登记,并按约定时间审核支付租金。

刘代华

**【工程设备采购管理】** (1)2011年,设备材料采购以3号高炉工程设备保质按期到货为重点开展工作,全年共签订3号高炉工程设备合同165份,合同总额5734.66万元,合同兑现率100%。(2)结合环保搬迁工程设备的监制、到货验收、设备交接、现场管理以及长寿新区备件的采购及储备管理等工作实际,制定《重钢集团环保搬迁工程设备出入库管理办法》等3个管理办法,规范合同管理,到货交接等。(3)在工程设备资金支付管理方面,按照合同的支付条款及设备轻重缓急的原则提报付款计划,保证货款的按时支付,保证设备按期到货,解决合同执行与支付的矛盾,减少合同纠纷的发生。(4)在设备采购过程中坚持"同等质量比价格,同等价格比服务"的原则,通过对投标价格的分析和市场现状的了解,在保证设备合理配置的前提下与合同签约单位进行合同谈判。2011年共组织合同谈判120项,合同签约价在投标价的基础上平均下降2.5个百分点。为保证所签合同条款覆盖的内容合法、完备和具体可行,在重视合同条款的同时,严格执行合同送审程序,避免合同纠纷的产生。全年共签订设备订货合同471份,合同总金额20095.65万元。

龚培兴

**【新区环卫工作】** (1)道路清扫保洁服务。2011年1月~8月,与招标引入的清洁公司续签合同,对长寿新区73万平方米公路和人行道实施清扫保洁、垃圾转运服务。2011年9月~12月,通过邀请招标方式引入4家清洁公司对长寿新区建成的83万平方米道路和人行道实施清扫保洁、垃圾转运服务。道路清扫保洁面积较上年增加30万平方米,全年累计合同金额670万元。2011年5月,为钢铁股份公司各单位新增区域配置生活垃圾桶505个。(2)环卫执法管理。2011年长寿新区环卫执法检查(含联合执法)400次,对违规单位提出书面整改要求130件,对20家违规单位累计处罚40万元。

吴华

## 工程建设

**【环保搬迁工程进展情况】** 2011年,重钢环保搬迁工程600万吨规模项目全线贯通投产,长材组团工程相继开工，共完成建筑安装量85亿元。基本完成200万吨球团工程、冷轧薄板生产线场地粗平工程、4100毫米除尘系统工程、脱湿鼓风工程、CCPP\CDQ发电项目、临时码头工程、铁路专用线站后工程、2号烟气脱硫工程、3号高炉热风炉工程、铸铁机工程、会议中心系统工程、景观大道及1号门岗工程、货车停车场工程、码一东路道路改造工程、球团东路工程、球团堆场工程、焦炭堆场工程、长寿制氧站30000立方米/时制氧机组建筑安装工程、2号干熄焦工程、240万吨焦化4座焦炉项目、2700毫米、2号烧结烟气脱硫、2号LF炉、3号高炉、3号烧结机等工程的建设。

截至2011年底，工程建设进展情况：(1)焦化项目。2号干熄焦2011年2月26日投产；3号焦炉2011年4月29日装煤投产。焦化工程全投产后，焦炭日产量最高6400吨，主要指标均达到或高于行业先进水平。5号、6号焦炉工程2010年11月正式启动，至2011年底基本建成。(2)烧结项目。2011年10月4日，3号360平方米烧结机建成，3号烧结机2011年10月10日投产，1号烟气脱硫工程6月29日开工建设，2011年底完工。3×360平方米烧结机截至2011年10月累计生产烧结矿863万吨，链篦机－回转窑自2011年4月17日投产至2011年10月累计生产球团矿58万吨，其烧结矿、球团矿质量和数量均满足高炉炼铁需求。(3)炼铁项目。①3号高炉。热风炉2011年5月26日烘炉。高炉2011年7月15日烘炉，9月16日点火，9月17日产出第一炉铁，至此3号高炉实现投产。8月底完成高炉区域环境整治及绿化。10月中旬喷煤“一喷二”措施投用。②铸铁机。铸铁机原计划2011年4月底投产，因工期延后，于2011年6月15日实现投产。③4号高炉。4号高炉2011年4月动工，后因各种因素影响，工程处于停滞状态，进入2011年9月工程开始全面推进，同时大渡口老区拆迁也全面展开。(4)炼钢项目。2011年4月1日，二炼钢工程举行开工仪式，但因设计进度滞后，直至2011年8月3日，收到第1份电子版施工图，8月上旬二炼钢工程启动现场施工。截至2011年底，二炼钢塔楼桩基浇注完成66%；炼钢厂房桩基完成29%；连铸厂房桩基浇注完成57%，基础沉台浇注完成57%；水道管廊桩基浇注完成72.9%，结构施工完成40%；旋流池开挖至－9米，施工塔吊安装完毕；冲渣沟西一段(80米)开挖完成40%。出坯跨、公辅等强夯工作全部结束。2号LF炉在2011年6月底热试车。完成1号、2号、3号连铸机、铁水脱硫、除尘、水处理等7个总承包项目的交工验收工作。(5)宽厚板项目(2700毫米生产线)。①大渡口老区。完成中板生产线停产搬迁前的新增设备、利旧改设备的技术协议和改造方案的签订；“拆、运、修、存、安、调”方案的讨论、修改和网络节点讨论等搬迁准备工作。2011年2月11日项目部和总包方、建设方进行设备正式移交，项目进入设备拆除阶段。2月16日完成粗轧主电机转子拆除运往东电检修处理，并将拆除设备运往长寿新区。②长寿新区。2011年3月主体设备矫直机、轧机、主电机进入设备安装阶段。4月中板生产线主要的主体设备安装开始后，4月底即进入设备边安装边调试阶段。2011年5月9日项目中的1号加热炉烘炉，6月10日中板线进行热负荷试车并试轧成功第一块钢板；7月20日2号加热炉点火烘炉；8月10日常化炉具备烘炉条件，同日2700毫米下穿道投用；8月底2700毫米除尘系统投用。3号加热炉试车和投产过程顺利，投入生产即实现生产能力。2011年，中厚板2700毫米工程通过预验收、功能考核。(6)热轧板带项目(1780毫米)。2011年5月1780毫米热轧板带项目获“冶金行业优质工程”奖，是重钢长寿新区至2011年唯一获此奖项目。(7)码头铁路运输项目。①码头部分。截至2011年10月30日，该项目部完成原料码头0号、1号、2号、3号、7号－1、7号－2共6个泊位的规划选址、方案论证、初步设计、施工图设计和工程建设等建设管理工作，以及成品码头4号、5号、6号泊位的规划和方案论证工作。所建6个原料码头泊位相继投产，2011年10月0号码头投产，其余5个泊位均达到或超过设计能力，其中原料码头1号、2号、3号泊位在2010年12月完成76万吨的卸载量，超过设计能力26.7%(设计能力60万吨/月)。临时杂料堆场2010年9月10日开工，2011年6月31日完工；原料0号码头2011年3月27日开工，2011年9月30日完工；②铁路部分。铁路工程建设分前、后两期进行，前期工程包括渝怀线王家坝车站改扩建、SDK联络线、新建重钢车场，自2009年1月1日正式开工建设。2011年4月28日，王家坝大临线路、SDK联络线和重钢车场26股道通过初步验收并于4月30日获成都铁路局同意投入临时运营使用；前期工程中的剩余工程项目于2011年6月22日组织验收，陆续交付使用。2011年9月28日通过驼峰溜放试验并获成都铁路局同意投入运营使用，10月2日重钢车场全部投用；王家坝站2011年10月30日实施完毕。前期工程重点项目开竣工时间：重钢车场填场坪基础处理2010年7月18日开工，2011年1月9日完工；重钢车场“三电”及房屋建设2010年12月1日开工，2011年6月20日完工；重钢车场铺轨2010年6月3日开工，2011年4月27日完工。(8)料场项目。①铁路成品发运库的工程建设于2011年4月15日完成库房建设和设备安装调试并投用，以满足长寿新区钢板、钢坯的堆存需求。组织石灰石粉仓的建设，5月底完成联动试车并移交生产使用。完成H料场土建施工，具备混匀料堆存条件于2011年10月30日开始进行混匀料堆存。汽车发运库建成投用。LED显示屏2011年9月20日完成并投用。货车停车场2011年4月底建成投用。道路标志标线按要求陆续完成投用。②道路主要完成情况。长寿新区景观大道道路工程 2010 年 10 月开工，2011 年 5 月完工；长材支路接经四路道路、给排水、照明建设施工 2011 年 9 月开工；长寿新区厂区 H 标段道路及排水工程建设工程施工 2011 年 4 月 20 日完工；长寿新区厂区码头区道路及排水工程建设工程 2011 年 3 月 9 日完工；经一路北段下穿道工程施工建设工程 2011 年 5 月 12 日完工。(9)能控项目。2011 年已建成的项目验收完成率 95%，功能考核完成 100%。3 号高炉配套的 4 号风机及外部风管、循环水站、干法除尘、TRT 和煤气管网建成投运。一次配电完善工程全部完工并进行预验收。完成 2700 毫米中厚板外部能源介质、铁路工厂供电、0 号码头供电工程、经二路改道后的给排水管网施工、整个长材生产线工程建设用地施工水电设施建设、冶炼空压站、轧钢空压站、铁前空压站各增加 1 台空压机及配套的供电、循环水站建设，并投入运行。长材生产线大公辅建设项目全线开工，其中 7 号 35 千伏公辅电站建成运行，其他项目完成前期的节点目标。完成 3 号烧结机的外部能源介质和 1 号、2 号烧结机余热锅炉补燃装置及外部管网的建设。3 号烧结机余热锅炉投运。

截至 2011 年 10 月底，重钢环保搬迁工程收官达到 600 万吨钢生产规模。

张娟

**【0 号码头建设】** 工程位于长江上游长寿河段右岸一侧的菜花沱，建设规模为 1000 吨级（中高水位兼顾 3000 吨级）泊位 1 个，设计能力 130 万吨/年。水工结构采用浮码头结构，码头轴线呈 L 型布置，由 1 艘钢质趸船、2 艘浮趸、3 座钢引桥及 1 条架空斜坡道组成。趸船平面尺度 70×16 米，1 号浮趸平面尺度 16 米×12 米，2 号浮趸平面尺度 18 米×18 米，钢引桥平面尺度均为 48 米×4.3 米。工艺流程：散货由浮式起重机抓斗抓取后卸入接料漏斗，依次通过振动给料器、J01、J02、J03、J04 输送机输送至 B-1 转运站（设计分界）。0 号码头工程 2011 年 3 月 25 日开工，2011 年 10 月 4 日联动调试完成并具备投用条件。

李云峰

**【铁路专用线建设】** 重钢铁路专用线项目由王家坝接轨站改扩建、SDK 联络线、XDK 联络线及重钢车场四部分组成。王家坝接轨站按渝怀复线总规模 7 股道一次实施；SDK 联络线在渝怀铁路王家坝站重庆端接轨，上跨渝怀正线到达重钢车场；XDK 联络线在渝怀铁路王家坝站怀化端接轨，先下穿渝怀二线（隧道内立交）后上跨渝怀正线到达重钢车场；重钢车场设计为一级二场共 47 股道，83 组道岔，到发场与调车场横列式布置。铁路建设标准为国铁 II 级，全线铺轨 50.5 千米，年运量 1450 万吨。重钢铁路专用线由中国中铁股份有限公司按 EPC（设计、采购、施工）总承包模式承建，由中铁二院设计，王家坝车站改扩建、接触网工程、SDK 联络线及 XDK 联络线工程（铺架、隧道工程除外）由成都铁路工程总承包公司按施工总承包模式分包。工程监理由铁四院监理咨询公司承担。

重钢铁路专用线建设分前、后两期工程。(1)前期工程包括渝怀线王家坝车站改扩建、SDK 联络线、新建重钢车场，于 2009 年 1 月 1 日正式开工建设。2011 年 4 月 28 日，王家坝大临线路、SDK 联络线和重钢车场 26 股道通过初步验收于 4 月 30 日获成都铁路局同意投入临时运营使用；前期工程中的剩余工程项目由码头铁路运输项目部从 6 月 22 日开始组织验收，陆续交付使用。2011 年 9 月 28 日通过驼峰溜放试验并获成都铁路局同意投入运营使用；王家坝车站改扩建按成都铁路局批复意见于 2011 年 10 月 30 日实施完毕。2011 年，前期工程主要竣工有重钢车场铺轨 2011 年 4 月 27 日、重钢车场“三电”及房建 2011 年 6 月 20 日、王家坝车站改扩建 2011 年 10 月 30 日。(2)后期工程为 XDK 联络线，其中新界牌坡隧道于 2010 年 1 月份开工，路基、桥涵于 2010 年 10 月开工，竣工时间为与渝涪二线同步建成投用。

徐伟

**【新区铁路专用线临时开通投运】** 2011 年 4 月 30 日，经 28 个月建设的重钢长寿新区对外物流骨干通道重钢铁路专用线实现临时开通并投入试运行。为保证 4 月 30 日铁路按期临时开通，物流储运部先后与铁路局确定运输组织方案，与成都铁路局王家坝车站签订《重钢专用铁路临时运输协议》，根据与铁路的交接界面和物流储运部内部的组织关系，制定《物流储运部铁路“430”临时通车运输组织方案》《物流储运部铁路运输生产管理考核办法》和《重钢长寿新区铁路运输卸车组织规定（暂行）》等规章制度，理顺和明确各方职责和管理界面。在生产准备上，2011 年 4 月初完成大渡口老区 4 台内燃机车的检修和过轨到长寿新区的工作，并配合完成 5 台轨道衡的内部调试和国家的专业检测，完成翻车机、链斗卸车机等的调试和移交，与相关单位规范铁路到达、检车、编组、计量、取样、翻卸、返车等工作流程。9 月底，完成铁路专用线自动化驼峰溜放试验并投用，提高专用线的解编能力。11 月，翻车机清车余料系统投用，降低路车在厂停留时间。2011 年 5 月至 12 月，长寿新区通过铁路运输线到达煤炭 9861 车、白云石 1988 车、太和球矿 2631 车、智利球矿 455 车、广东块矿 116 车、綦江粉 479 车，铁路卸载总量 98.8389 万吨，铁路装车发运总量 30.0977 万吨，路车发运计划兑现率 100%，路车在厂停留时间由 2011 年 5 月的 26 时 54 分下降至 12 月的 12 时 55 分。

康中国

**【料场项目工程建设】** (1)项目主要建设。2011 年主要有综合原料场五标段、水渣外运项目整改、公路发运库尾工整改、中转料场 4 个主要项目建设；在建的第二大件库房、晏家工业园区10万平方米老区拆迁设备堆场基地建设、铁前及轧钢维检中心合装厂房及附属设施等一期填平补齐项目建设;拟规划的第二铁合金仓库、2号翻车机室改火车汽车受料槽、露天大件库房、水渣发车场、运输公司基地、球团精矿堆场、利旧混匀取料机共7个待建项目。截至2011年底,累计收到设计蓝图1173套,共计16051张,设计变更通知单287份。设备接收、安装2269台套,完成挖孔桩1528根,桩长超过15000米,完成工业建筑(不含中转料场)115050.5平方米,料场面积216235平方米。签订工程建设、设备采购与施工总承包合同15个(其中综合原料场五标段、中转料场项目为开口合同),支付合同进度款89287.2489万元;设计合同7个,支付合同进度款2029.8264万元;设备采购合同115个,合同签订价33010.8327万元。(2)尾工清理。为减少和避免汽车进出料场对道路进行污染,新增冲车点7个、新增路口12个,面积3057平方米;完成水渣装车槽排水沟改造182米,新增沉淀池2座;完成Z-7转运站排水沟改造、地坪硬化及新增1座沉淀池;完成公路发运库地辊操作室的搬迁;完成铁合金仓库新增工艺小房建设;完成中央仓储电梯整改;完成废钢区域工艺小房建设;完成1号混匀取料机设计缺陷、2号混匀取料机电气室整改等近百项整改完善。(3)工程建设情况。①功能考核与交工验收。完成料场项目功能考核验收会9个项目,其中6个一次性获得通过;完成综合原料场4个标段、中央仓储、水渣外运等9个子项目交工验收;②中转料场项目建设。中转料场主要用于石灰石及矿石堆存,由B1~B7共7个转运站、A5转运站加固改造、ER9电气室、1台利旧堆取料机、5套利旧除尘器及其配套设施构成。该工程2011年1月26日开工建设;2011年9月29日完成中转料场直拨料线调试,交付物运部试生产;2011年12月底中转料场具备堆料使用条件。③第二大件库房建设。该项目属重钢股份公司技术措施项目,2011年7月27日开始进行强夯处理,至9月24日进行地基处理,到10月15日开始进行钢结构制作及安装。第二大件库房按照一级仓库、一级管理的管理模式进行设计,由原重钢冷轧板带厂的仓库厂房搬迁改建而成。为降低重复建设费用,采用原厂房钢结构全部利旧,不足部分新建,设计为168米×51.7米,单层双跨形式,建筑面积8685.6平方米。主要存放生产用机电备件,储存方式采用就地堆放形式。④填平补齐项目。为保证重钢环保搬迁一期工程建设收官,分别于2011年6月19日完成18798平方米焦炭堆场、2011年7月20日完成3830平方米球团堆场、2011年11月17日完成13734平方米钢卷及钢板堆场施工,并移交生产使用方。

王刚

【焦化项目工程建设】 1.一期240万吨焦化系统及配套工程。(1)一期3、4号焦炉及配套项目建成投产。2号脱硫制酸装置2011年1月15日点火烘炉投产,通过攻关自2011年7月30日后,脱硫后焦炉煤气$H_2S$含量稳定在200毫克/立方米以下;2号干熄焦2011年2月10日烘炉,2月26日装红焦投产;3号焦炉2011年2月23日点火烘炉,4月29日装煤投产,20天后达到19小时的最高设计产量。至此,一期240万吨焦化系统及配套工程全面建成投产,进入达产达效和功能发挥阶段。(2)一期240万吨焦化系统功能完善。为实现240万吨焦化系统的达产达效和功能完善,根据生产中反映出的设计遗漏、设备缺陷、工程质量及工程建设遗留问题等,组织设计及施工单位开展技术攻关和工艺优化调整,尤其是3号焦炉及配套系统及脱硫制酸系统。2011年5月中旬,一期240万吨焦炉系统全部按周转时间19小时的最高设计值运行,于6月达到满负荷产量后稳定运行。焦化储煤仓工程一期(1号~8号仓)2011年1月19日通过功能考核;因240万吨焦化系统工程为分步实施,2011年1月19日对先期投产的1、2号焦炉及配套设施进行功能考核,清理遗留问题,待整改完善后,与后续投产的3、4号焦炉合并纳入功能考核;1号干熄焦2011年1月19日通过功能考核。2011年7月29日,与240万吨焦化系统配套的储煤仓工程、240万吨焦化系统工程一期(1、2号焦炉及配套系统)通过交工验收,进入质保期。

2.焦化二期5号、6号焦炉及配套系统工程。(1)焦化二期项目技术方案及前期技术准备。二期项目技术方案:在5号焦炉西侧建2×60孔年产120万吨焦的JN60-6完整炉组,8个存量1万吨的储煤仓及配套系统、150吨/时干熄焦系统、与2座焦炉配套的化产回收系统,采用“真空碳酸钾脱硫”及“WSA湿法制酸”工艺。截至2011年第1季度,完成5号、6号焦炉及配套设施方案论证、优化及合同谈判;2011年7月26日签订6号焦炉工程合同;2011年1月完成5号、6号焦炉配套储煤仓工程合同技术附件谈判;4月6日签订合同;2011年7月4日签订5号、6号焦炉配套的干熄焦系统工程合同;5月19日审查5号、6号焦炉及配套工程初步设计;10月28日审查3号干熄焦初步设计。(2)5号焦炉及配套系统工程建设推进情况。5号焦炉2010年11月7日土建基础开挖,2011年4月26日开始筑炉,7月25日筑炉完工,8月28日完成护炉铁件安装;5号、6号焦炉烟囱2011年8月15日完成施工,8月18日18时28分点火烘烟囱;同年8月30日17时28分5号焦炉点火烘炉,热态工程12月8日施工,至12月20日基本完成。截至2011年12月底,5号焦炉配套的原料煤输送系统、筛运焦系统通廊全部贯通,大部分皮带机安装完成。2012年1月7日煤焦变电所正式授电,8日开始,具备条件的部分皮带机进行空负荷试车。2011年12月5号焦炉及配套的储配煤系统、筛运焦系统、焦炉机械及焦炉附属设施、煤气净化系统均处于土建收尾和设备安装高峰状态,5号焦炉进入开工投产准备阶段。(3)5号、6号焦炉配套储煤仓工程建设。2011年1月20日储煤仓工程部分施工场地陆续移交施工作业,1月29日土建基础开挖;4月20日筒体滑模施工,7月15日8个仓全部滑模完工;2011年8月30日仓顶钢梁吊装完成,10月16日17号、24号仓底部分土建施工基本完成,移交设备安装,11月30日仓顶板施工全部完成,整体移交设备安装。储煤仓工程自2011年7月中旬滑模施工完成后,即进入仓顶钢结构吊装、仓下锥斗施工、内衬施工等立体交叉施工阶段。10月后,仓上仓下设备安装工程进场施工,同时仓上的钢结构厂房施工、储煤仓本体建筑施工也同步进行。截至2011年12月底,主体土建施工及设备安装基本完成,开始进行设备调试,为5号焦炉的装煤投产做准备。(4)6号焦炉建设。2011年3月1日基础开挖,10月6日开始筑炉施工,12月19日炉体砌筑完成,进行各燃烧气体通道的吹扫及摆格子砖、砌封墙等收尾工作。(5)3号干熄焦建设。与5号、6号焦炉配套的3号干熄焦装置2011年7月12日破土动工,同年11月5日开始主体安装。

熊仁聪

**【烧结球团主体工程建成投产】** 重钢环保搬迁烧结项目3×360平方米烧结机分别于2009年12月5日、2010年10月23日和2011年10月4日竣工投产,200万吨链篦机－回转窑球团工程2011年3月25日建成投产,烧结球团一期主体工程建成投产。(1)200万吨链篦机－回转窑球团工程。2011年2月底主体设备安装完成进入调试,3月25日施工完成进行热负荷试车,2011年4月17日正式投产。(2)3号烧结项目。由重钢股份公司投资、中钢设备公司总承包,采用1、2号烧结机生产工艺,2010年12月12日签订总承包合同,中钢公司合同签订前的2010年11月26日9时16分举行开工仪式,随后地勘、平场工作相继展开,12月上旬挖孔桩施工单位进场施工,3号烧结项目正式开工;因工期紧,3号烧结工程划分成8个标段,由十五冶、十六冶、河北冶建、青岛一建、邻水民兴、江苏龙海、北城致远等分包单位同时进行施工。2011年9月27日,3号烧结机工程热负荷试车,10月10日正式投产,整个工程建设周期10个月,创全国先进记录。(3)2号烧结烟气脱硫工程。2010年10月6日开工,2011年6月建成投用。本工程采用的"旋转喷雾干燥法脱硫"工艺,工程投用后的规模应达到:①烟气量。工况$216\times10^4$立方米/时(140摄氏度)(标况$142.8\times10^4$立方米/时);②进口烟气二氧化硫含量。最大1500毫克/立方米;③出口烟气二氧化硫含量≤200毫克/立方米;④进口烟尘含量≤50毫克/立方米;⑤出口烟尘含量≤50毫克/立方米;⑥脱硫效率≥90%(140摄氏度±20摄氏度)。从源头控制污染物的产生,实现减排二氧化硫目标。(4)1号烧结烟气脱硫工程。中电投远达环保工程公司总承包,采用喷淋塔脱硫工艺,项目2011年4月29日签订合同,2011年6月20日正式开工。截至2011年底,工程施工基本完成,正进行单机试车。(5)3号烧结烟气脱硫工程。项目采用石灰石－石膏湿法脱硫工艺,由江苏一同环保工程技术有限公司总承包,2011年11月23日签订合同,11月26日正式开工,合同约定完工时间为总承包合同生效后8个月,竣工期为工程完工后100天。截至2011年底,3号烧结烟气脱硫工程正处于基础施工阶段。

任剑鸣

**【炼铁项目建设】** 2011年,炼铁项目3号高炉工程9月16日建成投产,铸铁机工程7月16日建成投用,4号高炉工程建设中。(1)3号高炉工程。2010年12月31日举行开工仪式,采用自主集成模式建设,由中冶赛迪工程技术股份有限公司设计,中国十九冶集团有限公司负责高炉本体和铁水转运跨等系统施工,中冶建工集团有限公司负责矿焦槽和喷煤系统施工,山东省冶金设计院股份有限总包热风炉系统,重钢集团三峰科技有限公司总包环境除尘系统,重钢集团电子有限责任公司总包三电系统。3号高炉设计炉容2500立方米,利用系数2.3吨/立方米·日,设计年产量201.25万吨。2011年9月16日建成投产,9月17日正式放出第一炉铁水。(2)铸铁机工程。由武汉钢铁工程技术集团有限责任公司总承包,在完成施工、设备调试后,于2011年7月16日建成投用。(3)4号高炉工程。4号高炉是搬迁重钢大渡口老区1350立方米高炉及其部分可利旧配套设施,改造扩容至1750立方米,设计年产生铁140.87万吨。本次搬迁扩容改造以"节能、环保、工艺相对成熟先进并可靠、投资相对较省"的理念,坚持设备、结构利旧的原则。4号高炉与3座2500立方米高炉由北向南呈1列式集中布置,2011年部分公辅设施一期已建成或预留有相应位置及接口。4号高炉仍采用无料钟串罐炉顶(搬迁)、电动鼓风机(搬迁)、陶瓷杯复合炉底及砖壁合一薄炉墙结构、卡鲁金顶燃式热风炉(设备利旧)、全软水冷却、风口与冷却壁及热风阀检漏等技术,与长寿新区二炼钢铁水运输仍采用"一罐制"工艺。高炉设计利用系数2.3吨/立方米·日,综合焦比510千克/吨,煤比150千克/吨,风温≥1200摄氏度,寿命15年,热风炉设计寿命30年。4号高炉由中冶赛迪工程技术股份有限公司设计,中钢设备有限公司承包。截至2011年底,共收到图纸及设备订货清单310套,现场桩基全面开挖,设备采购同步进行。

姜冰

**【炼钢项目一期达产】** 重钢长寿新区炼钢一期工程采用"一罐制"铁钢界面、干式真空RH、漏钢预报、动态轻压下动态二冷配水、铸坯质量在线检测等技术,2011年通过项目整改优化、功能完善、产能释放攻关等工作,使炼钢工序达到产能600万吨钢设计产能目标。(1)填平补齐项目。2011年初,炼钢厂根据生产中发现的问题,提出40个新增整改项目,经审核,1、2号干法输灰分开,一次除尘蒸发器开人孔等改造,砌包区域增加壁行吊,1、2号翻包机增设旋臂吊,增加空钢包转运线及平台,增加北头钢坯过跨线等33个项目作为实现600万吨钢产能的填平补齐内容予以实施。于9月16日3号高炉出铁前,完成填平补齐项目。(2)功能完善。2011年,针对铁水脱硫7个指标未通过功能考核、转炉本体8个、LF炉4个、RH真空精炼装置12个、1号连铸机27个、2号连铸机因生产时间短未进行指标考核、3号连铸机12个、水处理3个等关键指标未达到考核目标,炼钢项目部与炼钢厂协作开展攻关活动。截至2011年12月初,所有项目均通过功能考核验收。(3)产能释放攻关。①“全流程缩短周期攻关”。从“一罐制”生产组织模式、转炉冶炼周期、连铸浇注周期等方面进行分析优化,开展减少铁水粘罐保证装入量稳定、提高入炉铁水质量稳定性、转炉吹炼工艺优化、1号和2号机二冷系统幅切改造、动态轻压下动态二冷水优化等工作,取得全流程周期≤38分钟攻关目标。②“精炼物流及钢包扩容”攻关。经过600万吨钢规模演练,精炼跨主要限制性环节包括:钢包数量少,寿命较低;钢包装入量仅210吨;精炼跨和接收跨受行车影响物流不畅通。通过分析制定攻关目标:钢包包龄≥110次;钢包装入量可达230吨;实施钢包热修装置改造、增设烘烤装置及过跨钢车等项目,打通物流瓶颈。2011年通过实施对应攻关方案,实现钢包装入量提高至230吨目标;物流方面,通过对钢包热修工位改造、在精炼跨和接收跨之间增加平板台车等措施,在不增加行车的情况下达到满足600万吨钢规模物流要求。③“板坯连铸机在线快速更换中包”攻关。连铸机投产后标准作业模式为单中包寿命结束→出尾坯→送引锭→重新开浇,每浇次出尾坯和送引锭耗时50分钟,未实现在线更换中间包,制约连铸机产能扩大。首先采取对大断面连铸机在线快换中间包进行可行性研究,并开展包括换包操作程序、换包时间摸索与优化,中包烘烤工艺参数的改进,结晶器内坯壳收缩规律的摸索,铸机冷却工艺参数的优化,动态轻压下功能的投入和优化等项攻关,并于2011年5月6日开始进行热态中间包快换实验,截至2011年6月9日炼钢一期项目3台连铸机全部实现在线快速更换中包。

马立华

**【型钢项目建设】** 2011年5月3日,重钢型钢项目搬迁长寿新区重建工程举行开工典礼;5月6日~13日生产工艺布置调整;5月18日挖土机及钻孔机具进入现场施工;11月完成加热跨及坯料跨3台行车安装,经调试具备运行条件;截至12月29日,型钢项目长寿新区完成最后1根厂房柱安装。

曹旷

**【线棒材工程建设】** 2011年6月,由大渡口老区一条生产线利旧搬迁至长寿新区,在长寿新区建设线、棒两条生产线的线棒材工程在长寿新区开始土建基础开挖。工程搬迁长寿新区设备利旧、新增方案:(1)线材部分。粗、中轧减速机保留大渡口老区原有方向;加热炉、轧机等重要设备利旧;加热炉辊道冷却系统,由水冷却改为气冷却;PF线长度加长。(2)棒材部分。轧机减速机调向,与线材相反;整条线建设在5米平台上,与线材平行;报废大渡口老厂区推钢式加热炉,新增步进式加热炉,与线材加热炉一致;此外加长水冷段长度,提高整条线的工艺水平。2011年7月,重钢大渡口老区正式停产,线棒材工程项目进入大渡口老区设备拆除及设备利旧的维护和改进阶段。

马浩然

**【中板生产线完成搬迁重建工程并实现达产达效目标】** 钢铁股份公司中厚板厂2700毫米中板生产线于2011年2月10日在重钢大渡口老区全面停产,正式进入主体设备利旧搬迁重建阶段。经过120天昼夜施工、拆除、安装和调试,于2011年6月10日在长寿新区一次性热负荷试车成功,继中厚板厂长寿新区4100毫米厚板生产线之后,再次创造该生产线“不到1个月完成大渡口老区全部设备拆除”“3个月实现加热炉点火烘炉”“4个月进行热负荷试车”的“重钢速度”。

该工程自2010年5月在长寿新区动工,累计完成土石方挖方10万立方米,回填土石方5万立方米,混凝土浇筑6万立方米,完成钢结构制作安装完成15000吨,设备到货、安装23000吨。自2010年下半年,中厚板厂开始对2700毫米中板生产线停产设备搬迁工作进行安排,通过筹划、论证和沙盘演练,对“拆、运、修、存、安、调”各环节的实施方案和网络节点优化,形成可操作性和指导性强的网络图。

中板生产线搬迁工程分二期建设。一期建2座加热炉,产能100万吨/年,择机再建1座加热炉,使产能达到130万吨/年。2011年,中厚板厂利用搬迁机会,对原有中板生产线工艺进行优化,并提升设备装备水平:新增板坯自动切割、自动打渣及自动喷印设备;增加加热炉长度,提升加热能力;拉大粗轧、精轧、ACC轧后冷却至十一辊等轧线主体设备的间距,以更有利于实施控轧控冷工艺;新增滚切式定尺剪,把钢板剪切工艺布局由“双边剪加两台横断剪”改造为“双边剪加定尺剪”;热轧区域设置双十一辊矫直机;新增轧制钢板及成品钢板自动标识系统;热处理炉在利用旧炉辊的基础上,由大渡口老区的天然气明火式加热改为氮气保护辐射式无氧化加热的热处理炉,并新增入炉钢板表面氧化铁皮抛丸系统,改善热处理钢板质量。中板生产线搬迁长寿新区后,工艺布局得到优化,装备水平得到提升,生产能力及质量保证能力提高。

2011年该项目在建成投产后,工艺技术部门通过大渡口老区工艺移植和对长寿新区条件变化后工艺的摸索，试验，总结，制订包括工艺技术规程、生产工艺卡片在内的工艺文件，理顺并优化了长寿新区生产工艺，使该生产线实现快速达产达效目标、一次性通过船钢认证，并使产品品种和规格实现全覆盖。

2011年，投产后的中板生产线全面实现热轧线、精整剪切线及热处理线的达产达效，截至2011年12月，共完成钢板轧制量47.3932万吨，剪切量48.8018万吨，交库量47.8868万吨。

杨新　李啸松　黄莉　张翔

**【线棒材"三新"技术的运用】** （1）新工艺。线棒材环保搬迁工程采用步进梁蓄热式加热炉新加热工艺，他的运用将提高燃料利用率、降低吨钢的单位能耗，同时将减少二氧化碳的排放，达到节能减排的效果。（2）新技术。小棒生产线在本次环保搬迁中，采用穿水冷却新技术。穿水冷却能在提高产品的力学性能的同时解决冷床冷却能力不足造成的性能改判和降级处理等问题，同时穿水冷却的运用将为轧制3级螺纹钢创造条件。（3）新设备。在本次环保搬迁中增加的新设备如：粗轧前增加夹送辊，夹送辊的运用有利于轧件的咬入，能够减少轧件在第1机架的打滑现象，降低事故率，提高生产效率。

张祖发

**【3号高炉余压发电与煤气干法除尘项目建设】** 3号高炉煤气余压回收透平和发电成套设备（简称TRT）由重庆中冶赛迪设计，建设公司施工，西安陕鼓动力股份有限公司负责安装调试；三环监理公司监理。项目采取设备自主招标与施工承包分开的方式。2011年3月7日完成箱体吊装，同年3月22日工程设计交底，9月16日3号高炉干法除尘投入生产运行，11月3日第1次试车。工程总投资7000万元。

杨晓东

**【三电项目建设】** （1）2011年，能源管理信息平台建成投运，所有能源计量点信号上传至能源管控中心采集站，截至2011年底有5万点进入能源管控中心，各功能模块开通，与电力调度自动化系统的接口实现信息共享、能源调度动态管理，相关人员可在该网页查询用能情况。（2）骨干网络建成，产销一体化系统投入生产运行，各单元的MES系统全部投入，实现从合同到排产全流程的信息化自动管理。（3）电话通讯系统建成，各生产管理单元调度电话贯通，市话网络形成，实现以生产管控中心和能源生产调度直通各生产岗位的目标，具备强插强拆、录音、呼叫等待等功能。（4）物资计量系统建成，共建成13台汽车衡、5台轨道衡和物资计量中心，进出大宗原材料的管理逐步实现动态化、实时化。（5）全厂视频监控系统建设完成，在生产指挥中心可见已投产的各主要工艺的生产实时画面，上传视频图像近600点。（6）环境检测中心建成，烟气排放在线分析仪6套，废水在线分析仪3套，放射源检测10套、废钢放射源在线监测信号全部上传至环境检测中心，部分信号按要求上传至重庆市环境检测中心。（7）安保技防管理系统推进中，安保技防系统（STM）总包工程主要包括重钢长寿新区安全视频监控系统，周界防范系统，以及本标段各系统的供配电及防雷系统、整个系统总集成（含已有系统和其他）、监控中心建设等。为保障一期工程收官及大渡口老区按时关停等，应重钢环保搬迁指挥部要求，制定抢工计划，安保技防系统第1个节点"9月23日完成部分重点部位视频监控平台的搭建"。

杨洁

**【长寿制气基地30000立方米/时制氧机组建成投运】** 重钢长寿30000立方米/时制氧机组建设于2010年10月启动项目计划，11月26日土建进场施工，12月7日签订建设安装合同，12月11日签订设备安装总承包合同，两个月内完成项目启动工作。为保证重钢长寿新区600万吨钢生产能力如期形成，朝阳公司克服规划和设计滞后、土建及设备安装进场时间晚、施工材料短缺等困难，将18个月的工期按8个月排定，边设计，边施工，边修改，采取措施保安全、抓质量、抢工期，推进工程建设：2011年2月17日，30000立方米/时制氧机组空分项目正式开工，冷箱主体设备开始安装；3月28日，冷箱成功封顶；4月主要进行冷箱内配管，电站、水池基础结构完成；5月底土建主体设备基础和电缆沟、电缆隧道工程结束，空分系统工艺管道基本完成；6月空、氧、氮压缩机设备及区域管道、电仪系统进入全面安装阶段，6月19日空压机试车合格，6月24日空分塔内、外工艺管线吹扫及工艺系统裸冷完成，6月30日冷箱内管道查漏试压合格；7月1日开始装珠光砂，7月11日23时28分空分氧、氮纯度调试合格，机组一次性试车成功并投产。30000立方米/时制氧机组从破土动工到建成投运，历时7个月零11天。

彭俊喜

**【冶金辅料及资源综合利用项目工程建设】** （1）资源综合利用项目建设。钢渣热泼厂房接长项目建设。2010年5月，展开钢渣热泼处理厂房接长设计工作，将钢渣热泼处理生产线扩建与重钢1000万吨钢规模配套，提高中低温钢渣热泼处理能力。同年9月钢渣热泼处理厂房接长施工动工，2011年2月完成投入使用。工程实际投资未超过650万元的计划投资。（2）钢渣热焖一期项目建设。钢渣热焖处理工程是为处理中高温转炉渣配套的招商项目，投资主体为重庆润江环保建材股份公司，工程分三期建设，一期已于2010年10月建成投运。钢渣热焖二期工程建设年处理钢渣能力54万吨，主要建设内容包括热焖主厂房168米（全钢排架结构），破碎磁选线1条（年处理能力50万吨），20/20吨行车1台、125/40吨冶金铸造吊1台等工艺设备及辅助设施。总建筑面积6000平方米，投资8000万元。工程建设于2011年3月开工，2011年10月底基本具备投产条件。（3）冶金石灰回转窑生产线项目建设。冶金石灰项目采取组合窑方式规划建厂，规划建设日产500吨套筒窑2座，日产800吨回转窑1座；因长寿新区建设总体规模调整，项目相应新增1座日产800吨回转窑（烧结石灰成品），使最终生产规模达到日产2400吨冶金石灰的能力。新增烧结石灰回转窑土建于2011年2月25日开工，截至2011年底土建部分完成除尘器基础、预热器基础、窑本体基础、窑前中控室基础和框架、新增成品仓等分项目，完成总体工程量92%；设备安装完成预热器钢结构制作安装、窑本体钢结构制作安装95%、刚通廊钢结构制作安装45%，完成总体工程量78%。（4）石灰石原料仓项目建设。石灰石原料仓是烧结石灰回转窑的配套项目，该项目2011年11月11日投建，截至2011年底完成工程量89%，主体框架结构建设完成，外墙抹灰、仓底回填、仓顶栏杆未完成。

白修权

**【“中央电修”等3个工程项目建设】** 2011年，机制项目部按重钢环保搬迁指挥部安排，负责“中央电修”“连铸离线检修”“中央机修扩建”3个工程项目建设。（1）“连铸离线检修”工程。该工程2010年12月17日破土动工，共完成连铸离线检修工程2、3号连铸机的扇形段和弯曲段检修台架、80/32吨+50/20吨2台行车及4台5.5吨龙门吊等42套设备的安装调试，于2011年10月20日建成投运。（2）“中央电修”工程。2010年12月17日破土动工，共完成“试验、绕线、修理、铆焊、电机拆卸、动平衡试验、机加工、拔线、干燥、浸漆、清洗”等11个功能区建设，及50/10吨（利旧钢铁股份公司炼钢厂行车）+20/5吨2台行车，2台3.5吨龙门吊等46台/套设备的安装调试，于2011年11月20日按期投运。（3）“中央机修扩建”工程。2011年4月25日开工建设，2011年底按进度要求完成厂房建设，进入设备安装阶段中。

赵力

**【FINEX综合示范钢厂合作项目推进情况】** 项目推进主要节点。2011年1月11日，浦项中国公司郑吉洙总经理率团访问重钢集团，提出“中国FINEX综合钢厂合作项目的比较资料表”，并表明POSCO将以此选定项目中国国内最终合作伙伴；2011年3月初，POSCO突然提出：“由于沙钢对于合作条件做出重大调整，韩方将不再以比较资料进行详细评估，转而选择较为宏观而且粗略的方式来确定中国国内合作伙伴”。3月12日，重庆市副市长童小平在北京专程拜访浦项中国公司郑吉洙总经理。3月30日，重庆市委主要领导、市长黄奇帆致函POSCO郑俊阳会长，希望POSCO选择重钢作为FINEX项目在中国的合作企业。2011年5月27日，浦项中国公司郑吉洙总经理拜会国家工信部，提交“POSCO关于在中国合资建设FINEX综合钢厂的建议”。建议中明确说明：“POSCO的优先选择顺序：重钢〉沙钢。”2011年7月12日，重钢集团与POSCO签订关于引进FINEX综合钢厂项目的合作协议书（MoU），标志着POSCO正式选定重钢集团为中国FINEX综合钢厂合作项目唯一的合作对象企业。2011年7月26日，重钢集团与POSCO共同确定中冶南方工程技术有限公司为FINEX项目可行性研究、环境影响评价设计单位。2011年8月5日，重钢集团成立FINEX项目工作组。2011年8月22日，重庆市发展和改革委员会复函（渝发改工函〔2011〕499号）重钢集团，同意重钢与POSCO开展项目前期工作。2011年9月5日，重钢集团、POSCO和中冶南方在武汉签订可研、环评技术咨询合同。2011年10月21日，POSCO驻重钢工作站挂牌成立。POSCO派出工作人员暂驻重钢，配合FINEX项目筹备组开展项目推进工作。2011年11月17日，双方开展合资公司合作协议的第一轮商务谈判。2011年底，FINEX项目可行性研究报告编制完成，并开展项目核准申请报告书和环评报告的编制工作。

胡蒙均

**【重庆市委、市政府促成重钢与POSCO合作】** 2011年3月12日，重庆市副市长童小平在北京专程拜访浦项中国公司会见了郑吉洙总经理。童小平副市长指出，重庆市为国家6个低碳城市之一，项目已经纳入重庆低碳城市的试点方案，符合国家发展战略；重庆市具有良好的原燃材料和市场条件；希望双方加快合作进度。3月30日，重庆市市长黄奇帆致函POSCO郑俊阳会长。希望郑俊阳会长支持优先选择重钢作为FINEX项目在中国的合作企业。重庆市委主要领导在市长黄奇帆的信函中书写：“重庆前途无量，重钢与浦项的合作前景美好！愿携手共进”。表达重庆市委、市政府对重钢与POSCO合作的关注和支持。4月7日，重庆市市长黄奇帆会见POSCO朴基洪部门长，就重钢与POSCO合作事宜交换意见。黄奇帆市长指出通过一年多的交流，双方合作意向良好，具备启动项目的条件，强调重钢在政策优势、区域优势、矿产资源等方面，都具备与POSCO合作的优先条件，希望双方尽快合作，充分发挥FINEX先进技术的优势，把合作项目建成国内的样板工程，打造成中国钢铁工业合作的典范，并在全国推广应用。7月12日，黄奇帆市长出席重钢集团与POSCO合作协议书（MoU）签订仪式，并于仪式前会见来访的朴基洪部门长。9月21日，重庆市副市长童小平会见来访的浦项中国公司总经理郑吉洙一行。9月22日，重庆市委主要领导、市长黄奇帆在重钢120周年庆典期间会见POSCO郑俊阳会长一行，就FINEX项目相关事宜再次进行交流。12月20日~21日，重庆市委、市政府召开经济工作会议，黄奇帆市长在发言中将FINEX项目作为2012年重庆市十大工业项目之一，并要求在2012年内开工建设。重钢与POSCO正按照重庆市委、市政府的要求逐步开展国家政府报批手续。

胡蒙均

**【特钢项目】** 重庆钢铁特钢生产线

改造建设工程项目,位于重庆市长寿区江南镇,工程规模:电炉炼钢生产线1条、棒线复合生产线1条、大棒材生产线1条。原计划建设周期14个月,于2011年12月30日前投产。2011年该项目工程因重钢大渡口老区搬迁及资金等原因暂缓。2011年,该项目部前期主要进行市场调研、技术交流和考察、技术文件修改、方案优化等,后期因人员分流分别支援重钢环保搬迁炼钢项目部和线棒材项目部工作。

陈贵

**【13号边坡工程】** 重钢环保搬迁长寿新区195米至232米边坡及码一东路东侧边坡工程(总图编号:13号边坡)位于纬一路北侧,该工程2009年11月开始施工,2010年完成边坡全部内容70%,截至2011年12月底,完成13号边坡和68号、74号杆塔所有工作内容。原合同由195米至232米边坡整治及68号、74号杆塔保护两部分组成,因工程需要,根据工程部2011年(38期)、2010年(81期)会议精神,增加纬一路管道支墩工程和13号、2号边坡种植土的置换工程。新增的纬一路支墩工程和13号、2号边坡种植土置换工程按期完成,纬一路的管道支墩交付使用,13号、2号边坡完成种植土置换5万立方米,该工程于2011年12月底完成竣工验收。

张冬琛

**【码一西路1号挡墙边坡工程】** 该1号挡墙以码一西路为界,北侧为下边坡,南侧为上边坡,于2010年6月开工建设。下边坡第一段是回填边坡,该段边坡坡脚是码一西路南侧的纵向排水沟,坡顶是纬一路人行道。此段边坡坡面需要进行回填处理。2011年边坡表面是回填时形成的自然堆积土,为保证边坡稳固,先将自然堆积土翻挖至压实层,再分层回填碾压,回填到排水沟护坡高度时,对原松散坡面每层挖80厘米台阶回填碾压并加土工格栅回填筋直至坡顶。回填碾压时对坡面洒水渗透,使坡面逐步沉降密实后,再施工片石格构加草皮。第二段是岩质边坡,本边坡最高32米全长500米。该段边坡坡度高且原边坡是潜空钻深空爆破后形成的边坡,需要对坡面进行凿打清理,清打过程中坡面产生的凹凼用7.5水泥砂浆砌筑片石填补。施工时的滚石、石碴随时有可能损坏坡脚的水沟、公路和人行道。为保证公路的畅通和排水沟不被堵塞,在坡脚水沟内摆放片石,形成保护层;公路边设安全围挡,坡面施工凿打完成后,对坡面打锚钉挂网喷植被砼处理。2010年底下边坡结构基本完成,2011年是对下边坡施工后人行道的恢复、植被喷涂及上边坡的施工准备。

库金

**【厂界围墙建设】** 2011年,厂界围墙工程接上年度而建,继续完善厂界的封闭,并新增4号门岗的外移工程。2011年围墙工程东起重钢环保搬迁指挥中心,向西沿山体蜿蜒穿梭至工业园区主干道,后向北沿道路至新4号门岗,再从4号门岗向南至铁路工厂站后,向西沿铁路高填方边缘,润江水泥厂边坡坡脚排水沟,直至太阳顶隧道洞口,全长4000米。2011年,随着重钢厂界范围的扩大,重钢长寿新区原4号门岗处于厂区内部,不便于安全保卫管理,重钢环保搬迁指挥部决定将其在原地址的基础上向西搬迁,建筑及结构同原4号门岗,该工程于2011年9月开工,随同围墙同步完工。截至2011年12月底,重钢长寿新区的厂界围墙工程基本完工,初步形成厂界的全线封闭。

李波

**【总图江岸护坡工程】** 重钢环保搬迁长寿新区195米以下护坡工程位于重钢长寿新区滨江路北侧,取水泵站两侧,紧邻长江。由重庆钢铁集团建设工程有限公司承建,重庆三环建设监理咨询有限公司现场监理,重钢环保搬迁工程管理部管理,重庆水利电力设计院设计。该工程由主合同195米平台平基土石方及护坡工程及补充协议成品码头下游护坡工程两部分组成。主合同价4470万元,补充协议3744.22万元,共计8214.22万元。因受三峡库区蓄水影响,该工程前期工期要求紧迫,工程于2008年3月进场施工,为使工程顺利进行,在施工图不完整的情况下,重钢环保搬迁指挥部组织工程管理部技术组依据设计方案图及设计交流会精神编写施工要点,以指导现场施工。2010年施工图到齐,全部工程为护坡全长3000米,高差35米,高程160米以下采取砂岩块石换填强夯处理基层并修建镇脚,镇脚前沿堆码片石至镇脚顶,高程173米以下护面采用7.5浆砌毛石,高程173米~178米采用250毫米厚平砌毛条石,高程178米~195米护面采用混凝土框格护坡。共设两条马道,分别位于高程172米及182米。该工程受环境及地质影响给施工造成困难,如边坡为平场土石方填筑,高差大,该位置部分区域为滑坡地带,加之长江水位变化影响等,整个护坡在施工过程中出现不同程度的沉降、变形。经业主、监理、设计、施工单位及相关技术部门共同观测、分析和讨论技术措施,于2011年底基本完成该项目所有的工程建设。

陈广智

**【"森林钢城"建设】** 2011年,长寿新区"森林钢城"建设项目除2010年进场施工的9个标段继续进行绿化工程施工外,分别有工程造价为4997万元的填平补齐1、2标、大渡口老区苗木移栽施工、1号门岗大门外绿化等7个施工单位进场施工。截至2011年12月31日,长寿新区共完成绿化施工面积121万平方米,栽植银杏、水杉、香樟、乐昌含笑、小叶榕等乔木3.8万株,海桐球、金叶女贞、红叶石楠等灌木234万株,葱兰、麦冬、结缕草等地被植物140万平方米。

戴斌

# 老区关停

## 关停

【老区焦化厂关停】　于1965年5月投产的焦化厂大渡口老区1号焦炉2010年8月17日22时正式停产，于1960年1月投产的2号、1988年12月投产的3号焦炉于2011年9月24日23时45分推出最后1炉焦，同样于1988年12月投产的4号及于1977年投产的5号焦炉在9月24日10时20分推出最后1炉焦。2011年9月22日18时35分，焦化厂大渡口老区2号煤气鼓风机停止运行，焦化厂大渡口老区实现全面停产。生产期间，5座焦炉焦炭产量总计约3800万吨。

康群

关停时的老区焦化厂　李科　摄影

【老区烧结全线停产】　为作好大渡口老区关停工作，烧结厂一是组织相关人员，按钢铁股份公司要求的关停时间，实行工序倒推，同时制定安全措施，保证安全和高炉用料；二是针对大渡口老区球团在长寿新区链篦机—回转窑开出前双炉满负荷生产，链篦机—回转窑开出后单炉生产的交替状态，在竖炉进入最后末期、设备状况继续劣化的不利条件下，搞好竖炉的维护，优化竖炉生产，避免设备事故和质量事故的发生；三是成立烧结厂大渡口老区留守组织机构，确定相应的工作人员，做好大渡口老区物资清理，对现存的各类资料进行清理、归类并明确处理方法、措施和进度；四是做好库存物资的保安工作，制定大渡口老区关停治保方案，在大渡口老区各要道路口设立闸断及门岗，留守职工三班制巡逻，避免企业资产流失；五是组织职工及民工对烧结厂皮带机、环冷机下撒落料，3号烧结大烟道、1号～9号原料库缓冲仓、配料仓、成品仓、浓缩池等板结料进行清理，共清理回收原料2万吨左右。2011年8月25日完成球团生产线的安全关停，9月15日完成240平方米烧结机的安全关停，9月18日完成105平方米烧结机的安全关停。

刘云

【老区750立方米、1350立方米高炉停产】　炼铁厂大渡口老区3号高炉2003年11月9日建成投产，单位容积750立方米。设计采用俄罗斯“卡鲁金式”顶然式热风炉，串罐式无料钟炉顶，软水密闭循环冷却方式，“图拉法”渣处理系统等技术。3号750立方米高炉开炉7天后即达产。生产运行9年后，因重钢环保搬迁至长寿新区，于2011年9月21日停产，生产期间总产量540万吨。在关停3号高炉时，炼铁厂总结停炉经验，采用空料线炉顶打水停炉法，不进行放残铁操作，待拆炉时再清理残铁，规避安全风险，实现安全关停。

2011年9月13日0时56分，重钢大渡口老厂区标志性生产设备、最大容积高炉—有效容积为1350立方米的炼铁厂4号高炉，正式熄火停产，至此掀开重钢老厂区钢铁生产全面关停的序幕。炼铁厂4号高炉经过停煤、预休风、复风、休风等停产步骤后，通过对热风炉进行煤气系统吹扫，用抽水管道向高炉灌水降温，实现安全熄火停产。4号1350立方米高炉于2006年3月15日建成开炉，截至2011年9月12日，炼铁厂4号高炉共产同生铁659万吨，其高炉利用系数和风温均在全国同类型高炉中名列前茅。

杜传

【老区炼钢厂设备停产】　钢铁股份公司炼钢厂大渡口老区主体设备有炼钢转炉4座、连铸机5台、混铁炉2座、铁水脱硫1套2工位、精炼LF炉3座，于2011年9月21日前相继停产。其中1号转炉于1993年3月建成投产，由大连重型机器厂建造，转炉公称容积为80吨，年生产能力80万吨。2011年9月21日停产，共计生产钢1115.7万吨。2号转炉于1993年4月建成投产，由大连重型机器厂建造，转炉公称容积为80吨，年生产能力80万吨。2011年9月21日停产，共计生产钢888.1万吨。3号转炉于1999年1月建成投产，由大连华锐股份有限公司建造，转炉公称容积为80吨，年生产能力80万吨。2011年9月13日停产，共计生产钢817.1万吨。4号转炉于2005年3月建成投产，由大连华锐股份有限公司建造，转炉公称容积为80吨，年生产能力80万吨。2010年7月7

老区炼钢厂厂房拆除　郑玉明　摄影

日停产，共计生产钢703万吨。4座转炉的配套设施有1号、2号铁水混铁炉，其中1号混铁炉由武汉冶金设备制造厂制造，公称容积900吨、1993年6月25日建成投产，2010年7月7日停产；2号混铁炉由大连矿冶设备制造公司制造，公称容积900吨、2004年5月15日建成投产，2011年9月21日停产。铁水脱硫装置1套2工位，由重钢机制公司制造，年生产能力190万吨，1999年1月31日建成投产，2011年9月21日停产。精炼LF炉3座，其中1号LF炉，由西安重型电炉厂制造，公称容积80吨，年生产能力50万吨，2000年11月8日建成投产，2011年9月21日停产。2号LF炉，由西安重型电炉厂制造，公称容积80吨，年生产能力50万吨，2004年4月建成投产，2011年9月21日停产。3号LF炉，由西安重型电炉厂制造，公称容积80吨，年生产能力50万吨，2007年1月15日建成投产，2010年7月7日停产。5台连铸机，其中1号连铸机（方坯）由衡阳冶金机械厂制造，于1993年4月建成投产，流速（拉速）为2.5米/分，铸坯规格范围为150毫米×150毫米，2002年1月由4流改为5流浇铸，流速（拉速）为1.75米/分，铸坯规格范围为150毫米×210毫米，年生产能力90万吨，2011年9月21日停产。2号连铸机（板坯）由衡阳冶金机械厂制造，于1993年5月建成投产，流速（拉速）为1.25米/分，铸坯规格范围为170毫米×1400毫米，流速（拉速）为0.87米/分，铸坯规格范围为210毫米×1400毫米、年生产能力80万吨，2011年9月21日停产。3号连铸机（方坯）由上海新中冶金设备厂制造，于1967年12月建成投产（由重钢前二炼钢厂在1996年12月并入），流速（拉速）为0.86米/分，铸坯规格范围为250毫米×250毫米、1999年7月进行技术改造，流速（拉速）为0.84米/分，铸坯规格范围为250毫米×280毫米、年生产能力40万吨，2011年9月12日停产；4号连铸机（板坯）由衡阳二重机械厂制造，于1989年3月建成投产（由重钢二炼钢厂在1996年12月并入），流速（拉速）为0.85米/分，铸坯规格范围为210毫米×1350毫米、1996年7月进行技术改造，年生产能力60万吨，2010年6月30日停产。5号连铸机（方坯）由上海新中冶金设备厂制造，于2004年3月建成投产，流速（拉速）为2.5米/分，铸坯规格范围为150毫米×150毫米，年生产能力90万吨，2011年9月18日停产。

杨培德

**【老区型钢厂3条生产线全面关停】**

1.大型轧机。重钢股份公司型钢厂$\phi$800毫米大型轧机于1938年5月由汉阳钢铁厂搬迁至重庆大渡口，几经改造，其年设计能力30万吨，实际生产能力达到35万吨。主要产品有工字钢、槽钢、角钢、矿用槽帮钢、船用球扁钢、中低压锅炉管坯、锚链圆钢等。1950年5月至2011年9月共计生产钢材10956216吨，于2011年9月14日安全关停。

2.中型轧机。重钢股份公司型钢厂$\phi$650毫米中型轧机始建于1991年，其年设计能力30万吨，实际生产能力达到47万吨。主要产品有14号~18号工字钢、12号~16号槽钢码、11号矿用工字钢、8号~12.5号角钢、矿用槽帮钢和刮板钢、14号~20号船用球扁钢码、$\phi$50毫米~$\phi$75毫米圆钢、7.00T及7.50V轮辋钢、9.5毫米~15.3毫米薄板坯等，于2011年9月19日安全关停。1991年至2011年9月共计生产钢材5660310吨。

3.棒材轧机。重钢股份公司型钢厂棒材轧机于2003年1月投产，其年设计能力40万吨，实际生产能力达到50万吨；主要产品有L12~L40螺纹钢产品11个规格和$\phi$16~$\phi$45圆钢15个规格，于2011年9月22日安全关停时，共计生产钢材3360905吨。型钢厂棒材轧机的关停，标志重钢股份公司在大渡口老区的生产全线关停。

周刚

老区型钢厂拆除　李科　摄影

**【朝阳公司老区安全平稳关停】**

2011年，朝阳公司成立大渡口老区停产、拆迁安全环保领导小组。2011年初，朝阳公司配合钢铁股份公司，从钢铁主线全系统煤气管道置换、停炉氮气保护到切割拆除的安全用氧等着手，制订停产、拆迁方案，分步实施；针对危化品的特点和输气管线长、管道陈旧等情况，细化阀门的开关、压力的控制，完成了大渡口老区煤气管网的吹扫和置换工作。随着9月22日大渡口老区钢铁主业的全线关停，朝阳公司9月24日停运30吨/天、100吨/天液化装置，9月29日停运1号18000立方米/时制氧机组，10月1日关闭大渡口老区管输氧、氩气，10月12日停运10000立方米/时制氧机组，关闭大渡口老区管输氮气。

朝阳公司大渡口老区气体生产系统全面停产后，各机组设备将按重钢集团统一部署分步处置：(1)6000立方米/时制氧机组。6000立方米/时制氧机组建于1985年，1988年7月20日正式投产，设计生产能力为氧气6000立方米/小时、氮气6000立方米/小时、液氧3千升/天、液氩3.07千升/天，其主体设备除氮气透平压缩机由杭氧供货外全部从日本引进，设备及工程总投资为4700万元。自2006年起，朝阳公司将该机组作为备机使用，机组至2011年停运在役23年。(2)10000立方米/时制氧机组。10000立方米/小时制氧机系国家计委计原〔1984〕1768号文批准的重钢技改项目配套工程。1992年5月1日该工程开工，于1993年6月竣工投产。该项目由重钢设计院设计，主体设备由杭州制氧机厂制造，总投资4528万元。自2006年起，朝阳公司将该机组作为备机使用，该机组至2011年停运在役18年。(3)30吨/天、100吨/天液化装置。根据大渡口老区搬迁计划，30吨/天液化装置将搬迁至建桥C区制气基地，100吨/天液化装置搬迁至重钢长寿新区。2011年12月底，朝阳公司完成100吨/天液化装置整体设备的搬迁，开始进行设备的安装调试。(4)1号18000立方米/时制氧机组。1号18000立方米/时制氧机组于2002年12月14日正式建成投产，设备主体供应商为杭氧股份有限公司和德国阿特拉斯·科普柯公司，总投资1.23亿元。根据大渡口老区搬迁计划，2011年10月11日朝阳公司正式启动1号18000立方米/时制氧机组搬迁工程，计划于2012年6月底完成搬迁以保证重钢长寿新区长材组团用气要求。(5)大渡口老区充瓶系统、晨曦验瓶中心及气体储罐等搬迁。朝阳公司大渡口老区300立方米、400立方米、700立方米低温储槽，大坪山验瓶中心及瓶装气充灌系统于2011年12月底开始向大渡口建桥C区制气基地陆续搬迁，预计2012年3月完工。

彭俊喜

# 搬迁

**【老区拆除和搬迁】** 1.老区拆除。2011年，根据重庆市和重钢集团的要求，为尽早将大渡口老区土地移交给重庆渝富集团，完成重钢环保搬迁，机动处作为大渡口老区拆除工程综合技术计划组，全年完成：(1)《重钢集团老大渡口老区工业建(构)筑物拆除处置专项管理办法》《重钢股份公司大渡口老区拆除工程管理办法(暂行)》《资产处置管理办法》及相关考核办法的制定和颁发。(2)钢铁股份公司固定资产清理：环保搬迁长寿新区设备、搬迁江钢设备、利用设备、处置设备和破坏性拆除设备、工业建(构)筑物等，并分类按结构形式报相关部门审批。(3)成立钢铁股份公司拆除工程领导小组及拆除工程指挥部、各二级单位拆除工程分指挥部。(4)自2011年9月15日上午10时36分开始对大渡口老区刘家坝区域进行全面拆除，至10月31日完成刘家坝区域8个单位的加热炉、常化炉、电缆、电机、变压器和行车及工业建构筑物等500项，房屋面积19万平方米，土地面积57.33公顷，废钢回收1.4万吨的拆除工作；11月30日，将土地交重庆渝富公司进行环评和整治。(5)大渡口老区大坪山区域动力厂5万燃机区域搬迁长寿新区利用设备和工业建构筑物的拆除、10万立方米煤气柜区域利用设备的拆除、重大危险源10万立方米煤气柜主体85%的拆除。(6)大渡口老区焦化厂重大危险源化产区域危化罐体的拆除，每月节约80万元天然气和蒸汽费。(7)大渡口老区刘家坝区域铁路3千米的保护性利用拆除，中厚板厂14、15线成品库钢厂房共1.4万平方米的保护性利用拆除，大弯和鱼秋浩铁路3千米的保护性利用拆除和李子林区域焦化厂、烧结厂利用性设备0.3万吨的拆除及大渡口老区其他厂利用性设备1000吨的拆除。(8)大渡口老区刘家坝区域所有电缆的拆除和处置、动力厂长寿新区利用电缆的保护性拆运，钢铁股份公司各二级单位大渡口老区处置电缆的拆除。(9)大渡口老区中厚板厂、原六厂、炼钢厂、焦化厂、炼铁厂等工业遗产的保护性拆除。(10)钢铁股份公司与重庆建工集团和中冶建工集团破坏性拆除合同的签订和拆除项目的确认工作。

2.老区搬迁。(1)2700毫米中板线搬迁。大渡口老区中厚板厂2700毫米轧机2011年2月10日停产，开始拆除搬迁。根据重钢环保搬迁指挥部要求，2009年重钢设计院针对2700毫米中板生产线搬迁进行方案设计。在重钢控制总投资，要求中板生产线设备最大化利旧的方针下，2010年经过总包方中钢公司、重钢设计院和中厚板厂的讨论形成中板生产线设备利旧、利旧改和新增设备清单并形成合同的技术附件，将中板生产线的整条生产线的工艺、设备稳定成型。2700毫米中板生产线搬迁方案原则：控制总投资，设备最大化利旧搬迁(如：行车利旧、1965年剪机利旧)；优化工艺流程(如：轧线增长)；部分设备利旧改造，降低维护成本(如：精轧机连杆改造)；新增设备，提高产品质量(如：喷标机类设备)；新增设备，降低劳动强度(如：自动火焰切割机)。经过近5个月搬迁、施工、安装和调试。2011年7月，2700毫米生产线在长寿新区开始试生产,并达到设计生产能力。(2)其他搬迁。2011年9月,大渡口老区相继关停高炉、烧结、炼钢、轧钢等整个生产线,结束大渡口老区生产。按安排,钢铁股份公司大渡口老区型钢厂生产线,高线厂生产线,炼钢厂转炉和1号、5号连铸机等,炼铁厂1350立方米(4号高炉)、750立方米高炉等相继保护性拆除搬迁至重钢长寿新区,计划于2012年投入生产。

赵纯木

**【10万立方米煤气柜拆除】** 2011年9月22日,重钢大渡口老区钢铁主业全线关停,位于大渡口老区大坪山10万立方米高炉煤气柜完成使命,交由建设公司实施拆除,2011年12月18日拆除工作启动。10万立方米煤气柜高84米,直径45米,是重庆市级重大危险源,其拆除工作具有高空作业、油污和残留气体易燃易爆、拆除过程因力学结构改变存在垮塌可能等危险因素,因此,该拆除工作受到钢铁股份公司及重庆市相关部门的重视。为保证安全拆除,拆除方案经重钢股份公司安环处、机动处、能控中心和建设公司反复论证后确定。在实施拆除过程中采用在柜内铺垫阻燃布和河沙,处理柜内易燃物质并在柜体上打开进出通道,对柜体内的煤气进行吹扫和对管道内的介质进行彻底置换,实施防火措施,对作业人员的安全用具全部采用新品;为防止拆除过程中的拆卸物资掉落,特配置1台150吨履带吊负责吊运;为保证拆除过程中柜体不因力学结构的改变发生垮塌,在拆除方案中对柜体梁、柱、板的拆除顺序也有规定。重钢大渡口老区10万立方米煤气柜钢结构拆除总量为1000吨,截至2011年底,基本完成其主体部分的拆除,完成其高危拆除工作。

颜兴全

**【老区炼钢搬迁启动】** 2011年9月21日,重钢大渡口老区炼钢厂完成使命实现安全平稳关停,启动搬迁前期工作:(1)在满足工艺要求的基础上,结合长寿新区二炼钢建设规划方案及大渡口老区的实际情况,按照重钢集团充分利旧搬迁大渡口老区资产的原则,形成钢结构和设备利旧方案;(2)开展对大渡口老区关停后的材料、物资、工模具及设备的处置工作,做拆迁清场准备。(3)督促施工单位按安全规范组织拆迁;对物资、设备出厂加强监管,重点物资进行跟车押运。(4)制定大渡口老区炼钢厂厂房拆除修复施工网络计划。全年,大渡口老区炼钢停产搬迁工作按计划推进中。

龙贻菊

**【老区线棒材生产线搬迁】** 重钢股份公司线棒材产线搬迁建设工程由中冶赛迪设计,中国中钢集团公司总承包,中国十五冶分包建设。2011年3月,开始工程谈判;2011年4月,完成线棒材搬迁工程项目招标文件拟订;2011年6月10日破土动工。搬迁至长寿新区的棒线生产线独立位于两个并列的主轧跨内,建在5米平台上,采用热送热装工艺,加热炉为步进梁式炉底,采用蓄热式燃烧技术及汽化冷却技术。轧线分左、右生产线,面对面布置,其搬迁利旧及利旧改设备4434吨,占设备总重5563吨的79%。截至2011年末,工程土建施工建设累计成桩1070根,承台浇筑117个,钢立柱109个,完成厂房总量78%,高线2号主电室框架浇筑完成,1号主电室框架完成部分浇筑,加热炉底板浇筑完成,旋流池池底桩基全部完成,线材成品跨1台新增7.5吨+7.5吨行车安装到位,C－D、D－E跨以及线材加热炉跨厂房钢结构全部安装完成待装屋顶彩钢瓦实施断水。全年工程进度、安全、质量及投资基本受控。

李东

**【2700毫米生产线搬迁工程】** 2011年,重钢股份公司中厚板厂大渡口老区2700毫米中板生产线整体搬迁长寿新区是重钢环保搬迁工程中的重点工程,重钢建设公司为施工总承包单位。该工程拆除设备1.2万吨,大渡口老区拆除范围:原料区、主轧区、剪切区、热处理区、探伤区及部分起重设备。保护性拆除的重点设备:粗轧机及其主电机总重1014.3吨,最大件为左右机架,单片重138吨,外形尺寸7215毫米×4280毫米×2200毫米(高×宽×厚);精轧机及其主电机总重1222.2吨,最大件为左右机架,单片重170吨,外形尺寸9355毫米×3520毫米×2200毫米(高×宽×厚);十一辊矫直机,总重191吨,其中最大件为左右机架,单片重32.8吨,外形尺寸5902毫米×3420毫米×500毫米(高×宽×厚);冷热矫直机,

老区高线厂编号待拆设备　李科　摄影

老区中板厂2700毫米轧机拆除　郑玉明　摄影

总重332.7吨，其中最大件为左右机架，单片重47.8吨，外形尺寸7350毫米×2470毫米×880毫米（长×高×厚）；双边滚切剪机总重358吨，最大件为固定侧、移动侧机架（未解体情况下），单重49.5吨，外形尺寸4200毫米×4320毫米×3090毫米（高×宽×长）；热处理矫直机总重249吨，最大件为左右机架28.089吨，外形尺寸6885毫米×3600毫米×1000毫米（长×高×厚）；圆盘剪机总重306.4吨，最大件为剪体解体后的下箱体26.5吨。由于该工程时间短，大部分设备利旧，为保护性拆除工程，工程量大、质量要求高，多工种交叉作业，施工场地狭小，拆除设备的标识工作及运输难度大，这给施工带来难度。为保质保量按时地完成该项工程，建设公司以"树立国内搬迁重建工程标杆，为重钢大渡口老区停产搬迁积累经验"为目标，通过编制施工方案和对利旧设备保护性拆除技术研究实施，采用技术创新解决施工难题，在施工中精细管理，提前实现重钢集团批准的目标工期（120天），从2700毫米中板生产线停产到搬迁重建投产，用时116天（2011年2月11停产启动拆除到6月6日达到生产条件）。其设备的保护拆除与安装，程序、标识到位，无一差错；设备及人员无一安全事故发生，为此建设公司获重钢集团嘉奖。

颜兴全　何中文

**【老区能源保供及拆除】**　2011年1月~9月，大渡口老区动力厂动力能源系统平稳运行，为大渡口老区主线生产提供能源保障。2011年9月底，老区动力能源系统进入配合大渡口老区钢铁主线停产阶段。2011年12月底，大渡口老区热力、燃气系统全面实现稳步停产；但因拆迁用能和民用能源供应的需要，供电、供水系统还保留部分运行站所，并根据负荷逐步减小的具体情况，适时调整运行方式，其具体运行情况：（1）电力系统。2号电站全部停运，1号电站的110千伏变压器采用"1用1备"方式组织生产；（2）供水系统。工业水全部停运，民用水原动力厂动力车间1号水站停运，全部民用水由5号水站供出。

2011年，为保证大渡口老区钢铁主线顺利停产，能源管控中心成立大渡口老区保供及拆除指挥部，下设生产保供组、安全环保组、技术设备组和综合管理组，并分别制定各部门职责和业务范围。同时为保证安全拆除，根据钢铁股份公司停产计划和节点要求，分别对水、电、气（汽）、热力等专业制定停产方案和安全措施，以及应急预案等，以保证大渡口老区煤气设施、焦化、高炉等重大危险源的安全停产。在老区资产处置方面，一是停产后，组织人员对大渡口老区资产进行清理和统计，并针对设备拆除后的用途进行分类，制定专门的拆除方案；二是按钢铁股份公司资产处置的规定和程序，开展资产处置工作。截至2011年12月底，共回收废钢2079.6吨。

胡恩龙

**【三峰工业公司老区生产基地搬迁】**

2011年，三峰工业公司提出"实施搬迁过渡、待条件成熟时再建厂房搬迁"的建议得到重钢集团和钢铁股份公司的支持。2011年9月，三峰工业公司将铆焊、轧辊、重机、铸钢、金冶机械厂（代管集体企业）从大渡口老区搬迁至长寿晏家工业园区计划正式启动：（1）2011年9月28日，三峰工业公司与重庆市交通监理咨询有限责任公司签订厂房租赁合同，随即三峰工业公司组织力量进行能源介质管网的敷设，公辅设施的配置以及职工宿舍、办公楼的装修等公辅设施的整改；（2）2011年10月初，铆焊厂实施搬迁，按照"边生产、边搬迁"的要求，历时1月先后搬迁数控切割机、剪板机、卷板机等设备及各种材料物资600吨，2011年11月18日铆焊厂全面投产；（3）铸钢厂在完成新投入的抛丸机、1吨中频炉、消失模设备1套和新购5吨、10吨行车各1台及完成0.5吨锅炉、预发机和成型机的搬迁安装后，形成月产1200件标准炉排、3000件篦条的生产能力，于2011年12月18日全面投产；（4）2011年11月，启动金加工设备搬迁，共搬迁各类设备26台套、各类物资200吨，于2012年1月4日投产。（5）为保证"型钢改造项目"加工备件的制造工期，2011年三峰工业公司在大渡口老区保留20台套设备，等"型钢改造项目"备件加工制造后搬迁，以保证当期生产经营和搬迁工作两不误。

唐佳

# 资产处置

**【老区资产处置】** 2011年，钢铁股份公司大渡口老区资产处置及拆除工作，以“快速度推进，大面积处置”为主线推进工作。全年完成中厚板厂资产处置及大渡口老区“第一拆”工程，李子林片区从焦化区域着手，重点对焦化厂、烧结厂、炼铁厂和炼钢厂等各主要生产厂及处室闲置资产进行处置。(1)加强工作指导。从钢铁股份公司到各二级单位，先后成立相关的组织机构和工作机构，定期组织召开资产利用、处置工作等专题工作会议，重钢集团领导要求各二级单位加强对大渡口老区资产处置工作的组织领导，按规处置，最大限度地提高资产的处置价值。坚持处置信息“公开披露，阳光操作”，在事前、事中、事后作好监督工作，保证国有资产和股东权益的保值增值。(2)完善工作制度。①制定下发钢股机动发〔2011〕42号文《重钢股份公司大渡口老区资产清理、处置专项管理办法》。②修订完善《闲置资产竞价招投标管理办法》，针对各项自主招标处置项目，重新修订完善招标书、投标书，明确招标方式和投标要求。在此基础上，还采取“编号唱价”的方法改进开标方式，全年未发生1起处置纠纷。③制定下发《重钢股份公司大渡口老区资产处置管理考核办法》，建立考核领导小组和考核工作小组，明确基本制定考核、基础工作考核、会议制度考核、资料报送考核的具体内容，对违犯制度的进行考核，保证处置工作的严肃性。(3)推进资产处置工作。2011年，资产处置办公室按照重钢“闲置资产管理办法”和“国有资产转让管理办法”的规定，规范各类资产处置的审批程序及招投标操作程序，重点开展各单位自主招投标工作。一是按照长寿新区利用原则和大渡口老区固定资产及备品备件利旧的原则，清理和确认处置资产的明细，按规定程序办理专业科室、规划部门、工作组和钢铁股份公司领导审核及审批手续，该利旧的设备全部利旧；二是按照法律法规程序，根据处置项目标的物属性，拟订资产处置“招标书”“投标书”“中标书”及资产转让协议书。三是按照“公开、公平、公正”的原则组织开展自主招标，与财务部门、纪检监察部门、资产所属业主单位一道，对各个项目组织开展“开标”“评标”“定标”工作；四是根据重庆市国有资产监督管理委员会、重钢集团关于“闲置资产转让管理办法”要求，对大渡口老区资产原值在100万元以上、净值在50万元以上的资产进行清理确认，并委托评估公司进行资产评估。截至2011年底，上报重庆市联交所挂牌的有大渡口老区焦化厂的脱硫塔、再生塔、翻车机、鼓风机和堆料机及粉碎机，动力厂的7号电动风机，炼铁厂的5号高炉，炼钢厂的铁水脱硫和4号连铸机；五是加强与各二级厂资产处置业主单位、保卫部门、钢城分队等单位的沟通与联系，制定处置资产发运工作方案及安保措施。(4)发布信息。利用网络平台开展处置信息披露工作，按照“公开、公平、公正”的处置原则，公布钢铁股份公司闲置资产的处置信息，将闲置废旧可利用资产，通过“重庆钢铁(集团)有限责任公司”网站，在“资产利用”信息平台进行公示，发布利用、利旧信息，以便重钢集团内部设备利用及利旧；对确定为闲置废旧不可利用的资产，在“资产处置”栏目中以“处置信息”和“招标公告”的方式进行信息披露和招标公告。截至2011年12月，分别发布焦化厂的电机、电缆及变压器，烧结厂的皮带机、皮带及制冷设备，炼铁厂的皮带机、皮带、行车和变压器及取试样设备，炼钢厂小机修设备及洗衣设备，动力厂1号、4号发电机，型钢厂的电缆及制饮设备，高线厂的换热器、PF线设备及铜件，运输部平车、敞车、自翻车、安全守车、轨道车及500吨钢轨和200根枕木，原材处430吨轧辊等资产处置信息和招标公告共219项。(5)资产处置。资产处置办公室通过对外网站进行信息发布、信息公告与处置资产的宣传，保证大渡口老区资产处置实现效益最大化：如在处置运输部、型钢厂小机修设备中，净值2万~3万元的机床，处置额度为10万~12万元；在处置105台小机修设备中，净值为53.62万元，实际处置额度为236.78万元；原料处的油吊车、挖掘机净值2000元~1.2万元，处置额度为12万~13万元；动力厂的洗涤塔、TRT发电机，净值45万元和71万元，处置额度分别为93.2万元和96.8万元。2011年，钢铁股份公司对外处置各类闲置资产147项，处置收益5153.17万元；报废回收16607.32吨，报废回收价值5001.32万元。环保搬迁利用151121.38万元(含江钢利用)、重钢子公司利用350.28万元、长寿新区保存类待用设备8233.79万元、工业遗产6141.48万元。资产损失的补偿，由中瑞岳华会计师事务所对中厚板厂不可利用的固定资产进行审计评估，审定不可利用固定资产净值损失

关停前的重钢大渡口老区　马渝龙　摄影

金额为5607.12万元，可由重钢集团补偿。

罗龙跃

**【老区物资处置】** 2011年，钢铁股份公司大渡口老区全面关停后，原材料处制订处置办法，对库存物资进行全面清理。首先，对清理后的物资按类别分别报相关职能管理部门与使用单位进行签章确认。判定为长寿新区可利用物资，原材料处组织转运至长寿新区物运部中央仓储；判定为不可利用的物资，原则上优先转让给钢铁股份公司外的重钢集团其他子公司利用；重钢集团其他子公司无法利用的，采取公开竞价的方式对外销售。因过保质期、老化、失效等原因造成无市场需求的物资报钢铁股份公司财务作报废处理。全年不可利用材料经过两轮竞价销售后，实现销售价值10万元。另外，大渡口老区生产单位留存的部分物资也参照原材料处库存物资处置办法进行了清理、判定、竞价、报废处理。

刘锦

**【老区焦化厂拆除及资产处置】** 焦化厂大渡口老厂区于2011年9月23日全部关停，开始老区拆除及资产处置，为保证大渡口老区拆除及资产处置顺利进行，成立焦化厂老厂区拆除及资产处置指挥部，制定了《焦化厂老区拆除管办法》《焦化厂老区资产处置管理办法》等系列管理制度及拆除、资产处置网络计划。截至2011年底，完成保护性拆除80%的项目，资产处置完成40%。

张兴华

**【老区高线厂拆除与资产处置】** 2011年5月，高线厂成立以厂长为组长、部门相关人员为成员的资产清理与处置管理工程组、大渡口老区拆除工程管理小组，启动高线厂大渡口老区资产清理处置、拆除工程工作。2011年，按钢铁股份公司财务处、机动处要求，完成各种财务报表和资产报表填报。2011年9月20日，高线厂安全停产的同时开始大渡口老区生产设施拆除、资产处置、棒材生产线资产盘点与调拨等工作。全年按技改搬迁工作要求，基本完成大渡口老区生产线搬迁利旧设备机械部分的拆除与大修工程、电缆拆除工程、生产线保护性拆除工程，2011年累计交原材料处固定资产性废钢1856.17吨。并会同钢铁股份公司机动处、财务处对外累计完成自主招投标41项，中标39项，资产处置收益388.35万元；会同型钢厂对棒材车间固定资产、流动资产进行清理，完成资产的调拨手续办理。

李林洪

**本部目编辑　龙志敏**
**本部目校对　张　萍**

重钢大渡口老区五高炉拆除区域现场　徐华伟　摄影

8

# 科学研究与应用

重钢年鉴

2012

# 科技项目

**【新区 CCPP－CDQ 余热回收利用工程】** 该工程项目由重钢集团设计院设计，于 2010 年 8 月投产运行，至 2011 年底属中国西部地区装机规模最大、机型配置最全、效率最高，节能技术最先进的新型高效节能环保项目。项目利用重钢长寿新区废弃的熄焦显热、副产放散的煤气，实现余气、余压、余热回收的余热发电站。项目主要分为 CCPP、CDQ 两个区域，建设内容：CCPP 装机规模 172 兆瓦、CDQ 装机规模 50 兆瓦及额定蒸发量 130 吨/时的燃气次高压次高温锅炉等配套设施项目。总投资 13 亿元。该项目 2011 年运行稳定，其全部达产后年发电量 $10\times10^8$ 千瓦时，自发电量占重钢长寿新区总耗电量的 51.07%，每年可节省标煤 43 万吨，减少二氧化碳排放 96 万吨，实现“高效率、低消耗和低排放”及“资源－产品－废物－再生资源”为循环模式的生态经济工厂，达到节约资源、保护环境、发展经济的目的。

江洪

**【新区炼钢 RH 干式真空抽气系统】** 重钢长寿新区炼钢 210 吨 RH 干式真空精炼装置为世界上首套全机械式真空泵干法除尘精炼装置，2008 年由重钢集团设计院完成设计，2010 年 6 月 25 日投运。2011 年初获国家发明专利。该套装置作为重钢环保搬迁工程重点技术创新项目之一，其与传统（湿式抽）真空系统相比，预抽真空时间短、脱氢能力强；启动和运行灵活、可靠，依靠处理模型可做到“一键式”操作，每吨钢的能源成本降至 10 元以上。由本套装置 2011 年试生产的统计数据显示，经 RH 干式真空精炼装置处理后的钢水中[H]可稳定控制在 $1.5\times10^{-6}$ 以下。

江洪

**【改进铁水罐砌筑工艺实现整体浇注】** 高炉冶炼用的铁水罐是铁水运输过程中的重要中转设备，不仅要求使用寿命长还须保温效果好。重钢长寿新区铁水转运跨使用 210 吨铁水罐内衬砌筑工艺采用的是“三层砌筑结构”，第一层保温层，第二层永久复合浇注层，第三层工作层的砖砌结构。这一砌筑工艺，在生产操作中较繁琐，工作层的砖砌结构易形成砖缝渗漏铁水。为延长铁水罐使用寿命，炼铁厂作为 2011 年技术攻关重点。

1. 实施过程。（1）将铁水罐内衬砌筑改为整体浇注。①对 100 吨铁水罐的内衬结构进行分析和测量，针对铁水罐下部为半圆球形，上部为圆柱形结构和铁罐内衬永久层和工作层砖的厚度，设计 1 个上部、下部连接模具。②对铁罐整体浇注料的设计。一是经化验和论证重新设计整体浇注料，化学成分为特级高铝料氧化铝≥88%、三氧化二铁≤1.5%、体积密度≥3.15 克/立方厘米、碳化硅≥95%、硅≥98%，防爆纤维为丙纶纤维等。二是经反复试验，设计出整体浇注料的物理指标和化学指标。（2）铁罐整体浇注。2011 年 4 月 25 日，对改进后的整体浇注料，采用新浇注方法，即干料搅拌 1 分钟后，加 10～35 摄氏度的自来水，比例为 6.5%～7.5%，搅拌 3 分钟后，边振动边浇注的自流浇注法，沿着新模具对 65 号试验铁罐进行浇注成型，一次浇注用料 13.5 吨。对整体浇注成型的 100 吨铁罐经 24 小时自然干燥，按照整体浇注料设计的烘烤曲线图，10 天完成烘烤，2011 年 5 月 16 日投入生产运行。跟踪每天的运行状况，其运行次数平均 6～7 次，2011 年 9 月达 600 次。

2. 效果及效益。改造后，铁罐内衬罐壁完好，无需修补。罐底运行 300 次进行 1 次踩底，使用寿命 600 次，半年节约费用 90.6 万元。

黄祯媛

**【高炉脱水器托圈防松动和防位移的定位措施】** 嘉恒法是高炉渣系统的关键设备，脱水器连接托圈和大齿圈带动脱水器转动，对炉渣进行脱水分离。因脱水器里受渣水冲刷力和重力等阻力作用，使托圈和大齿圈与脱水器的连接强度和可靠性受到破坏，造成托圈和大齿圈与脱水器间产生滑动松动和位移，进而引发脱水器窜动，螺栓剪断，传动轴轴承受单向冲击力作用损坏。（1）实施方案。①将脱水器筒体与托圈和大齿圈的螺栓孔连接位置校正，打上定位销，更换高强度螺栓，保证螺栓连接预紧力，减少受温度影响而伸长进行有效的自然补偿。②增强螺栓的防松装置，蝶型弹簧垫能自动补偿微量松动量，同时能保持螺栓预紧力存在，使脱水器筒体与托圈和大齿圈连接牢固。③在托圈和大齿圈两半圆连接处进行焊接，增加两半圆连接的可靠性和强度，消除两半圆因受温度影响而变形。(2)关键工序。对脱水器筒体与托圈和大齿圈连接处焊接定位块，每间隔1颗连接螺栓施焊1块。即增加托圈和大齿圈与脱水器筒体上的定位止口圆，使托圈和大齿圈在脱水器筒体上360度圆周间无间隙及位移量，保证托圈和大齿圈在脱水器筒体上定位。(3)效果。齿圈故障下降35%，托圈故障下降26%，接触面故障下降14%，传动轴故障消除，托圈和大齿圈的使用寿命提高50%，2011年2台嘉恒法降低成本5.04万元。

贝冰

**【新区喷煤喷吹主管吹扫系统技术改造】** 长寿新区喷煤系统按2座2500立方米高炉正常喷吹量150千克/吨铁、最大喷吹能力200千克/吨铁设计，主要包括供煤系统、煤粉制备系统和喷吹系统。主要问题是反吹用氮气管道是接在煤粉喷吹氮气管道上，在处理煤粉堵塞使用反吹时因氮气压力过低使高炉的炉压通过喷枪而烧坏软管的现象发生(即回火现象)，且处理堵塞需6小时，最长要8小时，影响高炉停喷后的复喷。(1)主要措施。①在喷煤总管1/2处，在与煤粉主管并行的氮气管网上接1根吹扫氮气管，对2个高炉的2根喷吹主管分别加止回阀、孔板和手动球阀。在发生主管堵塞时，先在总管1/2处向喷煤主设备楼方向反吹，畅通后再由分配器平台的反吹气动阀向主设备楼方向反吹，以减少因拆装管道增加检修时间，降低高炉生产的不利因素。②反吹氮气管道改造。一是在反吹氮气管道进喷吹主管前加1个φ15毫米通径孔板，既保证反吹又保证喷枪有充足的冷却氮气，不引起回火；二是调整2次补气压力检测的安装位置，保证分配器压力。(2)实施效果。①增加辅助吹扫用气，在高炉停喷的情况下能保证分配器的压力，降低喷枪回火的可能性，同时降低总管堵塞需拆卸。②避免总管堵塞时维护人员的高空操作。③保证高炉连续喷煤，停喷后复喷不受影响。④未发生因总管堵塞而需要分段拆卸总管的情况，高炉在停喷后可顺利复喷。

马利

**【高炉休风不改全焦冶炼技术应用】** 重钢高炉冶炼在检修时，为保证高炉稳定顺行，高炉需改全焦冶炼。该方式能保证高炉恢复炉况顺行，但消耗焦炭量大，影响高炉综合焦比和产量；易因煤气流转换出现高炉不顺；重钢长寿新区生产以单罐计算，出现高硅铁水炼钢厂无法处理。为节约焦炭消耗量、减少外购焦炭，控制复风后铁水温度，高炉采取休风不改全焦冶炼，在增加焦炭数量及时间上准确控制，达到节焦增铁的目的和控制炉温。(1)实施过程。2011年10月下旬，钢铁股份公司实行限产，长寿新区3座高炉被迫堵风口，每周轮流休风控制产能，其中1号、3号高炉冶炼强度控制在0.8~0.9吨/立方米·时之间，限产30%~35%；2号高炉冶炼强度控制在1.0~1.05吨/立方米·时，限产10%~15%。高炉每周计划休风1次。炼铁厂制订实施方案：①休风前保证充足炉温，要求硅>0.7%，休风时渣铁排尽。②炉渣碱度R<1.15。③休风焦共30吨分两段加入，第1段20吨要求休风后到风口上沿，间隔5批加第2段10吨。④休风焦加完后，间隔2批正常料开始减轻焦炭负荷，保证每批料理论焦比较正常料增加30千克/吨铁，增加轻负荷料15批。⑤根据炉温控制风量并控制全压差，避免出现低炉温，保证复风后顺利恢复炉况。⑥复风前须保证两铁口正常放铁，尤其炉前和水渣设备须彻底检查，复风后争取全风温，保证渣铁物理热充足及渣铁的排放。⑦复风走料即开始喷煤，起喷初期据炉温和料速可适当少喷，复风后2号、3号高炉炉温按上限硅>0.55%~0.65%控制。(2)实施效果。每次检修不改全焦冶炼，年创直接经济效益127.99万元。间接经济效益是高炉出炉炉温硅含量在0.8%~1.0%间，炼钢厂能直接接受，避免产生冲罐；降低转运跨350吨行车作业率和铁水罐周转次数；同时还能迅速恢复喷煤。

谭海波

## 新产品开发

**【重钢股份公司新产品开发试制】** 2011年，钢铁股份公司新产品开发及特殊要求产品试制工作在稳定提高产品质量和技术经济指标的基础上，加快大渡口老区产品向长寿新区移植的生产速度，同时，加大长寿新区新产品的开发和特殊要求产品的试制力度，全年新产品及特殊要求产品共开发试制53.07万吨，实现产值23.54亿元。全年长寿新区共开发试制新产品5个：(1)高强度桥梁用结构钢板。为拓展钢铁股份公司产品结构，同时结合用户的供货需求，钢铁股份公司对Q370级和Q420级等高强度级别桥梁钢板进行开发。在对该系列强度级别钢板开发试制过程中，尤其是对100毫米超厚钢板开发试制时，重钢钢铁研究所会同相关单位工程技术人员克服压缩比小(坯料300毫米，成品100毫米)、表里温差较大、芯部不易变形等困难，将该系列强度级别桥梁钢板的厚度规格扩展至100毫米，至2011年12月共试制完成4046吨，满足用户的供货要求。(2)厚规格船板。继上年开发热轧态船板后，2011年先后进行两轮厚规格控轧态和正火态船板开发。第一轮开发正火态船板，普船板最厚规格50毫米，高船板最厚规格40毫米，均突破大渡口老区船板规格。第二轮开发控轧态及正火态超厚规格船板，控轧态最大厚度达到60毫米，正火态达到80毫米。两轮船钢的开发，保证了钢铁股份公司厚规格船板通过 CCS、GL、BV、LR、ABS 等 9 家船级社的认证。(3)汽车旋压轮辐用钢带。该钢带市场需求量大,西南地区及二汽等有较大的供货要求。该产品要求材质强度高、综合性能良好、耐疲劳性能和冷成型性。为保证该产品成功开发,由重钢钢铁研究所牵头成立攻关组,开展试制准备工作。在开发试制中通过设计、逐步调整成分方案,优化终轧、卷取温度及层流冷却等轧制工艺参数,摸索实物综合性能质量,跟踪用户使用情况,以保证产品综合质量。2011 年共开发试制 9760 吨,性能合格率97.92%。(4)热轧硅钢用钢带。为加快热轧薄板厂产品结构的调整及开发无取向、取向硅钢打基础,同时满足四钢公司的原料需求,2011 年热轧薄板厂进行该产品的开发试制。经试制和生产工艺摸索,完成开发试制,形成该产品批量生产能力。2011 年试制生产该产品 7748 吨,表检合格率99.61%,经四钢公司及下游用户使用,反映效果好。(5)SPHC(攀)低碳钢带。为满足用户个性化需求,占领西南区域热轧市场,2011 年开发试制高标准要求的 SPHC(攀)低碳钢带。与 SPHC 钢种相比,SPHC(攀)低碳钢带具有低碳低硅高延伸率等特点。经工程技术人员研究、讨论,制定试制方案及全过程跟踪试制,该产品实物断后延伸率基本达到 SPHE 实物水平。2011 年该产品已经过攀华集团、三峡全通等冷轧下游用户的使用。

王永忠

**【重庆钢研所新产品开发四个】** 2011 年,重庆钢研所自主开发的“0Cr20Ni24Si4Ti 不锈钢棒”“1Cr18Ni11Si4AlTi 双相不锈钢”“X14CrMoS17 双相不锈钢锻件”“高温合金 GH625 太阳能精密管”4 个新产品被重庆市科委认定为“重庆市高新技术产品”。

江海军

**【建设用中空注浆式锚杆的开发生产】** 中空注浆式锚杆主要用于铁路、公路隧道及边坡的支护工程。重庆无缝管件厂是钢管公司的大集体企业,位于钢管公司厂区内,有 5 台冷轧管机,主要产品为摩托车用精密冷轧钢管和中空注浆式锚杆用管料,生产能力 4000 吨,其中中空注浆式锚杆用管料 2000 吨。重庆无缝管件厂对中空注浆式锚杆市场进行调研,发现重庆市没有中空注浆式锚杆生产厂家,仅提供中空注浆式锚杆用管料,而成都有 8 家中空注浆式锚杆生产厂。2008 年重庆无缝管件厂开始实施中空注浆式锚杆项目,进行项目考察、设计、设备选型,2009 年 5 月第 1 台两辊锚杆机投入生产,截至 2010 年底生产空注浆式锚杆 1000 吨。2011 年投资 180 万元,实施扩大锚杆生产项目,项目租用重庆市巴南区建新村厂房 2000 平方米,投入生产设备和相配套公辅设施:ϕ25-31 三辊锚杆机 2 台、砂片切管机 1 台、1000 千牛处理试验机 1 台、LG-50 冷轧机 2 台,增加电力容量为 315 千瓦。截至 2011 年底,形成中空注浆式锚杆能力 3000 吨,主要品种:TRZ 自进式中空注浆锚杆,第二代 TR 高强轻型中空注浆锚杆、MG 涨壳式预应力中空注浆锚杆等,执行铁道部 TBT3209-2008 标准。产品销往成都、重庆、贵州、郑州等地区。

袁德志

**【高线厂新特产品开发与生产】** (1)2011 年,高线厂根据用户需求,开发新产品 1 个:ϕ12 毫米规格 30MnSi 钢,其各项性能、组织等指标理想,用户反馈性能良好。(2)稳定原有品种钢,扩大生产规模。依托“在线性能预测与控制”系统,提高产品质量。2011 年,高线厂以“在线性能预测与控制”系统为载体,对品种钢的金相组织与力学性能实施监控,注意用户使用意见的反馈与产品质量的稳定提高。截至 2011 年底,硬线钢索氏体组织≤2.5 级的比例达到 98.26%,产品力学性能趋于稳定。全年高线厂生产 55、60、65、70、75C、80、65Mn 等优碳盘条 217070 吨,产品规格涉及ϕ6.5 毫米、ϕ8.0 毫米、ϕ10 毫米等。

卿俊峰

**【型钢厂新产品开发】** 2011 年,根据型钢厂 ϕ800 毫米轧机利旧搬迁长寿新区工艺方案,搬迁 1 部 ϕ800 毫米粗轧机,3 部 ϕ800 毫米精轧机,即“1+3”的轧机布置工艺,对 250 毫米×250 毫米和 250 毫米×350 毫米的坯料要求及大型产品的孔型工艺进行疏理和重新设计:(1)对圆钢、角钢、球扁钢、槽邦钢、工字钢系列的成品孔进行配辊设计,导卫设计。(2)20 号角钢采用 250 毫米×350 毫米坯料轧制,坯辊孔型重新设计,包括孔型、配辊、大导板。(3)22~37 号球扁钢移植到 1200 矫直机,矫直辊进行重新设计。

章崇先

**【超高强度船板开发】** 2011 年,重钢开发出 70 毫米厚 E40、E47、E460 超高强度船板并通过产品认证。2011 年重钢接到 E40、E47、E460 合同后,即由重钢钢铁研究所牵头,钢铁股份公司中厚板厂、炼钢厂、品质部配合,经反复研究、讨论,确定 3 个牌号钢种的成分方案,由长寿新区 4100 毫米厚板生产线试轧成功,并通过 CCS、DNV、GL 等 3 家船级社认证,使重钢成为国内第 1 家通过该级别船钢认证的厂家。

孟刚

## 专利发明

**【重钢专利工作】** 2011 年,重钢集团申请职务发明专利 104 件,其中发明 15 件,实用新型专利 89 件。2011 年获专利授权 95 件,其中发明 25 件,实用新型专利 70 件。重钢集团针对“RH 干式真空精炼装置及控制技术”,先后申请 15 件专利加以保护,其中发明 2 件,实用新型专利 13 件,截至 2011 年底,有 14 件获专利授权,其中发明专利 1 件,实用新型 13 件。

2011年，按重钢集团规定组织开展对专利实施效益提成奖励征集活动，全年共征集专利40项，对“自动汽车举升报警装置”“提高天然气汽车动力的方法”“清除航空管表面油污专利技术”“逆推式垃圾焚烧炉炉膛”等4件专利按效益金额的5%实行效益计奖。

2011年10月，江苏沙钢集团对重钢集团申请并获授权的“炼铁—炼钢的‘一罐到底’工艺”（专利号：200810069514.7）发明专利向国家知识产权局提出无效宣告请求，重钢针对无效宣告请求书内容提交意见陈述书并参加口头审理，2011年10月12日，国家知识产权局专利复审委员会对江苏沙钢集团提出的无效宣告请求进行复审并做出无效宣告请求审查决定书，维持重钢集团专利权有效。

2011年，按照重钢集团授权专利保护期限实用新型不超过6年、发明不超过8年的基本原则，组织对重钢集团授权专利进行清理，对2项实用新型专利放弃专利权保护。

唐瑛

**2011年重钢集团专利申请表**

| 序号 | 专利名称 | 专利申请号 | 申请专利类别 | 专利申请日 | 法律状态 |
|---|---|---|---|---|---|
| 1 | 气基竖炉直接还原钒钛磁铁矿非高炉炼铁工艺 | 2011104413194 | 发明专利 | 2011－12－26 | 受理 |
| 2 | 轧钢加热炉 | 2011204640206 | 实用新型 | 2011－11－25 | 受理 |
| 3 | 太阳能空气源热泵组合热水系统 | 2011103501520 | 发明专利 | 2011－11－11 | 受理 |
| 4 | 太阳能空气源热泵组合热水系统（实用） | 2011204386440 | 实用新型 | 2011－11－11 | 受理 |
| 5 | 大辊筛进料端用分料装置 | 201120410612X | 实用新型 | 2011－10－25 | 受理 |
| 6 | 一种圆盘造球机 | 2011204106115 | 实用新型 | 2011－10－25 | 受理 |
| 7 | 一种高炉水渣大倾角皮带输送装置 | 2011203869203 | 实用新型 | 2011－10－12 | 受理 |
| 8 | 定尺剪 | 2011203365343 | 实用新型 | 2011－9－9 | 受理 |
| 9 | 一种提高中厚钢板探伤合格率的生产工艺 | 2011102473025 | 发明专利 | 2011－8－24 | 受理 |
| 10 | 含钛合金钢电渣重熔工艺 | 201110247386X | 发明专利 | 2011－8－24 | 受理 |
| 11 | 新型干法水泥窑用方镁石－尖晶石砖生产工艺 | 2011102428208 | 发明专利 | 2011－8－23 | 受理 |
| 12 | 具有锁气功能的焚烧炉排灰装置 | 2011202993720 | 实用新型 | 2011－8－17 | 受理 |
| 13 | 一种袋体 | 2011202979297 | 实用新型 | 2011－8－17 | 受理 |
| 14 | 高炉喷煤管路吹扫收粉移动小车 | 2011202987096 | 实用新型 | 2011－8－17 | 受理 |
| 15 | 焚烧炉在线干油集中润滑系统 | 2011202993665 | 实用新型 | 2011－8－17 | 受理 |
| 16 | 垃圾焚烧炉热风系统 | 2011202993631 | 实用新型 | 2011－8－17 | 受理 |
| 17 | 干熄焦系统烘炉开工工艺 | 2011102312659 | 发明专利 | 2011－8－12 | 受理 |
| 18 | 轧辊装置 | 2011202932002 | 实用新型 | 2011－8－12 | 受理 |
| 19 | 高炉料仓自动振打控制系统 | 2011202763127 | 实用新型 | 2011－8－1 | 受理 |
| 20 | 环式鼓风冷却机 | 2011202736350 | 实用新型 | 2011－7－29 | 受理 |
| 21 | 可调式杂物筛 | 2011202736473 | 实用新型 | 2011－7－29 | 受理 |
| 22 | 均布分料杂物筛 | 2011202736505 | 实用新型 | 2011－7－29 | 受理 |
| 23 | 配料圆盘 | 2011202736971 | 实用新型 | 2011－7－29 | 受理 |
| 24 | 喷煤带式称量给料机控制结构 | 2011202736948 | 实用新型 | 2011－7－29 | 受理 |
| 25 | 高炉铁水转运信号联络控制电路 | 2011202736416 | 实用新型 | 2011－7－29 | 受理 |
| 26 | 一种翻移钢机立辊装置结构 | 2011202666343 | 实用新型 | 2011－7－26 | 受理 |
| 27 | 三烧高炉冷返矿仓电动推杆 | 2011202616217 | 实用新型 | 2011－7－22 | 受理 |

续表

| 序号 | 专利名称 | 专利申请号 | 申请专利类别 | 专利申请日 | 法律状态 |
|---|---|---|---|---|---|
| 28 | 球团热矿链板机保护装置 | 2011202616274 | 实用新型 | 2011-7-22 | 受理 |
| 29 | 混料圆筒加水系统 | 2011202606041 | 实用新型 | 2011-7-22 | 受理 |
| 30 | 三烧污泥池搅拌器调速控制结构 | 2011202616185 | 实用新型 | 2011-7-22 | 受理 |
| 31 | 三烧混料圆筒道门安全保护装置 | 2011202616255 | 实用新型 | 2011-7-22 | 受理 |
| 32 | 漏电保护器检测装置 | 2011202531100 | 实用新型 | 2011-7-18 | 授权 |
| 33 | 拉线式双控开关 | 2011202531651 | 实用新型 | 2011-7-18 | 授权 |
| 34 | 烧结机板弹簧的密封滑道 | 2011202463743 | 实用新型 | 2011-7-13 | 受理 |
| 35 | 破碎机的锤头轴 | 2011202463777 | 实用新型 | 2011-7-13 | 受理 |
| 36 | 可逆锤式破碎机转子 | 2011202463724 | 实用新型 | 2011-7-13 | 受理 |
| 37 | 单辊破碎机的篦板结构 | 2011202463809 | 实用新型 | 2011-7-13 | 受理 |
| 38 | 单辊破碎机辊轴装置的锤片结构 | 2011202463813 | 实用新型 | 2011-7-13 | 受理 |
| 39 | 鼓风环式冷却风机送风系统 | 2011202412968 | 实用新型 | 2011-7-11 | 授权 |
| 40 | 利于余热发电的烧结机风箱 | 2011202298695 | 实用新型 | 2011-7-1 | 受理 |
| 41 | 垃圾焚烧发电厂飞灰的无害化烧结处理方法 | 2011101831850 | 发明专利 | 2011-7-1 | 受理 |
| 42 | 一种拖运机绳轮盘绳索固定压板结构 | 2011202226803 | 实用新型 | 2011-6-28 | 授权 |
| 43 | 一种翻移钢机外箱连接固定结构 | 2011202226790 | 实用新型 | 2011-6-28 | 授权 |
| 44 | 一种推床镶条结构 | 2011202226822 | 实用新型 | 2011-6-28 | 受理 |
| 45 | 堆取料机下道保护结构 | 2011202141701 | 实用新型 | 2011-6-23 | 授权 |
| 46 | 堆取料机滑触线掉电保护电路 | 201120214174x | 实用新型 | 2011-6-23 | 授权 |
| 47 | 取料机电缆拖线滑轮结构 | 2011202141735 | 实用新型 | 2011-6-23 | 授权 |
| 48 | 电缆拖线接线器 | 2011202141754 | 实用新型 | 2011-6-23 | 授权 |
| 49 | 取料机积料自动清扫装置 | 2011202141665 | 实用新型 | 2011-6-23 | 受理 |
| 50 | 一种少齿差减速机 | 2011202129574 | 实用新型 | 2011-6-22 | 授权 |
| 51 | 一种少齿差减速机及其用于电动平车的结构 | 2011101694711 | 发明专利 | 2011-6-22 | 受理 |
| 52 | 一种拉钢机减速器透盖结构 | 2011202071060 | 实用新型 | 2011-6-20 | 授权 |
| 53 | 一种传动轴堆码架 | 2011202054525 | 实用新型 | 2011-6-17 | 授权 |
| 54 | 一种炼钢厂联轴器安全罩结构 | 2011202054690 | 实用新型 | 2011-6-17 | 授权 |
| 55 | 一种链式拉钢机链条传动机构 | 2011202054686 | 实用新型 | 2011-6-17 | 授权 |
| 56 | 一种冷床拖运机卷筒传动机构联轴器结构 | 2011202054493 | 实用新型 | 2011-6-17 | 授权 |
| 57 | 热锯机锯轴结构 | 2011202054489 | 实用新型 | 2011-6-17 | 受理 |
| 58 | 带锯床夹紧机构 | 2011201993668 | 实用新型 | 2011-6-14 | 受理 |
| 59 | 一种轴向螺栓 | 2011201993672 | 实用新型 | 2011-6-14 | 授权 |
| 60 | 一种夹紧辊结构 | 2011201993691 | 实用新型 | 2011-6-14 | 授权 |
| 61 | 一种轧辊支撑座冷却结构 | 2011201993884 | 实用新型 | 2011-6-14 | 授权 |
| 62 | 一种链式拉钢机链轮装置 | 201120199394x | 实用新型 | 2011-6-14 | 授权 |
| 63 | 一种滑筋钢轨联接结构 | 2011201972445 | 实用新型 | 2011-6-13 | 受理 |
| 64 | 一种拖运机爪子联接机构 | 2011201972341 | 实用新型 | 2011-6-13 | 授权 |
| 65 | 一种拖运机绳轮盘绳索固定结构 | 2011201972271 | 实用新型 | 2011-6-13 | 授权 |

续表

| 序号 | 专利名称 | 专利申请号 | 申请专利类别 | 专利申请日 | 法律状态 |
|---|---|---|---|---|---|
| 66 | 中厚钢板辅助冷却装置 | 2011201846781 | 实用新型 | 2011－6－2 | 授权 |
| 67 | 板坯连铸用浸入式水口 | 201110147683x | 发明专利 | 2011－6－2 | 受理 |
| 68 | 一种用于控制双边剪钢板输送辊道送板精度的方法 | 2011101458935 | 发明专利 | 2011－5－31 | 受理 |
| 69 | 污水处理曝气池微孔曝气反冲洗装置 | 2011201527201 | 实用新型 | 2011－5－13 | 授权 |
| 70 | 一种链式拉钢机主动链轮结构 | 2011201335945 | 实用新型 | 2011－4－29 | 授权 |
| 71 | 滚筒式内环板少齿差减速器 | 2011101009090 | 发明专利 | 2011－4－21 | 受理 |
| 72 | 钢板在线对齐装置 | 2011201196317 | 实用新型 | 2011－4－21 | 授权 |
| 73 | 钢板热处理炉快速降温装置 | 2011201196444 | 实用新型 | 2011－4－21 | 受理 |
| 74 | 一种防止钢板热标志机喷头堵塞的喷涂方法 | 2011101009048 | 发明专利 | 2011－4－21 | 受理 |
| 75 | 冷轧钢管润滑油回收装置 | 2011201009185 | 实用新型 | 2011－4－8 | 授权 |
| 76 | 可遥控开闭护目镜的电焊护罩 | 2011200994165 | 实用新型 | 2011－4－7 | 授权 |
| 77 | 带刻度线的四爪单动卡盘 | 2011200994076 | 实用新型 | 2011－4－7 | 授权 |
| 78 | 钢水脱氧改质剂 | 2011100868627 | 发明专利 | 2011－4－7 | 受理 |
| 79 | 结晶器液面控制射源快速拆装抽屉 | 2011200994254 | 实用新型 | 2011－4－7 | 授权 |
| 80 | 推拉式酸洗机组挤干辊动力传递系统 | 2011200994752 | 实用新型 | 2011－4－7 | 授权 |
| 81 | 挤干辊与万向传动轴的锁紧连接机构 | 2011200994748 | 实用新型 | 2011－4－7 | 授权 |
| 82 | 挤干辊与万向传动轴的连接机构 | 2011200994733 | 实用新型 | 2011－4－7 | 授权 |
| 83 | 旋流池行车吊钩总成 | 2011200937478 | 实用新型 | 2011－4－1 | 授权 |
| 84 | 一种轧机机架辊轴乘座安装结构 | 2011200893268 | 实用新型 | 2011－3－30 | 授权 |
| 85 | 一种冷剪机上刀架结构 | 2011200893253 | 实用新型 | 2011－3－30 | 授权 |
| 86 | 一种出钢机摩擦轮结构 | 2011200893272 | 实用新型 | 2011－3－30 | 授权 |
| 87 | 水池清洁器 | 2011200655984 | 实用新型 | 2011－3－14 | 授权 |
| 88 | 铁矿石破碎系统 | 2011200616975 | 实用新型 | 2011－3－10 | 授权 |
| 89 | 烧结同步电机冷却水控制系统 | 201120050176x | 实用新型 | 2011－2－28 | 授权 |
| 90 | 烧结配料排风控制系统 | 2011200501789 | 实用新型 | 2011－2－28 | 授权 |
| 91 | 除尘风机风门限位装置 | 2011200501793 | 实用新型 | 2011－2－28 | 授权 |
| 92 | 废乳化液过滤系统 | 2011200373634 | 实用新型 | 2011－2－12 | 授权 |
| 93 | 桩机用三环减速器润滑结构 | 2011200357966 | 实用新型 | 2011－2－10 | 授权 |
| 94 | 拉钢小车 | 2011200320143 | 实用新型 | 2011－1－30 | 授权 |
| 95 | 与联轴器孔装配的电机输出轴工具 | 2011200320374 | 实用新型 | 2011－1－30 | 授权 |
| 96 | 铁矿石破碎方法 | 2011100282907 | 发明专利 | 2011－1－26 | 受理 |
| 97 | 钢边料收集箱 | 2011200338166 | 实用新型 | 2011－1－13 | 授权 |
| 98 | 取料机小车电缆拖线滑车 | 2011200031783 | 实用新型 | 2011－1－7 | 授权 |
| 99 | 烧结堆取料机皮带连锁信号控制系统 | 2011200031868 | 实用新型 | 2011－1－7 | 授权 |
| 100 | 翻车机重牛电缆拖线装置 | 2011200031798 | 实用新型 | 2011－1－7 | 授权 |
| 101 | 缓冲仓悬料自动疏通装置 | 2011200026501 | 实用新型 | 2011－1－6 | 授权 |
| 102 | 冷却水池水位报警装置 | 2011200026499 | 实用新型 | 2011－1－6 | 授权 |
| 103 | 润磨机钢球漏失报警装置 | 201120002654x | 实用新型 | 2011－1－6 | 授权 |
| 104 | 防止航空不锈管晶间腐蚀的除脂方法 | 2011100018482 | 发明专利 | 2011－1－6 | 受理 |

唐瑛

2011 年重钢集团获授权专利表

| 序号 | 专利名称 | 专利号 | 申请专利类别 | 专利申请日 | 法律状态 | 授权时间 |
|---|---|---|---|---|---|---|
| 1 | 堆取料机滑触线掉电保护电路 | 201120214174x | 实用新型 | 2011－6－23 | 授权 | 2011－12－21 |
| 2 | 电缆拖线接线器 | 2011202141754 | 实用新型 | 2011－6－23 | 授权 | 2011－12－14 |
| 3 | 一种少齿差减速机 | 2011202129574 | 实用新型 | 2011－6－22 | 授权 | 2011－12－28 |
| 4 | 一种传动轴堆码架 | 2011202054525 | 实用新型 | 2011－6－17 | 授权 | 2011－12－28 |
| 5 | 一种炼钢厂联轴器安全罩结构 | 2011202054690 | 实用新型 | 2011－6－17 | 授权 | 2011－1－28 |
| 6 | 一种链式拉钢机链条传动机构 | 2011202054686 | 实用新型 | 2011－6－17 | 授权 | 2011－12－21 |
| 7 | 一种轴向螺栓 | 2011201993672 | 实用新型 | 2011－6－14 | 授权 | 2011－12－14 |
| 8 | 一种链式拉钢机链轮装置 | 201120199394x | 实用新型 | 2011－6－14 | 授权 | 2011－12－14 |
| 9 | 一种拖运机爪子联接机构 | 2011201972341 | 实用新型 | 2011－6－13 | 授权 | 2011－12－21 |
| 10 | 一种拖运机绳轮盘绳索固定结构 | 2011201972271 | 实用新型 | 2011－6－13 | 授权 | 2011－12－21 |
| 11 | 中厚钢板辅助冷却装置 | 2011201846781 | 实用新型 | 2011－6－2 | 授权 | 2011－12－21 |
| 12 | 污水处理曝气池微孔曝气反冲洗装置 | 2011201527201 | 实用新型 | 2011－5－13 | 授权 | 2011－11－30 |
| 13 | 一种链式拉钢机主动链轮结构 | 2011201335945 | 实用新型 | 2011－4－29 | 授权 | 2011－9－14 |
| 14 | 钢板在线对齐装置 | 2011201196317 | 实用新型 | 2011－4－21 | 授权 | 2011－9－28 |
| 15 | 冷轧钢管润滑油回收装置 | 2011201009185 | 实用新型 | 2011－4－8 | 授权 | 2011－9－14 |
| 16 | 推拉式酸洗机组挤干辊动力传递系统 | 2011200994752 | 实用新型 | 2011－4－7 | 授权 | 2011－11－2 |
| 17 | 挤干辊与万向传动轴的锁紧连接机构 | 2011200994748 | 实用新型 | 2011－4－7 | 授权 | 2011－11－30 |
| 18 | 挤干辊与万向传动轴的连接机构 | 2011200994733 | 实用新型 | 2011－4－7 | 授权 | 2011－11－30. |
| 19 | 带刻度线的四爪单动卡盘 | 2011200994076 | 实用新型 | 2011－4－7 | 授权 | 2011－9－28 |
| 20 | 结晶器液面控制射源快速拆装抽屉 | 2011200994254 | 实用新型 | 2011－4－7 | 授权 | 2011－12－7 |
| 21 | 旋流池行车吊钩总成 | 2011200937478 | 实用新型 | 2011－4－1 | 授权 | 2011－9－4 |
| 22 | 一种轧机机架辊轴乘座安装结构 | 2011200893268 | 实用新型 | 2011－3－30 | 授权 | 2011－11－30 |
| 23 | 一种冷剪机上刀架结构 | 2011200893253 | 实用新型 | 2011－3－30 | 授权 | 2011－9－14 |
| 24 | 一种出钢机摩擦轮结构 | 2011200893272 | 实用新型 | 2011－3－30 | 授权 | 2011－11－16 |
| 25 | 水池清洁器 | 2011200655984 | 实用新型 | 2011－3－14 | 授权 | 2011－8－3 |
| 26 | 铁矿石破碎系统 | 2011200616975 | 实用新型 | 2011－3－10 | 授权 | 2011－10－5 |
| 27 | 烧结同步电机冷却水控制系统 | 201120050176x | 实用新型 | 2011－2－28 | 授权 | 2011－8－24 |
| 28 | 烧结配料排风控制系统 | 2011200501789 | 实用新型 | 2011－2－28 | 授权 | 2011－8－10 |
| 29 | 除尘风机风门限位装置 | 2011200501793 | 实用新型 | 2011－2－28 | 授权 | 2011－10－5 |
| 30 | 废乳化液过滤系统 | 2011200373634 | 实用新型 | 2011－2－12 | 授权 | 2011－8－31 |
| 31 | 桩机用三环减速器润滑结构 | 2011200357966 | 实用新型 | 2011－2－10 | 授权 | 2011－8－31 |
| 32 | 拉钢小车 | 2011200320143 | 实用新型 | 2011－1－30 | 授权 | 2011－11－9 |
| 33 | 与联轴器孔装配的电机输出轴工具 | 2011200320374 | 实用新型 | 2011－1－30 | 授权 | 2011－9－7 |
| 34 | 钢边料收集箱 | 2011200338166 | 实用新型 | 2011－1－13 | 授权 | 2011－8－17 |
| 35 | 取料机小车电缆拖线滑车 | 2011200031783 | 实用新型 | 2011－1－7 | 授权 | 2011－8－3 |
| 36 | 烧结堆取料机皮带连锁信号控制系统 | 2011200031868 | 实用新型 | 2011－1－7 | 授权 | 2011－8－24 |
| 37 | 翻车机重牛电缆拖线装置 | 2011200031798 | 实用新型 | 2011－1－7 | 授权 | 2011－8－3 |

续表

| 序号 | 专利名称 | 专利号 | 申请专利类别 | 专利申请日 | 法律状态 | 授权时间 |
|---|---|---|---|---|---|---|
| 38 | 缓冲仓悬料自动疏通装置 | 2011200026501 | 实用新型 | 2011－1－6 | 授权 | 2011－7－27 |
| 39 | 冷却水池水位报警装置 | 2011200026499 | 实用新型 | 2011－1－6 | 授权 | 2011－8－10 |
| 40 | 润磨机钢球漏失报警装置 | 201120002654x | 实用新型 | 2011－1－6 | 授权 | 2011－7－27 |
| 41 | 一种两级环式减速器 | 2010206179012 | 实用新型 | 2010－11－22 | 授权 | 2011－6－1 |
| 42 | 用于 RH 干式抽真空系统的水冷循环装置 | 2010205808712 | 实用新型 | 2010－10－28 | 授权 | 2011－6－22 |
| 43 | 用于 RH 干式抽真空系统的氮气密封装置 | 2010205808727 | 实用新型 | 2010－10－28 | 授权 | 2011－6－1 |
| 44 | 用于 RH 干式抽真空系统的清扫装置 | 2010205808731 | 实用新型 | 2010－10－28 | 授权 | 2011－5－25 |
| 45 | RH 干式抽真空系统泵站的泵房 | 2010205808657 | 实用新型 | 2010－10－28 | 授权 | 2011－6－8 |
| 46 | RH 干式抽真空系统精炼模式的过滤装置 | 2010205808642 | 实用新型 | 2010－10－28 | 授权 | 2011－5－25 |
| 47 | 用于 RH 干式抽真空系统的差压切换装置 | 2010205808623 | 实用新型 | 2010－10－28 | 授权 | 2011－5－25 |
| 48 | 用于 RH 干式抽真空系统的双工位装置 | 2010205808356 | 实用新型 | 2010－10－28 | 授权 | 2011－5－25 |
| 49 | 用于 RH 干式抽真空系统的多种物料添加调节装置 | 2010205808515 | 实用新型 | 2010－10－28 | 授权 | 2011－5－25 |
| 50 | 用于 RH 干式抽真空系统的高温颗粒分离器 | 2010205762386 | 实用新型 | 2010－10－26 | 授权 | 2011－6－1 |
| 51 | 用于 RH 干式抽真空系统的弯直组合式冷却器 | 2010205762390 | 实用新型 | 2010－10－26 | 授权 | 2011－6－8 |
| 52 | 干式机械抽真空自动检测系统 | 201020575029X | 实用新型 | 2010－10－25 | 授权 | 2011－6－1 |
| 53 | 干式机械抽真空电气控制系统 | 2010205750270 | 实用新型 | 2010－10－25 | 授权 | 2011－6－1 |
| 54 | 用于干式机械抽真空设备的真空度检测装置 | 2010205750209 | 实用新型 | 2010－10－25 | 授权 | 2011－6－8 |
| 55 | 中厚板防跑偏圆盘剪装置 | 2010205326211 | 实用新型 | 2010－9－17 | 授权 | 2011－4－13 |
| 56 | 中厚板双边剪防卡阻废边溜槽 | 2010205326226 | 实用新型 | 2010－9－17 | 授权 | 2011－5－4 |
| 57 | 防止堵料的燃料破碎系统 | 2010202104799 | 实用新型 | 2010－5－31 | 授权 | 2011－1－26 |
| 58 | 防结露高压开关柜 | 2010202105715 | 实用新型 | 2010－5－31 | 授权 | 2011－1－26 |
| 59 | 一烧除氧泵站自动预警系统 | 2010202105749 | 实用新型 | 2010－5－31 | 授权 | 2011－4－6 |
| 60 | 采用间歇振打方式的梭槽 | 2010202104248 | 实用新型 | 2010－5－31 | 授权 | 2011－1－26 |
| 61 | 中厚板精整区喷雾冷却装置 | 2010201780614 | 实用新型 | 2010－5－30 | 授权 | 2011－1－19 |
| 62 | 用于热处理炉的三级减压平衡供气装置 | 2010201696474 | 实用新型 | 2010－5－23 | 授权 | 2011－1－19 |
| 63 | 用于钢板矫直前的氧化铁皮清除装置 | 201020169660X | 实用新型 | 2010－5－23 | 授权 | 2011－1－19 |
| 64 | 合金料秤物资计量系统 | 2010201918249 | 实用新型 | 2010－5－14 | 授权 | 2011－1－26 |
| 65 | 架车机 | 2010201919896 | 实用新型 | 2010－5－14 | 授权 | 2011－1－19 |
| 66 | 汽车无衡无人值守计量系统 | 2010201918183 | 实用新型 | 2010－5－14 | 授权 | 2011－1－26 |
| 67 | 大型薄壁筒体制作工艺 | 201010162324.7 | 发明专利 | 2010－4－30 | 授权 | 2011－9－28 |
| 68 | 高炉小中修后能快速达产的方法 | 201010156966.6 | 发明专利 | 2010－4－27 | 授权 | 2011－5－4 |
| 69 | 提高推拉式酸洗机组穿带钢的方法 | 201010136322.0 | 发明专利 | 2010－3－30 | 授权 | 2011－9－21 |
| 70 | 一种冷却水喷枪 | 201020144056.1 | 实用新型 | 2010－3－29 | 授权 | 2011－2－2 |
| 71 | 一种炼铁高炉炉渣脱水器补漏方法 | 201010134768.X | 发明专利 | 2010－3－29 | 授权 | 2011－5－11 |
| 72 | 深基坑直壁成型方法 | 201010133779.6 | 发明专利 | 2010－3－26 | 授权 | 2011－7－27 |
| 73 | 一种基坑开挖的布孔及爆破方法 | 201010133766.9 | 发明专利 | 2010－3－26 | 授权 | 2011－12－28 |
| 74 | 降低酸洗带钢表面氯离子含量的方法 | 201010131002.6 | 发明专利 | 2010－3－23 | 授权 | 2011－12－21 |

续表

| 序号 | 专利名称 | 专利号 | 申请专利类别 | 专利申请日 | 法律状态 | 授权时间 |
|---|---|---|---|---|---|---|
| 75 | 中厚板厂加热炉蓄热体 | 2010201005052 | 实用新型 | 2010－1－22 | 授权 | 2011－1－19 |
| 76 | 粗轧机平衡装置 | 2010201002961 | 实用新型 | 2010－1－22 | 授权 | 2011－4－6 |
| 77 | 球扁钢轧辊孔型进口复合导板 | 2010100421089 | 发明专利 | 2010－1－21 | 授权 | 2011－8－24 |
| 78 | 一种复合导板 | 2010200554739 | 实用新型 | 2010－1－21 | 授权 | 2011－2－9 |
| 79 | 垃圾焚烧炉炉膛内衬施工方法 | 200910190870.9 | 发明专利 | 2009－9－15 | 授权 | 2011－7－27 |
| 80 | 球团焙烧竖炉炉内喷涂施工方法 | 200910104631.7 | 发明专利 | 2009－8－14 | 授权 | 2011－1－5 |
| 81 | 热风炉空燃比控制方法 | 2009101042710 | 发明专利 | 2009－7－7 | 授权 | 2011－1－5 |
| 82 | 码头物料趸船计量系统 | 200910104137.0 | 发明专利 | 2009－6－19 | 授权 | 2011－11－9 |
| 83 | 带有锥形过渡短节的原液结晶器制作方法 | 200910104094.6 | 发明专利 | 2009－6－15 | 授权 | 2011－10－5 |
| 84 | 原液结晶器封头盖与釜体装配工艺方法 | 200910104095.0 | 发明专利 | 2009－6－15 | 授权 | 2011－10－26 |
| 85 | 辊底式常化炉炉底辊更换方法 | 200910104013.2 | 发明专利 | 2009－6－4 | 授权 | 2011－1－26 |
| 86 | 高速线材精轧工艺 | 2009101039794 | 发明专利 | 2009－5－27 | 授权 | 2011－4－6 |
| 87 | 高炉泥炮活塞总成 | 2009101037021 | 发明专利 | 2009－4－27 | 授权 | 2011－6－1 |
| 88 | 预混式蓄热燃烧器 | 2009101031932 | 发明专利 | 2009－2－16 | 授权 | 2011－1－5 |
| 89 | RH 干式真空精炼装置 | 2009101031947 | 发明专利 | 2009－2－16 | 授权 | 2011－7－20 |
| 90 | 钢包绝热层不定形保温涂料及其使用方法 | 2008100698643 | 发明专利 | 2008－6－23 | 授权 | 2011－1－19 |
| 91 | 转炉双联炼钢工艺 | 200810069847X | 发明专利 | 2008－6－19 | 授权 | 2011－4－6 |
| 92 | 提高高强度球扁钢低温冲击性能合格率的生产方法 | 2008100693940 | 发明专利 | 2008－2－26 | 授权 | 2011－6－22 |
| 93 | 半干法垃圾焚烧烟气净化处理方法及其系统 | 2008100693847 | 发明专利 | 2008－2－22 | 授权 | 2011－1－12 |
| 94 | 弧形钢轨道梁及其制作方法 | 200810069334.9 | 发明专利 | 2008－1－31 | 授权 | 2011－6－15 |
| 95 | 一种优碳钢材在线预测与控制组织索氏体化方法 | 200710093004.9 | 发明专利 | 2007－11－20 | 授权 | 2011－5－25 |

唐瑛

**2011 年重钢集团专利权终止表**

| 序号 | 专利名称 | 专利号 | 专利类型 | 专利申请日 | 申请单位 | 保护年限 |
|---|---|---|---|---|---|---|
| 1 | 伸缩快速拆卸式万向联轴器 | 2006201103896 | 实用新型 | 2006－4－19 | 钢铁股份公司炼钢厂 | 第 6 年 |
| 2 | 一种测量用游标尺 | 2006201103909 | 实用新型 | 2006－4－19 | 钢铁股份公司炼钢厂 | 第 6 年 |

唐瑛

本部目编辑　郝高潮
本部目校对　张　萍

# 教育

**【职工培训】** 2011年，随着长寿新区600万吨钢规模的建成和大渡口老区的关停，职工短期的适应性培训逐步向长寿新区过渡，而长寿新区的新工艺、新设备、新技术对培训的内容和培训的方式、组织及管理工作提出了新的要求。全年培训中心开展基层调研，听取意见，分解指标，制定月实施计划并组织，兼顾新、老区开展“两线培训”，以“长寿新区岗位培训和操作技能达标活动”和“提高教学质量”为中心，加强教学过程管理，坚持开展“订单”培训，抓教学质量，继续采取复式教学、送教下厂、送考上门等方式满足各单位培训需求，突出培训的实效性和针对性。2011年，培训中心完成各层次各类型培训163期7333人次。其中在长寿新区开班26期1412人。培训项目包括职业技能等级培训10期432人次、计算机培训8期132人次、安全管理员培训22期1234次、入党积极分子培训4期467人次、专业技术人员继续教育培训24期1280人次、特种作业培训97期4387人次等。组织职业资格自考55个工种274人。牵头组织开发了计算机模拟考试系统，化学分析工、热工仪表等工种首次实现无纸化考试。承办了重钢集团第十届职业技能竞赛，参赛工种11个计289人，组织重钢集团高级技师、技师考评，参评工种16个计214人。通过培训鉴定，办理各类培训资格证7168个。

钱晓语

**【新区职工岗位培训和操作技能达标活动】** 2011年，重钢集团为促进长寿新区生产安全、稳定、顺行，使长寿新区已投产项目达产达效，在长寿新区开展职工岗位技能培训和操作技能达标活动。成立以重钢集团党委副书记为组长、人力资源处、工会、培训中心及各子公司为成员单位的领导小组，培训中心成立具体的工作领导机构，达标活动于2011年3月启动。全年，重点针对长寿新区职工的规范操作和技能素质提升开展培训，本着“干什么、学什么、考什么”“缺什么、学什么、补什么”的原则，突出实用为主。共组织长寿新区4家子公司共15个单位40个关键工种的强化培训：钢铁股份公司冷轧薄板厂的轧钢工、退火炉热处理工、酸洗工，加热炉操作工、磨工，品质部的化学分析工、板带产品4100毫米外形质检员，焦化厂的焦炉调温工、饱和器离心机、蒸氨工、粗苯蒸馏工、终冷洗苯泵、鼓风机司机助手初冷器冷凝工，炼钢厂的连铸工、炉外炼钢工、炉外精炼工，中厚板厂的加热(炉)操作人员(看火工)、热轧粗精轧压下工，能控中心的变电站值班员、水泵配电工、风机运行值班员，维检部的配电工、电焊工，自动化部的热工仪表、型材维护站自动化维护值班员PLC、型材维护站仪表值班员、中厚板维护站精整线自动化维护人员(冷标志机)、动力维护站新区计算机班、炼钢站转炉计算机工，烧结厂的配料工、高压辊磨工、链－回－环系统操作工、强力混合工，炼铁厂的炉前工、喷煤巡检工、喷吹工、制粉工，物运部的浮吊司机、堆取料机工、翻车机工。朝阳公司的气体深冷分离工，新港长龙公司的浮吊司机，产业公司的钢渣热闷热泼工、液压抓钢机司机。

培训中心针对以上工种制定相应的培训大纲、教学计划，并到长寿新区各作业区指导各单位编写培训计划实施表、培训进度表和授课课程表，因地制宜开展自主培训，坚持每周2～3次督查，重点对教学内容讲授进度、学员考勤及到课率、学员听课笔记等环节进行检查，通过强化培训过程的跟踪管理和检查，保证基层培训计划的顺利实施。培训结束后，通过理论答卷、现场答辩、实作模拟、故障排查、案例分析等方式进行抽考，抽考了浮吊司机、焦炉调温工、热工仪表修理工、配料工、炉前工、冷轧轧钢工、热轧轧钢工、气体深冷分离工、变配电值班员、化学分析工、连铸工、堆取料机工、转炉炼钢工、加热炉工、热泼热闷工、产品质量检查工、热轧作业区关键工、烧结链篦机操作工、焊工、喷煤巡检工共20个工种227人，成绩合格率98%。

张青

**【重庆冶金成人学院重钢分院】** 重庆冶金成人学院是经重庆市人民政府批准(渝府〔2000〕8号文件)，由重庆钢铁(集团)有限责任公司职工大学(简称：重钢分院)、重庆西南铝业职工大学(简称：西铝分院)和重庆特殊钢(集团)有限责任公司职工大学(简称：重特分院)合并组建而成的一所国家独立设置成人高校。下设重钢分院、西铝分院、重特分院〔2005 年 7 月 27 日原重庆特殊钢(集团)有限责任公司破产,重特分院未再办学〕,重钢分院为院长单位。重钢分院隶属重庆钢铁(集团)有限责任公司。2011 年,开设有高中起点专科金属矿开采、选矿、数控技术、机电一体化、材料成型与控制、经济管理、计算机信息管理、电气一体化技术、电气自动化、数据设备应用与维护、经济管理等专业。2011 年毕业生 284 人(脱产),招收新生 188 人,其中应届生 53 人。有在校学生 850 人,其中 1 年级 188 人,2 年级 343 人,3 年级 319 人。

吴娟

**【重庆冶金高级技工学校暨重钢集团中等专业学校】** 重庆冶金高级技工学校暨重钢集团中等专业学校始建于 1955 年,是经国家批准、发放国家承认的中职学历证书和职业资格等级证书的国家级重点高级技工学校和省部级中等专业学校,连续 7 年被重庆市人力资源和社会保障局评为“重庆市技工教育先进单位”称号。2011 年完成 101 个班次的理论教学和 516 周的实习教学,组织 2 个工种 132 名学生的技能竞赛。2011 年中职招生 925 人。学校有在册学生人数 2654 人,其中在校学生 1898 人:2010 级 973 人,2011 级 925 人;2009 级下厂顶岗实习学生 756 人。班主任 25 人。

吴娟

**【重庆广播电视大学重钢分校】** 重庆广播电视大学重钢分校(简称:重钢电大)创建于 20 世纪 70 年代末,初期为四川广播电视大学重钢电大教学班,后经原重庆市高等教育办公室《关于同意建立“重庆广播电视大学重庆钢铁公司分校”的批复》(渝高教大学〔1988〕31 号)批准,于 1988 年 5 月 31 日正式升级成为重庆广播电视大学重钢分校,是大渡口区唯一的一所具有双向视频教学设备的工科类电大分校,也是中央广播电视大学批准的全国统一考试点。重钢电大采用面授教学和音像教材、计算机网络等多种媒体并行的远程教学手段,培养应用型、技能型、实用型社会人才,并结合重钢冶金行业特色,开设数控技术、机电一体化等工科专业,为企业和社会培养生产、经营、技术和管理人才。2011 年开设工商企业管理(专、本科)、会计学(专、本科)、行政管理(专科)、物业管理(专科)、数控技术(机电一体化方向)、计算机信息管理(课程开放)等 7 个专业。学生修完所学专业规定学分,实践环节考核合格,思想品德鉴定符合要求,即可获得由中央广播电视大学颁发国家承认的毕业证书,符合学士学位条件者可获得学士学位证书。2011 年,开放教育本、专科层次招生学生 358 人,有在校学生 764 人,毕业学生 170 人。

吴娟

**重钢集团第十届职业技能竞赛第一名获奖名单**

| 姓 名 | 单 位 | 参赛工种(项目) |
|---|---|---|
| 青 宏 | 矿业公司西昌矿业 | 机修钳工(专业组) |
| 陈德龙 | 铁业公司 | 机修钳工(兼作组) |
| 李 杰 | 东华特钢公司 | 焊工(专业组) |
| 綦 军 | 铁业公司 | 焊工(兼作组) |
| 孙丽娟 | 钢铁股份公司品质部 | 化学分析工 |
| 李洪军 | 钢铁股份公司焦化厂 | 焦炉调温工 |
| 陈 刚 | 钢铁股份公司炼钢厂 | 转炉炼钢工 |
| 陈通辉 | 钢铁股份公司自动化部 | 热工仪表工 |
| 杨朝文 | 朝阳公司 | 汽车修理工 |
| 刘 维 | 三钢公司 | 热轧管工 |
| 陈 敏 | 矿业公司大宝坡矿 | 钻孔机司机 |

◆ 顾艳萍

**【重钢党(干)校】** 中共重庆钢铁(集团)有限责任公司党(干)校(简称:重钢党校)隶属重庆钢铁(集团)有限责任公司,始建于 1958 年 12 月,1985 年重钢党(干)校与重庆市委党校函授学院联合办学,成立中共重庆市委党校重钢函授分院,自 1988 年实行“党校、干校、团校”三位一体建制后,形成了以理论培训、岗位培训和函授学历三大类教育为主体的办学格局。2009 年 1 月,重钢党校函授分院遵照重庆市党校的决定,停止中央党校的本专科函授招生。2011 年,重钢党校在主体班教学中完成安全管理员培训 22 期 1234 次、计算机培训 8 期 132 人次,入党积极分子培训 4 期 467 人次、专业技术人员继续教育培训 12 期 681 人次。

吴娟

# 文化

**【重钢报社工作】** 1. 2011 年,围绕国家的大政方针、企业改革发展实际,组织刊发社论、评论员文章等。在重钢环保搬迁 600 万吨钢系统建设时,组织刊发评论员文章《功在必成、志在必得》、言论《考验时刻到了》;在建党 90 周年之际,围绕学习贯彻胡锦涛“七一”重要讲话精神,刊发评论员文章《坚定理想信念增强宗旨意识为建设千亿重钢而努力奋斗》《走在全国基层党组织建设前列》;在纪念重钢建厂 120 周年时,刊发社论《沧桑砺洗创伟业薪火传承铸华章》。2011 年《重钢报》共刊发社论、评论员文章、言论 39 篇。

2. 突出重点,唱响主旋律。(1)纪念中国共产党成立 90 周年,《重钢报》一版推出“学习胡锦涛总书记‘七一’重要讲话精神”栏目,共刊发稿件 45 篇;三版对各单位庆“七一”活动进行宣传,周末版开设“献礼建党 90 周年影视资讯”栏目，介绍相关电视剧和电影，并以“爱党情怀”为主题进行庆祝建党90周年专版报道。(2)开出专栏对重钢集团及各单位“学习贯彻重庆市委三届九次全委会精神”进行宣传，共刊发稿件23篇。(3)推出“认真贯彻重钢集团经济运行分析会精神”栏目，共刊发稿件37篇。(4)推出“建设新重钢、实现新跨越”厂情教育专栏，刊发稿件12篇；组织策划“适应环境、掌握技术、强化管理、关爱职工”系列宣传报道，刊发4篇评论员文章、4篇通讯、12篇征文、7个专版。(5)与重钢环保搬迁指挥部合作推出“决战二季度、冲刺650”栏目，刊发消息、通讯、言论类稿件90篇。(6)启动建厂120周年的宣传工作，刊发评论员文章3篇、社论1篇，对纪念大会、关停仪式消息进行刊发；同时还对各单位开展纪念建厂120周年活动及关停准备工作进行报道；对大渡口老区钢铁主线全面关停用8个版组织专题报道，整个宣传共刊发记者稿件30篇、图片30幅。(7)宣传重钢集团及各单位党建工作，第一时间刊发重钢集团党委获“全国先进基层党组织”称号消息，配发评论员文章；三版以“创建先进基层党组织、推动重钢科学发展”为栏目题，刊发各单位强化党组织工作的稿件13篇；三版同时还推出“讲党性当先锋，在推进‘四大战略’任务中建功立业”栏目，对重钢集团党委表彰的10个优秀基层党组织进行集中宣传。

3. 专题报道。2011年，《重钢报》根据重钢集团不同时期重点工作，开展专题策划、专版报道。(1)《重钢报》二版推出5期组稿“烈日炎炎当头照、一片‘冰心’润心田”，集中报道基层各单位抓防暑降温工作及重钢集团领导到一线为职工送“清凉”。(2)每月推出民兵专版及“八一”建军节推出“退伍不褪色肩负新使命”2期特别专版，集中反映重钢集团及各单位的民兵在处突维稳中的作用。(3)周末版推出“朵力小区物管构建和谐二、三事”，反映朵力房地产公司物管公司的特色工作。(4)周末版5期特别策划——“新重钢，美不胜收”，从新重钢厂区建设、绿化、后勤保障、职工生活、夜景等不同角度展现新重钢的新面貌。(5)环保搬迁“立体记录者”专题报道，集中反映重钢环保搬迁工程建设档案工作。(6)“让感动延伸”2期专版策划，对“感动重钢”2010年度人物评选活动进行重点关注。(7)在周末版推出“职工来信”栏目，对个别职工不文明行为、违反劳动纪律的现象进行曝光。(8)以图表、图片、文字相结合的形式对2011年重钢集团工会、行政、党建工作进行回顾，并宣传2012年工作重点。

许珀

**【电视剧《钢魂》拍摄制作】** 2011年，在重庆市委宣传部的推动和帮助下，重钢和华谊联合摄制的大型电视连续剧《钢魂》正式成片并取得发行许可证，正进行播出前审查工作。(1)关机杀青。经100天的拍摄，2011年1月25日上午，电视剧《钢魂》在浙江横店影视基地杀青关机。当日6时30分，剧组工作人员出发前往横店广州街皇后广场，三机联动开始拍摄；9时58分，当最后1个镜头——重庆抗战剧场前的抗战游行完成，主摄像机旁的导演巴特尔吼出：“杀青!”后，现场上百名演职人员相互拥抱，以示庆贺。关机后，该剧服装组、美术组、道具组、制景组、摄影组、烟火组等部门开始清理器材资料，制片部门将全部拍摄带送运到北京并保管，为后期制作做好准备。(2)后期制作。2011年2月16日，电视剧《钢魂》导演、制片、剪辑、统筹、电脑特技等工作人员集结北京，拉开后期制作的序幕。该剧后期制作从40集毛片开始，分别进行1次39集版本的粗剪和2次34集版本与33集版本的精剪工作。(3)返渝补拍。2011年3月16～17日，由该剧执行制片人洪之青带队，总摄影黄宝华负责此次到重钢长寿新区的镜头补拍工作。虽需补拍的片尾镜头仅为15秒，但摄制组反复在重钢长寿新区外围的附近山顶寻访取景，还借调7米规格的电动摇臂和一辆50年代的苏式轿车配合拍摄。补拍素材将作为电视剧《钢魂》片尾收官镜头，并为电视剧《钢魂》下部做好铺垫和埋下伏笔。(4)角色配音。2011年5月3日，该剧完成20多天的录音及修声工作，进入效果混录和音乐作曲阶段。特邀音乐家、一级作曲家邹野担任该剧作曲，负责全剧音乐的创作和制作。为完成电视剧《钢魂》的后期制作，制片人庄立奇组织整体配音、音乐作曲和宣传画册设计等工作。2011年4月中旬开始，在导演巴特尔的指挥下，该剧主要演员林熙越、曹克难、徐成峰等集结位于北京的录音棚，投入各角色配音录制工作。(5)词曲创作。2011年6月21日，该剧剧组完成主题歌《脊梁颂》的词曲创作、录制及片头尾字幕制作等工作，进入成片的最后阶段。《脊梁颂》由中国电视文艺策划人、撰稿人、诗人、词作家朱海作词，音乐家、一级作曲家邹野作曲，袁晓钢、龙昊、宋战鹰组成的北京“三兄弟”组合演唱。同时，电视剧《钢魂》主创及演职人员名单确定，并完成片头及片尾字幕设计制作。(6)赴京审片。2011年7月6～9日，重钢集团董事长董林，重钢集团党委副书记、工会主席潘向宇率队，前往北京电视剧《钢魂》摄制组后期制作基地，对33集电视剧《钢魂》进行集中审看。该剧制片人庄立奇、总导演巴特尔等全程陪同审片，双方就如何修改完善进行磋商讨论。董林对电视剧《钢魂》制作效果和制作水平给予肯定，并表示加紧向重庆市有关领导汇报，加强与重庆市有关部门沟通协调，为该剧发行打下基础。巴特尔在会上指出全剧若再压缩1～2集，可能节奏感更强、故事情节更紧凑、主题更突出，并表示将根据中央电视台、重庆市委宣传部和各位领导专家的审看意见，再行修改完善。(7)在渝审看。2011年7月26日，在重庆市委宣传部副部长樊伟，重钢集团党委书记、副董事长张再坤的陪同下，重庆市委常委、宣传部部长何事忠审看电视剧《钢魂》，该剧制片人庄立奇、文学统筹赵苏红也从北京赶来重庆陪同审看。审看完其中5集后，何事忠对该剧给予高度评价：有戏、看点很多、情节精彩，总体感觉很好。当天下午2时30分，在重庆市委宣传部3楼圆桌会议室，审看工作开始。何事忠与大家通过投影仪审看完电视剧《钢魂》第1集、10集、11集、19集和33集。何事忠强调：经过3年多各方的努力，全剧已具备发行条件，接下来要做好的工作：一是做好发行工作。坚持以华谊为主，重庆市委宣传部全力帮助和支持的原则，通过各种途径与中宣部、中央电视台作好汇报、沟通和协调，力争在中央电视台一套黄金档播出，同时作好二轮在卫视播出的准备。二是加紧修改完善。根据中宣部、中央电视台、重庆方面等提出的修改和调整意见，组织人手修改，不断完善，精益求精，力争在此基础上更上一层楼。(8)审看意见。浙江省广播电影电视局电视剧审查委员会在出具对33集电视剧《钢魂》的书面审看意见中认为："电视剧《钢魂》是一部以汉阳铁厂历史兴衰为原型，讲述以晚清洋务运动为开端的我国民族工业创业过程，歌颂以陆梦生、贺子舟等为代表的几代钢铁人的爱国情怀，艺术地再现了民族企业强国的梦想，弘扬了社会主义核心价值观，具有较为深刻的历史和现实意义"。审看意见指出："作品以'家国同构'的模式，把处于底层的阵亡将士遗孤的身世和居庙堂之高的一代贤臣的救国兴邦的理想相结合，把几个钢铁世家的历史命运和时代风云、民族兴衰、国家治乱紧密结合起来，有较高的叙事策略和叙事技巧"。审看意见最后强调："该剧人物关系设置简洁巧妙，戏剧冲突强烈饱满，故事主线清晰；人物形象生动鲜明、不落俗套、真实可信；制作精良，美术、服装都较为考究"。对于该剧不足和待完善的方面，浙江省电视剧审查委员会认为：一是部分剧情较为松散，故事戏剧张力不足，建议适当压缩前6集，删除一些冗长台词与情节；二是部分角色口号性台词太多，建议适当压缩陆梦生部分不符合角色身份的演讲内容；三是删除"只有一个党，一个领袖和一个政府"等台词。电视剧《钢魂》的投资方之一华谊兄弟传媒股份有限公司注册地在浙江横店。因此，按相关规定，该剧的立项审查需报请浙江省广播电影电视局，并由其核发发行许可证。

刘世华

**【重钢电视台新闻宣传工作】** 2011年，重钢电视台共播出图像新闻848条，简讯889条，信息897条；开设栏目22个，完成现场录像8次，外送中央电视台、重庆电视台新闻播出39条。(1)宣传党的十七届五中、六中全会精神，反映重钢集团各单位学习贯彻党的十七届五中、六中全会精神以及贯彻落实全国"两会"和重钢集团"两会精神"的情况。(2)结合重钢环保搬迁，启动"建设新重钢、实现新跨越"厂情教育活动，推出《振奋精神、再创辉煌》《关注环保搬迁》等栏目和"冲刺600"系列报道。(3)继续办好"来自重钢股份公司的报道"，尤其是长寿新区600万吨钢规模形成后，关注长寿新区达产达效情况。(4)围绕庆祝建党90周年纪念活动，分别在重钢新、老厂区进行现场录像，并开展重钢集团范围内的系列纪念活动的采访报道。(5)结合"感动重钢十大人物"评选活动，对每位"感动人物"进行专访报道，对首届"感动重钢十大人物"颁奖典礼进行实况录像。(6)聚焦大渡口老区关停，开展系列实况播报，反映职工心声。(7)庆祝建厂120周年，对纪念大会、总政歌舞团文艺演出的实况录像和新闻报道，并开播"百年重钢"大事记、"我们祝福重钢"、《钢城视点》特别节目。(8)在重钢集团2011年生产经营面临严峻形势后，把开展厂情教育，扭亏增盈作为宣传工作重点，以典型事例鼓舞引导职工振奋精神，再创辉煌。

吴琼

**【新区厂史馆建成开馆】** 重钢长寿新区厂史馆位于长寿新区会议中心观景塔底层，面积380平方米，是与工业旅游、会议接待相结合的精品展厅。该项目于2010年底启动。经招投标，重庆瑞信展览有限公司和北京首设图文公司共同承接长寿新区厂史馆的设计、布展、装修、制作和施工。

长寿新区厂史馆的设计理念："具有历史感和时代感，充分体现百年重钢特色，重点突出重钢在承载国家与民族责任层面的贡献和作用"。档案处根据重钢集团授权，代表重钢集团全面参与长寿新区厂史馆的规划设计、艺术创作、布展施工、展品复制和业务协调等工作。2011年，档案处牵头编制长寿新区厂史馆技术要求、布展大纲，并根据设计要求收集整理展厅所需的全部文字照片、实物和模型，协助施工单位完成观景台浮雕、钢魂赋大型浮雕、张之洞塑像、幻影成像、虚拟翻书、汉阳铁厂模型、重钢长寿新区互动沙盘模型等设计和制作。同时，为使厂史馆内容更充实，档案处还对重钢档案资源进行分析、筛选，征集汉阳铁厂钢轨实物、张之洞创办汉阳铁厂奏折、钢迁会时期名人题词等档案文献。

长寿新区厂史馆按主题陈列，分为序厅、历史厅、模型厅和愿景厅，主要展示内容有历史溯源、奋斗历程、服务社会、领导关怀、百年重钢之最、大渡口老区、环保搬迁、企业愿景、钢铁主业、资源建设、环境产业、物流基地、和谐重钢等。

2011年6月，长寿新区厂史馆建成开馆。截至2011年底，接待了重庆市市长黄奇帆、重庆市委副书记张轩、韩国浦项、德国马丁环境技术公司、中国船舶公司、清华大学、北京大学等重要客人和单位的参观，在企业对外交流和厂情教育方面发挥了作用。

温勇耀

【重钢图书馆工作】 2011年,重钢图书馆推行“以读者为中心”的理念,在加强数字资源建设的同时,结合重钢文化建设和环保搬迁工程的需要拓展服务范围和服务内容。职工书屋建设进展顺利,重钢图书馆被中华全国总工会评为2011年度优秀“职工书屋”示范点。(1)数字资源建设方面,全年新增冶金、机械、电子等电子图书1万册,电子图书收藏量达到6万册;并适时更新中文科技论文数据库、国内标准文献库和冶金信息数据库。(2)2011年重钢数字图书馆网页访问量达2万次,读者下载电子图书43948册次,下载电子期刊25359篇次。同时,还为重钢质量体系认证、新产品开发等提供电子标准1068篇次。(3)重钢图书馆全年共接待15800人次,订购期刊报纸共479种。调查走访重钢一线职工,按照需求采购图书共1124册,完成图书著录、编目1091册。(4)收集重钢历年的媒体报道,对其进行筛选整理、分类、编辑,加工处理成PDF版的《媒体看重钢》。(5)对重钢的职工书屋进行图书流转和管理。3月23日,重钢集团建桥工业园区职工书屋揭牌仪式在重庆钢铁研究所有限公司举行。该书屋配备电脑、打印机等多媒体设备。重钢集团党委副书记、工会主席潘向宇出席揭牌仪式并致辞。至此,重钢共建立6个职工书屋。

张红海

【重钢摄影工作】 2011年是重钢建厂120周年系列庆祝活动集中开展的一年,重钢集团摄影协会围绕重钢集团中心工作,举办摄影活动。(1)2011年9月22日,重钢集团在重庆市人民大礼堂广场举行“纪念重钢建厂120周年大型美术、书法、摄影展”,共展出作品180幅,展览分为历史图片资料和职工美术、书法、摄影作品2部分。其中历史图片资料65件,主要记载重钢的发展历程与成就,反映新中国成立后党和国家领导人、重庆市领导对重钢的关怀,以及重钢实施环保搬迁战略、建设精品基地、再造百年重钢的蓝图。摄影作品共40件,从历年重钢职工创作的优秀作品中选出,以上作品从长焦到广角,以重钢摄影人的视觉,展现“钢铁品质、表里如一”的重钢形象。(2)在由重庆市经济和信息化委员会、重庆市创意产业发展领导小组办公室指导,重庆工业服务港主办,重庆工业设计协会协办的2011年“工港杯”首届重庆百年工业摄影大型摄影比赛中,职工郑玉明以一组表现重钢“百年老企”发展轨迹的作品获唯一的二等奖。(3)在重庆市总工会、重庆市职工摄影学会举办的2011年工行杯“重庆职工心向党”摄影展上,重钢集团组织作品选送参加比赛。其中欧山洪作品《钢铁梦幻》获三等奖。郑玉明作品《钢铁乐章》《心愿》《拨动琴弦》获优秀奖。(4)2011年国庆,钢铁股份公司举办“明厂史、颂党旗、赞国庆”职工摄影比赛。组委会由几百幅来稿中选出100幅入围作品,从中评出一、二、三等奖。并制作成一套展板在重钢长寿新区各单位流动展出。(5)组织专人到钢铁股份公司机关、运输部等单位进行摄影作品创作、讲评和摄影技术培训。(6)组织重钢摄影爱好者参加各种摄影比赛。其中郑玉明作品《社区老人唱红歌》获“‘寿星杯’全国老年摄影(节)大赛主题摄影展”优秀奖,《火热的钢厂》《春天植树忙》分获“第十五届重庆市美术、书法、摄影联展”二等奖和优秀奖,作品《齐心协力》获重庆市“森林重庆美丽家园”摄影大赛优秀奖。郑玉明作品《劳动者》还发表在《大众摄影》2011年第九期上。

郑玉明

【“重钢杯”全国冶金职工歌手大赛在重钢举办】 由中国职工文化体育协会冶金分会主办,重钢集团承办的2011年“重钢杯”全国冶金职工歌手赛于5月16～20日在重钢钢花影剧院举行。本次大赛按民族、美声、通俗3种唱法分别进行初赛、决赛。来自鞍钢、首钢、马钢等19家全国冶金企业的71名选手经5月17日～19日3天的比赛,产生美声唱法金奖4个、民族唱法金奖5个、通俗唱法金奖7个。“重钢杯”由团体总分最高的鞍钢获得。重钢参赛选手获金奖2个、银奖1个、铜奖2个。大赛邀请王世光、张礼慧、张迈等7名专业人士作评委。5月20日晚举行颁奖晚会。

焦志华

【庆祝建党90周年系列文化活动】 (1)开展“重钢职工心向党”诗歌征文活动。2011年,由重钢集团工会、文联、作协举办的“重钢职工心向党”庆祝中国共产党成立90周年诗歌征文活动共收到诗稿158件。经过评委评选《仰望旗帜,我心向党》等5件作品获一等奖,《诗意重庆夜》等10件作品获二等奖,《因为有您》等20件作品获三等奖,另有10件作品获优秀作品奖。焦化厂等7个基层单位获优秀组织工作奖。(2)邀请《长江》剧组来重钢演出。2011年6月28日,来自重钢集团二级单位的党员代表在钢花影剧院,观看了由重庆市交响乐团、重庆市歌剧院演出的原创大型交响音乐诗画剧《长江》,庆祝党的90岁生日。

焦志华

【对外交流文化活动】 1.职工合唱团参加重庆市各项比赛。(1)2011年5月27日在重庆大剧院参加重庆市庆祝“五一”国际劳动节“永远跟党走”文艺晚会。重钢职工合唱团在晚会歌曲联唱中演唱《钢铁洪流永向前》。(2)2011年4月8日、14日重钢职工合唱团分别参加重庆卫视“天天红歌会”大渡口区和长寿区分会场的演出。演唱的《去一个美丽的地方》《天路》获大渡口区演出一等奖。录制的节目分别在《重庆卫视》“天天红歌会”栏目进行播放。(3)2011年7月29日晚,由中共重庆市委宣传部、重庆警备区政治部主办的重庆市庆祝中国人民解放军建军84周年“我们的队伍向太阳”文艺演出在重庆大剧院举行。重钢民兵合唱团应重庆市警备区邀请，作为重庆市唯一的企业民兵合唱团参加演出。重钢民兵以一身迷彩装登台亮相，以一曲《中国民兵之歌》展现了中国民兵的精神风采。2011年11月10日由重钢集团武装部、工会、团委牵头组建的重钢民兵80人合唱队伍，在重庆大剧院参加重庆警备区政治部、中共重庆市委宣传部主办的国防动员委员会第六次全体会议“唱读讲传”文艺晚会演出，再次唱响《中国民兵之歌》。

2. 重钢职工书画摄影作品参加全国、重庆市展示活动。(1)职工绘画摄影作品参加由中国文联、中国书协、中国美协举办的“庆祝建党90周年全国产业(行业)系统书法美术摄影精品展”。重钢职工蹇文波、杨光的国画《赤子图》《和风图》，王钢的摄影作品《晨曦》由冶金职工文学艺术协会选送参展。重钢集团工会获组织工作奖。(2)重钢职工创作的2件美术、14幅摄影作品，入展由重庆市总工会、市文学艺术联系会美术家协会举办，在重庆市文化宫展出的2011年“工行杯”重庆职工心向党美术、书法、摄影作品展。其中重钢工会职工蹇文波国画《盛夏》获金奖，重钢股份公司职工欧山洪摄影作品《钢铁梦幻》获三等奖。

焦志华　张约翰　孟强

## 报刊

**【《重钢报》】** 始创于1950年10月24日，1993年7月2日经国家新闻出版署批准公开发行，国内统一连续出版物号为CN50—0023(报社地址：重庆市大渡口大堰二村重钢科技馆，邮政编码：400080)。《重钢报》由中共重庆钢铁(集团)有限责任公司委员会主管、重庆钢铁(集团)有限责任公司主办。《重钢报》为周五期，周一至周四为正报四开四版、周五为周末四开四版，四版采用新华社文字稿件，由重庆金润印务有限公司印刷。《重钢报》自2011年第一期开始实行彩色激光照排印刷。截至2011年底，共出版发行7098期，其中2011年出版发行250期。发行范围为重钢集团所属单位、大渡口区有关单位、部门及零售，同时在国内冶金企业报和重庆市企业报之间交流，并向重庆市委宣传部、新闻出版局和重庆市记协等上级主管部门及相关单位赠阅。《重钢报》继续实行自办发行，对大渡口地区及周边地区的私人订户送报上门。《重钢报》的读者对象为重钢集团职工、家属、大渡口区市民及部分国内公民。为宣传重钢，扩大《重钢报》的覆盖面并适应重钢环保搬迁需要，《重钢报》开通电子版，网址为 http://113.204.160.116 或者登录重钢集团官方网站 http://www.cqgtjt.com。其点击阅读者为关心重钢的全国各地读者、冶金企业的同行以及上级有关部门。

谭真

**【《重钢》】** 《重钢》杂志由中共重钢(集团)有限责任公司委员会主管，重钢(集团)有限责任公司党委宣传部主办。《重钢》坚持以马列主义、毛泽东思想、邓小平理论和“三个代表”重要思想为指导，以贯彻党的路线方针政策和国家法律法规为重点，结合企业生产经营、改革发展和职工生产、生活和思想实际，突出理论性、指导性、专业性、实践性和可读性。2011年准印证号渝内字(2011)—(352)号，双月刊，2011年改版取消4个彩页，文字内容从上年的48页增加至56页，大16开，杂志封面为胶印覆膜。《重钢》杂志顾问董林、张再坤、刘加才；主编潘向宇；副主编常晓冬，执行副主编黄文才。2011年出版发行6期，共9000册，刊载98篇文稿96张图片，从杂志合并更名至2011年底共发行正刊40期(2011年第6期〈总期231期〉)，增刊2期，共63000册，发行范围为重钢各单位、全国冶金行业和兄弟单位免费交流。2011年《重钢》杂志开辟“辉煌120年”“我与重钢”“史海沉钩”“历史回顾”“人物”“重钢纪实”等栏目。反映重钢建厂120周年来取得的重大成果；宣传重钢环保搬迁600万吨钢生产能力形成，建设重庆市工业投资“一号工程”，开展劳动竞赛，实施“走出去引进来”战略盛况。结合庆祝中国共产党成立90周年，企业党组织、党员“创先争优”活动特设相关栏目。“迎接挑战”“企业管理”“企业文化”“反腐倡廉”“思想工作”“群团工作”等栏目重点反映重钢在科技、精细化管理、职工思想疏导、廉政建设、学习型企业等方面的研究成果及实践经验。

周希

**【《重钢机动能源》】** 1958年8月创刊，原名《重钢机动能源简讯》，由重钢科协冶金设备专业学术委员会、重钢股份公司机动处和重钢集团机动处合编。系重庆市新闻出版局批准的连续性内部刊物，季刊，16开，每期48页，中共重庆钢铁(集团)有限责任公司委员会主管，重钢股份公司机动处主办，主编董荣华，副主编管朝晖、李红宇，编辑曾德棋。至2011年底共出版98期。《重钢机动能源》刊物以宣传报道国家设备、能源管理法规方针、政策和现代化管理方法，交流设备及能源管理、设备点检定修和检测诊断及技术改造、节能环保及计算机控制网络、综合调度、备件管理和修复及引进设备备件的国产化、成本控制等方面的经验及发展生产的具体作法及效益，是综合性冶金行业专业技术刊物。设置《政策法规》《学术探讨》《新成果和新经验》《节能减排》《设备改造与维修》《综合管理》《工作研究》《使用与维护》《四新技术》《设计与构思》《信息与资料》等栏目。本刊除在重钢集团内部发行外，并与国内冶金行业同行刊物交流。

曾德棋

【《重钢技术》】《重钢技术》由重庆钢铁（集团）有限责任公司主管，重庆钢铁股份有限公司钢铁研究所与重庆金属学会主办的专业技术性刊物，季刊，16开，64页；编委会主任刘加才，主编郭德勇，常务主编曾虓，副主编石春华，责任编辑李康。准印证号：渝内字第276号。创刊于1958年，至2011年12月共出版发行54卷，222期；2011年出版4期，发行量2000本。《重钢技术》以科技进步、技术创新服务为宗旨，主要刊登焦化、烧结、炼铁、炼钢、轧钢、铸造、耐火、理化检验、土建、机械、电子、环保等专业的经验总结、论文和科研成果等，也刊登国外冶金技术译文和动态信息。除在重钢内部发行外，主要发往全国冶金企事业单位、冶金科研院所、大专院校和有关部门，并与全国冶金技术刊物交换。读者对象：冶金企事业单位的专业技术人员和管理人员，科研院所的科技人员和大专院校的师生。

李康

【《钢花》】《钢花》文学杂志，16开，80页。重庆钢铁（集团）有限责任公司工会主管，重庆钢铁（集团）有限责任公司文联主办；准印证号：渝内字（2009）246号。顾问黄济人，编委会主任潘向宇，副主任罗琳，编委潘向宇、罗琳、邓俊高、黄成华、余新庆、罗佳琳、刘畅、谭真、杨为民、孙建军、李娟、焦志华。2011年《钢花》按每季出刊一期，季末月20日准时出刊，全年出刊4期。共刊载报告文学11篇、小说9篇、散文35篇、诗歌43篇、评论3篇、《热土绿芽》栏目推出新人新作11篇，图片142幅，卷首语4篇，《文化长廊》栏目反映企业文化信息44则，《艺术之旅》栏目推出钢城文化名人4篇。2011年《钢花》被评为重庆市2010年度优秀连续性内部资料。

焦志华

# 体育

【“产业杯”系列体育活动】2011年是《全民健身计划（2011～2015年）》贯彻实施的初始之年，重钢工会、体协组织举办了2011年重钢“产业杯”职工系列体育比赛及相关培训。3月17日，2011年“产业杯”职工系列体育比赛的第1个项目职工广播体操比赛在长寿新区职工倒班房篮球场举行，比赛吸引了325名职工参加；6月23、24日，在长寿新区消防站后的空地上，180名职工参加“产业杯”混合4×4拔河比赛；8月12日，在大渡口职工水上活动中心，举行22家参赛单位220名职工参加的“产业杯”职工游泳比赛；11月28日长寿区体育馆内重钢23家二级单位350名职工参加的“产业杯”职工篮球联赛，经预赛和决赛共67场角逐，钢铁股份公司保卫处以46:17战胜钢铁股份公司热轧厂获冠军。

张约翰

【参加第四届全国冶金职工运动会】2011年4月17～21日，重钢派出代表团参加在山东威海市举行的第四届全国冶金职工运动会的中国象棋、乒乓球项目比赛。经过5天的角逐，重钢象棋队获团体总分第7名，单项第6名；乒乓球分获男、女队团体总分第9名，单项混双第4名，男双第6名、女双第8名；重钢体育代表团获团体总分115分的成绩。

张约翰

【2011年职工体育赛事】（1）2011年12月9～11日，重钢拔河队以重庆分站赛冠军的参赛资格，参加在广东省中山市小榄镇举行的全国拔河新星系列赛全国总决赛。经过3天角逐，重钢拔河队获体育道德风尚奖。（2）2011年10月26日，重钢男篮在重庆市武隆县体育中心参加由重庆市总工会、市体育局和武隆县政府主办的2011年重庆市职工篮球联赛，重钢男篮获第9名。（3）2011年11月8日，重钢在重钢文体中心举办2011年重庆冬泳誓师大会，有24支队伍750人参加。同年12月26日，组织33支队伍1200人参加2011年“健康重庆”第二十届迎新年“体彩杯”冬渡长江活动。活动以重庆地标朝天门为下水点，南岸轮渡码头起水，全程900米。（4）组织队伍参加2011年重庆市“九九”体育节活动，重钢获健身球操团体一等奖；太极拳（剑）比赛分获太极拳、剑集体第1名，获单项项目一等奖5个、二等奖2个、三等奖1个。组织262人次参加大渡口区“九九”体育节活动中的门球、象棋、乒乓球、羽毛球、功夫扇、太极拳、健身秧歌、城乡互动9个项目。（5）在参加2011年重庆市太极拳比赛中，重钢太极拳队获集体太极拳一等奖。单项项目获金牌2枚、银牌2枚。在参加重庆市第二届健身气功交流大会上，重钢分获五禽戏、六字诀集体一等奖，单项项目获2个一等奖、1个三等奖。（6）派员参加体育培训。一是安排余春林等3名职工参加由国家体育总局社会体育指导中心和中国拔河协会共同主办的2011年拔河推广活动暨全国裁判员及教练员培训班学习，获国家级拔河裁判员资格证书、国家一级裁判员资格证书和国家中、高级教练员资格证书；组织甘芝碧等7人次参加重庆市体育局举办的健身气功国家一级裁判员和国家一级指导员、健身气功新功法培训班，获相应证书；组织职工体育骨干参加重庆市、大渡口区冬泳、门球、竞翔（信鸽）等培训、健身气功和太极拳展示活动15次，参与人次1100人。

焦志华　张约翰　孟强

本部目编辑　温勇耀
本部目校对　张红海

10

# 党的工作

重钢年鉴

2012

# 党委工作

【重钢党委2011年主要工作】 2011年，重钢集团党委围绕改革发展稳定中心，以加强党的先进性建设为主线，深入开展“创先争优”活动，抓领导班子、基层党组织、党员队伍和人才队伍建设，发挥党组织和党员“三个作用”，为重钢集团全面落实“四大战略任务”、实现科学发展提供思想、政治和组织保证。2011年，重钢集团党委获“全国先进基层党组织”称号，重钢集团保持“全国文明单位”称号。

1. 学习贯彻党的方针政策，为推进重钢集团发展战略奠定思想基础。2011年，重钢集团党委把思想建设放在首位，学习贯彻党的十七大，十七届四中、五中、六中全会，十七届中纪委六次全会，全国和重庆市国企党建工作会和重庆市委三届八次、九次全会精神，贯彻落实党和政府关于加快转变经济发展方式、保障和改善民生等方面的方针政策。一是以两级中心组为重点，把集中学习与自学结合起来。二是各单位党组织通过辅导讲座、党员组织生活、职工政治学习会等方式抓党员和职工政治理论教育工作。三是理论联系实际，开展党建和思想政治工作研究。

2. 围绕全面落实重钢集团“四大战略任务”，加强领导班子和干部队伍建设。(1)加强领导班子思想作风建设。一是以庆祝建党90周年为契机，组织党员干部学习党的理论、党的历史、党的知识。二是开展“理想信念、宗旨意识、廉洁从业”三项教育。三是按照“讲党性、重品行、作表率”的要求，深化“三走进”(走进职工、走进基层、走进现场)活动，加强党性作风实践锻炼，建立密切联系群众机制。四是以“坚持以人为本理念，发扬密切联系群众优良作风”为主题召开领导班子民主生活会，开展党性分析，剖析思想根源，提出可行的整改措施。五是坚持和健全民主集中制，落实“三重一大”决策制度，推进科学民主依法决策，增强团结与活力。(2)以建设“学习型、团结型、创新型、实干型”领导班子为导向，深化“四好”领导班子创建活动。各单位按重钢集团要求，在提高素质、统一思想、明确目标、改进作风、完善制度上下工夫，推进“四好”班子创建活动，加强两级班子的思想政治建设、能力建设、作风建设和制度建设，增强班子成员的政治意识、责任意识、忧患意识和大局意识，发挥班子的整体功能和合力。经重钢集团党委审定，评选出先进“四好”领导班子15个，“四好”领导班子达标率为96.08%。(3)加强干部队伍建设。一是完成52个厂处单位领导班子的调整充实，完成18个子公司董事会、监事会成员调整工作。2011年共调整交流厂处管理人员109人，其中新提拔23人，副职转正职19人，调整交流51人，退二线13人，免职和辞职3人。二是深化干部人事制度改革，民主推荐钢铁股份公司副总工程师、炼钢厂厂长拟任人选。三是严格

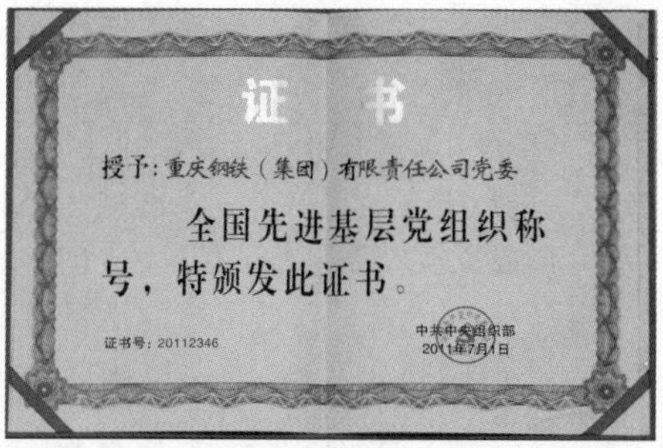


要求、管理、考核干部。四是加强后备干部队伍建设，在部分单位开展了补充民主推荐厂处后备人选工作。(4)实施人才强企战略，完善人才培养通道。开展干部培训工作，2011年共选派47名厂处及以上管理人员参加在清华大学、重庆大学、重庆市委党校等院校举办的国有大中型企业领导人员培训班；选派89名职工分别参加“国资大讲坛系列讲座”。制定重钢集团“十二五”人才队伍建设规划，完成重钢集团经营管理人才、专业技术人才、技能人才3个人才成长晋升通道的建设，首批技术专家、技能大师完成选聘，激发各类人才工作热情和创新活力。

3. 开展“创先争优”活动，加强基层党组织和党员队伍建设。(1)实施“一讲二评三公示四整改”。一是公开承诺不断深化，做到党委、党支部、党员三级承诺全覆盖。2011年各党支部承诺事项4300条，承诺兑现率100%；党员承诺事项41000条，承诺事项兑现率99%。二是推进“一讲二评三公示”。党员、党小组每月，党支部每两个月围绕成效、差距、措施3个方面进行讲述，上一级党组织对基层党组织、党支部书记进行点评；并定期

公示讲评结果,做到党委有展示台,党支部有公示栏。三是抓整改落实。针对兑现承诺、讲述、点评中存在问题,实施“三个必整改”:承诺内容不具体必整改,讲述必谈整改,点评必讲整改,还针对上次讲述中整改措施落实情况进行点评,保证实效。四是健全完善活动制度。建立考核评价制度,细化“四强”党组织、“四优”党员考核评价要素;形成定期评先制度,抓好党员月度、党支部每两个月的评先评优工作;形成定期信息报送制度,通过简报对各单位“创先争优”活动好做法、新经验进行推介、宣传;建立党群共建制度,形成党群全覆盖、同参与的“创先争优”格局。五是营造浓厚的活动氛围。《重钢报》开辟“讲党性当先锋,在推进‘四大战略任务’中建功立业”专栏,对获得重庆市委、市国有资产监督管理委员会、重钢集团党委表彰的先进党组织和党员进行宣传。六是加强工作研究,提炼推广活动成果。《着力提高国企党建工作科学化水平的实践探索》《学习型党组织建设是企业跨越式发展强劲动力》分别获重庆市国有资产监督管理委员会“创先争优”理论研讨论文一等奖、三等奖,《实现跨越式发展,再造百年重钢》入选人民网和《党建文汇》共同出版的《创先争优实用案例》。(2)搭建凝心聚力、提升素质、建功立业3大平台,完善党组织发挥作用的工作机制。探索创新党组织发挥政治核心作用的基本途径、运行机制、工作体系和活动载体。继续开展以“生产经营作表率,环保搬迁立新功”为主题的党内主题活动,开展党支部攻难关、党小组“三个一”、党员责任区、党员示范岗、党员安全岗、党员包机等特色活动,2011年党支部攻难关1800个,党员攻关立项2300项,建立党员示范岗1700个。(3)加强基层党组织建设,设立党建示范点。一是抓基层党组织组建和党组织换届工作。二是完成创建“五个好”党组织工作五年规划目标。重钢集团内有90%以上的党委(总支)、95%以上的党支部达到重庆市国有资产监督管理委员会级“五个好”党组织标准。三是建设党建示范点。确定10个重钢集团级示范点单位,按照党建示范点物化效果展示基本规范,在党建工作体制机制、活动内容、活动方式、服务发展等方面进行探索与创新。四是推进党建工作信息化建设。(4)加强党员教育管理和组织发展工作,完善党内帮扶机制。一是加强党员教育管理工作。实施《重钢集团党员大规模培训规划(2009~2013年)》,2011年初集中轮训在岗党员8130人,参训率98.1%。二是以“一线、骨干、青年”为重点,按照“坚持标准、保证质量、改善结构、慎重发展”的方针,抓发展党员工作,2011年共发展党员286名。三是完善和落实党内激励、关怀、帮扶机制。全年重钢集团党委和下属各单位党组织共筹措慰问资金542850元,采取上门看望、现场慰问等形式,慰问老党员、困难党员以及优秀共产党员1408人次。(5)健全工作体系,推进学习型党组织建设。下发《重钢集团2011年建设学习型党组织工作安排》和《重钢集团学习型党组织建设管理办法》,明确工作重点,细化工作安排,巩固“四级联创”体系和“四级联动”体系。组织召开重钢集团学习型党组织建设经验交流大会,提出“五个转向”的工作方针,即从以书本为中心的学习转向以问题为中心的学习、从以文凭学历为目标的学习转向以提高素质能力为目标的学习、从灌输式学习转向研讨式学习、从个人化学习转向组织化学习、从人生一个阶段的学习转向终生学习。(6)推进党务公开,加强党内民主建设。制订《党务公开实施办法》,明确党务公开的原则、内容、方式、程序和时限等。通过层层建立党务公开组织机构,形成“党委统一领导,行政支持配合,纪委组织协调,部门各负其责”的党务公开领导体制和工作机制。建立党务公开联系点和监督员制度,确定12家联系点单位,聘请20名党务公开监督员,加强督促检查,保证党务公开各项要求落到实处。同时,继续在10个单位开展党代表大会常任制试点工作,落实党代表大会代表任期制,党支部书记“两推一选”,试行党支部书记(委员)“公推直选”,保障党员主体地位和民主权利,落实党员知情权、参与权、选举权、表达权、监督权。

4.改进创新宣传思想文化工作,为重钢集团改革发展提供精神动力和文化氛围。(1)举办纪念建厂120周年庆典,开展厂情教育活动。召开纪念建厂120周年大会,重庆市委主要领导、市长黄奇帆、市人大主任陈光国、市政协主席邢元敏等出席大会,总政歌舞团演出节目。《重庆日报》用8个专版报道重钢新生之路,重庆电视台用近10小时的新闻报道重钢大渡口老区关停、长寿新区投产等。重钢集团与重庆市委宣传部、华谊兄弟公司合作拍摄了电视连续剧《钢魂》(上部),联合中央电视台摄制、播出电视纪录片《追访西迁路》,塑造重钢新形象,提振职工精气神,增强企业凝聚力。2011年,重钢集团以“建设新重钢,实现新跨越”为主题开展厂情教育活动,围绕实施“十二五”规划、应对严峻市场形势、完成2011年生产经营目标任务等内容,做到“三个讲清”“三个增强”:讲清企业面临的形势和发展机遇,发展的目标、思路和措施,干部、职工的任务和职责,增强干部、职工对形势任务的认识、对发展的信心和工作的积极性主动性。2011年共编发“建设新重钢、实现新跨越”厂情教育学习材料6期,《重钢报》刊发评论员文章23篇,所有子公司及下属单位均开展了厂情教育活动,覆盖面100%。(2)加强思想政治工作。按照“三贴近”原则开展思想政治工作,把职工思想教育引导的重点与当期形势任务结合起来,提高针对性;把解决职工思想问题与解决职工实际困难结合起来,增强实效性;坚持职工思想调查分析制度,重点收集了长寿新区职工的各种思想动态，加大对反映问题的处理力度，全年收集意见159条，热点问题26条，均按重钢集团党委常委会意见进行了处理和通报。(3)加强企业文化建设和精神文明建设，培育企业“软实力”。一是以“建设精品基地，再造百年重钢”的共同愿景宣传、激励和鼓舞全体职工，探索和创新企业文化建设，发挥企业文化“软实力”的作用。编制完成《重钢文化建设“十二五”规划》，修订编印《重钢文化手册》(第三版)，推进重钢和谐文化建设。加强企业文化研讨工作，开展120年来重钢主要文化历程和重钢搬迁精神的总结工作，编印完成《我所亲历的重钢》。二是加强精神文明建设，接受上级对重钢集团“全国文明单位”的复查验收，重钢集团继续保持“全国文明单位”称号；完成市级以上文明单位的复查工作，新创市级文明单位1家。组织开展2009～2011年重钢劳动模范推荐评选活动，宣传劳模的先进事迹，弘扬“劳动光荣、创造伟大”的劳模精神，营造学习劳模的氛围。开展“感动重钢”2010年度人物评选活动，弘扬社会正气，树立先进典型。三是加强门户网站建设，拓展对外宣传工作。实施重钢网站改版，实现报、电视台、电台、网、刊5类外界媒体联动和互动，形成与企业整体实力和发展形势相匹配的对外宣传格局。2011年，中央媒体和重庆市主流媒体刊载重钢新闻600篇次。

5.抓领导人员廉洁自律，加强环保搬迁监督工作。(1)落实党风廉政建设责任制。重钢集团落实党风建设和反腐倡廉分工责任制，从加强对领导人员监督、环保搬迁工作监督、审计监督、资源监督管理等14个方面明确责任领导和主要任务、目标，开展党风廉政建设责任制落实情况的专项检查。修订完善重钢《贯彻中央〈关于实行党风廉政建设责任制的规定〉的实施办法》，进一步明确党风廉政建设责任制的责任内容、责任实施和责任考核。(2)加强反腐倡廉教育，筑牢拒腐防变的思想防线。通过召开反腐倡廉工作会、干部警示教育大会、领导人员廉洁从业谈心会、工程建设领域专项治理暨廉洁从业专题讲座等，组织副处级以上领导人员学习胡锦涛总书记在中纪委十七届六次全会上的重要讲话、重庆市党风廉政建设工作会议精神，对领导人员廉洁从业进行了强调，重点对各单位行政“一把手”开展警示教育。各单位通过组织开展廉洁互动讲座会、征集廉洁家书、打造廉洁文化墙等，开展廉洁文化建设活动，营造廉洁从业的氛围。(3)加强反腐倡廉制度建设，规范权力运行。制定重钢集团《关于贯彻落实“三重一大”决策制度的实施办法》，进一步明确和规范重钢集团董事会、党委全委会、党委常委会、党政联席会的决策内容和决策程序。并组织重钢集团下属各子公司制定本单位的“三重一大”决策制度。同时，以落实《国有企业领导人员廉洁从业若干规定》和重庆市《实施办法》为重点，加强各项廉洁制度的贯彻执行。坚持实行“三谈两述”、领导人员个人事项报告、礼金上交和新提任厂处领导人员廉洁法规考试制度等制度。2011年，重钢两级纪委负责人同下级党政主要负责人谈话401人次，任前廉政谈话177人次，诫勉谈话47人次，述职述廉302人次，253名厂处领导人员按规定报告了个人有关事项，162人次主动向纪委登记上交礼品礼金186万元，36名新提任厂处领导人员参加了廉洁法规考试。(4)开展环保搬迁监督和效能监察工作。一是开展环保搬迁工程和大渡口老区关停后存量资产处置的专项检查，重点检查了长寿新区工程年产600万吨钢的投资管理情况，炼铁与焦化项目初设、招投标、工程建设以及功能考核情况和2700毫米轧机搬迁工程。二是抓招投标监督工作，共对235个、中标总金额为177131.9万元的项目招投标工作进行了监督，受理招投标投诉举报5起，处理招投标违规单位3家，扣留投标保证金8万元。三是建立不合格供应商“黑名单”系统，将截至2011年共5年中存在行贿、严重不履行合同、以次充好，招投标弄虚作假、围标串标等行为的50家供应商、服务商列入“黑名单”。四是围绕大渡口老区关停后的资产处置工作开展专项效能监察。制定《大渡口老区停产后资产处置监督工作实施办法》《大渡口老区资产处置专项管理办法》等，通过开展清理核实、实地检查、过程监督等工作，保证国有资产不流失，促进资产处置效益最大化。截至2011年底，共有58项存量资产成交，资产净值90.8万元，成交价为615.5万元。增值率677.86%。(5)案件查处工作。保持对违法违纪案件的查办力度，特别是对厂处级领导人员违法违纪案件的查处。2011年，重钢集团纪委监察处共收到信访举报20件，受理案件线索20件。其中立案6件，对6人分别给予了党纪政纪开除处分，挽回直接经济损失28万元。

6.推进民主法治建设，巩固和谐稳定局面。(1)开展“大下访大接访”，实现稳定工作目标。2011年受理职工群众来信来访总量为1339件、6743人次，较上年同期分别下降5%、40%。重点落实稳定工作“一岗双责”制度和稳定风险评估制度，做好集体企业改制、企业人力资源结构调整、大渡口老区关停搬迁等重点稳定工作，使大量矛盾纠纷在企业内部得以化解，实现大渡口老区关停、厂庆120周年和建党90周年等重大活动期间的稳定，为重钢集团生产经营、环保搬迁、改革发展营造和谐氛围，保证一方平安。依法开展与“法轮功”邪教组织的政治斗争，按照重庆市、大渡口区“610办公室”和重庆市国有资产监督管理委员会党委要求，加大帮教力度，推进重点人头教育转化工作，全年实现“三无”目标。(2)推进“六五”普法，开展依法治企专项行动。组织实施“六五”普法规划，宣传《中华人民共和国宪法》等国家基本法律制度、全国政法工作会议精神、全国人大常委会决议精神，加强法制宣传和依法治企工作，推动和谐重钢建设。制定下发《关于深入开展安全生产大宣教大排查大整治大执法专项行动的通知》，组织开展节能宣传活动、安全生产月等活动，并先后进行冶金企业煤气安全管理专项检查、安全生产大排查大整治大执法等专项行动。重钢集团领导每季度分别带队检查指导基层单位的法制宣传和依法治企工作，督促各单位对存在的问题进行整改。

龚洋

【领导班子建设】（1）领导班子和班子成员思想作风建设。通过中心组学习、专题报告会等形式，以纪念建党90周年为契机，组织党员干部学习党的理论、党的历史、党的知识，增强坚持中国特色社会主义旗帜、道路、理论体系和贯彻落实科学发展观的自觉性和坚定性，坚定攻坚克难、打造“千亿”重钢的信心和决心。健全民主集中制，落实“三重一大”决策制度，推进科学民主依法决策，增强团结与活力。按照“讲党性、重品行、作表率”的要求，深化走进职工、走进基层、走进现场的“三走进”活动，加强党性作风实践锻炼。建立联系群众机制，各级领导干部深入重钢环保搬迁现场、生产操作一线、作业区班组，督促解决问题，服务职工群众，推进生产发展和企业和谐稳定。完善领导班子民主生活会制度，按照重庆市国有资产监督管理委员会党委《关于开好2011年度国有企业领导班子民主生活会的通知》要求，组织召开以“坚持以人为本理念，发扬密切联系职工群众优良作风”为主题的领导班子民主生活会。会上，两级班子成员联系思想和工作实际，开展党性分析，查找差距，提出整改措施。2011年6月按钢铁股份公司行政、其他子公司行政和党群分3批次组织召开部分厂处管理人员座谈会，听取厂处领导对重钢集团及本单位科学发展的建议和意见。（2）“四好”领导班子创建活动开展。根据重钢集团《关于深入开展争创“四好”领导班子活动的实施意见》的要求，在重钢集团两级领导班子中开展争创“四好”领导班子活动。各单位按重钢集团要求，理清工作思路，完善工作措施，在提高素质、统一思想、明确目标、改进作风、完善制度上下工夫，努力建设学习型、团结型、创新型、实干型领导班子，发挥领导班子整体功能。经各单位自查，结合年度民主考评、各单位工作实绩及职能部门综合评价等情况，重钢集团党委常委会审议通过49个单位领导班子为达标“四好”领导班子，从中评选出先进“四好”领导班子15个予以表彰。“四好”领导班子达标率96.08%。（3）领导班子配备和班子成员调整。按“德才兼备、以德为先、注重实绩、群众公认”的原则，围绕重钢现实生产经营、环保搬迁工程建设、长寿新区达产达效与降本增效、矿产资源开发、环保产业发展以及企业组织结构调整等方面需要选干部、配班子。全年完成重钢集团监事会办公室、钢铁股份公司总工程师办公室、矿业公司冶金材料厂等新成立单位领导班子的组建；完成中兴公司改制后法人治理结构的建立和靖江钢材加工公司、山东东营发电公司、安徽六安发电公司等新公司法人治理结构的建立。配合重庆市国有资产监督管理委员会企业领导人员管理处完成对重钢集团监事长、两名副总经理人选进行民主推荐、民意测评、考察和履行有关法定程序等工作。为适应重钢集团发展需要，全年共完成52个厂处单位领导班子的调整充实，完成18个公司董事会、监事会成员调整工作。全年共调整交流厂处管理人员109人，其中新提拔23人，副职转正19人，调整交流51人，退二线13人，免职和辞职3人。自2007年重钢环保搬迁启动至2011年，重钢集团从参与环保搬迁工程的环保搬迁指挥部、钢铁股份公司、矿业公司、建设公司、设计院、朝阳公司、朵力房地产公司等单位里共提拔副处级管理人员88人，副转正39人。（4）干部人事制度改革。加大民主推荐、公开选拔、竞争上岗等竞争性选拔干部力度，提高重钢集团选人用人公信度。2011年10月对钢铁股份公司炼钢厂厂长考察人选进行民主推荐，11月对钢铁股份公司焦化、炼铁、炼钢、轧钢4个专业副总工程师拟任人选进行民主推荐。坚持任前公示制，对新提拔人员在所在单位进行任前公示。按上级有关要求，开展年度干部选拔任用工作的“一报告两评议”工作，在重钢集团党建工作会上对年度中层管理人员选拔任用工作情况进行报告，并对干部选拔任用工作和新选拔任用厂处管理人员进行民主评议，加强对选人用人工作的监督。2011年在民主测评中，对重钢集团中层管理人员选拔任用工作的总体评价、执行干部选拔任用工作政策法规情况、整治用人上不正之风工作、深化干部人事制度改革4个方面的满意率、基本满意率两项之和均在99.09%以上，其中3、4项达到100%；4个方面满意率分别达到80%、86.36%、81.82%、76.36%。（5）干部管理、考核。重钢集团坚持从严要求干部，不断加强干部考核工作，实施干部绩效考核。2011年1～2月，集中对重钢集团87个厂处单位的62个领导班子、233名（237人次）厂处级管理人员和47名调研员、专务员进行2010年度民主测评和考核。在考评方法上综合应用了民主测评、个别谈话、实绩分析等方法；在民主测评内容上除对每个领导班子成员进行总体评价外，还坚持“德”“能”“勤”“绩”“廉”5个分项评价；在民主测评和考核中增加了党代会代表和职工代表的人数，扩大考评面。同时，对听取意见的渠道和方式，也在各单位民主测评会上作正式预告。全年共有3216名职工代表参加领导干部述职、测评会，考评组采取个别谈话方式直接听取1171名职工代表对本单位领导班子和班子成员的考核意见。汇总分析后，重钢集团将考评结果反馈各单位，并于2011年4月在重钢领导班子和干部队伍建设厂务公开专题发布会上进行通报。2011年，按重庆市国有资产监督管理委员会党委要求，完成重钢集团2010年度厂处级及以上领导人员报告个人有关事项的工作。按重庆市委组织部、市国有资产监督管理委员会对干部人事档案的新要求，完成重钢集团厂处级及以上人员人事档案的完善工作。(6)干部培训及人才队伍建设。2011年4月拟订下发《关于组织厂处级管理人员报名参加重庆大学、厦门大学EMBA学位教育的通知》，经本人自愿报考，5名厂处及以上管理人员参加了重庆大学或厦门大学的EMBA学位教育。全年共选派47名厂处及以上管理人员参加重庆市国有资产监督管理委员会在清华大学、重庆大学、重庆市委党校等院校举办的国有大中型企业领导人员培训班；选派89人分别参加"国资大讲坛"系列讲座。参与制定重钢集团"十二五"人才队伍建设规划和重钢集团经营管理人才、专业技术人才、技能人才3个人才成长晋升通道的建设工作，首批技术专家、技能大师完成选聘。

刘勇

**【重钢集团党委获"全国先进基层党组织"称号】** 2011年7月1日上午，在北京人民大会堂隆重举行的庆祝中国共产党成立90周年大会上，中共中央对全国先进基层党组织和优秀共产党员、优秀党务工作者进行表彰。重钢党委获"全国先进基层党组织"称号，成为重庆市国有企业中唯一获此殊荣的党组织。

衡逸

**【党组织组建与换届选举】** (1)根据子公司组织机构调整和企业发展需要，完成相关单位党组织的撤销、更名、改建及组建等工作。2011年4月，先后撤销产业有限公司商贸公司党委、三峰传媒公司党总支；2011年11月，撤销钢铁股份公司质管处党委、动力厂党委、运输部党委3个党组织。2011年6月，将重庆钢铁集团环保投资有限公司党委更名为重庆三峰环境产业集团有限公司党委；2011年7月，将中兴实业公司党委更名为中兴实业有限责任公司党委；2011年11月，将钢铁股份公司(长寿)物流储运部、(长寿)能源管控中心、(长寿)品质部、(长寿)维护检修部党委分别更名为钢铁股份公司物流储运部、能源管控中心、品质部、维护检修部党委。2011年7月，将设计院党总支改建为设计院党委。2011年5月，将三峰工业党委纳入钢铁股份公司党委管理。(2)指导完成大宝坡矿、景星矿、运输公司3个单位党委的换届改选工作。2011年11月，矿业公司景星矿召开第二次党代会，袁长清任中共重钢集团矿业有限公司景星矿第二届委员会、新一届纪律检查委员会书记；2011年11月，矿业公司大宝坡矿召开第二次党代会，董渝旭任中共重钢集团矿业有限公司大宝坡矿第二届委员会、新一届纪律检查委员会书记；2011年11月，运输公司召开第四次党代会，牟少平任中共重钢运输公司第四届委员会、新一届纪律检查委员会书记。(3)党支部建设。加强党支部书记队伍综合素质提升，督促各单位做好基层党支部换届工作；加强党支部工作检查指导，全年通过"五个好"党支部检查、"创先争优"活动集中检查、示范点建设检查、党建工作检查以及日常抽查等方式，对70个党支部的工作进行检查，推动党建工作的落实。(4)坚持"三会一课"组织生活制度，注重与"一讲二评三公示"结合，保证组织生活制度能落实、有实效。(5)推进党建工作信息化建设，做好"12371"党建信息平台安全改造有关工作，按照重庆市国有资产监督管理委员会的要求，共购买加密锁268个，并指导各单位进行使用和维护，推行党组织关系转接等党务管理功能。通过党建信息平台，展示重钢集团及各单位党建工作成果和"创先争优"活动情况，宣传先进党组织及个人的先进事迹。

衡逸

**【党员队伍建设】** (1)实施《重钢集团党员大规模培训规划(2009年～2013年)》，完成2011年党员培训任务。根据重钢新、老区"两线"作业特点，采取多种方式抓党员轮训工作，重钢集团各单位党组织2011年共轮训在岗党员8130人，参训率98.1%。(2)抓好党员政治学习和日常教育管理，按重庆市委组织部的要求，向党员发放《雷锋日记选编》5500本，并组织党员进行学习；在党员的日常教育中，各单位党支部采取各具特色、易于操作的学习教育方式，增强党员教育的时效性。(3)严格党内组织生活制度，坚持民主评议党员，表彰优秀党员，处置不合格党员。(4)运用"12371党建信息平台"，推进党员教育、管理、服务"三上网"工作。(5)以"一线、骨干、青年"为重点，按照"坚持标准、保证质量、改善结构、慎重发展"的方针，在坚持发展党员公示制、票决制、责任追究制的基础上，推行发展党员预审制，抓发展党员工作，2011年共发展党员286名。抓入党积极分子培训工作，重钢集团党委组织部与重钢党校2011年共举办4期入党积极分子培训班，培训入党积极分子476人；同时还应重庆市国有资产监督管理委员会党委的要求，为其下属有关单位党组织培训入党积极分子111名。

刘虎

**【党建示范点建设】** (1)强化组织领导。2011年，重钢集团党委下发《关于深化党建示范点建设的通知》，就深化党建示范点建设的总体要求、重点工作以及示范点物化效果的基本规范等方面作出安排，并明确牵头部门，落实创建责任。在重钢长寿新区建设之初，重钢集团党委领导多次到生产一线实地考察阵地建设情况，组织专题讨论，累计投资700万元，建立一批规范实用的党支部活动阵地，还从重钢集团党建费用开支23万，有针对性地抓示范点建设。(2)注重实践特色。重钢集团党委明确了示范点建设"五化"具体要求，细化《重钢集团党建示范点物化效果展示基本规范》"9个有"的具体要求。按照重钢集团党委要求，重钢集团各级党组织认真开展示范点创建，涌现出一批基础扎实、特色鲜明、示范性强的党建工作先进典型。(3)注重督促检查。2011年10月开始，重钢集团党委书记、副董事长张再坤，重钢集团监事长、党委副书记、纪委书记朱建派，以及重钢集团党委组织部、党办负责人等到基层单位，对申报重钢集团级党建示范点的钢铁股份公司焦化厂党委等10个单位进行检查验收。检查中，重钢集团党委领导在肯定有关单位示范点建设取得成绩的同时，对进一步深化示范点创建，加强党组织建设，为更好地推动重钢集团改革发展稳定提出具体要求。通过检查验收，确定钢铁股份公司焦化厂党委、中厚板厂党委，重钢环保搬迁指挥部党委，矿业公司景星矿党委，三峰卡万塔公司党总支，重庆钢研所公司党委，朝阳公司党委、钢铁股份公司炼钢厂炼钢作业区党支部、钢铁股份公司炼铁厂三号高炉作业区党支部、产业公司钢渣车间党支部10个单位为重钢集团党建示范点。在此基础上，各子公司、各单位党委(总支)也确定本级示范点单位。(4)推介推广。2011年，在重钢长寿新区的7个示范点单位检查验收中，各接受检查验收单位的党委书记、党委办公室主任一同进行相互观摩学习，并进行经验交流。一些单位还自发组织进行交流学习，如四钢公司党委等单位与钢铁股份公司焦化厂、炼钢厂、中厚板厂等单位进行党建工作交流，共同研究党建工作。

刘虎

**【"五个好"党组织创建活动】** 2011年，是重钢集团党委推进"五个好"党组织创建工作的第3年，通过不断深化创建，形成年初规划，年底检查、考评、命名及有倒牌的工作格局。2011年初，重钢集团党委下发《关于申报创建"五好党组织"的通知》《关于下达2011年度"五个好"党组织创建计划的通知》等文件，对"五个好"党组织创建工作进行安排部署。2011年8月，组织对申报创建单位进行检查验收，经重钢集团党委常委会审定，13个党委(总支)被命名为"五个好"党委(总支)，86个党支部被命名为"五个好"党支部。2011年12月，有8个单位党委接受重庆市国有资产监督管理委员会党委的检查验收。截至2011年底，重钢集团所属90%以上的党委(总支)、95%以上的党支部达到"五个好"党组织标准。

衡逸

**【"创先争优"活动】** (1)完善"创先争优"活动机制。2011年，重钢集团"创先争优"活动形成定期检查、评先、信息报送等制度；建立考核评价制度，进一步细化"四强"党组织、"四优"党员考核评价标准；建立党群共建制度。(2)深化公开承诺。在承诺中，做到党支部、党员承诺全覆盖。全年各党支部承诺事项4300条，承诺兑现率100%；党员承诺事项4.1万条，承诺事项兑现率99%。(3)推进"一讲二评三公示"。党员、党小组每月，党支部每两个月重点围绕成效、差距、措施3个方面进行讲述；上一级党组织对基层党组织、党支部书记对党员分别就完成工作任务、履行岗位职责、开展"创先争优"活动情况结合所在单位实际进行点评；党委、党支部分别通过展示台、公示栏，对党支部、党员的评选、评优情况进行公示。(4)整改落实。党支部、党员在讲述中针对存在问题，明确整改措施，并对上次整改措施落实情况进行讲述；在对党支部和党员的点评中，明确指出党支部和党员本次讲述及当期工作中存在的问题和需改进的方面，针对上次讲述中整改措施落实情况进行点评，保证活动实效。(5)宣传"创先争优"活动推进情况。对方案、计划、承诺、讲评等情况进行公示，采取夺旗、加星等方式，对所属党支部，党支部所属党员的评优情况进行展示。(6)评先。重钢集团党委举行庆祝建党90周年暨创先争优表彰大会，对先进进行表彰；同时，在《重钢报》上开辟"讲党性当先锋，在推进四大战略任务中建功立业"宣传专栏，对获重庆市委和市国有资产监督管理委员会党委表彰的先进集体和个人，以及重钢集团表彰的"十佳红旗党委"、部分"百佳红旗党支部""十佳党员标兵"进行宣传。

2011年6月，原中组部部长张全景和重庆市委常委、组织部部长陈存根到重钢长寿新区视察工作时，对重钢集团深入开展"创先争优"活动给予肯定；重钢集团党委组织部拟写的《实现跨越式发展再造百年重钢》论文入选人民网和《党建文汇》共同出版的《创先争优实用案例》。

衡逸

**【机关党的建设】** (1)加强机关党员干部思想政治建设。2011年初，重钢集团机关各党(总)支部组织党员学习贯彻党的十七大，十七届三中、四中、五中、六中全会，重庆市委三届七次、八次、九次全会，全国和重庆市国有企业党建工作会精神，学习贯彻重钢集团职代会和党建工作会精神。同时，以纪念建党的90周年为契机，组织党员职工学习党的理论、党的历史、党的知识，增强坚持中国特色社会主义旗帜、道路、理论体系和贯彻落实科学发展观的自觉性和坚定性。(2)落实党建工作目标责任制。年初，根据重钢集团党委的统一部署，重钢集团机关党工委与各支部签订党建责任书，落实机关党建工作目标责任制。机关党工委按照部门工作指标、党组织建设、宣传思想工作、机关作风建设以及群团工作等5个方面的内容细化分解为18项指标，机关各总支、支部结合本部门实际，细化责任目标，支委班子按职责划分落实责任制，建立完善"一级抓一级，层层抓落实"的党建工作格局。同时，各党（总）支部制定年度重点工作计划和创建"五个好"党支部、创建文明处室的工作规划。1季度，机关党工委完成对各党（总）支部党建目标责任书的签订工作，完成各总支、支部年度工作计划和支部达标、文明处室创建活动规划的审核工作。同时，机关党工委每季度初下发重点工作安排，各党支部每季度末将工作实施情况以报表的形式上报备查，机关党工委还每两个月1次讲评党支部工作情况，加强督促检查的力度。（3）抓"三型"（"学习型、服务型、创新型"）机关建设。机关党工委以"三型"机关建设统揽机关党建重点工作，年初召开专题动员会，讲解建设"三型"机关的重要性和必要性，统一认识、推动工作。把建设"学习型"机关作为基础性工作；把建设"服务型机关"作为日常性工作，与党建工作"五大建设"内容相联系，明确标准、指导行为，将落脚点放到服务基层上，与机关作风监督结合起来，按季考评；把建设"创新型"机关作为引领性工作，倡导从日常工作中、细微处发现问题、分析问题和解决问题，通过创新提升工作的效率、质量和水平。（4）深化"务实作风、文明形象、服务基层、推动发展"主题活动。2011年，深化"务实作风、文明形象、服务基层、推动发展"主题活动，以主题活动"查找突出问题，制定改进措施，落实整改责任"的循环提高的工作程序。纪委（监察）处党支部推进各单位内部监控体系建设，加大对违规违纪行为的查处力度，开展工程建设行贿档案跟踪查询等；工会党总支加强对基层单位的服务和业务指导工作，做到对基层反映的问题事事有回音，件件有落实，切实履行工会的维权职责；技发办（科协、国土）党支部先后组织各专业进行科技项目立项论证，下达2011年重钢集团科技项目计划6批共计29个项目；行政管理处党支部做好职工群众的来信来访工作，2011年受理职工群众来信来访总量为1640件10344人次，化解了赵镇等8人20年的信访积案。（5）按照创建"学习型党组织"的要求，构建学习体系。2011年，机关党工委落实《重钢集团党员大规模培训规划（2009～2013年）》，通过每年的党员轮训和"三会一课"等形式，完成党员5年培训的年度任务。以全面提高党员综合素质为重点，组织党员向书本学习、向实践学习、向典型学习。并结合"创建学习型企业，争做知识型职工"活动，形成"全员学习、全过程学习、团队学习"和"工作学习化、学习工作化"的长效机制。（6）加强党员队伍建设。一是抓党员轮训工作。结合机关工作实际，制定《重钢集团机关2011年轮训工作意见》，采取组织参观、处室负责人上党课、集中宣讲、座谈讨论等方式开展党员轮训工作，各党（总）支部根据本单位的实际和党员思想状况组织集中学习。同时，党员也统筹安排自学时间，加强对本单位业务知识的学习。二是做好组织发展工作。把"专业技术人员、骨干、青年"作为发展党员工作重点，执行发展党员"公示制、票决制和责任追究制"。2011年，机关党工委预备党员转正1名，送培入党积极分子2人。三是完善落实党建信息化工程。抓"12371"党建信息平台相关资料的完善和工作的量化上报。并督促各党（总）支部对"12371"网络信息化资料进行维护和补充。工会党总支将党员评先、党费缴纳、基层学习调研等工作在"12371"党建信息平台公示。2011年，机关党工委调入党员27名，其中预备党员3名，转出党员8名，重钢集团机关1个党总支、15个党支部实现"12371"党建信息平台100%上网维护和完善信息，完成党员90%以上的登录率，数据库资料全部进行了修改和完善。四是开展"送温暖"活动。做好困难党员的摸底工作，对生病住院党员进行慰问，发放慰问金1500元。按照重钢集团武装部关于拥军优属活动的安排，做好机关优抚对象的慰问工作。全年，重钢集团机关"庆、谈、访"金额共计3000元。

程隽

**【机关作风建设和精神文明建设】**（1）落实党风廉政建设责任制。将党风廉政建设责任制纳入机关党建工作责任书一并落实，各处室负责人按"一岗双责"的要求落实反腐倡廉责任。各党（总）支部开展反腐倡廉教育，强化机关职工廉洁从业意识，提高领导干部和关键岗位人员诚信守法、勤勉履职、廉洁从业的自觉性。同时，坚持教育和管理相结合，形成用制度规范行为、按制度办事、靠制度管人的预防腐败机制。在党员干部中抓《党章》《国有企业领导人员廉洁从业的若干规定》《重庆市〈国有企业领导人员廉洁从业若干规定〉实施办法》等廉洁自律规定的学习。2011年，重钢集团机关领导干部都参加了重钢集团组织的法律法规考试，新提任领导人员参加了廉洁法规的学习考试。（2）加强机关作风监督工作。将基层对机关作风的评价纳入处室的经责制考核内容。以1个季度为周期，以各处室和直属部门为单位，从"首问责任制、深入基层、办事效率、工作质量、遵章守纪"5个方面进行评分。重新聘任重钢集团2011年度机关作风监督员，建立机关作风建设QQ群，定期召开机关作风监督员会议，了解基层的意见和建议，做好汇总、分析和反馈工作，向机关各处室通报存在的问题，并督促整改。对2010年机关作风监督员反映的意见和建议向基层单位通报整改情况。各党（总）支部继续推行"首问责任制"。据2011年1～3个季度返回的基层24个单位测评表看，平均分为98.20分，比上年提高0.23分。（3）召开"坚持以人为本理念，发扬密切联系职工群众优良作风"为主题的机关处室民主生活会。按照重钢集团党委《关于开好2011年度领导班子民主生活会的通知》精神，下发《关于开好2011年度机关处室民主生活会的通知》，重钢集团机关16个处室(部门),均按要求召开民主生活会,参加领导班子民主生活会的处级领导干部22人,占应参加人数100%。会前,征求意见和建议36条;会上,查找问题和差距38条,制定整改措施38条。(4)深化“五个好党支部”创建活动。按照重钢集团党委制定的“五个好党支部”标准,机关党工委每两个月召开工作例会,加强对机关各党支部工作的服务、指导和检查。2011年11月,各党(总)支部围绕“班子建设好、工作机制好、职工队伍好、生产工作好、模范作用好”等方面的要求对照自查,平均得分≥95分。截至2011年底,重钢集团15个党支部均获重钢集团“五好党支部”命名。(5)开展创建“文明处室”活动。2011年初,机关党工委在全体党员和职工中按照“勤政、廉洁、高效、服务”的基本要求,结合各处室各部门职能和专业管理工作的特点进行落实,坚持从首问责任制、深入基层、办事效率、工作质量、遵章守纪等5个方面对机关各处室和工作人员进行要求。结合“文明职工大行动”专项教育活动要求,开展公民意识教育和社会主义荣辱观教育,落实《重钢集团职工行为规范》,促进机关职工提高思想道德素质。开展“唱红歌、读经典、讲故事、传箴言”活动,使之成为弘扬主旋律、提振精气神的载体。继续开展“五五”普法活动,增强职工法制观念和遵纪守法意识。机关各处室针对各自存在的问题和薄弱环节开展创建活动。11月中旬,各党(总)支部,对“文明处室”创建活动进行自查。2011年,职工对处室负责人“学习、团结、勤政、廉洁”认可率95%;职工文明处室创建活动的参与面、坚持政治理论学习、开展厂情教育活动面均为100%。(6)抓党务公开工作。按照《关于印发〈重钢集团党务公开实施办法〉的通知》精神,机关党工委2011年6月3日成立以机关党工委书记为组长,各党总支、党支部书记为成员的领导小组办公室,制定下发《重钢集团机关党工委党务公开实施办法》,于2011年7月13日,召开党务公开工作动员大会,组织各党(总)支部书记和支委委员进行思想发动,明确重钢集团机关党工委需要公开的事项:一是党组织决议、决定和执行情况。二是党的思想建设情况。三是党的组织建设情况。四是党员联系、帮扶、服务群众以及涉及群众利益的重要事项等。五是党风廉政建设情况。明确机关各党(总)支部应当公开的主要内容:贯彻执行上级党组织决议、决定的情况,年度党建工作目标落实情况;发挥党支部战斗堡垒作用、党员先锋模范作用的情况;联系职工群众、解决职工群众反映突出问题的落实情况;支部委员分工及落实完成的情况;处室领导成员履行职责、廉洁自律和考核奖惩的情况;处室领导成员召开民主生活会及整改落实情况等。各党(总)支部按照机关党工委要求,明确党支部需要公开的内容、程序和时限要求,并通过党务公开栏、“12371”党建信息平台予以公示。

程隽

**【机关“创先争优”活动和厂情教育活动】** (1)“创先争优”活动。按照重钢集团党委深开展“创先争优”活动的总体要求和统一部署,2011年,机关党工委召开4次党支部“一讲二评三公示”集中讲评会。讲评会上,各党支部按照“创先争优”全年进度安排,讲述了当期履行岗位职责、完成承诺事项、参与“创先争优”活动的情况。在2011年11月的讲评会上,机关党工委重点检查了党支部和党员的承诺兑现情况,当期推进情况,特色作法等。并提出在次年工作中,要按照全年党委工作要点,统筹落实党建各项重点工作。(2)社会主义核心价值体系的学习教育。各党(总)支部开展社会主义核心价值体系的学习教育。全年,以领导干部为重点,用好重钢集团中心组学习这一主要载体。按照“讲党性、重品行、作表率”的要求,通过组织机关人员到基层调研指导工作、加强机关处室与二级单位的沟通交流、到长寿新区参观学习、与职工“同吃同住同劳动”等形式,强化机关党员干部的党性修养,加强党性作风实践锻炼,提高调查研究、谋划发展、推动工作和解决实际问题的能力。组织开展2009~2011年“先进单位、先进生产工作者”评选工作。(3)“发扬光荣传统,树立崭新形象,再造百年重钢”主题厂情教育活动。组织机关职工参加建厂120周年庆祝活动和建党90周年纪念活动。围绕重钢集团2011年目标任务,开展以“渡难关,保目标,尽责任”“发扬光荣传统,树立崭新形象,再造百年重钢”和“建设新重钢、实现新跨越”为主题的厂情教育活动,让职工认清形势,引导职工保持良好的精神面貌和工作热情,应对改革发展稳定中的各种困难和压力。(4)抓职工思想政治工作。按照“面向基层、服务一线、融入管理、贴近职工”的要求,机关党工委按季开展职工思想调查分析,收集职工意见,做好化解矛盾、添力鼓劲工作。重钢报、重钢电视台划归重钢集团党委宣传部管理后,34名职工均有不同程度对收入有可能降低、对新岗位不适应等负面情绪。针对该情况,宣传部党支部通过思想引导(厂情教育、交心谈心、支委点对点的思想工作)和活动(组织参观长寿新区、长寿湖采风),疏解职工思想问题。

程隽

**【环保搬迁指挥部党建工作】** 1.基层党建工作标准化和规范化。(1)推进“三项建设”。一是完善组织体系建设。2011年,完善党组织设置,新增长材党支部,并根据工程建设不同时期的要求,适时撤销、合并和新建党支部,保证党组织工作的全覆盖。二是发挥各级党组织带头人的作用。2011年环保搬迁指挥部在岗党员152人,各党委委员由各主要管理部、项目部负责人担任,各党支部书记由各管理部、项目部科(组)长担任。三是建设活动阵地。在统筹规划下,党委及各党支部采取建立“江南之音”广播站、设置宣传栏及分片承包指挥部会议室的方式，建立各级党组织的活动阵地。通过党务公开、“创先争优”等工作情况的上墙和上网，打造基层党建工作物化效果，发挥形象宣传作用。(2)开展创建“五个好”党组织工作。明确每年的党建工作阶段性目标，并分解落实到党委委员、党支部，分别与之签订党建工作目标责任书。在日常工作中，执行各项党建制度，完善台账记录。并在落实党建工作责任制的基础上，完善考核评价体系、监督约束制度，做好厂务、党务公开和效能监察工作。(3)推进“创先争优”活动。以“争当四强四优先锋，推进环保搬迁建设”为活动主题，明确活动载体和具体目标。制定“创先争优”活动工作安排表和对阶段性重点工作的活动项目、进度及措施。并按照“一讲二评三公示”的要求，做好讲述、评价和公示。支部对党员的评价每月开展1次，评选出“月度优秀党员”，并授予“党员示范岗”胸牌佩戴上岗；群众对党员的评议两月1次；党委领导每月定期参加支部讲评；党委每两个月对支部进行评价，评选出“优秀党支部”。评选出的优秀党员和优秀党支部均以插红旗的方式上墙公示，接受职工群众的监控。(4)开展创建学习型党组织活动。结合“创学习型组织，做知识型职工”活动，利用业余时间举办“精细化管理”“团队建设与项目管理”等讲座，以及“强化制度执行，提高管理水平”的环保搬迁工程管理制度汇编知识抢答赛。(5)深化党内民主建设工作。一是按照党务公开的内容要求，党委召开专门会议，制订工作方案，通过会议、上墙或利用信息平台公示和完善基础台账等途径，促使党员增强知情权、参与权和监督权，提高党员对党组织事务的参与度。二是党委遵循“稳定数量、提高质量、拓展思路、改善结构、均衡分布”的党员发展方针，推行发展党员“预审制、公示制、票决制和责任追究制”，引导工程建设技术骨干和优秀青年争取进步，扩大指挥部党员队伍。2011年共有21人递交入党申请书，培训入党积极分子14人，吸收预备党员3名，批准预备党员转正10人。(6)开展党内主题活动。根据工程推进实际和党组织充分发挥工程建设保障作用的需要，明确“突出一条主线，确保二个目标，开展三项活动”的党建工作阶段性目标，开展“工程建设作表率，环保搬迁立新功”等党内主题活动。

2. 推进基层党建特色项目建设。在环保搬迁党委的引导下，各党支部结合工程建设实际以及支部特点，在推进“创先争优”工作中开展特色活动。一是管理党支部开展“党员交通安全监督岗活动”，党员与职工群众结交通安全对子。二是公辅区域党支部开展“围绕工程建设和保产工作提建议、提措施活动”，12名党员共提15条建议。三是轧钢区域党支部开展“打造金手指团队活动”，提升职工岗位技能水平。四是铁前区域党支部开展“科学发展建工程，众人划桨献良策”提合理化建议活动，16名党员共提合理化建议17条，其中9条被各项目部采纳。五是炼钢区域党支部开展“工艺技术攻关活动”。

2011年，指挥部党委获重庆市国有资产监督管理委员会“五个好党委”称号，“重钢集团十佳红旗党委”“党建示范点”称号。

余欣

# 宣传思想工作

**【重钢宣传思想工作】** (1)理论学习。2011年共组织党委中心组集中学习12次，其中大集中学习9次，小集中学习3次。在学习中，邀请了重庆市委宣传部常务副部长周勇、市委宣传部副部长杨清明、市委党校副校长罗晓梅等作“重庆共产党人对中国历史的十大贡献”“学习贯彻党的十七届六中全会精神”“国家‘十二五’规划纲要解读”等专题讲座。同时，按照《重钢集团党委中心组学习制度》要求，加强对重钢集团各单位党委中心组学习的检查考核力度，督促各单位完善组织体系、落实学习机制、健全考勤制度，创新方式方法。起草下发《重钢集团加强和改进新形势下思想政治工作的意见》《重钢集团党委关于成立建设学习型党组织工作领导小组的通知》和《重钢集团2011年建设学习型党组织工作安排》。制定《重钢集团学习型党组织建设管理办法》。组织召开2011年度学习型党组织建设经验交流大会。(2)厂情教育活动。全年以“建设新重钢、实现新跨越”为主题开展厂情教育活动。编发学习材料6期，发放到车间班组供职工学习，推出评论员文章23篇。钢铁股份公司运输部除通过OA文件、内部刊物《物运人》《火车头》等载体进行厂情教育宣传外，还建立手机飞信网络。炼铁厂在厂情教育活动中，将对厂情的学习纳入到党员“创先争优”活动“学分制”管理模式中，以突出过程管理、量化考核的管理方式，初步形成党员学习培训“定性+定量”的长效考核机制。(3)厂庆纪念活动。2011年是重钢建厂120周年，与中央电视台合作摄制5集电视纪录片《追访西迁路》，用重走西迁路、采访当事人或知情人等形式，对汉阳铁厂西迁这一重钢重大历史事件进行还原与再现。该片在中央电视台4套的亚洲台、欧洲台和美洲台3台播出。开展“我所亲历的重钢”主题征文活动。征文以《钢铁赞》为引，沿着120年重钢发展历程中的主线，突出重钢发展成就、今昔面貌变化、老重钢人艰苦奋斗的事迹等主题内容，统一征集、评定，选择优秀文章67篇、共计12万字结集出版。在重庆人民大礼堂举行重钢建厂120周年纪念大会，重庆市四大班子成员到会祝贺。(4)精神文明建设。2011年，完成重钢集团全国文明单位的复查验收，重钢继续保持全国文明单位称号。完成市级以上文明单位及标兵的复查工作，新创市级文明单位1家。重钢集团启动“感动重钢”2010年度人物评选活动，推荐评选出8名“感动重钢”2010年度人物，举行颁奖大会。(5)思想调查。全年，重钢党委宣传部结合日常掌握的职工思想热点，收集、分析职工思想动态汇总整理，形成《职工思想调查分析报告》，送重钢集团党委常委预看，并报请重钢集团党委常委会进行讨论研究，全年共收集面上反映意见159条，其他关注的热点问题26条，急需重钢集团出面协调解决的意见建议23条。根据常委会精神，对有关思想反映及问题的处理意见进行通报。2011年的思想调查分析体现的几个特点：一是重点收集长寿新区职工的各种思想动态，如针对长寿新区职工中流行的段子及流行语言的收集；二是加大对各单位反映问题的处理力度，如针对长寿新区学习阵地建设问题，指定班子成员牵头，推进和落实。同时，宣传部成立工寿新区工作站，每周4人到长寿新区值守，通过列席相关会议，走访一线单位和职工等形式掌握职工思想动态。(6)对外宣传。2011年1～10月，中央媒体和重庆市主流媒体刊载各类重钢新闻600篇次，重点反映了大渡口老区关停、长寿新区投产、厂庆纪念、澳矿开工、靖江物流基地建成投产等内容，树立和提升企业的对外形象。①抓住厂庆活动。2011年9月，围绕厂庆纪念系列活动开展对外宣传系列报道工作，重点推介大渡口老区关停的意义、举措、成效和经验，解读中国钢铁工业摇篮的百年历程。②抓住外界媒体需求。2011年8月，重钢抓住新闻媒体开展“走基层、转作风、改文风”活动的机遇，与人民日报社重庆分社联系，8月28日《人民日报》“走基层、蹲点调研”栏目，头版报眼位置刊发了该报记者深入重钢长寿新区撰写的《一线钢铁工人耐劳累耐寂寞坚守“五十度”》通讯报道，同时配发了一线职工现场工作的新闻图片。③抓住各类市内外大型会议。以渝洽会、两江论坛、冶金记协年会、全国环保年会为契机，做企业跨越发展的对外宣传。④抓住展览。环保展览上重点推介三峰环境产业，房交会上重点推介朵力房地产业。(7)抓媒体、载体作用。2011年1月4日的第1期《重钢报》以彩版问世，标志着有着60年历史的《重钢报》全面实行彩版印刷。采编人员强化图片效果、增加栏目，使报纸的宣传面更广、主题更突出。重钢电视台与长寿电视台联系，分别播出《来自长寿的报道》和《来自重钢的报道》，实现互动交流。重钢报、重钢电视台根据不同时期重点工作，推出系列集中报道、专题报道，系列报道、专版报道等。如《重钢报》二版推出的4期组稿“烈日炎炎当头照、一片‘冰心’润心田”，集中反映基层各单位防暑降温工作等。重钢电视台策划制作播出8个“感动重钢人物”专题受到好评。特别是在重钢120周年厂庆中，《重钢报》从“重钢，那一年”到“重钢，那一天”的几期策划和专题报道，以及电视台制作播出“祝福重钢”系列节目。(8)门户网站建设。2011年6月，重钢集团党委要求重钢党委宣传部接手管理重钢门户网站，并对门户网站进行改版。重钢集团党委宣传部本着打造“重钢第三大官方媒体”的原则，调动各方资源，加紧改版工作，丰富板块信息，用全新的门户网站向建厂120周年庆典献礼。一是成立网站改版工作组，明确网站改版的主题、重点和原则，并公开招聘1名网络信息管理员负责网站改版维护工作。二是根据新重钢展示新形象的要求，结合浏览者的需求，明确网站改版合作单位，确立网站改版方案。三是新版门户网站上线开通后，按照重钢集团的统一部署和安排，跟进重钢集团各方面的动态消息，更新和完善新门户网站版面和内容。(9)文化培育和建设。一是编制完成《重钢文化建设“十二五”规划》。二是正修订编印《重钢文化手册》(第三版)。三是加强对重钢120周年企业文化研讨工作。编印完成《我所亲历的重钢》，正着手总结120年来重钢主要文化历程和重钢搬迁精神。四是抓电视剧《钢魂》的摄制工作。在重庆市委宣传部的推动和帮助下，重钢和华谊联合摄制的大型电视连续剧《钢魂》于2011年杀青关机，完成后期制作，并取得发行许可证。(10)法制宣传和普法工作。2011年，组织实施“六五”普法规划，加强依法治企工作和构建和谐重钢工作：①重钢集团中心组学习了《监事会条例》等法律法规。②重钢组织新提拔的36名厂处领导干部学习中央《国有企业领导人员廉洁从业若干规定》和《重庆市〈国有企业领导人员廉洁从业若干规定〉实施办法》等法律法规，并进行闭卷考试。制定下发《关于深入开展安全生产大宣教大排查大整治大执法专项行动的通知》，组织开展节能宣传活动、安全生产月等活动，并先后进行冶金企业煤气安全管理专项检查、安全生产大排查大整治大执法等专项行动，重钢集团主要领导每季度分别带队检查指导基层单位的法制宣传和依法治企工作，督促各单位对存在的问题进行整改。

2011年2月2日，在重庆市宣传文化工作会上，重钢集团党委宣传部以总分第一的成绩获重庆市宣传文化工作大型企业类先进集体称号。

田毅

**【“建设新重钢，实现新跨越”主题厂情教育】** 2011年，重钢集团以“建设新重钢，实现新跨越”为主题开展厂情教育活动。2011年1月下发《重钢集团2011年宣传思想文化工作要点》(重集宣发〔2011〕1号)，将开展厂情教育的目的、意义和相关要求传达到重钢集团各单位。重钢集团下属子公司及钢铁股份公司、矿业公司、三峰环境下属厂处单位均启动开展了厂情教育活动，活动单位参与面100%。

(1)重钢集团党委宣传部编写厂情教育宣传材料下发各单位,《重钢报》刊登"建设新重钢,实现新跨越"系列评论员文章,供职工学习使用。(2)各单位结合本单位实际提炼活动主题。钢铁股份公司开展"尽职尽责高效工作,降耗降本挖潜增效"主题厂情教育活动。三钢公司以"心系发展知情建言、弘扬实干共兴钢管"为主题。铁业公司将主题确定为"打好基地建设攻坚战,实现企业新发展"。朵力房地产公司以"产能翻番,实现跨越"为主题。重钢总医院2011年院情教育活动主题为"创建三甲医院,实现跨越发展"。产业公司的主题是"立足新区生产顺行,保产保供争作贡献"。朝阳公司开展以"建设新重钢,绘就新朝阳,实现新跨越"为主题的厂情教育活动。(3)钢铁股份公司运输部除通过OA文件、内部刊物《物运人》《火车头》等载体进行厂情教育宣传外,还建立了手机飞信网络,向职工宣传重钢集团2011年工作的主要目标和钢铁股份公司2011年生产经营目标及主要指标等。炼铁厂在厂情教育活动中,将对厂情的学习纳入到党员"创先争优"活动"学分制"管理模式中,以突出过程管理、量化考核的管理方式,初步形成党员学习培训"定性+定量"的长效考核机制。(4)钢铁股份公司自动化部通过内部刊物《重钢电子》、党支部书记会、职工座谈会、黑板报等方式,做好重钢集团职代会和党建工作会传达宣传工作。焦化厂以党支部为单位组织职工学习重钢职代会行政工作报告等。动力厂编写《动力人》厂情教育学习资料,印发到新、老区91个班(科)组。炼铁厂在厂情教育活动中提出,要着重解决好"找差距、提升干部能力素质;解难题、提高职工队伍执行力;挖潜力、推动铁厂生产经营上规模"等实际问题。并在本厂科级管理人员中开展打造"半军事化组织、学习型组织、竞争型组织"主题大调研活动。建设公司将厂情教育活动与2700毫米中板线搬迁工程结合起来,开展"大干120天,誓保2700中板线搬迁工程按期投产"活动。职工总医院围绕医院2011年目标任务和三甲医院创建2011年工作任务,开展讨论活动。炼钢厂召开厂情发布会,号召职工鼓足干劲,为2011年冲刺600万吨钢产量再立新功。中厚板厂利用厂刊《五彩路》、每月厂情教育卡明确厂情教育活动的主题、意义,分别在2700毫米、4100毫米生产线召开4次班组长厂情教育宣讲会。型钢厂党办编写第一期"尽职尽责高效工作,降耗降本挖潜增效"厂情教育活动宣讲材料,并在型钢内部网上发布;进行三级(集团、股份、型钢厂)目标、指标宣传教育。热轧厂党委围绕生产目标开展"学技术,练本领、展示实力"的党内主题活动和"明厂情、鼓干劲,生产稳定顺行、指标不断超越"劳动竞赛活动。维护检修部以召开信息员工作会、职工代表座谈会、走访班组等形式,开展以"老区顺行搬迁作表率、新区达产达效立新功"为主题的厂情教育。生活服务公司开展党员轮训,邀请重钢集团宣传部负责人作"重钢当前形势与任务"为主题的厂情教育报告。朝阳公司将重钢集团编印的"建设新重钢,实现新跨越"宣传资料发放至各部门、各班组,并通过制作展架、厂务公开栏等方式,明确朝阳公司"十二五"发展战略和2012年主要工作。质管处党委负责人向职工做了《坚定信心认真履职尽心敬业为600万吨钢生产保驾护航全力促进"十二五"目标实现》的培训讲解,质管处各作业区(站)对钢铁股份公司的目标任务和各种会议精神进行了宣传。

田毅

**【文明单位建设】** (1)市级文明单位标兵、文明单位复查验收。2011年11月28日下午,重庆市国有资产监督管理委员会受重庆市文明办委托,对重钢集团的市级文明单位标兵和市级文明单位进行复查验收。按照规定,重钢集团2005年、2006年创建成功的市级文明单位标兵和2009年以前(含2009年)创建成功的市级文明单位,都属此次复查的范围。"重庆市文明单位标兵"朝阳公司和"重庆市文明单位"三峰卡万塔公司、职工总医院作为市级文明单位代表接受复查验收。(2)重庆钢研所公司创建市级文明单位通过检查验收。2011年12月13日,重庆市国有资产监督管理委员会文明办受重庆市文明办的委托,对重庆钢铁研究所有限公司创建市级文明单位进行了检查验收。

曹均治

**【开展职工思想调查分析】** 2011年,重钢集团党委宣传部和各单位党委继续开展每季度的职工思想调查分析。一季度主要收集了职工对全国、重庆市召开的"两会"的关注情况和思想反映,职工对贯彻落实重钢集团十二届八次职代会和2011年重钢集团党建工作会精神的思想反映,职工对深入抓好工作责任制落实和干部作风建设的意见和建议等。二季度主要收集了职工对即将实现环保搬迁工程建设目标的思想反映,职工对达产达效、安全生产、环境整治、防暑降温工作的反映、意见和建议,职工对重钢集团开展统一基础工资标准工作的思想反映等。三季度主要收集了职工对开展纪念重钢建厂120周年庆祝活动的思想反映,职工对尽快实现600万吨钢系统达产达效的思想反映,职工对按期关停大渡口老区钢铁主业的思想反映等。四季度主要收集了职工们对当期严峻的市场形势对重钢生产经营带来的影响的思想反映,钢铁股份公司职工对实施600万吨钢生产规模人力资源结构调整的思想反映及意见建议等。每季度都对职工群众关心的其他热点问题进行了调查。重钢集团党委常委会每季度都对职工有关思想反映及问题的进行了回复,全年共计21条。为增强职工思想调查分析的广泛性和针对性,从2011年第四季度起,开始了专门收集重钢集团党派联席会上提出的意见和建议及青年职工思想动态。

曹均治

**【重钢集团党委常委会对职工思想反映及问题的处理意见】** 重钢集团党委常委会对2011年每季度的职工思想调查分析报告形成意见。1. 一季度:(1)有关部门要高度关注并切实解决职工反映的一些实际问题。关注、支持、帮助困难企业脱困。生产困难企业领导要振奋精神,发展生产,增加效益,确保职工收入不降低。保证职工队伍稳定。(2)重钢集团及钢铁股份公司人资部门4月将拿出大渡口老区停产后的人员安排方案;重钢集团高度重视并尽力做好东华特殊钢公司人员的安排。(3)企业有效益才有收入的增加,至当期重庆市国有资产监督管理委员会等部门仍按此原则执行。亏损企业只有尽快达产达效、扭亏盈利,才能实现职工收入增加。就钢铁主线而言,整合不是简单的事情,钢铁股份公司是上市公司,只会购买有效益的企业。(4)重钢集团2004年8月19日制定的《补充医疗保险实施办法》原则不变。大渡口地区以外的子公司,要建立补充医疗保险金,必须按照相关规定,仔细做好数据测算、分析和风险评估后,才能组织实施。

2. 二季度:(1)各单位要切实加强对职工的理想信念教育和艰苦奋斗教育,不断增强全体职工的凝聚力,提倡发扬艰苦奋斗的精神,激励职工勤奋敬业,开拓创新,为理想信念奋斗,为事业献身,为人生添彩。(2)要加强安全生产教育。当期正值高温酷暑季节,长寿新区建设进入最后冲刺阶段,大渡口老区生产仍将持续一段时间,安全工作不能有丝毫马虎。要采取切实有效的措施,认真抓好工作,保证新、老区生产经营稳定运行,保证大渡口老区按期安全停产。同时,要做好防暑降温、防洪防汛、环境保护工作。(3)抓好降本增效、达产达效。长寿新区600万吨钢系统即将建成,如何抓住时机保证投产后的安全稳定运行,尽快达产达效,任务十分艰巨。要教育职工增强忧患意识,振奋精神,顽强拼搏,促使长寿新区尽快达产达效,为重钢建设添砖加瓦。(4)有关单位反映的其他问题,重钢集团有关领导和职能部门及相关子公司进行了认真的研究,有的已有初步的解决意见,有的正在制订方案,有的按程序向重庆市进行了反映。

3. 三季度:(1)大渡口老区钢铁主业关停中,职工们顾全大局,虽然搬迁给大家带来一些困难,但都理解支持。各单位要进一步做好关停搬迁期间的宣传思想政治工作,进一步教育职工珍惜重钢来之不易的大好局面,克服生活、工作上的暂时困难,艰苦奋斗,共度时艰,维护稳定,确保安全,攻坚克难,狠抓管理,促进长寿新区早日达产达效。只有把生产、效益搞上去,就会过上好日子。(2)各有关部门对职工反映的一些热点问题要高度重视,积极想办法解决。东华特殊钢公司领导班子在应对这次不稳定事件中表现好,工作有力,给予肯定。类似子公司要向他们学习。(3)长寿新区学习阵地建设,规划设计部要纳入总体规划考虑解决。以钢铁股份公司党委为主启动新区二期阵地建设。(4)四钢公司要尽快扭亏。并希望四钢公司按照国务院18号文件精神,抓紧做好3家集体企业的改革改制工作。(5)职工收入与养老保险缴纳按国家和重庆市政府的当期政策执行:职工收入与企业效益挂钩;按职工实际收入(上年)缴纳“五险一金”。(6)矿业公司綦江铁矿要继续做好与法院的协调工作(特别是五中院),并做好退休人员的稳控工作。(7)离休干部办公室要做好两件事:一是积极做好思想工作,实现稳定(不要牵头集访);二是积极反映老干部的意见。(8)大渡口老区关停后,钢铁股份公司职工安排、职工收入已多次研究,“六条渠道”的政策是明确的。对“30、5年”职工的去向,钢铁股份公司应从长远、当期去考虑,提出切实可行的意见。(9)大渡口老区关停后,铁业公司职工工作安排方案及收入政策已经确定,按确定的方案和政策办。(10)重钢集团正加大长寿新区职工文化生活设施建设的力度。长寿新区文化娱乐中心主体工程已完,已进入装修招标阶段。待中标队伍确立后,立即进场装修。

4. 四季度:(1)当期,重钢集团钢铁主业经营困难,且2011年出现巨额亏损。各单位要认真开展以“明形势,强信心,扭亏增盈促发展”为主题的厂情教育活动,一方面正视问题,艰苦奋斗,要有过紧日子的思想准备,面对困难,共度时艰。另一方面也要教育职工坚定信心,困难是暂时的,只要我们认认真真地练好内功,扎扎实实的地降本增效,把我们应该做的事都做好了,市场一旦好转,就会促使钢铁主业尽快盈利。(2)钢铁股份公司人力资源结构调整工作是必须进行的一项重要工作。主要做好:①要加大宣传解释工作,认真做好分流人员的思想政治工作。②严格按政策和重钢集团、钢铁股份公司的规定执行。③政策要执行,操作要有情。要帮助困难职工即“B5类”人员的再就业;对提前5年退休的女职工,生活确有困难的要给予帮扶。④做好稳控工作,把矛盾解决在基层,把不稳定苗头消灭在萌芽状态,保证“两会、春节”稳定。(3)江津项目要抓紧推进,重钢分管领导、项目组要加强同江津方面的协调力度,招标工作要抓紧进行,不要延误工期。

重钢集团党委宣传部供稿

**【对外宣传工作】** (1)2011年,重钢对外宣传工作主要围绕纪念重钢建厂120周年、环保搬迁一期工程600万吨钢建成投产、大渡口老区安全平稳关停,以及实施“引进来”“走出去”战略,提前整体谋划,找准新闻选题,整合资源要素,实现报、电视台、电台、网、刊5类媒体联动和互动,形成与企业整体实力和发展形势相匹配的对外宣传格局。全年中央媒体和重庆市主流媒体刊载各类重钢新闻600余篇次。2011年重钢再获"重庆国企新闻奖"组织奖第1名。其中重点推介和宣传的内容：一是围绕重钢人如何抢抓"五个重庆"大发展大建设的机遇，重点宣传重钢加快建设"双千企业"（年产千万吨钢、年销售收入千亿元）的步伐；二是围绕按时平稳有序关停大渡口老区钢铁生产线和淘汰江津铁业等企业，解读重钢加快调整产品结构、产业布局，为尽快实现绿色重钢出谋划策；三是围绕以业内认同的"重钢速度"完成重庆市工业投资"一号工程"——重钢环保搬迁工程建设，挖掘"克难奉献、创新争先"的搬迁精神，为尽快实现规模重钢加油鼓劲；四是围绕推进产业整合和"缩幅减链"，优化产业和组织结构，重点对推动钢铁主业和非钢产业协调发展进行集中宣传，为尽快实现效益重钢呐喊助威；五是围绕"走出去"重钢澳矿项目开工建设、"引进来"韩国浦项FINEX项目和环境产业拓展取得阶段性成果，以及国内资源开发项目靖江物流基地、西昌矿业扩能技改有序推进，着重宣传重钢打造内陆企业开放高地的探索；六是围绕环保搬迁、生产经营、资源开发和企业改革四大战略任务，重点聚焦重钢5年来的发展成就。（2）按照"适度适时、热情细致"的工作方针，接待上级主管领导和人民日报、新华社、中央电视台、经济日报、工人日报、光明日报、科技日报、经济观察报、中国经营报、中国冶金报、重庆日报、重庆电视台以及港澳等境外媒体103家媒体记者采访。其中重要接待54次，包括书香巴渝走进重钢、国企为党旗添光彩、国企之路走进重钢以及中央媒体前往长寿新区开展"走、转、改"等采访接待。（3）2011年针对上述重点推介和宣传的内容，策划并制订新闻报道方案，组织主流媒体通过专题发布、采风、摄影等形式，宣传报道重钢的各项工作，展示企业形象。建党90周年之际，经济日报社重庆记者站站长冉瑞成带队到重钢长寿新区中厚板厂热轧车间采访，后在《经济日报》"红旗飘飘"栏目用1500余字通讯《共产党员冲在前百年重钢换新颜》报道党支部的战斗堡垒和党员的先锋模范作用。2011年8月，《人民日报》头版报眼位置，"走基层·蹲点调研"栏目刊发了该报记者刘志强深入长寿新区撰写的《一线钢铁工人耐劳累耐寂寞坚守"五十度"》通讯报道，同时配发一线职工现场工作的新闻图片。（4）在中国企业家、中国冶金报、重庆日报、公民报、重庆政协报、重庆行政等报刊和重庆市政府、重庆市委宣传部、重庆市国有资产监督管理委员会等组织的活动中，开展了以展示厚重的钢铁文化、凤凰涅槃的三朝国企、双向开放的资源格局、未来宏大的发展前景等为主要内容的专题、专版宣传，共24次。

刘世华

**【普法和依法治理工作】** （1）2011年，根据《中央宣传部、司法部关于在公民中开展法制宣传教育的第六个五年规划》和重庆市国有资产监督管理委员会的要求，制定《重钢集团关于在全体职工中开展法制宣传教育的第六个五年规划》（2011～2015年）和2011年普法和依法治理工作计划。重钢集团下属各单位结合本单位生产经营、改革发展实际，全部完成了普法和依法治理"六五"规划和2011年工作计划制订工作，明确了"六五"和2011年普法和依法治理工作的指导思想、主要目标、工作原则、主要任务、对象和要求及工作步骤和安排。（2）2011年，重钢集团各级组织宣传党的十七届五中、六中全会精神，宣传中央经济工作和全国政法工作会议精神，宣传胡锦涛总书记在庆祝中国共产党成立90周年大会上的讲话精神，宣传国家"六五"普法规划和全国人大常委会关于在公民中开展"六五"普法的决议精神，宣传《中华人民共和国宪法》等国家基本法律制度，宣传国家及重钢"十二五"发展规划。各单位用多种方式，宣传"六个为什么"和"四个重大界限"。（3）重钢集团党政主要领导在干部会上分别作了《防微杜渐，警钟长鸣，确保重钢发展大业顺利推进》《引以为戒，筑牢防线，清廉从业，共促发展》警示教育报告。重钢集团中心组学习了《监事会条例》等法律法规。制定《重钢集团贯彻中央〈关于实行党风廉洁建设责任制的规定〉的实施办法》，印发《重钢集团2011年党风建设和反腐倡廉分工责任制》《重钢集团2011年效能监察工作的实施意见》。新提拔的36名厂处领导干部学习了中央《国有企业领导人员廉洁从业若干规定》和《重庆市〈国有企业领导人员廉洁从业若干规定〉实施办法》等法律法规，并进行闭卷考试。重钢厂处及以上领导干部260人参加了重庆市重点企业经营管理人员法制理论考试，合格率100%。重钢集团还组织了领导人员谈心会暨廉洁从业教育活动动员会，在重钢集团通报了3名厂处人员利用职权贪污受贿案件。转发《中共重庆市国有资产监督管理委员会纪律检查委员会关于切实做好2011年元旦春节期间廉洁自律和厉行节约工作的通知》，重钢厂处及以上领导干部报告了2010年度个人廉洁自律情况。各单位实施了党风廉政建设分工及责任考核制度，在职领导干部实行了安全风险承包责任制度。关键岗位实行了定期轮换制度。（4）根据重钢环保搬迁及现实工作需要，重钢集团制定《重钢集团内部控制制度审计评价办法》《重钢集团工程审计办法》《重钢集团经济责任审计办法》《重钢集团安全标准化建设实施方案》《关于开展安全生产标准化建设的实施意见》。针对长寿新区制定《重庆钢铁（集团）有限责任公司厂区道路交通安全管理规定（暂行）》《重庆钢铁（集团）有限责任公司关于废金属及渣源管理办法》《重钢集团长寿新区电站安全工作规程（试行）》《关于加强已完工程交工验收工作责任追究管理的通知》《重钢集团不合格供应商评定与处置办法(试行)》《重钢环保搬迁工程甲供耐材、油料及各种辅料采购管理(暂行)办法》。根据《重庆市安全生产监督管理局关于加强大渡口老厂区安全工作的函》,重钢集团设立重钢集团大渡口老区关停后资产处置组织机构和监督机构。制定《加强重钢老区停产、拆迁期间安全环保管理办法》《关于重钢老区停产后资产处置监督要点》《重钢集团老区工业建(构)筑物拆除处置专项管理办法》等。

(5)制定下发重钢集团《关于深入开展安全生产大宣教大排查大整治大执法专项行动的通知》。先后进行了冶金企业煤气安全管理专项检查、安全生产大排查大整治大执法专项行动、工程建设领域突出问题专项治理工作、企业安全生产工作、疫病防治、单位内部财务室保险柜治安隐患治理工作、特种设备安全大排查大整治专项行动。按照《关于印发重庆市国有资产监督管理委员会系统2011年"小金库"专项治理工作实施方案的通知》,开展专项检查,进一步加强单位保险柜治安防范工作。重钢集团主要领导每季度分别带队检查指导基层单位的法制宣传和依法治企工作,督促各单位对存在的问题进行整改。长寿新区开展综合治理整治工作,并通过工作简报宣传经验做法。转发《重庆市人民政府安全生产委员会办公室关于加快推进继续深化安全生产年活动的通知》。针对安全工作薄弱环节制定《关于安全生产基层基础攻坚年工作的实施意见》。开展长寿新区工程建设安全设施"三同时"排查清理专项检查、2011年度防雷防静电装置安全检测检查。组织开展节能宣传活动、安全生产月活动、"质量月""626"禁毒、"12·4"法制宣传日和重钢效能监察工作上新台阶等活动。

重钢集团普法办获重庆市国有资产监督管理委员会2006~2010年度重庆市国有重点企业法制宣传教育先进集体。

黄文才

【重钢思想政治工作研究会工作】 2011年,重钢思想政治工作研究会重点组织研讨了深入学习贯彻落实科学发展观,推进重钢科学发展,坚持以人为本,推进思想政治工作改进创新,传承百年重钢精神,促进和谐重钢建设等课题研究。

按照重庆市国有资产监督管理委员会的安排,重钢集团组织了"重庆市国有企业干部职工思想状况"问卷调查。重钢集团有37个单位共发放调查问卷650份。

按照中国冶金政研会的规定,重钢思想政治工作研究会推选4篇论文参加中国冶金政研会优秀论文评选,其中黄文才撰写的《加强和谐建设促进新区稳定》获二等奖,谭敏剑撰写的《着力提高国企党建工作科学化水平推动重钢集团又好又快发展》和张发明撰写的《职工心理问题与关心疏导》两篇论文获三等奖。

2011年重钢思想政治工作研究会对片区进行调整,将原一、三片区合并,改称一片区,原四片区改称二片区,钢铁股份公司改称钢铁股份公司片区,原五片区改称环保搬迁指挥部片区。召开四个片区年会。共完成党建、政研论文256篇,片区表彰一二三等奖共计126篇。在片区一二等奖及推介到冶金政研会论文的基础上,重钢思想政治工作研究会表彰一等奖4篇、二等奖8篇、三等奖12篇共24篇优秀论文。获冶金政研会表彰的3篇论文和获重钢集团2011年度党建、政研论文合编为重钢集团2011年度党建、政研优秀论文集。

2011年6月,重钢集团党委书记张再坤带队参加中国冶金政研会召开的《企业文化论坛》,并就传承和创新百年重钢优秀企业文化在大会上作专题发言。7月重钢派2名职工参加了中国冶金政研会举办的学习型组织实务推广培训班。11月,重钢集团党委书记张再坤带队参加中国冶金政研会召开的理事会,重钢就推进职工队伍思想道德建设论题,撰写的《切实抓好三项教育推动重钢科学发展》材料在大会上作书面交流。

2011年,以重钢集团党委主要领导为代表的重钢职工撰写的《以创新精神做好环保搬迁中的思想工作》《百年重钢优秀文化资源拾零》《以"学分制"模式助推学习型党组织创建》《让职工在创新中成才》《企业环保搬迁中的稳定工作》等5篇文章在《冶金企业文化》杂志2011年1~5期刊载。

黄文才

## 纪委(监察)工作

【推进惩防体系建设】 2011年,重钢集团推进惩治和预防腐败体系建设。一是开展领导人员廉洁从业教育。2011年初通过两级中心组专题学习、召开反腐倡廉工作会,组织重钢集团副处级以上领导人员传达、学习胡锦涛总书记在中纪委十七届六次全会上的讲话,及重庆市党风廉政建设工作会议精神等,开展反腐倡廉形势任务教育,对重钢各级领导人员在2011年落实党风廉政建设责任制,做到廉洁从业提出要求。年中,按重庆市国有资产监督管理委员会的统一安排,围绕能投集团原董事长违法违纪问题,组织召开两级领导人员廉洁从业谈心会;结合重钢2009~2011年3年发生的厂处级负责人违法违纪案件,组织各单位行政"一把手"开展案例警示教育;针对工程建设领域的突出问题,组织重点岗位人员举办廉洁从业专题讲座等。组织发动各单位开展廉洁文化建设,通过发送廉洁警语飞信、打造廉洁文化墙、征集廉洁家书等活动,营造廉洁从业的氛围,促进党员领导人员的廉洁从业。二是加强反腐倡廉制度建设。根据中央和重庆市关于落实党风廉政建设责任制要求,重钢集团修订完善党风廉政建设责任制实施办法,明确党风廉政建设责任制的责任内容、责任实施和责任考核。并根据党风廉政建设2011年的形势任务,明确重钢集团两级领导班子2011年的责任分工,为反腐倡廉各项工作推进奠定基础。从规范约束决策权力入手,按照重庆市国有资产监督管理委员会的要求,制定重钢集团《关于贯彻落实“三重一大”决策制度的实施办法》,进一步明确和规范重钢集团董事会、党委常委会、党政联席会的决策内容和决策程序。并组织重钢集团下属各子公司制定本单位的“三重一大”决策制度。以落实《国有企业领导人员廉洁从业若干规定》和重庆市《实施办法》为重点,坚持实行新提任厂处领导人员廉洁法规考试制度、领导人员个人事项报告、“三谈两述”和礼金上交等廉洁制度。2011年,重钢集团两级纪委负责人同下级党政主要负责人谈话共计401人次,任前廉政谈话共计177人次,诫勉谈话共计47人次,述职述廉共计302人次。共组织36名新提任厂处领导人员参加廉洁法规考试;253名厂处领导人员按规定报告个人有关事项;162人次主动向重钢两级纪委登记上交礼品礼金186万元。三是加强案件查办工作。2011年,重钢集团纪委监察处共受理信访举报20件,承接上级交办17件,立案6件,对6人分别给予党纪政纪开除处分,其中处级负责人2人,科级负责人1人,挽回直接经济损失28万元。配合检察机关查处原钢铁股份公司物运部部长鄢培受贿20万元、财会处处长宋莺受贿8.5万元、资金科长何为受贿10万元等案。

邓春春

【党务公开工作】 2011年5月,按照重庆市国有资产监督管理委员会的统一部署,重钢集团开展党务公开工作。一是抓组织建立。重钢集团党委及下属49个党委(总支)层层建立党务公开领导小组和办公室,落实机构、人员,形成党委统一领导,行政支持配合,纪委组织协调,部门各负其责的党务公开领导体制和工作机制,保证党务公开工作的推进。二是抓宣传发动。重钢集团和各子公司召开党务公开工作动员会,通过《重钢报》、内部刊物、宣传橱窗、工作简报等载体,对党务公开工作进行传达部署和宣传发动。要求各单位做到“三个凡是”和“三个公开”:凡是党内法规要求公开的内容,凡是群众关心的党内热点、难点问题,凡是容易滋生腐败、引发不公的事项,都要主动公开、及时公开、最大限度公开,形成舆论氛围,激发党员群众的参与热情。三是抓制度建设。重钢集团制定《党务公开实施办法》《2011年党务公开工作要点》,明确党务公开的原则、内容,方式、程序和时限。并从企业实际出发,对子公司党委与各基层党支部的公开内容实行分级公开。各子公司和二级单位在重钢集团的统一安排下,制定本单位党务公开的实施方案。全年重钢集团共出台党务公开实施方案51个,制订具体工作方案64个,建立党务公开工作制度57个,保证党务公开工作制度化、规范化进行。四是抓联系点建设。重钢集团确定朝阳公司、钢铁股份公司炼铁厂等12家联系点单位,发挥联系点的示范带头作用,总结推广工作经验等。并建立实行党务公开监督员制度,在重钢集团范围内聘请20名党务公开监督员,收集意见建议,督促整改落实等。重钢集团各单位也层层建立、聘请本单位的联系点单位和党务公开监督员。全年重钢集团共建立联系点单位262个,聘请党务公开监督员81人。五是抓载体建设。重钢集团通过党务公开发布会、公开栏、电子显示屏、手机短信、公示制、票决制等形式,在普遍公开的基础上,实行重点公开,努力做到“四个坚持四个促进”:坚持把党务公开与党建工作相结合,对党内决策、干部选任、领导班子建设等进行重点公开,促进党内民主建设;坚持把党务公开与党风廉政建设相结合,对重大风险环节监督进行重点公开,促进环保搬迁建设;把党务公开与生产经营相结合,对重钢厂情进行重点公开,促进精品钢基地建设;把党务公开与厂务公开相结合,对职工关心的热点问题进行重点公开,促进和谐重钢建设。

邓春春

【环保搬迁监督工作】 2011年,围绕重钢环保搬迁工程建设,重钢集团纪委监察处牵头一是开展环保搬迁工程专项检查。对环保搬迁600万吨钢系统建设工程的投资管理情况,2700毫米轧机搬迁工程,环保搬迁设备和工程项目招投标的最高限价,炼铁与焦化项目初设、招投标、工程建设,功能考核全过程,铁路甲供设备等5个项目进行专项检查,组织全面整改。二是开展招投标监督。2011年,共对235个、中标金额为177131.9万元的项目招投标工作进行监督。受理招投标投诉举报5起,处理招投标违规单位3家,扣留投标保证金8万元。自2007年到2011年,重钢环保搬迁工程50万元以上的招投标项目共计1030个,合同金额2392843.8万元,公招率按项目计算达到71%,按合同金额计算达到80.15%,达到或超过国家和重庆市对国有投资项目公招率70%的要求。三是建立不合格供应商“黑名单”系统。针对环保搬迁工程中部分中标人的诚信问题,建立重钢不合格供应商“黑名单”系统。将2007~2011年期间在工程建设、设备原料采购中存在行贿、不履行合同、以次充好,招投标弄虚作假、围标串标等行为的50家供应商、服务商,列入重钢不合格供应商名单,3年内不再与之发生经济往来,维护重钢集团的利益。

邓春春

【老区资产处置专项效能监察】 2011年,围绕重钢大渡口老区关停拆迁后资产处置的重点工作,重钢集团纪委监察处作为重钢集团资产处置监督小组成员单位,开展大渡口老区资产处置专项效能监察。从健全制度、规范程序入手，牵头参与制定《老区停产后资产处置监督工作实施办法》《老区资产处置专项管理办法》，参与对大渡口老区资产房屋构筑物等无法拆卸搬迁的固定资产进行的清理，对部分单位的清理情况进行实地检查。并对非公开挂牌的资产处置，及铁业公司存量资产处置等重大项目进行过程监督。全年共处置存量资产58项，增值率677.86%，实现资产处置利益最大化。

2011年，重钢集团各单位根据形势和任务，继续围绕生产经营、环保搬迁、大渡口老区资产处置等热点问题和关键环节，开展效能监察，发挥效能监察强管理、降成本、增效益的职能作用。全年重钢集团18家子公司共立项78个，提出监察建议219条，采纳211条，建章立制125个，避免经济损失1829.44万元，挽回经济损失764.19万元，节约资金5700.22万元。

邓春春

## 老干部工作

【离休老干部医疗保健服务】 2011年，随着离休老干部"双高期"（高年龄、高发病期）的到来，重钢离休老干部工作办公室将离休老干部医疗保健工作列为重点，保持与急重病离休老干部家属和医院的联系，掌握生病住院老干部的病情及治疗恢复状况，加大对生病住院离休老干部的走訪慰问，全年到重医附一院、重医附二院、大坪三院、重庆市第九人民医院、重钢总医院、大渡口区明达医院、重庆市中山医院及西南、新桥等医院及离休老干部家中看望生病及在家休养的离休老干部64人次。

2011年4月，按上级有关规定，离休老干部工作办公室分4批，组织68名处（县）级离休老干部到重钢总医院进行健康体检。全年为19名离休老干部更换2012年就诊手续；为3位完全丧失生活自理能力的离休老干部办理享受特殊护理费的相关手续。

廖光杰

【建党90周年系列庆祝活动】 为庆祝中国共产党成立90周年，2011年重钢离休干部党委开展系列庆祝活动。（1）组织党的知识问答竞赛活动，向离休老干部发出问卷110份，收回104份，离休干部党委向参加答题的支部和党员颁发了组织奖和纪念奖；（2）组织离休老干部参加重钢书法研究会组织的书画活动，选送5副作品参加重庆市国有资产监督管理委员会举办的书画展，分获二、三等奖各1个、优秀奖3个，同时还组织部分离休老干部参加中组部在全国离休干部中开展的"与党同呼吸、共命运、心连心"征文活动，先后收到征文3篇。（3）"七一"前夕，中共重庆市委向重钢74名满50年党龄的离休老干部（含离干办退休的）老党员发放了"中国共产党成立90周年纪念章"。

况世勇

【调整离休干部生活补贴】 渝纪发〔2011〕44号文件要求，从2010年1月1日起，调整重庆市属企业离休干部生活补贴，标准：正厅局级3669元/月、副厅局级3387元/月、正处县级3016元/月、副处县级2701元/月。重钢属于调整生活补贴范围的离休干部共169人，增幅为每人每月351元~476元。调整后所需经费，除中兴实业公司、四钢公司属特困企业，铁合金公司属破产企业以及重庆钢研所等4单位由重庆市财政支付外，其余均由重钢自行承担。重钢集团一次性支付离休干部2010年1月~2011年12月补发资金1178252元。并自2012年1月起，重钢每月新增资金45669元。同时，文件还规定：自2012年1月起，离休干部的保留津贴由109元/月调整为129元/月，每人每月增加20元。该项费用由重庆市社会保障局支付。

吴建霞

【离休老干部文体活动】 （1）"三八"妇女节，组织离休女干部13人参观重庆市涪陵区白鹤梁水下博物馆。（2）中秋节期间，离干办召开由重钢公司级离休老干部、离干党委委员、支部书记，离干中的统战人员等25人参加的茶话会。（3）2011年5月12日，离干办组织大渡口区本部离休干部50人参观浏览重庆鸿恩寺公园以及民主党派陈列馆（特园）。10月18日，组织重钢本部离休老干部60人参观重钢长寿新区，观看4100毫米轧机生产线、重钢厂史陈列馆、新区观景台、职工倒班房和"朵力·6号原舍"等。（4）离干办在2011年5月、11月两次组织钓鱼活动，参加人数23人/次。（5）10月，组织老干部参加由重庆市老干部活动中心组织的"第六届老干部桥牌"比赛。（6）承办和参加由重钢离干办、九龙坡区老干局、大渡口区老干局、十八冶离退处轮流举办的"四方桥牌"联谊赛各1次。

廖光杰

## 统战工作

【重钢统战工作】 2011年，重钢统战工作在重庆市委统战部和重钢集团党委的领导下，根据重钢实际，主要开展的工作：（1）2011年，重钢集团统战部要求各民主党派通过专题学习、座谈会、民主生活会等方式学习贯彻科学发展观、重钢集团党代会和职代会内容，宣讲重钢厂情。2011年5月下发文件对统战人士庆祝建党90周年、重钢建厂120周年进行安排。一是组织重钢集团领导与40名各民主党派代表开展"追思历史、仰慕先贤，薪火相传、共创未来"统战人士参观特园中国民主党派历史陈列馆活动。二是组织20名老一辈民主党派代表举办"重温历史，同心同行"统一战线纪念建党90周年座谈会。三是与重钢集团工会联合举办“忆峥嵘岁月，展党派风采”各民主党派纪念建党90周年知识抢答赛，知联会代表队获比赛第1名，民革和九三学社代表队分获二、三名。(2)随着民革重钢总支部长寿支部和九三重钢小组的成立，标志着重钢统战工作重心向重钢长寿新区转移。2011年根据重钢党外人士的实际情况，遵循“注重培养、促进选拔、备用结合、形成规模”的原则，以重钢党发文件下发《关于调整重钢党委常委联系党外代表人士名单的通知》，落实《重钢党委常委与党外代表人物定点联系制度》，由重钢党委常委与党外代表人物结成对子，定期了解交流情况，掌握其思想政治表现及工作实绩，听取意见建议。(3)2011年，重钢集团召开的4次厂务公开发布会，都邀请民主党派和无党派人士代表参加会议，了解和监督企业的经营管理情况。在重钢集团领导班子民主生活会前，专门召开统战人士代表座谈会，听取和收集统战人士对重钢集团领导班子的意见和建议，制定整改措施。重钢集团召开的党代会、职代会等重大会议，把邀请统战人士代表参加作为重要工作，事先安排名额。这些制度化的工作，使统战人士了解重钢的生产经营和企业管理以及党建工作整体情况，使统战人士对企业的各项工作进行建议和监督，从而促进企业的民主管理更加完善。(4)结合重钢改革发展的工作重点继续开展“献出聪明才智，为构建和谐重钢做贡献”活动。2011年初，重钢集团统战部表彰在参与重钢集团科研、技术攻关、提合理化建议等活动中作出成绩的先进个人18名，以鼓励统战人士继续围绕重钢生产经营、环保搬迁、资源开发和企业改革四大战略任务，立足本岗位发挥作用。(5)民主党派代表参加的特邀监督员队伍继续发挥作用，民主监督重钢环保搬迁中资金使用、工程建好、干部廉政等工作，使重钢的环保搬迁成为一项让重庆市委、市政府放心，让职工群众满意的“阳光工程”。一年的工作中，重钢的民主党派和无党派人士代表履行民主监督的职责，提出意见和建议。(6)组织各民主党派参与社会服务活动。全年参与留守儿童关爱工作、下乡医疗服务、敬老院关爱等活动，民盟重钢支部在留守儿童关爱工作中每位盟员分别对1位留守儿童进行定点帮扶，农工党重钢支部党员4次参与下乡医疗服务活动，民革重钢总支部党员参与敬老院关爱老人活动，九三学社重钢基层委员会等也参与社会服务活动。(7)重钢集团党委支持各民主党派工作，组织开展各项统战活动，关心、爱护统战人士，团结统战人士构建和谐重钢。坚持在资金方面为民主党派开展活动提供必要的支持，各民主党派组织均按人均50元提供活动经费。2011年春节前夕，组织举办统战人士茶话会。中秋来临之际，为统战人士送慰问信、月饼，并组织参观活动，加强交流、增进友谊。

刘凌鸥

**【重钢民主党派】** 截至2011年底，重钢共有民主党派成员229名。

1. 九三学社在重钢共有社员107人。九三学社在重钢建立的基层组织有九三学社重钢基层委员会，下设3个支社1个小组：九三学社主线一支社、九三学社辅线二支社、九三学社退休三支社、重钢长寿新区江南小组。九三重钢基层委员会由张群力任主任委员，陈红任副主任委员，张小清、赵力任委员。九三学社在重钢的基层组织属九三学社重庆市委领导。另九三学社中兴公司小组由胡安国任组长，隶属九三学社江北区委领导。

2. 中国国民党革命委员会（简称：民革）在重钢共有党员70人。在重钢建立民革重钢总支（下属4个支部），属民革重庆市委直管，其中第一、第二支部属民革重庆市委和大渡口区委双重领导，中兴支部属总支和民革江北区委双重领导，民革重钢长寿支部属总支和民革长寿区委双重领导。民革重钢总支由宋晓菊任主任委员，周忠任副主任委员，李万辉、何渝忠、刘美川任委员。

3. 中国农工民主党（简称：农工党）在重钢共有党员17人。农工民主党在重钢建立支部，属农工民主党重庆市大渡口区委领导。农工民主党重钢支部由陈怡任支部主任，雷蕾任支部副主任，杨洪莲任委员。农工民主党中兴公司小组由余绍仪任组长，隶属农工民主党江北区支部领导。

4. 中国民主同盟（简称：民盟）在重钢共有盟员22人，建立民盟重钢支部，属民盟大渡口区委领导。民盟重钢支部由张家强任主任委员，苏平、曾建成任委员。

5. 中国民主建国会（简称：民建）在重钢有会员10人，分别属民建大渡口支部和巴南区支部。大渡口地区由李美军任联系人，贺奎任巴南区支部副主委。

6. 致公党在重钢共有党员3人。致公党在重钢建立小组，直属致公党重庆市委领导，致公党重钢小组由陈建国任组长。

刘凌鸥

# 共青团工作

**【“新重钢、新青年、新技术、新形象”主题活动】** (1)开展青年文化活动。一是在青年中开展“寻找身边榜样”系列活动，2011年重钢团员青年共推荐榜样候选人106名，重钢团委举办了榜样人物事迹推广活动。二是组织青年参与“感动重钢”人物评选表彰活动。三是先后组织百名重钢青年参与120周年纪念大会合唱表演，参加重钢民兵合唱演出，开展青年合唱培训班，累计参加人数130人。四是分别组织重钢新分大学生和重庆市带薪实习的800名高校学生参观重钢新、老区厂情馆和生产现场。(2)用社会主义核心价值体系，引导青年走中国特色社会主义道路。一是开展主题为“学党史、知党情、跟党走”的“五四”运动92周年纪念活动,内容包括开展“我爱唱红歌、我会诵经典”挑战赛、观看《建党伟业》《我爱你中国》影片,发送党史短信活动等。各级团组织共计开展活动175场,参加人数4000人。二是组织团干部下基层与青年“面对面”,了解他们在思想、工作、生活、学习等方面遇到的困难和问题,并给予帮助和解决,全年组织团干部与青年进行“一对一”访谈3012人次。三是建立以QQ群和飞信群为载体的信息群平台,各单位团组织也配套建立了相应的二级信息群平台,实现青年信息网络全覆盖。四是联合长寿团区委举办单身青年派对活动,组织青年参加重庆电视台《我们结婚吧》栏目录制。五是对《企业青年思想引导大纲》进行解析和转化应用,拟写《重钢青年思想引导大纲》,为青年思想引导工作提供理论支撑。(3)开展创建学习型团组织活动。一是围绕团务知识、企业形势、技能技术等方面,开展“青年夜校”活动36场。二是在《重钢报》上开设“新世纪青年好书推荐”栏目,为青年学习研究提供导向和服务,全年各级团组织共组建学习小组270个,开展学习活动317次,参加人数4515人。三是与共青团“创先争优”活动相结合,让青年重点围绕素质、能力提升和加强读书学习方面承诺项目,2011年在共青团“创先争优”活动项目中,学习项目占42%。

刘畅

**【“学党史、知党情、跟党走”主题系列活动】** 重钢团委为纪念“五四”运动92周年,中国共产党成立90周年,2011年开展以“学党史、知党情、跟党走”为主题的教育活动。一是组织团员青年开展“身边的榜样”演讲比赛,56名选手进入初赛,10名选手进入决赛。二是为引导青年学党史、知党情,开展“红色短信”发送活动,组织各单位团组织利用QQ、手机短信、飞信等信息平台,向青年发送短信共计5000条。三是为在青年中开展“唱、读、讲、传”活动,组织开展“我爱唱红歌、我会读经典”挑战赛。四是为让青年感受红色文化、品读红色经典,组织上千名青年观看《建党伟业》《我爱你中国》影片。五是为树立青年跟党走的坚定信念,增强青年投身企业同发展的信心,组织开展了“永跟党走”青年座谈会。

刘畅

**【共青团“创先争优”活动】** 2011年,重钢集团各级团以加强团的基层组织建设、带动团支部活动和提升青年素质为着力点,采用“承诺项目”的方式,按照“三级提项目、党组织审评项目、公开公示项目、督促饯行项目、三级讲述项目、集体评选项目、继续开展项目”7个环节的“项目循环体系”,保证活动的持续推进。开展“一讲二评三公示”,在“讲、评、示”3个环节中,重钢集团各级团组织运用集中会议、座谈会、微博讨论等形式,为青年提供讲评项目的平台。截至2011年底,重钢集团各单位团组织共制定项目132个,团支部制定项目619个,团员青年共实施项目5066个,各级团组织开展讲评活动267次,党团联席会208次,向党组织汇报工作341次,报送简报181篇、通讯稿135篇,重钢团委共向上级团组织报送信息22篇。

刘畅

**【推进青年人才计划】** 2011年,重钢团委运用青年成长成才团组织保证体系,推动青年人才队伍建设。一是推进青年职业生涯设计导航活动,开展工作研讨会、职业规划交流会,全年各级团组织共开展活动73次,组织1104名青年拟写职业生涯规划。二是推进青工技能振兴计划,承办了重庆市青工技能大赛金属轧制工决赛,43名选手参加比赛,组队参加重庆市青工技能竞赛维修电工、车工、焊工等项目决赛,10名选手获职业等级晋升资格;举办重钢集团第十届职业技能竞赛,共开办项目11个,126名青年参赛,获奖青年21人,各单位共组织2772名青年参与技术练兵。三是持续推进“导师带徒”活动,2011年共组织签订“导师带徒”师徒合同384份,兑现师傅津贴319人。四是坚持在新、老区大学生宿舍开办阅览室,为青年提供学习平台。

刘畅

**【“青”字号建功创益活动】** 重钢团委2011年以“青春奉献、岗位建功”为主题,开展“青”字号建功创益活动。一是围绕环境保护、节能降耗、环保搬迁以及生产中急、难、重任务,组织各级团组织开展青年突击队活动253次,参加人数1498名。二是完善和巩固“青安杯”竞赛机制,开展“青年安全月”活动,全年先后举办“杜绝习惯性违章”青年安全知识讲座,开展青安岗大检查等活动,发送安全提示短信1826条,2011年共查隐患1777起,整改1694起,新增标识牌424块。三是抓青年知识分子科技项目攻关和团支部的“五小”QC活动,全年共签订《青年创新项目攻关书》246份,实现经济效益680万元,签订《团支部“五小”QC项目书》450份,实现经济效益509万元。四是以成本管理、指标改善、提质降耗、创新服务等方面为切入点,加强“青年文明号”的创建力度,提高“青年文明号”的科技含量和文化内涵,“五四”期间,重钢团委对10个2010年度“重钢青年文明号”进行了表彰。

刘畅

## 人民武装工作

**【民兵政治教育】** (1)民兵政治教育和国防教育。组织民兵学习贯彻党的十七大、十七届四中、五中、六中全会精神,学习贯彻党中央、中央军委关于国防建设的方针政策和胡锦涛主席

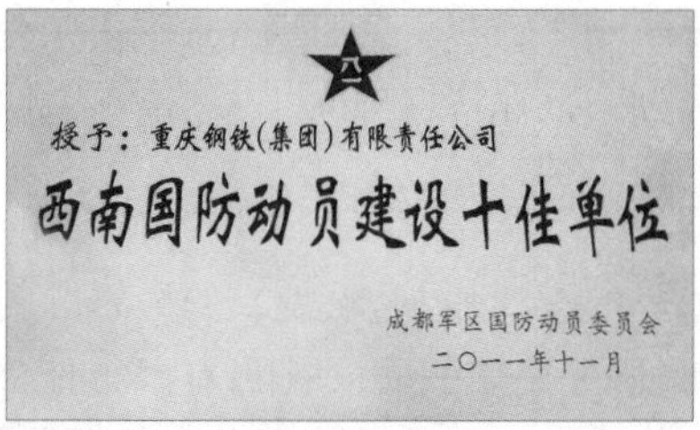


关于进一步加强国防建设和国防后备力量建设的重要讲话。(2)结合厂情教育、精神文明建设、企业文化建设对民兵进行"热爱企业、忠于企业、奉献企业"专题教育活动。(3)在重钢集团武装、民兵系统中开展"创建先进武装部、先进民兵分队、争当优秀专武干部、优秀民兵"的"创先争优"活动。(4)抓民兵科学文化、技术技能、管理知识的学习培训。2011 年共组织民兵和复转退伍军人参加各类学习培训 11500 人次,参加重钢集团第十届职业技能竞赛 97 人。

许明光

**【精神文明活动】** 2011 年,重钢集团组织民兵和复转退伍军人完成厂区环境治理、清理卫生死角等 42382 平方米。2011 年 3 月、10 月,重钢集团武装部与重钢团委联合组织青年民兵和共青团员分别在大渡口区大堰一村、革新村及长寿区江南镇、晏家镇,开展"下村段、进社区学雷锋志愿者服务"活动,两次活动共 148 人,为居民群众做好事 1252 件。2011 年 7 月、11 月,重钢集团组织 80 人的重钢民兵合唱团分别参加重庆警备区、重庆市和成都军区举办的"唱读讲传"文艺晚会演出,充分展示重钢民兵和重钢职工的形象。

许明光

**【军事技能训练】** 2011 年,重钢集团武装部以及各子公司、厂处单位武装部根据上级军事部门的指令,按照军事斗争准备要求,结合反恐防暴、处突维稳的实际,组织民兵预备役人员和复转退伍军人开展军事技能训练。全年,重钢集团武装部 4 次组织专武干部共 140 人次实施军事管理和组织指挥培训;5 月,组织应急分队民兵 130 人实施警棍盾牌术、擒敌拳、军体拳等反恐处突技能训练,并参加迎接重庆警备区朱和平司令员一行到重钢长寿新区视察指导工作的军事技术演练,受到警备区首长的赞扬;9 月,重钢职工培训中心组织中专技校新生 1300 人进行队列、军体拳和内务卫生为主要内容的军事训练。

许明光

**【参加重庆市"唱读讲传"等文艺演出】** 2011 年 5 月,重钢集团接受重庆警备区下达的组织 80 名民兵参加重庆警备区和重庆市"唱读讲传"活动任务后,即成立以重钢集团党委副书记为组长,重钢集团武装部、工会、团委、财务处等部门负责人为成员的活动筹备工作组,重庆钢研所、朵力房地产公司、建设公司、朝阳公司、产业公司、钢铁股份公司保卫处等单位克服重钢环保搬迁新老区两线作战、工作任务重、人员紧张等困难,抽派人员参加重钢民兵合唱团的排练和演出。2011 年 7 月 19 日,重钢民兵合唱团参加重庆警备区党委三届七次全体(扩大)会议文艺晚会演出;7 月 29 日,参加重庆市庆祝中国人民解放军建军 84 周年《我们的队伍向太阳》文艺晚会演出;11 月 10 日,参加成都军区国防动员委员会第六次全体(扩大)会议《军民融合固国防》"唱读讲传"文艺晚会演出。

许明光

**【"在管理中降本,在工作中增效"主题竞赛活动】** 2011 年,重钢集团武装部组织民兵系统开展以"在管理中降本,在工作中增效"为主题的降本增效竞赛活动。全年重钢集团各建有民兵组织的单位,按要求组织发动民兵结合生产经营、环保搬迁和降本增效的指标任务,针对本单位生产经营中的重点、难点和关键薄弱环节设立、实施降本增效竞赛项目。重钢集团武装部坚持每季度到各单位检查活动的进度及效果,以简报的形式在重钢集团内通报,以促进民兵降本增效活动的推进。2011 年由重钢集团武装部推荐参加重钢集团工会"群众性经济技术创新工程"评选的民兵参赛项目中,有 3 个项目分获一、二等奖和鼓励奖。全年,重钢集团民兵系统实施降本增效项目 248 项,创降本价值 14966 万元。

许明光

2011 年 6 月 10 日,重钢民兵合唱团在重庆警备区代表重钢、重庆、西南片区民兵参加演出。

武装部　供稿

## 工作机构

【党委办公室概况】 重钢集团党委办公室是中共重庆钢铁(集团)有限责任公司委员会的日常办事机构和综合工作部门,在党委工作机构建置上,中共重庆钢铁(集团)有限责任公司机关工作委员会与党委办公室合署办公,称为重钢集团党委办公室(机关党工委),下设秘书科。2011年末,重钢集团党委办公室(机关党工委)在岗职工5人,其中政工师2人,助理政工师1人,助理工程师2人,均为中共党员。党委办公室主要职责是协助党委负责人规划、安排党委工作,协助安排处理党委日常工作和事务,负责起草党委重要文件和综合性文字材料;负责重钢集团党委系统秘书工作、信息工作、机要文书工作、调查研究、督查督办等;负责抓好对来信来访和群体性、突发事件的综合协调和组织处置;负责重钢集团党委系统综合协调工作;负责做好机关党工委各项工作。

2011年主要工作:(1)调查研究和督查督办工作。组织实施重钢集团党委工作目标责任制。围绕重钢集团党委中心工作、重点工作的开展情况和党委决定的贯彻执行情况,对钢铁股份公司、矿业公司、建设公司、三钢公司、钢管公司、四钢公司、铁业公司、重庆钢研所公司、三峰工业公司等单位党委的工作进行调查研究和督查督办。组织每季度的党委书记例会和年底党委常委带队检查,协助党委负责人安排、部署党委阶段性重点工作。(2)信息工作。围绕生产经营中心;领导关注的热点、焦点问题;重钢集团的中心工作抓信息的收集、报送工作,每月底收集各单位当月党委工作完成情况及下月工作计划,了解各单位落实推进重钢集团党委工作安排的情况,督促各单位结合自身实际贯彻落实重钢集团党委工作部署。收集各类信息612条,向重庆市委、市政府办公厅、市维护稳定办公室、市国有资产监督管理委员会报送各类重要信息56条。(3)文稿起草工作。组织撰写《重钢重钢党委2011年度工作总结》《重钢集团党委2012年度工作要点》等文件及重钢集团党委领导在党建工作会、稳定工作会、“创先争优”活动各类会议、干部大会、参加重庆市召开的有关会议上的讲话稿。(4)机要文书工作。完成重钢集团党群系统有关文件的领取、登记、运转及归档管理,以及负责领导交办、批办件和来文的分类、登记、运转和督促落实工作。全年共办理重庆市委文件147份,中央办公厅文件69份,其中办理秘密级文件62份,机密级文件15份,失密泄密事件为“0”。(5)维护稳定工作。牵头处置钢铁股份公司人力资源调整职工集访、集体企业改制、綦江铁矿退休人员养老保险记缴、集体企业原“解合”人员上访、农民工工资兑现、四钢公司大集体退休人员医保缴纳等不稳定问题;坚持开展与“法轮功”邪教组织的政治斗争,落实重点人头教育转化责任,集中开展了反邪教宣传教育月活动。重钢集团整体稳定。(6)综合协调和后勤保障工作。服务保障和综合协调重钢集团“创先争优”活动、党委常委会、全委会、党政联席会、党群部门工作例会、党委书记例会、稳定工作会、党建工作会、党委常委带队检查各单位工作等各类重要会议和活动。(7)“创先争优”活动秘书组工作。全年共起草完成“创先争优”活动领导讲话2篇、活动简报24期,印发“创先争优”活动领导小组及办公室文件12个,会议纪要4期。(8)“五好党委”创建活动工作。规范形成创建工作体系。2011年有22个党委被命名为“五好党委”。11月,组织重钢集团及下属29个党委申报重庆市国有资产监督管理委员会级“五个好”党委并通过重庆市国有资产监督管理委员会检查验收,下属党委申报率为72.5%。2011年,重钢集团党委办公室保持机关党工委“最佳文明处室”称号。

龚洋

【组织部(人事处)概况】 组织部(人事处)是重庆钢铁(集团)有限责任公司党委和行政的职能管理部门,下设组织科和人事管理科。2011年部门职工退休1人,调出1人,调入2人,年末有在岗职工5人,其中教授级高级政工师1人,经济师1人,政工师1人,工程师1人;均为大学本科学历,中共党员。主要职责:负责重钢集团两级领导班子建设(包括争创“四好领导班子”活动的规划、评选和表彰等);负责重钢集团厂处领导班子的管理和厂处管理人员的考察、考核、任免、交流、监督、奖惩、培训、生活福利等管理工作;负责重钢集团下属子公司董事、董事长(执行董事)、监事、监事会主席的派任及管理;负责重钢集团向上市公司、参股公司派出推荐产权代表、董事、董事长、监事、监事会主席人选;负责重钢集团后备干部的推荐、选拔、培养和管理;组织召开重钢集团两级领导班子民主生活会;负责重钢集团干部人事制度涉及厂处级管理人员选拔任用等方面的深化改革,参与规范和完善子公司法人治理结构工作;组织实施重钢集团党的组织建设工作;负责重钢集团党建研究会秘书处工作;负责机关党群科级和各子公司科级党群组织负责人的任免及党群聘干管理等。

2011年重钢集团党委组织部(人事处)学习领会党的十七大及十七届四中、五中、六中全会精神和胡锦涛总书记在庆祝建党90周年大会上的重要讲话精神,贯彻落实科学发展观,推进领导班子建设和党的组织建设工作,在建设“四好”领导班子和高素质干部队伍、建设“五个好”党组织和“四优”党员队伍等方面取得了新的成效。2011年7月,重钢集团党委被中央授予“全国先进基层党组织”称号,重钢集团党委组织部被重庆市委组织部评为重庆市组织系统先进集体，组织部（人事处）党支部继续保持重钢集团“五好党支部”和机关“先进党支部”称号。

刘勇

**【党委宣传部（统战部）概况】** 重钢集团党委宣传部和统战部是两块牌子，一套班子，为重钢集团党委主管职工宣传思想工作、精神文明建设、企业文化建设、对外宣传工作和统一战线工作的职能部门。2011年7月，重钢集团撤销三峰传媒公司，重钢电视台和重钢报社并按2个科级机构划归重钢集团党委宣传部。至2011年底，重钢集团党委宣传部机构为综合统战科、宣传科、新闻科、电视台、重钢报社。重钢职工思想政治工作研究会和法制建设办公室挂靠在重钢党委宣传部。2011年末，重钢党委宣传部定员44人，其中管理岗位定员41人，操作岗位定员3人。

2011年主要工作：①开展“建设新重钢，实现新跨越”主题厂情教育活动。全年，重钢集团各单位参与面100%。②开展厂庆纪念活动。一是开展“百年重钢新生之路”主题宣传活动。二是创作、摄制和播出电视纪录片《追访西迁路》。三是开展“我所亲历的重钢”主题征文活动。四是制作重钢电视宣传片。③通过重钢集团全国文明单位的复查验收，继续保持全国文明单位称号。全年新创市级文明单位1家。④坚持职工思想调查分析制度。⑤围绕“四大战略任务”阶段性目标的完成，实现报、电视台、电台、网、刊五类外媒联动和互动。⑥重钢报、电视台围绕重钢集团“一主二重”和“四大战略任务”做好宣传，发挥舆论引导作用。⑦2011年6月，应重钢集团党委要求接手管理重钢门户网站，并完成对户网站的全面改版工作。

2011年，重钢集团党委宣传部获“重庆市宣传文化工作大型企业类先进集体”称号。重钢集团普法办获重庆市国有资产监督管理委员会“2006～2010年法制宣传教育先进集体”称号。

刘凌鸥

**条目另见部目**

【拍摄播出电视纪录片《追访西迁路》】：《特载》

【纪念重钢建厂120年宣传工作】：《特载》

【《重钢报》】：《文化教育》

【重钢报社工作】：《文化教育》

【电视剧《钢魂》拍摄制作】：《文化教育》

【摄制《百年重钢》】：《文化教育》

【《重钢》】：《文化教育》

**【纪委监察处概况】** 2011年，重钢集团纪委监察处设党风信访室、执法监察室、案件检查室、案件审理室4个室。2011年12月末在岗职工8人，其中高级职称3人，中级职称5人。

2011年，重钢集团纪委监察处贯彻落实中纪委十七届六次全会精神，围绕重钢集团生产经营、环保搬迁、资源开发和企业改革四大战略任务，以推进惩治和预防腐败体系建设为主线，开展反腐倡廉宣传教育、党务公开、环保搬迁监督、效能监察、案件查处等工作，促进重钢持续健康发展。2011年7月，在纪念建党90周年表彰活动中，重钢集团纪委监察处获2007～2011年度“重庆市纪检监察系统先进集体”称号。

邓春春

**【离休老干部工作办公室概况】** 2011年，重钢离休老干部工作办公室在岗职工5人，其中高级职称1人，中级职称2人。截至2011年12月底，重钢集团有离休老干部148人，分布在重庆市大渡口、江北、沙坪坝、綦江、长寿、江津以及四川省的西昌、乐山等8个区县和地区共45个单位。其中重钢集团本部大渡口区102人，区外单位46人。离休老干部中享受厅局级待遇24人，享受县处级待遇124人；年龄最大92岁，最小76岁，80岁以上高龄离休老干部130人，占离休老干部总数87.84%。

2011年，中共重钢（集团）公司离休老干部委员会有党委成员4人，除1人为在职职工外，其余3人均为离休老干部。下设5个（不含大渡口区外单位）离休老干部党支部，1个在职职工党支部。有离休老干部党员89名，在职职工党员5名，退休干部党员7名（离休老干部工作办公室退休党员）。

吴建霞

**【重钢工会概况】** 2011年，重钢集团有厂处工会49个，工会小组2780个，会员职工21897名。重钢集团工会机关设办公室（女工部）、生产（生活）部、组织民管部、宣教文体部、财务部，管理人员10名。工会文体阵地有钢花影剧院、篮球场、足球场、文体活动楼、水上活动中心、文化室等，文体阵地职工16名。2011年，重钢集团工会获“‘十一五’时期社会主义劳动竞赛先进集体”，重钢保持全国“模范职工之家”称号。

王殿丽

**【重钢团委概况】** 重钢团委2011年有基层团委38个，团总支11个，团支部255个，团员4270名，35岁以下青工6609名，专职团干部14名，兼职团干部35名。团委机关工作人员2名。

2011年主要工作：（1）学习贯彻党的十七大，十七届四中、五中、六中全会，重庆市委三届八次、九次全会和重庆市基层党建带团建暨共青团系统“创先争优”活动工作会议精神，贯彻落实党和政府关于加快转变经济发展方式、保障和改善民生等方面的方针政策，推进各级团干部和团员青年的政治理论学习，2011年重钢各单位团组织共开展政治理论学习332次。（2）开展“建设新重钢，实现新跨越”主题厂情教育活动，组织2011年度新分大学生参观重钢厂史馆和长寿新区，增强青年对重钢的忠诚度和担当发展重钢重任的责任感。2011年重钢各级团组织共开展厂情教育304次。（3）进一步落实重钢“党建带团建”工作的文件精神，以“三纳入”

“五同步”推进党建带团建工作。2011年12月，重钢党委应邀在重庆市国有企业党建带团建工作迎春座谈会上进行交流发言。保证“推优”工作质量，以“育优”“培优”为前提，以“一线、青知、团干”为重点开展工作，2011年向党组织推优286名，被吸纳160名。(4)开展共青团“创先争优”活动，继续采用“承诺项目”的方式，做好团委、团支部、团员青年“三级项目”工作。(5)“以创带建”，推进各级“五四红旗团委(支部)”创建工作，2011年重钢集团表彰“五四红旗团委”17个、“五四红旗团支部”20个。(6)抓青年知识分子科技项目攻关和团支部的“五小”QC活动。(7)完善和巩固“青安杯”竞赛机制，开展“青年安全月”活动，先后举办“杜绝习惯性违章”青年安全知识讲座，开展青年安全岗大检查等活动。(8)开展“新世纪青年读书活动”，至2011年底重钢各级团组织共开展读书活动310次，参加4310人，成立兴趣小组230个。(9)关心、丰富青年业余生活，先后开展“下一站·幸福”青年联谊活动、大学生迎新见面会、春节慰问大学生等活动。

刘畅

**【武装部概况】** 重钢武装部是重钢集团党委的军事机关，设政工科和军事人防科，主要负责对重钢集团机关和重钢大渡口地区各子公司及其厂、处单位的民兵预备役工作、人民防空工作、拥军优属工作的组织指挥和具体实施。同时负责对重钢集团大渡口区外各单位的民兵预备役工作、人民防空工作和拥军优属工作进行指导。原重钢预备役部队(通信连)，因重钢环保搬迁而撤销。重钢武装部的军事工作接受大渡口区人武部领导、人民防空工作接受大渡口区人防办公室领导、拥军优属工作接受大渡口区民政局领导。2011年，重钢武装部在岗职工6人，其中部长1人、科长2人、参谋干事3人。重钢武装部下辖41个子公司及其厂处武装部(重庆钢铁研究所有限公司武装部2011年4月成立；重钢集团三峰工业公司武装部，重庆钢铁股份有限公司维护检修部武装部、热轧薄板厂武装部2011年5月成立，重庆钢铁股份有限公司环运部武装部2011年12月成立，2011年6月因机构调整撤销三峰传媒公司武装部)，配有专、兼职武装干部72人。

2011年，重钢武装部主要完成工作：(1)完成民兵整组、兵役登记和民兵政治教育，组织民兵开展“学雷锋树新风”“唱读讲传”等精神文明活动；(2)组织民兵开展“在管理中降本，在工作中增效”主题竞赛活动，共设立竞赛项目248个，全年实现降本增效价值14966万元；(3)组织民兵完成生产经营中的急难险重任务93项(次)，为重钢创效减支948万元；(4)走访慰问军烈属、复转退伍军人5598人次，重点帮扶解困150人次，发放慰问、解困金48万元；(5)组织民兵配合公安保卫部门巡逻执勤4165人次，抓获偷盗违法人员183人，收缴被盗物资价值19.9万元；(6)实施完成抢险救灾任务36次，排除险情30次；(7)人防工程设备设施维护管理。

2011年11月11日，重钢集团被成都军区国防动员委员会授予“西南国防动员建设十佳单位”称号。

许明光

2011年重钢机关(党委)通讯录

| 单位 | 电话 | 地址 | 邮编 | 电子邮箱 |
|---|---|---|---|---|
| 党委办公室 | 023－68843217 | 重庆市大渡口区大堰三村1幢1号301室 | 400080 | |
| 党委组织部(人事处) | 023－68846318 | 重庆市大渡口区大堰三村1幢1号110室 | 400080 | |
| 党委宣传部 | 023－68846149 | 重庆市大渡口区大堰三村1幢1号201室 | 400080 | |
| 纪委监察处 | 023－68846098 | 重庆市大渡口区大堰三村1幢1号312室 | 400080 | |
| 离休干部工作办公室 | 023－68846384 | 重庆市大渡口区锁口丘 | 400080 | |
| 武装部 | 023－68847733 | 重庆市大渡口区钢花支路 | 400080 | |
| 团委 | 023－68842216 | 重庆市大渡口区大堰三村1幢1号406室 | 400080 | |
| 工会 | 023－68844489 | 重庆市大渡口区大堰三村1幢1号301室 | 400080 | |

陈曼玲

本部目编辑 张 兵
本部目校对 张红海

11

# 工会建设

重钢年鉴

2012

## 职工代表大会

重庆钢铁(集团)有限
责任公司工会
第十四次会员代表大会
暨第十二届
职工代表大会
第九次会议

# 重庆钢铁(集团)有限责任公司2011年财务报告

(摘要)

重钢集团副总经理、总会计师
袁进夫

(2011年12月29日)

一、主要财务指标情况

1.营业收入

2011年,重钢集团营业收入(合并)目标为320亿元,1~11月实现294亿元,预计全年完成310亿元,比目标值降低10亿元,降幅3.12%,但比上年增加90亿元,增幅40.91%。

2.利润

2011年,重钢集团利润目标为3.2亿元,1~11月实现利润5137万元,预计全年亏损8亿元,比上年减少利润11.2亿元。

3.资产负债率

截至2011年11月末,重钢集团资产负债率为71.8%,预计年末为72.31%,与上年比基本持平。

4.净资产收益率

2011年1~11月,净资产收益率为-0.09%,其中归属母公司净资产收益率为0.35%。预计全年净资产收益率为-5.11%,其中归属母公司净资产收益率为-3.08%。

二、利润情况

2011年,国家加强宏观调控,国内经济增长放缓,钢铁行业不景气,而矿石等原材料价格又高位运行,同时,重钢长寿新区部分设备刚投产处于磨合期,事故较多,各种消耗相对偏高,重钢钢铁主业生产经营较为困难,前3季度一直处于盈亏边缘运行。4季度,受钢材价格大幅下跌的影响,钢铁行业效益大幅下滑,亏损面扩大,钢铁股份公司也未能独善其身,亏损严重。但值得欣喜的是,2011年重钢集团非钢产业继续保持较好的发展势头,全年实现利润近5亿元,迈上一个新台阶。

2011年前3季度,重钢集团实现利润3.1亿元,预计4季度,钢铁股份公司当季亏损加上提取矿石、钢材等存货减值损失6.5亿元后全年亏损12亿元。预计全年重钢集团亏损8亿元,较上年减利11.2亿元。

2011年,重钢集团利润与上年比较的主要增减利因素有:

1.增利因素主要有以下几个方面,共计增利22.92亿元。(1)钢材平均售价增加,预计增利17.52亿元。2011年1~9月,重钢集团钢材平均售价4348元/吨,比上年增加398元/吨,预计4季度重钢集团钢材平均售价4067元/吨,比前3季度平均价格下降281元/吨。2011年,预计重钢集团钢材平均售价为4296元/吨,比上年增加321元/吨,增长8.08%,增利17.52亿元。其中,中板销售价格4265元/吨,同比增加216元/吨;型材销售价格4260元/吨,同比增加511元/吨;线材销售价格4340元/吨,同比增加640元/吨;棒材销售价格4320元/吨,同比增加604元/吨;热轧板带销售价格4010元/吨。(2)钢材销量增加,预计增利3.68亿元。2011年,随着重钢长寿新区环保搬迁工程600万吨钢全部建成投产,钢材产销量同比均大幅度提高。1~11月,实现钢材销量509.21万吨,同比增加140.44万吨。全年,预计实现钢材销量546万吨,同比增加121万吨,增长28.47%,增利3.68亿元。(3)非钢产业效益增加,预计增利1.21亿元。2011年,非钢产业效益持续增长,成为重钢集团利润的主要来源。全年,预计非钢产业实现利润4.9亿元,同比增加1.21亿元,其中,矿业公司预计实现利润1.5亿元,三峰环境公司预计实现利润1.25亿元,朵力房地产公司预计实现利润8000万元,朝阳公司预计实现利润5700万元,设计院预计实现利润3000万元，建设公司预计实现利润1450万元，三环监理公司预计实现利润1400万元。(4)投资收益预计增利0.5亿元，主要为重钢集团母公司按账面确认对中节能三峰能源有限公司的股权投资收益。

2.减利因素主要有以下几个方面，共计减利34.38亿元。(1)钢材平均销售成本上升，预计减利22.04亿元。2011年，铁矿石、煤炭、废钢等主要冶金原燃材料市场价格大幅上涨，给企业成本控制带来很大压力，极大的压缩了产品的利润空间。尽管4季度，在钢材价格下跌的倒逼下，矿石等冶金原料市场价格也呈现较大幅度的下跌，但终究小于钢材价格的下跌幅度。全年，预计钢铁股份公司采购煤、废钢、生铁、矿石平均成本(不含税)分别为1329元/吨、3308元/吨、3428元/吨、1248元/吨，同比分别增长189元/吨、1267元/吨、768元/吨、322元/吨。由于原辅料的大幅涨价，导致钢铁生产成本居高不下，1～11月，生铁平均生产成本2944元/吨，同比增长347元/吨；钢平均生产成本3691元/吨，同比增长472元/吨，预计全年钢材平均销售成本4074元/吨，同比上升404元/吨，增幅11%，减利22.04亿元。(2)财务费用同比增加3.7亿元。主要是受负债规模扩大，融资成本上升，以及长寿新区部分资产建成正式投产后，相关借款利息不再计入工程成本，从当期效益中消化的影响。(3)管理费用增加2.7亿元。其中修理费用增加2.35亿元，主要为钢铁股份公司生产规模扩大，备件消耗增加，另外2011年新增120周年厂庆系列活动费用等。(4)资产减值损失增加5.94亿元。其中钢铁股份公司预计提取存货跌价损失6.5亿元，同比增加6.14亿元，其他子公司同比少计提各项资产减值损失0.2亿元。

三、资金运营情况

2011年，重钢集团资金运转十分困难，供求矛盾十分突出，形势十分严峻，随时都面临着资金断链的危险。由于环保搬迁工程主要依赖负债融资解决资金来源，致使企业背负巨大的偿债压力。当期，重钢集团有息负债高达303亿元，且短期债务比重较大，企业每月都面临着十几亿元的还款压力，同时，重钢集团的投资强度依然很大，全年支付近60亿元，资金支付压力前所未有，严重威胁着企业资金链的安全。面对困难，重钢集团积极应对，顶住压力，开源节流，加强对外融资工作，严控支出，化解当期资金风险，保证资金链的安全，全年资金运转基本正常。

1.货款回笼情况。2011年，由于钢材市场疲软，销售困难，货款回笼工作未完成重钢集团预定的目标任务，尤其是货款回笼中，银行承兑汇票比重过大，当期高达70%以上，现金不足，通过票据贴现方式获取资金来维持企业正常周转已成为常态，增加了企业的资金成本和兑付压力。2011年1～11月，重钢集团应收货款395.36亿元，实收货款384.33亿元，货款回笼率97.21%，比上年有所下降。

2.对外融资情况。2011年，国家为控通胀，持续收紧信贷规模，不断调高存款准备金率，社会资金面紧张，企业普遍遭遇融资难、融资成本高等问题。对重钢来说，除外部融资环境恶化外，企业自身资产负债率过高，效益不好，而融资额度又很大，同时，所处的钢铁行业又是国家重点调控的产业，因此，对外融资工作更是异常艰难。重钢集团不等不靠，积极提前谋划，开拓创新，直接间接并举，本外币并重，千方百计地开展融资。全年，重钢集团实现对外融资184亿元，融资工作成效显著，成绩来之不易。(1)加强与国内外金融机构合作，筹集债务资金174亿元。一是重钢集团实现银行借款121.41亿元，归还银行借款91.82亿元，净增29.59亿元。其中向国家开发银行重庆市分行贷款2.1亿美元，中国进出口银行给予澳矿项目贷款4387万美元；同时，获银行新增授信额度27.56亿元，其中钢铁股份公司新增12.4亿元、矿业公司新增12.85亿元。二是以融资租赁方式筹资29.65亿元。其中向昆仑租赁公司融资14亿元，通过中钢设备公司向英顺租赁公司融资10.65亿元。三是信托融资23亿元。其中重庆国际信托公司13亿元，中信信托公司10亿元。通过信托筹集资金，丰富了重钢集团的融资渠道。四是继钢铁股份公司2010年发行20亿元公司债券后，2011年重钢集团启动发行20亿元企业债券。2011年已完成发债涉及的审计、评级等工作，并取得重庆市国有资产监督管理委员会、市发展和改革委员会的批准，发债相关资料已上报国家发展和改革委员会，待国家发展和改革委员会批准后即可实施发债。五是经过多年不懈努力，2011年12月，国家发展和改革委员会正式同意金融机构可以为重钢集团环保搬迁项目发放贷款。项目贷款的前提条件具备后，重钢集团立即开展了项目贷款相关工作。此外，重钢集团上年4季度启动的拟通过海外发债10亿美元，以为澳矿项目筹集资本金，后因企业评级不理想和市场发生变化，海外发债未能实施。(2)调整财务结构，筹集权益资金10亿元。一是渝富公司对矿业公司增资扩股5亿元。该资金由重钢集团专项用于环保搬迁工程。二是在重庆市国有资产监督管理委员会的协调下，为澳矿项目筹集部分资本金，重庆能投集团公司对矿投公司增资扩股5亿元。三是三峰环境公司拟引进有实力的财务投资者，实施增资扩股3.6亿股，总价款1亿美元，以解决该公司快速扩张带来的项目资本金不足的问题。该项募股工作正进行中。

3.降欠情况。2011年，重钢集团降欠计划为4050万元，目标5200万元，有降欠任务的子公司认真落实降欠计划，积极投入清欠工作。全年，实现降欠4679万元，其中降老欠36万元，占总降欠额的0.76%；收回货币资金4643万元，占总降欠额的99.24%，超额完成重钢集团下达的计划。

4. 技改、技措项目投资情况。2011年，重钢集团投入环保搬迁等技改技措项目共计支出58.77亿元。主要明细支出情况如下：(1)环保搬迁支出42.38亿元(环保搬迁累计支出220亿元)。(2)其他项目支出。矿业公司钛矿300万吨扩能等工程8.43亿元，三峰环境公司成都九江、万州等发电项目5.13亿元，朝阳公司30000立方米每时制氧机组等1.68亿元，四钢公司1450毫米冷轧硅钢生产线0.28亿元，新港长龙成品码头4号泊位工程0.15亿元，产业公司废钢加工工程0.13亿元，钢花电影院改造0.1亿元。

四、职工薪酬及福利支付情况

2011年，在资金紧张的情况下，重钢集团仍在职工工资、保险、福利等方面的支付给予充分保障，全年职工薪酬在上年大幅度增长基础上仍有一定增长。

1. 职工工资支出情况。2011年1~11月，重钢集团工资总额支出12.05亿元，预计全年支出13.14亿元，比上年预计增长1.87%。

2. 职工劳动保险费和离退休经费支出情况。2011年1~11月，重钢集团共计提职工养老保险费3.06亿元，上缴职工统筹养老保险费和支付离退休经费3.16亿元，做到当期足额计提和上缴，确保广大职工的权益。

3. 职工失业保险费支付情况。2011年1~11月，重钢集团共计提职工失业保险费1207万元，且当期足额上缴。

4. 职工住房投入。2011年，重钢集团在改善职工住房条件方面继续给予投入，2011年1~11月共支出9366万元，预计全年10493万元。其中为职工缴纳的住房公积金10026万元。2011年重钢集团继续对改善困难职工住房条件进行投入，支出住房维修费467万元。“朵力·半岛香颂”和“龙泉苑”集资建房一定程度缓解了部分职工的住房需求。

5. 职工医疗费和福利费支出情况。2011年重钢集团职工医疗费和福利费按规定正常上缴和支出，财务部门对此予以资金保障。延续上年重庆市政府基本医疗费上缴比例下降一个百分点的政策，1~11月，重钢集团医疗经费支出15673万元，预计全年支出17096万元，比上年增加1890万元，增长12.42%。其中职工基本医疗费支出12027万元，同比增加1411万元，增长13.29%；补充医疗费支出3244万元，同比增加265万元，增长8.96%；大额医疗费支出1845万元，同比增加214万元，增长13.11%。全年重钢集团福利费支出6658万元，同比增加793万元，保证了职工困难补助和慰问、看望职工等方面的支出。另因实行带薪休假制度，全年支出疗休补贴398万元。重钢集团继续为每个在职职工的家庭财产投保2000元保险额，以体现对职工的关心。

五、业务招待费使用情况

2011年1~11月，重钢集团业务招待费支出2110万元，预计全年2302万元，同比增加230万元，增支11.1%。1~11月，重钢集团实现汇总营业收入344亿元，预计全年汇总收入365亿元，同比增长32.25%。按财务制度规定可列支业务招待费4122万元，实际支出占可列支部分的51.19%，业务招待费支出总体处于控制之中。

六、上交税金情况

2011年1~11月，重钢集团上交各种税金7.64亿元，同比降低0.49亿元，降幅6.03%；预计全年上交税金8.26亿元，同比降低0.73亿元，降幅8.12%。

七、国有资本收益分配情况

重钢集团以所有者身份依法享有对所投入国有资本的收益权。取得这部分收益是重钢集团母公司维持自身运转、资本再投入和向国家上交国有资本收益的需要。重钢集团母公司对全资子公司2010年度利润分配，继续执行其可供分配利润的40%留给子公司作效益积累，60%上交母公司的分配政策。而控股子公司按其股东大会决议进行利润分配。2011年，重钢集团上交国家国有资本收益2477万元，收到全资及控股子公司2010年度国有资本收益13910万元，明细情况：矿业公司4719万元、三峰环境公司2613万元、朵力房地产公司2365万元、设计院2024万元、三环监理公司815万元、朝阳气体公司562万元、建设公司424万元、新港公司186万元、产业公司87万元、运输公司76万元、生活服务公司25万元、三钢公司14万。

八、资产、产权管理情况

2011年，重钢集团资产、产权管理工作任务繁重。重钢集团相关单位齐心协力，克服困难，做了大量卓有成效的工作。

1. 加强大渡口老区资产处置管理。2011年重钢大渡口老区关停，大量资产急需处置，处置资产数量多、金额大、时间紧、任务重，历史罕见，企业职工和社会各界十分关注，重钢集团更是高度重视，具体抓的工作：一是重钢集团专门成立大渡口老区资产处置及监督组织机构，统一领导重钢集团大渡口老区资产处置及监督工作；二是及时出台《老区资产处置专项管理办法》《老区资产处置监督管理办法》等规定，加强大渡口老区资产处置内部控制，规范处置行为，防止资产流失，提高处置效益；三是对大渡口老区资产进行全面分类清理，摸清情况，解除出租资产的租赁关系，为明确资产处置渠道，或搬迁利用或对外变卖或报废回收等奠定基础；四是加大资产处置力度。2011年，重钢集团以“招、拍、挂”等方式对外处置大渡口老区资产384项，处置资产账面价值1277.27万元，处置价款1705.98万元，增值率33.6%；五是完成大渡口老区刘家坝五、六厂、热陶瓷公司片区资产的拆除工作，向重庆渝富公司交地85.13公顷。资产拆除过程中回收的废钢铁14491吨，全部交钢铁股份公司回收利用。同时，对该区域非重钢资产的拆除，按评估价格给予相关集体和改制企业补偿，共支付补偿金4282.35万元。六是加强监督检查。主要是实地查看处置资产的实物情况，检查部分单位出租资产租金收取及入账情况，检查大渡口老区资产处置制度的执行情况，以及在大渡口老区资产处置过程中出现的个别违规案件，重钢集团及时予以处理。

2.继续推进重钢集团资产整体上市工作。2011年完成将运输公司的资产整体注入钢铁股份公司的工作。同时，抓好重钢集团长寿新区资产整体上市的前期准备工作。

3.加大资本金投入，推动非钢产业发展。2011年重钢集团利用财政补贴资金对三峰环境公司增资3亿元，对建设公司增资1.2亿元，以增强企业市场竞争力，为进一步壮大非钢产业创造条件。

4.盘活存量资产，理顺产权关系。通过重庆联合产权交易所公开挂牌处置了重钢集团持有的数码模公司41.89%的股权，收回资金2811万元。同时，为理顺长寿新区土地权属关系，将重钢集团子企业、参股企业以及外部配套单位使用重钢集团或钢铁股份公司在长寿新区的土地，按评估价格作价后过户至相关单位，使地房合一。至2011年11月，完成土地评估，经重庆市国有资产监督管理委员会批准后，实施土地交易过户。

九、财会管理工作情况

2011年，重钢集团从重庆市财政和长寿区财政申请到环保搬迁财政补贴资金2.37亿元。按照重庆市国有资产监督管理委员会的相关文件要求，再次在重钢集团范围内进行“小金库”专项治理工作，查出漏报“小金库”44.55万元。

# 重庆钢铁（集团）有限责任公司工会第十四次会员代表大会暨第十二届职工代表大会第八次会议提案建议意见执行情况报告

（摘要）

重钢集团副总经理
曹敬明

（2011年12月29日）

2011年1月，在重钢集团第十二届八次职工代表大会会期和闭会期间，重钢集团行政共收到职工代表对重钢集团生产经营、环保搬迁、企业管理、改革发展、劳动工资、生活后勤等方面提出的建议、意见共9件。对职工代表提出的这些建议、意见，重钢集团行政极为重视，进行认真研究，提出相应的解决办法，责成有关单位和部门积极办理，并向建议、意见人给予书面答复。在9件建议、意见中，已办理4件，正在办理的有4件，条件不具备或不符合政策规定不能办理，或需要加以说明的有1件。现就职工代表提出的建议、意见处理情况作如下说明：

一、已经实现和部分实现的建议和意见

关于建设公司职工代表提出的“解决职工周末就医”的建议。重钢集团高度重视。为方便职工特别是长寿新区职工周末看病，责成职工总医院对个别科室工作时间作调整，从2011年6月1日起，职工总医院口腔科（牙科）周六、周日上午开诊，各安排2名医生值班，其他专业周六、周日门诊安排在急诊科内外诊室。若有特殊医疗需求可提前与职工总医院病员服务中心预约。另外，重钢职工的社会保障卡也可在长寿区直接刷卡就医和在定点药房购药。就医中个人现金自付部分，可在重钢医疗保障卡（内部卡）所结余金额内冲抵报销。每月11～15日（节假日顺延）凭医疗费收据、单位出具的费用申报单、医疗保险卡、身份证由本人或他人代理在革新村重钢总医院三门诊部5楼重钢集团医疗保险办公室报销。

关于钢铁股份公司品质部职工代表提出的“尽快落实型钢、高线职工岗位的安置政策，加强职工培训”的意见。钢铁股份公司人力资源结构调整工作已逐步展开，钢铁股份公司型钢厂、线棒厂职工在长寿新区的定员经钢铁股份公司研究已核定，并确定储备人员数，由单位具体落实。关于职工上岗培训工作，由单位和钢铁股份人力资源处根据建设进度，制定和实施培训方案，以保证新厂达产达效的顺利进行。

关于钢铁股份公司自动化部、建设公司、四钢公司职工代表提出的“提高职工收入、减轻职工生活负担”“重钢集团在做大企业的同时，应考虑如何让职工充分享受企业改革发展成果”“建议重钢集团统一协调各子公司收入差距过大问题”的意见。重钢集团“十二五”规划已明确，“十二五”末，职工收入要在“十一五”末基础上翻一番。根据重钢环保搬迁工程的实施进度计划和各年度效益预测，重钢集团安排2011年职工收入增长10%以上，今后4年，在环保搬迁达产达效和利润增长的基础上，逐年提高职工收入增长幅度。由于效益和承受能力的差别，各子公司职工收入水平有较大差距，重钢集团将按照重庆市国有资产监督管理委员会“提低、保中、限高”的原则，在有效益和承受能力的基础上，逐步增大职工收入较低的子公司的增长幅度，同时限制职工收入较高的子公司的增长幅度。为实施全员业绩考核和年度考核达标晋级，建立职工工资增长长效机制并适当提高固定工资比重，重钢集团下发“在重钢集团内统一基础工资标准”（重钢人资发〔2011〕112 号文件），要求所有子公司在 2011 年 9 月底以前完成统一基础工资标准，并从 9 月 1 日起执行基础工资增资（人均每月增加 100 元）。

关于环保搬迁指挥部职工代表提出的“切实加强新区管理，让环保搬迁的效益尽早体现，职工收益得到明显提高”的意见。重钢集团十分重视长寿新区的节能降耗和对标挖潜工作。从 2010 年 10 月起，开展长寿新区的达产达效和以“唐钢”为标杆的对标挖潜工作，以利改善和提高技术经济指标，降耗降成本，当期已取得一定的成效。2011 年 9 月，重钢集团设定的 51 项主要技术经济指标中，完成对标目标的有 19 项，对标目标完成率 37.25%；9 月指标较上月有所改善的有 20 项，持平两项，指标改善率 39.22%。2011 年 9 月，重钢集团与国内同行业同机型比较（具有可比的指标 31 项），进入行业前五名的有 13 项指标，占 41.94%。关于工程配套建设（如：发电项目、铁路建设项目等）要限期建成投用，以降低能耗成本和运输成本的意见。1、2 号低温余热发电机组、CDQ 干熄焦发电机组、1 号高炉 TRT 发电、2 号高炉 TRT 发电、CCPP 发电机组已建成发电，GE 机组、3 号高炉 TRT 发电正抓紧建设。2011 年 1 ~ 10 月，长寿新区自发电量 86161 万千瓦时，占总用电量的比例为 49.60%。2011 年 4 月 30 日长寿新区铁路专用线临时开通后，进行相关的配套实施建设，到达和发运量逐月提高。

二、正在办理的建议和意见

关于产业公司职工代表提出的“建立职工活动中心”的建议。重钢集团历来十分重视广大职工的业余文化生活。目前因工人文化室地处大渡口区旧城改造拆迁范围，经重钢集团相关部门与大渡口区政府多次协商，决定拆迁后由大渡口区政府在大渡口区另寻一处安置房（具体房屋地址正在进一步协商之中），用于还建工人文化室，以满足重钢职工和退休职工的文化活动需要。搬迁后的工人文化室，其功能设施等能最大限度满足职工的文化需求。

关于钢铁股份公司品质部、炼铁厂、炼钢厂、自动化部职工代表提出的“解决职工新区住房”的意见。重钢集团非常关注“加快 2 号门岗外职工宿舍的修建”和“在长寿新区 2 号门岗修建一批单间配套租赁房”的建议。按照重钢集团的安排，朵力房地产公司于 2011 年 8 月在长寿江南镇摘牌并取得土地使用权，用于修建职工商品房。该项目距长寿新区 2 号门岗直线距离约 400 米左右，职工上下班十分方便。该项目以小户型为主，建成后约有 1800 余套住宅，以解决职工的居住问题。关于“对长寿‘朵力半岛·香颂’商品房实行多种办法入住的方式”的建议。由朵力房地产公司就重钢集团易地搬迁的特殊情况，向银监会书面请示，希望对重钢职工在贷款购买“朵力半岛·香颂”时，不按二套房首付 50% 的购房政策执行，但由于目前国家一系列购房政策的出台，未得到银监会的批准。关于“做好新区职工后勤保障工作，加快新区公租房、廉租房建设”的建议。目前公租房、廉租房的建设系政府行为，企业不得自行修建公租房、廉租房。重钢集团已与长寿区政府协调，待长寿区公租房、廉租房政策出台后，重钢长寿新区职工与长寿区居民享受同等待遇。重钢集团为解决职工在长寿新区的住房安置问题，目前正在积极与长寿区协调，争取用地指标，以增加职工住宅用地，便于下一阶段职工住宅建设。

关于钢管公司职工代表提出的“在钢管公司建设年产 20 万吨的 φ168 毫米 CPE 顶管生产线”的意见。管材作为钢铁主业的六大主要钢材品种之一，重钢集团非常关注管材的生产建设。根据重钢集团规划，环保搬迁后仍将保留钢管产品板块。目前，重钢集团结合钢管公司的搬迁已将建设管材生产线项目纳入总体规划，并正按统筹安排的原则逐步推进中。

关于环保搬迁指挥部职工代表提出的“合理规划新区停车场”的意见。随着长寿新区一期投产后，进出厂区车辆也有所增加。从目前情况看，新区道路上乱停乱放车辆现象增多，既存在严重安全隐患，又影响长寿新区整体形象，并对物流运输造成严重的阻塞。为规范新区停车，美化环境，一期拟规划建设 5 个车辆停放点。目前已建成 2 个车辆停放点，分别在管控中心区域和焦化区域，共规划停车位 120 个。下一阶段拟在物运大楼区域、炼铁区域、轧钢区域新建 3 个车辆停放点，规划停车位 330 个，以解决厂区停车问题。

三、根据有关规定，目前不能办理，或需要加以说明的建议和意见

关于环保搬迁指挥部职工代表提出的“重钢集团成立发展信息研究院”的建议。随着重钢环保搬迁工程的建成投产，重钢产能、装备水平、研发条件都有跨越式的发展，而重钢集团的信息来源主要通过在钢铁行业网站上获取，信息来源以及信息的准确、及时性都无法得到保障。重钢集团对公司机构包括技术中心机构正在酝酿改革，对技术中心机构和职能的设置如何更好适应企业发展也进行了广泛调研。目前国内各大型钢铁企业包括宝钢、武钢、首钢、鞍钢都建立信息研究院（所），重钢如何建立专门的信息研究机构，建立稳定、可靠的信息来源渠道，及时获得丰富的信息资源并对信息进行分析研究是整个重钢集团技术创新能力建设的重要内容之一。当重钢集团系统研究创新能力改革及启动建设后，届时将“成立发展信息研究院”的建议提供企业改革委员会参考，得到认可后再报重钢集团决策。

# 重庆钢铁（集团）有限责任公司子公司2011年集体合同执行情况报告

（摘要）

重钢集团工会
重钢集团人力资源处

（2011年12月29日）

一、各子公司集体合同签订概况

2011年，按规定符合条件应签订集体合同的子公司为16家，实际签订16家，集体合同签订率100%。2011年初，各子公司工会与行政坚持企业发展与职工权益兼顾，围绕劳动用工、劳动报酬、工作时间和休息休假、劳动安全保护、职工培训、社会保险、职工福利等方面的内容深入沟通、平等协商，形成《集体合同草案》，提交职代会审议通过后，经甲、乙双方协商首席代表签字，将签订的集体合同正本、集体合同双方主体资格的合法证明和《报送集体合同说明书》报送当地劳动和社会保障部门审核，并将生效的集体合同以适当形式向全体职工公布。各子公司集体合同双方当事人的身份、主体资格、合同内容及协商程序符合国家有关法律法规的规定。16家子公司在签订集体合同的基础上，劳资双方按重钢集团《关于进一步深入推进工资集体协商工作的通知》的要求，创造条件，平等协商，签订《工资集体协商协议》，签订率100%。16家子公司签订《女职工特殊权益保护专项集体合同》。

二、各子公司甲、乙双方履行集体合同情况

16家子公司对签订的2011年集体合同中甲、乙双方应履行的职责与义务进行逐条逐款的自查，重钢集团工会及人力资源处对部分子公司集体合同执行情况进行检查，通过抽查和自查，各子公司在劳动用工、劳动报酬、保险福利、工作时间、休息休假、劳动安全卫生、职工培训及工会经费的划拨、上解等合同条款上得到较为全面的落实。

（一）各子公司甲方履行集体合同情况

1. 劳动用工方面。各子公司坚持“先企业内部调剂，后面向社会招聘”及“条件公开、平等竞争”的用工原则，保持用工队伍稳定，劳动合同签订率100%。各子公司执行《中华人民共和国劳动合同法》《中华人民共和国劳动合同法实施条例》等法律法规的规定，加强对在册职工劳动合同的动态管理，规范劳务派遣用工等的使用，理顺劳动用工关系，优化人力资源配置。钢铁股份公司继续做好环保搬迁工程人力资源结构调整，进一步改善劳动组织、调整劳动用工方式，按专业紧缺和储备所需的原则吸纳高校毕业生476人、技术工人346人。2011年，重钢集团在册职工总人数调整到22216人，比上年减少7.34%，职工队伍结构进一步优化。

2. 劳动报酬方面。各子公司按照“工效挂钩及企业工资总额增长率低于企业经济效益增长率，职工平均工资增长率低于企业劳动生产率的增长”和“按劳分配、效率优先、兼顾公平”的原则，坚持“效益决定分配”，做到职工收入增减幅度与企业效益增减同步，增强工资的激励性。同时保障职工法定休假和依法参加社会活动期间的工资和福利待遇。各子公司加强对职工加班加点工资和婚假、丧假、探亲假、年休假期间工资支付标准的规范管理；不断完善经济责任制考核体系，加大考核的力度，落实生产经营责任制。2011年重钢集团在岗职工人均年收入比上年增长13%。

3. 工作时间和休息休假方面。各子公司执行《中华人民共和国劳动法》，实行每周工作40小时，休息2天的标准工时制度；对部分实行不定时工作制和综合计算工时工作制的岗位（工种）按规定的程序申报实施。合理设定工作任务，倡导工作满负荷，控制加班加点，因生产、工作需要必须加班的，按规定安排补休或给予加班报酬。

4. 保险福利方面。16家子公司均按集体合同的规定，为职工按时、足额缴纳养老、失业、医疗、工伤、生育保险费和住房公积金，实现养老金和失业金的领取发放与社会完全接轨。重钢集团为职工办理了家庭财产保险，为重钢集团以上的各级劳动模范建立补充养老保险。朝阳公司、重庆钢研所公司等单位继续为职工提供免费午餐。各子公司按照重钢集团要求，结合本单位生产经营情况，按规定对在岗职工发放疗休养津贴。

5. 劳动安全卫生方面。各子公司执行国家劳动保护、安全卫生、环境保护等法律法规规定的项目及周期，定期安排职工进行健康体检。2011年安排工伤职工外出疗养，年底提出次年在岗人员职业健康监护计划，纳入重钢安全生产1号文，由重钢职防所负责安排对重钢接触职业危害的人员进行职业健康专项检查。钢铁股份公司落实安全生产责任制，开展安全生产隐患大排查、大整治、大执法活动，抓安全生产基础工作；矿业公司完善《重钢矿业公司重点部位和重点作业场所安全责任承包与监管（暂行）办法》，促进劳动保护与安全生产的“规范化、制度化”。各子公司按规定实施女职工“五期”保护，按时足额发放女工卫生费，2011年建女工卫生室24个，妇科普查3227人，普治1033人。

6. 职工培训方面。各子公司本着“按需培训、注重实效”的原则，开展职工培训工作，并按不低于年度职工工资总额的1.5%提取职工教育培训经费。结合钢铁股份公司长寿新区生产实际，开展长寿新区岗位技能达标考核验收工作。坚持对生产操作人员开展岗位技能培训、职业资格培训，开展技能竞赛与技术练兵活动；对管理人员开展业务知识培训及法律法规、办公自动化等内容的培训；对工程技术人员开展继续教育及有关新产品、新工艺、新材料知识的培训。2011年重钢集团共培训职工25613人次，其中职业技能等级培训671人次、特种作业培训4732人次、管理技术人员培训1152人次。送培职工攻读各类硕士19人。2011年40名职工获技师资格，6名职工获高级技师资格，120名职工获高级工资格。

7. 工会经费划拨、上解方面。各子公司加大工会经费的管理力度，按照《关于重钢集团工会经费解缴及下拨的实施意见》的要求足额解缴了工会经费。

(二)各子公司乙方履行集体合同情况

各子公司行政支持工会依法独立开展工作，各级工会坚持"促进企业发展，维护职工权益"的工作原则，组织广大职工围绕重钢集团"十二五"战略目标，统筹兼顾现实生产、环保搬迁、资源开发、企业改革四大战略任务，引导职工履行主人翁职责，发挥积极性、主动性和创造性，围绕中心，服务大局，履行集体合同的各项条款。

1. 弘扬劳模精神，以创建"工人先锋号"活动为抓手，凝聚职工力量，促进企业发展。各子公司结合生产经营实际，鼓励职工争创"工人先锋号"，以关键工序、重点设备、降耗降本为重点，围绕生产中的薄弱环节攻坚克难，开展主题劳动竞赛。组织开展2009~2011年重钢劳动模范推荐评选活动，在重钢集团掀起"发现身边劳模、学习典型事迹、争当先进职工"的热潮，激励职工争当先进、建功立业。2011年，重钢集团劳动竞赛委员会将各子公司组织开展的对完成全年目标有重大作用、参赛人数多、竞赛目标切实可行、经费落实、组织工作有保障的10项劳动竞赛纳入重钢集团劳动竞赛办公室重点管理，组织开展"十大"重点劳动竞赛活动。在"十大"重点劳动竞赛的带动下，各单位开展各类主题劳动竞赛110项，参赛职工2万人。2011年，钢铁股份公司中厚板厂4100毫米生产线精整作业区甲班等8个集体获"重钢工人先锋号"。矿业公司景星白云石矿采矿车间等19个集体获"重庆市工人先锋号"，三峰卡万塔公司制造部获"全国工人先锋号"。重钢集团被中华全国总工会评为"'十一五'时期社会主义劳动竞赛先进单位"。

2. 开展"建好一号工程"劳动竞赛活动，促进环保搬迁工程顺利建成。2011年，由重庆市劳动竞赛委员会、市总工会和重钢集团组织的重庆市"建好一号工程"劳动竞赛继续开展，以"比工程质量、比工程进度、比安全施工、比技术创新、比文明施工、比科学管理"为主要竞赛内容，将长寿新区3号高炉建设、2700毫米生产线搬迁等主流程项目作为主要目标。参赛单位由最初36家递增到60家。参赛职工创造了"卡鲁金顶燃式热风炉砌筑施工新技术"等先进操作法16项，开展"循环系统保压式气密试验技术的探索"等技术攻关52项，提出"电容式料位计分段多次安装"等合理化建议224条，并创造多项同类型工程建设的最高纪录，节约工程建设费用8700万元。2011年9月16日，重钢环保搬迁600万吨钢系统全流程贯通投产，实现重钢环保搬迁一期工程建设目标。电子公司等141个集体、常晓冬等80名职工获表彰奖励，其中8名职工被授予"重庆五一劳动奖章"，6个单位被授予"重庆五一劳动奖状"，30个集体被授予"重庆市工人先锋号"。

3. 开展群众经济技术创新工程活动，为生产经营发展作贡献。各子公司工会按照"发动更广泛、内容更全面、方法更科学、成效更显著"的要求，组织发动广大职工围绕现实生产和环保搬迁工程建设中的重点、难点、关键薄弱环节，开展提合理化建议、项目攻关及"小革新、小发明、小改造、小设计、小建议"等群众性创新活动。2011年，重钢创新工程立项619项，实施520项，创经济效益21051万元；职工提合理化建议9224条，实施4915条，形成合理化建议成果73项，创效益10618万元。48个优秀创新项目、53项优秀建议成果获重钢集团表彰。2011年重钢集团群众经济技术创新工程领导小组将创新项目一、二、三等奖的奖励标准由2000元、1500元、1000元提高至5000元、3000元、2000元。

4. 履行"第一责任人"职责，为职工排忧解难。一是加强对全国帮扶中心管理系统的定期管理和维护，调整更新建档困难职工档案，2011年进入全国帮扶中心管理系统管理的建档困难职工741名。二是坚持帮扶工作三项基本制度，把关爱职工落实到行动中。全年各级工会开展"庆、谈、访"活动19808人次，慰问金额253.16万元；办理职工特殊困难补助3280人次，补助金额192.68万元。继续开展对困难职工的重点帮扶，将重钢集团工会职工权益保障委员会每年审核确定的80名特困职工作为重点帮扶对象，在五一、国庆、春节分3次给予人均4000元帮扶。坚持开展"金秋助学"活动，对53名符合条件的新入读大专以上院校及部分往年在读的困难职工子女给予14.9万元的资助；各子公司筹资16.13万元，资助职工子女上大学215人。2011年重钢集团提高资助标准，对困难职工子女考取大学本科、专科的按人均3000元进行资助。坚持职工医疗互助制度，全年办理医疗互助基金521人次，金额200.64万元。三是建立完善节日"送温暖"长效机制，分元旦、春节、五一、端午、中秋和国庆开展慰问活动。2011年春节前夕，重钢集团领导带队到困难职工家中进行慰问，并分别与20名困难职工结对帮扶。全年重钢集团筹资60.45万元，重庆市总工会、市国有资产监督管理委员会下拨51.47万元，对省部级特困劳模、"五老"人员、全国帮扶中心建档困难职工等计2418人次进行慰问；重钢集团各子公司多渠道筹资79.58万元，慰问5519人次。四是组织职工疗休养，共133人分4批到北温泉疗养院疗养。

5.开展“创建学习型企业，争做知识型职工”活动，提高职工队伍素质，提升企业核心竞争能力。一是以“突出重点，与学习贯彻重钢‘十二五’规划相结合；注重实效，与确保新、老区的平稳过渡相结合；完善机制，与优化人力资源相结合”为原则，促进职工队伍整体素质的提高，为重钢发展提供人才保证。二是重点抓重钢图书馆阅览室、重钢数字图书馆、企业书屋、重钢青年新世纪读书活动图书专架的建设，各子公司充分利用图书室、阅览室等文化设施，为职工提供方便实用的读书场所，创造良好的学习环境，组织职工广泛开展读书活动。三是参与职工技能培训、职业技能竞赛组织工作。在重钢集团第十届职业技能竞赛中，13家子公司参赛的354名职工中有55名选手和5个集体获重钢集团表彰。四是工会女职工委员会继续开展“女职工素质提升”“女职工巾帼建功”活动，全年女职工参加岗位技能培训2964人次。

6.开展“安康工程”竞赛活动，促进企业安全文化建设。一是重钢集团下发《关于继续深入开展“安康工程”竞赛的通知》。二是面向基层、生产一线，组织发动职工排查治理安全隐患。各子公司工会组织开展“防暑降温”“安全生产月大检查”等安全检查2270次，查出安全隐患3572项，整改3503项。三是开展“‘安全生产劳动保护’专项合理化建议”活动，把“安全生产劳动保护”与创新活动、合理化建议、“五小”活动结合，调动职工参与安全自主管理的积极性，共6项优秀成果受重钢集团表彰。四是组织职工参加由全国总工会、国家安全监督管理总局组织开展的“落实企业安全生产主体责任知识竞赛”活动，共答题19495份，普及和提高职工安全生产知识。五是开展防暑降温设备检查和向一线职工送清凉活动。重钢集团工会购买1800份，价值10万元的慰问品，由重钢集团领导带队深入生产一线慰问职工。六是组织开展安全文艺汇演、签订“夫妻安全共保协议”等，营造关爱生命，关心家庭健康幸福的氛围，宣传安全发展理念。组织开展“一封安全家书”征文及朗读活动，编印《温馨的牵挂——重钢职工“安全家书”优秀征文集》，并组织职工千人安全签名活动。全年重钢有1199对生产一线职工夫妻签订“夫妻安全共保协议”。七是加强劳动保护骨干队伍建设，选派基层工会劳动保护工作者参加“安全生产督导师”职业培训，有5名职工获国家劳动和社会保障部“安全生产督导师”培训资格证书。组织4名职工代表参加全国钢铁企业工会劳动保护工作联合会年会，2名职工被评为“优秀基层工会劳动保护监督检查员”。2011年，重钢集团发生指标内死亡事故0起、重伤事故2人、轻伤事故16人，轻伤率0.478‰。

7.突出重点，开展富有企业特色的文体活动。一是以“建党90周年，建厂120周年”为契机，开展主题活动。组织120人的职工合唱团参加“纪念重钢建厂120周年庆祝大会”，举办“百年重钢、再铸辉煌”——纪念重钢建厂120周年大型美术、书法、摄影展、文笔会和“钢铁诗”朗诵会；开展“重钢职工心向党”诗歌征文活动。二是组织文体活动。举办“江南之星”职工歌手大赛、“产业杯”职工系列体育比赛，共1000人次参加。三是打造《钢花》品牌。在《钢花》第二期开辟庆祝建党90周年专栏，第三期为纪念重钢建厂120周年专刊。重钢文联、重钢作协举行了两年一届的“钢花文学奖”评选活动，共48篇2009～2010年《钢花》刊用的文学作品获奖。《钢花》获“重庆市2010年度优秀连续性内部资料”。四是加强对外交流，展现企业风采。举办“重钢杯”全国冶金职工歌手大赛，重钢参赛职工获2金1银2铜；组织重钢职工合唱团参加重庆市“红歌天天唱”“永远跟党走”文艺演出；歌舞节目《五星红旗》参加重庆市国有资产监督管理委员会国资大舞台《颂歌献给党》国企职工优秀文艺节目展演；2幅作品获“国资大舞台”摄影大赛一等奖；重钢拔河队获全国“巨洲杯”重庆分站赛拔河比赛第一名。

# 当好主力军 建功“十二五” 团结动员广大职工 为实现重钢科学发展再立新功

## 重庆钢铁(集团)有限责任公司2011年职代会工会工作报告

（摘要）

重钢集团工会主席
潘向宇

（2011年12月29日）

一、突出工作重点，深入开展工会创先争优活动

1.认真学习贯彻党的十七届五中、六中全会精神和胡锦涛总书记“七一”重要讲话精神，把握工会工作正确方向

重钢集团各级工会组织和广大工会干部把深入学习宣传贯彻党的十七届五中、六中全会精神和胡锦涛总书记“七一”重要讲话精神作为重大而紧迫的政治任务，以贯彻落实科学发展观为总揽，统一思想认识，全面部署安排，广泛宣传学习，认真落实检查，努力把学习成果转化为团结动员广大职工立足本职建功立业的生动

实践，转化为推动工会工作创新发展的动力。重钢集团各级工会在职工中大力弘扬工人阶级伟大品格和劳模精神，以社会主义核心价值体系为指引，加强企业文化建设，发挥职工在企业文化建设中的主力军作用，团结动员广大职工为促进重钢又好又快发展不懈努力，推动重钢集团各级工会工作全面发展。

2. 扎实推进"两个普遍"工作，积极构建和谐劳动关系

重钢集团工会认真学习领会"两个普遍"（依法推动企业普遍建立工会组织，依法推动企业普遍开展工资集体协商）的深刻内涵和现实意义，扎实推进"两个普遍"工作，在构建和谐劳动关系中实现共建共享。一是坚持依法推动企业普遍建立工会组织，重钢集团工会把工会的组建工作与企业改制、新建、重组同步进行，及时组建新的工会组织，2011 年有 50 个二级单位依照法律法规的规定建立工会组织，建会率 100%，最大限度地把职工包括劳务派遣工吸纳到工会组织中来，扩大工会组织覆盖面。二是坚持依法推动企业普遍开展工资集体协商，重钢集团工会将工资集体协商工作作为工会维护职工合法权益的基本职责，下发《关于进一步深入推进工资集体协商工作的通知》，提出工资集体协商工作"三年实施计划"，具有签订工资协商集体合同资格的 16 家子公司均在签订集体合同的基础上签订《工资集体协商协议》，签订率 100%。2011 年，重庆市总工会、市国有资产监督管理委员会、市人力资源局对重钢集团工会"两个普遍"工作开展情况进行了调研、检查，对重钢在促进企业发展，构建和谐劳动关系方面的努力给予充分肯定。重钢集团被中国机冶建材工会评为"全国机械冶金建材系统劳动关系和谐企业"。

3. 深入开展工会系统创先争优活动，打造职工群众满意工程

重钢集团工会制定下发《重钢集团各级工会和职工开展创先争优活动的实施办法》，在工会组织和职工中开展以"弘扬中国工人阶级伟大品格，争当重钢改革发展先锋"为主题，以创建"模范职工之家""工人先锋号"和争当"劳动模范""先进生产（工作）者""金牌职工"为载体的创先争优活动。重钢集团工会成立创先争优活动领导小组，分 3 个片区指导各单位工会创先争优活动开展。整个活动坚持与党内创先争优活动结合，与健全完善工会工作运行机制、活动方式和增强基层工会组织活力结合，与建立健全职工利益诉求表达、权益保障和矛盾调处机制结合，与提高职工科学文化素质和劳动生产技能结合，按照公开承诺、积极争创、领导点评、职工评议、组织考核、评选表彰 6 个环节，扎实有序推进。各单位工会针对服务企业、促进发展、关心职工、维护职工权益、维护和谐稳定等内容做出承诺，通过工作会、调研座谈会、情况通报会等方式，对工会开展创先争优活动情况进行集中点评，实事求是肯定取得的成绩，指出存在的问题和努力方向。活动对维护职工权益、促进企业发展起到了积极的促进作用。

二、群众生产工作蓬勃开展，带领职工在生产经营、环保搬迁中建功立业

1. 继续开展"建好一号工程"劳动竞赛，助推环保搬迁工程建设

2011 年，重庆市劳动竞赛委员会、市总工会和重钢集团继续开展重庆市"建好一号工程"劳动竞赛。竞赛坚持以"比工程质量、比工程进度、比安全施工、比技术创新、比文明施工、比科学管理，创落实科学发展观典范工程"的"六比一创"为主要内容，以长寿新区 3 号高炉建设、2700 毫米中板生产线搬迁等主流程项目为主要目标，参赛单位由最初 36 家递增到 60 家，参赛职工 13000 人，创造了"卡鲁金顶燃式热风炉砌筑施工新技术"等先进操作法 16 项，开展"循环系统保压式气密试验技术的探索"等技术攻关 52 项，提出"电容式料位计分段多次安装"等合理化建议 224 条，并创造多项同类型工程建设的最高纪录，节约工程建设费 8700 万元，为环保搬迁工程的顺利建成作出了贡献。2011 年编发《重庆市"建好一号工程"劳动竞赛简报》15 期，及时反映"建好一号工程"劳动竞赛的情况。电子公司等 141 个集体，常晓冬等 80 名职工获表彰奖励，其中 8 名职工被授予"重庆五一劳动奖章"，6 个参赛单位被授予"重庆五一劳动奖状"，30 个参赛集体被授予"重庆市工人先锋号"。

2. 开展"十大"重点劳动竞赛活动，积极推进"四大战略"任务

2011 年，重钢集团劳动竞赛委员会对完成 2011 年目标有重大作用、参赛人数多、竞赛目标切实可行、经费落实有渠道、组织工作有保障的 10 项劳动竞赛纳入重钢集团管理，组织开展"十大"重点劳动竞赛活动。重钢集团工会定期评比，每月在《重钢报》上公布各项竞赛结果，每季度召开 1 次工作例会，对竞赛情况进行检查调研和指导，督促各竞赛单位及时兑现奖励政策，鼓舞职工参赛士气，在职工中营造出钻研技术、你追我赶争当先进的热潮。在"十大"重点劳动竞赛的示范和引领带动下，各单位积极开展各类主题劳动竞赛 110 项，参赛职工 2 万人，促进了生产经营、技术改造等目标任务的实现。矿业公司景星矿白云石采矿车间等 19 个集体被授予"重庆市工人先锋号"，三峰卡万塔制造部被授予"全国工人先锋号"，重钢集团被中华全国总工会评为"'十一五'时期社会主义劳动竞赛先进单位"。

3. 广泛开展群众经济技术创新工程活动，激发职工创造活力

重钢集团各级工会按照"参与更广泛，内容更全面，方法更科学，成效更显著"的要求，开展群众经济技术创新工程、提合理化建议和项目攻关等活动。2011 年创新项目共立项 619 项，实施 520 项，参与职工 9189 人，创经济效益 21051 万元；职工提合理化

建议5196条，实施2218条，创效益10618万元，形成合理化建议成果86项。重钢集团对“事故轧辊的处理及修磨方法”等48个优秀创新项目、“210吨铁水罐砌筑工艺优化实践”等53项优秀建议成果进行了表彰。2011年，重钢集团群众经济技术创新工程创新项目一、二、三等奖的奖励标准分别由2000元、1500元、1000元提高至5000元、3000元、2000元。

4. 积极推进“安康工程”建设，打造安全有序的生产环境

重钢集团工会从维护职工生命健康权、促进企业生产发展的角度推进“安康工程”建设，努力营造安全生产环境。一是开展安全宣传教育活动。重钢集团各级工会通过多种形式加强安全生产教育，促进重钢集团安全生产各项制度和措施的贯彻落实。二是参加各类安全培训活动。组织职工参加“落实企业安全生产主体责任知识竞赛活动”，共收到答题卡159975份，职工参与率70%。组织职工代表参加全国钢铁企业工会劳动保护工作联合会年会，2名职工被评为“优秀基层工会劳动保护监督检查员”，2篇论文获二等奖，3篇论文获三等奖。继续开展“安全生产督导师”培训工作，有5人获得劳动和社会保障部颁发的资格证书。三是加强职工劳动保护工作。继续开展“安全生产劳动保护”专项合理化建议活动，“防吊钩钩柄卡死安全装置”等6项优秀成果受到重钢集团表彰。深入一线对长寿新区工会系统劳动保障监督工作认真调研，对存在的问题提出改进意见和建议。坚持开展防暑降温设备检查和暑期向一线职工送清凉活动，重钢集团领导先后深入长寿新区和大渡口老区的车间、班组和建设工地，将价值10万元的1800份防暑降温慰问品送到职工手中。四是加强安全文化建设。继续开展“夫妻安全共保协议”活动，共有1199对在生产一线工作的夫妻签订“夫妻安全共保协议”。组织开展“一封安全家书”征文、朗读活动，编印《温馨的牵挂——重钢职工“安全家书”优秀征文集》，开展职工千人安全签名活动。重钢集团被评为2010年度全国“安康杯”竞赛先进单位。

三、深化职工民主管理，健全长效维护机制

1. 坚持和完善职工代表大会制度

一是坚持工会委员会与职工代表团长联席会作为职工代表大会闭会期间行使职代会职权的基本形式。2011年，重钢集团工会组织召开工会委员会与职工代表团长联席会3次，先后审议决定涉及职工切身利益的《关于“朵力·半岛香颂”（东苑）职工团购方案》和《重庆钢铁（集团）有限责任公司关于统一基础工资标准方案》等管理制度、办法。召开3次职代会权益保障专委会，分别对重钢集团80户特困职工帮扶对象和《重庆钢铁（集团）有限责任公司关于调整补充医疗保险相关政策的通知》等进行审议。二是处理职代会提案。2011年，重钢集团职代会提案专门委员会对十二届七次职代会及闭会期间征集的30件议案进行审查，对符合立案标准的9件建议及意见（其中有2项意见合并）进行立案、办理、情况反馈和办理质量评价，并将职代会提案处理情况在职工代表大会上进行报告。三是坚持民主评议领导干部。对重钢集团62个厂处级单位班子、233名（237人次）厂处级干部从德、能、勤、绩、廉等5个方面进行民主测评和考核，3216人参加信任投票。评议结果向被评议单位和本人转达，评议情况向职代会团组长进行通报，并作为干部任免的重要依据，发挥了职代会民主监督的重要作用。

2. 坚持和完善厂务公开制度

一是2011年初召开重钢集团厂务公开领导小组会议，对2011年厂务公开工作的目标、任务进行安排和部署，制定下发《重钢集团2011年厂务公开工作要点》。二是督促指导各单位完善厂务公开目标责任制、定期报告制、职工评价制、效能监察制、检查考核制、责任追究制等6项制度，先后到矿业公司景星矿、三钢、钢管公司等单位进行针对性的检查、调研、指导，对加强和改进厂务公开工作提出意见和建议。三是围绕企业改革发展和职工群众普遍关注的民主评议及干部队伍建设、环保搬迁一期工程建成投产情况等热点问题，召开专题厂务公开发布会，进行重点公开。四是组织职工代表全过程参与“朵力·半岛香颂”（东苑）公开监督摇号，发挥职工代表在环保搬迁工作中的民主管理、民主参与、民主监督作用。

3. 坚持和完善集体合同制度

一是帮助、指导各单位拟定集体合同草案，规范集体合同内容。重钢集团下属各子公司依照有关法律法规的规定，结合各单位实际，积极与行政开展平等协商，集体合同签订率100%，并全部报送当地人力资源和社会保障部门审查、备案。二是继续推进《女职工权益保护专项集体合同》的签订工作，保障女职工合法权益和特殊利益。三是加强集体合同执行情况检查，在子公司自查的基础上，重钢集团工会与人力资源处联合对部分子公司集体合同执行情况进行了督促检查。从检查的情况来看，总体符合国家有关法律法规和重钢集团的规章制度。

4. 切实做好帮扶工作

一是加强对全国帮扶中心管理系统的定期管理和维护，及时调整更新建档的困难职工档案，2011年重钢集团进入全国帮扶中心管理系统管理的建档困难职工741名。二是坚持帮扶工作三项基本制度，把关爱职工落实到行动中。2011年各级工会开展“庆、谈、访”活动19808人次，慰问金253.16万元；办理职工特殊困难补助3280人次，补助金额192.68万元。继续开展对80名特困职工的重点帮扶，在五一、国庆、春节分3次给予人均4000元帮扶。坚持开展“金秋助学”活动，重钢集团筹资6.5万元，上

级工会资助8.4万元，对53名符合条件的新入读大专以上院校及部分往年在读的困难职工子女进行帮扶；各子公司自筹资金16.13万元，资助职工子女上大学215人。重钢集团从2011年起提高资助标准，对困难职工子女考取大学本科、专科的，按人均3000元标准进行资助。坚持职工医疗互助制度，2011年办理医疗互助基金521人次，金额200.64万元。三是建立完善节日"送温暖"长效机制，分元旦、春节、五一、端午、中秋和国庆开展慰问活动。2011年春节前夕，重钢集团领导与20名困难职工结成帮扶对子，并到困难职工家中进行慰问。2011年重钢集团筹资60.45万元，重庆市总工会、市国有资产监督管理委员会下拨51.47万元，对省部级特困劳模、"五老"人员、全国帮扶中心建档困难职工等2418人次进行慰问；重钢集团各子公司自筹资金79.58万元，慰问5519人次。四是组织职工疗养，共133人分4批到北温泉疗养院疗养。五是扶危济困履行社会职责。继续开展对重庆开县的对口扶贫工作，共捐赠扶贫基金30.8万元，用于基础设施建设、慰问困难群众和资助贫困学生。履行"绿化长江重庆行动"协议，分5年捐赠共计100万元，2011年为协议实施第2年，捐赠20万元。

四、大力推进企业文化建设，培养高素质职工队伍

1.以"建设新重钢，实现新跨越"为主题，开展厂情教育活动

2011年，重钢集团工会围绕纪念中国共产党成立90周年、纪念建厂120周年和环保搬迁工程建成，结合重钢实施"十二五"规划，广泛开展以"建设新重钢，实现新跨越"为主题的厂情教育活动。厂情教育活动贯穿全年工会工作始终，活动与有针对性做好职工思想工作相结合，与学习先进、争当先进活动相结合，与关心职工切实解决职工实际困难相结合，引导职工发扬艰苦奋斗、拼搏奉献，文明守纪的光荣传统，为2011年生产经营和改革发展目标的完成作出了贡献。重钢集团各级工会抓住重钢建厂120周年纪念活动之机，充分运用百年重钢积淀的优秀文化资源，激励和鼓舞职工继续发扬光荣传统，增强工人阶级主人翁责任感和使命感，营造自强不息、超越自我、科技创新、勇争一流的氛围，进一步坚定了广大职工环保搬迁必胜的信念和再造百年重钢的信心。

2.开展"创建学习型企业，争做知识型职工"活动，提升职工素质

一是重钢集团召开"创争"活动领导小组会议，提出"十二五"期间重钢集团开展"创争"活动的基本思路，拟订下发《2011年"创建学习型企业，争做知识型职工"活动安排》。二是各级工会加强职工书屋的建设与作用发挥，将职工书屋作为重钢企业文化建设的重要阵地。开展纪念重钢建厂120周年等形式多样的主题读书活动，鼓励职工加强学习，不断提升自身文化素质。重钢长寿新区职工书屋被评为全国工会优秀"职工书屋"。三是开展岗位技能达标、职业技能培训、导师带徒、职业技能竞赛等活动。为促进长寿新区生产安全稳定顺行，使长寿新区投产项目尽快达产达效，重钢集团在长寿新区开展职工岗位技能达标活动，对品质部化学分析工、焦化厂焦炉调温工、炼钢厂连铸工等工种进行抽考。全年重钢集团共培训职工25613人次，其中职业技能等级培训671人次、特种作业培训4732人次、管理技术人员培训1152人次。有13家子公司、354名职工参加重钢集团组织的第十届职业技能竞赛，其中55名选手和5个集体获重钢集团表彰。四是重钢集团制定《重钢集团技术专家管理办法》《重钢集团技能专家管理办法》等系列人才培养选拔、激励使用政策，形成管理、技术两条平行的人才培训、使用、发展通道。建立了人才培养专项资金，实施特别奖励政策，推行高技能人才岗位津贴制，在重要专业和关键岗位培养选拔"技术带头人"和"技能尖子"，鼓励技术创新，实施科技创新和技术攻关项目效益提成等激励措施。

3.评选表彰劳动模范，弘扬工人阶级伟大品格

为弘扬"劳动光荣、创造伟大"的劳模精神，鼓励职工学先进、赶先进，重钢集团在职工中组织开展了2009~2011年重钢劳动模范推荐评选活动，并首次将劳务派遣工纳入推荐评选范围，在重钢掀起了"发现身边劳模、学习典型事迹、争当先进职工"的热潮。本届劳动模范、先进生产（工作）者、先进集体表彰大会共表彰15名劳动模范、65名先进生产（工作）者、13个先进单位、20个先进车间、30个先进科（班）组，其中1名劳动模范、4名先进生产（工作）者为劳务派遣工。重钢集团在《重钢报》、重钢电视台上大力宣传劳模的先进事迹，营造浓厚的尊重劳模、学习劳模、劳动光荣、创造伟大的氛围，激励职工在实现"十二五"规划、打造"双千亿"重钢的征程中建功立业。

4.丰富职工文化生活，展示企业文化风采

一是以建党90周年、建厂120周年主题，开展各类文化活动。2011年9月，组织120人的职工合唱团，在重庆市人民大礼举行的"纪念重钢建厂120周年庆祝大会"上演唱《脊梁颂》和《咱们工人有力量》两首歌曲；收集职工书法美术作品80件、摄影作品100件，举办"百年重钢再铸辉煌"——纪念重钢建厂120周年大型美术、书法、摄影展；举办"重钢职工心向党"诗歌征文活动、纪念重钢建厂120周年征文笔会和"钢铁诗"赛诗会。二是开展满足职工文化需求的文化体育活动，丰富职工生活。举办了"江南之星"职工歌手大赛；组织2011年"产业杯"职工广播体操、拔河、游泳、篮球比赛，共1000人次参加。三是塑造精品意识，打造《钢花》品牌。重钢文联、重钢作协举行两年一届的"钢花文学奖"评选活动，对2009~2010年在《钢花》上刊用的文

学作品进行评选，48篇佳作获奖。《钢花》在2011年第二期开辟庆祝建党90周年专栏，出版纪念重钢建厂120周年专刊，《钢花》获重庆市2010年度优秀连续性内部资料荣誉。四是加强对外交流，展现企业风采。举办“重钢杯”全国冶金职工歌手大赛，邀请作曲家王世光、音乐家张礼慧、军旅歌唱家张迈等担任评委，重钢集团选手获2金1银2铜的好成绩，组织工作受到各大钢参赛选手好评；会同重钢集团武装部组建重钢民兵80人合唱队，参加重庆市庆祝中国人民解放军建军84周年和西南五省、市“军民融合固国防唱读讲传”文艺演出；重钢职工合唱团参加重庆市“红歌天天唱”“永远跟党走”文艺演出；歌舞节目《五星红旗》参加重庆市国有资产监督管理委员会国资大舞台《颂歌献给党》国企职工优秀文艺节目展演；两幅国画作品和一幅摄影作品入选庆祝建党90周年全国产业（行业）系统书法美术摄影精品展；重钢拔河队参加全国“巨洲杯”重庆分站赛的拔河比赛获第一名。五是加强文化体育队伍和文体阵地建设，为职工文化建设提供保障。全年开展文体队伍培训项目5项，培训847人次；恢复重钢男子篮球队、拔河队的业余训练；完成钢花影剧院的改建和银河文体楼、文体活动中心的维修工程，并积极推动长寿新区职工体育场地建设。

五、加强自身建设，提高工会工作整体水平

1. 加强工会组织建设，促进工会工作上台阶

一是认真贯彻《企业工会工作条例》，坚持工会的组建工作与企业改制、新建、重组同步进行，及时组建新的工会组织，工会人员配备同步到位。因行政机构调整，2011年撤销钢铁股份公司质管处等4单位工会组织，新建钢铁股份公司环运部等2个单位工会组织，更名钢铁股份公司物运部等4单位工会组织。二是按照《中华全国总工会关于组织劳务派遣工加入工会的规定》，推进劳务派遣工入会工作，扩大工会组织覆盖面。截至2011年底，有1738名劳务派遣工申请加入工会组织。三是按照重钢集团工会《关于规范集团各单位工会换届改选工作审批程序的通知》要求，指导重庆钢研所公司、朵力房地产公司等单位工会换届改选。四是按照重庆市总工会创建模范职工之家活动的要求，对钢铁股份公司创建“全国模范职工之家”进行推荐上报，完成重庆市总工会、机械冶金工会对朵力房地产公司“市模范职工之家”验收和机械冶金工会对产业有限公司“市模范职工之家”的复查工作。五是推荐优秀工会组织、工会工作者参加中国机械冶金建材工会全国委员会的先进评选，矿业公司工会、朝阳公司工会被评为全国机械冶金建材系统“工会工作先进集体”，陈山、陈怀萱等4名职工分别被评为全国机械冶金建材系统“模范工会主席”“优秀工会工作者”。

2. 加强工会干部培训，提高工会工作队伍素质

一是通过各种形式，组织工会干部学习党的十七大精神、中国工会十五大精神和相关法律法规知识，加强理论修养，提高工会干部综合素质。二是选送28名工会干部分别参加全总、重庆市总工会举办的职工董事、职工监事、工资集体协商及安全督导师培训班学习，提高工会干部的业务技能水平。三是完成《重钢工会志》编校工作，该书全面回顾了重钢工会60年历程，总结了重钢工会60年的基本经验和作法，为工会工作者提供学习借鉴的经验。

3. 健全完善经费管理制度，加强经费审查力度

一是2011年初召开经审会，对2010年度工会经费决算进行审查，对2011年经费预算及工会经费的收缴、使用和管理提出具体要求，指导工会财务收好、管好、用好工会经费，有效开展工会经费审计。二是根据重庆市总工会要求，完成2011年工会经费税务代征工作。三是加强工会财务管理，建立健全工会财务会计相关制度，修改《重钢集团工会财务管理办法》，制定《重钢集团工会财务会计档案管理办法》《工会经费收入专用收据管理办法》《重钢集团工会会计电算化管理办法》。四是加强工会固定资产管理，提高资产使用效率；推进会计电算化工作，规范工会会计核算。重钢集团工会获重庆市总工会“工会财务会计综合竞赛评比工作特等奖”“经审工作优胜单位”。

4. 加强工运理论研究和工会宣传工作，扩大工会影响力

一是持续开展工运理论研究工作。2011年，重钢集团工会围绕工会组织创先争优、加强和改进新时期工会工作、加强企业文化建设、提高职工队伍素质等课题开展工运理论研究，分片区组织3次工运理论研讨会，评选出优秀论文93篇。推荐论文参加全国机械冶金建材工会、重庆市总工会关于“培养高素质职工队伍”和“构建和谐劳动关系”的调研和经验交流。二是强化工会信息工作，提高工会信息质量。全年编发《重钢工会通讯》12期，编发《“十大劳动竞赛”专刊》2期、《“建好一号工程”劳动竞赛专刊》1期。三是发挥工会宣传教育阵地的作用，在《重钢报》开设“争当主力军、建功‘十二五’”栏目，在《重钢工会通讯》开设“工会创先争优”栏目，为工会创先争优活动有效开展提供宣传舆论支持。四是加大对外宣传力度，提高重钢工会的影响力。全年在全国机械冶金建材工会、重庆市总工会网站、《重庆工运》等上刊登信息200篇；联系《工人日报》《中国冶金报》及重庆市内媒体，对重庆市“建好一号工程”劳动竞赛、重钢“十大”重点劳动竞赛、“重钢杯”全国冶金歌手大赛等进行重点报道，扩大重钢工会工作的影响力。

2011年，重钢集团工会在党委的领导和行政的支持下，依靠工会干部和广大职工的共同努力，完成了全年

工作任务和目标，各项工作有了新的进步。但是，我们在工作中仍然存在不足：一是在环保搬迁后如何加强职工之家建设、引导劳务工加入工会组织和推进职工文化体育阵地建设还有较大差距；二是在企业改革过程中，如何加强和改进思想政治工作，做好职工的教育引导、思想疏导和人文关怀，保持职工队伍稳定还有大量工作要做；三是劳动竞赛等群众生产工作需要不断完善工作机制，探索新的方式和途径，适应新重钢的发展需要；四是对工会干部的学习、培训工作不够系统、全面，新进工会工作者业务能力有待加强，工运理论研究水平有待提高。

## 工会工作

【工会组织建设】 一是加强工会组织建设。2011年因行政机构调整，撤销重庆钢铁股份有限公司质管处等4个单位工会组织，组建重庆钢铁股份有限公司环保设施运行部等2个单位工会组织。二是扩大工会组织覆盖面。按照《中华全国总工会关于组织劳务派遣工加入工会的规定》，推进劳务派遣工入会工作。截到2011年底，有1738名劳务派遣工加入工会组织。三是指导重庆钢研所公司、朵力房地产公司等单位工会换届改选。四是按照重庆市工会创建模范职工之家活动的要求，对重钢股份公司创建"全国模范职工之家"进行推荐上报，完成重庆市总工会、市机械冶金工会对朵力房地产公司"市模范职工之家"验收和市机械冶金工会对产业公司"市模范职工之家"的复查工作。五是推荐优秀工会组织、工会工作者参与中国机械冶金建材工会先进集体、先进个人评选，矿业公司工会、朝阳公司工会被评为全国机械冶金建材系统"工会工作先进集体"，陈山等4名职工分别被评为全国机械冶金建材系统"模范工会主席""优秀工会工作者"。六是工会干部培训，组织工会干部学习党的十七大精神、中国工会十五大精神和相关法律法规知识，提高工会干部综合素质。全年，选送28名工会干部分别参加全国总工会、重庆市总工会举办的职工董事、职工监事、工资集体协商及安全督导师培训班学习，提高工会干部业务技能水平。七是经费管理和审查制度。坚持年初召开工会经费审查会，对上年度工会经费决算进行审查，对本年度经费预算及工会经费的收缴、使用和管理提出具体要求。健全工会财务会计相关制度，修改完善《重钢集团工会财务管理办法》，制定《重钢集团工会财务会计档案管理办法》《工会经费收入专用收据管理办法》《重钢集团工会会计电算化管理办法》。2011年，重钢集团工会获重庆市总工会"工会财务会计综合竞赛评比工作特等奖"及"经审工作优胜单位"称号。

海鹰

【职工民主管理工作】 一是坚持工会委员会与职工代表团长联席会作为职工代表大会闭会期间行使职代会职权的基本形式。重钢集团工会2011年组织召开工会委员会与职工代表团长联席会3次，先后审议《关于"朵力·半岛香颂"（东苑）职工团购方案》和《重钢集团关于统一基础工资标准方案》等管理制度、办法。召开3次职代会权益保障专委会，分别对重钢集团80户特困职工帮扶对象和《重钢集团关于调整补充医疗保险相关政策的通知》等进行审议。二是处理职代会提案。2011年，重钢集团职代会提案专门委员会对十二届七次职代会及闭会期间征集的30件议案进行了审查，对符合立案标准的9件建议及意见（其中有2项意见合并）进行立案、办理、情况反馈和办理质量评价，并将职代会提案处理情况在职工代表大会上进行报告。三是坚持民主评议领导干部制度。全年，对重钢集团62个厂处级单位班子、233名（237人次）厂处级领导干部从德、能、勤、绩、廉等5个方面进行民主测评和考核，3216人参加了信任投票。评议结果向被评议单位和本人转达，评议情况向职代会团组长进行通报，并作为干部任免的依据之一，发挥职代会民主监督的重要作用。四是坚持和完善厂务公开制度。2011年初召开重钢集团厂务公开领导小组会议，对全年厂务公开工作的目标、任务进行安排和部署，制定下发《重钢集团2011年厂务公开工作要点》。督促指导各单位完善厂务公开目标责任制、定期报告制、职工评价制、效能监察制、检查考核制、责任追究制等6项制度，先后到矿业公司景星矿、三钢公司、钢管公司等单位进行检查、调研和指导，对加强和改进厂务公开工作提出意见和建议。五是组织职工代表全过程参与"朵力·半岛香颂"（东苑）公开监督摇号，发挥职工代表的民主监督作用。

海鹰

【评选劳动模范】 2011年，为弘扬"劳动光荣、创造伟大"的劳模精神，鼓励职工学先进、赶先进，重钢集团在职工中组织开展了2009～2011年重钢劳动模范推荐评选活动，并首次将劳务派遣工纳入推荐评选范围，在重钢掀起"发现身边劳模、学习典型事迹、争当先进职工"的热潮，激励职工争当先进、建功立业。本届劳动模范、先进生产（工作）者、先进集体表彰大会共表彰劳动模范15名、先进生产（工作）者65名、先进单位13个、先进车间20个、先进科（班）组30个，其中1名劳动模范、4名先进生产（工作）者为劳务派遣工。重钢集团在《重钢报》、重钢电视台上宣传劳模的事迹，营造"尊重劳模、学习劳模、劳动光荣、创造伟大"的氛围，激励职工在实现"十二五"规划的征程中建功立业。

谷名庆

【"十大"重点劳动竞赛】 2011年，重钢集团劳动竞赛委员会对完成全年目标有重大作用、参赛人数多、竞赛目标切实可行、经费落实有渠道、组织工作有保障的10项劳动竞赛纳入重钢集团管理,组织开展"十大"重点劳动竞赛活动。钢铁股份公司的中厚板厂、炼钢厂、炼铁厂、烧结厂、维护检修部以及矿业公司、朝阳公司、朵力房地产公司、产业公司、四钢公司等10个单位的项目入选,10个项目共筹集竞赛经费50万元。重钢集团工会坚持定期评比,每月在《重钢报》上公布各项竞赛结果,每季度召开1次工作例会,对竞赛情况进行检查调研和指导,督促各竞赛单位兑现奖励政策,在职工中营造钻研技术、你追我赶争当先进的热潮。通过竞赛活动,重钢各项指标逐月提升:4100毫米生产线的平均产量达到233.6吨/小时,超过208吨/小时的既定目标;炼钢厂全面实现转炉冶炼周期≤38分钟;维护检修部各参赛维护站全面达到竞赛目标,其中炼铁维护站实现连续11个月"0"故障运行;建设公司完成2700毫米主轧线所有的设备搬迁;产业公司各项竞赛指标均得以完成,其中单班最高渣罐翻倒数为45个。在"十大"重点劳动竞赛的示范和引领带动下,各单位开展各类主题劳动竞赛110项,参赛职工2万人。矿业公司景星矿白云石采矿车间等19个集体被授予"重庆市工人先锋号",三峰卡万塔公司制造部被授予"全国工人先锋号",重钢集团被中华全国总工会评为"'十一五'时期社会主义劳动竞赛先进单位"。

谷名庆

**【重庆市"建好一号工程"劳动竞赛】**

2011年,重庆市劳动竞赛委员会、市总工会和重钢继续联合组织开展重庆市"建好一号工程"劳动竞赛活动,并制订竞赛办法,根据工程建设进度确定竞赛目标节点,竞赛继续以重庆市总工会副主席黄建国为评审组组长,重钢集团党委副书记、工会主席潘向宇为宣传组组长组成组织领导机构,以"比工程质量、比工程进度、比安全施工、比技术创新、比文明施工、比科学管理,创落实科学发展观典范工程"的"六比一创"为主要内容,以长寿新区3号高炉建设、2700毫米中板生产线搬迁等主流程项目作为主要目标,参赛单位由最初的36家递增到60家,参赛职工13000人,创造了"卡鲁金顶燃式热风炉砌筑施工新技术"等操作法16项,开展"循环系统保压式气密试验技术的探索"等技术攻关52项,提出"电容式料位计分段多次安装"等合理化建议224条,并创造多项同类型工程建设的最高纪录,节约工程建设费用8700万元,为重钢环保搬迁工程的建成作出了贡献。全年编发《重庆市"建好一号工程"劳动竞赛简报》15期。钢铁股份公司热轧薄板厂等86个集体,常晓冬等141名职工获表彰奖励,其中8名职工被授予"重庆五一劳动奖章",6个参赛单位被授予"重庆五一劳动奖状",30个参赛集体被授予"重庆市工人先锋号"。

谷名庆

**【创建"工人先锋号"活动】** 2011年,重钢集团各级工会开展以争创"一流工作、一流服务、一流管理、一流效益、和谐企业"为主要内容的创建"工人先锋号"活动。各子公司组织发动职工围绕影响目标、影响效益的重点、关键、薄弱环节开展劳动竞赛,破解难题。各子公司结合生产经营实际,鼓励职工争创"工人先锋号",以关键工序、重点设备、降耗降本为重点,开展各项主题劳动竞赛。2011年,重钢集团劳动竞赛委员会将各子公司组织开展的对完成全年目标有重大作用、参赛人数多、竞赛目标切实可行、经费落实有吸引力、组织工作有保障的10项劳动竞赛纳入重钢集团劳动竞赛办公室重点管理,组织开展"十大"重点劳动竞赛活动。同时,重庆市劳动竞赛委员会、重庆市总工会和重钢继续联合组织开展重庆市"建好一号工程"劳动竞赛活动,60家参建单位13000名职工参加了竞赛。2011年,钢铁股份公司中厚板厂4100毫米生产线精整作业区甲班等8个集体获"重钢工人先锋号"。矿业公司景星白云石矿采矿车间等19个集体获"重庆市工人先锋号",三峰卡万塔公司制造部获"全国工人先锋号"。

谷名庆

**【工资集体协商、集体合同工作】**

2011年,重钢集团各子公司工会与行政按照《劳动法》《劳动合同法》《重庆市企业平等协商和集体合同制度办法》等规定,围绕劳动用工、劳动报酬、工作时间和休息休假、劳动安全保护、职工培训、社会保险、职工福利等方面进行沟通、协商,在合同内容、条款、指标、形式等方面进行丰富和创新。全年,16家符合签订条件的子公司全部签订集体合同,各子公司集体合同双方当事人的身份、主体资格、合同内容及协商程序符合国家有关法律法规的规定;16家子公司在签订集体合同的基础上,签订了《工资集体协商协议》及《女职工特殊权益保护专项集体合同》,签订率100%。16家子公司均履行了集体合同规定,加强了对职工加班工资和婚假、丧假、探亲假、年休假期间工资支付标准的管理;为职工按时、足额缴纳了养老、失业、医疗、工伤、生育保险费和住房公积金;执行国家劳动保护、安全卫生、环境保护等法律法规规定,定期安排职工进行健康体检。2011年,重钢集团在岗职工人均年收入较上年增长13%。

谷名庆

**【群众经济技术创新工程】** 2011年,重钢集团各级工会以生产经营为中心,组织职工围绕"自主创新,开发资源,环保搬迁,优化结构,做精做强"的发展思路,开展群众经济技术创新工程活动。各级工会按照"发动更广泛、内容更全面、方法更科学、成效更显著"的要求,组织发动科技人员、管理人员、生产操作及技术工人围绕现实生产和环保搬迁工程建设中重点、难点、关键薄弱环节,开展提合理化建议、项目攻关、“小革新、小发明、小改造、小设计、小建议”等群众性创新活动。2011年,创新工程立项619项,实施520项,创经济效益21051万元;职工提合理化建议9224条,实施4915条,形成合理化建议成果73项,创效益10618万元。48个优秀创新项目、53项优秀建议成果获重钢集团表彰。周景如等4名职工被命名为重钢集团“创新能手”、钢铁股份公司热轧薄板厂等5个单位被评为重钢集团创新工作“先进单位”、钢铁股份公司维护检修部轧钢作业区4100毫米维护站机械综合班等10个班(科)组被评为重钢集团“创新示范班(科)组”。重钢集团群众经济技术创新工程领导小组将创新项目一、二、三等奖的奖励标准分别由原2000元、1500元、1000元提高至5000元、3000元、2000元。

谷名庆

**【“安康工程”竞赛活动】** 2011年,重钢集团贯彻“安全第一、预防为主、综合治理”的方针,结合新、老区并行生产以及长寿新区生产、建设交叉进行的情况,以高危区域和工种为重点,组织发动职工开展作业区、车间、班组的“安康工程”竞赛,推进“平安重钢”“健康重钢”建设。促进企业安全文化建设。一是重钢集团拟订下发《关于继续深入开展“安康工程”竞赛的通知》,对活动提出要求,制定考核评比办法。二是面向基层、生产一线,组织发动职工排查治理安全隐患。全年,各子公司工会组织开展“防暑降温”“安全生产月大检查”等各种安全检查2270次,查出各种安全隐患3572项,整改3503项。三是开展“‘安全生产劳动保护’专项合理化建议”活动,把“安全生产劳动保护”与创新活动、合理化建议、“五小”活动相结合,调动职工参与安全自主管理的积极性,全年共有6项优秀成果受重钢集团表彰。四是组织职工参加由全国总工会、国家安全监督管理总局组织开展的“落实企业安全生产主体责任知识竞赛”活动,共答题19495份,普及和提高职工安全生产知识。五是开展防暑降温设备检查和向一线职工送清凉活动。重钢集团工会购买1800份,价值10万元的慰问品,由重钢集团领导带队到新、老两区生产一线慰问职工。六是组织开展安全文艺汇演、签订“夫妻安全共保协议”等活动,宣传安全发展理念。全年重钢集团有1199对在生产一线工作的夫妻签订“夫妻安全共保协议”。七是加强劳动保护骨干队伍建设,选派基层工会劳动保护工作者参加“安全生产督导师”职业培训,5名职工获得国家劳动和社会保障部颁发的“安全生产督导师”培训资格证书,重钢集团被评为2010年度《全国安全生产督导人员培训先进集体》。组织4名职工代表参加全国钢铁企业工会劳动保护工作联合会年会,2名职工被评为“优秀基层工会劳动保护监督检查员”。2011年,重钢集团发生指标内死亡事故0起、重伤事故2人、轻伤事故16人,千人轻伤率0.478‰。

谷名庆

**【帮扶体系建设】** 一是加强对全国帮扶中心管理系统的定期管理和维护,调整更新建档困难职工档案,截至2011年底,重钢集团进入全国帮扶中心管理系统的建档困难职工741名。二是坚持帮扶工作三项基本制度。全年各级工会开展“庆、谈、访”活动19808人次,慰问金额253.16万元;办理职工特殊困难补助3280人次,补助金额192.68万元。继续开展对80名特困职工的重点帮扶,在“五一”、国庆、春节分3次给予人均4000元帮扶。坚持开展“金秋助学”活动,重钢集团筹资6.5万元,上级工会资助8.4万元,对53名符合条件的新入读大专以上院校及部分在读的困难职工子女进行帮扶;各子公司自筹资金16.13万元,资助职工子女上大学215人。重钢集团自2011年起提高资助标准,对困难职工子女考取大学本科、专科的按人均3000元标准进行资助。坚持职工医疗互助制度,全年办理医疗互助基金558人次,金额215.3万元。三是建立完善节日“送温暖”长效机制,分6个节日(元旦、春节、“五一”、端午、中秋和国庆)开展慰问活动。2011年春节前夕,重钢集团领导带队到困难职工家中进行慰问,并分别与20名困难职工结对帮扶。全年重钢集团筹资60.45万元,上级工会下拨31.47万元,对省部级特困劳模、“五老”人员、全国帮扶中心建档困难职工等计2418人次进行慰问;重钢集团各子公司自筹资金79.58万元,慰问5519人次。四是组织职工疗休养,共133人分4批到北温泉疗养院疗养。五是扶危济困履行社会职责。继续开展对重庆市开县的对口扶贫工作,共捐赠扶贫基金30.8万元,用于基础设施建设、慰问困难群众和资助贫困学生。履行“绿化长江重庆行动”协议,分5年捐赠共计100万元,2011年为协议实施第2年,捐赠20万元。

马涛

**【“创建学习型企业,争做知识型职工”活动】** 一是加强职工书屋的建设与作用发挥,将职工书屋作为重钢企业文化建设的重要阵地。开展纪念重钢建厂120周年等主题读书活动,鼓励职工加强学习,提升自身文化素质。二是开展岗位技能达标、职业技能培训、导师带徒、职业技能竞赛等活动。为促进长寿新区生产安全稳定顺行,已投产项目达产达效,在长寿新区全面开展职工岗位技能达标活动,对品质部化学分析工、焦化厂焦炉调温工、炼钢厂连铸工等工种进行抽考。2011年,重钢集团共培训职工25613人次,其中职业技能等级培训671人次、特种作业培训4732人次、管理技术人员培训1152人次。有13家子公司、354名职工参加重钢集团组织的第十届职业技能竞赛,其中55名选手和5个集体获重钢集团表彰。三是制定《重钢集团技术专家管理办法》《重钢集团技能专家管理办法》等人才培养选拔、激励使用政策，形成管理、技术两条平行的人才培训、使用、发展通道。建立了人才培养专项资金，实施特别奖励政策，推行高技能人才岗位津贴制，在重要专业和关键岗位培养选拔“技术带头人”和“技能尖子”，鼓励技术创新，实施科技创新和技术攻关项目效益提成等激励措施。

古毅

**【工运理论研究及工会宣传工作】** 一是持续开展工运理论研究工作。2011年，重钢集团工会分片区组织3次工运理论研讨会，评选出优秀论文93篇。推荐论文参加全国机械冶金建材工会、重庆市总工会关于“培养高素质职工队伍”和“构建和谐劳动关系”的调研和经验交流。二是强化工会信息工作，提高工会信息质量。全年编发《重钢工会通讯》12期、《“十大劳动竞赛”专刊》2期、《“建好一号工程”劳动竞赛专刊》1期、《女职工工作专刊》1期。开展工会信息工作先进单位评选，促进工会工作信息质量提高。三是发挥工会宣传教育阵地的作用，在《重钢报》开设“争当主力军、建功‘十二五’”栏目，在《重钢工会通讯》开设“工会创先争优”栏目，为工会“创先争优”活动开展提供宣传舆论支持。四是加大对外宣传力度，提高重钢工会的影响力。在全国机械冶金建材工会、重庆市总工会网站、《重庆工运》等上刊登信息200篇；联系《工人日报》《中国冶金报》及重庆市内媒体，对重庆市“建好一号工程”劳动竞赛、重钢“十大”重点劳动竞赛、“重钢杯”全国冶金歌手大赛等内容进行重点报道，扩大重钢工会工作的影响力。

古毅

**【工会“创先争优”活动】** 2011年，重钢集团工会制定下发《重钢集团各级工会和职工开展“创先争优”活动的实施办法》，在工会组织和职工中开展以“弘扬中国工人阶级伟大品格，争当重钢改革发展先锋”为主题，以创建“模范职工之家”“工人先锋号”和争当“劳动模范”“先进生产（工作）者”“金牌职工”为载体的“创先争优”活动。重钢集团工会成立“创先争优”活动领导小组，分3个片区指导各单位工会“创先争优”活动开展。活动按照“公开承诺、积极争创、领导点评、职工评议、组织考核、评选表彰”六个环节推进。各单位工会针对“服务企业、促进发展、关心职工、维护职工权益、维护和谐稳定”等内容做出承诺，通过工作会、调研座谈会、情况通报会等方式，对工会开展“创先争优”活动情况进行集中点评，肯定取得的成绩，指出存在的问题和努力方向。

古毅

**【女职工队伍建设】** （1）以加强社会主义核心价值观教育为主线，提高女职工思想素质。2011年，重钢集团工会女职工委员会加强对女职工的社会主义核心价值观教育，教育女职工树立“自尊、自爱、自强、自立”的精神，以及“爱岗敬业、奉献社会、贡献企业”的良好风尚。同时，各级女职工组织引导女职工从自身做起，摆正婚姻与家庭的关系，处理好工作与家庭之间的关系，为构建和谐家庭、和谐重钢、促进稳定长寿新区生产稳定有序发挥作用。（2）以实施女职工素质提升、建功立业工程为载体，提高女职工队伍整体素质。按照重钢“创建学习型企业、争做知识型职工”活动的要求，重钢集团各级女职工委员会在女职工中开展“创、争”活动，结合各子公司、单位的实际，开展素质提升活动。一是组织女职工参加各类技术培训、技术练兵；二是组织女职工参加重钢集团第十届职业技能竞赛；三是继续签订女职工“拜师学技”合同；四是鼓励女职工参与各种职业资格考试。各级女职工委员会围绕重钢集团战略发展目标和生产经营，组织女职工投入到“建好一号工程”劳动竞赛和“十大”重点劳动竞赛中，为2011年重钢集团实现生产经营目标和环保搬迁工程建成投产作出贡献。（3）以维护女职工合法权益为根本，为女职工做好事、办实事、解难事。一是各级女职工委员会开展对困难女职工帮扶活动，2011年为女职工办实事213件，开展“姐妹送温暖”爱心捐助活动，收到捐款10.78万元。二是2011年重钢集团工会女职工委员会在女职工中开展“一封安全家书”征文及诵读活动，共收集征文299篇，其中有75篇征文获奖，编印《温馨的牵挂——重钢职工“安全家书”优秀征文集》，组织职工开展千人安全签名活动，营造企业安全文化。三是为解决在长寿新区工作的职工后顾之忧，关爱在大渡口老区学习生活的职工子女，重钢集团工会女职工委员会联合重钢集团团委，启动关爱“重钢大渡口老区留守儿童”活动。四是为关心女职工身体健康，2011年重钢集团工会女职工委员会与行政管理处开展女职工妇科普查，全年参加妇科普查3201人，妇科普治1008人。（4）以强化女职工工作者队伍建设为着力点，提高工会女职工组织的工作水平。一是加强女职工工作者队伍培训，2011年重钢集团工会女职工委员会召开女职工工作交流，围绕“女职工提升素质工程”“女职工权益保护专项集体合同签订和履约工作”“女职工建功立业工程”“关心、帮扶女职工”等方面进行交流，达到取长补短、相互促进的目的。二是加强女职工工作理论研讨，2011年各级女职工委员会以工运研究片区会为载体，引导女工干部和女职工参与女职工工作的调研。其中，朵力房地产公司女职工吕铁梅撰写的《坚持“五个”围绕创建职工之家》、产业公司女职工赖元萍撰写的《浅议工会组织如何改进和创新群众性劳动竞赛活动》、朝阳公司女职工张高怡撰写的《纵深推进劳动竞赛的探索与实践》等论文，获片区工运研究论文一等奖。

王殿丽

**本部目编辑 温勇耀**
**本部目校对 张红海**

12

# 职工生活

重钢年鉴

2012

# 住房

【公有住房出售及维修管理】 (1)公有住房出售。2011年3月9～11日,重钢集团行政管理处牵头组织人力资源处、财务处、朵力房产公司工作人员50人,开展公有住房出售工作,以成本价出售公有住房246套,为重钢集团回收建房资金397.5万元。(2)公有住房维修管理。2011年建立健全公有住房维修基金利息使用台账,以保证使用该费用维修项目2年内不出现重复使用现象。2011年,重钢集团投入资金296.9万元,对大渡口区本部公有住房进行维修、排危改造,对长寿铁合金职工住房进行解危改造。①公房日常维修。全年维修公有住房2555户(处),开展专项巡查9次,参与巡查职工290人次;疏通、清掏窨井408个,化粪池4个,明、暗沟19516米,搬运粪渣垃圾1714千克;开展住房排危抢险14户(处);预制砼屋面涂刷沥青1894平方米;瓦屋面进行翻盖、检漏954平方米;开展全面检查化粪池的专项工作,共排查化粪池326个。定期对房屋、堡坎、围墙、公共设施进行巡查,组织职工开展排危抢险工作14次,未发生安全事故。②使用大修基金利息维修工作。对大渡口本部配套职工住宅排污沟道进行维修,更换波纹管266米;对配套房屋面新作防水958平方米,解决顶楼住户屋顶漏雨问题;对大堰三村职工配套住宅公共走道墙面、外墙抹灰及公共栏杆维修;清理化粪池68个、窨井254个,清掏暗沟2300米;③环境综合治理及对接项目维修工程。重钢集团行政管理处向重钢集团申请专项经费对大渡口区大堰三村19栋、东正社区、跃新社区进行环境综合治理,解决大堰三村19栋及东正社区、跃新社区住宅环境脏、乱、差的环境问题。④排危抢险工程。重钢集团拨出75万元专款实施大渡口新山村467栋～470栋职工住房堡坎抢险排危工程。2011年3月4日发现该处险情后,重钢集团行政管理处多次牵头组织重钢设计院、安全处、三环监理公司、朵力房地产公司相关人员召开现场会研究处置方案,安排专人进行巡查等。经论证和排危方案优化,准备于2011年3月18日进场施工。在施工队运送材料准备施工的过程中,由于部分住户希望借此机会拆除该栋房屋,阻挠施工队伍进场施工。行政管理处即将情况上报重钢集团和大渡口区政府相关领导,请大渡口区新山村街道、社区有关部门配合给居民做宣传工作。经宣传解释,在得到大部分住户的理解和支持后,于3月25日,在新山村街道、社区及有关执法部门的配合下,强制性保护施工队伍进场施工。该项抢险维修工程2011年5月27日竣工。重钢集团投入86万元实施长寿铁合金厂职工住房排危工程。该排危工程2011年大修房屋5栋,翻修1栋,面积2500平方米,同时对相应的配套设施进行维护。该项排危工程已连续实施3年。

何娟

【住房公积金管理】 1.公积金汇缴管理。2011年,重钢集团每月抽查5个子公司。个别子公司因为混淆了住房公积金与养老保险金的缴纳政策,在汇缴住房公积金时出现超过最高缴存额(上年度重庆职工月平均工资的3倍即883元)的现象,在发现问题后,房改办责成有关单位限期进行了整改。

2.公积金基数调整。2011年6月,下发重钢行管发〔2011〕134号文件《关于调整住房公积金基数的通知》。文件规定,职工住房公积金月缴存额为职工本人上年度月平均工资乘以住房公积金缴存比例;住房公积金缴存比例不变,仍为单位、个人各10%;职工住房公积金月缴存额最高不得超过上年度重庆职工月平均工资的3倍即883元;住房公积金汇缴基数调整时间为2011年6月。职工住房公积金汇缴自调整当月起按调整后的基数缴交公积金,不得补缴调整前的住房公积金。2011年7月各单位住房公积金调整工作全部完成。

2011年,重钢集团为职工缴纳住房公积金10026万元。7392名职工支取公积金14196.81万元,其中5131名职工购房支取8663.34万元;2261名退休职工销户支取5533.47万元。

何娟

【"龙泉苑"职工集资合作建房进展】 建房地址位于九龙坡区龙泉村,房屋共建2幢,多层(6层)和29层电梯房各1幢,总建筑面积17700平方米,户型为1室1厅30套、每套建筑面积50～60平方米；2室1厅241套、每套建筑面积60～70平方米，共计271套。公积金贷款情况：重钢集团为参加该项目职工联系住房公积贷款，申请贷款总额为4000万元。2011年10月12日，重庆市住房资金管理中心、建设银行大渡口支行与220名职工签订借款合同，重钢集团也与重庆市住房资金管理中心、建设银行大渡口支行签订担保合同，为该项目贷款职工提供担保，使职工能办理贷款手续。项目进展：2011年完成项目平基，1栋修至10层，2栋修至1层。截至2011年12月，龙泉苑项目已取得项目规划许可证、施工许可证，正抓紧施工进度，以保证2012年12月底按期交付职工使用。

何娟

## 医疗

**【医疗保险工作】** 1.医疗保险金使用情况。2011年，重钢集团大渡口区参保单位上缴医疗保险金1.25亿元，其中基本医疗单位缴纳8638万元，个人缴纳1573万元；大额单位缴纳1653万元，个人缴纳91万元；离休干部单位缴纳565万元。2011年重钢集团大渡口区参保单位支出补充保险医疗金1168万元，消化沉淀医疗保险金746万元。

2.医疗保险服务。①2011年，重钢集团市级医疗保险工作完成大渡口本部38490名职工和退休人员社会保障卡的发放。2011年12月起，重钢集团新进职工的社保卡办理工作由各单位在社保窗口办理。②维护医疗保险系统计算机信息管理网络系统保证正常运行。③做好重钢集团职工及退休人员外出就医1890人补充医疗保险报销工作。④完成1698人特殊病申报及发放特殊病医疗证；办理异地人员医疗费报销150人。⑤办理离休干部50人医疗费资料收集并上报重庆市离休干部统筹办公室审核、报销后的医疗费的发放、离休干部死亡后的上报及注销工作。⑥加强1级～6级伤残军人医疗管理；完成500人次老工伤人员的旧伤复发住院审批工作。

易军

**【一门诊部】** 重钢总医院一门诊部位于重钢总医院住院部。2011年，设急诊科、口腔科、皮肤科和中医科、康复医学科、心肾科、呼吸科、消化科、骨科、普外科、胸脑泌尿外科、妇产科等诊室18个，有医务人员60人，其中副主任医师以上占70%，观察床15张，留察椅6张。全年完成门诊量356927人次，门诊急诊手术2018台次，无医疗差错事故发生。2011年加大处方和检查申请单的检查和考核力度，要求对病人力争做到合理检查、合理用药，全年平均门诊人次费用92.5元，较上年减少10.6个百分点。

罗安忠

**【急诊抢救】** 急诊科隶属重钢总医院一门诊部，24小时应诊，2011年设医务人员24名，其中医生9名，护理人员15名，副主任医师3名，主治医生5名，拥有呼吸机、出颤器、监护仪、电动洗胃机、喉镜、十二道程全自动心电图机等医疗急救设备17台，设备总值24.33万元，承担大渡口区周边地区的院前院内急救任务，配专用救护车2台，驾驶员5人，固定专人、专车，全天24小时待命，保证绿色通道畅通。2011年抢救和转运危重病患者4680人次，120救护车出诊3612人次，月300人次以上，较上年提高44个百分点。全年留察病人38224人次，日平均147人次，较上年提高20个百分点。全年配合重钢环保搬迁，共6次派出医务人员32人次，到重钢大渡口老区和长寿新区进行医疗救治和现场救护。

罗安忠

**【跃进村街道社区卫生服务中心(三门诊部)】** 跃进村街道社区卫生服务中心位于大渡口区跃进村革新村花园。2011年，该中心接诊病人42328人次，设医护人员36人(医生12名、护理人员13名、医技人员11名)，开设内科、外科、妇科、康复科、儿保科、急诊抢救室等临床科室，设有检验、放射、特检、收费室、药房等医技辅助科室，医疗用房3637平方米，拥有X光机、B型超声诊断仪、全自动血球分析仪、全自动生化分析仪、激光治疗机等医疗仪器设备34台，设备总值57.9万元，固定资产192.9万元。全面负责所辖10个社区卫生服务站的卫生服务工作，担负跃进村地区居民的医疗、妇幼儿童保健、预防和急救抢救工作及健康教育、卫生宣传、健康咨询等医疗任务。全年无医疗差错和事故。(1)社区卫生工作。2011年，重点抓社区慢性病管理，对社区高血压、糖尿病等疾病患者进行访视，全年血压监测2361人次、糖尿病访视1573人次、脑卒中208人次、肿瘤患者93人次。(2)妇幼保健工作。①计划免疫接种。2011年，完成7岁以下儿童、周岁内儿童建卡315人，流动儿童建证271人；门诊接种16351人次，免疫规划疫苗覆盖率97.5%。长住新生儿均进行电脑管理，一类疫苗实行全免费接种。周岁内儿童乙肝疫苗接种及时率95.0%。全年接种甲流2280人、乙肝疫苗查漏补种253针次、麻疹疫苗接种1008人次、入托入学查漏补种154人次。对未按规定时间接种的儿童访视176人次。②儿童保健。全年儿童保健、儿童体检、智力测试6438人次。访视辖区0～3岁儿童1588人，“4、2、1”儿童系统管理1484人，管理率98.7%，建卡率100%。体弱儿童管理24人(早产儿、低体重出生儿21人，先心1人，中度贫血2人)，追踪随访100%；疾病缺点儿童48人(贫血25人、肥胖18人、其他2人)均进行矫治。③妇女保健。全年，产后访视产妇404名，并对其中112名高危妊娠进行管理。(3)

义诊,健康教育宣传。全年开展"义诊"活动9次,咨询723人次;办健康教育专栏8期,健康教育讲课14次,听课613人次;下社区巡诊11次,免费咨询、测血压523人次;发放宣传资料4725份。

刘红

**【九宫庙街道社区卫生服务中心(二门诊部)】** 九宫庙街道社区卫生服务中心位于大渡口区九宫庙新工二村水塔旁。2011有医务工作人员26名,其中专业技术人员23名(副主任医师1名、主治西医师2名、主治中医师1名、主管中西药师各1名、中级护师1名、初级卫生技术人员16人)。设内科、外科、妇科、康复理疗科、计划免疫和社区卫生服务等临床科室。有日本东科B型超声诊断仪、X线照光机、半自动生化分析仪,心电图机、电脑中频透热治疗仪等医疗设备17台,设备总值19.2万元,固定资产28.6万元;担负着九宫庙社区居民和重钢家属的医疗、急诊抢救、预防、计划免疫、儿童保健和健康教育宣传的任务及辖区内九怡、马桑溪、百花村、庹家坳、新工村、锦霞、创新7个社区卫生服务站的卫生指导工作。备有观察床21张。全年无医疗事故和医疗差错。

2011年,九宫庙街道社区卫生服务中心完成门诊人次27188人次,比上年增加7010人次。全年传染病工作的登记、报告及时率和准确率100%,在社区义诊咨询1023人次,免费测血压1388人次,发放各类健康教育宣传资料3800份,开展健康教育讲座15次。对高血压、糖尿病、脑卒中、恶性肿瘤、重型精神残疾和65岁以上老年人管理15228人次。收回慢病服务卷11114张,妇科"两癌"筛查7814人次。完成新生儿建卡建证289人,常住人口建证率100%,计免接种7182人次,计划内疫苗覆盖率96%。

张建勇

**【职业卫生工作】** (1)职业健康监护。2011年,重钢职业健康监护按照职业病危害作业规定的检查项目开展职业健康检查工作。共检查粉尘、噪声、毒物等作业上岗检查1050人,其中检出176例异常人员;在岗工人职业健康检查13017人,发现疑似尘肺病人7例,未检出疑似苯中毒及疑似职业性肿瘤病人。疑似职业病人完成复查送诊工作。(2)职业病危害因素监测。完成重钢大渡口老区焦化厂、烧结厂、炼铁厂、炼钢厂、高线厂、型钢厂等单位粉尘、噪声、毒物等职业病危害因素检测工作,共检测粉尘作业点378个、噪声作业点259个、毒物作业点79个。(3)长寿新区职业卫生工作。①在完成职业病危害预评价的基础上,全面完成职业病危害防护设施设计审查,并完成1号、2号线控制效果评价检测与现场整治。②按重庆市安监局部署,钢铁股份公司中厚板厂、冷轧厂,朝阳公司作为重庆市首批职业病防治规范化企业进行职业病防治管理规范化建设,2011年完成现场调查、制度建设、现场整治工作,12月初中厚板厂、冷轧厂通过重庆市安全生产监督管理局的验收。(4)职业病人复查。完成按重钢规定的每年进行1次的职业病人复查工作,大渡口区本部37名尘肺病人完成职业健康检查、复诊,并落实诊断定级后职业病待遇。

何志军

**【卫生防疫工作】** (1)除害灭病工作。2011年,按重庆市、区级爱卫会的部署,开展除"四害"工作。除"四害"工作培训,新、老区各2期,分别为52人、46人;消毒、杀虫面积大渡口老区4次110000平方,长寿新区12次262000平方;投放灭鼠药,新、老区各2次各360千克。(2)食品、环境卫生监督、监测工作。①2011年初,重钢卫生防疫站获得长寿区卫生局授权,在重钢长寿新区管辖范围内行使各项卫生监督监测职能。②卫生监督员对新、老区各单位执法检查和卫生指导1655点次,新签发卫生许可证6本。从业人员进行上岗体检476名,发健康证467本,卫生知识培训467名。限改单位15个,处理销毁变质食品53千克。全年无公共卫生突发事件发生。③卫生监测情况。大渡口老区:生活饮用水抽样178件,合格164件,合格率92%;清凉饮料抽样291件,合格282件,合格率97%;食品抽样62件,合格56件,合格率90%;公用餐具抽样1930件,合格1794件,合格率93%;医院污水抽样12件,合格12件,合格率100%。长寿新区:生活饮用水抽样58件,合格58件,合格率100%;清凉饮料抽样119件,合格119件,合格率92%;食品抽样186件,合格163件,合格率87%;公用餐具抽样3040件,合格2948件,合格率97%。

邓大钢

# 生活服务

**【退休人员管理】** 2011年,重钢退工处组织退休人员参加重钢建厂120周年系列厂庆活动。组织退休人员参加摄影比赛和"我亲历的重钢"征文活动,发放重钢120周年纪念章20000枚。组织重钢退干支部书记、委员参观816地下核工程。组织全体退休干部参观新建的龙头寺公园。组织重钢退休老领导参观重钢大宝坡矿和长寿新区会议接待中心;组织全体退休干部参加重钢两年一度的健康体检。为纪念建党九十周年走访慰问17名老党员,为345名党员发放纪念章;在退休总支(支部)党员中开展"创先争优"活动,表彰75名先进党员。举办1440人次参加的重钢退休干部"迎新春、庆重阳"棋牌活动;组织参加"重庆市老干部桥牌赛"。先后到重庆医学院、新桥医院、重钢总医院慰问58名生病住院的重钢退休干部,为80岁以上高龄及362名退休干部发放防暑降温药品,接待退休人员家庭疑难问题29件,处理来信来访2478件,完善

长寿新区迎宾大道　郑玉明　摄影

"建初人员""参战人员""8023 部队""教师及教辅人员"的相关资料并作思想引导工作,配合重钢各单位做教师及教辅人员的思想稳定工作,按时发放养老金及企业的各项福利,贯彻退休人员的各项劳保政策。

2011 年,在开展退休人员大病互助医疗报销工作中,因药费报销比例提高,部分退休人员不理解,针对该问题,加强"职工大病互助基金管理办法"的宣传及政策解释、思想疏导,全年为退休人员办理大病医疗补助及门诊费报销 533 人次,办理遗属生活补贴 1953 人,为退休人员办理死亡劳保 422 人,并按时足额发放退休人员基本养老金。

陈世华

**【维护退休人员合法权益】**　(1)贯彻渝办发〔2011〕1 号文件《重庆市人民政府办公厅关于 2011 年调整企业退休人员基本养老金及城镇超龄人员征地农转非人员养老待遇的通知》的精神,配合大渡口区社保局为 2.1 万名退休人员调整养老金。调整办法和标准:2008 年 12 月 31 日及其以前退休的,月增加基本养老金 145 元;2009 年 1 月 1 日至 12 月 31 日期间退休的,月增加基本养老金 110 元;2010 年 1 月 1 日至 12 月 31 日期间退休的,月增加基本养老金 80 元;属于调整范围的退休人员,本人缴费年限(不含折算工龄)每满 1 年加发基本养老金 1 元。同时对部分特殊人群进行养老金倾斜,1953 年及以前参加革命工作的、原工商业者、艰苦边远地区等人员,每人每月再增加 40 元;对 2000 年底前退休和 2001 年及其以后退休具有副高及其以上职称资格的专业技术人员,每人每月再分别增加 120 元和 70 元,从 2011 年 1 月起执行。(2)根据重庆市国有资产监督管理委员会《关于 2011 元旦、春节"送温暖惠民生"慰问活动的通知》的要求,为 21070 名退休人员发放慰问金,每人 100 元,在此基础上,对保留厂处级待遇的,每人再增发 600 元,重钢内部高级职称的每人再增发 500 元,"建工""军转干""老复员""8023 部队"人员每人再增发 400 元,一人有多种身份的,按就高原则执行,不重复享受。(3)贯彻渝人社发〔2010〕223 号文件《关于机关事业单位工作人员遗属生活困难定期补助有关问题的通知》的精神,为 16 名离休干部遗属和 13 名"建工"遗属调整生活困难补助费标准,最高每人每月增加 35 元;最低每人每月增加 32 元,从 2010 年 10 月起执行。(4)贯彻重庆市联席会议纪要精神,为 5 名"老复员"干部参照"老复员"军人的标准,落实生活补贴待遇,按每人每月 300 元发放。(5)贯彻重钢集团武装部、人资处《关于提高"老复员"军人、"8023 部队"人员生活医疗困难补助标准的通知》的精神,为 182 名"老复员"军人和 18 名"8023 部队"人员,每人每月分别增加 50 元和 80 元。(6)贯彻渝民发〔2011〕116 号文件《关于进一步解决企业部分军队退役人员生活困难的通知》的精神,上报 145 名参战人员的相关的资料,大渡口区民政局批准认定 25 名符合条件,为其落实待遇,每人每月增加 160 元,从 2011 年 8 月起执行。其余未批准认定的继续补充资料上报。(7)贯彻渝国资委离退办党委〔2011〕18 号文件《中共重庆市国有资产监督管理委员会离退休办委员会关于转发调整市属企业离休人员补贴有关工作的通知》的精神,为 30 名"建工"人员调整生活补贴,每人每月增加 279 元,从 2010 年 1 月 1 日起执行。(8)贯彻渝人社发〔2011〕200 号文件《关于调整部分企业"军转干部"生活困难补贴政策的通知》和 202 号文件《关于公布 2011 年度部分企业"军转干部"生活困难补贴标准的通知》的精神,按新的生活困难补贴标准,为 228 名企业"军转干部"人员计算生活补贴待遇,最高每人每月 750 元,最低每人每月 13.58 元。(9)根据重庆市政府公布的 2011 年企业职工最低工资标准,为 1902 名退休人员遗属调整生活困难补助标准。最高每人每月增加 114 元,最低每人每月增加 38 元。从 2011 年 1 月 1 日起执行。

张弟友

**【计生工作】**　(1)2011 年,重钢集团坚持稳定低生育水平,保持政策生育率 100%;全年共出生婴儿 82 名,其中男孩 40 名,女孩 42 名,出生性别比 95:100;无出生缺陷婴儿出生。(2)制作重钢阳光计生政务公开栏,规范证件办理流程,公开举报渠道,做到办事"三公开"。做好人口信息统计工作,保证信息准确率在 98% 以上。

(3)开展免费孕前优生的宣传,组织28对育龄夫妇自愿到大渡口区生殖中心参加免费孕前优生检查。(4)2011年累计审批兑现放弃再生育奖励236例,其中新增11例,合计472000元;全年共兑现独生子女父母奖励金255265元。(5)邀请重庆市药管站专家来重钢开展药具知识培训;在重钢技校开展青春期健康知识讲座;在重钢总医院开展纪念“公开信”发表31周年宣传活动;制作《重钢计生基本知识》宣传折页500份,发放毛巾300张;在《重钢计生》QQ群宣传25期,重钢电视台、大渡口区电视台电视报道2条;《大渡口区报》和《重钢报》投递稿件8篇。(6)新增避孕药具自助发放网点9个,在重钢长寿环保搬迁指挥部、四钢、三钢、特钢等大渡口区外的子公司设置自助发放箱,自助发放网点19个。在大渡口区率先制作、张贴统一的药箱(柜)编号,实现自助发放网点的规范化管理。(7)启动“重钢计生”岗位标识工程,为30名专兼职计生专干配备岗位标识牌,上面注明联系人和电话号码,并配置便携式的避孕药具服务箱和药具台账,实现政府药具“一箱清”工程。

唐微漪

**【社会职能移交情况】** 重钢集团实施环保搬迁,大渡口区老厂区于2011年9月22日全面关停。根据重庆市人民政府办公厅专题会议纪要2011－171《关于重庆钢铁集团环保搬迁后社会职能及人员安置和社会保险有关问题的会议纪要》有关精神,由重钢集团行政管理处牵头组织经济运行处、朵力房地产公司、生活服务公司、运输公司等相关单位对重钢集团环保搬迁后所涉及的组织人员、社会职能及资产移交进行全面调查和清理,加强与大渡口区政府、九龙坡区政府相关部门进行对接,按照现状移交、无缝对接、管理接续、保持稳定的原则,进行遗留问题的处理及市政移交的各项准备工作。

1.电移交情况。①2011年9月23日,重钢集团行政管理处、经济运行处、机动能源处、动力厂有关领导和人员到重庆市电力公司相关部门商谈2005年重钢股份公司与重庆市电力公司签署的《供电区域调整协议书》范围内,剩余的10%转供及民用电移交割接的有关事宜。形成《关于重庆钢铁股份有限公司搬迁厂电分离会议纪要》,并根据会议纪要精神,对待移交用户进行清理核对,核定待移交的居民用户1308户、转供用户139户的资料送交重庆市电力公司市区供电局。为加快割接移交,配合重庆市电力公司市区供电局及施工单位对专用变压器用户地点及公用变压器位置和重钢集团供电情况进行现场指点和情况交流。截至2011年12月底,电力公司施工队进场整改6个单元的民用线路。②开展《供电区域调整协议书》之外的待移交用户的清理和审定工作,组织有移交用户参加的审定会,使原计划移交21台变压器、装机容量8445千伏安,审定为8台、4575千伏安,减少变压器13台、容量3870千伏安,为重钢集团节约移交改造费用185.76万元(按2005年重钢股份公司与重庆市电力公司签订协议的费用预测)。③与东华特钢公司、渝富公司讨论确定需移交重庆市电力公司市区供电局直接供电的转供用户共计99户、供电变压器28台,容量18475千伏安、高压电机6台,装机容量4870千瓦。

2.马王村1村～5村路灯移交。从2005年10月起重钢集团、钢铁股份公司先后多次给九龙坡区政府去函,并与九龙坡区政府办公室、九龙坡区市政局协商解决路灯移交问题,双方先后召开16次会议协商。2011年,按九龙坡市政局相关部门的要求,重钢集团再次对路灯设施进行整改完善,2011年10月正式将马王1村～5村的路灯移交九龙坡市政局管理。

3.水转供用户及民用水用户移交。根据重庆市政府办公厅会议纪要精神,重钢集团与水务集团多次进行商谈,在重庆市国有资产监督管理委员会的协调下,在重钢集团负责解决历史遗留问题的基础上,由水务集团出资改造重钢移交的供水管网。重钢集团配合水务集团,为其提供移交用户清单、管网等资料,共有待移交居民用户958户,转供用户135户,农村总表用户1500户,总计移交用户2593户。2011年11月水务集团进场施工了部分管网。

4.市政设施移交。①大渡口区市政设施移交。2011年8月21日,大渡口区市政局召集重钢集团各职能部门开社会职能移交工作会,讨论移交方案及存在的问题。重钢集团各职能部门及单位多次陪同大渡口区市政局到李子林、渝岗村、跃进村、大堰村等地段实地查看,了解道路和清扫保洁区域分布情况,对公厕、垃圾站、压缩站等设施设备进行清点。生活服务公司、运输公司、朵力房地产公司等子公司与重钢集团经济运行处、财务处、国土办、档案处等职能部门配合,查阅原始资料,理清移交范围,核对资产明细。2011年10月底,重钢集团社会公用部分的市政设施全部清理完毕并将资料送交大渡口区市政局;12月29日,在大渡口区市政局会议室,由重庆市市政局市容处袁洪涛处长主持召开重钢环卫设施移交事宜专题会议,会议决定:自2012年1月1日起,由大渡口区市政局和九龙坡市政局进行清扫保洁和生活垃圾清运,鉴于处于节假日,在2012年1月10日18时前,由重钢集团安排人员清扫和收运垃圾;劳务人员按自愿的原则,2012年1月1日起由大渡口区市政局和九龙坡区市政局接管,待遇与两区的劳务人员标准相同;市政设施的移交,按实物现场点交,于2012年1月10日18时前完毕。②九龙坡区市政设施移交。2011年12月4日,重钢集团行政管理处向九龙坡区市政局递交市政设施移交申请,并分类报送市政设施的各种资料。12 月 14 日,九龙坡区市政局派市政、环卫、绿化 3 个业务科室带队到九龙坡区马王 1 村～6 村查看现场,对移交区域和范围作记录,并承诺尽快完成移交工作。

何娟

**【新区物业管理】** (1)保证重钢长寿新区 600 万吨钢生产规模职工住宿安置。2011 年,后勤管理处实施倒班房上下床改造,倒班房床位由 3456 个床位增加至 6436 个床位,具备安置能力 1.1 万人。截至 2011 年底,倒班房安置职工 5831 人,其中钢铁股份公司 4844 人,重钢集团单位 987 人。(2)长寿新区办公楼、厂房、浴室物业及保洁服务。全年服务面积 28.3 万平方米,重钢长寿新区 4100 毫米、1780 毫米、2700 毫米厂房参观通廊现场环境多次接受国家、地方各级领导视察和国内外企业参观。(3)倒班房维修管理。推行住宿职工报告后,维修工必须在 30 分钟内到现场的规定,保证不因设施设备故障而影响职工休息,全年倒班房维修总量 4500 件。(4)浴室管理。在加强日常管理的基础上,2011 年冬季增加长寿新区倒班房及厂区浴室热源泵,解决职工洗浴问题。

覃亚宏

长寿新区迎宾大道　郑玉明　摄影

**【新区食堂管理】** 2011 年,重钢长寿新区一期规划建设的指挥中心、服务中心、管控中心 3 大食堂和 8 个配餐点全部投用,食堂及部分配餐点每天提供早、中、晚、夜 4 餐服务。食堂早餐供应 10 个品种以上,中、晚餐供应 20 余个品种以上;在保证供应基础上,在长寿新区指挥中心食堂、服务中心食堂开设有夜宵;指挥中心食堂推行接待用餐随到随吃,各食堂在夏季有凉面套餐,冬季有小火锅、连锅汤套餐等供应。为解决偏远区域职工就餐开通有流动送餐车,为不能离开岗位或因检修等不能按时就餐的职工制作工作餐,做到 24 小时就餐服务。实施600万吨钢生产规模食堂改造项目,添置炊餐设备设施,保证 2011 年初每周 58000 人次,2011 年底每周 85000 人次的职工就餐。推行菜品制作标准化,食堂按照统一菜单加工菜品,菜品定期更换。做好食品从原料验收、入库保存到出库、加工、运输、售卖等各环节的安全监管,全年未发生食品中毒事故和食品安全事故,2011 年通过长寿区药监部门的验收认可。

覃亚宏

本部目编辑　张　兵
本部目校对　张　萍

13

子公司

重钢年鉴
2012

# 全资子公司

## 重钢进出口公司

【概况】 重钢进出口公司(简称:进出口公司)是重庆钢铁(集团)有限责任公司的全资子公司,其职责是负责重钢集团产品出口暨进出口设备。2011年设办公室(兼重钢集团外事办公室职能)、财务部、产品部、矿产部、储运部,年末在岗职工24人。

2011年主要工作:(1)进口铁矿石情况。①全年累计进口铁矿石313.19万吨(干吨),金额5.322亿美元。②全年通过内贸采购澳块矿、澳粉46.77万吨,人民币6.117亿元。其中,在2011年10月经重钢进出口公司多次与力拓公司协商,最终力拓公司在2011年10月底,同意在执行完长期协议约定的装船数量的前提下,对2011年10月、11月的澳矿按普氏铁矿石价格指数平均值与重钢进行最终结算。至2011年底,力拓公司已将749万美元退还给重钢股份公司。(2)出口钢材情况。2011年,随着国际经济的复苏与增长,国际上对于钢材的需求也在逐渐增大。重钢长寿新区宽厚板和热轧卷产品的投产,重钢可供出口产品的数量和产品结构得到增加和改善,2011年10月时隔3年多,重钢出口第1批船板1766.656吨,金额134万美元。(3)2011年,随着国内银行银根收紧,国内金融市场融资成本增加,使重钢股份公司在国内银行的融资难度和资金成本加大。增加了进口矿石资金支付的难度。为此进出口公司配合各业务部门,反复与银行协商,优化进口矿石国际结算方案。同时充分利用国家鼓励人民币跨境贸易结算的政策,尽量采用外部外汇融资,内部人民币结算的方式;利用在岸与离岸的汇率反差的优势及香港人民币购汇比在重庆购汇成本低1%~2%左右等措施。2011年重钢股份公司与重钢香港公司内部人民币结算量达到8.71亿,为重钢股份公司降低财务成本发挥了作用。(4)重钢外事办理。2011年办理重钢集团因公出国(境)团组33批,79人。

李晓凤

## 重庆东华特殊钢有限责任公司

【概况】 重庆东华特殊钢有限责任公司(简称:东华特殊钢公司)是重钢集团的全资子公司,成立于2003年,位于重庆市沙坪坝区双碑团结坝153号。东华特殊钢公司具有年产特殊钢30万吨、钢材20万吨的生产能力。可生产不锈钢、高工钢、合金结构钢、碳素结构钢、弹簧钢、轴承钢、齿轮钢、易切钢、模具钢等钢种和品种组距齐全的棒材、板材等产品。主导产品阀门钢、易切钢、高工钢、齿轮钢、弹簧钢、不锈钢,产品质量处于国内领先地位。

2011年,东华特殊钢公司下设炼钢厂、初轧厂、板材厂、锻材厂、冷材厂5个生产厂和综合部、党群工作部、生产技术部、销售部、物资供应部、财务部、保卫武装处7个管理部门。至2011年底,东华特殊钢公司在册职工979人。

樊向忠

【老区生产关停】 2011年,东华特殊钢公司在原"重庆特钢"厂区生产经营,厂房、主要机台、管线等建筑物、设备设施大部分系20世纪五六十年代建造,多年未进行改造,存在安全和环保隐患,继续生产将违反安全生产法律法规。根据重庆市国有资产监督管理委员会和重钢集团部署,以及重庆市创建国家环境保护模范城市的需要,同时重庆地铁1号线施工当时从生产厂区由南向北推进,沙坪坝区滨江路延伸路段施工红线紧贴生产区外侧。因上述原因,东华特殊钢公司反复研究,报经重钢集团同意,提前于2011年9月底全线停产(原计划2011年底),结束东华特殊钢公司在重庆市沙坪坝区77年的生产历史。为保证停产工作平稳推进,一是成立东华特殊钢停产工作领导办公室,办公室下设若干职能组和二级单位留守组,明确工作职责。二是开展厂情教育,通过领导干部大会、职工座谈会、组织生活等形式向职工讲明东华特殊钢公司面临的威胁和停产原因,印发《停产宣传资料》,对停产后职工安置、停产期间待遇、环保搬迁等职工关心的问题进行宣传解释。三是制定《停产方案》和停产后的《职工收入分配办法》。四是推进人员安置，停产后需对1555名人员进行安置，东华特殊钢公司以保证企业稳定为前提，制定人员安置方案，维护职工队伍和企业稳定。

樊向忠

## 重庆钢铁（香港）有限公司

**【概况】** 重庆钢铁（香港）有限公司（简称：香港公司）是重庆钢铁（集团）有限责任公司在香港的全资子公司，1996年10月经中华人民共和国对外贸易经济合作部批准成立；注册资本100万元港币。重庆钢铁（香港）有限公司开展对外联络和经贸合作，从事国际贸易、资金融通、原材料及产品购销等经营活动，与多个国家和地区的机构、企业建立商业交往和合作关系。

蔡强

## 重庆钢铁集团产业有限公司

**【概况】** 重庆钢铁集团产业有限公司（简称：产业有限公司）是重钢集团的全资子公司，位于大渡口区钢花路8号。截至2011年底，有在册职工331人，（其中全民所有制职工201人，集体所有制职工99人），高级技术职称17人，中级技术职称32人，机关设办公室、劳资企管部、生产部、安环部、技术部、营销部、财务部、维检部、环保搬迁项目部等9个科级职能管理部门。有3家分支机构，在重钢长寿新区建有4个生产车间（维检车间、钢渣车间、钢渣原料车间和型煤车间）。固定资产原值9755万元，净值5318万元。其代管的7家集体企业中有5家停业，正办理注销等手续。

2011年，产业有限公司围绕重钢目标任务，制定"着力环迁、改革调整、持续稳定、确保目标"的工作方针，在做好大渡口老区企业拆除和资产处置工作的同时，加大长寿新区项目建设和生产经营运行的力度。全年实现销售收入54346.35万元，完成年计划236.29%，同比增长67.62%；实现利润541.37万元，完成年计划108.27%，全年实现工业总产值30591.91万元，完成年计划218.51%，同比增长79.49%；全年万元产值综合能耗为115.35千克标煤/万元。超额完成重钢集团下达的生产经营目标。

孔千

**【企业改革】** 2011年，产业有限公司贯彻重钢集团有关减员分流和集体企业改革的精神，按照扁平化管理和一级管理的要求，加速企业改革和机构调整。完成源丰公司的注销工作。同时协助办理清滢公司的注销工作，在推进集体企业大渡口老区生产设施拆除和资产处置工作的同时，做好集体企业职工的安置。2011年，安置170名职工到长寿新区工作。根据重钢环保搬迁和产业有限公司职能管理的要求，对部分机构进行调整，将产业有限公司清欠办职能调整到财务部；维检车间调整到维检部，撤销源丰综合组和轧钢留守组，成立钢渣原料车间、大渡口老区钢渣挖掘工作组和集体企业改革工作组。2011年，产业有限公司贯彻重钢集团《关于用好环保搬迁政策实施人力资源结构调整的意见》，加强政策宣传和引导，做好距法定年龄差5年退休职工的政策宣传及职工思想工作。截至2011年底，共办理"直通车"人员97人，其中全民职工3人；办理退休人员15人，其中享受重钢环保搬迁政策4人。

孔千

**【安全环保】** 2011年，产业有限公司坚持"以人为本，安全第一"的工作方针和"安全发展"的指导思想，按照"一岗双责"的原则，落实安全主体责任，推进安全工作。全年制定安全管理制度32个，与16个单位签订《2011年安全环保目标责任书》，下发《安全警示标志及提示卡管理规定》，统一制作生产现场定置管理牌和安全环保警示标志牌共347块，向职工发放安全提示卡300张，与4个劳务公司重新签订《安全协议书》，同时与长寿新区各车间481名劳务工签订《安全承诺书》。2011年，产业有限公司组织转岗职工安全教育培训170人，开展长寿新区车间班组长及安全员脱产安全培训学习23人；组织在岗职工进行安全教育21次，受教育315人；对65名特种作业职工进行安全复训；对7名职工进行特种作业职工持证培训，特种作业人员持证率100%。制定《2011年安全文化建设的实施意见》，开展"安康工程""安全监督岗""青安岗"活动，开展"安全的重要性在哪里"征文活动。2011年，查出安全隐患及问题共98项，隐患整改率100%，安全投入资金76.88万元。

孔千

**【党建工作】** （1）抓中心组学习。2011年，产业有限公司党委组织两级中心组学习9次，出勤率100%。制定《2011年党员轮训工作意见》，全年培训党员219名。（2）建立和完善2011年党建工作目标责任体系，与各党支部签订《2011年党建工作目标责任书》。开展"攻坚生产、改革和环迁，党员表率在先"党内主题活动，并把开展的党员攻关活动、党员承诺制活动、党员示范岗活动、党员身边无事故活动等纳入党内主题活动。（3）开展"创先争优"活动。以"组织创四强、党员创四优"为载体，抓"八个结合"，即"创先争优"活动要与推进实现生产经营目标相结合；与推进环保搬迁工作相结合；与推进企业改革工作相结合；与加强企业职工思想政治工作相结合；与开展党内主题活动相结合；与创建"五好"党支部工作相结合；与开展创建学习型党组织活动相结合；与构建和谐企业和维护稳定工作相结合。2011 年党员承诺书上墙 100%，党员兑现承诺 100%。印发“创先争优”活动简报 8 期。(4)以学习型党组织创建面达到 100%，党员干部参与面达到 96% 为重点，开展学习型党组织建设活动。2011 年，党委投入 5 万元在长寿新区 2 个主要车间和机关建立党员和职工学习室，配置电教设备。购买 600 本书。在“七一”和重钢建厂 120 周年期间，举办“迎建党、庆厂庆”知识竞赛活动，组织 60 名党员参观党史展览。(5)推进党务公开。制定《产业有限公司党务公开实施办法》，共制作党务公开宣传栏 12 个，建立党务公开工作台账，确定 15 项具体目录的公开事项。(6)领导班子建设、干部队伍建设和党员队伍建设。坚持开展以“四好”为标准的班子建设活动，制定《领导干部下访制度》，每半月下基层单位和车间开展调研活动 1 次，建立领导干部联系点。按照“讲党性、重品行、作表率”的要求，实施《产业有限公司科级干部管理办法》。强调工作下沉，安排人员轮流到长寿新区工作。2011 年培训入党积极分子 10 名，发展新党员 9 名，完成发展计划。(7)制定《产业有限公司 2011 年党风建设和反腐倡廉分工责任制》，组织重要职能部门管理人员、工程项目管理人员、采购人员专题学习 4 次。制定营销物流、安全环保、工程建设、设备采购等监督管理办法 12 个。开展科级管理人员民主测评，全年对 38 名负责人进行民主测评和考评。参加 2010 年度民主测评和考核科级负责人的职工代表 164 名，(其中一般管理人员 97 名，操作人员 67 名)，将测评结果告知被测评人，同时在厂务公开栏上进行公示。开展效能监察活动，2011 年立项 4 个。提出监察建议 15 条，采纳 13 条，建章建制 4 个，增创效益 220 万元，挽回经济效益 91.11 万元，避免经济损失 54 万元。开展领导班子民主生活会，对 2010 年民主生活会收集整理的 6 点意见整改情况进行说明。并对整改的实施情况的满意度进行民主测评，满意度为 100%。(8)精神文明建设。建立基层党组织思想政治工作机制，确定产业有限公司党委书记和党支部书记是基层职工思想政治工作第一责任人。建立基层思想政治工作联系点，在倒班房建立车间负责人职工来访接待点。坚持季度领导与职工对话会制度，针对党员代表、职工代表提出的设备检修接送安排、职工伙食补贴、车间职工休息室、工程机械人员配置、职工劳保用品供给等 15 个问题，给予答复和解决。加强钢渣、废钢车间两个区域的环境治理工作、安全文化建设工作，往长寿新区两个车间运送铁树 8 棵，花盆 106 个。抓宣传报道工作，全年向《重钢报》和重钢电视台投稿 43 篇，《重钢报》刊登 28 篇，电视台播出 8 篇，党建工作信息 16 篇。成立党建工作研究会和职工思想政治工作研究会领导小组和调研论文评选小组。拟订调研参考题目 20 个。2011 年，共收到论文 12 篇，其中党建研究论文 5 篇，有 8 名党支部书记撰写论文。开展“立足新区保顺行，实现目标作贡献”主题厂情教育活动。成立厂情教育领导小组，明确开展厂情教育活动的指导思想、形式和内容，使厂情教育活动收到实效。(9)稳定工作。建立完善稳定工作目标责任制，与各单位签订《2011 年稳定工作目标责任书》，明确职责，加大稳定工作的考核力度。做季度职工思想状况分析，加强不稳定因素的排查，特别是困难企业、拆迁企业和解除合同人员不稳定情况的排查，掌握不稳定情况。解决困难党员和困难职工的实际问题，建立困难党员档案 23 户和困难职工档案 299 户。2011 年，先后慰问 5 名老干部，春节走访慰问特困党员和特困职工 8 名。对 23 名困难党员和 670 人次困难职工进行慰问。全年产业有限公司无重大不稳定事件发生。2011 年，产业有限公司被重钢集团评为先进党委。

孔千

【培训工作】 制定《产业有限公司 2011 年职工培训规划》，结合长寿新区生产需要和提升职工素质的要求，组织热闷二期工艺技术、安全规程的培训；开展对劳务工操作行走设备技能测试；举办 41 人的班组长培训班。2011 年，产业有限公司职工参加各种技术、技能和业务培训 1252 人次，其中继续教育培训 29 人，职业资格培训 23 人，办公自动化培训 35 人，特殊工种复训 198 人，新训 52 人，送外培训 16 人，自培 285 人，岗位培训 256 人，技能培训 358 人，取得各类培训合格证书 302 人。抓人才引进工作，2011 年共招聘工程机械修理、汽修专业人员 6 名。开展师徒结对活动，2011 年共签订师徒合同 116 对，并实行一年一度的考评考核奖励。

孔千

【重庆重钢产业商贸有限公司概况】

重庆重钢产业商贸有限公司位于大渡口区跃进村 107 栋。是重钢集团产业有限公司代管的一家厂处级单位，具有法人资格、实行独立核算、自主经营、自负盈亏并以商贸流通为主业的经营型企业。2011 年底，该公司及代管企业共有在册职工 70 人(其中全民职工 7 人，集体职工 63 人)。设有财务科、综合办公室。经营方式是批发、零售、代购代销、维修等。主要销售金属材料(不含稀贵金属)、建筑材料(不含危险品)、化工产品及原料(除工业氧气、乙炔、二氧化碳、氮气、氩气、氢气、粗苯、煤焦油、洗油、苯、二甲苯、油漆、萘、煤焦沥青、蒽油乳剂、蒽油乳膏在许可证核定事项内经营外，不含其他危险品)、五金交电、汽车零配件(不含发动机)、机械配件、装饰材料、日用百货(不含农膜)、日用杂品(不含烟花爆竹)、矿产品(国家有专项管理规定的除外)、摄影、摄像、照相用品及器材、相机维修，商务服务、普通劳务服务，仪器仪表及总承、设备安装检修、金属工艺品、塑料制品制造、金属结构件、机械配件加工、工业设备维修等。2011 年，实现销售收入 507.35 万元，利润控亏 -54.23 万元，完成生产经营指标和控亏目标。

2011 年，产业有限公司对重庆重钢产业商贸有限公司生产经营指标不再进行考核，要求该公司把工作重点放集体企业改制、关停企业、减员分流、稳定工作上，实现企业平稳过渡。该公司按照重钢集团和产业有限公司要求，加大集体企业改革改制步伐，在人员分流上，利用重钢环保搬迁政策，实行应走尽走的原则，全年减员 29 人；在企业改革改制方面，一是按照重钢集团大渡口老区第一批移交土地的要求，对地处大渡口区车家坪的冶金材料厂采取关闭拆除，2011 年 11 月移交建设公司统一拆除；二是对被列入大渡口区袁家岗—茄子溪公路三期拓宽改造工程项目拆迁范围的重庆三联轧钢拉丝厂，采取关闭拆除，并已完善各项手续，移交大渡口区拆迁办拆除。

华军

【金洲分公司概况】 重庆钢铁集团产业有限公司金洲分公司（金洲金属材料制品厂）是重庆钢铁集团产业有限公司分支机构，2011 年有职工 70 人，是产业有限公司钢铁资源深加工企业之一，年加工能力 2 万吨。位于长寿晏家三峰工业园区。主要生产设备：开卷、剪切、校平生产线，10 吨行车，冲压机、剪板机、折弯机等。主营业务：重钢冷轧薄板开卷、剪切、来料加工，冷轧薄板边料综合开发利用，电缆桥架设计，加工开发了适用于机加工、摩配件、防盗门、货车厢、电缆桥架等行业用材的冷轧薄板利用板、冷硬板、酸洗板、利用品、过渡板等 30 个规格的产品和加工不定尺材料。产品除供给重庆市场外，远销成都、遵义、贵阳等地。

2011 年，由于重钢冷轧薄板限量减产，金属材料制品厂能得到的边料平均每月 300 吨左右，仅有其生产能力的 20% ~30%，不能满足企业的生存和发展需要。同时，企业经营的焦丁生产业务，因大渡口老区 5 号高炉停产而停产；租赁厂房、电焊机生产业务，也因大渡口区旧城改造和袁家岗—茄子溪公路工程而拆迁，影响了企业的生产经营和发展。

刘洪明

【气体分公司概况】 重庆钢铁集团产业有限公司气体分公司是重庆钢铁集团产业有限公司下属分支机构，是由原重庆钢铁集团产业有限公司溶解乙炔气厂（位于大渡口区葛老溪 2 号）和原重庆钢铁集团产业有限公司气体分公司（位于长寿晏家重钢三峰工业园区）合并后成立。企业下设生产部、销售部、质量部、财务部、综合部 5 个职能部门。2011 年末有从业人员 80 人，其中专业技术人员工程类 12 人、经济类 5 人。生产的“力达”牌瓶装溶解乙炔，是国家重点推行的节能、环保型产品，具有节省能源、安全可靠、经济方便、无污染的特点，切割温度可达 3000 ~4000 摄氏度，是氧割焊接的理想产品，各项指标均达到国家标准要求。产品高纯度氮气、高纯度氢气和工业氧气被广泛应用于冶金、电子、医药等领域，并作为重钢股份公司冷轧工程配套项目。固定资产原值为 2079 万元。拥有 YQ -160 型敞开低压乙炔发生器、变频调速乙炔压缩机、三塔乙炔净化设备等乙炔气生产配套设备；2011 年有 1 套 300 立方米每标准时水电解制氢（制氧）装置，是当期重庆市规模最大的水电解制氢设备，另有 1 套 800 立方米每标准时变压吸附制氮装置，2 个 110 立方米氮气储罐，2 个 60 立方米氢气储罐，1 个 10 立方米低温液氧储罐。

2011 年，生产乙炔气 37 万千克、氢气 42 万立方米、氮气 32 万立方米、氧气 30 万立方米，销售收入 1686 万元。安全实现“四零”目标，在同行业中率先取得危险化学品企业安全标准化三级企业证书，在企业安全主体责任评价中被评为 B 级企业。获重庆市乙炔气瓶专业检验资格。质量体系按 ISO9001 -2008 标准运行。保持重钢集团“文明单位”称号。

何金玉

【化工公司概况】 重庆钢铁集团产业有限公司化工公司属重钢集团产业有限公司分支机构。其机关位于重庆市大渡口区松青路 1000 号（重庆市大渡口区陶瓷市场 6 楼）。2011 年在册职工人 62 人。2011 年生产建材萘、型煤两种产品。实现年销售收入 1043 万元，利润等其他经济技术指标均完成目标值任务。2011 年，化工公司贯彻产业有限公司关于人力资源结构调整工作精神，全年共有集体职工 4 人办理“直通车”、全民职工 2 人办理“提前退休”，向长寿新区输送人员 8 人，共减员分流 14 人。

李心语

【重庆铎丰贸易有限公司概况】 成立于 2002 年的重庆铎丰贸易有限公司是重庆钢铁集团产业有限公司的营销公司。2011 年，该公司针对建材资源市场提出“敬畏市场，创新营销，精细服务，团结协作”的工作思路，上半年围绕重钢建材于 9 月关停，“抢市场，抓资源，精细服务”，实现有限资源销售最大化；下半年面对无建材资源销售的困境，参与重钢热轧卷的销售，面对新资源、新客户，销售品种逐一向多元化发展，涉及建材、冷热轧卷、优钢等多个品种，雷士照明、重庆中兵、重庆东原地产等企业成为该公司重要客户。2011 年累计销售钢材 94805 吨，其中建筑钢材 50000 吨、开发销售新品种热轧卷 44805 吨；全年实现销售收入共计 34551.83 万元，同比增收 20359.23 万元，完成年度计划 493.6%，超额完成产业有限公司下达的各项生产经营任务。

陈建东

【重庆冶金轧材制品厂概况】 重庆冶金轧材制品厂属重庆钢铁集团产业有限公司代管企业，成立于 1985 年，原隶属重钢小轧厂大集体，位于大渡口区劳动村 186 号。2011 年拥有 450 毫米轧机、320 毫米轧机各 1 台，其他附属设备共 54 台，主要产品：生产各种小型钢材，螺纹钢 $\phi$28～$\phi$40 毫米、圆钢 $\phi$28～$\phi$60 毫米、8 号工字钢系列产品，8 千克、11 千克轻轨，9 号矿工钢，球扁钢，刮板钢，船板钢等产品共计 30 个品种。2011 年，固定资产原值 1466.27 万元，净值 691.89 万元，主要为重钢加工生产配套产品，全年生产总产值 5655.80 万元，共生产钢材 22246 吨、完成计划 111.86%，实现营业收入 6999.46 万元，缴纳各种税费 186.67 万元。2011 年设党政办公室、财务科、生技科、质检站、调度室，有在册职工 62 人，其中管理人员 7 人。

2011 年，按重钢集团和产业有限公司要求，加大集体企业改革步伐，利用重钢环保搬迁政策，全年办理“直通车”18 人。同年，按照重钢环保搬迁规定于 9 月 25 日正式关停。关停后，进行资产清理与评估，采取对外公开招标竞拍的方式对设备进行处置，并安全全部拆除。同时根据国家政策规定，作为设备陈旧、产能达不到要求属淘汰落后产能的关闭小企业向上申报，争取国家对企业的补偿。2011 年 12 月，通过重庆市相关部门和大渡口区经济和信息化工作委员会对其为关闭小企业的验收。

彭跃玲

## 重庆钢铁集团钢管有限责任公司

**【概况】** 重庆钢铁集团钢管有限责任公司（简称：钢管公司）系重钢集团的全资子公司，位于重庆李家沱长江大桥与川黔公路交汇点重庆巴南区土桥，距重庆市中区 16 千米，距成渝高速公路入口处 10 千米，距重钢本部 6 千米；厂区面积 15.891 公顷（含职工住宅用地 1.0396 公顷）。钢管公司始建于 1966 年，原名重庆无缝钢管厂，1992 年加入重庆钢铁集团，1995 年 12 月 27 日更名为“重庆钢铁集团钢管有限责任公司”；2003 年，为重庆市属国有及国有控股中型企业。

2011 年，钢管公司设 5 个车间（76 车间、50 车间、焊管车间、机修车间、环保车间）、13 个职能处室（含党群系统）。在册职工 1007 人，其中在册在岗职工 865 人；具有高级职称 15 人，中级职称 33 人，工人技师 16 人。2011 年末，钢管公司总资产 33063 万元，其中固定资产原值 9885 万元，净值 2944 万元。2011 年，钢管公司完成产量 87821 吨，销量 86657 吨，实现营业收入 62948 万元，利润 102 万元。

主要设备：$\phi$76 毫米自动穿孔机、$\phi$76 毫米自动轧管机、$\phi$50 毫米曼式穿孔机、$\phi$40 毫米曼式穿孔机各 1 套，$\phi$7 米环型加热炉、斜底式加热炉各 1 座，退火炉 3 座，冷拔链条 15 根，矫直机 7 台，涡流探伤线 1 条，超声波探伤线 2 条，$\phi$76 毫米和 $\phi$50 毫米精密焊管生产线各 1 条，SRM355Ⅰ－八机架微张力减径机，冷轧机 9 台，共有生产设备 237 台（套）。生产设备年生产能力 10 万吨。产品包括冷拔无缝钢管、冷轧无缝钢管和焊接钢管 3 大类、22 个品种、2000 个规格。产品材质 25 种。

2011 年 9 月，钢管公司质量体系 ISO9001：2008 获中国冶金质量体系认证中心认证。钢管公司生产的低中压锅炉用无缝钢管和高压锅炉管获国家同类产品实物质量“金杯奖”。高、中低压锅炉用无缝钢管和输送流体用无缝钢管被评为“重庆市名牌产品”，冷拔或冷轧精密无缝钢管被评为“重庆市知名产品”。

王桂荣

**条目另见部目**

【建设用中空注浆式锚杆的开发生产】：《科学研究与应用》

## 重庆钢铁集团建设工程有限公司

**【概况】** 重庆钢铁集团建设工程有限公司（简称：建设公司）成立于 1996 年 10 月，是重钢集团具有独立法人资格的全资子公司（前身为 1959 年 4 月成立的“修配安装部”）。2011 年，建设公司机关设综合部、党群工作部、财经部、工程管理部、市场开发与经营管理部、安全保卫部、总师室、钢结构研究与发展中心 6 部 1 室 1 中心。持有房屋建筑工程、国家冶炼工程、市政公用工程施工总承包一级资质，钢结构工程、机电设备安装工程专业承包一级资质，有二级资质 6 项、三级资质 6 项、特种设备资质 4 项，注册资本 2 亿元。主要涉及工业建筑、钢筋供货、房屋建筑、市政环保、公路工程、矿山工程等。先后获重庆市建筑业先进企业、重庆市国企贡献奖、重庆市五一劳动奖状、重庆市 AAA 诚信建筑企业、重庆市“建好一号工程”集体一等功等称号，承建的重钢环保搬迁 1780 毫米热轧板带工程获冶金优质工程奖。截至 2011 年末，有在册职工 752 人，劳务工 1559 人；固定资产原值 18715 万元，净值 12095 万元。全年完成销售收入 22.19 亿元，利润 2643 万元，其中重钢外收入 12.5 亿元，新签合同 17.07 亿元。

洪郁

**条目另见部目**

【2700 毫米生产线搬迁工程】：《环保搬迁》

【10 万立方米煤气柜拆除】：《环保搬迁》

**【入选重庆“两江新区”施工企业备案库】** 2011 年，建设公司在 100 余家国有施工企业中作为 30 家合格施工企业之一，首批入选进入重庆“两江新区”施工企业备案库，为建设公司承接霍尼韦尔定制厂房一期工程（合同金额 7704.33527 万元）、两江大道北“延段一标段”道路工程（合同金额 19500 万元）奠定了基础。

吕徐平

**【市场拓展】** 2011 年，建设公司围绕重钢环保搬迁工程，发挥“子弟兵”优势，保证内外市场及重钢新、老区建设并行发展,推进内、外部市场开拓。全年签订各类工程合同234项,合同金额171910万元,完成年度目标143.26%,同比减少6.5%。在新业务构成中外部项目105012万元,占61.09%,增长56%;重钢环保搬迁项目46954万元,占27.31%,减少54%,较2008年重钢环保搬迁主流程项目建设到2011年期间的每年,建设公司的重钢环保搬迁项目占其全年合同总额的比例首次低于50%,其中2008年为80.87%,2009年为73%,2010年为56%,呈现逐年递减趋势,其他项目19544万元,占11.6%,增长49%。

吕徐平

**【参与重庆“两江新区”工程建设】** 重庆“两江新区”是继上海浦东新区和天津滨海新区之后由国务院批复的第3个国家级新区,也是我国内陆地区唯一的国家级开发新区。2011年,重庆“两江新区”建设工程启动,重钢建设公司代表重钢集团参与竞标“两江新区”工程项目,2011年中标并启动的工程项目4项:(1)两江大道项目。即两江大道南北延长段(K12+860~K15+260段)道路工程,工程采用城市主干道Ⅰ级、双向八车道,预留双向10车道拓宽空间,设计车速60千米/时,龙盛路与渝长高速公路、柏舒路(原一横线)、绕城高速公路和十二联络线等交叉处设置互通式立交,本次仅对其实施道路立交设计,其余相交道路根据初步规划进行渠化设计。两江大道南北延长段(龙兴路三期)北延段一标段位于龙兴镇东侧,道路起点接龙兴路(二期)终点,往北终止于同乐村十一社龙盛路三号桥,全长2.4千米,合同定价19500万元。(2)中钢物流园区1号楼工程。本工程总建筑面积53000平方米,建筑基底面积42000平方米,建筑高度27.85米;建筑层数为钢结构仓库地上1层,商业门面地上3层,局部4层。建筑工程等级2级,建筑耐火等级2级,钢结构厂房屋面防水等级2级,室外混凝土物流用房屋面防水等级2级,抗震设防烈度六度。合同定价3600万元。(3)霍尼韦尔标准厂房工程。即C10-1/01地块标准厂房工程,是美国霍尼韦尔公司在重庆“两江新区”鱼复工业园内投资1.05亿元人民币组建的刹车片制造厂。主辅生产厂房为钢结构,其他动力站、垃圾废水站库房等为砖混结构,占地总面积22.85518公顷,合同签约价7704万元。于2011年3月开工,竣工时间定为2012年2月。(4)山鹰工程项目。本项目用地面积8.866公顷,是国家投资在重庆“两江新区”龙兴工业园的直升机制造总装企业,工程施工主要包括总装厂房(含辅房、办公)、喷涂厂房、油库等。本工程厂房大柱距轻钢屋架的制作及安装所涵盖的专业面广且要求高,材料选用考究,外观质量要求高。合同签约价8000万元,于2011年12月开工,竣工时间定为2012年5月。

颜兴全

**【科技与信息化建设】** 2011年,建设公司围绕本单位生产经营目标,推进科技进步和信息化建设。(1)申报重钢集团科技进步成果《重钢2700毫米生产线整体搬迁施工技术研究与实践》等2项。技术攻关和技术改进成果21项,其中《龙门吊支腿加固改造提高PC梁的储运能力》《攻克大型高炉炉壳场内制造工艺》2项分获重钢集团2011年度合理化建议和技术改进成果、群众经济技术创新工程项目一等奖。(2)申报科技立项项目《多功能一体化开卷机生产线组建与技术优化研究》《工程现场新型围挡应用研究》通过评审专家委员会推荐,被重钢集团批准立项。(3)《汽轮机发电机安装误差控制》等2项获重庆市建筑行业优秀QC成果奖,《一种支护深基坑侧壁的方法》等4项获国家知识产权局专利授权。(4)完成《重钢大渡口老区拆除工程总包合同、分包方案策划与实施》等4项企业现代化管理成果。(5)信息化建设推进。2011年计算机硬件设备更新换代47台(套),巩固及完善长寿江南、晏家基地与大渡口机关区域的网络连接,保障建设公司两地日常信息化办公。建立工程图文管理系统,全年扫描存储制图22835张。试运行建设公司办公电子签章管理系统。为上报重钢集团工资报表,完善工资管理系统,全年建设公司OA办公系统内部邮件往返量11万封,公共文件柜共收集各类文件10356个,OA系统各类内部短信10万条。

颜兴全

**【创建学习型企业】** 2011年,建设公司以“按需施教、务求实效”的原则。根据其改革与发展的需要及员工培训的需求,分层次、分类别地进行培训。全年共培训2032人次,其中管理技术人员705人次,操作人员1327人次。(1)开展职工继续教育与技术提升培训。①坚持管理及技术人员持证上岗,全年新取证81人;鼓励员工参加国家执(职)业资格考试,全年一级建造师注册2人变更2人,二级建造师注册3人变更1人、增项1人;获高级工程师职称资格2人、中级职称1人、初级职称9人,初定职称4人;推荐读工程硕士2人;网络继续教育33人次。管理人员持有职业资格证73%。②特殊岗位作业人员持证上岗并定期进行复检,全年新训120人、复训370人;2人获技师证书(焊工、钳工)。生产操作人员持证上岗由年初87.2%上升至92.5%。③安全培训。新员工三级培训58人,班组长获重庆市安监局安全培训合格证98人,获安全三类人员考核合格证(A、B、C证)140人。(2)组织本单位中层管理人员考察学习,全年科级管理人员带课题考察学习人数占40%。组织科级管理人员参加科干培训班进行半脱产培训。举办施工、预算、安全、质检、财务和采购及营销系统人员培训。制定《技术专家选拔聘任管理办法》和《技能专家选拔管理聘任管理办法》。经推荐和选拔,5名职工分别被聘为技术专家、主任工程师和副主任工程师,6 名职工被聘为技能尖子和技术能手。(3)举办技能竞赛。①建设公司 2011 年第五届“千人大练兵,技能大提升”职业技能竞赛,历时 4 个月,于 2011 年 7 月结束。竞赛设 8 个项目,理论培训课程 16 次,举办实作考试 10 场,参赛职工 358 人。其中 5 人获“技术能手”(第 1 名)称号、5 人获“技术标兵”(第 2 名)称号、8 人获“岗位能手”(第 3 名)称号,团体赛获奖 44 人;授予 8 人“优秀培训教师”、4 人“优秀裁判长”、8 人“优秀裁判员”称号;授予钢结构公司等 4 个“优秀组织单位”。②推荐“技术能手”“技术标兵”中 5 人参加“重钢集团第十届技能竞赛”,获电焊工专业组个人第 2 名、第 3 名,起重工个人第 2 名;获重钢集团岗位练兵组织二等奖。③参加 2011 年重庆市“能源杯”青年职业技能大赛,获电焊工专业组第 2 名、第 3 名,电工第 2 名。④电焊工陈强获重庆市第三届优秀技能人才奖。(4)提高全员综合素质。①推行“40+3”计划,每周工作 40 小时以上,学习时间 3 小时以上,采取“自学为主、集中辅导”相结合的方法。发动员工做到“全员学习、全过程学习、团队学习”,培养其学习习惯。②职工夜校。全年,由建设公司总经理、党委书记、各副总经理向党员和入党积极分子、管理人员和班组长等 750 人次,以“形势任务宣讲”“施工管理”“安全管理”“工程项目规范管理”等为题授课 8 场。为检验职工夜校学习成果,2011 年底建设公司举办了 120 人参加的知识有奖答题赛。③办职工书屋,全年长寿新区图书室共借阅图书 580 人次。

李卫　潘宇

## 重庆钢铁集团三峰工业有限公司

【概况】 重庆钢铁集团三峰工业有限公司(简称:三峰工业公司)是重庆钢铁(集团)有限责任公司的全子公司。2003 年 12 月 22 日设立,2004 年 1 月 9 日完成工商登记;注册资本 5000 万元。地址:重庆市长寿晏家工业园区 D 区。2011 年 7 月 6 日,重钢集团将建设公司下属电气修造公司全部在册人员 51 人成建制转入三峰工业公司,三峰工业公司以此为基础组建“三峰工业公司中央电修车间”。2011 年 4 月 19 日,重钢集团将三峰工业公司从 2011 年 5 月 1 日起交由钢铁股份公司代管。三峰工业公司作为法人企业继续承担原有的债权债务。2011 年 8 月 29 日,三峰工业公司撤销三峰工业公司机修分公司成立机修车间,同年 10 月完成三峰工业公司机修分公司工商注销。2011 年 11 月 28 日,三峰工业公司按“重钢集团 600 万吨钢人力资源结构调整”的要求调整机构设置,设办公室、财务科、生产计划科、技术质量科、设备能源科、安全环保科 6 个管理科室,生产单元设机修车间、电修车间、液维车间、结晶器车间、一金工车间、二金工车间、铸造车间、铆焊车间、园区管理部 9 个单位。2011 年 12 月,三峰工业公司开始实施大渡口老区机关和车间搬迁。截至 2011 年 12 月末,三峰工业公司在册职工 424 人。

2011 年,三峰工业公司实现生产安全顺行,完成销售收入 1.27 亿元,超额完成重钢集团下达的“利润”“降老欠”目标。(1)锁定目标市场,保障生产订单。2011 年三峰工业公司确定以重钢内部市场为目标市场,对长寿新区保产项目全面跟踪,保障生产订单。同时根据铸造工序的生产能力,加强与三峰卡万塔公司、江钢公司等单位的合作,保障炉排片等高附加值产品的满负荷生产。全年承接的订单内部市场占 84%,外部市场占 16%。(2)调整产品结构,优化资源配置。按重钢环保搬迁规划,调整产品结构,压缩毛坯工序,控制铸件规模,停止钢锭生产,做好“炉排片”“烧结蓖条”等定型产品的生产。将有限的资金用于结晶器备件的保供上,通过补充结晶器修复工序力量,促进对炼钢工序的保产。(3)履行保产职责。将机修分公司和冶金设备厂作为保产主力,重机厂作为补充保障;坚持每周召开保产会议,调整生产计划,满足用户需求。2011 年承接修配改保产项目共 1586 项,72207 件(套),修复结晶器 265 台,电机及变压器 551 台、液压缸 407 台、皮带输送胶结 15451 项。(4)落实安全责任,保证安全顺行。全年定期召开三峰工业公司安委会,制定《三峰工业公司 2011 年安全环保工作要点》等文件,开展安全生产月活动及特种设备检查等各项安全工作。坚持安全隐患排查治理,全年共组织安全检查 247 次,查出安全隐患 210 项,整改率 97.6%。(5)实施技术攻关,推进产品开发。2011 年设计、制造出三环减速器、单辊道传动减速器等 4 种应用类型的减速机,并得到用户的认可。全年加大“结晶器”技术攻关力度,针对钢铁股份公司炼钢厂结晶器在浇注过程中出现的跑锥、漏钢、漏水等故障,成立结晶器技术攻关小组;全年先后对结晶器进行“调宽装置、供油系统”等 5 项技术改造,取得效果。(6)调整发展规划,优化工序配套。2011 年针对重钢大渡口老区钢铁主线生产全面关停、停止生产用能供应的实际,三峰工业公司向重钢集团提出“修订发展规划、实施搬迁过渡、待条件成熟时再建厂房搬迁”的建议获得支持,通过租赁厂房,将铆焊、轧辊、重机、铸钢和冶金机械厂(代管集体企业)由大渡口老区搬迁至长寿晏家工业园区。经近 1 年的建设,长寿新区连铸离线检修项目按期投产,电修项目进入设备调试收尾阶段,电修车间从大渡口老区搬迁至长寿新区并投产;中央机修扩建工程进入设备安装调试阶段。(7)调整人力资源结构,实现定编目标。按“重钢集团 600 万吨钢规模人力资源结构调整”要求及下达的人员定编计划，全年三峰工业公司利用重钢环保搬迁政策办理提前退休42人、办理离法定退休5年内的B类人员内退6人、办理集体企业职工直通车21人。按钢铁股份公司4科1室，实现扁平化管理的要求，成立“生产计划科、安全环保科、技术质量科、设备能源科及办公室”，调整部门职责及岗位职责，实施管理人员定编、上岗及收入分配系数的调整。分厂按技术专业、片区管理要求，对轧辊、重机厂的职工进行分流安置；集中各单位护厂职工及6类人员，成立一金工车间、二金工车间、铆焊车间、铸造车间、机修车间、液维车间、电修车间、结晶器车间以及园区管理部，完成人力资源结构的初步调整。(8)加强技能培训，选拔技术人才。根据重钢集团关于主任工程师、技能尖子聘任及考核办法，2011年三峰工业公司聘任主任工程师、副主任工程师、技术尖子各1名，技术能手3名。为培养技能人才，保证生产所需，2011年共组织职工参加各类培训共267人次(其中送外培训5人次)；组织20名职工参加重钢集团第十届职业技能竞赛，1人获钳工专业组第3名，三峰工业公司获群众性岗位练兵组织奖二等奖；选送2名职工参加2011年重庆市“能源杯”青年职业技能大赛，1人获车工项目的三等奖。(9)细化责任指标，兑现考核。全年以经济责任制指标为主考核指标，将下属各单位负责人收入与利润、销售收入指标挂钩，按指标完成情况兑现职工收入。全年职工收入水平与上年同比增长7.5%，机修分公司各项指标完成较好，职工收入水平同比增长10%，铸钢厂因为产品结构调整，销售收入减少，职工收入同比降低3%。科级人员收入根据指标完成情况拉开差距，平均收入水平与上年同比持平。按厂处级和科干工作职责，对重点关键性工作制订考核指标，全年科级人员因工作不到位考核1.6万元。(10)加强园区服务管理，保障公辅设施正常运行。2011年园区内未发生治安保卫事件。强化园区35千伏电站的运行管理，全年实现能源安全转供。(11)做好庆、谈、访等工作，全年发放困难补助6.7万元，庆、谈、访费用11.1万元。

马云峰

**条目另见部目**

【三峰工业公司老区生产基地搬迁】:《环保搬迁》

【“中央电修”等3个工程项目建设】:《环保搬迁》

**【结晶器新区保产】** 2011年，三峰工业公司结晶器车间共修复结晶器294台，完成长寿新区保产工作。全年三峰工业公司通过开展QC小组活动和组织技术骨干进行技术攻关，先后完成钢铁股份公司炼钢厂结晶器3号机侧导辊改造、3号机调宽装置接手改造、1号机蜗轮蜗杆及供油系统改造、跑锥技术攻关、2号机夹紧装置改造和结晶器波纹软管换不锈钢硬管等技术革新和技术改造工作，完成部分铜板水槽R度改造，完成3号机架调宽装置手动改电动工作及进行1号机断面偏心孔和2号、3号机喷淋系统改造工作。全年结晶器保产工作经受住了钢铁股份公司两次联合大检修的考验。尤其是热电偶安装质量的稳步提高，支持了长寿新区炼钢漏钢预报工作，使长寿新区漏钢预报率达到全国先进行业水平。

何彬

**【入园企业生产经营】** 1.2011年三峰工业公司加强园区的服务管理，保障公辅设施的正常运行，全年实现能源安全转供。

2.重庆钢铁股份有限公司冷轧薄板厂。2011年面对能源紧张，公辅设施不配套等困难。以“阶段性满负荷”模式组织生产，采取提升生产规模和“节能”错峰模式，开展降耗降本工作。全年完成产量9.78万吨、同比增长5.02万吨，成材率88.9%、同比增长1.04%，合格率96.17%、同比增加0.68%，综合成材率92.01%、同比增长0.43%。

3.重庆钢铁集团矿业有限公司冶金材料厂。其3.9万吨/年耐火材料生产线建设项目于2010年6月18日破土动工。2011年3月3日，矿业公司与重庆市晏家工业园区建设发展有限公司正式签订《投资协议书》。2011年9月下旬，碾泥生产线联动试车成功并投入试生产，至11月上旬整个工程建设全部完工。11月23日，隧道窑点火成功，开始烘窑；12月中旬镁碳生产线、高铝生产线全线热负荷联动试车成功；至2011年底，所有生产线全部具备试生产条件。

4.重庆钢铁集团电子有限责任公司控制设备成套厂。2011年全面完成重钢环保搬迁长寿新区及大渡口老区的各项生产经营任务，完成长寿新区3号烧结、3号高炉和球团所需柜、台、箱的生产及零星任务的生产，并满足项目施工进度的要求。全年成套厂产值613万元，超计划13万元，节约成本101.9万元，安全事故为零。

5.重庆钢铁集团建设工程有限责任公司钢结构制造公司。2011年克服资金紧张、任务重等困难，保证生产经营各项指标的全面完成。全年实现销售收入1.03亿元，完成利润344万元。

6.重庆钢铁集团产业有限公司气体分公司。2011年在满足钢铁股份公司冷轧薄板厂生产用气的情况下，实现安全生产，未发生一起安全设备事故。全年生产氮气310468立方米，氢气405025立方米，氧气795267立方米，实现销售收入720万元。

7.重庆钢铁集团产业有限公司金属制品厂。2011年开发销售1780毫米热轧薄板、冷轧薄板边料产品7970吨，完成销售收入2700万元。

8.重庆三峰新科钢格板有限公司。2011年克服资金紧张和该公司体制改革以及订单不足的影响，实现销售收入1884.77万元、同比增加0.99%，实现利润136.54万元，较计划目标提高36.54万元。

9.重庆钢铁集团运输有限公司三

峰物流分公司。2011 年以长寿新区保产任务为主,全年实现销售收入 1296 万元,利润 297 万元。

10. 重庆三峰华神钢结构工程有限公司。2011 年实现销售收入 15454 万元,利润 21 万元。

旷贝多

**【党群工作】** (1)"创先争优"活动。三峰工业公司党委制定《2011 年度"创先争优"活动工作规划》,统一设计三峰工业公司"创先争优"公示栏、"党支部承诺书""共产党员承诺书""党员承诺书履行情况评价表"和"支部承诺书履行情况评价表",拟订"履行承诺考核评价规则"。2011 年 5 月 9 日,三峰工业公司党委 2011 年"创先争优"活动的启动情况通过重钢集团"创先争优"活动领导小组指导检查二组的检查。(2)党的自身建设。①按重钢集团党委党建工作总体要求,三峰工业公司党委与党委委员和各党支部签订《2011 年党建工作责任书》;印发《关于开展党支部工作竞赛的通知》,竞赛活动的标准主要按"四强党组织"的要求确定,三峰工业公司党委每季度按竞赛内容和考核办法对各党支部(总支)工作进行检查考核,对考核结果进行奖励和考核,其检查考核及奖惩情况在党支部书记会上进行通报,并作为年底的党支部达标晋级评比和创建"四强党组织"的依据。②2011 年,三峰工业公司党委根据其行政机构调整撤销重机厂党支部、轧辊党支部、铸钢厂党支部。至 2011 年底三峰工业公司下属共有 7 个党支部。③注重入党积极分子的培养,截至 2011 年 10 月底,共发展新党员 3 名,办理预备党员转正手续 5 名。④开展"党员先锋工程"、党员攻难关等活动。⑤为保证长寿新区 600 万吨钢全流程贯通对备件加工、结晶器、液压件修复的进度和质量的要求,在机修车间、液压维护车间开展劳动竞赛,保证钢铁股份公司正常生产的需求。⑥召开纪念中国共产党建党 90 周年暨"创先争优"活动表彰大会,表彰三峰工业公司 2010 ~ 2011 年党内"创先争优"活动先进党支部 4 个、优秀党员 36 名、优秀党务工作者 11 名。同时以党支部为单位举办"歌曲填词新唱"比赛。⑦春节、"七一"期间开展困难党员走访慰问活动,全年慰问困难党员 32 人次,发慰问金 1.3 万元。(3)党风廉政建设。①利用每月的中干会、中心组学习和党员轮训等形式,对党员特别是党员领导干部开展反腐倡廉和清正廉洁教育。印发《2011 年党风建设和反腐倡廉分工责任制》,并按责任制分工抓重点工作的落实。②为有效控制生产物料消耗和库存,印发《关于开展存货管理效能监察的通知》,加强存货的控制和管理。(4)开展党务公开工作。6 月 9 日召开党务公开工作动员大会。会后,各党支部设立"党务公开栏",按三峰工业公司拟订的党支部党务公开目录内容,对应在"公示栏"中公示。三峰工业公司党委按其党务公开目录,通过自办的《重钢机械》小报向职工公开。公开内容:本单位党政机构设置、撤并,党政工干部任免,党支部、工会委员调整,单位和职工获重钢集团、钢铁股份、三峰工业公司先进的名单,重钢集团、钢铁股份、三峰工业公司重大会议的简况等。(5)稳定工作。按重钢集团《关于开展环保搬迁信访稳定风险评估工作的通知》要求,在全面梳理本单位内部存在的不稳定因素后,三峰工业公司党委拟订《重庆钢铁集团三峰工业有限公司环保搬迁信访稳定风险评估报告》,制定应对措施、处置预案。在 2011 年"两节""两会"期间,有针对性的做好重钢集团信访办转来的两封《重庆市政府系统公开电子邮箱转阅单》。在"开展 600 万吨钢人力资源结构调整"的工作中,做好政策的宣传和解释工作。(6)开展党建研究和政研工作。全年共征集到政研、党建研究论文 8 篇,经评审推荐 3 篇论文到重钢集团一片区进行交流,其中 1 篇获优胜奖、2 篇三等奖,1 篇获党建论文一等奖。(7)群团工作。①召开三峰工业公司第一届职代会第三次会议。②开展民兵降本增效活动的立项工作,全年各民兵连共立项 9 个。③2011 年春节期间,工会在长寿区晏家工业园区、江南新区举办了"三峰工业公司新区迎新春活动",团委和开发部召开"三峰工业公司青年知识分子座谈会"。④"三八"妇女节前,三峰工业公司工会举行"唱红歌"比赛。⑤2011 年 6 月,三峰工业公司工会、团委及安全部门组织开展了"三峰工业公司'安全生产月'安全知识抢答赛"。

田朝霞

**【集体性质法人企业改制】** 2011 年,三峰工业公司采取改制、完善改制、空壳和脱离管理等方式,对 5 家代管集体性质法人企业进行改革改制:1 家企业实现"空壳",相关人员完成分流安置;重庆市大渡口钢州工业设备修理厂在完成保证重钢股份公司炼钢厂大渡口老区生产任务,重钢大渡口老区生产全面关停后关停,2011 年按改革改制确定的原则,并入三峰工业公司;重庆冶金机械制造厂按重钢集团推进改革改制的总体要求,完成其改革改制方案提交本单位职代会审议程序,改制工作按计划进行中。2011 年,三峰工业公司在推进集体性质法人企业的改革改制工作中,按重钢集团稳步推进的要求,实现改革改制企业的稳定。截至 2011 年底,通过推进企业改革改制,三峰工业公司代管的集体性质法人企业由 12 家减少为 1 家在生产。

王向东

# 重庆钢铁集团设计院

**【概况】** 重庆钢铁集团设计院创建于 1954 年,是集工程咨询、工程设计、工程勘察和工程总包于一体的国家级综合性甲级设计院。持有冶金行业、建筑工程、建筑智能化专项甲级，市政公用道路、桥梁隧道甲级，环境卫生甲级，工程勘察专业类岩土工程、工程测量甲级，工程咨询甲级，排水、燃气乙级，工程测绘乙级资质及城市规划丙级设计资质、压力管道设计资质证书。拥有环境工程、建筑、结构、规划、总图运输、道路桥梁、工程地质、工程测量、给排水、暖通、燃气、热力、炼铁、轧钢、炼钢、机械设备、液压、自动化仪表、电讯、计算机、工程经济等20个专业，有国家一级注册建筑师、一级注册结构师、注册造价工程师等注册工程师。2011年设工艺设备设计室、自动化设计室、建筑设计室、动力设计室、市政公用设计室、综合经济室、勘测岩土所、工程总包部、经营部、生产技术部、信息部、财务部、办公室等13个部门。

2011年重钢设计院实现销售收入17026万元，利润3131万元，超额完成重钢集团下达的目标任务。

2011年主要工作。(1)完成可行性研究7项、方案42项、初步设计23项、施工图86项，合同履约率、勘察设计成品合格率100%。主要完成重钢环保搬迁项目2700毫米中板搬迁设计、1×360平方米烧结系统设计、5号及6号焦炉区域35千伏变电站设计；成都九江、河北灵达等垃圾焚烧发电厂设计；重庆"朵力·品道"设计，重钢总医院扩建设计，壁山工业园区标准厂房、建桥工业园标准厂房设计；江津滨江新城教育园区市政路网设计和建桥工业园道路、江津滨州路、石柱工业园路网设计；重钢长寿新区钢铁股份公司产品结构调整项目工程勘察、江津生铁基地初步勘察项目、江津滨江新城教育园区道路工程勘察及测量项目等。(2)承接重钢型钢搬迁项目、山东聊城、云南大理垃圾焚烧发电项目及重钢长寿新区CCPP项目GE机组搬迁设计项目。(3)配合相关审计机构完成国家高新技术企业财政税收补贴审计工作，获拨款129万元。申报2011年大渡口区科技计划项目创新创业培育计划C类项目，获资助90万元，完成烟气处理系统高速离心机等创新和技术攻关项目28项。申请实用型专利2项，获发明专利证书1项。

2011年，重钢设计院"重钢环保搬迁低温余热发电厂工程"等5个项目获2011年度冶金行业优秀工程设计二、三等奖，"重钢集团环保搬迁炼钢水处理系统项目""长寿江南新区全厂挡土墙工程勘察"获重庆市优秀工程勘察设计三等奖，有3个项目分获重钢集团合理化成果一、二、三等奖，"长寿新区CCPP—CDQ余热回收项目扩建工程可行性研究报告"等3个项目分获重庆市咨询成果一、二、三等奖。

刘卫国

**条目另见部目**

【新区CCPP-CDQ余热回收利用工程】:《科学研究与应用》

【新区炼钢RH干式真空抽气系统】:《科学研究与应用》

**【外部市场拓展】** 2011年，重钢设计院在立足重钢内部市场的同时，拓展外部市场；做精冶金项目的同时，做强环保节能项目。(1)环保项目。全年开展福建莆田、南安二期、成都九江、河北灵达、浙江临安、山东聊城、大理自治州、江苏靖江、四川西昌及重庆第二垃圾厂等10个垃圾焚烧发电项目的设计。(2)节能减排项目。在完成重钢股份公司烧结和炼钢低温余热发电项目、湖南湘潭钢铁厂烧结低温余热发电项目的同时，独立完成当期国内机型配置全、效率高、西部地区规模最大的新型高效节能环保项目—"长寿新区CCPP-CDQ发电项目"一期设计，截至2011年底该项目正进行二期设计中。

2011年，重钢设计院发挥资质优势，围绕重点客户、大客户开拓建筑、市政设计项目，与重庆市大渡口区、江津区、壁山工业园区、石柱县等建立协作关系，全年相续承接了重庆市江津区教育园区市政道路工程设计、大渡口工业园区项目工程设计、石柱县新城区基础设施及一级土地整治(市政道路及管网部分)工程路网设计、重庆市壁山工业园区青杠组团标准厂房设计等项目，实现建筑、市政设计项目新签合同额的突破。

梁明昭

**【2700毫米中板生产线搬迁重建工程设计】** 重钢2700毫米中板生产线搬迁建设工程是重钢环保搬迁600万吨钢组团的三条主生产线中，唯一从大渡口老区利旧搬迁至长寿新区的项目。该项目工程由中钢设备公司总承包，重钢设计院设计，重钢建设公司承建；其生产规模为热轧1000000吨/年、热处理180000吨/年，产品规格为8~40×1600~2500×6000~12000毫米。(1)设计范围。从炼钢连铸车间柱列中心线外3米辊道(设备基础从炼钢连铸车间柱列中心线外60.5米开始)开始至生产出合格的中板出厂所需的一整套工艺技术、设备和配套的各项设施，并按国家相关规范的要求完成2700毫米中板生产线搬迁建设工程范围内的各个阶段设计及服务内容，包含工程初步设计、非标设备设计、整个红线范围内的工厂设计(其中主生产线自动控制由佰能设计，加热炉区、热处理炉区的非标设计和工厂设计由炉子专业公司设计，红线范围内的消防设计由首安设计)。(2)设计接口。①能源介质外部接口：天然气、煤气、氧气、氮气、压缩空气接点坐标为A3750、B7497.080。蒸汽、工业新水、软化水、生活水、消防用水、通讯、生产、生活废水、雨排水等能源介质及电缆通廊由重钢提供至总图红线外1米，同种介质管道与主干管网接口原则上按1个设置，最多不超过2个。供电接口在2700毫米中板生产线35千伏进线柜下端头。②设备外部接口：钢坯输送辊道接入点为长寿新区炼钢连铸车间柱列中心线外3米处[但从炼钢连铸车间柱列中心线外3米开始后的57.5米内(坐

标位置:A3761.500、B7428.193)的设备基础不在设计范围内]。(3)该工程2010年5月5日出第1套施工图,2011年3月完成施工图设计,共出施工图535套,7794张,折合4062.125 A1。其全线工艺设备总重19887吨(其中利旧和利旧改造13000吨、新增6887吨),全线起重设备36台(其中利旧及利旧改造25台),新增11台;三电、公辅设施进行充分利旧。主厂房面积85278平方米,与新上1套同等中板轧机相比,节约投资6亿。(4)重钢2700毫米中板生产线搬迁后与老线相比,采用的新工艺、新设备及主要改进点:①增设自动火焰切割线;②采用1200~2500毫米的短坯旋转90度组合设备;③加热炉出炉采用托钢机出钢;④粗轧机及精轧机间距由40米改为80米,满足多倍尺的轧制及控冷控轧需求;⑤利用原有两台矫直机,在精轧机后采取串联布置,提高钢板表面质量;⑥冷床由13米加宽至26米,并采用小车式链式上料机构,增加冷却能力及长钢板生产的能力,并改善钢板的表面质量;⑦采用四连杆结构翻板机;⑧增长剪切线各剪切机间距,消除剪切设备相互间的干扰;⑨两条剪切线采取同侧布置,便于生产管理,减少设备及占地。⑩新增定尺剪;⑪增设剪切废料运输链集中收集废料;⑫试样采取辊道直接输送到取样剪上;⑬新上无氧化热处理生产线等。

张小清

## 重庆钢铁集团生活服务有限责任公司

【概况】 重庆钢铁集团生活服务有限责任公司(简称:生活服务公司)是重庆钢铁(集团)有限责任公司的全资子公司。2011年底,在册职工237人,设党委办公室、经理办公室、劳人科、财务科、管理科、电讯工程部、环绿科、集体宿舍部、餐饮食品部、采购供应部、驻站管理科、汽车修理部等。主要经营项目:接受中国电信集团重庆市电信有限公司委托,代办各类电信业务;环境卫生清扫服务及园林绿化;家用电器维修;礼仪服务;销售办公用品、通讯设备(不含发射和接收设备)、电子产品(不含电子出版物)、五金、交电、百货(不含农膜)、日杂用品(不含烟花爆竹)、汽车零部件、摩托车零部件,花卉,建筑材料(不含危险化学品)、装饰材料和化工产品(不含危险化学品),陶瓷制品,橡胶制品生产、加工,销售粮食及其制品、食用植物油、食用动物油、卤制品、腌腊制品、调味品、农副土特产品、糕点、肉及肉制品、果汁饮料、月饼;饮食服务为中餐类制售(不含凉卤菜),住宿(仅现分支机构经营),浴室、理发、普通货运,二类汽车维修(大型货车);房屋租赁。2011年,生活服务公司有固定资产原值4825.83万元,净值2306.99万元。

2011年,生活服务公司制订以"深化改革,平衡过渡,科学管理,优质服务,努力建设有重钢特色的后勤保障体系"为目标的工作规划,后勤工作坚持服务于和服从于重钢长寿新区生产经营发展需要,为职工提供吃、住、行"全天候"服务。

覃亚宏

【建立后勤保障工作机制】 2011年生活服务公司一是每周召开生产经营、安全工作例会,两周组织召开后勤工作例会,每天召开生产早调会,保证后勤工作围绕生产经营转,将各项工作任务落实到责任部门和岗位,同时加强检查和督促工作进度,使后勤保障工作得到落实,保证重钢新、老区各项生产经营活动顺利进行;二是按照"更快、更细、更优"的后勤服务工作要求,组织实施长寿新区后勤服务运行工作,增强技术与管理的经验交流,提高和创新后勤服务保障水平和机制;三是结合大渡口老区全面关停、长寿新区逐步实现满负荷生产的客观实际,制订大渡口老区食堂关停方案、环卫绿化社会职能移交方案,推进后勤体制改革,将生活服务公司以生产经营为主向以管理为主方向推进,实现工作重心的转移;四是抓内部管理,按照精细化和组织机构扁平化要求,建立和完善适应重钢发展要求的后勤服务管理制度,调整组织结构严格工作流程、办事程序,使生活服务公司的各项工作适应重钢集团、钢铁股份公司管理的要求。

覃亚宏

【降耗挖潜生活用能】 生活服务公司2011年开源节流,重点抓盘活固定资产、能源控制和物资采购供应工作。一是清理,盘活闲置资产,加强闲置房屋和场地的租赁管理,全年实现租金收入90万元;二是控制能源消耗,将能耗控制指标层层分解下达至钢铁股份公司各单位、班组和个人,对能耗高的设备进行技术改造,更换节能照明,在日常工作中加强能耗检查和考核力度,保证生活服务公司及各单位能源消耗在控制范围内,全年节能费94093元;三是在物资采购方面,坚持"适时、适质、适量、适价、适地"的采购目标,采取报价采购、招标采购、议价采购和坚持纪检、监察全面介入的办法,建立合格供应商评价机制,保证各种物资性价比的合理性。推行"阳光"采购,坚持"市场评鉴、货比三家、定期询价"原则,2011年降低采购成本6.3万元。

覃亚宏

【新区会议中心管理】 重钢长寿新区会议中心是重钢接待来宾和举行重要会议的场所。受重钢集团委托,生活服务公司负责长寿新区会议中心管理,从筹备到运营,生活服务公司按照"五星级"标准,从员工培训、设备设施配备、日常运营管理等方面,实施"规范、严谨、高水准"管理。2011年6~12月,共接待中外客人餐饮69次,会议接待57次,参观接待103次。

覃亚宏

# 重庆钢铁集团铁业有限责任公司

**【概况】** 重庆钢铁集团铁业有限责任公司(简称:铁业公司)系重庆钢铁(集团)有限责任公司全资子公司,位于重庆市江津区夏坝镇,占地面积64公顷。铁业公司始建于1966年,2010年12月底,按国家产业政策淘汰落后产能的要求关停生产线。截至2011年底,有在册职工927人,在岗职工925人,管理人员144人。其中,中、高级职称29人;操作人员781人,其中技师21人、高级技师5人。下设19个二级单位。同时,为适应铁业公司过渡期“顶岗培训、设备看护”两线作业的需要,在铁业公司厂区增设治安保卫部、综合部,负责其停产后资产守护、治安保卫、后勤管理工作,在大渡口区设有“大渡口办事处”,负责顶岗培训期职工的日常管理工作。

2011年,铁业公司以企业发展为第一要务,落实“稳定是硬任务”,推进铁业公司改革发展、职工顶岗培训、老厂区资产守护及处置三大任务。全年实现职工队伍整体稳定,顶岗培训工作完成目标任务,资产守护安全、资产处置按要求推进的总体工作目标。同时,做好铁业公司下一步发展规划的可行性研究和论证工作。

谢晓玲

**【资产评估】** 2011年,配合重钢集团和钢铁股份公司完成资产审计和评估,为资产处置和资产重组做准备。截至2011年底,铁业公司股权转让在联交所挂牌,受让方钢铁股份公司报联交所审核收购中。

谢晓玲

**【职工顶岗培训】** 自2010年10月11日起,铁业公司分3批送750名职工到钢铁股份公司对口单位顶岗培训。培训以师带徒的方式成建制在钢铁股份公司相关单位实作,协助钢铁股份公司实施管理。培训采取建立工作日报制、每日碰头会、周会制、责任追究制和与钢铁股份公司信息沟通制等措施,保证职工队伍的整体稳定;执行遵章守纪奖、超时劳动报酬奖,促进职工学知识、学技术,并从住宿、交通、生活方面实行补贴,解决职工异地培训的实际困难;加强劳动纪律管理,要求职工遵守钢铁股份公司相关规章制度,对违纪损害铁业公司形象和声誉的行为,按相关制度处理;实行劳动纪律检查制度,定期不定期地对顶岗培训职工作业片区实行劳动纪律检查,形成检查通报,实施考核;为保证培训质量,对顶岗培训职工培训效果实行考试考核。2011年6月,完成65个工种共689人顶岗培训第一阶段“三规两纪”的考试验收工作;同年7月,完成65个工种共695人第二阶段“岗位理论”的考试验收工作,合格率均为100%。9月,完成65个工种695人第三阶段“岗位实作”的考试验收工作,合格率99.43%。

谢晓玲

**【接管钢铁股份公司750立方米高炉】** 2011年6月初,按重钢集团要求,铁业公司炼铁厂全面接手管理和操作750立方米高炉生产,并接受钢铁股份公司技术经济指标考核。铁业公司炼铁厂作好生产组织和人员安排,分析炉况,精心操作。2011年6~9月其主要生产技术指标均完成较好,安全完成接管钢铁股份公司750立方米高炉任务。

谢晓玲

**【职工队伍管理】** 2011年,一是健全干部管理机制。铁业公司为促进厂(处)领导班子和班子成员恪尽职守,积极工作,促进重钢环保搬迁江津基地项目的推进,制定《关于铁业公司淘汰落后设备期间加强干部管理工作的若干规定》,执行干部的管理制度和责任追究制度。并且根据工作重心转移,调整相关管理规定。并按照《铁业公司厂(处)干部管理办法》的要求,依据领导干部选拔任用条件选拔任用干部。2011年,中干副职转正2人,助理提升副职1人,正职退二线1人。二是加强骨干管理,发挥班组长的核心骨干作用和模范带头作用。明确骨干在特殊时期的管理责任和纪律,执行《铁业公司在关停落后设备期间加强班组长(值班工长)管理的暂行规定》。对不符合骨干条件的人员,本着实事求是,客观公正的原则进行调整。三是强化队伍纪律管理。按照《铁业公司劳动纪律管理办法》管理职工队伍。同时,根据工作重心变化,制定在关停落后设备时期、铁业公司职工在钢铁股份公司顶岗培训期间以及培训结束回厂参与守护设备期间加强劳动纪律的规定,并按照规定管理队伍和统一安排职工参加顶岗培训和留守、护厂等工作。对违反规定的职工按制度进行考核和处理。

谢晓玲

**【治安保卫】** 2011年,一是建立健全机构,加强组织领导。为适应铁业公司过渡期两线作业的需要,铁业公司成立治安保卫部,组建治安保卫队和护厂巡逻队,针对厂区大、守护点不集中的特点,划分值守片区,建立“分片包干、条块结合”治保管理网络,建立工作职责和管理办法及在主要路口设卡、凭出入证进出等制度,禁止汽车、摩托车进入其老厂区;并在进出厂门岗、交通要道、重点要害部位、重要设备设施等地增设、安装摄像头,在厂区内实现闭合监控;加大对厂区的治安巡逻力度,24小时不间断巡逻,做好各个片区的守护工作,其辖区内实现“无重大刑事案件发生,无重大治安案件发生,无重大偷盗案件发生”,厂区生活秩序、治安秩序良好。二是加强信访调解工作。以维护铁业公司两线作业、基地建设、资产安全守护和规范处置等方面的稳定工作为重点,开展信访,维护铁业公司稳定。三是加强警企协作,搞好辖区治安、稳定工作。打击违法犯罪、盗窃行为,保证厂区职工生活安宁。全年协助辖区派出所出警15次，处理盗窃案件5起，涉案人员5人，追回被盗物资300千克，处置突发性事件2件。

谢晓玲

**【"五好党组织"创建】** 2011年，铁业公司两级党组织围绕创建目标，固本强基，夯实"三基一化"建设。一是强化班子及干部队伍建设。在铁业公司停产期间，面对大渡口区和江津夏坝老厂区"两线作业"的实际，以"党委－党支部－党小组－党员"纵向到底，"党委委员－党支部""支部委员－党小组－党员"横向到边划分责任区域，调整内部构架，分片区责任到人，保证停产期间组织内部管理无死角。先后制定印发《关于铁业公司停产期间加强干部管理工作的规定的通知》《关于在大渡口老区关停和江津基地建设期间加强厂(处)干部管理工作的通知》，加强两级干部队伍建设，发挥两级干部在企业关停时期的模范作用。二是夯实基础，扎实开展党支部工作。铁业公司党委推行党支部同业务竞赛活动，并以此为载体，量化党建指标，以督促检查、量化打分的形式，把班子建设、"三会一课""创先争优"等党内活动纳入竞赛范围。分别从党支部基础资料电子化、基本工作规范化、基本活动的常态化等方面给予检查和指导。增强党务工作者的基本能力，督促支部工作规范开展。三是把握重点，带好党员、职工队伍。全年结合重点工作，修改党建工作目标责任制管理办法和党组织实现生产经营目标保证体系、考核评价体系，调整责任指标，使党建工作层层分解和落实。围绕顶岗培训、资产守护及处置，安全、稳定等重点工作，以"知识准备作表率，基地建设立新功"为主题，以党员承诺制、党员责任区、党员示范岗为主要形式，组织和调动党员、职工攻坚克难、锐意进取，增强党组织活力，发挥党组织作用。2011年，铁业公司未发生一起集访事件，保证了职工队伍基本稳定；顶岗培训合格率99.43%；全年未发生一起大的企业资产被盗事件，实现了国有资产安全等工作目标。截至2011年，铁业公司10个党支部创建为"五个好党支部"。

蒲素梅

## 重庆钢铁研究所有限公司

**【概况】** 重庆钢铁研究所有限公司(简称：重庆钢研所)始建于1960年2月，1992年11月进入重钢集团，2002年1月由事业单位转制为科技开发型企业。2008年底自重庆市江北区溉澜溪搬迁至大渡口区建桥工业园A区，占地面积3.88273公顷。2009年被评为国家高新技术企业，是国家级技术中心——重钢集团技术中心的主要成员单位之一；同年被国家知识产权局确定为"第四批全国知识产权保护工作试点单位"。2010年被确定为"重庆市第一批创新型企业试点单位"。2010年8月25日改制为公司制法人企业，更名为重庆钢铁研究所有限公司。2011年通过"企业良好行为规范AA级"认证并获授牌，同年12月通过"市级文明单位"验收。

重庆钢研所2011年设科研及管理职能科室4个，中试生产车间3个；有在岗职工208人，各类专业技术人员72人(高级技术职称25人、中级技术职称18人、初级技术职称29人)。有1.5吨、500千克中频感应炉各1台，1.5吨电渣炉1台，300千克电渣炉3台，500千克真空感应炉1台，250千克真空自耗炉1台，3吨、1吨电液锤各1台，750千克空气锤1台，消失模、离心铸造设备各1套；LG－30H两辊冷轧管机、LD－30－WS、LD－30Ⅱ三辊冷轧管机各1台，LD－15冷轧管机2台，LD－8A冷轧管机1台，LB－8、LB－3冷拔管机各1台，直读光谱仪1台，奥林巴斯金相显微镜1台，高温拉伸试验机1台。其科研、生产经营主要服务于航天、航空、兵工、新能源等行业，重点研发并生产高温合金棒材、高速工具钢、特殊性能不锈钢、军标材料、阀门钢、双相钢、航空用高温合金管、不锈钢管、合金结构钢管等产品。航天、航空产品销售量占80%以上。2011年，重庆钢研所坚持"科研与生产经营并重、军品与民品市场并重、内外生产要素并重、产品结构调整与系统降本并重"的发展思路，全年实现工业产值8526.557万元，营业收入7517.95万元。

2011年，重庆钢研所生产的0Cr20Ni24Si4Ti不锈钢棒、1Cr18Ni11Si4AlTi双相不锈钢、X14CrMoS17锻件、高温合金GH625太阳能精密管等4个产品被重庆市科委认定为"重庆市高新技术产品"。高温合金GH536精密管，由重庆市科委推荐申报国家重点新产品。全年申报发明专利1项，实用新型2项，获发明专利授权1项，实用新型授权2项。《航空用GH536管材研发》项目获大渡口区2011年科学技术进步二等奖；另有两个项目申报重钢集团科技进步奖。2011年9月，重庆钢研所依据GJB9001B－2009和GB/T19001－2008建立并实施新版质量管理体系，实现国军标和国标质量管理体系的整合，并于2011年12月25～27日通过第三方认证审核。

陈红

**【"重庆市高性能钢铁材料工程技术研究中心"获授牌】** 2011年，重庆钢研所与重庆大学合作向重庆市科委申报"重庆市高性能钢铁材料工程技术研究中心"获重庆市科委授牌，重庆钢研所成为中心主要依托单位，该中心是面对重庆市特殊钢行业服务的技术及新产品研发平台。

江海军

**【《航空用GH536管材研发》获区科学技术二等奖】** 2011年重庆钢研所自主开发的航空用高温合金GH536精密薄壁管项目获大渡口区科学技术奖励二等奖，同时该项目也是重庆市科委2008年科技攻关项目之一，该产品的开发满足了我国新型战机型号的研制需要，替代进口，摆脱了对国外产品的依赖。

江海军

【项目获国家科技部创新基金】 重庆钢研所2011年共对外申报课题12项，已立项6项，涉及国家科技部，重庆市科委、市经委和大渡口区科委及重庆市中小企业局等部门。其中申报的《高温合金系列产业化开发》项目获国家科技部中小企业创新基金支持，金额80万元，是重庆钢研所截至2011年底获得的最高级别的科技支持。

江海军

**条目另见部目**

【重庆钢研所新产品开发四个】：《科学研究与应用》

## 重庆三环建设监理咨询有限公司

【概况】 重庆三环建设监理咨询有限公司（简称：三环监理公司）是重钢集团的全资子公司，是具有工程建设监理甲级资质（房屋建筑、市政工程、冶炼工程）、设备监理甲级资质、造价咨询甲级资质、造价咨询司法鉴定甲级资质、招标代理甲级资质和中央投资项目招标代理乙级资质的工程项目咨询服务公司，能按照行业标准和惯例，提供工程监理、设备监造、造价咨询、招标代理服务工作。2011年设综合技术部、工程（设备）监理部、生产经营部、造价咨询部、招标代理部、合同信息部、财务部、工会等8个部门，员工320名，其中高级技术职称75人、中级技术职称108人。有国家注册监理工程师、冶金建设监理工程师、注册造价工程师、注册设备监理工程师、一级注册建筑师、一级注册结构师、一级注册建造师、招标师等注册类工程师159人。拥有由800名内外专家组成的咨询专家库。

刘壮

【合同咨询】 2011年，三环监理公司受钢铁股份公司委托按照重钢集团相关规定，组织签订钢铁股份公司炼铁厂、烧结厂、热轧薄板厂、中厚板厂的常年检修和维修、大渡口刘家坝及大坪山片区设备设施拆除、钢铁股份公司大渡口老厂片区保护性拆除等合同共计429个，签约金额48500万元，所签合同履约率100%，无1例投诉或纠纷。

李晓多

【信息化建设】 （1）网络平台管理。专用网络和专属服务器的构建，实现三环监理公司内部网络的优化和畅通，在保障网络安全的情况下实现内部计算机的访问管理控制，为MPIMS、OA、MIS系统的运行提供保障。（2）信息管理系统（MIS）。三环监理公司生产经营部、招标部、财务部、综合技术部系统2011年11月1日正式运行，造价部、合同信息部系统2012年1月4日正式运行，监理部系统构建中。（3）办公自动化系统（OA）。2011年3月三环监理公司OA项目启动，7月1日上线运行。（4）材料价格信息管理系统（MPIMS）。截至2011年12月底，三环监理公司发布材料价格53期，每期4600条。该系统的启用为重钢集团的工程建设项目尤其是重钢环保搬迁工程的材料核价及结算工作提供了网络化应用平台。该项目获重钢集团2011年度科技成果三等奖。（5）门户网站建设（CWS）。2011年，三环监理公司门户网站更新本公司新闻、行业动态、通知公告、表彰决定和党建工作报告共70篇，为企业树立了外部形象。

李晓多

【造价咨询】 2011年，三环监理公司完成重钢环保搬迁造价咨询送审数123个，造价咨询金额12.85亿元，其中完成结算审核5.94亿元，审减0.92亿元，审减率15%。全年，三环监理公司在重钢环保搬迁造价咨询工作中，一是实行工程造价项目负责制。项目负责人负责该片区从招投标阶段到施工阶段直至工程竣工结算的造价咨询工作；二是坚持初审、复审、终审三级审核制度。咨询成果报告通过三审制层层把关控制工程费用；三是专设重钢环保搬迁工程造价咨询台账，便于随时查询和提供相关信息；四是做好各阶段的投资控制。①招标阶段。做好工程量清单及控制价、标底价的编制工作，分析投标报价为项目评标提供基础数据等；②施工阶段。与工程部、项目部、监理部配合，按照合同约定审核进度款，保证支付的准确、合理。配合相关管理部门测算工程费用，控制工程投资；③工程竣工阶段。将工程经济和施工技术相结合，加强与工程相关管理部门的合作，解决结算中存在的问题，保证工程结算审核工作质量。

魏玲

【"三标一体化"管理体系运行】 2011年，按照三环监理公司管理体系及相关文件要求，建立管理体系"三检制"：每月对各部门检查并提请三环监理公司技术委员会开具考核通报制度；每季度进行经济责任制专项检查制度，每半年开展本公司内审检查制度。每月下发对上月的考核通报，并要求被考核的相关部门在规定的时间内提交对考核项目的原因分析和整改情况资料。每季度结束后，由检查人员逐项对各部门及项目监理部进行经济责任制专项检查。

2011年6月、11月共进行两次内部审核。内审采取三环监理公司本部全覆盖，抽取部分项目监理部进行检查的方式。通过"三检制"的开展，全年三环监理公司无重大质量、安全事故及环境污染事故，未出现顾客不满意投诉事件。

吕凡

【外部市场开发】 （1）加强重钢集团外工程监理项目的开发力度，在维持既有市场的基础上，开拓新市场。

2011年三环监理公司参与投标82次,中标工程12个,中标金额1600万元。新开发有山西翼城钢铁厂、四师71团、加拿大优派能源、广东东营、三峰环投公司昆明公司等大型企业和公司,服务领域涵盖工程项目管理领域,服务范围重点加强垃圾发电、焦化及其相关产业等行业。三明钢铁集团、广东韶钢集团,新疆建设兵团等市场也得到维护和加强。全年三环监理公司通过加强管理、顾客沟通、添置检测仪器等硬件投入,加大监理人员的收入等措施,提高服务水平。(2)加强对顾客的走访调查,了解和收集各项目业主和各项目监理人员的意见和建议,持续改进,提高顾客满意度。2011年组织完成当期项目部的顾客走访1~2次,走访顾客和项目监理部80次,共收集意见和建议40条,并对存在的问题进行处理和回复。(3)针对非监理原因延期服务,工程增加投资现象开展增加服务费的管理。2011年重点进行了福建二炼钢项目、大足项目、新疆神华活性炭项目的延期服务或增加投资而需增加监理费的谈判,累计增加监理费224万元。(4)三环监理公司各项资质年审通过国家或地方有关部门或协会审核,2011年共组织报送资质审核资料14次。完成继续教育28人次,完成初始注册或转注册等132人次(含冶金监理工程师)。完成昆明公司备案1次,完成三环监理公司入新疆、靖江、东营等地的备案及年审工作,保证其业务的开展。完成三环监理公司造价资质入大渡口区财政局和招标资质入南岸区、北部新区、国土局、南川区及监理资质进入“两江新区”的备案工作。

杨柳

**【招标代理】** 2011年,三环监理公司完成招标项目309项,中标金额29.7亿元,其中重钢环保搬迁招标项目203项,中标金额22.6亿元;完成外部市场招标代理项目106项,中标金额7.1亿元。全年在招标工作中,通过规范招标行为,严格招标程序;规范组织开标、评标工作等,全年无1例有效投诉发生。2011年,三环监理公司获重庆市“建好一号工程”劳动竞赛集体一等功,获2010年度重庆市招标代理先进单位称号。

黄冬梅

**【工程(设备)监理项目】** (1)2011年,三环监理公司工程项目监理共计54项:重钢2700毫米轧机搬迁、钢铁股份公司产品结构调整项目及配套项目等24个环保搬迁项目和昆明垃圾发电、东营垃圾发电、“朵力·品道”等10个重钢内部项目及福建三明、邢台钢铁、新疆神华、新疆优派等20个外部市场项目。(2)设备监理。截至2011年底,重钢环保搬迁工程(600万吨钢生产规模)涉及的监造项目全部结束,2011年主要有3号高炉、3号烧结、2700毫米轧机、能控、料场、焦化共6个项目计15台(套)关键设备,设备价值2亿元人民币;重钢环保搬迁长寿新区钢铁股份公司产品结构调整项目及配套项目全面开展,已完成监制的有型钢项目的轧机和冷床,设备价值0.5亿人民币,二炼钢、4号高炉、棒线等项目关键设备跟踪中。

王宏春

## 重庆三峰环境产业集团有限公司

**【概况】** 重庆三峰环境产业集团有限公司(简称:三峰环境集团公司)是重钢集团为统一规划、发展和管理重钢环保产业,于2009年12月独资设立的专业环保公司,注册名称:重庆钢铁集团环保投资有限公司,注册资本:1.5亿元人民币,经营范围:环保产业投资及相关资产管理,环境卫生、环境保护咨询服务,环境污染治理(甲级),环保技术开发。2011年2月更名为重庆三峰环境产业集团有限公司。截至2011年底,三峰环境集团公司共有16个下属子公司,其中包括重庆三峰卡万塔环境产业有限公司和重庆钢铁集团三峰科技有限公司2个核心工程技术公司,以及同兴、丰盛、九江、昆明、大理、西昌、靖江、东营、万州、福州等14个生活垃圾焚烧发电项目公司,日处理垃圾规模13800吨。2011年三峰环境集团公司在运营管理好同兴、福州垃圾焚烧发电厂的同时,推进重庆丰盛、重庆万州、成都九江、云南昆明、云南大理、四川西昌、山东东营、广东汕尾等项目工程建设。成都九江垃圾焚烧发电厂2011年9月30日建成发电,重庆丰盛、云南昆明、云南大理、山东东营项目计划在2012年陆续投产。同时在重钢长寿新区环保设施建设方面,承担了2号烧结脱硫、3号烧结电除尘、3号高炉环境除尘、炼钢精炼除尘、2700毫米中厚板轧机除尘、5号和6号焦炉废水处理等项目的建设。2011年三峰环境集团公司完成销售收入11.20亿元、同比增长38.32%,实现利润13038万元、同比增长29.50%。

李颖

**条目另见部目**

【垃圾焚烧炉设备供货合同及BOT协议签订】:《生产经营》

【“国家环境保护垃圾焚烧处理与资源化工程技术中心”启动建设】:《生产经营》

## 重庆三峰卡万塔环境产业有限公司

**【概况】** 重庆三峰卡万塔环境产业有限公司(简称:三峰卡万塔公司)位于重庆市大渡口区建桥工业园A区建桥大道5号,成立于1998年,前身为重庆三峰环境产业有限公司,2007年4月26日,三峰卡万塔公司吸收美国卡万塔控股公司注入的资本,成为中美合资企业。截至2011年12月,有职工170人,其中正高级工程师1

人、高级工程师 29 人、工程师 59 人，助理工程师 40 人，技术职称人员占 76%；硕士及以上学历 24 人，本科及以上学历 123 人，占总人数 72.3%；持注册执业资格证书 33 人。下设技术部、制造部、安全环保部、标准部、运营部、财务部、造价部、行政（人力资源）部、市场开发（国际业务）部、项目管理部、采购部 11 个部门。

三峰卡万塔公司具有环境工程（固体废物处理处置工程）专业甲级、环境污染治理设施运营（生活垃圾）甲级、电力行业（新能源发电）专业乙级以及“机电设备安装工程专业承包三级”、对外承包工程经营资格、工程咨询丙级资质和自动连续检测运营资质的基础上，2011 年获得由中国电力建设企业协会颁发的电力工程调试资质。先后投资、建成、运营重庆同兴（1200 吨/天）垃圾发电厂、福州红庙岭（1200 吨/天）垃圾发电厂、成都九江（1800 吨/天）环保发电厂，全面试运行江苏泰兴（350 吨/天）垃圾焚烧供热项目。2011 年共完成制造和预装测试的焚烧炉产品共有 11 台套，包括成都九江项目 3 台套（INC600）、河北灵达项目 2 台套（INC500）、重庆丰盛项目 4 台套（INC600）和昆明空港项目 2 台套（INC400）。通过项目业主出厂检查验收，完成或正在各项目现场进行安装调试。截至 2011 年底，处于生产过程中的焚烧炉产品共有 9 台套，包括山东聊城项目 2 台套（INC300）、山东东营项目 1 台套（INC600）、云南大理项目 1 台套（INC600）和东莞市区项目 3 台套（INC600）。

2011 年，三峰卡万塔公司申报国家重点新产品计划项目等科技、技术攻关项目 7 项，其中国家“863 计划”项目 1 项、大渡口区 2 项、重钢集团 5 项。获国家级重点新产品 1 项，重庆市重点新产品 1 项。同时，与美国卡万塔公司、重庆垃圾焚烧发电技术研究院开展了“垃圾焚烧和半干法烟气处理技术的研发与中试基地”等科技创新项目的研发。知识产权方面，新增 1 项发明专利授权，开展国际专利申请，分别在印度、马来西亚提交 PCT 国际申请，为国际市场的开发提供法律保护。组织编写《剪切式垃圾破碎机》标准草案，并向国家标准化管理委员会、住房和城乡建设部标准归口管理部门提出立项申请。该标准正式列入住房和城乡建设部 2012 年行业标准制订计划。截至 2011 年底，三峰卡万塔公司单独获得授权专利 9 项，其中发明专利 4 项，实用新型专利 5 项；独占许可专利 15 项。全年三峰卡万塔公司推进项目建设，强化电厂运营管理，实施精细化管理，提高市场占有率，完成 2011 年各项计划经济指标，实现销售收入 8.49 亿元，比上年增加 30%；利润总额 1.03 亿元，比上年增长 10%。

2011 年，三峰卡万塔公司党总支、工会和团支部按上级要求，围绕生产经营指标，开展“创先争优”“创建学习型企业，争做知识型职工”等党内活动以及党建带团建活动。被命名为“重钢集团党建示范点”，三峰卡万塔公司被评为“2009～2011 年度重钢集团先进集体”，三峰卡万塔公司一支部、二支部被重钢集团命名为 2011 年“五个好”党支部，并通过重庆市文明单位的复查验收。

汪诚智

**【垃圾焚烧炉设备制造、供货及安装服务】** 1. 2011 年，三峰卡万塔公司完成 13 个项目 4 种型号共 27 台套焚烧设备的制造、供货及安装指导服务。（1）河北建投灵峰环保发电项目 2×600 吨/天焚烧炉成套设备供货。2011 年完成现场安装及单机调试，待输电系统建设完成后进行系统联调后投产运营。（2）河北灵达垃圾转化热电站二期项目 2×500 吨/天焚烧炉设备制造供货。2011 年 5 月开始成套交货，2011 年 7 月开始安装，截至 2011 年底，完成焚烧炉设备主体安装。（3）河北建投沧海环能发电项目 2×400 吨/天焚烧炉设备供货。2011 年 3 月成套交运项目现场。截至 2011 年底，完成项目焚烧炉设备主体安装。（4）重庆丰盛环保发电厂 EPC 总承包项目 4×600 吨/天焚烧炉设备制造供货。截至 2011 年底，焚烧炉设备全部交货到现场，安装完成 70%。（5）昆明空港经济区垃圾焚烧发电 EPC 项目 2×400 吨/天焚烧炉设备供货。2011 年 3 月开始制造，2011 年 11 月主体部分产品生产制造完毕。截至 2011 年底，焚烧炉成套设备产品发运至项目现场。（6）聊城市城市生活垃圾焚烧发电项目 2×300 吨/天焚烧炉设备供货。2011 年 4 月产品开始制造，2011 年 11 月产品开始预组装。截至 2011 年底，焚烧炉成套设备产品制造及预组装完成 80%。（7）山东东营生活垃圾焚烧发电 EPC 项目 1×600 吨/天焚烧炉设备供货。2011 年 4 月产品开始制造，2011 年 12 月产品开始预组装。截至 2011 年底，焚烧炉成套设备产品制造及预组装完成 80%。（8）云南大理市第二（海东）垃圾焚烧发电 EPC 项目 1×600 吨/天焚烧炉设备供货。2011 年 4 月产品开始制造，2011 年 12 月产品开始预组装。截至 2011 年底，焚烧炉成套设备产品制造及预组装完成 80%。（9）东莞市区垃圾处理厂技术改造工程项目 3×600 吨/天焚烧炉设备供货。2011 年 9 月产品开始制造。截至 2011 年底，焚烧炉成套设备主体产品制造中。

2. 全年三峰卡万塔公司有 4 个项目焚烧炉设备安装调试完成，投入生产运营。东莞横沥发电厂二期项目配套供货的 3×600 吨/天焚烧炉设备、江苏泰兴生活垃圾焚烧厂项目配套供货的 1×300 吨/天焚烧炉设备、成都市九江环保发电厂项目配套供货的 3×600 吨/天焚烧炉设备、美国图萨电厂改造 1×340 吨/天焚烧炉设备完成安装调试，投入垃圾焚烧发电生产运营。

3. 垃圾焚烧炉备件产品供货及技术服务。2011 年，三峰卡万塔公司分

# 庆祝重钢建厂120周年系列活动

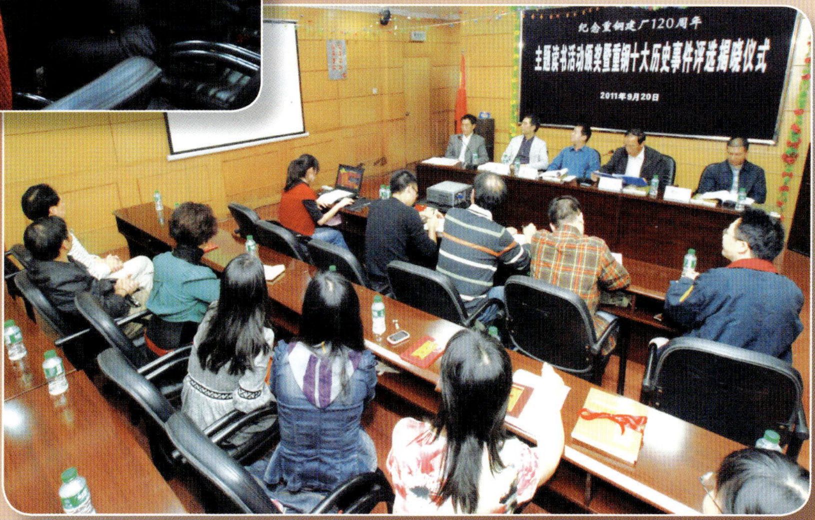


2011年9月20日，《百年重钢史话》首发式和“重钢十大历史事件评选揭晓仪式”在公司档案馆举行。

集团公司领导参观展览

2011年9月20日，重钢职工美术、书法、摄影作品展览在重庆市人民大礼堂广场举行。

重钢建厂120周年纪念大会

重庆市市长黄奇帆讲话

重钢集团董事长董林致辞

重钢职工大合唱《咱们工人有力量》

参加纪念大会的重钢职工

舞蹈《士兵与枪》

# 庆祝重钢建厂120周年系列活动

歌唱家董文华

著名歌手谭晶

著名歌手王宏伟

舞蹈《扎西德勒》

# 重钢集团大渡口老区钢铁主业关停

2011年9月22日9时55分，重钢集团举行大渡口老区钢铁主业关停仪式。仪式举行现场，重钢集团大渡口老区最后一条生产线——型钢厂棒材轧机轧制完最后一根钢，重钢集团董事长董林宣布重钢集团大渡口老区钢铁主业正式全部关停。

# 重钢集团大渡口老区钢铁主业关停

2011年2月10日20时58分，重钢大渡口老区首条搬迁重建生产线——中厚板厂2700毫米中板轧机，在顺利轧制完最后一块钢板后，正式关停。

2011年3月13日，中厚板厂搬迁工程精轧机拆出。

2011年2月16日，中厚板厂搬迁工程粗轧机主电机拆出。

2011年9月21日0时28分，重钢炼铁厂大渡口老区生产随着750立方米高炉的最后一炉铁水出尽而正式停产。

2011年9月21日10时46分，重钢炼钢厂大渡口老区转炉冶炼完最后一炉钢水，结束大渡口老区炼钢生产。

# 新区达到600万吨钢生产能力

3号高炉出铁

新区外景

2011年9月16日，重钢长寿新区3号高炉开炉投产，重钢环保搬迁工程600万吨钢生产系统全线贯通，进入试生产阶段。

2700mm中板生产线

新区1号大门

转炉生产

4100mm宽厚板生产线成品库

1780mm热轧板带生产线成品库

生产指挥中心

编辑：张　兵　郑玉明
摄影：郑玉明　张　兵　王　钢
　　　甘　泉　李清荣　王建华

俯瞰新区

别为重庆同兴、上海浦东御桥、福州红庙岭以及上述新运营电厂提供共计10批次的备件供货，并为上海浦东、同兴垃圾发电厂提供现场安装技术服务。

4. 自制6套液压系统。三峰卡万塔公司焚烧炉液压系统产业基地，2011年完成重庆丰盛和河北灵达项目共6套焚烧炉液压系统自制配套，发运项目现场进行安装调试；为昆明空港、山东东营、云南大理、山东聊城项目焚烧炉配套的6套液压系统同时全面投产，截至2011年底全部进入装配调试阶段。

5. 旋风燃烧器设备供货及安装调试。在由三峰卡万塔、美国卡万塔及重庆科技学院3方合作开展的重庆市生活垃圾焚烧发电研究院生活垃圾气化燃烧处理技术研发项目中，三峰卡万塔公司承担了该项目的工艺方案确定、装备设计与制造，并与合作各方进行实验研究。2011年该项目完成所有设备及仪器仪表的安装调试，并进行多次实验研究，其研究继续进行中。

汪诚智

## 重庆钢铁集团三峰科技有限公司

【概况】 重庆钢铁集团三峰科技有限公司是重庆三峰环境产业集团有限公司的全资子公司。2011年5月1日起，重庆钢铁集团三峰科技有限公司为重钢股份公司环保设施运行服务的职责和人员（不含财务人员）转入重钢股份公司，不再承担重钢长寿新区环保设施运营任务。其职能部门也相应进行调整，截至2011年底，设有综合部、财务部、市场部、招标采购部、安全环保部、项目管理部、运行部，并以项目管理部和运行部为中心、其他部门配合的方式，推动各项工作；年底在册职工103人，具有高级技术职称4人、中级技术职称16人、初级技术职称13人。

2011年，重庆钢铁集团三峰科技有限公司经过结构调整，业务领域主要转向垃圾渗滤液处理。全年有长生桥垃圾渗滤液处理改造工程、重庆丰盛环保发电厂渗滤液处理项目以及同兴垃圾渗滤液处理项目，其昆明、大理项目也进入建设阶段。全年完成利润2224.82万元，完成目标任务的101.1%。全年在重庆市“建好一号工程”劳动竞赛中，获集体一等功、二等功、三等功各1个，个人二等功2个，个人三等功3个。

卓维

【“重庆长生桥垃圾填埋场渗滤液处理改造工程初步设计”通过审查】 重庆长生桥垃圾填埋场渗滤液处理改造工程作为重庆市创模的重点工程，由重庆钢铁集团三峰科技有限公司负责设计、建设和运营。2011年7月14日，其改造工程初步设计接受专家组审查，并通过评审。

詹爱萍

【大理三峰再生能源发电有限公司概况】 大理三峰再生能源发电公司是三峰环境集团公司以投资、建设、运营与维护大理市第二（海东）垃圾焚烧发电工程项目为目的，签有特许经营该项目25年协议，于2010年12月9日独资成立的法人企业。该项目建设地点位于大理市海东镇杨柳箐，总投资42亿元（其中厂内主体工程约2.16亿元，厂外配套工程约2亿元）。厂区占地面积5.4216公顷。该项目采用德国马丁SITY2000逆推倾斜式炉排炉焚烧发电处理工艺，生活垃圾日处理量不低于600吨，装机容量12兆瓦，发电量$8.16\times10^7$千瓦时/年；项目环保投资4991万元，占总投资11.6%。截至2011年底，大理三峰再生能源发电公司有5个部门12名员工。

褚斌

【成都九江环保发电有限公司概况】 成都九江环保发电有限公司地处成都市九江镇，占地6公顷，特许经营成都九江垃圾焚烧发电项目25年，由三峰环境集团公司和美国卡万塔控股集团共同出资建设，项目总投资7.13亿元，注册资本2.37亿元，其中三峰环境集团公司持有51%，美国卡万塔持有49%。该项目日处理城市生活垃圾1800吨，年处理65万吨，配置3台600吨/天垃圾焚烧炉及烟气净化处理系统，发电机装机容量为2台18兆瓦机组。采用三峰卡万塔环境产业有限公司引进、完全国产化的德国马丁垃圾焚烧发电和半干式烟气净化处理技术。该项目经2年建设，于2011年9月15日5时25分1、2号机组并网发电。2011年9月30日20时45分，成都九江环保发电项目1、2号机组完成“72+24”小时满负荷运行，标志着成都九江环保发电项目建设期结束。2011年该机组运行的各项烟气排放指标均达到欧盟2000排放标准。截至2011年底，该公司设有综合部、财务部、运行部和维护部4个部门，有职工72人。

刘志宏

【东营黄河三角洲三峰生态能源有限公司概况】 东营黄河三角洲三峰生态能源有限公司成立于2011年3月7日，由三峰环境集团公司和信诚传统（北京）投资有限公司共同出资，其中三峰环境集团公司占股份60%，信诚传统（北京）投资有限公司占股份40%。注册资金5300万元；经营范围：垃圾焚烧发电，垃圾灰、渣的资源化利用，垃圾处理技术的咨询服务。该公司兴建的东营市垃圾焚烧发电项目是东营市人民政府以BOT模式投资、建设和营运的重点环保工程项目，特许经营权27年，是东营市2011年重大基础设施项目之一和“十大民生工程”之一。该项目位于东营开发区滨海新材料园内，占地面积7.6公顷，设计垃圾日处理量为1200吨，装机容量12兆瓦×2；分两期建设，一期工程设计垃圾日处理量为600吨，装机容量为12兆瓦，配置1台600吨/天焚烧炉和1台12兆瓦汽轮发电机组；二期扩建工程设计垃圾日处理量600吨，装机容量为12兆瓦。采用引进德国马丁SITY2000机械炉排炉垃圾焚烧技术和半干式烟气净化处理技术并实现国产化，焚烧过程中不用添加任何辅助燃料，该项目将建成东营市青少年教育环保基地。

熊诺

**【重庆市万州区三峰环保发电有限公司概况】** 重庆市万州区三峰环保发电有限公司是重庆三峰环境产业集团有限公司在万州为建设、运营万州区垃圾焚烧发电厂工程项目而设立的一家全资子公司。该公司于2010年8月3日在万州区工商局注册成立，设有财务部、工程部、综合部3个部门。

万州区垃圾焚烧发电厂工程项目原选址在新田镇谭绍村，基本完成征地拆迁补偿安置工作。后因万州区城市总规划调整，该地划入调整后的城市规划区内。2011年6月万州区委、区政府决定停止该项目在原址的建设工作，另行选址，重新开展项目前期工作。新选址为万州区新田镇五溪村。2011年12月7～9日，国家发展和改革委员会委托中国国际工程咨询公司组织的专家组，在万州区对本项目可行性研究报告进行评审，项目获原则通过。并按评审意见要求，对其可行性研究报告的报批资料进行了补充完善。

覃鑫

**【重庆丰盛环保发电有限公司概况】** 重庆丰盛环保发电有限公司是重庆三峰环境产业集团有限公司的全资子公司，位于重庆市巴南区丰盛镇，占地面积16.53公顷，主要负责投资、建设运营重庆市第二垃圾焚烧发电厂，该发电厂项目最终规模为日处理垃圾2400吨/天，分三期建设，一、二期规模1800吨/天，三期规模600吨/天，项目建成后，可年处理生活垃圾87.6万吨以上，上网电量2.0亿千瓦时以上。该发电厂项目于2010年4月30日开工建设，采用重钢集团引进的德国马丁公司SITY2000垃圾焚烧发电技术，拥有余热锅炉4台、焚烧炉4台、汽轮发电机组3台等设施设备。截至2011年底，重庆丰盛环保发电有限公司有员工69人，下设行政部、财务部、工程部、生产部等4部门。项目土建工作量完成90%；1号余热锅炉，1号焚烧炉，1、2号汽轮机安装完毕，烟气处理系统1号喷雾塔基本安装完成，进场公路施工基本完成，办公楼、宿舍楼、食堂投入使用。全年安全生产无事故。

刘颖

# 控股子公司

## 重庆钢铁股份有限公司

**【概况】** 重庆钢铁股份有限公司（简称：钢铁股份公司）成立于1997年8月11日，同年10月17日在香港联合交易所有限公司上市发行H股41394.4万股。1998年12月7日，经中华人民共和国对外贸易经济合作部批准，成为外商投资企业。2007年2月28日，在上海证券交易所上市发行A股35000万股，注册资本金为人民币173,312.72万元。2011年注册地址变更为重庆长寿经开区钢城大道1号。

2011年，钢铁股份公司在保留经理办公室（董事会办公室）、人力资源处、财会处、销售处、原材料处、安环处、装备处、机动处、钢研所、职工培训中心、技改处、档案处、进出口处、保卫处、后勤处等15个职能部门，党委工作部、工会、团委等3个党群部门和焦化厂、烧结厂、炼铁厂、炼钢厂、中厚板厂、热轧薄板厂、冷轧薄板厂、型钢厂、高线厂等9个生产厂的基础上，于11月21日按照长寿新区一级管理的要求，成立总工程师办公室、生产指挥中心、能源管控中心、物流储运部、维护检修部、自动化部、品质部、环保设施运行管理部等8个部门，撤销质量管理处、生产管理处、动力厂及运输部。代管三峰工业公司，设置上海、广东、云贵、西安、江苏、四川等10个区域销售分公司，下属全资子公司有重钢电子公司、重钢运输公司，控股三峰靖江港务物流有限责任公司、靖江三峰钢材加工配送有限公司2个子公司。2011年1月6日，成立“重庆钢铁股份有限公司检测中心”。

2011年9月22日，钢铁股份公司全面关停大渡口老区生产，长寿新区3号高炉于9月16日投产，长寿新区达到600万吨钢生产能力。截至2011年底，长寿新区使用的主要设备有4座60孔6米焦炉，2套150吨/时干熄焦系统；3座360平方米烧结机、1座链篦机－回转窑；3座2500立方米高炉；3套kR脱硫装置、3座210吨转炉、3座CAS、2座210吨LF钢包精炼炉、1座210吨RH干式真空循环脱气装置、2台2－2流板坯连铸机、1台1－1流板坯连铸机；4100毫米宽厚板生产线、2700毫米中厚板生产线、1780毫米热连轧薄板带生产线及1727毫米单机架可逆冷轧生产线各1条。

2011年，钢铁股份公司长寿新区钢材产品分别通过CCS、DNV、GL、RINA、NK、BV、KR、LR、ABS等九家船级社认证，其中4100毫米船钢通过扩大规格认证，容器锅炉钢通过生产许可扩大规格和钢种取证；2700毫米热轧态船钢、正火态船钢通过工厂认证，容器锅炉钢通过生产许可取证。全年生产焦炭266.21万吨（老区69.13万吨）、生铁557.85万吨（老区134.43万吨）、钢600.43万吨（老区146.96万吨）、钢材（坯）562.92万吨（老区141.12万吨），实现营业收入233.88亿元。总资产255.7亿元，员工10941人。

梁星全

# 经理办公室

**【概况】** 重庆钢铁股份有限公司经理办公室2011年设绩效管理科、信息资源管理科、行政管理科3个科。年末在岗职工20人，其中管理人员19人，操作人员1人；具有高级职称的10人，中级职称2人。

2011年主要工作：(1)生产现场清洁文明生产管理，全年查出不合格项171项，下达整改通知171项，各单位按时间节点完成整改163项。(2)对610项事件进行专业经济责任制考核，扣罚金额72.6059万元。(3)完成国家统计局、商贸部、中国钢铁协会、重庆市调查总队、重钢集团布置的各项统计年报、月报、季度、半年报等和各类抽样调查任务。(4)完成董秘室《重钢股份公司债券2011年跟踪评级资料清单(分解)》相关数据的审核填报，配合完成重钢集团“十一五”汇编统计资料钢铁股份公司部分的审核，调研长寿新区生产工艺流程及统计数据流程。(5)签订对外经济合同13900份，合同金额655.9亿元人民币，实际履行合同13500份，履行合同金额654.6亿元，加盖各类印章合计34100次。(6)完善重钢集团公文系统数据管理，保证系统正常运行；完成重钢股份公司外部网站信息管理。(7)拟写重钢股份公司负责人讲话材料、汇报材料、职代会报告、区人代会提案等及各类公文37份；打印各类公文1521份，复印文件材料54333份，收发传真等127件；组织、通知大小会议105次。(8)负责长寿新区管控大楼的业主管理、会议管理、工程维修等。

李伟

**【经济合同分类与统计审核】** 2011年，钢铁股份公司签订各类对外经济合同共计13900份，合同金额655.9亿元人民币，实际履行合同约13500份，实际履行合同金额654.6亿元，其中工矿产品购销合同12740份，合同金额546.9亿元；工程建设合同440份，合同金额22.1亿元；加工承揽合同176份，合同金额2.9亿元；融资及担保合同79份，合同金额81.7亿元；其他类别合同470份，合同金额2.3亿元。

万英杰

**【统计工作】** (1)完成2010年重钢股份公司上报国家统计局年报10种、商贸部年报1种、中国钢铁协会年报18种、重庆市调查总队年报4种；完成2010年重钢股份公司定期月、季内报报表5种60次、外报重钢集团报表2种24次，外报国家统计局、钢协、商务部、重庆市经委统计报表13种108次，网络直报报表9种52次。(2)支持国家统计局、商务部、国家统计局重庆调查总队的调查工作。完成定期和临时性的“制造业采购经理调查”“企业景气调查”“工业企业成本费用调查”“重庆市工业企业质量现状问卷调查”“工业动员潜力调查”“重钢循环经济调查”等常规及临时性调查任务8种32次。(3)完成董秘室《重钢股份公司债券2011年跟踪评级资料清单(分解)》相关产量及生产能力数据的审核填报工作。(4)配合完成重钢集团“十一五”汇编统计资料钢铁股份公司部分的审核工作。(5)调研长寿新区生产工艺流程及统计数据流程，撰写重钢长寿新区统计工作存在的问题调研报告，研究长寿新区统计管理模式及流程。(6)开展重钢股份公司月度及季度经济运行分析，并报重钢股份公司领导、重钢集团经济运行处及大渡口区、重庆市统计局。(7)搜集、整理参加评选“重庆市五十强”的资料，协助重钢集团参加重庆市工业经济评价考核办公室的面审，并获通过。(8)组织17名统计人员参加大渡口区统计局统计从业人员及继续教育培训考试，均获通过。

周智

**【责任制考核】** 2011年，下发《重钢股份公司2011年考核分配办法》《关于2011年长寿新区达产达效钢铁股份公司领导挂钩考核指标的通知》《重钢股份公司2011年下半年长寿新区各二级单位责任制考核指标》3个文件，对2011年钢铁股份公司责任制考核分配的基本原则、考核方式、分配体系作规定，并进行改进和完善：(1)以长寿新区“达产达效、逐步完善、释放产能”和大渡口老区“挖潜利用、保持稳定”为主导，对所属各二级单位采取新、老区分别按上、下半年分段设置考核指标体系及单独考核，单独结算的考核方式。(2)突出对释放产能、降低成本、优化品种结构、节能减排、稳定质量、有效销售、对标挖潜和工艺技术攻关、安全环保的考核分配。(3)围绕生产经营目标，完善责任制工作的动态管理和提高调控能力，强化考核工作纵向配套与横向协调，调整考核分配，全年处理影响考核分配有关的单位请示和报告138个，对未完成考核指标的单位进行考核，并落实到人。全年，钢铁股份公司共对610项事件进行专业经济责任制考核，扣罚金额72.6059万元。

余志雄

**【清洁文明生产】** 2011年，钢铁股份公司按照“创造环境，享受环境”“打造绿色重钢”的目标，发布并实施《清洁文明生产“两点制”办法》，督促指导所属各单位开展长寿新区清洁文明生产。全年，通过钢铁股份公司清洁文明生产检查组的检查及整治，共查出不合格项171项，下达整改通知171项，各单位按照时间节点落实整改163项(另有8项按期整改中)。基本实现了长寿新厂区道路的整洁及生产作业现场的规范、整齐和洁净。

梁博

**【OA公文运行】** 2011年，重钢股份公司公文拟稿至发文、办理至归档查询，在OA系统上实行电子无纸化办公。其中运行公文81449份(发文8129份、收文73320份)，维护OA系统制发处理公文流程130套、公文模板319个、机构配置定义31个单位、调整系统参数 15219 个，职工参与公文节点阅处办理 1431991 人(次)，备份运行公文 182311 份。

梁星全

## 董事会秘书室

【概况】 2011 年末，重庆钢铁股份有限公司董事会秘书室设秘书科、审计室(内控科)2 个科室，在岗职工 5 人。2011 年主要工作：(1)筹备股东会议 4 次。(2)筹备董事会会议 5 次。(3)办理董事会书面议案 43 个。(4)筹备董事会专门委员会会议 4 次。(5)完成 2010 年度报告、2011 年度中期报告及季度报告的框架设计、起草、送审、成文、衔接翻译、印刷及分送各位股东等事宜。(6)在上海证券交易所网站及香港证券交易所网站上披露共计 79 个公告等信息文件。(7)修订《重庆钢铁内幕信息知情人登记管理制度》《董事会秘书管理办法》。(8)协调相关单位及中介机构研究拟订与重庆钢铁(集团)有限责任公司(下称“母公司”)签订的《授权使用资产协议书》。根据该协议，母公司将已完成试运行的长寿新区钢铁生产线及相关公辅设施共计 108 亿元资产授权重钢股份公司无偿使用 1 年(2011 年 4 月 1 日 ~ 2012 年 3 月 31 日)。(9)协调收购余热电站的合规性事宜，于 2011 年 11 月 29 日，钢铁股份公司与北京世纪源博科技有限责任公司订立收购协议，以评估价人民币 3.75 亿元的总代价收购 2 座余热电站，于 12 月 1 日完成相关信息披露。(10)接待证券机构、境外投资者、分析师访问 12 批，来电访问 36 批。(11)完成从重钢(香港)公司购买铁矿石的关联交易相关工作。钢铁股份公司与重钢(香港)公司于 2011 年 7 月 26 日订立采购协议，向重钢(香港)公司采购海外铁矿石和焦煤，钢铁股份公司同意 2011 年向重钢(香港)公司采购 3,000,000 吨铁矿石及 500,000 吨焦煤，并于 2012 年及 2013 年每年采购 5,000,000 吨铁矿石及 500,000 吨焦煤供钢铁股份公司生产自用。(12)协调收购运输公司的合规性事宜。经过重庆联合产权交易所的规则及法规规定的招标过程，钢铁股份公司中标并与母公司于 2011 年 4 月 1 日订立协议，据此，母公司同意将其持有运输公司的 100% 股权转让予钢铁股份公司，代价为人民币62,954,200元。(13)协调收购铁业公司的合规性事宜。于 2011 年 12 月 29 日，钢铁股份公司董事会 2011 年第二次临时会议通过《关于通过重庆联合产权交易所竞购重庆钢铁集团铁业有限责任公司的议案》，同意以不超过 18,575.6 万元参与竞购收购重庆钢铁集团铁业有限责任公司 100% 股权，拟提交于 2012 年 2 月 28 日召开的临时股东大会审议批准。

彭国菊

【内部控制建设工作】 2011 年，根据国家五部委制定下发的《企业内部控制基本规范》《企业内部控制配套指引》及重庆市证监局关于做好上市公司内部控制规范试点有关工作的相关要求，钢铁股份公司作为重庆市 2011 年唯一的 1 家必须实施内部控制规范建设的单位，钢铁股份公司董事会在 2011 年 5 月成立内控管理室(审计)，制定由董事长为组长的内部控制建设领导小组，按照“一把手”负总责，分管领导具体负责的原则推进内部控制建设工作，并邀请相关专业人士对内部控制的建设方法、运行测试进行培训，交流相关经验。至 2011 年底，钢铁股份公司基本完成内部控制手册(包括组织架构、发展战略、社会责任、企业文化、人力资源、资金活动、采购业务、资产管理、销售业务、工程项目、担保业务、业务外包、财务报告、全面预算、合同管理、内部信息传递、信息系统、研究与开发)等 18 个流程以及对照内部控制配套指引，编制风险矩阵，罗列内控设计缺陷。通过测试，对各流程的执行情况进行识别，并对设计缺陷以及执行缺陷均实施了整改。

牟炎田

【重钢股份公司股东会工作】 (1) 2010 年度股东周年大会。2011 年 5 月 27 日，重钢股份公司召开 2010 年度股东周年大会，出席股东周年大会的股东及股东代理人共 3 名，代表股份 882,687,757 股，占重钢股份公司股份总数的 50.93%。会议审议并通过 2010 年董事会报告、2010 年监事会报告、2010 年度经审计的财务报告、2010 年年度报告、2010 年度利润分配方案、续聘会计师事务所、独立非执行董事的履职报告、修改《重庆钢铁股份有限公司章程》等议案。(2)临时股东大会。①2011 年 3 月 18 日，重钢股份公司召开 2011 年第一次临时股东大会，出席临时股东大会的股东及股东代理人共 3 名，代表股份 879,541,957 股，占重钢股份公司股份总数的 50.75%。会议审议并通过董林辞任重钢股份公司董事、董事长、战略委员会主席等相关职务、选举邓强为重钢股份公司董事及解聘境外核数师——毕马威会计师事务所等议案。②2011 年 4 月 21 日，重钢股份公司召开 2011 年第二次临时股东大会，出席临时股东大会的股东及股东代理人共 3 名，代表股份29,632,957股，占重钢股份公司股份总数的 1.71%。审议及批准 2011 ~2013 年度持续关联交易(新服务和供应协议及其项下拟进行的交易)的议案。③2011 年 9 月 29 日，重钢股份公司召开 2011 年第三次临时股东大会，出席临时股东大会的股东及股东代理人共 3 名，代表股份 850,540,470 股，占重钢股份公司股份总数的 49.07%。审议及批准矿石采购协议(包括截至 2011 年、2012 年及 2013 年 12 月 31 日止财政年度各年的年度上限，金额分别为 65000 万美元、1,00000 万美元及 1,00000 万美元)及其项下拟进行的交易的议案。

彭国菊

【重钢股份公司董事会工作】 1. 董事会定期会议。(1)2011 年 3 月 8 日,重钢股份公司召开第五届董事会第五次会议,会议选举邓强为重钢股份公司第五届董事会董事长,并委任邓强为董事会第三届战略委员会主席。(2)2011 年 3 月 25 日,重钢股份公司召开第五届董事会第六次会议,会议审议通过重钢股份公司 2010 年度经审计的财务报告、2010 年年度报告、2010 年度业绩公告和 2010 年年度报告摘要及 2010 年度利润分配预案,审核(审计)委员会提交的关于毕马威华振会计师事务所 2010 年度审计工作总结报告,重钢股份公司募集资金存放与实际使用情况的专项报告,2010 年度社会责任报告,董事会关于重钢股份公司 2010 年内部控制的自我评估报告,续聘会计师事务所,重钢股份公司独立董事 2010 年度履职报告,重钢股份公司 2010 年度董事、监事及其他高级管理人员酬金的议案,修改重钢股份公司章程等事项。(3)2011 年 8 月 26 日,重钢股份公司召开第五届董事会第七次会议,会议审议通过 2011 年中期财务报表、2011 年半年度报告及摘要、截至 2011 年 6 月 30 日止的 6 个月未经审计之中期业绩公告、重钢股份公司募集资金存放与实际使用情况的专项报告等事项。

2. 董事会临时会议。(1)2011 年 1 月 24 日,重钢股份公司以通讯方式召开董事会 2011 年第一次临时会议,会议审议通过重钢股份公司与英顺国际租赁有限公司开展金额为人民币 4.91 亿元的融资租赁,用于重钢股份公司 3 号烧结、5 号焦炉项目的议案。(2)2011 年 12 月 29 日,重钢股份公司召开董事会 2011 年第二次临时会议,逐项审议,并同意重钢股份公司通过重庆联合产权交易所以不超过人民币 18,557.6 万元竞购重庆钢铁集团铁业有限责任公司的议案;通过重钢股份公司关于江津基地项目可行性研究报告及其投资的议案,同意以 10.4 亿元建设江津炼铁基地项目;通过关于泰州港靖江港区新港作业区三峰码头工程可行性研究报告及其投资的议案,同意重钢股份公司的控股子公司——三峰靖江港务物流有限责任公司投资 9.8 亿元建设泰州港靖江港区新港作业区三峰码头工程;同意聘毕马威华振会计师事务所为重钢股份公司内控审计单位;通过重钢集团母公司提名夏彤为重钢股份公司董事的议案;通过关于修改重钢股份公司章程的议案。

3. 2011 年重钢股份公司董事会还就银行借款、公司治理制度、对外投资、持续关联交易、开展融资租赁、解聘香港核数师、重钢股份公司高管的任免、重钢股份公司组织机构调整、转让重钢股份公司持有的股权、为子公司提供担保、选择重大资产重组投资银行顾问服务、聘请内控审计单位等事项以书面议案方式做出 43 次董事会决议。

纪红

【重钢股份公司监事会工作】 (1)2011 年 3 月 4 日召开重钢股份公司第五届监事会第七次会议,逐项审议并通过重钢股份公司 2010 年度监事会报告、重钢股份公司 2010 年度经审计的财务报告、2010 年年度报告、2010 年度业绩公告和 2010 年年度报告摘要,并对重钢股份公司 2010 年年度报告、2010 年度业绩公告和 2010 年年度报告摘要提出审核意见,通过 2010 年度利润分配预案、重钢股份公司 2010 年度关联交易、重钢股份公司募集资金存放与实际使用情况的专项报告,审议重钢股份公司董事会关于 2010 年本公司内部控制的自我评估报告并发表意见;通过重钢股份公司实施内部控制规范的工作方案。(2)2011 年 4 月 26 日召开重钢股份公司第五届监事会第八次会议,审议通过重钢股份公司 2011 年第 1 季度报告。(3)2011 年 8 月 25 日召开重钢股份公司第五届监事会第九次会议,审议通过重钢股份公司 2011 年中期财务报表、2011 年半年度报告及摘要、截至 2011 年 6 月 30 日止的 6 个月未经审计之中期业绩公告,同意重钢股份公司募集资金存放与实际使用情况的专项报告。(4)2011 年 10 月 28 日召开第五届监事会第九次会议,审议通过重钢股份公司 2011 年第 3 季度报告。

2011 年,全体监事会参加重钢股份公司股东大会 4 次,董事会会议 4 次,审核委员会会议 2 次。

纪红

【重钢股份公司董事会专委会工作】 (1)战略委员会工作。2011 年 5 月 9 日,重钢股份公司召开第三届战略委员会第三次会议,会议审议通过《重庆钢铁股份有限公司环保搬迁方案》。(2)薪酬与考核委员会工作。2010 年 12 月 30 日,重钢股份公司召开第三届薪酬与考核委员会第三次会议,会议形成决议:①2011 年重钢股份公司执行董事、经理层及其他高管人员的薪酬按职工平均工资的 4 ~ 10 倍设计,并按 0.8 ~ 1.2 的倍数体现差别;监事的薪酬按职工平均工资的 3 ~ 8 倍设计,并按 0.8 ~ 1.2 的倍数体现差别。以上人员的薪酬在具体分配时,按基本收入和月奖、季度业绩评价奖励、年终公司效益奖励进行工资设计,并严格按重钢股份公司规定进行业绩评价考核发放;②同意重钢股份公司董事、监事和高级管理人员 2012 年薪酬设计方案;③建议将董事、监事及高级管理人员的收入与重钢股份公司业绩挂钩,并完善和细化内部激励与约束机制。(3)审核(审计)委员会工作。2011 年 3 月 24 日,重钢股份公司召开第四届审核(审计)委员会第四次会议,会议形成决议:①同意重钢股份公司分别按中国会计准则和香港财务报告准则编制的经审计的财务报告、2010 年年度报告、2010 年度业绩公告和 2010 年年度报告摘要;②重钢股份公司 2010 年年度关联交易予以确认;③讨论核数师向审核委员会会议汇报中向管理层提出的6个方面的管理建议，并提请重钢股份公司董事会高度关注；④同意《关于对毕马威华振会计师事务所2010年度审计工作总结报告》，并提交董事会审议；⑤同意续聘毕马威华振会计师事务所和毕马威会计师事务所为重钢股份公司2011年国内审计师，并提交董事会审议。2011年8月25日，重钢股份公司召开第四届审核（审计）委员会第五次会议，会议审阅并通过重钢股份公司未经审计的2011年中期财务报告、重钢股份公司《2011年半年度报告》及《2011年半年度报告摘要》、重钢股份公司《2011年中期报告》及《截至2011年6月30日止6个月未经审计之中期业绩公告》等事项。

彭国菊

# 人力资源处

【概况】 重庆钢铁股份有限公司人力资源处是集劳动组织、薪酬分配、保险福利、技能素质培训的职能部门。2011年设组织人事科、保险科、工资科、培训科4个职能科室。年末在岗职工15人，其中高级职称5人，中级职称4人。全部为大专及其以上学历。

2011年主要工作。（1）企业组织人事管理。在完成400万吨钢生产规模人力资源配置基础上，根据设备台套、工艺流程等综合因素，完成600万吨钢生产规模定编定员，进一步明确钢铁股份公司二级单位科级机构，管理技术职数及生产操作人员定员数；根据钢铁股份公司产品结构调整项目规划设计及投产节点要求，提出钢铁股份公司产品结构调整项目的定员方案及配置意见，在保障人力资源支持的基础上，兼顾人员配置及经济性；借助重钢环保搬迁政策，结合人力资源结构，出台相关文件并分流部分富余管理技术人员及距退休5年的“B类”生产操作人员。从年龄、学历、专业、技能水平等方面优化人力资源结构；根据钢铁股份公司发展规划，合理招聘和储备人才；规范职工劳动合同管理，在构建企业与职工之间稳定的劳动关系的同时，规范劳务用工管理，控制劳务费用，防范劳动纠纷。（2）企业薪酬激励分配管理。贯彻“效益决定分配”的工资分配原则，安排钢铁股份公司职工工资发放计划及投放进度，同时控制二级单位工资结余在规定范围内，保证职工工资2011年的一定增幅；按一般职工、技术技能人才、科级管理人员、厂处级人员等4个部分实行工资计划分别核定、考核发放；坚持对重点工作实施重点考核和激励的原则，加强单项奖励的精细化设置和执行程序的规范，突出对钢铁股份公司生产经营有重大影响的骨干人员的绩效考评；贯彻重钢集团统一基础工资标准的文件精神，结合实际情况提出意见并组织实施；对钢铁股份公司机关及部分二级单位实行工资一级发放管理试点。（3）职工保险福利规范管理。继续抓上年养老保险、失业保险汇算工作及2011年缴费基数申报工作；开办新工伤保险条例（586号令）专项培训班，组织二级单位70人参加，并邀请大渡口区社保局、劳动局相关专家授课。开办社会保险法（35号令）专项培训班，组织二级单位60人参加，并下发宣传资料，参加大渡口区劳动局宣传活动。缴纳2011年养老保险企业部分9832.5万元，失业保险企业部分585.9万元；加强工伤管理，规范工伤医疗使用报销程序，全年缴费451.5万元，在大渡口区工伤保险中心报销费用354.9万元，支缴率78.6%。办理正常退休及提前退休超过1000人。（4）企业职工技能培训管理。2011年对重钢长寿新区400万吨钢生产规模的岗位人员进行适应性及岗位技能提升培训，同时完成对长寿新区600万吨钢生产规模的岗位储备培训及转岗培训；开办培训班462个，培训职工18419人次，其中管理人员和工程技术人员培训1934人次，操作人员培训16485人次；培训费用应提取1014.3万元，实际使用550.627万元；推荐管理技术人员攻读工商管理硕士、工程硕士，组织职工参加高级工、技师、高级技师培养学习，提高技术技能人才层次的同时组织部分技术技能人才及工程技术人员带项目外出考察学习，组织生产操作人员送外培训183人，管理技术人员送外继续教育培训160人；开展年度职工技术竞赛，参加重钢集团职业技能竞赛；协同其他职能部门对影响安全、环境、产品质量等关键岗位人员进行系统培训。

陈唐恩

# 财会处

【概况】 重庆钢铁股份有限公司财会处2011年12月底在册职工90人，其中高级会计师3人，会计师24人，经济师4人，工程师1人。财会处下设会计科、资金科、工程合同科、成本管理科5科，原料财务室、销售财务室、装备财务室、焦烧铁财务室、炼钢财务室、轧钢财务室6室，驻电子公司财务科、驻运输公司财务科2个子公司财务科。主要职责：（1）负责重钢股份公司资金预算、成本费用预算、收入预算、利润预算的编制与组织落实；（2）负责重钢股份公司收入、成本、费用、利润、资金等财务指标的预测、分析、考核和控制；（3）负责重钢股份公司资金收支计划及控制、货币资金安排及使用管理；（4）负责重钢股份公司融资管理；（5）负责重钢股份公司财务、会计、税收政策的管理，提出贯彻执行的实施意见；（6）负责重钢股份公司资产处置的财务管理；（7）负责重钢股份公司供销结算管理和债权债务管理；（8）负责重钢股份公司内部结算价格制定和管理;(9)负责重钢股份公司资产、负债、所有者权益、收入、费用、利润的会计核算,提供会计信息资料;(10)负责重钢股份公司经济合同的财务审核。

2011年主要工作。(1)推进长寿新区财务一级核算进程,实现长寿新区一级财务管理。2011年,财会处设计一级财务管理的框架及具体实施的方案、步骤,进行机构大调整、实施一级财务核算流程再造,重新梳理、细化各科室职责分工。10月实现一级财务管理。2011年4季度,将长寿新区原18个套账合并为1个,450份报表减为30份。制定和修订《钢铁股份公司财务核算管理试行办法》等制度和办法,为在长寿新区成本信息化系统与产供销业务系统对接后实现一级核算打基础。(2)资金管理。①与相关金融机构协调,争取融资额度,降低融资成本。2011年,钢铁股份公司在50%借款未能续贷的情况下,仍较上年净增融资额为37.77亿元,其中银行借款净增7.83亿元,增加融资租赁29.94亿元。另有华融租赁1.89亿元、英顺租赁6.95亿元的融资租赁资金预计在2012年1季度到位。这些融资弥补了当期经营亏损的缺口和环保搬迁工程资金需求,支撑了当期生产经营的运转和工程建设的推进,保证资金运营安全;②从2011年4季度开始,提出以收定支原则,适度控制生产规模、大幅降库、降低关联方资金占用近亿元以及控制投资节奏,保证当期生产经营的运转;③在4季度资金紧张的情况下,利用香港公司平台,从2011年11月起在香港以3.5%年利率为钢铁股份公司远期融资进口海外铁矿石65万吨,缓解了资金压力并节约财务成本1000万元。④2011年初,钢铁股份公司回购世纪源博公司的余热蒸汽发电项目,财会处发挥合同预算管理、会计核算、财务成本管理等方面的作用,与评估公司、世纪源博公司进行长达半年的磋商,并对回购与否的方案做出评价与建议,以供钢铁股份公司领导参考决策,并在最终的回购价格上,节约回购成本约3270万元。(3)税收工作。①与长寿区税务局协商,获长寿区财政局税收返还款项505万元;②与大渡口区及长寿区税务局沟通,解决钢铁股份公司增值税征收问题,由两地征收合并为一地征收,减少当期现金流支出3亿元以上;③以内部控制审计为契机,自查、规范及完善了会计核算、资金资产、预算管理等各项财务基础工作;④对环保搬迁及资产处置过程中发生的全新业务,查阅资料、研究准则,与事务所协商,力求真实、公允地反映每1笔交易事项,配合毕马威会计师事务所,完成2011年年度审计工作。(4)成本工作。①开展对标挖潜工作,按月对工序成本和行业先进水平进行检查、分析,找差距,提措施,指导工序降本;②结合长寿新区设备投产时间节点多、变化快的具体情况,按月下达考核指标,控制长寿新区费用开支,降低工序成本;③审核、测算关联方与协办单位的报价成本,并报价格委员会及钢铁股份公司班子会审查,降低钢铁股份公司成本5000万元;(5)合同管理。①以国家和有关部门的相关规定为蓝本,制定适应钢铁股份公司管理需要的审核制度;②全年完成钢铁股份公司各类工程合同及预(结)算项目审核共计964项,审核金额48487.88万元,审定金额47696.73万元,审减节约791.15万元。(6)资产管理。①随着2011年9月22日大渡口老区的全面关停,大渡口老区资产处置工作全面展开。截至2011年12月底,长寿新区利旧资产原值约23.15亿元,净值约12.8亿元;报废固定资产原值约12亿元,净值约6.48亿元;对外处置资产原值约3.4亿元,净值约2.4亿元;对外处置资产收入约5100万元;②对重要物权的资产处置。联系重庆华康资产评估公司,协调各相关部门,对原值约11.5亿元的资产进行评估,评估确认价值4.6亿元;③按照《重钢股份公司大渡口老区资产清理处置专项管理办法》的有关规定,配合中瑞岳华会计师事务所工作人员,针对关停和搬迁的中厚板厂进行专项审计,确定重钢集团予以补偿金额5607万元。

熊建

## 生产指挥中心（生产管理处）

【概况】 重庆钢铁股份有限公司生产指挥中心(生产管理处)是负责重庆钢铁股份公司生产计划、调度管理等的职能部门。其中生产指挥中心负责长寿新区的计划、调度、生产统计和在线技术管理;生产管理处在2011年9月22日前(大渡口老区棒材轧机轧完最后一根钢为标志)负责大渡口老区的生产组织和关停等工作,至2011年11月21日钢股经办发〔2011〕331号文件撤销生产管理处为止。2011年在重钢新、老两区并存期间,生产指挥中心部分职工兼顾新、老区的生产组织管理工作。2011年末生产指挥中心在册职工54人,在岗职工54人(高级职称5人、中级职称12人),其中管理人员44人。

2011年,重钢长寿新区历经全流程450万吨钢规模达产至600万吨钢规模的投产、达产。生产指挥中心牵头组织、梳理全流程各时期与之不相适应的各类问题,组织协调各类矛盾,并督促改进、改善,于2011年8月达成450万吨钢规模水平,为9月16日3号高炉的投产打下基础。

1.生产指挥中心(新区)主要工作:(1)"一罐制"稳定运行工作。2011年"一罐制"处于国内、国际领先状态。生产指挥中心根据运行状态总结经验,牵头建立运行模型,保证"一罐制"在400万吨/年钢和600万吨/年钢规模条件下的运行。(2)牵头策划、组织1780毫米生产线热送热装(直装)ERP计划管理系统(具有重钢知识产权）该系统2011年9月上线正式运行，缓解了600万吨钢规模下钢轧界面的紧张状态。（3）牵头组织、梳理全流程450万吨钢规模达产与600万吨钢规模投产各时期与之不相适应的各类问题，于2011年8月达成全流程450万吨钢规模水平。（4）牵头建立长寿新区600万吨钢规模下的系统平衡协调及生产组织模式，其中卸载系统平衡、焦炭平衡、铁钢平衡、钢轧平衡、产品流转与发运平衡等工序界面的系统协调平衡模式的建立，为长寿新区3号高炉投产实现600万吨钢规模打下基础。（5）修改完善钢铁股份公司事故管理办法，执行挂号、销号制度。（6）制定《产品流转管理办法》，确定相关单位管理职责和任务要求，并于2011年8月正式实行。

2. 生产管理处（老区）主要工作：（1）在大渡口老区2011年9月关停前的生产组织中，按照"精心操作、精心维护、精心管理"的工作思路，强化生产管理，抓产销协调，安排生产计划，保证钢铁股份公司大渡口老区的当期规模和效益。（2）在定员偏少的情况下，既维护大渡口老区当期规模生产的连续性，同时协调大渡口老区向长寿新区转运煤、熔剂、焦炭和钢坯及长寿新区钢材转大渡口老区发运火车等工作。（3）策划、编制、组织实施大渡口老区关停产方案，完成安全关停大渡口老区的工作目标。

杨红艳

**【生产计划管理】** 2011年，在国内钢铁市场供大于求的情况下，加之国内通胀压力持续加大，重钢股份公司钢材价格持续下滑，对生产经营造成影响，全年大部分品种完成计划任务，部分品种超过计划目标。（1）生产指标完成情况。2011年，在生产组织中以市场为导向，以效益为中心，释放产能，保证大渡口老区当期规模生产；全年围绕生产经营目标及"强化管理、系统降本，整合资源、优化运作、产销相促"的生产经营方针；推行项目管理认证，明确节点职责，强化过程控制及绩效考核；促进降耗降本、节能减排，促进安全生产和清洁生产。在国内钢材市场低迷等不利情况下，基本实现年初制订的生产经营计划目标。（2）生产计划管理。①抓生产平衡，产销相促，保证产能增加后的产品满足市场需要；随市场变化调整产品结构，保证效益好的产品按期完成；配合相关单位作好新产品开发工作及产品质量的提高工作，保证销售合同按要求完成。②强化生产计划管理，在生产组织中做到全面考虑，保证生产经营计划按时、按量、按要求兑现。抓生产系统各工序的增产降耗、稳定均衡工作，保生产物流畅通。重点抓炼钢厂的钢坯配送工作，保证炼钢、轧钢生产的正常运行。③针对2011年钢材市场偏弱，在生产经营组织中优化品种结构，尽量符合市场合同要求，保证轧机不因合同停产、限产；抓调整产品结构和新产品开发工作，以效益最大化为前提调控产能规模；按效益优先原则作好各种物料平衡工作，保证生产资料、资源、资金向"效益好、质量高、市场要"的产品倾斜。④统筹兼顾新、老区生产经营。在定员偏少的情况下，坚持新、老区两线生产经营组织，既维护大渡口老区当期规模生产，又保证长寿新区400万吨钢及600万吨钢规模的正常投产及顺行。⑤策划编制、组织实施大渡口老区关停产方案。关停产以降低大渡口老区资金积压为目标，对长寿新区支持和支撑为宗旨，经论证、经济成本核算及宏观形势分析，确定大渡口老区关停产方案时间节点：4号高炉9月13日停炉，3号高炉9月21日停炉；轧机根据钢存量及合同情况择机停产，实

**2011年重钢股份公司主要生产指标完成情况表**

| 项目 | 年计划（万吨） | 年目标（万吨） | 完成（万吨） | 完成年计划（%） | 同比增减（%） |
|---|---|---|---|---|---|
| 焦炭 | 261.4 | 269.4 | 266.21 | 101.8 | +28.57 |
| 烧结矿 | 884 | 909.2 | 917.48 | 103.8 | +32.44 |
| 球团矿 | 101.3 | 104.6 | 111.65 | 110.22 | +66.81 |
| 生铁 | 547.7 | 563.6 | 557.85 | 101.85 | +33.68 |
| 钢 | 584.5 | 600.6 | 600.43 | 102.73 | +32.97 |
| 钢材 | 539.8 | 558.81 | 562.93 | 104.28 | +38.35 |
| 1. 钢铁股份公司本部 | 530 | 548.31 | 551.05 | 103.97 | +37.77 |
| 其中：中厚板厂 | 196.9 | 202.91 | 209.22 | 106.3 | -6.06 |
| 热轧薄板厂 | 219.7 | 227.6 | 217.07 | 98.80 | +652.51 |
| 型钢厂 | 80.1 | 83.1 | 87.83 | 109.65 | -14.40 |
| 高线厂 | 33.3 | 34.7 | 36.93 | 110.90 | -19.82 |
| 2. 冷轧薄板厂 | 8.4 | 9.1 | 9.78 | 116.37 | +105.53 |
| 3. 加工材 | 1.4 | 1.4 | 2.10 | 149.75 | -3.32 |

李渝江

现关停产前库存资源的最大利用。⑥强化计划管理重点控制，抓住生产经营中心环节，将生产计划落实在生产工序上。具体要求抓物运部的“保供、保出，降低物流成本”；焦化厂的“配煤优化、保质提产”；烧结厂的“成分稳定，粒度优化”；炼铁厂的“优化操作、稳定顺行、节焦增铁”；炼钢厂的“提质降耗、品种开发、均衡协调”；各界面关系的协调、有序、无逢衔接，特别是要提高“钢—轧界面”的热送热装比；各轧钢厂“围绕合同、产销相促、有效生产”；运输、热能动力、维检及机动“设备维检、精细到位、优质保产”等具体主导工作，使钢铁股份公司生产保持均衡、稳定的发展态势。

李瑜江

**【新区生产组织优化】** 2011年，钢铁股份公司长寿新区生产组织管理理念以“精益化生产”为核心，克服生产组织与技改两线交织带来的困难，以生产合同兑现为目的，统筹安排，实现长寿新区450万吨钢规模达产和600万吨钢规模投产。(1)铁钢界面“一罐制”运行。2011年长寿新区生产组织的关键是铁钢界面“一罐制”，也是制约产能发挥的关键环节，是长寿新区生产组织的核心。全年通过总结上年铁钢界面“一罐制”管理制度运行情况，编制铁钢界面“一罐制”调度模型，指导铁钢界面现实生产，解决炼铁、炼钢工序的生产组织模式的差异，全年未影响高炉摆罐和造成炼钢铸机断浇事故的发生，仅发生3次因炼钢原因导致高炉休风，发挥了炼铁、炼钢的生产能力。(2)450万吨钢生产流程顺行及600万吨钢生产流程的建立和达产。2011年，在1号高炉、4号焦炉、1号烧结机先后投产后，长寿新区450万吨钢生产流程全线贯通，于2011年上半年实现达产达效任务。2011年6月2700毫米生产线轧制成功，2011年9月16日3号高炉投产及球团、3号烧结机的先后投产，长寿新区实现600万吨钢生产流程全线贯通。在总结200万吨钢生产流程和450万吨钢生产流程投产的经验，协调解决工程建设遗留问题的基础上，把握生产流程、生产组织的核心和关键，维持整个流程的生产稳定，2011年10月中旬连续日产钢量突破17000吨，基本实现600万吨钢生产流程的达产；但因国内钢材市场的急转直下，重钢被迫限产，仅在2011年12月完成50万吨钢的月计划，实现600万吨钢生产流程的达产。(3)组织码头卸载、料场堆存和保供。长寿新区码头和料场因设计能力较小，加之料线冲突，码头卸载和料场堆存成为制约长寿新区生产规模上台阶的因素。为解决码头卸载与料场堆存问题，利用有限场地进行原材料的优化堆存供应，实现月卸载突破120万吨的目标，满足了600万吨钢生产规模的原材料需求。(4)随着长寿新区600万吨钢生产流程规模的达产，钢轧界面和产品堆存和发运之间的物流流转不畅，制约产能的发挥。为此在炼钢出坯跨北头新建1个过跨平车，解决炼钢与4100毫米生产线的供应钢坯问题；制定《钢材产品流转管理办法》，解决产品胀库和发运困难。(5)能源介质的平衡和联合检修的组织、实施。由于长寿新区全流程设计紧凑，且能源介质相互制约，因此，随着生产规模的不断扩大，任何一个生产线出现故障或非计划停机均可导致整个流程的能源介质的不平衡，全年通过认真调度，做好产能匹配组织，在利用自发电的同时，合理安排产能富余单位和辅助单位的错峰用电，使产能发挥最大化。另外，因长寿新区全流程设计导致工序间调整能力有限，在每次联合检修前，根据生产月计划中检修计划的安排，平衡所有检修项目的停、复产时间及影响正常生产和检修的能源介质保供问题，保证了全年13次联合检修的完成。

刘光辉

**【热装热送的应用】** 2011年，生产指挥中心在长寿新区继续牵头开展热送热装攻关活动，全年炼钢厂实现热送1660455吨，热送率36.83%，热轧薄板厂热装311069.748吨，热装率13.59%。(1)牵头拟订方案打通炼钢至1780毫米生产线和炼钢至4100毫米生产线物流、信息流及建立对应关系。2011年进行11次热送钢种试验及7次直装、热装、(冷热)混装的热送热装生产试验，将长寿新区各工序的信息进行联通，基本实现实物与信息对应并同步，满足热装热送需要。(2)牵头建立ERP热送热装计划体系，满足热送热装的计划管理需要。根据长寿新区已有的信息系统，提出支持1780毫米生产线热送直装的ERP设计思路，提出适合“一级计划”和热送热装的ERP设计思路、流程、算法、参数设定等用户需求，又因引入合同分割概念，改善了合同变更的处理难度，并配合电子公司完成程序设计和测试，于2011年9月投入生产线运行。(3)制定《热轧薄板连铸坯热送热装管理制度》，明确热送热装、热送直装、大钢种管理的概念，规定热送热装各单位职责，提出热送热装工作流程、工作内容及管理要求。对热轧薄板热送热装大生产起到指导作用。(4)2011年开展3号铸机对4100毫米生产线热送直装试验5次，发现大量软、硬件设计不合理或欠缺的问题。推动自动化部增加热送辊道连锁，解决炼钢、轧钢配合失误对设备造成损坏的安全隐患。

何亮

# 安全环保管理处

**【概况】** 重庆钢铁股份有限公司安全环保管理处(重钢集团安全环保办公室)是全面负责重钢安全生产、环境保护、职业卫生、卫生防疫管理工作的职能处室。2011年设安全科、执法队、环保科、职防所、防疫站、综合科6个科室。年末在岗职工78人，其中高级职称7人，中级职称19人；管理人员61人，操作人员17人。

2011年，重钢长寿新区600万吨钢系统建成投产，大渡口老区实现安全全面关停，安全、环保、职业健康、卫生防疫工作任务重，全年，重钢生产区域内未发生安全生产职工死亡事故，无重大环保污染事故发生，未发生一起食物中毒，未新增一例职业性疾病。

王雪峰

**条目另见部目**

【职业卫生工作】:《职工生活》
【卫生防疫工作】:《职工生活》

**【安全工作】** （1）事故情况。2011年，重钢集团发生安全生产死亡事故1起，同比下降2起，死亡人数下降2人；重伤事故2起，重伤2人，同比上升1起，重伤人数上升1人。事故控制在指标范围内。（2）安全实现大渡口老区末期生产和关停。大渡口老区末期生产，因设备老化超负荷运行，不确定安全因素增加；而关停安全因钢铁业生产链长，涉及单位、工序、环节、能源介质种类多，停产过程时间跨度长、操作步骤及程序严谨等，易发生安全生产责任事故。①牺牲局部利益实现安全停炉。如按惯例停炉，煤气放散和粉尘排放，影响环境，通过采取降料线打水停炉回收煤气不放残铁方式操作，虽经济上损失百万元，但从现场监测数据表明，煤气和粉尘基本做到了零排放。②重钢大渡口老区生产全线关停过程的20天，未发生1例人身伤害事故、设备损坏事故、火灾事故。（3）开展落实企业安全生产主体责任行动。2011年，重钢集团所属18家子公司中，按重庆市政府文件规定第1批属于高危企业需要落实企业安全生产主体责任的子公司12家，其中冶炼轧钢单位7家、危化生产单位2家、非煤矿山、港口码头和建筑施工各1家。截至2011年底，完成落实企业主体责任达标评审的有17家，A级企业10家，占总数58.8%；B级企业6家，占总数35.3%。重钢集团核心企业钢铁股份公司下属有8个主要生产单位经过评审达标，7个A级，1个C级。（4）标准化达标建设。一是强化组织建设，成立以钢铁股份公司副总经理为组长的安全标准化建设领导小组，落实企业安全管理主体责任；二是以安全标准化软件建设和安全文化示范企业创建推动硬件建设；三是专款专用推动标准化建设；四是加强员工教育培训。2011年，矿业公司大宝坡矿、太和铁矿、景星矿达到二级标准；钢铁股份公司焦化厂、朝阳公司和产业公司气体公司在2011年12月通过国家危化企业安全标准化三级达标验收；钢铁股份公司炼钢厂、炼铁厂、烧结厂、能控中心、热轧厂、冷轧厂和中厚板厂结束一阶段的达标咨询工作，为通过国家二级安全标准化达标验收做准备。（5）安全生产责任制落实。2011年，重钢集团与子公司签订安全责任书19份，子公司与分厂（分公司）签订安全责任书565份，分厂（分公司）与车间（作业区）签订安全责任书1721份，车间（作业区）与班组签订责任书2152份，把落实企业安全生产主体责任、开展安全生产"四大"专项行动、安全标准化建设等纳入安全责任书考核范围。同时，在重钢集团实行安全目标风险抵押承包和安全绩效工资。钢铁股份公司结合实际，对安全绩效工资方案作修改，在原有基础上增大90%的奖励幅度，同时将千人负伤率由2‰提高至1.6‰，要求各单位每月安全绩效工资足额兑现不能截留，按单位、厂、车间和班组分层次进行考核，对违章和发生事故的按规定对其安全绩效工资进行考核；对安全绩效突出的单位和个人按规定提高奖励水平（以考核的资金奖励），促进安全责任的层层落实和职工安全意识的提高。（6）开展大宣教、大排查、大整治、大执法专项行动。2011年，重钢集团按照重庆市政府的部署，结合实际对金属非金属矿山、危险化学品、冶炼及轧钢、公路运输、铁路运输、港口码头、动力管网、建筑施工、特种设备等行业（领域）开展专项检查。并要求各单位做到班组每天、车间（作业区）领导每周、二级单位领导每月、重钢集团领导每季度带队进行安全检查，将事故隐患排查常态化；各级安全管理人员编制安全检查计划，做到检查范围全覆盖，并对重大隐患按要求实行挂牌督办，督促落实整改方案、责任人员、整改资金、整改期限和应急预案。（7）新、老区的日常安全管理。编制《重钢集团安全生产"十二五"规划》《重钢集团2011年安全工作要点》；在新、老区坚持每周召开安全生产例会，布置检查安全生产工作，发现和解决涉及安全生产的各类问题；开展危化品、特种设备、防止冶炼"打炮"、煤气安全等专项安全检查，消除安全隐患；完成长寿新区安全、环保、质量"三合一"体系涉及安全方面的相关工作；对重大危险源形成公司、厂（处）、车间、班组分级监控体系；对重钢集团建设项目安全设施"三同时"工作开展情况进行清理；针对长寿新区煤气检测预警系统试运行期间暴露的问题，协调相关单位和施工单位解决，并在长寿新区组织5期操作人员、维护人员、管理人员和厂（处）负责人参加的培训班，制定煤气检测预警系统管理办法；大渡口老区各单位通过强化安全教育，特别是对劳务工进行教育和考试，加大安全检查、隐患整改和安全考核的力度。为抓大渡口老区拆迁安全工作，制定《重钢集团大渡口老区环保拆迁工程安全环保管理暂行办法》，每天组织召开安全协调会、实施现场安全检查，解决安全问题。2011年，在实施拆迁项目中均实现零伤亡的目标。全年新、老区生产安全处于受控状态。（8）东华特殊钢公司安全管理。2011年东华特殊钢公司沙坪坝老区因不能关停存在安全隐患。重钢集团要求东华特殊钢公司在该特殊时期，实行领导带班制度，将各区域存在的隐患整改或监控措施层层分解，落实整改责任人或监控责任人，对危险大又不能整改的进行关停，同时给予各方面工作支持，以保证安全平稳维持。2011年底东华特殊钢公司沙坪坝老区进入拆除安全关停阶段。(9)新区技改和老区拆除施工建筑安全管理。先后成立长寿新区环保搬迁指挥部"安监组"和"大渡口老区拆除指挥部安全环保分指挥部"，组织场内各单位每周召开安全例会，进行建筑施工安全专项检查。针对2011年中期，长寿新区环保搬迁工程项目施工单位发生的死亡事故，先后召开建筑施工安全紧急会议，下发《关于进一步加强重钢建筑施工安全生产的紧急通知》，传达贯彻重庆市安全生产电视电话会议精神，重钢集团领导带队进行建筑施工安全专项检查，履行业主单位监管社会责任，在重钢集团范围内进行在建工程项目集中安全检查和隐患整治活动等。(10)安全文化建设。2011年初，重钢集团要求各级管理人员学习《精细化安全管理》，重钢集团领导在分别带队进行安全检查时，对各单位领导班子成员进行学习测试，平均成绩达90分以上。为营造安全生产氛围，在职工中征集重钢的安全方针、理念和格言，在此基础上概括出重钢的安全方针和"六大"安全理念，选出职工安全格言编入《重钢安全管理手册》；组织编写《重钢安全培训手册》；开展给职工家属一封"支持安全工作"的家书征文、职工"结安全对子""安全生产"知识竞赛等活动；在第十个"安全生产月"活动中进行现场安全咨询197次、接受咨询人数2305人，散发安全资料4805份；全年开展安全生产事故警示宣传26次、悬挂安全标语263幅；举办安全讲座及培训1705场、培训职工40082人；报刊采用稿件143篇；各单位开展安全学习活动4244次，参加学习154177人(次)；对新职工、转岗、劳务工进行"三级"安全教育718人。

廖德荣

【环保工作】 2011年，重钢加大环保监察管理的力度，全年重钢新、老区未发生1例因污染物排放超标和环保污染事故受环保部门的处罚。(1)环境监测与管理。①大渡口老区。2011年，钢铁股份公司继续保持对大渡口老区环保的投入，保证所有环保设施的正常运行及污染物达标排放，重庆市环境监测中心站1至3季度共对重钢大渡口老区污染源进行3次监督性监测显示，重钢所有排口全部达标，无1例超标数据。②长寿新区。2011年利用监测手段，不定期进行监督性监测，对废水、工业循环水、锅炉水、生活水、废气、噪声等项目进行监测与监控。全年长寿新区监测数据总计18431个，其中废水3079个、循环水6271个、生活水7821个、废气3079个、临时监测1199个。在加强监控的同时，加大对不合格单位的考核力度，全年总计下达71项环保整改项目，对二级单位下达65项处罚通知书。环保管理工作方面，一是长寿新区环保工作形成每周科级环保工作例会、每月厂处级环保工作例会，并形成每月环保工作情况分析，指导环保工作的开展；二是对钢铁股份公司环保管理文件进行修订改版。(2)环境管理体系建设。形成钢铁股份公司《重要环境因素清单》，针对重要环境因素清单评价制订相应的控制策划方案，制定更新《重钢股份公司突发性环境污染事故应急预案》，评价存在钢铁股份公司级重要环境因素的各单位专项应急预案，形成、发布钢铁股份公司"三合一"体系目标指标，完成"三合一"体系管理手册的编写与审核，发布"三合一"管理体系的程序文件并进入试运行阶段，促进环保管理上台阶。(3)"创模"工作。在创建国家环境保护模范城市方面，由重钢承担的重庆市"创模"工作重点项目共5项：①长生桥项目工程主体工艺设备招标工作完成，开始进行土建平场；②丰盛垃圾焚烧发电厂项目2011年12月底实现第1台焚烧炉投产，余下3台焚烧炉在2012年3月底前全部建成投运。2011年底正在实施其一、二期工程，开展三期工程前期工作，渗滤液处理设施土建施工完成90%，其施工进度与焚烧线主体工程同步；③同兴渗滤液处理系统从2011年8月开始进行再次改造和优化，渗滤液系统优化改造完成，11月6日恢复进水，11月9日系统出水，反渗透1号、2号系统均投入使用，产水率在60%，出水全部达标；④重庆市环境保护局已批准同兴公司飞灰的资源化利用方案，正按批准后的方案组织实施，同兴飞灰资源化利用关键设备招标中。重钢大渡口老区钢铁业2011年9月22日正式全面关停，关停后主城区工业污染总量减少60%。

陈红龄

## 机动处

【概况】 重庆钢铁股份有限公司机动处(重钢集团机动处)是重庆钢铁股份有限公司的专业技术职能管理部门。其职责是在重钢集团内贯彻执行国家、行业设备、能源管理方面的方针、政策及法规，制定设备、能源系统管理有关规章制度并贯彻执行；负责重钢股份公司所属设备的运行使用、维护、检修，设备事故隐患整改，大、中、小检修(含技措项目)等工程；负责设备备品备件、生产工摸具资金占用，参与招、投标工作，对需求和供应进行平衡、协调；组织实施能源的供应、平衡、监督及能源外转的审批，动力管网，计量、计量器具，特种设备、工业建筑等固定资产管理与监控以及重钢自动化信息化建设发展规划的制订及技术管理和维护管理。钢铁股份公司机动处直接对二级厂机动科、点检站的设备、能源管理工作进行指导、检查、协调并督促各二级厂执行。

机动处2011年有设备综合管理科、设备资产管理科、能源计量管理科、设备检修管理科、机械设备管理科、动力设备管理科、自控信息管理科共7个科室。截至2011年末,在册职工46人,在岗职工46人。其中正高级工程师3人,高级工程师14人,工程师18人(含技师1人),助理工程师10人。

2011年,钢铁股份公司设备系统以"高起点高效率精细管理,低消耗低排放节能生产。抓点检促定修严控费用,停老区建新区达产增效"工作方针开展工作。以等级设备管理为推动力,以点检定修管理为核心,以设备精细管理为模式,完善设备管理评价体系,通过点检定修模式和效能评价体系实现精细化闭环管理。抓节能减排、降本增效工作,控制设备维修费用。保证长寿新区、大渡口老区设备安全、平稳运行,提高设备技术经济指标。

曾德棋

**条目另见部目**

【《重钢机动能源》】:《文化教育》

【老区拆除和搬迁】:《环保搬迁》

【老区资产处置】:《环保搬迁》

**【老区设备安全保产工作】** 2011年1~9月,重钢大渡口老区设备处于服役末期、年设备维修费用减少、设备劣化趋势加剧、隐患和无征兆的事故增多,设备运行技术性能和可靠性下降。期间,设备系统围绕"精细化管理"要求,抓"执行力",以提高设备可靠性、降低综合能耗、降低设备运行成本为重点,克服新、老区两线生产的实际,抓设备隐患整改。执行每月的定修计划,控制设备劣化速度、防止重特大设备事故的发生、保证设备正常运转,并按重钢环保搬迁部署,在2011年9月相继关停大渡口老区高炉、烧结、炼钢、轧钢等整个生产线。

2011年1~9月,大渡口老区设备安全保产主要工作。(1)机动处牵头设备系统,遵循"点检促定修严控费用,停老区建新区达产增效"的工作方针,以设备点检落实为着力点,抓重大隐患排查,控制维修费用,掌握设备的运行、检修动态及"劣化倾向",搜集、整理并定期汇总报告,同时协调沟通,提供技术支持和服务,保证设备的正常运行及点检管理。(2)编制完成《2011年重钢主要生产设备定修计划(老区)》及《2011年主要生产设备月度预修计划(老区)》,调整各单位设备定修模型,定期召开大渡口老区月检修工作会,汇总、检查执行情况,布置月检修工作,为生产计划安排提供依据,使月检修管理形成闭环管理。(3)平衡、协调并参与2011年4月大渡口老区主要生产设备年修及各单位的配套检修、5号高炉拆除工程及主要生产设备定修(月修)、单项外委工程和拆除工程等的项目清理、外委工程合同签订(293个)和计划平衡及方案审定、备件材料检查和技术交底及方案预演、"四预"计划、"三项"责任制及施工队伍落实、劳动力平衡、能源介质协调配合和拆除工程现场平衡会等前期准备工作及实施过程管理,为生产提供设备保障。(4)4月15~16日,实施大渡口老区主要生产设备最后1次年修。为保证本次年修的安全、质量和工期,成立以钢铁股份公司总经理为指挥长的"重钢股份公司2011年年修指挥部",负责年修计划、备件、材料供应、资金及施工组织方面的总体平衡和年修期间生产与检修的协调、指导及考核分指挥部的工作。各单位也根据年修的具体情况,成立以厂(处)长为指挥长的年修分指挥部,为年修工作的推进和实施创造保障。本次年修以钢铁股份公司炼钢厂公用设施(125吨行车、沉渣池清理等)为中心,考虑铁水走向炼铁厂4号高炉停24小时,考虑能源介质高线厂全停24小时,同时安排动力厂、烧结厂及型钢棒材轧机等套修。

王毅

**【新区等级设备管理】** (1)建章建制。2011年各单位在上年的基础上,补偿完善B类设备点检定修三大标准的制定,并制定相应的执行记录表卡,在培训的基础上予以实施;建立特种设备及其他专业技术管理实施办法。(2)职工技能培训。各单位结合生产设备实际,重点开展A类设备操作、维修的技术、技能培训,提高操作和维护人员对设备主要操作规程、维护要点、点检技能等方面素质。(3)全员维修体系运行。推进全员生产维修体系。TPM分工和三级点检工作推进和实施,点检定修体系正常运行,保证设备的有效运行和功能发挥。(4)现场设备维护质量。通过2011年各单位对提高设备现场维护质量的重视和提高,做到了清洁文明生产。(5)设备专业技术管理。各单位执行设备技术管理制度和标准以及设备使用规程;液压技术管理、电力专项管理、计量管理、特种设备管理、计算机专业管理、工业建筑管理等方面的技术管理工作全面推进。(6)能源管理。各单位制定新的能源管理办法,建立能源参数台账和网络图,建立能源消耗分析制度。(7)设备电子档案完成构架。

王树堞

**【新区设备检修模式及成效】** 2009年11月,重钢股份公司在长寿新区成立维护检修部,负责设备(机电)维护检修实施、管理及设备维护检修协作计划编制和实施过程管理。长寿新区设备维护检修除特殊情况外委外,主要由维护检修部及协作单位重钢建设公司承担。自2010年1月起,维护检修部相继完成物运、焦化、4100毫米生产线、烧结、炼铁等单位的人员交接和1780毫米生产线维护站的组建工作,开始履行长寿新区设备的动态管理职能。2011年6月1日,完成最后1个主要生产厂(炼钢厂)维护检修人员整合工作。至此,除能控中心外,所有生产厂维护检修人员全部移交维护检修部,重钢长寿新区主流程"维检全集中,检修一体化"工作初步完成。

2011年工作。(1)长寿新区设备系统按"集中与专业化管理相结合,静态管理与动态管理相结合"的设备管理机制规划,初步建立以机动处为钢铁股份公司设备主管部门的静态管理，维护检修部、自动化部和能控中心为钢铁股份公司级动态管理中心，生产厂各设备管理部门为区域级动态管理中心的三级设备管理、二个动态中心。机动处主要通过下达技术经济指标和点检定修及检修业绩评价来管理维护检修部、自动化部、能源中心和二级厂点检等业务（质量），并推进"以维检为动态管理中心"的设备维护检修模式，保产率100%。（2）由机动处牵头组织"TPM"分工，配合各部门完成长寿新区各单位维护界面划分，明确维护检修部、自动化部、能控中心与各生产厂设备管理部门的工作职责，协助各生产、维护部门制定点检定修管理标准，建立设备运行管理信息沟通程序。制定《重钢集团长寿新区设备定修管理制度（试行）》及《重钢长寿新区设备动态管理考核实施细则》，促进设备运行日常管理精细化工作的开展。（3）引进改制企业及专业厂家推进包机运行专业维护检修。从2011年1月1日起重庆冶金机械制造厂在物运部实行皮带机维护情况看，总体情况良好，发挥专业优势和特点，全年未发生安全、环境污染事故，基本达到保产的目的。（4）接收3号高炉、3号烧结及球团生产线，焦化厂3号焦炉及2号干熄焦，物运部翻车机、0号码头、2号混匀取料机及堆取料机等设备。全年维护检修部主要完成：对料场混匀取料机能力不足的改造、炼铁9次更换布料溜槽及2号高炉气密箱的更换，处理中厚板厂4100毫米生产线粗、精轧主电机故障，炼钢3台铸机更换120台机架、90次更换断面，皮带机、干熄焦、化产及检化验等设备维护。全年组织和完成15次联合检修（完成检修项目5626项，检修项目兑现率100%）、1次全区域的年修以及中厚板厂4100毫米作业线的首次中修工作。通过设备维护，长寿新区3座高炉全年设备故障休风87分钟，休风率0.11‰，2座干熄焦炉全年的干熄焦率分别达到96.74%和95.27%，居全国同行列前列。（5）2011年5月24～27日，为保证长寿新区600万吨钢系统的达产达效进行年修。本次年修是长寿新区第1次全线停产检修，以炼铁厂1、2号高炉为中心，涉及生产、维检、能控及技改工程等。此次年修，除因备件和生产安全原因无法实施的项目外，检修项目全部按进度计划完成，共完成检修项目1158项，检修项目兑现率98.36%。实施"1号高炉布料溜槽更换"等8项新增项目。年修实现"安全零事故、质量零缺陷、工期零误差、费用严控制、复产即达效"目标。（6）全年，维护检修部实施设备日常维护检修工作1.5万项，完成2号高炉煤气下降管炸裂、4100毫米生产线精轧下主电机转子损坏、1780毫米轧机1号卷取支撑箱轴承损坏等突发事故抢修工作，全年设备故障停机率5.21‰，较考核指标8.67‰降低40%；物运、焦化、烧结等区域设备实现月故障停机率为零的目标，炼铁设备连续11个月零故障运行。

王毅

**【能源综合利用与管理】** （1）重点工作。①组织钢铁股份公司机动能源系统2011年技术攻关项目。全年发电量10.8亿千瓦时。②完成大渡口老区能源安全、平稳关停。完成钢铁股份公司"三体系"认证中的能源计量、能源管理部分工作。组织完成长寿新区第1次联合检修中燃气、氧气、氮气系统的检修。（2）燃气系统。①组织解决长寿新区转炉煤气回收量低的问题。协调炼铁厂、能控中心、炼钢厂等单位对长寿新区转炉煤气回收利用进行优化，使转炉煤气回收量从吨钢53立方米提至75.75立方米。②完成从200万吨钢生产规模到600万吨钢生产规模以及年修的燃气平衡。③完成大渡口老区关停的燃气平衡、关停方案的制订，并配合生产系统全部关停用能设备。（3）能源统计。组织开展2011年长寿新区能源系统对标挖潜工作。完成每月钢铁股份公司对标挖潜分析和每季度考核指标的制定，为财务提供基础数据。（4）计量。①对钢铁股份公司存在的煤焦计量问题，进行摸底调研，并提出相应的改进措施。②完成型煤生产计量。经过与自动化部、产业公司共同协商及现场查勘，形成有关型煤生产计量的试行办法。经运行情况基本正常。③组织开展长寿新区一、二级计量问题的调研，为正式启动一级财务工作做准备。④完成3号高炉、3号烧结机投产前的仪器仪表检查管理。（5）自发电及氮气、压缩空气系统。①向重庆市经济与信息化委员会申请，并通过长寿新区15台共31.2万千瓦资源综合利用自备发电机组的资源综合利用项目的专家评审及项目核准，向重庆市电力公司申请报送长寿新区发电机组并网资料。②完成长寿新区600万吨钢生产规模以及年修和生产中的氮气、压缩空气等能源介质平衡。③组织烧结补燃装置的可行性论证，协调建设过程中的能源和计量问题。（6）节水。①完成长寿新区降低吨钢水耗的技术攻关，2011年长寿新区吨钢新水消耗为4.54立方米。②完成4100毫米生产线、1780毫米生产线、炼钢厂和能控中心之间循环水的使用，保证生产用水。（7）其他。①组织办理大渡口老区2700毫米生产线停产后的能源移交。②完成大渡口老区中厚板厂关停后能源供应历史遗留问题的清理。③完成与中节能公司2011年供能合同的修改和谈判。④接受国家财政部住渝办事处对钢铁股份公司取水费用缴纳的审计。

付丹

**【新区信息化建设】** 2011年，钢铁股份公司信息化建设围绕三个方面开展。第一优化和完善长寿新区信息化建设一期已建成的信息系统。全年生产管理系统进行6次改版，当期第六版生产管理系统更适应计划管理；能准确反馈销售客户订货信息，实现销售系统远程订货和远程质保书查询、打印的功能；加快热轧薄板厂的生产节奏、提高产量,完成 1780 毫米生产线热装直送的相关支持软件。第二推进一期尚未完成系统的建设工作。随着大渡口老区 2700 毫米生产线的搬迁,完成 2700 毫米生产线 MES 系统的适应性改造建设,并与 4100 毫米生产线 MES 系统进行整合,实现中厚板厂长寿新区两条生产线互通信息、互换补产的功能;完成与各 MES 系统相关的计量系统建设。第三开展大渡口老区搬迁至长寿新区的型钢 MES 系统、高棒线 MES 系统和二炼钢 MES 系统建设,以及与之相关的生产、销售、技术质量、检化验系统的改造和二期信息化配套的网络、平台建设。

董宏

**【特种设备管理】** 2011 年重钢特种设备管理以"安全第一,预防为主"为指导核心,以贯彻落实《特种设备安全监察条例》为重点,落实企业特种设备安全主体责任,通过建立长效机制,落实特种设备"3211"工作。(1)2011 年 9 月 2 日,争取重庆市质监系统到重钢召开重钢环保搬迁指挥部特种设备安全现场办公会,给予重钢特种设备工作支持。(2)组织对大渡口区特种设备的技术鉴定,对特种设备的利旧、处置、报废等工作给予指导。(3)提升特种设备的办证率,并指导剩余特种设备按法规规范要求进行整改;对特种设备定期检验,保证特种设备安全使用。(4)配合政府相关部门工作,按时报送特种设备安全工作有关材料和各类报表;通过强化特种设备安全生产的日常检查,加大特种设备安全生产隐患排查力度,落实应急救援预案等各项措施。

叶祥鹏

**【重钢设备综合管理】** 2011 年,机动能源处按"强化设备对生产和产品质量的保证,促进企业降本增效;做好能源生产、能源配置、能源结构优化和能源调度,促进节能减排和清洁生产"的要求。在长寿新区各子公司中推行点检定修制度,保证长寿新区与钢铁主流程生产联系的各子公司,做好"定修模型",推行设备一体化管理要求,并在不断实践和业绩评价的基础上,进行优化,实现设备定修管理螺旋式上升,设备保持功能和精度,并保证和提高设备的运行率。派出技术人员指导矿业公司大宝坡矿石灰车间、朝阳公司和新港公司等单位设备管理工作,促进各子公司从抓"双基"工作开始,通过落实"五个到位"的设备管理理念,使各子公司提升设备管理水平,经自 2009 年起共两年的推进,在长寿新区基本形成设备管理一体化的运行态势。

肖崇伟

# 技改处

**【概况】** 重庆钢铁股份有限公司技改处(重钢集团技术改造办公室)2011 年牵头负责重钢环保搬迁项目工程建设招标组织及工程管理工作,落实工程建设前期准备和施工许可证的办理(至 2011 年累计完成 178 个),工程投资控制、监督工程实施中的质量、工期管理,协调解决工程实施中的调度平衡及质量保修期间的问题等。2011 年,技改处(工程部)下设计划科、工程科、合同科、综合科、质监科(冶金工业工程质量监督总站重钢监督站)、工程总调度室和土建技术组。2011 年底在岗职工 40 人,其中管理人员 36 人、操作人员 4 人。有高级技术职称 3 人、中级技术职称 15 人、初级技术职称 14 人,其中具有监理工程师执业资格 4 人,中级质量工程师 2 人。全年共完成会议纪要 224 期(其中工程交工纪要 89 期)、请示 148 份、周报 51 期。

张娟

**条目另见部目**

【环保搬迁工程进展情况】:《环保搬迁》

【13 号边坡工程】:《环保搬迁》

【码一西路 1 号挡墙边坡工程】:《环保搬迁》

【厂界围墙建设】:《环保搬迁》

【总图江岸护坡工程】:《环保搬迁》

# 装备处

**【概况】** 重庆钢铁股份有限公司装备处是重钢股份公司的职能管理处室,主要负责生产、维修、技措、技改和管理所需用的设备备件的采购及仓储供应工作,负责重钢长寿新区建设、生产设备备件的采购。2011 年底,在册职工 89 人,在岗职工 86 人,其中管理技术人员 64 人,高级职称 6 人,中级职称 21 人。设有科室 7 个,其中仓储运输科下设 3 个库房、4 个班组。库房总面积 22281 平方米,截至 2011 年 12 月 31 日库存设备备件总量 4360.47 万元。

2011 年,随着钢铁股份公司大渡口老区的逐步关停,装备处大渡口老区人员大部分转移到长寿新区,2011 年 7 月 18 日,装备处对其机构及人员进行调整,设办公室、计划合同管理科、冶炼设备科、轧钢设备科、通用设备科、电气仪表设备科、设备提运管理科 7 个科室。2011 年 9 月,为配合钢铁股份公司刘家坝片区的交地工作,拆除地处原六厂的设备 103 库,将其库存设备转运至 101、102 库,同时对大渡口老区库房的库存设备,按库龄、使用性质、使用厂家等进行分类,为钢铁股份公司对大渡口老区库存设备的资产处置工作做准备。

2011 年,装备处共接收重钢股份公司机动处等部门采购计划 18813 项,签订合同共 3804 份,合同金额 46131.95 万元;比压价金额 1019.99 万元。大渡口老区设备出库量 13834.07 万元,入库量 12496.37 万元;长寿新区设备出、入库量金额

119130.70 万元。利库金额 501.81 万元。

陈海燕

【加强老区设备备件管理实现设备正常关停】 2011 年,重钢长寿新区在实现600 万吨钢生产能力的同时,大渡口老区要在投入少或基本不投入的情况下实现稳定生产,并按计划实现按期关停,以保证钢铁股份公司整体效益的实现。重钢是百年老厂,大渡口老区大部分设备老化且超负荷运行。2011 年,因大渡口老区关停时间多次延后,给其设备备件的准备和供应工作带来难度,全年急件数量大量增加。为实现 2011 年大渡口老区生产顺行和按计划安全、平稳关停目标,装备处细化工作,一是抓计划执行率和合同兑现率,全年实现计划执行率 99.6%,合同兑现率 99.2%;二是在有限的投入下,精心组织采购,大量消化库存;三是按生产单位使用要求组织急件供应,2011 年重钢大渡口老区共签订备件合同 1102 个,金额 19456.8 万元,其中签订急件合同 29 个,金额 229.5 万元,满足了大渡口老区生产和检修对备件的需求,为大渡口老区生产的稳定顺行和安全关停提供了保证。

黄文权

【新区冶炼区域备件满足生产需求】

炼钢、炼铁是钢铁企业生产流程中的主要环节,保证冶炼区域设备的正常运行,备件保证是必不可少的基本条件。因多方面的原因,重钢长寿新区冶炼区域内设备备件的部分图纸资料差缺,相关人员对设备的熟悉程度及备件的使用寿命也在逐步了解之中,随着长寿新区产能的提升,其对备件的需求量也在不断增加。2011 年,为减少备件供应对长寿新区炼钢、炼铁生产和检修的影响,保证备件需求,全年装备处一是加强该区域备件计划管理和合同兑现管理,关注时间节点,跟踪制造进度,加强协调,使该区域全年备件计划执行率达到 96.22%,合同兑现率达到 94.12%。二是和使用单位协调沟通,定期召开备件专题会(先期每周 1 次,后期每月 1 次),协调解决存在的问题,反馈备件信息,查找遗漏计划并及时补充。三是对无图纸资料或资料不全的备件计划,寻找厂家现场测绘后按程序采购;对于主机厂家既无资质又无图纸资料的备件,采取寻找厂家代购,再进行测绘和采购的办法解决。2011 年,通过以上办法和措施,为该区域正常生产提供了设备保证。全年因备件差缺影响生产和检修的次数为零。

黄文权

【强化服务职能保证生产顺行】

2011 年是重钢“十二五”规划的开局之年,装备处轧钢设备科以长寿新区达产达效为重点,以精细化管理为手段,以降低采购成本为核心,以保产保供为目标,强化服务职能,完成全年生产保供的工作目标。一是建立同二级单位的定期和不定期联系制度,每月对计划、合同的执行情况进行梳理,通报各相关单位,让各二级单位动态掌握设备备件的准确信息。二是建立应急预案,做好抢修急件及生产急件记录。加强抢修急件及生产急件计划执行和合同履行过程的监控,实行节点管理,明确节点目标,实行动态监控、全程跟踪,发现问题及时预警,采取对策,避免合同执行失控。2011 年抢修急件及生产急件计划执行率 100%。三是加强协调,主动服务。利用掌握的市场信息和供应商资源优势,发挥供应商技术优势,在设备出现故障时,配合协调,协助各二级单位解决设备维修中的技术难题,想办法联系有关专家到现场,查找故障原因,缩短检修时间,保证生产顺行。四是针对钢铁股份公司进口液压件品牌多,且各厂技术力量相对薄弱的问题,组织技术实力较强的“德瑞”和“润发”,每周进行现场服务,并制订应急预案,保证生产顺行。

刘洪兵

【设备采购管理文件修订】 2011 年,为适应长寿新区一级管理的要求,装备处对设备备件采购涉及的 7 个管理办法进行全面修订,以规范其从计划到订货的全过程管理,办法的修订是按公开、公平、公正的原则,有利于钢铁股份公司利益的原则及有效监督和制约的原则进行,该 7 个涉及设备采购管理文件分别是《订货管理办法》《招投标管理办法》《备件订货质量管理办法》《合同管理办法》《招投标管理办法实施细则》《计算机编码管理办法》《特种设备订货管理办法》。

章斯岳

# 品质部<br>(质管处)

【概况】 重庆钢铁股份有限公司品质部是归口管理质量管理工作的职能部门,主要负责产品及中间过程物料的质量管理、监督、检验及质量异议的处理。2011 年末,品质部在岗职工 480 人、其中管理人员 69 人,拥有高级技术职称 10 人,中级技术职称 39 人。下设综合办、设备信息科、焦铁原料科、产品质量科、质量管理科、生产技术科、原辅料综合分析作业区、铁烧钢分析作业区、加工物理检验作业区、原料检验作业区、炼铁检验作业区、炼钢检验作业区、轧钢检验作业区、煤焦检验作业区、型材检验作业区 15 个科级部门和督察、计算机信息化、原料抽查 3 个工作组。

2011 年,品质部(质管处)克服新老区两线作战、产能扩大、人员紧张、管理幅度和难度大的困难,坚持“系统考虑,统筹兼顾,预防为主,落实措施,提升质量,支撑产销”的工作思路,以扩大质量认证认可为主线,强化全过程质量监督、控制和管理,优化检验方式,开展质量攻关,防止系统波动,实现了“老区产品实物质量基本稳定和新区质量稳定提升”的总体目标。

2011 年,纳入钢铁股份公司考核

的大渡口老区26项质量指标，完成目标值100%。

唐佳

**条目另见部目**

【产品质量认证】:《生产经营》

【保优创牌】:《生产经营》

**【质量管理】** 2011年，重钢质量工作以扩大质量认证认可为主线，强化全过程质量监督、控制和管理工作，开展质量攻关，防止系统波动，保证大渡口老区产品实物质量的基本稳定和长寿新区质量稳定提升。2011年纳入大渡口老区质量目标考核和监控的质量指标为24项，实际质量目标指标20项，至2011年9月累计达到目标的19项，目标完成率95.00%，保证了大渡口老区实物质量的稳定。纳入长寿新区质量考核和监控的质量目标41项，实际质量目标指标31项，累计达到计划的28项，计划完成率90.32%；达到目标的26项，目标完成率83.87%，长寿新区质量指标逐渐趋于正常，实现逐月改善和提升的总体质量目标。

吴庆

**【原料质量验收工作】** (1)原辅料入厂质量验收。2011年重钢大渡口老区完成原辅料入厂检验总量494.41万吨，原辅料品种共46个。长寿新区完成原辅料入厂检验总量1112.85万吨，原辅料品种共47个。(2)推进原辅料入厂检验“四化”(取样机械化、分析仪器化、信息传递网络化，监控视频化)。先后投入火车机械取样，汽车机械取样，同时对上年投入的皮带机械取样进行改造，2011年长寿新区入厂国内矿石实现机取率100%，煤实现机取率97.6%。(3)按原辅料入厂检验部“四化”要求，原辅料化验分析室配置X荧光光谱仪、ICP、原子吸收光谱仪、红外线碳硫分析仪、煤工业分析仪、全自动定硫仪、气相色谱仪等仪器，用于铁矿石、煤、合金、辅料、油脂及煤气等的检验分析，检验分析基本实现仪器化，保证检验分析的准确和及时。(4)原料入厂把关。2011年克服长寿新区料场(仓)不足、检验批次多和受市场影响原料来料质量波动大的影响，加强管理人员现场跟踪和抽查，对重点岗位加强检查，对重点设备定期进行点检定修和设备使用的优化改进，先后对长寿新区汽车取样机、火车取样机及A9皮带取样机下料槽、给料皮带、破碎机等进行改造和优化，对长寿新区火车夏天取样水分流失进行改进处理，同时开展火车机械煤精密度测试，积累数据，保证设备的正常运行和入厂检验取样的代表性和公正性，2011年质量异议处理量较上年下降16.23%。

易晓敏

**【钢铁股份公司“三体系”的建立与运行】** 2011年，重庆钢铁股份有限公司长寿新区按照GB/T19001:2008《质量管理体系要求》、GB/T24001:2004《环境管理体系要求和实用指南》；GB/T28001:2001《职业健康安全管理体系规范》建立整合的质量、环境、职业健康安全管理体系。经策划、培训、摸底、文件编制、规范、检查、改进等活动，确定产品及过程活动范围，并对危险源及环境因素进行识别、评价和控制。完成《重钢股份公司质量、环境及职业健康安全管理体系手册》制定及46个程序文件。通过内审和管理评审，认为该体系建立符合相关标准和法律法规要求，运行有效。

2011年12月20～23日，中国船级社质量、职业健康安全审核组一行6人对钢铁股份公司质量、职业健康安全管理体系进行认证审核，重钢股份公司一次性通过质量、职业健康安全管理体系审核。

汪金全

**【质量异议】** 2011年，用户向钢铁股份公司提出索赔性质量异议共303件，赔偿金额2409630.98元。2011年钢铁股份公司用户满意度得分为92.66分，与上年基本持平。

陈锐

**【新区检测中心通过国家实验室认可】** 2011年，钢铁股份公司品质部按照认可准则进行长寿新区实验室管理体系的建立和完善。全年完成管理手册和程序文件修订；对管理技术人员、内部审核人员、检测人员进行适应性培训；对申请认可的检测方法进行确认和评定，从5个类别、37个检测项目，扩大到13个类别、94个检测项目；制订并实施检测比对计划；修订和补充完善设备规程，计量器具定期校检。经6个月的试运行，并通过对检测中心管理体系的内部审核和管理评审，认为检测中心管理体系符合CNAS/CL－01:2006《检测和校准实验室认可准则》及相关标准和法律法规要求，运行有效，可提交国家合格评定委员会实验室认可委审核。

2011年10月29～30日，由国家合格评定委员会实验室认可委派4名专家，对检测中心进行“扩大项目＋复评审”的现场检查，评审组分4个小组进行管理体系、物力检测、化工产品分析和化验分析几个方面的现场检查，包括现场观察、现场提问、检测过程抽查、授权签字人考核等方面评审。将于2012年获“中国合格评定委员会实验室认可证书”。

汪金全

**【新区产品标准制(修)订】** (1)内控技术标准修订。一是根据长寿新区生产工艺逐步正常、产品认证、技术质量攻关效果、产品开发和质量保证需要，优化长寿新区一钢多级牌号，制修订完善内控标准和过程判定条款，2011年共完成115个(次)内控标准的制修订工作，并对标准执行后的情况进行跟踪分析，支持钢铁股份公司生产。二是完成长寿新区2700毫米生产线一钢多级的设置及内控标准的制定。三是修订《St系列冷轧低碳薄钢带》和《冷轧低碳薄钢带》等2个企业标准，并报重庆市质监局备案。(2)参加国家标准的制(修)订。一是完成《热轧球扁钢》和《船用锚链圆钢》两项国家标准的编制工作，新国标规格只保留代表球扁钢发展方向的欧标系列规格，对国内球扁钢的生产和船舶工业的技术进步具有重要意义，通过标准的修订，在标准中体现重钢的技术优势，宣传重钢产品质量。二是根据重钢的装备情况对《热轧带肋钢筋》等5个标准向编制单位提出修改意见，在标准中反映重钢的意见。

杜大松

## 销售处

【概况】 重庆钢铁股份有限公司销售处是负责重钢钢铁及副产品销售、废旧物资处理的职能部门。2011年销售处设订货科、钢铁副产品订货科、合同科、分公司管理科、市场信息科、客户服务中心、综合科7个科室及广东销售公司、江苏销售分公司、上海销售分公司、武汉销售分公司、厦门销售分公司、云贵销售分公司、西安销售分公司、四川销售分公司和重庆销售分公司等9个销售分公司。2011年底，在册职工162人，在岗职工151人(其中管理技术人员99人；中级技术职称32人，高级技术职称13人)，在岗中共党员102人，占在岗职工总人数67.55%。2011年实现钢材、钢坯销售557.95万吨，平均售价4208元/吨(不含税)，货款回笼率98.03%。

陈义茂

**条目另见部目**

【品种结构调整】:《生产经营》

【顺应市场抓热卷销售】:《生产经营》

【质量异议处理】:《生产经营》

【战略客户维系】 2011年，重钢2700毫米中板生产线和型材、棒材生产线搬迁长寿新区，对重钢销售工作形成实质性的冲击，维系客户特别是战略客户是销售处的重点工作。销售处一是在2700毫米中板生产线和型材、棒材生产线停产前做好工作预案，尽可能地为核心战略客户轧制一部分产品，避免核心战略客户订不到重钢产品而被迫转向其他钢厂寻求资源；二是加强技术攻关，让4100毫米宽厚板生产线更多地顶替2700毫米中板生产线。4100毫米宽厚板生产线是重钢长寿新区新建生产线，客户接受有一个过程。销售处加强与生产系统、技术质量系统、产品研究系统和物流运输系统的沟通与协调，研究和解决4100毫米宽厚板生产线的产品保障能力，尤其是品种开发、产品质量、交货发运等用户关心的问题，努力保证对核心战略客户的供货。三是在2011年下半年销售形势严峻的情况下，走访全国各地新老客户；重钢集团领导、钢铁股份公司领导也分别赴江苏、广东、上海等地走访客户，维持战略合作关系。四是利用重钢120周年厂庆活动，邀请97位客户嘉宾参观长寿新区1780毫米热轧板带、4100毫米宽厚板生产线等，巩固双方的战略合作关系。2011年重钢没有丢掉1家中厚板重要客户，全年续签战略协议3家，新签战略协议3家。2011年，重钢以208万吨的船用钢年产量继续居全国同行业第2位。

陈义茂

【营销管理创新】 (1)加强销售工作的计划性。通过制定年度计划、月度计划及每周销售处与生产指挥中心、中厚板厂、热轧薄板厂等单位、部门的商议制度，处理包括用户反应强烈的交货期等问题，使每个合同的排产数量、规格标准、质量标准、交货时间、发运方式、到站地址等内容落到实处，提高合同兑现率。(2)调整分公司机构。2011年上半年，重钢根据北京销售分公司销售任务完成情况及所处地区竞争态势优劣分析，撤消北京销售分公司。下半年撤销优钢销售公司，其人员、财务、资产和业务全部划归重庆销售分公司。经调整重钢销售分公司由2011年初的11个减为9个。(3)实施厂、商、银销售模式。2011年，销售处与重庆银行、深圳发展银行等银行和四川金衡冶金物资有限公司、重庆永业钢铁集团有限公司等商家协商，达成1780毫米热卷实施厂、商、银购销模式，拓展销售渠道，进一步保证资产安全。(4)废旧物资竞价销售。2011年，成立重庆钢铁股份有限公司废旧物资销售管理委员会，制定废旧物资竞价销售方式及管理办法，即对什么样的废旧物资采用竞价销售，如何设标、开标，以及竞价结果如果出现两个或两个以上相同价格时如何处理等作明确规定，最大限度地为重钢创造收益。

陈义茂

## 原材料处

【概况】 重庆钢铁股份有限公司原材料处是主要负责重钢股份公司原燃材料的采购、存储和供应的职能处室。2011年，采购铁矿石790万吨、煤炭452万吨、生铁23万吨、合金10.5万吨、废钢37.58万吨、耐材辅料280万吨、金属化建类材料3.74亿元。全年采购资金支出264亿元。

截至2011年底，原材料处下设3个职能科室(办公室、管理科和调度运输科)和6个专业科室(矿石科、煤焦科、合金耐火科、废钢科、金属科和化建科)共9个科室。在岗职工115人(其中处级管理人员4人、科级管理人员13人、一般管理人员71人、操作人员44人)，待岗14人(其中管理人员6人、操作人员8人)，居家休息11人。在岗职工中大学本科以上学历44人，占38.26%；中级职称以上人员18人，占25.35%。原材料处党委下设机关党支部、计划采购第一党支部和计划采购第二党支部等3个党支部，有在岗党员78人。原材料处工会对应成立3个分工会。按重钢股份公司统一安排，原材料处机关及专业科室2011年继续在大渡口区钢城大厦办公，所属一线料场接收人员下驻长寿新区火车站、码头和汽车计量站等各生产现场。

陈应明

**条目另见部目**

【老区物资处置】:《环保搬迁》

**【机构整合与人力资源结构优化】** 2011年,重钢大渡口老区钢铁业关停,原材料处按照钢铁股份公司人力资源处的统一安排和部署,在上年度的基础上,实施机构整合和人力资源结构优化工作。一方面继续精简业务流程、压缩组织机构、整合岗位职责,推进大渡口老区库站料场的关停和富余人员的转岗分流安置工作;另一方面理清与长寿新区其他相关单位的管理界面和职能职责,转移部分管理职能,按照精练高效的原则,组建长寿新区生产指挥运行机构,明确岗位职责,确定岗位定员。

2011年,原材料处全面关停大渡口老区其材料仓管科所属的二库、六库和七库,原料供应科所属的耐火合金库、葛老溪煤料场、生铁料场和联调点,以及调度运输科所属的生产调度室和火车站。撤销安全保卫科、原料供应科、材料仓管科、机动科和废钢加工供应科等5个科,其中安全保卫科职能并入原材料处办公室,废钢加工供应科职能并入废钢科(原废钢采购科)。其他供应职能并入相应的专业科室。全年原材料处科级管理人员交流4人,一般管理人员交流6人,转岗安置20人。办理"30、5年"提前退休57人,内退6人。截至2011年末,原材料处在岗职工115人,较年初减少42.5%,完成钢铁股份公司下达的定岗定员计划。

陈应明

**【原材料采购内部控制手册制定】** 2011年,为完善钢铁股份公司治理结构,提高企业经营管理效率,防范风险,有效监管,达到2011年国家对上市公司企业内部控制强制性合规的要求,钢铁股份公司启动内部控制手册的编制工作,原材料处负责编制其中原材料采购流程控制手册。2011年经咨询机构培训后,按照内控手册的编制要求对采购管理制度、流程和程序进行梳理,达到描述采购关键控制点和以流程形式直观表达原材料采购业务全过程的要求。2011年12月底,完成原材料采购内控程序手册的制定,包括采购计划管理、招投标管理、合同管理、供应商管理、采购结算管理、资金支付管理等方面的内容。

刘锦

**【新供应商准入及试供管理办法制定】** 2011年,为保证原材料的有效供应、维护钢铁股份公司和供应商双方权益以及引入和完善竞争机制,制定原材料处新供应商准入及试供管理规定。该办法规定了招标采购、询价、竞价等方式下新供应商准入的方式、基本条件、特殊条件和须提供的相关资料以及每一次引进新供应商的数量和准入后的供应量。在新供应商准入后须进入试供期(3个月),新供应商按规定的数量、价格签订试供合同并交纳合同保证金。试供期结束后,经评价合格的供应商转到考察期(3个月)进行供应。在试供期和考察期结束后须分别对其价格、质量、供应量、履约能力、供应过程中出现的问题、沟通合作情况等进行管理和评价,确定其能否从试供期进入考察期或是延长试供期和考察期,最终成为正式供应商或是淘汰,达到引进优秀、稳定的供应商的目的。

张晴

## 总工程师室

**【概况】** 重庆钢铁股份有限公司总工程师室是重庆钢铁股份有限公司为提升其工艺技术管理水平,于2011年11月经重庆钢铁股份有限公司第五届董事会第九十六次书面议案决定(钢股经办发〔2011〕331号文件)而成立的管理部门。2011年设有5位专业副总工程师(涵盖机动能源、焦化环保、炼铁烧结、炼钢连铸及轧钢等专业)及科技管理科、标准科等2个职能科室。其中专业副总工程师主要承担钢铁股份公司产品开发、结构调整、工艺技术的牵头工作,为分管专业的主要决策者;科技管理科、标准科主要承担产品标准、科技管理等具体工作,具体负责组织钢铁股份公司内控技术标准(含备案技术标准)的制定、修改、审定、颁布,承担上级标准化管理部门委托的国家标准和行业标准的编制工作,参与相关国家标准和行业标准的审定,负责科技类攻关项目的征集、推荐及钢铁股份公司科技成果、知识产权管理等工作。

截至2012年1底,钢铁股份公司总师室在岗职工15人,均为管理人员。其中拥有高级技术职称6人,中级技术职称5人。

杨炯

## 钢铁研究所

**【概况】** 重庆钢铁股份有限公司钢铁研究所位于重庆市大渡口区基建村27号,是重庆钢铁(集团)有限责任公司技术中心的主体,也是重庆钢铁股份有限公司产品开发试制与科研管理的主要机构。主要职责是负责重钢股份公司中长期技术进步和技术创新发展规划、产品结构调整方案、工艺技术标准的起草,新产品、新技术、新工艺的开发研究和试制;科技项目、科技成果、技术革新、合理化建议及工艺技术规程、技术经济指标、冶金规范的管理;负责工艺技术攻关和工艺技术事故的处理;负责物理、化学、耐火材料的检验分析、仲裁及重庆市钢铁产品质量的监督检验等工作。

2011年末,钢铁研究所有处级管理人员4人,科级管理人员17人,设党政合一办公室、管理科、工艺研究

室、产品开发室、焦铁工艺室、对标研究室、金相检测室、备品备件室、耐火材料室、物理检测室、化学分析室、情报调研室、冶金标样室、钢铁产品监督站、中试车间。在册职工人147人,其中科技管理人员113人,正高级职称1人,副高级职称41人、工程师37人;操作人员34人、高级技师1人、技师3人。固定资产原值2231.98万元,净值1357.09万元。厂房和办公楼9幢,总面积12366.85平方米(含围墙),机器设备162台(套),2011年新增固定资产投入6.41万元。

2011年,钢铁研究所按照"科技创新、产品求精、严谨治学、勤奋敬业"的治所方针,推进各项工作的开展。全年完成新产品及特殊要求产品53.07万吨,创产值23.54亿元,超额完成产品开发年目标任务。

2011年主要工作:(1)产品开发试制。开发试制5个新产品:高强桥梁钢板、厚规格船板和汽车旋压轮辐用钢带、热轧硅钢用钢带、SPHC(攀)低碳钢带。(2)工艺技术攻关。制订钢铁股份公司生产技术质量类攻关项目22项,其中18项完成攻关目标,4项按进度计划实施中。(3)对标挖潜及"三新"技术。①主要技术经济指标的完成情况。大渡口老区2011年1~9月,在可比的45项技术经济指标55个指标中,破历史水平25项,指标刷新率45.45%;比上年有明显改善的有29项,指标改善率52.73%。长寿新区在可比的36项主要技术经济指标中,1项指标达到国内先进水平(焦炭干熄焦率),11项指标达到与国内平均水平。在可比的35项指标中,比上年有明显改善的有27项,指标改善率77.14%。②"三新"技术的实施情况。2011年共引进并试验18项三新项目(其中:炼钢16项、炼铁2项),总结评审前期试验的项目37项,其中炼钢33项、炼铁4项。(4)科技管理。组织《转炉干法除尘工艺研究应用》《干湿真空系统应用于RH技术》2项成果申报重庆市2010年科技进步奖评选并通过重庆市科委组织的专家鉴定验收。全年申请立项科技项目7项,通过论证发文实施4项。共进行30项结转科技项目的实施。青知项目立项实施35项。全年实施承担主研项目:重钢集团攻关项目8项、青知项目6项、QC项目33项(其中炼钢科QC小组参加"冶金行业系统优秀QC小组"评选获优秀小组称号)、所级项目10项、合理化建议10条。(5)基础管理。完成钢铁产品物理性能检测6849件,化学分析8907件、耐火材料检测685批(次);完成78批(次)的产品质量分析。2011年9月,根据钢铁股份公司整体搬迁的需要,钢铁研究所"泥料"生产基地和中试车间全部关停,并进行资产清理和处置。

刘家林

**条目另见部目**

【重钢股份公司新产品开发试制】:《科学研究与应用》

**【技术攻关】** 2011年,重钢股份公司为解决长寿新区工序间薄弱环节,在3号烧结和3号高炉投产前后针对炉料结构优化、降低炼钢连铸机漏钢、铁-钢-轧一体化生产、提高连铸坯热送热装比、船板执行新国标及长寿新区产品和工厂认证、提高技术经济指标等问题,共制订22个攻关项目,其中上半年制订10项技术质量攻关项目,下半年根据钢铁股份公司生产实际在焦化工序成立"稳定焦炭质量攻关"、烧结工序成立"球团工序达产达效攻关和降低膨润土消耗攻关"、炼铁工序成立"3座高炉生产频繁休风情况下,确保高炉稳定生产"、炼钢工序成立"连铸机达产达效攻关、倒角结晶器试验、精炼工艺路线的优化攻关"、轧钢工序成立"2700毫米生产线生产薄规格的产品攻关"和环保方面的攻关项目共12项。全年攻关指标完成攻关目标的39项,攻关指标目标完成率76.47%。工艺技术攻关项目15个共37个考核指标,攻关指标目标完成率81.08%。主要攻关项目:(1)3号高炉投产,原料平衡、稳定生产攻关。通过长寿新区高炉配料计算,合理搭配原料,按需采购及按需生产,基本满足3号高炉投产后长寿新区高炉的原料平衡。(2)优化炼钢、轧钢工艺,降低钢板拉力断口异常比例攻关。通过加强炼钢用原辅材料、合金的质量管理,优化保护浇注工艺,减少钢水二次氧化及吸气,保证钢水洁净度,提高铁水脱硫效率,保证低硫铁水进转炉,实现低硫出钢等攻关措施,钢板拉力断口异常复试合格率2011年6月累计达到99.57%,完成攻关目标。(3)减少热连轧钢卷横折缺陷攻关,通过控轧工艺调整消除屈服平台、优化压下制度和提高温度命中率、优化化学成分解决横折缺陷等工作,2011年6月钢卷开卷后"横折"发生率为零,完成攻关目标。(4)长寿新区炼钢板坯连铸机在线快速更换中包攻关。通过拟订快速更换中包的操作程序,确定换包操作的前提条件及试验方案,对设备改造、优化,缩短换包设备运行时间,采取措施确保铸坯质量等工作,在长寿新区连铸机上实现快速换包正常操作工艺,但因钢铁股份公司订货合同的原因,品种多,快速更换中包的钢种需要在同一类钢种、同一个断面上连浇,满足不了一直连浇60炉的需要。(5)提高高炉烟煤配比攻关。通过解决烟煤配比提高后烟煤用量增大所面临的周转问题,保证系统的氧含量控制在规定的参数范围内,保证系统安全生产,稳定高压氮压力,降低氮气管网的波动,从而稳定喷吹量,烟煤配比由35%提高至50%,完成攻关目标。(6)降低长寿新区球团膨润土消耗攻关。根据高炉用料量,优化生产组织方式,进行高压辊磨操作摸索、稳定高压辊磨运行,提高造球原料成球性,根据原料状况,摸索适宜膨润土用量,2011年12月膨润土消耗达到28千克/吨,完成攻关目标。(7)200万吨链篦机－回转窑球团达产达效攻关。根据不同生产方式,摸索适宜链篦机－回转窑球团热工制度,控制三大主机各段热气流循环,平衡热工参数,稳定焙烧效果,根据高炉用量确定合适的生产水平,长寿新区球团矿生产满足高炉自产球用料需求,完成攻关目标。(8)焦化煤气脱硫、化产回收攻关。通过工艺改造,改进补碱系统,使各系统碱量均匀,保证脱硫效果的稳定,加强工艺管理与操作,稳定初冷器温度和阻力,保证系统的除焦油和除萘效果等工作,各项指标逐月改善,煤气中硫化氢、粗笨回收率均完成攻关目标,未出现环保污染事故,未因硫化氰异常波动影响钢铁股份公司生产。(9)高炉频繁休风情况下保证高炉稳定生产攻关。通过搞好定温调煤工作,将风温用到上限,3座高炉炉温控制在0.4%~0.6%,逐步调整装料制度,提高煤气利用等工作,基本保证高炉在频繁休风情况下的稳定生产。(10)提高喷煤比降低综合焦比攻关。通过快速调试1号高炉、3号高炉共用一套喷吹系统为提高喷煤比创造条件,根据布料溜槽实际角度与PLC和廖氏码盘的角度差,制定相宜的装料制度,适当抑制边缘煤气流,提高煤气利用,在保证高炉顺行的情况下,逐步提高喷煤比,降低综合焦比等攻关措施,综合焦比及2号高炉喷煤比完成攻关计划,1号高炉、3号高炉喷煤比达到123千克/吨,完成攻关目标。(11)2700毫米中板线6~8毫米薄规格钢板轧成率攻关。通过强化6~8毫米薄规格钢板轧制生产计划管理,优化薄规格钢板轧制节奏和工艺,加强对压下手操作技能的培训和指导,提高压下手对薄规格钢板板形的控制水平,减少轧制废品,提高薄规格钢板轧成率。2011年12月6~8毫米薄钢板轧成率达到93.21%,完成攻关计划。(12)长寿新区炼钢厂铸机达产达效攻关。通过动态轻压下优化,提高铸坯内部质量,对保护渣、中包下水口、漏钢预报参数进行跟踪优化,进行倒角结晶器生产试验等,1号、2号和3号铸机轧机断料率均为零,铸坯综合合格率达到99.61%,完成攻关目标。(13)炼钢生产品种满足不同轧线工艺路线优化攻关。针对BDQ201(300×2000毫米)、CDQ203(250×2000毫米、200×2200毫米)、CDQ209(200×2200毫米)3个钢种,进行CAS工艺试验,优化BDQ201、CDQ203、CDQ209等3个钢种CAS精炼工艺路线的脱氧合金化工艺及顶渣改质工艺,确定3个钢种采用CAS精炼工艺路线的前提条件,并调整3个钢种冶炼终点及成品成分判定要求,加强RH真空精炼炉设备检修,保证检修质量,同时强化日常点检工作,保证RH正常运行,提高RH作业率。2011年12月,CAS处理比和RH作业率分别达到50.49%和63.53%,BDQ201、CDQ203具备CAS直走能力,全部完成攻关目标。(14)炼钢非稳态下防铸坯黏结攻关。通过根据不同铸机,分钢种、断面对结晶器保护渣进行优化,提高换水口炉次的钢水温度,优化换水口操作,并结合新装备特点制定新的换水口操作要点,确认黏结铸坯实际状况,掌握漏钢预报系统实际运行情况,并根据参数的运行情况对2号机大断面AFT702钢种设定参数以作对比等措施,报警次数、准确率和粘结漏钢次数全部完成攻关目标。(15)稳定焦炭质量攻关。控制来煤数量和质量均衡稳定,加强对单种煤进仓操作的管理,并制定单仓煤质量波动考核管理办法,避免单种煤错装,优化配煤方案等措施,焦炭灰分、焦炭硫分、焦炭M10和焦炭M40分别完成13.8%、0.99%、6.8%和87.0%,完成攻关目标。

卿泽洲

**2011年重钢股份公司“对标挖潜”情况表**

| 指标 | | 单位 | 行业水平 | | 对标企业 | | 历史水平 | 当年对标目标 | 当年完成 |
|---|---|---|---|---|---|---|---|---|---|
| | | | 先进 | 平均 | 名称 | 指标 | | | |
| 混匀矿 | 吨铁±0.5稳定率 | % | / | / | / | / | 67.6 | 96 | 90.48 |
| | 二氧化硅±0.3稳定率 | | / | / | / | / | 88.35 | 96 | 90.48 |
| 冶金焦率 | | % | 95.774 | 91.851 | 唐钢 | 90.927 | 86.93 | 93 | 91.77 |
| M40 | | % | 89.139 | 83.56 | 唐钢 | 86.357 | 87.1 | 86 | 86.98 |
| 干熄焦率 | | % | 97.82 | 83.6 | 唐钢 | / | 87.78 | 97 | 96.83 |
| 烧结固体燃料消耗(实物) | | 千克/吨 | 42.886 | 53.272 | 唐钢 | 54.132 | 54.45 | 45 | 47 |

续表

| 指标 | | 单位 | 行业水平 | | 对标企业 | | 历史水平 | 当年对标目标 | 当年完成 |
|---|---|---|---|---|---|---|---|---|---|
| | | | 先进 | 平均 | 名称 | 指标 | | | |
| 烧结转鼓指数 | | % | 80.779 | 78.746 | 唐钢 | 79.778 | 78.24 | / | 79.92 |
| 高炉槽下返矿率 | | % | 5.97 | 12.447 | 唐钢 | 5.97 | 14.31 | 11 | 10.11 |
| 综合焦比 | 综合 | 千克/吨·铁 | 458.385 | 508.27 | 湘钢 | 500.397 | 532.60 | 520 | 530.13 |
| | 1号高炉 | | | | | | | / | 520.171 |
| | 2号高炉 | | | | | | | / | 521.996 |
| | 3号高炉 | | | | | | | / | 603.85 |
| 喷煤比 | 综合 | 千克/吨·铁 | 174.981 | 140.965 | 湘钢 | 172.021 | 72.75 | 115 | 130.93 |
| | 1号高炉 | | | | | | | / | 133.12 |
| | 2号高炉 | | | | | | | / | 139.92 |
| | 3号高炉 | | | | | | | / | 85.54 |
| 利用系数 | 综合 | 吨/立方米·日 | 2.82 | 2.315 | 湘钢 | 2.269 | 1.797 | / | 2.027 |
| | 1号高炉 | | | | | | | / | 2.075 |
| | 2号高炉 | | | | | | | / | 2.058 |
| | 3号高炉 | | | | | | | / | 1.754 |
| 钢铁料投入消耗 | | 千克/吨 | 1061.201 | 1082.048 | 新余 | 1101.919 | 1097.889 | 1083 | 1083.397 |
| 4100毫米宽厚板 | 综合成材率 | % | 94.226 | 90.928 | 湘钢 | 89.85 | / | / | 88.43 |
| | 专用板 | | / | / | / | / | / | 88.20 | 88.09 |
| | 普板 | | / | / | / | / | / | 90.5 | 90.28 |
| 2700毫米中厚板 | 综合成材率 | % | 95.77 | 91.575 | 南钢 | 90.27 | / | / | 87.0 |
| | 专用板 | | / | / | / | / | / | 88.0 | 86.79 |
| | 普板 | | / | / | / | / | / | 90.0 | 88.69 |
| 热轧板卷成材率 | | % | 98.28 | 97.448 | 唐钢 | 97.80 | 95.94 | 97.0 | 97.03 |
| 冷轧板综合成材率 | | % | 96.78 | 93.56 | 济钢 | 94.76 | 92.28 | 92.0 | 92.44 |
| FD级以上产品成材率 | | % | / | / | / | / | 88.20 | 88.5 | 88.90 |

备注：国内同行业先进水平和平均水平的统计口径是按长寿新区各工序的设备机型统计。

游红

**【2011年重钢股份公司主要技术经济指标运行情况】** 2011年，钢铁股份公司在大渡口老区关停、长寿新区600万吨钢产能建成的情况下，遵循“老区生产稳定顺行、新区生产达产达效”的原则，通过加强工艺管理和设备维护，针对薄弱环节开展技术攻关，使主要技术经济指标得到改善。在大渡口老区受监控的50项主要技术经济指标中，全年达到历史水平的有17项、占受监控指标34.00%，好于上年水平的有29项、指标改善率58.00%；在与行业可比的34项主要技术经济指标中，达到或超过上年行业平均水平的有14项，占可比指标数41.18%；迈入行业先进水平的有1项，即焦化工序的冶金焦率，占可比指标数2.94%。在长寿新区受控的45项主要技术经济指标中，全年与历史和上年水平可比的指标有33项，在可比的33项指标中，达历史水平的有24项、占可比历史指标数72.73%，好于上年水平的有24项、改善率为72.73%，在与行业可比的14项指标中，达到行业平均水平的有1项，即烧结转鼓指数，占可比指标数7.14%。

1.焦化。2011年焦化厂在来煤质量不稳定的情况下，通过继续强化工艺管理，优化配煤工艺、稳定焦炭质量等技术攻关，提高配煤准确率和焦炭质量、减少工艺事故和设备故障，从而保证了大渡口老区2011年9月前生产的正常运行及长寿新区焦炉达产达效。全年大渡口老区生产冶金焦69.13万吨，冶金焦率98.67%、步入行业先进水平行列。长寿新区冶金焦196.28万吨，冶金焦率91.77%、达到历史水平。

2.烧结与球团。在新、老区混匀矿全铁达到62.13%和61.60%的情况下，通过强化烧结与球团设备维护和加强烧结原料混匀管理、原料粒度和水分控制、执行配矿方案，实施

“精、细、化”管理标准，开展长寿新区烧结生产保产、提质、降低固体燃料消耗和高炉槽下返矿技术攻关等，使烧结和球团设备处于良性生产过程中。2011 年 1 ~9 月大渡口老区累计生产烧结矿 218.23 万吨、球团矿 41.05 万吨，烧结利用系数实现 1.310 吨/平方米·时、球团利用系数达到 6.436 吨/平方米·时，均达到上年行业平均水平以上。长寿新区全年生产烧结矿 651.52 万吨、球团矿 70.61 万吨，烧结利用系数实现 1.204 吨/平方米·时，达到上年水平，球团链篦机利用系数达到 15.158 吨/平方米·时。

3. 炼铁。在大渡口老区设备老化、长寿新区高炉达产达效任务重的情况下，针对新、老区各高炉具体情况，开展以提高喷煤比、降低综合焦比等系列保铁攻关，通过严格高炉各项规章制度、统一炉内操作，并针对性地加强高炉设备巡、点检等，保证了大渡口老区高炉 2011 年 1 ~9 月的基本顺行、长寿新区高炉达产达效和 3 号高炉的建成投产。2011 年 1 ~9 月，大渡口老区生产合格生铁 134.43 万吨，高炉喷煤比达到 118.79 千克/吨，入炉焦比完成 403.186 千克/吨，综合利用系数完成 2.606 吨/立方米·天，其中高炉利用系数不仅达到历史水平，并达到上年行业平均水平以上。全年，长寿新区生产合格生铁 423.40 万吨，高炉喷煤比达到 130.93 千克/吨，入炉焦比完成 410 千克/吨，综合利用系数完成 2.027 吨/立方米·天。

4. 炼钢。针对大渡口老区设备老化、长寿新区设备自动化程度高的情况，通过引进新技术和新材料，开展以提高钢水洁净度、钢水可浇性和长寿新区连铸工艺正常化等技术攻关，掌握长寿新区设备性能、铁—钢界面“一罐制”工艺条件等，为提高钢坯实物质量、新品种开发和技术经济指标的改善起到促进作用。2011 年 1 ~9 月，大渡口老区交库合格钢产量完成 146.96 万吨，石灰消耗 38.93 千克/吨，优钢比完成 89.44%、达到历史水平、并较上年提高 0.37%，铸坯收得率 98.77%、较历史水平下降 0.11%、达到上年行业平均水平以上。长寿新区交库合格钢产量完成 453.93 万吨，钢铁料投入消耗 1083.397 千克/吨、达到历史水平、并较历史水平下降 14.492 千克/吨，合格铸坯收得率 97.62%、较历史水平提高 0.95%、并达到上年行业平均水平以上，石灰消耗 49.68 千克/吨。

5. 轧钢。针对大渡口老区设备末期故障多，长寿新区钢坯质量波动、设备调试与生产并行；冷轧原料供给不足、生产规模小、公辅不配套以及型材和线材轧机生产工艺特点等，首先以提高产品质量，适应市场开发新产品为重点。其次是强化管理、健全基础工作，如优化孔型设计和用坯方案，规范操作程序、工模具使用等而降低轧制改判和非订品量。第三是针对薄弱环节开展“稳定提高长寿新区 2700 毫米中板生产技术经济指标和 4100 毫米厚板达产达效攻关”和“提高 4100 毫米轧机小时产量攻关”等技术攻关。通过以上工作的开展，为达到上年水平等创造了条件；2011 年 1 ~2 月大渡口老区 2700 毫米中板轧机产量实现 14.26 万吨，其专用板成材率完成 88.24%、普板成材率实现 88.04% 的较好水平；长寿新区中厚板（2700 毫米）33.63 万吨、综合成材率实现 86.94%；宽厚板（4100 毫米）轧机 161.33 万吨，专用板成材率 89.05%，普板成材率 90.78%；型材产量达到 87.83 万吨，综合成材率完成 95.97%，其中大型和棒材成材率均达到历史水平；冷轧薄板产量实现 9.78 万吠，成材率完成 92.44%、较历史水平提高 0.16%；热连轧入库量 219.19 万吨，成材率完成 97.03%、达到历史水平；高速线材产量实现 36.94 万吨，综合成材率实现 98.50%。

张兴良

**2011 年钢铁股份公司主要技术经济指标完成情况表（大渡口老区）**

| 指标及生产单位 | | | 指标单位 | 历史水平 | 上年水平 | 上年行业 | | 当年 1 ~ 9 月实际 |
|---|---|---|---|---|---|---|---|---|
| | | | | | | 平均 | 水平 | |
| 焦化 | 冶金焦率 | | % | 98.04 | 98.04 | 90.584 | 97.409 | 98.67 |
| | 冶金焦硫份 | | % | 0.79 | 0.92 | 0.704 | 0.54 | 0.90 |
| | 冶金焦灰分 | | % | 13.03 | 13.76 | 12.558 | 11.831 | 13.98 |
| | 冶金焦 M40 | | % | 80.22 | 80.20 | 84.708 | 89.498 | 79.97 |
| | 冶金焦 M10 | | % | 7.33 | 8.10 | 6.66 | 5.244 | 8.20 |
| 烧结 | 利用系数 | 烧结 | 吨/平方米时 | 1.682 | 1.323 | 1.271 | 2.004 | 1.310 |
| | | 一烧结 | 吨/平方米时 | 1.478 | 1.374 | 1.271 | 2.004 | 1.359 |
| | | 三烧结 | 吨/平方米时 | 1.682 | 1.227 | 1.271 | 2.004 | 1.102 |
| | | 球团 | 吨/平方米时 | 7.655 | 7.146 | 1.746 | 7.740 | 6.436 |

续表

| 指标及生产单位 | | 指标单位 | 历史水平 | 上年水平 | 上年行业 | | 当年1~9月实际 |
|---|---|---|---|---|---|---|---|
| | | | | | 平均 | 水平 | |
| 烧结 | 固体燃料消耗 | 千克标煤/吨 | 44.02 | 44.02 | 47.332 | 35.705 | 42.78 |
| 烧结 | 一烧固体燃料消耗 | 千克标煤/吨 | 42.68 | 42.70 | 47.332 | 35.705 | 42.33 |
| 烧结 | 三烧固体燃料消耗 | 千克标煤/吨 | 46.67 | 46.82 | 47.332 | 35.705 | 45.09 |
| 烧结 | 转鼓 烧结 | % | 76.77 | 76.77 | 80.311 | 82.751 | 77.01 |
| 烧结 | 转鼓 球团 | % | 93.50 | 92.41 | / | / | 92.00 |
| 烧结 | 膨润土消耗 | 千克/吨 | 18 | 18.133 | / | / | 21.10 |
| 炼铁 | 入炉矿品位 | % | 56.80 | 54.99 | 57.413 | 61.084 | 55.03 |
| 炼铁 | 高炉风温 | 摄氏度 | 1147 | 1115 | 1159.81 | 1218.184 | 1160 |
| 炼铁 | 熟料率 | % | 98.48 | 93.64 | 91.689 | 100.00 | 94.57 |
| 炼铁 | 休风率 | % | 1.64 | 1.92 | 1.635 | 0.352 | 2.17 |
| 炼铁 | 慢风率 | % | 1.17 | 1.73 | / | / | 1.50 |
| 炼铁 | 综合焦比 | 千克/吨 | 514.566 | 514.57 | 508.375 | 462.19 | 509.842 |
| 炼铁 | 入炉焦比 综合 | 千克/吨 | 402.238 | 402.86 | 368.838 | 300.083 | 403.186 |
| 炼铁 | 入炉焦比 3号高炉 | 千克/吨 | 402.912 | 412.06 | 384.177 | 323.424 | 405.782 |
| 炼铁 | 入炉焦比 4号高炉 | 千克/吨 | 396.535 | 398.88 | 377.776 | 316.242 | 401.636 |
| 炼铁 | 喷煤比 综合 | 千克/吨 | 120.64 | 119.48 | 148.929 | 180.775 | 118.79 |
| 炼铁 | 喷煤比 3号高炉 | 千克/吨 | 129.59 | 125.16 | 143.335 | 170.917 | 121.13 |
| 炼铁 | 喷煤比 4号高炉 | 千克/吨 | 122.55 | 119.53 | 148.113 | 182.812 | 117.39 |
| 炼铁 | 利用系数 综合 | 吨/立方米日 | 2.586 | 2.576 | 2.589 | 4.013 | 2.606 |
| 炼铁 | 利用系数 3号高炉 | 吨/立方米日 | 2.796 | 2.651 | 3.214 | 4.161 | 2.675 |
| 炼铁 | 利用系数 4号高炕 | 吨/立方米日 | 2.649 | 2.649 | 2.497 | 3.415 | 2.567 |
| 炼钢 | 钢铁料投入消耗 | 千克/吨 | 1081.21 | 1084.965 | / | / | 1080.504 |
| 炼钢 | 优钢比 | % | 89.07 | 89.07 | / | / | 89.44 |
| 炼钢 | 板坯内裂率 | % | 0.00 | 0.03 | / | / | 0.02 |
| 炼钢 | 热铁水消耗 | 千克/吨 | 865.00 | 898.84 | / | / | 914.43 |
| 炼钢 | 钢坯综合炼成率 | % | 98.23 | 98.21 | / | / | 98.48 |
| 炼钢 | 表面原始合格率 | % | 98.00 | 98.00 | / | / | 99.78 |
| 炼钢 | 铸机溢漏率 | % | 0.02 | 0.02 | 0.05 | 0.001 | 0.020 |
| 炼钢 | 铸坯收得率 | % | 98.88 | 98.87 | 98.422 | 99.905 | 98.77 |
| 炼钢 | 石灰消耗 | 千克/吨 | 38.57 | 41.09 | 53.107 | 27.788 | 38.93 |
| 型钢 | 大型成材率 | % | 92.94 | 92.48 | 96.901 | 98.498 | 94.14 |
| 型钢 | 中型成材率 | % | 95.81 | 94.86 | 97.76 | 99.572 | 95.60 |
| 型钢 | 棒材成材率 | % | 96.99 | 96.99 | 98.896 | 99.568 | 97.46 |
| 型钢 | 大型轧辊消耗 | 千克/吨 | 3.914 | 3.975 | / | / | 3.973 |
| 型钢 | 中型轧辊消耗 | 千克/吨 | 2.932 | 2.970 | / | / | 2.956 |
| 型钢 | 棒材轧辊消耗 | 千克/吨 | 1.940 | 1.970 | / | / | 1.963 |
| 中板 | 普板成材率 | % | 92.24 | 91.40 | / | / | 88.04 |
| 中板 | 专用板成材率 | % | 89.67 | 89.51 | / | / | 88.24 |
| 中板 | 轧辊消耗 | 千克/吨 | 0.50 | 0.50 | / | / | 0.07 |
| 高线 | 线材成材率 | % | 98.51 | 98.41 | 97.749 | 98.804 | 98.50 |
| 高线 | 轧辊消耗 | 千克/吨 | 0.042 | 0.042 | / | / | 0.026 |

## 2011 年钢铁股份公司主要技术经济指标完成情况表(长寿新区)

| 指标及生产单位 | | | 指标单位 | 历史水平 | 上年水平 | 上年行业平均 | 上年行业水平 | 当年实际 |
|---|---|---|---|---|---|---|---|---|
| 焦化 | 冶金焦率 | | % | 86.39 | 86.39 | 91.851 | 95.774 | 91.77 |
| 焦化 | 冶金焦硫份 | | % | 0.94 | 0.94 | / | / | 0.99 |
| 焦化 | 冶金焦灰分 | | % | 13.66 | 13.66 | / | / | 13.80 |
| 焦化 | 冶金焦 M40(湿) | | | 85.61 | 85.61 | / | / | 48.81 |
| 焦化 | 冶金焦 M40(干) | | % | 87.78 | 87.78 | / | / | 86.98 |
| 焦化 | 冶金焦 M10 | | % | 6.44 | 6.44 | / | / | 6.80 |
| 烧结 | 利用系数 | 烧结 | 吨/平方米时 | 1.181 | 1.181 | / | / | 1.204 |
| 烧结 | 利用系数 | 1 号烧结 | 吨/平方米时 | / | / | / | / | 1.216 |
| 烧结 | 利用系数 | 2 号烧结 | 吨/平方米时 | / | / | / | / | 1.192 |
| 烧结 | 利用系数 | 球团链篦机 | 吨/平方米时 | / | / | / | / | 15.158 |
| 烧结 | 利用系数 | 球团回转窑 | 吨/平方米时 | / | / | / | / | 4.025 |
| 烧结 | 固体燃料消耗 | | 千克标煤/吨 | 42.81 | 42.81 | / | / | 41.22 |
| 烧结 | 1 号烧固体燃料消耗 | | 千克标煤/吨 | / | / | / | / | 41.25 |
| 烧结 | 2 号烧固体燃料消耗 | | 千克标煤/吨 | / | / | / | / | 41.19 |
| 烧结 | 烧结转鼓 | | % | 78.24 | 78.24 | 78.746 | 80.779 | 79.92 |
| 烧结 | 膨润土消耗 | | 千克/吨 | / | / | / | / | 34.763 |
| 炼铁 | 入炉矿品位 | | % | 56.82 | 56.82 | / | / | 56.50 |
| 炼铁 | 高炉风温 | | 摄氏度 | 1022 | 1022 | / | / | 1175 |
| 炼铁 | 熟料率 | | % | 93.07 | 93.07 | / | / | 95.86 |
| 炼铁 | 休风率 | | % | 4.09 | 4.09 | / | / | 4.65 |
| 炼铁 | 慢风率 | | % | 48.07 | 48.07 | / | / | 3.55 |
| 炼铁 | 综合焦比 | | 千克/吨 | 532.603 | 532.603 | 508.27 | 458.385 | 530.130 |
| 炼铁 | 入炉焦比 | 综合 | 千克/吨 | 464.000 | 464.000 | / | / | 410.00 |
| 炼铁 | 入炉焦比 | 1 号高炉 | 千克/吨 | 517.000 | 517.000 | / | / | 399.00 |
| 炼铁 | 入炉焦比 | 2 号高炉 | 千克/吨 | 460.000 | 460.000 | / | / | 398.00 |
| 炼铁 | 入炉焦比 | 3 号高炉 | 千克/吨 | / | / | / | / | 505.00 |
| 炼铁 | 喷煤比 | 综合 | 千克/吨 | 72.75 | 72.75 | 140.965 | 174.981 | 130.93 |
| 炼铁 | 喷煤比 | 1 号高炉 | 千克/吨 | 81.56 | 81.56 | 140.965 | 174.981 | 133.12 |
| 炼铁 | 喷煤比 | 2 号高炉 | 千克/吨 | 72.04 | 72.04 | 140.965 | 174.981 | 139.92 |
| 炼铁 | 喷煤比 | 3 号高炉 | 千克/吨 | / | / | / | / | 85.54 |
| 炼铁 | 利用系数 | 综合 | 吨/立方米日 | 1.797 | 1.797 | 2.315 | 2.82 | 2.027 |
| 炼铁 | 利用系数 | 1 号高炉 | 吨/立方米日 | 1.494 | 1.494 | 2.315 | 2.82 | 2.075 |
| 炼铁 | 利用系数 | 2 号高炉 | 吨/立方米日 | 1.826 | 1.826 | 2.315 | 2.82 | 2.058 |
| 炼铁 | 利用系数 | 3 号高炉 | 吨/立方米日 | / | / | / | / | 1.754 |

续表

| 指标及生产单位 | | 指标单位 | 历史水平 | 上年水平 | 上年行业 | | 当年实际 |
|---|---|---|---|---|---|---|---|
| | | | | | 平均 | 水平 | |
| 炼钢 | 钢铁料投入消耗 | 千克/吨 | 1097.889 | 1097.889 | 1082.048 | 1061.201 | 1083.397 |
| | 板坯内裂率 | % | 0.02 | 0.02 | / | / | 0.070 |
| | 热铁水消耗 | 千克/吨 | 941.84 | 941.84 | / | / | 926.71 |
| | 表面原始合格率 | % | 73.75 | 73.75 | / | / | 86.73 |
| | 铸机溢漏率 | % | 0.10 | 0.10 | / | / | 0.019 |
| | 铸坯收得率 | % | 96.67 | 96.67 | / | / | 97.62 |
| | 石灰消耗 | 千克/吨 | 47.43 | 47.43 | / | / | 49.68 |
| 成材率 | 4100 毫米轧机 | % | / | / | 90.928 | 94.226 | 88.43 |
| | 2700 毫米轧机 | % | / | / | 91.575 | 95.77 | 86.94 |
| | 1780 毫米轧机 | % | 95.94 | 96.20 | 97.448 | 98.28 | 97.03 |
| | 冷轧薄板 | % | 92.28 | 92.01 | 93.56 | 96.78 | 92.44 |

张兴良

# 保卫处

**【概况】** 重庆钢铁股份有限公司保卫处(重钢集团保卫处)2011 年设 1 室 2 科 4 队:党政办公室,生产保卫科、治安保卫科,消防队、巡逻中队、护卫中队、新区保卫大队。有在岗职工 478 人,在册职工 484 人,外聘保安 199 人。全年保卫处按照"预防为主、单位负责、突出重点、保障安全"的工作方针,构筑"打、防、管、控"一体化防范体系。全年重钢新、老区未发生涉枪、涉爆、涉毒等重大恶性案件;未发生重特大火灾事故及重特大交通事故,要害部位未发现"三类"事故;全年为重钢挽回经济损失 51.31 万元,收缴违管费 59.94 万元。

左玉兰

**条目另见部目**

【治安巡逻】:《企业管理》

【专项整治】:《企业管理》

**【信访稳定工作】** 2011 年,钢铁股份公司信访工作以畅通信访渠道,规范信访秩序为重点,保证钢铁股份公司的稳定。全年共接待受理群众个访 21 人/次,与上年同比上升 24%;处理群众来信 1 件,与上年持平;处理群访 4 批 8 人次,与上年同比分别上升 100%、60%;处理集访 3 批 55 人次,与上年同比分别上升 200%、686%;完成上级信访部门交办的信件 6 件,与上年同期相比下降 45%。

罗世诚

**【门卫管理】** 2011 年,保卫处加强门禁管理,执行钢铁股份公司《物资出厂管理规定》和《重钢股份公司厂区门岗实行"一车一杆"管理的实施方案》,完善门岗技防设施,对进出车辆、出厂物资实行检查,并进行 24 小时监控,守住物资出厂的最后一关。全年保卫处通车门岗共检查车辆 2970749 辆/次、回收出门条 443525 张;办理机动车临时通行证 108240 辆/次、收缴违规车辆通行证 1340 张;拦获违规车辆 1478 台/次,拦获违规人员 72 人;拦获各类物资 35.75 吨;交保卫处值班室处罚违管费 107050 元;移交公安机关行政拘留 14 人、刑事拘留 1 人。

许建辉

**【交通管理】** 为保证重钢厂区道路交通安全有序及长寿新区道路交通安全、畅通,预防和减少交通事故的发生。2011 年,保卫处针对长寿新区道路交通状况实际,一是拟订下发《重庆钢铁(集团)有限责任公司厂区道路交通安全管理规定(暂行)》,并要求长寿新区各生产单位、项目部及参建总包单位组织职工学习;二是印制宣传单,加强与各有车单位的信息采集与共享;三是为提高交通管理质量,保证管理效果,配置交通巡逻车辆和雷达测速仪开展上路执勤,掌握和纠正交通违规行为;四是在重要路段、重点部位设立警示牌,对违规车辆和人员在重钢局域网予以公布曝光等措施,强化对交通违规现象的教育与处罚。2011 年,批评教育乱停乱放车辆驾驶员 270 人,处置交通违规 340 起,清除非法营运车 7 辆,协助重庆交巡警处置交通事故 56 起,下发交通整改通知 44 份。全年重钢长寿新区道路交通秩序改善明显。

龚川

**【生产保卫】** 2011 年,重钢生产保卫工作贯彻落实《企业事业单位内部治安保卫条例》,推进企业内保工作。一是落实治安防范责任。2011 年初与各子公司(二级单位)签订双保责任书 22 份,要求各单位层层细化责任指标，将治安防范责任落实到车间、班组、岗位，形成上下联动、齐抓共管、责任明晰的治安防控格局。二是严格要害部位管理。对重钢要害部位进行清理与复查审定；强化对要害部位治安防范工作的监管与检查，以及区域内的巡查和值守，保证要害部门无“三类”责任事故发生；对重钢长寿新区新建重要部位按照公安部的防范标准进行摸底，确定一级风险部位4个，二级风险部位17个，三级风险部位64个。三是加强保安队伍及外来施工队伍的管理。将各单位保安队员的履职情况纳入对单位治安保卫工作的考核评价体系；对保安队员的考核制度进行修订完善，加大对保安队员履职情况的检查和考核、奖励力度。全年考核重钢新、老区保安队员87人次，奖励96人次。为加强对外来施工队伍的管理，拟定下发《重钢集团外来施工单位治安管理规定》，对外来施工单位提出具体要求。四是坚持治安保卫业务工作会制度。定期召开治安保卫工作例会，对当期治安状况进行分析；对出现的治安突出问题研究措施予以整治；对工作中存在的问题协调解决；安排下一步重点工作。五是强化治安防范工作检查。采取日常检查与夜间抽查、单位自查相结合的方式，定期与不定期组织力量检查各单位治安防范责任落实情况、保安队伍的管理情况、基础台账的建立及完善情况、保卫体系的建立和制度的完善情况及“三防”措施落实情况。全年检查单位累计458个次，部位3112个次，查出治安隐患221起，下发书面隐患整改通知书184份，整改率100%。

李欣

【老区停产拆迁安保工作】 重钢大渡口老区自2011年年初停产开始拆迁起，全年治安总体平稳受控。一是加强大渡口老区停产前治安情况调研，掌控治安突出问题，分析当期治安形势，对停产后可能出现的治安问题进行估计和掌控。二是制订安全保卫工作方案。在调研的基础上，召开专题会研究保卫工作，拟订重钢环保搬迁治安保卫总体方案；指导各单位结合实际，制订本单位停产拆迁期间保卫工作子方案。三是指导各单位落实管控责任、调整技防设施、增强照明、加强门禁管理、与施工单位签订治安消防责任书等。四是协调公安机关关注重钢停产安保工作，一方面在大渡口厂区设立现场警务室，加强现场指导和震慑。另一方面加强大渡口厂区治安整治和打击力度。五是加强对进场施工单位的管理。要求进场施工单位与业主单位签订治安、消防安全责任书，缴纳治安保证金；要求进场施工人员一律实行挂牌上岗，并将进场施工人员基本情况登记造册报公安机关进行网上比对；要求其落实治安防控力量负责所施工区域治安防范工作。六是加强防控力量整合。对施工单位、业主单位、重钢专业保卫队伍及公安机关的力量进行整合，形成施工单位、业主单位区域守护，重钢保卫力量周边、主要通道巡逻，公安机关外围防控的专群结合、警企联合的三级治安巡逻防控体系。

李欣

【消防管理】 2011年，重钢消防工作贯彻执行《中华人民共和国消防法》《重庆市消防条例》《重钢集团消防安全管理办法》等法律、法规，坚持“预防为主，防消结合”，全年重钢集团未发生重特大火灾事故。一是督促长寿新区26个单位建立防火档案，并对各单位112名消防系统操作室和消防管理人员进行消防持证培训。二是加强对各单位生产场所、施工现场、大渡口老区拆迁等区域的消防安全管理，全年共检查单位65个次，检查部位1682处，查出火险隐患1787件，对1787件火险隐患发出检查登记表159份，全部提出整改意见，并下发消防火险隐患整改通知书72份。对违反《重钢消防安全管理办法》的16个单位责任人，按相关规定进行处罚，共罚处违管费9000元。三是抓“三落实”工作，保证人员在岗在位、器材完整好用、通讯保证畅通。全年共出动火警45次，出动车辆50台次，人员470人次，为生产服务共出动消防车64台次、人员640人，完成灭火救援任务。四是开展岗位练兵活动，并在长寿区“专职消防队伍大比武”、渝东片区岗位练兵比赛中获4个第3名。指导钢铁股份公司炼钢厂、运输公司和建设公司等单位进行消防演习，全年培训义务消防人员470人。

冉宗文

【新区治安管理】 2011年，为加强长寿新区建设施工现场的治安管理，维护现场的治安秩序，保障工程建设的顺利进行，保卫处根据《企业事业单位内部治安保卫条例》，与各总包单位签订《重钢集团环保搬迁施工现场治安稳定消防交通安全工作责任书》，保证其在施工现场服从统一协调管理，接受保卫处检查、监督，并要求各总包单位与分包单位、分包单位与施工队、施工队与施工人员层层签订责任书，做到“横向到边、纵向到底”，责任落实。同时，加大施工现场的管理、检查、巡逻力度，预防和减少各类案件和火灾事故的发生，为施工建设的顺利推进创造内部治安环境。

吴诗忠

## 职工培训中心

【概况】 重钢职工培训中心是重钢从事职工培训教育的实体单位，是国家和重庆市高技能人才培训基地，主要负责开展重钢职工培训、职业资格鉴定和职业技能竞赛。同时具有重庆冶金成人学院重钢分院、重庆广播电视大学重钢分校、重钢党（干）校、重庆冶金高级技工学校和重钢集团中等专业学校5个大中专院校办学职能，主要负责开展学历教育和职工继续教育工作。培训中心分A区和B

区两个校园，占地6.574公顷，建筑面积42869万平方米，固定资产总值1654.57万元。A区位于重庆市大渡口区跃进路30号，B区位于大渡口区马王乡黄金庵1号，建有数控与机加工、铆焊、机电、计算机、汽车摩托车等5个技能培训中心，有行车、金属材料、PLC、电工等25个实训实验（场、室），有多媒体教室、语音室、电子阅览室，与重钢集团联网开通数字图书馆，可开展远程教育双向视屏和信息接收。2011年，职工培训中心下设2室5科：党政办公室、招生就业指导办公室、职工培训管理科（重庆冶金成人学院管理科、重钢电大分校管理科、重钢党校管理科）、财务科、教学科、实习科、学生管理（保卫）科，在册职工163人，其中在岗职工157人，在岗职工中有专职教师75人（其中理论教师58人、实习教师17人）。全年引进青年教师1人，送培教师26人（其中考取重庆大学工程硕士2人，有5名教师参加钢铁股份公司技能竞赛获钳工技师组第1名、第2名），聘请兼职教师26人，办理职工正退及“30、5年”（30年工龄、距法定退休时间5年）提前退休35人，职工内退3人。

2011年，职工培训中心坚持“职工培训为主、职前培训为辅”的工作思路，“围绕中心、服务大局”，开展职工培训、职前培训，履行培训教育职能，提供培训教育服务。（1）新、老区培训。开展新区岗位培训和操作技能达标活动，全年完成培训计划100%，培训用户满意度测评100%。承办重钢集团第十届职业技能竞赛工作。（2）加强校企合作，开展职前培训招生就业工作，按照“平安、健康、绿色、数字、人文”五个校园创建标准实施学生素质教育，巩固职前培训办学特色。（3）加强基础管理。一是规范人事劳资管理。全年职工收入较上年保持相对稳定。二是规范财务管理。加强资金的预决算管理和资金的审核审批制度。加强对国家中职学生资助费用的专项管理，接受重庆市审计局的专项检查和学生、家长及社会的监督。三是坚持安全管理。执行安全绩效工资制度和安全环保风险抵押承包制度，签订安全目标责任书。坚持每周1次的安全应急疏散演练，每月1次安全例行检查，首次实习三级安全教育，全年未发生安全责任事故和重大设备事故；四是规范档案管理。2011年各类档案资料归档156卷，清理各类管理制度文件110个。完成《重庆教育年鉴》《重钢年鉴》等撰写工作。五是加强治安保卫及后勤管理。坚持校警合作，重点加强校园重点时段重点区域的治安防范工作，开展“平安校园”建设。保证正常的教学秩序和师生的安全稳定。（4）加强精神文明建设。一是结合重钢集团“十二五”规划、重钢建厂120周年系列庆祝活动、重钢环保搬迁工程600万吨/年钢投产后人力资源调整和职工培训中心职工培训、职前培训面临的新情况、新问题开展厂（校）情教育活动，掌握职工的思想动态，引导职工爱岗敬业，解决职工关注的热点难点问题。二是结合培训中心职工队伍特点，重点抓职工队伍的学习型组织建设、中职大专学生的半军事化组织管理，打造职前培训品牌特色，建设竞争型组织，提升竞争力，保持稳定。

吴娟

**条目另见部目**

【职工培训】：《文化教育》

【新区职工岗位培训和操作技能达标活动】：《文化教育》

【重庆冶金成人学院重钢分院】：《文化教育》

【重庆冶金高级技工学校暨重钢集团中等专业学校】：《文化教育》

【重庆广播电视大学重钢分校】：《文化教育》

**【师资队伍建设】** 2011年，职工培训中心专兼职教师队伍建设，一是教师送培，选派8名教师参加专业技术创新理论与案例分析学习，4名教师参加高校教师岗前培训，1名教师参加就业指导培训，2名教师参加全国中职教师师资培训。二是开展教研活动，举办青年教师教学知识培训1期，上公开课2次，组织开展教师教案竞赛评比活动，14名教师获奖。组织2名教师撰写《中国高技能人才楷模事迹读本》专题教育教学设计方案参加重庆市竞赛，其中1名教师获重庆市第8名并被组委会推荐参加全国竞赛评比。三是培养专业师资，全年有32名专任教师通过重庆市教委组织的“一体化”教师认证。四是青年教师培养，2011年引进教师1名，有4名青年教师获教师资格证，5名青年教师获助理讲师职称；考取重大工程硕士2名，其中1名青年教师在读重庆大学工程硕士申请的重庆市自然科学基金项目获立项批准。五是教师理论研究，全年在公开刊物上发表专业论文5篇。

吴明蓉

**【中职学生资助管理】** 2011年，资助政策按大渡口府发〔2010〕174号文执行。一是生活费资助。重庆籍1、2年级有正式学籍的在校生，重庆市外的农村户籍、县镇非农户口和城市家庭经济困难的1、2年级有正式学籍的在校生，享受生活费资助。学生因退学、休学、转学、重读等，资助累计不超过2年。学生在校学习当月可享受生活费资助，不在校学习当月不能享受生活费资助。生活费资助标准为每生每月150元，每学年资助时间为10个月。二是学费资助。学校免收1至3年级家庭经济困难学生和涉农专业学生（艺术类相关表演专业学生除外）的学费。学生退学、休学、转学、重读等，资助累计不超过3年。补助标准为每生每年2000元。三是住宿费资助。学校免收1、2年级家庭经济困难学生和涉农专业学生住宿费。学生因退学、休学、转学、重读等，资助累计不超过2年。补助标准为每生每年不高于500元。

从2011年秋季学期开始，资助管理中心指定银行为新生统一办理中职资助卡，新增指纹机考勤管理系统，配置指纹机3台，从11月开始指定3名登记员对在校学生指纹进行初次采集、激活，每月考勤1次。资助员负责对考勤数据进行处理及系统维护，及时上报各类报表，大渡口区财政按指纹考勤报表将资金交银行直接发放到学生资助卡中。2011春季学期，学校有1755名学生享受助学金1302150元，有541名贫困生享受学费资助541000元，有279名住读学生享受住宿费资助69750元。2011秋季学期，学校有1840名学生享受助学金1359150元，有475名贫困生享受学费资助475000元，有254人住读学生享受住宿费资助63500元。

刘李杰

**【校企活动】** 2011年，培训中心加强校企结合，与重钢股份公司、钢管公司、大江集团等企业签订定向委培合同；与大渡口区人社局及忠县、长寿、垫江等地建立工作联系制度，全年实现中职招生925人、冶金成人学院招生84人。同时坚持“依托重钢、面向社会”的就业工作思路，加强下厂实习学生的就业指导和安全教育，分别向重钢股份公司推荐顶岗实习学生321人，向重钢集团其他子公司、大江集团、赛迪重工、信息产业等企业输送学生563人。选拔推荐152名学生到纬创资通（重庆）有限公司参加社会实践学习，为企业提供技能人才储备。

钱晓语

**【课堂教学管理】** 2011年，职工培训坚持开展“订单”培训，采取复式教学、送教下厂、送考上门等方式满足重钢各单位培训需求，突出培训的实效性和针对性。全年开展“职工培训用户满意工程”，采取随堂听课、下厂调研；抽查授课内容、学员笔记；组织教案、CAD制图竞赛、专业讲座等方式促进教学质量的提升。指导矿业公司、丰盛发电公司、三钢公司、四钢公司等大渡口区以外的重钢子公司开展自主培训，使“培训计划、培训师资、培训教材、培训内容、培训发证”的五统一管理落到实处。职前培训坚持因材施教，突出技能培训，全年完成机电、自动化、汽摩、仪表、焊接、电子、冶金、质检、数控、采矿、选矿等101个班次的理论教学和516周的实习教学，组织2个工种132名学生的技能竞赛。

钱晓语

**【“五个校园”建设】** 2011年，培训中心按照“平安、健康、数字、绿色、人文”五个校园建设要求，实施学生素质教育。(1)实行规范化管理。一是抓学生的养成教育，从“四个规范”和“四个特色”方面对学生实施教育，通过学前教育、学生大会、班会等对学生进行日常行为规范教育。同时印发疾病预防宣传资料，举办“女性青春期生理知识”和“理性交友、自尊自爱”专题讲座，关注学生的身体健康。二是抓素质达标竞赛活动，开展文明教室、文明寝室评比和“自我教育、自我管理、自我服务”的“三自”教育活动，每月对班会、班团干部会、纪律、卫生等情况进行检查，综合评比和考核公示，全年评定先进达标班级10个。三是开展学习楷模系列活动。组织全校学生收看“学习楷模”教育片，给学生购买学习书籍，召开主题班会，向榜样学习。四是开展爱国主义教育，学习《读点经典》、讲革命故事、教唱红歌、“11·27”悼念烈士等形式，加强学生的爱国主义教育。五是开展“做文明学生、创和谐校园”专题活动，开展青年志愿者活动、青年突击队活动、植树活动等。(2)抓安全管理。一是开展安全宣传，加强设备、交通、档案及人身安全教育，树立安全意识。二是每周1次的安全应急疏散演练，每月1次安全例行检查，首次实习三级安全教育，重点做好日常安全消防防范、防暑降温等工作，全年未发生安全责任事故和重大设备事故。三是开展“青安岗”活动，全年查处安全隐患8起并完成整改。四是建立校警制度。每月召开1次法制大会，每周召开1次班级法制班会，加强重点人头的帮教。坚持校园防暴演习，收缴管制刀具，防范突发事件的发生。(3)开展“唱读讲传”活动。开展新世纪青年读书活动、“红五月”歌唱比赛、国庆文艺演出、运动会、学生广播操及军体拳比赛，以及“青年职业生涯设计”导航活动，搭设青年健康成长的平台。

钱晓语

# 后勤管理处

**【概况】** 重庆钢铁股份有限公司后勤管理处是负责重钢股份公司长寿新区职工生活后勤保障工作的职能处室，2011年末有在岗职工17人，其中管理人员11人，生产操作6人，具有高级职称的2人，中级职称的1人。主要职责：负责职工餐饮、倒班房及办公楼物业、职工通勤车、办公用品采供、厂容绿化、计划生育管理等。2011年，后勤管理处按照长寿新区职工生活后勤“发展科学化、操作标准化、管理规范化”要求，打造并形成“精、准、细、严”特色的长寿新区后勤保障体系。2011年，以保证重钢长寿新区600万吨钢生产规模投产为重点，做好长寿新区职工“吃、住、行”各项工作；抓计划生育工作，全年钢铁股份公司符合政策计划生育率100%，新生婴儿出生性别比达标，无出生缺陷；协调长寿区教委解决春、秋两季共200名重钢长寿新区职工子女在长寿入学问题。

覃亚宏

**【环卫绿化管理】** 后勤管理处2011年加强长寿新区环境卫生管理，完成长寿新区83万平方米的清扫保洁工作，全年在人工清扫道路的基础上，重点实施“人＋机”清扫作业方式，各清洁公司均购置清扫机具上路清扫保洁，购置洒水车实施降尘工作，清扫效果得到改观；每天坚持上路检查车辆冒装撒漏污染环境问题，全年累计进行道路环境卫生检查500次，会同相关管理部门对违反长寿新区环境卫生管理办法的施工、生产单位提出书面整改要求120次，处罚70次，累计处罚金额40万元；组织环境卫生突击整治工作，全年共安排道路突击冲洗清洁9次，累计出动洒水车800车次，投入清洁人员1270人次，使重钢长寿新区在600万吨钢生产系统投产、重钢建厂120周年庆等重大活动期间，保持了良好的环境卫生。

覃亚宏

**【交通管理】** 2011年，后勤管理处组织实施往返重钢新、老区通勤车客运外包，由社会专业客运企业为重钢长寿新区职工往返新、老区提供通勤车服务，全年运行1.75万趟次，接送职工77.4万人次，其中白班运行3888趟次，接送职工16.52万人次，轮班运行13588趟次，接送职工60.88万人次，节假日运行400趟次，接送职工1.67万人次；此外，开通职工自费往返重钢新、老区交通车，方便职工临时往返重钢新、老区乘车，开通重钢长寿新区至长寿“朵力6号原舍”的专线交通车，解决居住在长寿城区职工上下班交通问题。

覃亚宏

**条目另见部目**

【新区物业管理】:《职工生活》

【新区食堂管理】:《职工生活》

## 党委工作部

**【概况】** 重庆钢铁股份有限公司党委工作部履行党委办公室、组织、宣传、纪检监察的职能。2011年设组织科、宣传科、纪检监察科3个科室。组织科主要负责重钢股份公司二级单位党委(总支)的换届改选、基层党支部建设、党员队伍建设、党群管理人员管理并围绕生产经营活动开展党内活动等工作。宣传科主要负责钢铁股份公司厂情教育、文明单位建设、普法教育、职工思想政治工作研究、武装、统战、《班组生活》等宣传材料的编辑等工作；纪检监察科主要负责党风党纪教育、违纪违法线索和案件的查处、党风廉政建设、效能监察、办公室综合事务等工作。2011年末，在岗职工10人，其中处长1人、科长3人、一般管理人员6人；高级政工师5人、政工师3名。2011年，重钢股份公司党委获重钢集团先进党委称号，党委办公室(党委工作部)被评为重钢集团先进党委办公室、宣传文化工作先进单位、民兵参建工作先进武装部，获效能监察工作优秀组织奖。

陈琳琳

**【钢铁股份公司思想政治工作】** (1)组织职工学习贯彻党的十七大，十七届五中、六中全会，重庆市三届八次、九次全委会，重钢集团“十二五”规划等精神，并对学习重点内容、方式等提出要求。一是厂处级人员采取参加重钢集团中心组集中学习与各单位中心组小集中学习、座谈、讨论等相结合的方式进行学习。二是党员、团员、管理人员及生产操作人员则分别利用党员轮训、组织生活、每月或每周的政治安全学习等形式进行学习和教育。三是各单位利用自办内部学习材料和宣传阵地进行宣传，引导职工把学习转化为动力，爱岗敬业，推动钢铁股份公司大渡口老区顺利关停，长寿新区达产达效。钢铁股份公司焦化厂强调各科室、作业区要把学习贯彻十七大、十七届五中、六中全会等精神，体现到推动焦化厂生产工艺、设备运行向达产达效转化的具体实践中，抓提高焦炭产量、降低单位成本、安全环保生产和5号焦炉烘炉、6号焦炉按网络节点推进等当期重点工作。把政治学习与解决职工群众关心、现实的利益问题相结合，并做到集体学习有记录，个人学习有笔记，保证学习效果。(2)开展厂情教育活动。2011年，钢铁股份公司及各单位围绕大渡口老区顺利关停、长寿新区600万吨钢系统达产达效目标任务，在职工中开展“尽职尽责高效工作，降耗降本挖潜增效”主题厂情教育活动。针对2011年4季度，因国内经济及钢铁行业形势和自身问题的原因，钢铁股份公司出现亏损情况。在职工中开展以“增强危机意识，坚定必胜信念，厉行节约降本，奋力扭亏增盈”主题厂情教育活动，将钢铁股份公司亏损情况及原因告诉职工，激发全体职工的危机感、紧迫感和责任感，坚定信心。通过传达学习，使全体职工做到：清楚当期国际、国内、行业、钢铁股份公司所面临的经济形势，清楚与先进企业之间的差距，清楚钢铁股份公司的对策措施和重点工作要求；增强危机感、紧迫感及责任感；振奋精神，坚定必胜信念；把全体干部、职工的思想统一到钢铁股份公司的决策、部署、要求上来，凝聚全体职工的智慧和力量，打好扭亏增盈攻坚战。(3)做好宣传思想工作。2011年，钢铁股份公司及各单位围绕应对经济形势和完成大渡口老区搬迁及长寿新区达产达效任务，强化宣传思想工作的引导力和说服力，增强职工战胜各种危机和渡过难关的信心和决心。同时围绕新、老区交替和组织结构调整，做好职工思想状况日报、月度和季度的收集、分析工作，开展钢铁股份公司政研会工作，2011年钢铁股份公司第十四届政研会年会收到参评论文98篇，经评选，有45篇论文获奖。全年能控中心党委以“听职工意、知职工情、解职工忧、暖职工心”为出发点，建立班组思想工作信息员队伍和相应的工作机制，扩大思想政治工作的覆盖面，增强思想政治工作的实效性。一是要求各作业区每个班站设立1名群众基础好、工作负责的思想工作信息员，了解和掌握本班组职工的思想状况，向作业区党支部、综合办公室反馈信息。同时，能控中心党委加大对班组思想政治工作的宣传力度，取得职工的认可和参与；二是推行例会制度。每两个月按新、老区召开班组思想工作信息员例会。能控中心党委、各党支部和综合办负责人与职工面对面交谈，收集职工对生产经营、收入分配、生活后勤等方面的意见和建议，掌握职工的思想动态并进行引导；三是建立定期分析制度。综合办每月对收集到的职工意见、职工关注的热点问题等进行梳理，形成文字分析材料，分送职能科室负责人和各中心（厂）领导，并督促落实解决及向信息员反馈落实情况；四是2011年4季度厂情教育的重点是宣传减员分流相关政策。能控中心结合实际拟订并下发减员分流稳定工作预案，要求各作业区在新、老区分别召开班站长会及职工会进行传达和学习。同时复印钢铁股份公司相关减员分流的文件下发每个班站，组织职工分轮班学习，并签字认可，让每位职工知晓钢铁股份公司相关政策。同时，钢铁股份公司及各单位按重钢集团的统一安排，结合各自的实际，在职工中开展庆祝重钢建厂120周年系列纪念活动，通过活动增强干部、职工发展新重钢的使命感和责任感。并围绕"十二五"规划和重钢"四大战略"任务，宣讲钢铁股份公司发展的目标、战略思路、举措和阶段成果，坚定职工环保搬迁必胜的信念和再造百年重钢的信心。（4）维护企业稳定、构建和谐企业。2011年9月针对大渡口老区全面关停情况，钢铁股份公司党委制订维护稳定工作方案，并下发文件要求二级单位针对关停过程中的各种不稳定因素进行分析，制订方案，落实责任，维护稳定。11月针对钢铁股份公司600万吨钢系统人力资源结构调整工作，按照"谁主管、谁负责"的思路，加强宣传、由各单位制订稳定预案，落实稳定工作责任制，以此保证结构调整工作顺利进行。钢铁股份公司党委下发文件要求各二级单位做好此项工作，以维护职工的切身利益出发，稳定职工思想。同时针对600万吨钢系统人力资源结构调整中出现的问题，钢铁股份公司召开党委书记工作会，就出现的相关问题进行研究、交流并安排布置相关工作，同时要求了解职工思想动向，摸清职工的实际状况，做好宣传、解释、引导、化解等工作，保证职工队伍稳定。

2011年度，经钢铁股份公司相关部门对思想建设、宣传工作、创建工作、生产经营等方面综合评定，授予钢铁股份公司炼钢厂、型钢厂、烧结厂、炼铁厂、能控中心、焦化厂、物运部、中厚板厂、维检部、高线厂、保卫处、钢研所及运输公司等13家单位为"宣传思想工作优秀单位"；授予钢铁股份公司品质部、冷轧厂、热轧厂、环运部、销售处、原材料处、装备处、后勤处（生活服务公司）、培训中心、自动化部（电子公司），三峰工业公司等11家单位为"宣传思想工作表扬单位"。

吴明利

**【钢铁股份公司厂情教育】** 2011年，因受国际国内经济及行业形势及自身问题等因素的影响，进入2011年4季度钢铁股份公司出现亏损。钢铁股份公司结合实际在职工中开展以"增强危机意识，坚定必胜信念，厉行节约降本，奋力扭亏增盈"为主题的厂情教育活动，将钢铁股份公司亏损情况、原因及采取的措施等告诉职工，激发全体职工的危机感、紧迫感和责任感，坚定信心，打好扭亏攻坚战。钢铁股份公司及各二级单位也通过职代会、职工学习时间、自办内部学习刊物等加大宣传力度。钢铁股份公司炼钢厂党委对职工进行"定目标，明措施，实现生产达效开门红"和"尽职尽责高效工作，降耗降本挖潜增效"为主题的厂情教育。每季1个教育主题，每季编发1期学习资料，教育引导职工认清形势，明确目标，知晓措施，清楚责任，树立危机意识、责任意识、节约意识，同时进行目标、任务教育，把厂情教育贯穿在该厂新、老区两线生产全过程，在职工中开展"以应该追求什么样的生产目标"和论危机意识、论素质提升、论重钢发展大讨论，在班组开展"精细管理，精心操作，落实责任"工作讨论会，让职工清楚钢铁股份公司生产经营面临的形势；清楚钢铁股份公司和该厂的目标任务及实现目标的措施，明白努力的方向，增强实现目标的信心；清楚职工工作任务完成好坏与收入增减的关系，明白"厂兴职工富，厂衰职工穷"，增强居危思进的责任感。2011年下半年，在钢材市场价格下滑和大渡口老区关停部分设备的情况下，该厂党委加大宣传教育的力度，利用每周二职工学习时间，橱窗、《钢之声》等进行宣传教育，进行压力传递，并结合该厂生产经营实际，将钢铁股份公司经理办公会精神以及该厂两级班子会议精神编发成学习资料下发到班组，组织职工学习讨论。运输部（物运部）党委把厂情教育作为思想政治工作的载体，通过该部"两会"及各种会议，《每周一学导读》《物运人》《职工学习快递》及运输部的专题黑板报竞赛、两部定期恳谈会、两部定期热点收集并解答等方式途径，学习宣传重钢集团"十二五"发展战略，传达重钢集团和钢铁股份公司职代会、党建工作会等会议精神，宣传钢铁股份公司和该部的全年工作目标任务，宣传生产经营任务进展完成情况和形势变化。全年制作厂情宣传卡片1400张，发放到每位职工（劳务工）手中，增强职工主人翁责任意识。

2011年，钢铁股份公司对在厂情教育活动中取得成效的炼钢厂、物运部、能控中心、型钢厂、焦化厂、烧结厂、维检部、炼铁厂、中厚板厂、高线厂、品质部、环运部、热轧厂、保卫处、运输公司等15家优秀单位；冷轧厂、钢研所、销售处、原材料处、装备处、自动化部（电子公司）、后勤处（生活服务公司）、培训中心、三峰工业公司等9家表扬单位给予了表彰。

吴明利

**【钢铁股份公司文明单位建设】** 2011年，钢铁股份公司加强企业文化建设，推进精神文明建设各项工作。钢铁股份公司及各单位在职工中宣传、树立"科学发展，追求卓越"的企业核心理念，通过各种载体和阵地，在职工中宣传钢铁股份公司的管理理念、管理模式、目标、生产方针等。以打造"学习型组织、竞争型组织、半军事化组织"为内核,推进钢铁股份公司企业文化建设,并按照"内容具体化、形式生动化、主体群众化、机制常态化"的总体思路,在职工中开展管理理念征集、提炼,"唱红歌、读经典、讲故事、传箴言"、群众性精神文明创建、"六五"普法等活动,形成文明、健康、振奋的精神风貌和生活风尚。钢铁股份公司炼铁厂党委以"创新工作,绝对服从,令行禁止,打造半军事化组织、学习型组织、竞争型组织"为内核,宣传、树立"科学发展,追求卓越"的企业核心理念,外树形象、内提素质,倡导文明、健康的生活、生产方式。结合实际,提炼出"团结、拼搏、求实、创新"的炼铁精神;以及"构建和谐、创造一流"的工厂愿景。在全厂职工中推进"五个一"活动(读1本书、参加1次培训、参加1次义务劳动、提1条合理化建议、做1件好事);在全厂班(科)组中开展"文明班组"竞赛活动;在党员中开展实施"对标挖潜、党组织行动"主题竞赛活动;在职工中开展"十佳职工和五十佳职工"评选活动。通过开展各种文化活动,系统推进厂企业文化建设,凝聚职工,提升士气。中厚板厂组织职工讨论提炼中厚板厂46年发展历程中的企业文化和光荣传统,细化为"融合""奉献""秩序""成长"4张中厚板名片,并且制作中厚板厂愿景、思想政治理念、工作方针等18张展示牌,张贴在职工学习中心,发挥企业文化的引导和激励作用。

吴明利

**【钢铁股份公司推进学习型党组织建设】** 2011年,按照重钢集团党委2011年建设学习型党组织的总体要求,钢铁股份公司及各二级单位结合实际,开展深化创建学习型党组织活动。(1)确立目标。2011年,钢铁股份公司将所开展的建设学习型党组织、"四合一"基层组织建设、"创、做"工程、党建带团建等活动,纳入"打造三个组织"("打造学习型组织、竞争型组织、半军事化组织")活动中。并确立打造学习型组织的目标:一是形成全员学习格局。各级各类组织和职工参与学习,全面覆盖,不留死角。二是搭建学习平台。学习室、阅览室、报告厅等学习阵地基本建成,学习资料、板报、墙报、专栏等学习载体充分使用,网络、OA办公系统等学习工具配备良好。三是形成学习局面。四是学习成为推进工作的动力。(2)组织落实。按照上级的要求,钢铁股份公司及各二级单位分别成立建设学习型党组织领导小组,党委(总支)书记任组长,厂(处)长任副组长,并设立相应的工作机构,负责制定、实施建设学习型党组织活动的安排和部署等日常工作。(3)制度落实。钢铁股份公司就打造学习型组织提出四条措施:一是营造浓厚学习氛围。二是各级领导带头学习。三是组织开展好团队学习。四是针对问题开展学习。2011年,运输部(物运部)一是定制度。制定《职工学习制度》《管理人员学习管理办法》等制度,对职工学习培训的内容、形式、检查考核等作出规定。二是定阵地。建立图书阅览室,购置图书1300册;建立学习室,作为骨干每周学习的场所。三是定经费。通过行政拨付、党群自筹等渠道,年学习经费达万元,用于购书、表彰奖励等。四是定奖惩。把管理人员学习出勤情况纳入考核,把支部开展学习情况纳入同业务竞赛考核内容,对学习情况纳入党支部和党员、职工评先条件,在年度评先中表彰学习标兵。五是定检查落实。按月对学习实施情况进行检查,进行指导督促,促进学习落实。动力厂(能控中心)党委把每年的7月定为党员"读书月",把每月15号定为党员"学习日",并向全厂党员发放购书卡,让党员走进书店,回归学习。型钢厂党委则建立《型钢厂"创学习型企业,做知识型职工"第2个3年规划实施办法》《型钢厂党员教育制度》《型钢厂中心组学习制度》《型钢厂党员轮训制度》等,鼓励职工多读书、读好书,并做到学以致用。质管处(品质部)以"加强领导为核心的导向机制""建立以评价为中心的督促机制""以确保需求为重点的经费投入机制"来构建"创建"活动保障机制推进活动的进行。(4)创新载体。型钢厂用"12345"学习模式构建学习型党组织。炼铁厂坚持"五个注重",推进载体创新,营造学习环境。一是注重"读学"。开展"好书推荐""日读千字,季读1书,年学1技"等学习活动,为党员职工购买《苦难辉煌》《国情备忘录》等书,丰富学习内容。二是注重"讲学",提倡领导干部学习"四带头"带头学、主动讲、调研和写作,同职工讨论交流,分享学习成果。三是注重"行学"。安排技术带头人,技能尖子,技术骨干到其他企业去考察学习,开展关键技术岗位职工与同工种技术骨干结对子帮扶学习互动,形成共同进步的学习氛围,安排党员到红色革命基地接受革命洗礼,增强党性,提高觉悟。四是注重"考学",党支部采取定期或不定期的方式,组织相关学习内容的书面或在网上测试,其成绩作为个人评先、评优的参考依据;型钢厂党委定期对党支部的学习情况进行考核,根据党支部党员完成的平均学分对党支部进行评价,党支部对党员个人的学习情况进行考核。五是注重"励学",对参加本单位竞赛、考试或者代表本单位参加上级或外部竞赛、考试且获奖的人员,给予通报表扬和物质奖励;树立和宣传学习典型,做到表彰1个人,带动1批人。运输部(物运部)"打造四层学习载体,实现学习经常化和全员化":一是部中心组"每月1研讨"式学习。对月度工作进行总结,找出不足,分析下月工作任务,针对问题进行研讨。二是骨干"每周1集中"学习。利用星期四下班后1小时,部两级干部和管理人员、群团负责人集中进行学习。三是党员"每月经常学"。利用党内"三会一课”和“三层攻关”进行学习，各职务层次党员根据钢铁股份公司读书要求制订学习计划自学。四是基层职工“每周1学”。在组织参加钢铁股份公司、部、作业区三级培训，开展师带徒、能者为师活动的同时，运输部党委编写《每周一学导读》，各作业区组织职工学习。焦化厂党委在建设学习型党组织工作中，提出“党支部项目领办制”的尝试，即由各党支部结合当期本单位须解决的生产、技术和管理上的难题，找准1~2个“突破点”进行立项，通过培训、学习、考察、实践等，提升职工的整体素质和岗位操作能力，解决生产经营难题，把学习力转换为生产力。活动推广以来，各党支部围绕项目主题，制订实施计划和学习目标，通过项目的攻克提升党员职工的整体素质和岗位操作能力。烧结厂提出：“自愿组合原则”“激励措施原则”“学以致用原则”等3个原则来加强创建活动。“自愿组合原则”即自由组合形成学习小组，学习小组自定学习课题，拟写学习规划，报领导小组审定后，开展系列学习活动，活动结束后向领导小组申请验收，对验收合格的学习小组，视情况分别给予500~3000元的奖励。同时钢铁股份公司及各二级单位还通过开展建党90周年纪念大会、党史专题辅导讲座、专题组织生活会、党史知识竞赛等活动载体，增强创建活动的吸引力和影响力。

吴明利

**【钢铁股份公司党组织建设】** 2011年钢铁股份公司党委按照重钢集团党委的要求，实施“加强五个建设、开展五项活动、确保五大目标”的工作基本思路，以此为主线加强党建工作。(1)加强思想政治学习。2011年，钢铁股份公司及各单位结合实际，组织党员和职工重点学习党的十七大、十七届五中、六中全会，重庆市三届八次、九次全委会，重钢集团“十二五”规划，胡锦涛“七一”重要讲话等精神。(2)加强领导班子、干部队伍建设、人才队伍建设。一是以争创“四好班子”为抓手，加强领导班子建设。以庆祝建党90周年为契机，组织党员干部学习党的理论、党的历史、党的知识；按照重钢集团要求开展“理想信念、宗旨意识、廉洁从业”三项教育；以“坚持以人为本理念，发扬密切联系群众优良作风”为主题，钢铁股份公司领导班子和所属24个厂级单位领导班子分别举行了民主生活会。加强民主管理与监督，组织进行钢铁股份公司、厂处、科级干部的年度考核评议工作。二是加强干部队伍建设和人才队伍建设。与行政一道制定《重钢股份公司一般管理人员聘用管理办法》《重钢股份公司科级管理人员竞聘办法(试行)》《重钢股份公司科级干部管理办法》，对钢铁股份公司各单位新增和空缺的科级岗位实行竞聘。按照《重钢集团厂处管理人员问责办法(试行)》的要求，自2011年1月起，钢铁股份公司厂处级管理人员实施月度履职评分考核。下发《重钢股份公司科级人员及关键岗位人员岗位交流办法(试行)》制度，按规定对关键、重要岗位人员进行岗位轮换交流。针对钢铁股份公司专业技术带头人、主任工程师、技能尖子的选拔，出台《重庆钢铁股份有限公司技能专家管理办法(试行)》《重庆钢铁股份有限公司技术专家管理办法(试行)》制度。三是加强基层党组织建设，加强党员队伍建设。钢铁股份公司各单位党委把创建“五好党支部”与打造“党建示范点”相结合，2011年共有8个单位申报“五个好”党委和53个党支部申报“五个好”党支部。8个单位获重钢集团“五个好”党委称号，4个党组织命名为党建示范点。组织开展党员轮训，参训党员4335人，参训率96.8%。开展“党员先锋工程”“党内攻关”“党员责任区”“党员示范岗”“党员安全岗”“党员身边无事故”等活动，发挥党员在生产经营、技术改造、降本增效等工作中的先锋模范作用。抓“双向培养”，执行“发展党员公示制、票决制和责任追究制”。全年新写入党申请书180人，组织235名入党积极分子参加党的基本理论、基本知识培训，发展新党员90人。开展党员“牵手工程”“结对帮扶”“一对一结对子”等活动，2011年春节期间共慰问困难党员266人，筹措慰问金额92972元，钢铁股份公司配套党费慰问32537元，自筹资金慰问37235元。(3)开展“创先争优”活动、学习型党组织建设和实行党务公开工作。2011年，钢铁股份公司党委把“一讲二评三公示”与“三会一课”等党的生活相结合、完善“创先争优”活动评价考核体系、开展“老区顺行搬迁作表率，新区达产达效立新功”党内主题活动等4项措施，并加以落实。着力打造“四强”党组织，通过OA系统、内部刊物、“12371”党建平台、信息等形式对“创先争优”活动进行宣传。通过党支部和党员的定期讲评，找出差距与不足进行整改。深化“一讲二评三公示”，做到下属厂级党委(总支)、党支部、党员三级承诺全覆盖。全年各级党组织承诺2800条，承诺兑现率100%；党员承诺事项25000条，承诺事项兑现率98.68%。(4)推进学习型党组织建设。钢铁股份公司党委确立“学习氛围浓厚、形成全员学习格局、学习平台搭建完善、形成你追我赶的学习局面、学习成为推进工作的强劲动力”的学习型党组织年度建设目标。全面开展企业“组织活力再造工程”，将建设学习型党组织、“四合一”基层组织建设、“创、做”工程等活动纳入到打造“学习型组织、竞争型组织、半军事化组织”中。制定打造实施办法，提出9条特征、共14条措施和5条要求；钢铁股份公司党政以实行“两票制”为抓手，推进职工自主管理，激发职工积极性创造性的发挥。全年，烧结厂抓学习小组建设，按照小组申报计划，实施学习并促进工作，厂专门工作小组验收合格后给予奖励的程序运行；物运部以每周1次1小时的管理人员等骨干学习为主要载体，学习《每周一学导读》，该厂党政分别开展重点课题推进与调研、重点课题攻关活动和党内“三层攻关”活动；炼铁厂开展关键技术岗位职工与同工种技术骨干结对子帮扶学习互动活动，坚持党员、职工学习“积分制”；焦化厂推行党支部围绕生产工作中的难点问题开展项目领办制。（五）实行党务公开工作。成立钢铁股份公司党务公开工作领导小组及工作办公室。下发《重钢股份公司党务公开工作实施办法》《重钢股份公司2011年党务公开工作要点》等文件，对党务公开工作进行安排，提出要求。钢铁股份公司25个下属单位党委（总支）成立领导及工作机构、制定实施办法、召开动员大会，实现党务公开工作全覆盖。各单位因地制宜，创新公开形式。一是在职工休息、工作聚集地就近设立党务公开专栏。二是利用内部刊物进行党务公开。三是利用党务公开发布会等形式进行公开。四是利用黑板报、张贴栏、宣传橱窗等载体进行公开。五是利用钢铁股份公司网页、内网OA系统、文件、会议等载体进行党务公开。全年炼钢厂用结合党代表常任制试点推进、“创先争优”活动、厂务公开、职工思想动态收集处置、“12371”党建信息平台作用及党内会议召开进行公开；型钢厂党委用文件公开、会议公开、宣传栏公开和网络平台公开，各支部收集支部党员存有疑问的党务内容进行公开。钢铁股份公司党委还确立了“以点带面、点面结合、整体提升”的工作思路，至2011年底共建立11个党务公开联系点进行探索示范。

张瑾

**【钢铁股份公司党务公开工作】** 2011年6～12月，重钢股份公司党委按照上级部署和要求，结合钢铁股份公司环保搬迁工作实际，开展党务公开工作。一是加强领导。成立钢铁股份公司党务公开工作领导小组和工作办公室。下发《重钢股份公司党务公开工作实施办法》《重钢股份公司2011年党务公开工作要点》等文件，对钢铁股份公司及各单位党务公开工作进行安排，提出要求。钢铁股份公司下属25个单位党委（总支）分别成立本单位党务公开领导小组和组织机构，建立和形成党委统一领导、行政支持配合、纪委组织协调、部门各负其责的领导体制和工作机制。至2011年6月10日，钢铁股份公司各单位均召开本单位党务公开工作动员大会。二是流程规范。为保证党务公开工作的规范开展，钢铁股份公司党委提出“五个必须”：列入公开的内容必须全部公开、公开的方式程序必须规范、要求公开的必须尽快公开、公开内容及变动必须经过审批、公开的情况必须统计总结。三是突出重点。在钢铁股份公司党委、厂（处）党委（总支）、车间党支部、班组党小组4个不同层次中，注重党务公开工作的不同重点。钢铁股份公司及各下属单位党委通过收集整理职工思想动态、下发党务公开热点征集问卷、党支部书记交心谈心、职工座谈等形式，收集并整理出职工关心的热点问题，作为党务公开重点内容。同时，钢铁股份公司党委要求各单位要结合实际、创新公开形式。四是经费公开，规范使用。根据上级规定，2011年钢铁股份公司各单位按职工工资总额1%提取党建经费共计340.75万元，其中60%自留、20%交钢铁股份公司（另20%交重钢集团），加上上年余额分别为257.55万元、172万元。各单位共使用192.44万元，余99.22万元；钢铁股份公司使用108.33万元，余63.67万元。钢铁股份公司党建费主要用于购买厂处级学习书籍和建党90周年系列活动及厂情教育、“四合一”基层达标建设、“创先争优”活动及先进班组、党风廉政建设先进单位表彰、阵地建设等。五是在推进党务公开工作中，钢铁股份公司党委要求做到“七个结合”（与党建工作相结合，与厂务公开相结合，与厂情教育相结合，与“创先争优”活动相结合，与企业文化理念建设相结合，与党风廉政建设相结合、与阵地建设相结合）。使党务公开工作横向内容丰富，纵向深入衔接连贯，起到突出各自重点、相互补充完善的作用。六是以点带面，整体提升。全年建立焦化厂、烧结厂、炼铁厂、炼钢厂、中厚板厂、自动化部等11个党务公开联系点，聘任26名党务公开监督员，并通过对党务公开工作即时信息的收集、现场工作经验交流、工作的阶段性总结、党务公开工作评议等工作，推进党务公开工作上台阶。

陈琳琳

**【开展“创先争优”活动】** 2011年，钢铁股份公司党委按照“更扎实地开展、更好地发挥作用”阶段目标要求，结合当期生产经营情况，开展党内“创先争优”活动并提出7点工作要求：一是深入开展不停步，二是规定动作不走样，三是数量质量不打折，四是抓好结合促发展，五是典型示范促提升，六是分段检查促改进，七是用好结果促效果。将“一讲二评三公示”与“三会一课”等党的生活相结合，完善“创先争优”活动评价考核体系。将“创先争优”活动和开展“老区顺行搬迁作表率，新区达产达效立新功”党内主题活动相结合，使“创先争优”活动落到实处。2011年，钢铁股份公司党委通过OA系统、内部刊物、“12371”党建平台、黑板报等形式对“创先争优”活动进行宣传。通过党支部和党员的定期讲评，找出差距与不足，进行整改和汇报，接受群众监督，使“创先争优”活动不断深化。钢铁股份公司党委通过下属厂级党委（总支）、党支部、党员三级承诺的方式进行承诺。全年钢铁股份公司各级党组织承诺2800条，承诺兑现率100%；党员承诺事项25000条，承诺事项兑现率98.68%。

张瑾

**【党内主题竞赛活动】** 2011年，钢铁股份公司各单位党委（总支）围绕生产经营，结合生产经营目标，开展“老区顺行搬迁作表率，新区达产达效立新功”党内主题活动，将活动渗透到顺行搬迁、降耗降本、改善指标、达产达效、管理改革全过程中。2011 年钢铁股份公司党委表彰了在此次活动中的优秀党委 6 个、先进党委 17 个、先进攻关党支部 25 个，降成本增效益先进党员 95 名。

张瑾

【钢铁股份公司效能监察工作】 2011 年，重钢股份公司围绕环保搬迁，生产经营的重点环节、重点岗位、重点项目、重点资金和重点部门等方面开展效能监察。全年共计避免经济损失 946.134 万元，挽回经济损失 37.69 万元，节约资金 2214.69 万元（其中装备处比价节约 279.83 万元），提出监察建议 56 条，建章立制 53 个。(1)2011 年，钢铁股份公司 23 家单位立项 28 项。大宗原材料、辅料质量控制 14 项，机电设备规范管理 8 项，土建工程管理和防止物资流失、能源损失、资金流失等 6 项。(2)开展对大宗原辅料专项监督。一是强化制度建设。制定《生铁合金异常处理办法》《船运大宗原材料检尺计量复核办法》《供应商评价及处置管理办法（试行）》等办法 5 个。二是加强原辅料采购、质量、计量的进入把关。对大宗原辅料采购实行事前公开招标和事后评价；对大宗原辅料质量、计量实行 100% 跟踪检验和抽查。三是加强劣质原辅料的查处力度，截至 2011 年 11 月底，查处 30 起，避免经济损失 220.35 万元。(3)会同设备采购部门对设备采购全过程实行监督控制。扩大零库存采购、招标采购比重，减少跟踪定货量。对跟踪订货、定向议标分析价格的合理性，强化合同评审。2011 年长寿新区工程合同比压价节约 1500 万元，大渡口老区生产备件比压价节约 460.11 万元。

王云飞

【大宗原辅料入司监督管理】 2011 年，钢铁股份公司围绕大宗原材料的质量、数量，把住入口关。(1)在质量检验部门实行内部抽查的基础上，对重点供应商原辅料质量进行再抽查，形成制度；在围绕有害元素增多问题上，到质量检验部门从取样、制样到化验进行全过程跟踪调查，查找产生的原因，协助质量检验部门建立二级平行检查制度、比对制度以及审查检查制度等。(2)在船舶刻度不清，水尺表不规范问题上，走访市级和区县级船检部门，了解其制度和方法，从而规定给钢铁股份公司运送货物的船只，必须经省市级以上的船检部门认可，对水尺表的管理进行电子编号。对供应商租赁的船舶除提供水尺表外，还须提供静水力曲线图，船舶结构图，以及更新后认可的鲜章，对不符合要求的船舶一律不检尺，避免船舶不规范的行为。(3)组织协调原材料处、物运部（运输部）、品质部（质管处）、电子公司等单位针对进入钢铁股份公司的大宗原材料进行查处，截至 2011 年 11 月底，共查处有质量、计量问题的大宗原辅料 30 起，避免经济损失 220.35 万元。

王云飞

【钢铁股份公司武装工作】 (1)开展民兵队伍建设。2011 年，钢铁股份公司各单位民兵连在 2008 年整组登记的基础上，进行人员核对、登记造册，完成统计工作，推动民兵工作向规范化、制度化、正规化的方向发展。钢铁股份公司型钢厂以优化民兵组织布局和队伍结构为目的，厂武装部编制编组方案，分析可能面对的维稳处突、治安巡逻等任务，统筹搞好应急救援、维护稳定、抗洪抢险、降本增效等专业力量编组，保证基干民兵成建制拉动能力。同时调整人员，着力提高基干民兵中转业退伍军人比例、专业对口率和在位率。炼钢厂通过技术练兵比武方式，提高民兵的技能，满足生产持续发展的需要，在钢铁股份公司第 13 届职工技术竞赛暨“青工技术明星”竞赛和重钢集团第 10 届职业技能竞赛中，民兵、复转退伍军人参赛人数占 40.38%。中厚板厂党委把各车间民兵连工作纳入支部书记例会，年初有规划、每月有计划，组织落实、检查民兵参建、民兵攻关项目处突维稳等工作开展情况，把党管武装落实到基层一线。(2)开展千元降本增效竞赛活动。2011 年是重钢大渡口老区关停，长寿新区实现 600 万吨钢生产系统时期。钢铁股份公司炼铁厂各民兵连成立攻关领导小组，根据实际和难点问题，组织民兵进行攻关，全厂民兵组织立攻关项目 14 项。炼钢厂 13 个民兵连 361 名民兵、复转退伍军人报名参加竞赛活动，全厂共立项 14 项。中厚板厂新、老区民兵工程立项 22 个。动力厂民兵降本增效立项 5 项，2011 年 1～10 月外销废旧物资品种 30 个，为钢铁股份公司创回收效益 1800 万元。维护检修部全年完成 28 个项目，节约降本价值 4223.28 万元。自动化部实现民兵“降耗降本、挖潜增效”价值 988 万元。装备处全年降本增效立项 2 个，完成价值 980 万元。(3)抓巡逻护厂、处突维稳等工作。①2011 年，针对大渡口老区生产岗位人员逐步减少，加上人员结构复杂等实际问题，钢铁股份公司各级民兵连把治安巡逻、防窃防盗工作放在首位，不定期进行巡逻检查，并设点防守，保证国有资产的不流失。钢铁股份公司烧结厂民兵团制定大渡口老区包括夜间巡逻线路、重点岗位和物资存放点守护等内容的停产期间治安防范工作，全年组织 12 次民兵巡逻，并联合驻厂的保安加大巡逻力度，打击偷盗行为。高线厂武装部制定《高线厂检修现场安全环保及治安保卫方案》，成立现场安全保卫指挥组和治安巡逻执勤组，并组织民兵对施工现场和设备设施实行 24 小时巡逻守护，保证该厂财产和职工的安全稳定。在检修期间，做到治安保卫零事故，无一盗窃案件发生。原材料处两次组织民兵共 26 人参加钢铁股份公司处置应对突发事件，组织民兵 53 人次参加葛老溪料场巡逻以及指导督促外聘保安人员完成防守任务。保卫处全年组织民兵完成护厂巡逻，捉获偷盗人员 554 人次，拦获被盗物资共计 120 吨，价值 43 万元。全年消防队民兵连出动火警 41 次(新、老区加社会火警)，为生产服务 52 次，保障了钢铁股份公司的正常生产。②2011 年，钢铁股份公司武装部根据上级安排部署，要求各民兵连加强应急分队建设，在有维稳任务时，做好民兵应急工作安排，为维稳需要做准备。焦化厂组织民兵参加维护钢铁股份公司稳定的执勤工作，全年组织民兵 106 次，在厂区中夜班值班巡逻，抓获偷盗 2 人，挡获物质 1.2 吨，挽回经济损失 2159 元。烧结厂按要求 4 次共抽调 37 人次参加重钢集团维稳工作，为保证企业平安作出了贡献。中厚板厂在搬迁期间分别从热轧、精整、原料、热处理民兵连抽调 180 名民兵参加该厂搬迁治安专项整治活动，追回各类废钢、电缆、备品备件价值 6 万元。

吴明利　熊雪

**【钢铁股份公司党风廉政建设】** (1)加强制度建设。2011 年钢铁股份公司拟订并下发《关于加强领导干部严格管理及改进工作作风的通知》《关于开展工作督查的通知》《重钢股份公司科级管理人员及关键岗位交流办法(试行)》和原辅料质量、计量监督例会制度等系列制度办法，实行廉洁风险管理，推进廉洁风险防控机制建设，加强生产经营、环保搬迁中重要环节廉洁风险点的识别、分析和防控，预防企业内部腐败的发生。(2)加强宣传教育工作。一是通过学习提高领导人员党性修养。以《国有企业领导人员廉洁从业若干规定》和《重庆市〈国有企业领导人员廉洁从业若干规定〉实施办法》为主要内容，通过开展国学经典读书月活动、举办预防职务犯罪专题讲座、参观廉政教育基地等活动，开展党性党风党纪教育，提高各级领导人员的道德修养和党性修养，增强拒腐防变能力。坚持和落实领导干部个人重大事项即时报告制度，全年钢铁股份公司厂处级干部 479 人次填报购车、购房、因私出境、子女留学等个人重点事项报告表；坚持领导干部“三谈两述”制度，全年钢铁股份公司两级纪委负责人同下级党政主要负责人谈话 156 人次、领导人员任前廉政谈话 89 人次、诫勉谈话 3 人次，领导人员述职述廉 136 人次；落实礼金上交制度，有 11 人主动向纪委登记上交礼品礼金共 11.74 万元。二是通过廉政教育提高职工思想道德素质。开展以“廉洁从业、忠诚企业”为主题的专题教育活动，培养职工特别是关键岗位职工的责任感、使命感，树立维护钢铁股份公司利益就是维护自身利益的思想。三是各单位结合实际，加强长寿新区的廉洁文化阵地建设，营造廉洁从业的内部环境和文化氛围。(4)着力查处和解决职工群众反映强烈的领导人员党风党纪问题，关系钢铁股份公司生存发展的重点领域、关键环节的突出问题，事关职工群众切身利益的突出问题。并把查办案件中发现的思想性问题作为警示教育的重要内容，将管理性、制度性问题作为建章立制的重要依据。2011 年钢铁股份公司共收到信访举报 12 件，办结 12 件，办结率 100%。

陈琳琳

## 工会

**【概况】** 截至 2011 年底，钢铁股份公司二级厂(处、部)及机关工会 25 个，专职工会管理人员 66 名，占职工总数 0.54%，21 名党委(总支)书记兼任工会主席。全年，钢铁股份公司工会以“坚持一个主题，夯实两条主线、抓住三个环节、创新四项工作，开展五项活动”为工作思路，以“加强厂情教育、强化民主管理、深化创新活动、维护职工利益、丰富职工生活、努力建设自身”为工作重点，完成“以职工为本，履行‘四项’职能，促进公司生产发展，确保工会各项工作任务的实现，保持‘重庆市模范职工之家’称号”为工作目标开展工作。

赵东旭

**【加强工会自身建设】** 2011 年，一是钢铁股份公司两级工会落实上级组织在工会组织和职工中开展“创先争优”活动的要求，成立钢铁股份公司工会“创先争优”活动领导小组，制定《工会和职工开展“创先争优”活动的实施细则》，围绕创建“模范职工之家”“工人先锋号”和争当“劳动模范”“先进生产工作者”“明星职工”活动主题，组织召开“创先争优”交流工作会，按照“公开承诺、积极争创、领导点评、职工评议、组织考核、评选表彰”六个环节，推进“创先争优”活动。各单位工会结合实际承诺，制作展板上墙接受监督，开展“创先争优”活动。二是两级工会贯彻实施全总《关于进一步加强工会理论研究工作的意见》，组织工会工作者围绕职工关注的热点和工会工作难点问题，开展工运研究征文活动，共收集整理各单位上报论文 97 篇，组织评审出一、二、三等奖，编辑出版优秀征文集。三是坚持召开钢铁股份公司“工会主席工作会、工会工作会”，交流各单位工作特色，检查各单位工作完成情况，布置月、季度重点工作。完成 2010 年“社会责任报告书”、申报全国工会先进单位材料等重点工作。两级工会坚持开展工会“同业务”竞赛，全年有 5 项工作获重钢集团工会工作创新表彰；评比表彰钢铁股份公司“2010 年度工会同业务竞赛”先进集体 7 个、先进分工会 22 个、先进工会小组 30 个、先进工会工作者 14 名、工会工作积极分子 28 名。四是贯彻落实全总《关于进一步加强建设职工之家工作，充分发挥基层工会作用的意见》，以钢铁股份公司“四合一”创建为载体，以开展“创先争优”为重要内容，推进“模范职工之家”“模范职工小家”达标建设，2011 年钢铁股份公司工会对各单位申报的 2010 年“模范、先进职工之家”共143个进行检查评比,共命名40个车间(作业区)“模范职工之家”、40个“先进职工之家”。

赵东旭

【民主管理】 一是召开310名职工代表参加的钢铁股份公司二届八次职代会,听取《行政工作报告》,审议《业务招待费报告》,签订《2012年钢铁股份公司集体合同、工资集体协商合同、女职工特殊权益保护合同》。各单位工会和车间年初均召开职代会,在会上通报上年度生产任务完成情况,签订《钢铁股份公司集体合同实施细则》。二是召开钢铁股份公司12次职代会团长会,审议通过《关于钢铁股份公司工资分配实行分类管理的通知》《关于重钢股份公司调整基础工资的实施意见》《关于钢铁股份公司600万吨钢规模投产后相关工作意见及安排》等涉及职工利益的制度和办法11个;各单位工会审议通过的管理制度、办法105个。三是坚持钢铁股份公司“四级”厂务公开体系。钢铁股份公司两级工会针对职工关心的长寿新区600万吨钢规模全流程贯通、大渡口老区关停、新老区生产经营、降本降耗措施、长寿新区人力资源、长寿新区后勤管理、职工福利、收入分配、人力资源结构调整等方面的热点、重点工作和问题,利用厂务公开栏、专题发布、局域网等形式,每季度定期或不定期进行厂务公开;各单位采取各种会议、墙面一角、活动展板、班组生活会等方式,就职工关注的热点进行公开,将职工的知情权落到实处。四是坚持民主评议考核领导干部制度。钢铁股份公司两级工会协助党委(总支)做好厂处级领导干部的民主评议工作,重点抓科级管理干部的民主评议考核,共组织3694人次职工代表,评议89名厂处级、511名科级管理人员;并以职代会团(组)长会、工会工作会等方式,将考核的结果反馈给职工代表,落实职工民主监督权。五是坚持职工监事报告履职制度。2011年选举钢铁股份公司职工监事1名。六是坚持召开领导班子成员与职工代表民主恳谈会制度。两级工会组织到作业区、班组召开座谈会等方式,收集职工对生产经营、降本降耗、收入分配等方面的反映,并组织召开恳谈会,营造相互沟通、理解、支持的氛围。七是坚持党政工联席会议制度,共同商议生产任务的完成、降本降耗措施落实、收入分配等事宜,保证决策的合理性、科学性。八是坚持职工代表巡视制度。各级工会组织职工代表对规章制度贯彻落实、劳动合同履行、安全劳动保护等工作进行巡视,落实职工代表的监督权。九是加强职工代表提案管理,对职工代表在职代会召开期间提出的25份提案进行登记整理;对职代会召开期间,职工代表参加讨论所提出的问题和建议,归纳整理为8个方面75条意见和建议,送相关职能部门给予回复。十是坚持劳务工参加各级职代会和文体活动制度。各单位、车间工会邀请劳务工参加职代会,听取他们的诉求,帮助解决实际困难;两级工会评选“明星劳务工”,邀请他们参加技术比赛、各类文体活动等。

赵东旭

【劳动竞赛】 2011年,钢铁股份公司工会以创“工人先锋号”为载体,开展劳动竞赛。2月17日召开“领导小组工作会”,审议各单位申报的41项重点竞赛,确定26项为钢铁股份公司重点劳动竞赛;上报重钢集团重点竞赛项目7个,确定开展5项。2011年,钢铁股份公司劳动竞赛办公室结合生产经营目标,坚持全年期竞赛与短期见效竞赛、普通竞赛与重点竞赛相结合的竞赛特色,全年在坚持开展“现场安全文明生产”“节能增效”“民兵节约降本”“新区职工宿舍(倒班房)流动红旗”等全年期的重点劳动竞赛,保证竞赛的连续性的基础上,一是组织职工参加重钢集团在长寿新区烧结厂、炼铁厂、炼钢厂、中厚板厂、维检部开展的“十大”重点竞赛中的5个竞赛,使长寿新区生产、设备尽快达产达效。二是针对大渡口老区设备维护、生产任务的完成,开展“降低设备故障时间”“降低故障、稳定提高质量、安全生产”的“冠军班组”竞赛,保证大渡口老区平稳安全关停。三是围绕长寿新区生产经营目标、600万吨钢系统全流程贯通,开展“生产稳定顺行,指标不断超越”“提高热轧小时产量”“缩短冶炼周期”“2700毫米中厚板、三高炉达产达效”等“冠军班组”竞赛。针对2011年重庆电力紧张,在能控中心燃气作业区开展系统优化,提高TRT发电量“冠军站”劳动竞赛,参赛单位组织职工利用煤气余压发电,每月吨铁发电量超过47千瓦时竞赛指标,竞赛期间共发电12915千瓦时。四是各单位工会围绕新、老区的生产任务,结合降本降耗措施,开展“2700毫米中厚板生产线整体停产拆迁安保工作现场立功”“切割保量促生产、提高小时产量、加快剪切促流通、提高交库量、确保作业率”“200万吨球团矿安装工程和维护点检”等劳动竞赛。2011年,钢铁股份公司共筹集竞赛费48.14万元,开展重点劳动竞赛28项,各单位工会围绕本单位生产任务、降本降耗、设备维护、关键工序和环节,筹集竞赛费72.74万元,组织37179人次开展厂级劳动竞赛216项,创造价值2388万元。

赵东旭

【经济技术创新活动】 2011年,钢铁股份公司两级工会按照“参与更广泛,内容更全面,方法更科学,成效更显著”的总体要求,同时,针对重钢大渡口老区设备超期服役、长寿新区设备处于磨合期的实际,从生产管理、设备改进、节约降耗、提升品质、安全生产、工艺优化等方面,动员职工申报创新项目,各单位抓项目跟踪实施,掌握职工创新活动过程,促进职工经济技术创新活动的开展。全年钢铁股份公司总结表彰2010年度职工经济技术创新活动先进集体31个、创新能手20名、优秀项目35个;申报重钢集团职工经济技术创新成果项目156项,获一等奖3个、二等奖9个、三等奖

18 个;钢铁股份公司获重钢集团命名的创新能手 3 名、创新工作“先进单位”4 个、创新示范科(班)组 6 个;上报推荐重庆市“工人先锋号”作业区 3 个。2011 年,钢铁股份公司职工参加“经济技术创新工程”活动 16198 人次,共立项 808 个、实施 554 个、形成成果 322 项,创造价值 5724 万元。2011 年,钢铁股份公司 3402 个 QC 小组实施 QC 成果 5390 项;职工实施小改小革 629 项,共创价值 816 万元。2011 年,钢铁股份公司有 4732 人次提出合理化建议 5428 项、采纳 3785 项、实施 2912 项、实现成果数 210 个、创造价值 1142 万元,全年钢铁股份公司表彰奖励 2011 年度合理化建议“金点子”竞赛先进单位、车间、班组 40 个,“金点子”职工 20 名,最佳建议实施项目 5 个,以职工姓名命名成果 1 项。

赵东旭

**【劳模评选】** (1)2011 年,钢铁股份公司工会按推荐先进条件,整理先进事迹,排出推荐序列,提交钢铁股份公司经理办公会审议,确定上报候选人,全年钢铁股份公司有 1 名职工获“第十届全国技术能手”称号、2 名职工获“重庆五一劳动奖章”、3 个班组获“重庆市工人先锋号”、8 个班组获“重钢集团工人先锋号”。(2)为树立职工身边的典型,开展月度“明星职工、劳务工”竞赛活动,全年各单位共推荐“明星职工”68 名、“明星劳务工”54 名、“知识型职工”44 名、“学习型班组”47 个、“竞争型组织”30 个;经钢铁股份公司经理办公会审议,确定“生产、技术、管理明星职工”20 名、“明星劳务工”9 名、“知识型职工”8 名、“学习型班组”5 个、“竞争型组织”7 个、4 个车间(科室)为老区安全关停先进车间(科室)、4 个作业区和班组为清洁文明生产先进单位。钢铁股份公司工会对评选出的“明星职工、明星劳务工、知识型职工、学习型和竞争型组织”利用厂区电视屏滚动播出获奖名单,在《重钢报》上开辟专栏、编辑《简报》和制作展板宣传事迹。(3)推荐重钢集团 2009 ~ 2011 年度重钢劳动模范、先进生产(工作)者、先进集体,对 16 个单位申报先进单位的材料及各单位推荐的 20 个先进车间、22 个先进班组、39 名先进生产工作者、8 名先进劳务工的先进材料进行归纳整理,提出建议,报钢铁股份公司经理办公会审定,共推荐先进单位 4 个、先进车间 13 个、先进班组 10 个、先进生产工作者 31 名、劳务派遣工先进 2 名。

赵东旭

**【劳动保护】** (1)2011 年 1 月 21 日,钢铁股份公司工会按照“创新安全理念、完善安全检查制度、强化视觉体系、重在执行检查”的要求,与各单位工会签订《2011 年劳动保护工作风险抵押承包书》,兑现上年风险抵押承包奖,表彰“2010 年现场安全文明生产竞赛”先进车间 10 个;(2)2011 年 5 ~ 9 月开展夏季防暑降温竞赛,检查各单位新、老区饮料供应和饮料制作,生产现场防暑降温设施运行情况;评比表彰 20 个单位防暑降温竞赛先进单位。(3)下半年在长寿新区启动“反违章保安全”竞赛活动,在 15 个单位申报和推荐的 38 名职工参评 3 季度“反违章保安全”竞赛先进候选人中,评出 10 个先进单位,15 名先进个人。(4)钢铁股份公司两级工会在长寿新区推进“现场安全检查提示卡”制度,各单位结合长寿新区的设备、工艺、现场环境,制定和编写“现场安全检查提示卡”内容,提醒职工做好自身和岗位安全工作。(5)6 月钢铁股份公司两级工会组织职工参加以“安全责任,重在落实”为主题的全国“安全生产月”活动,配合安全部门抓安全生产事故警示教育周、安全生产宣传咨询日、应急预案演练周 3 个阶段工作;(6)4 月 25 日至 5 月 20 日,在全体职工中开展“一封安全家书”征文活动,6 月 16 日,对由 19 个单位职工参加共 223 篇“一封安全家书”的征文进行评审,评出一等奖 15 篇、二等奖 25 篇、三等奖 40 篇并编辑《百封安全家书》征文集,发表钢铁股份公司党政工团致全体职工的一封安全信。全年,钢铁股份公司共开展 540 次安全劳动保护活动,查出安全隐患事故 1995 项,整改率 100%。

赵东旭

**【集体合同执行情况】** 重钢股份公司《2011 年集体合同、工资集体协商合同、女职工权益特殊保护专项合同执行情况》,于 2011 年 12 月在重钢股份公司二届八次职代会上通报,合同履行率 100%。2011 年,重钢股份公司按时解缴工会经费 1190 万元、划拨劳动竞赛费 25 万元,按国家、重庆市政府的规定按时足额划拨由企业承担的职工养老保险金 9832.5 万元、失业保险金 5858.9 万元、工伤保险金 451.5 万元、住房公积金 4554.98 万元、职工医疗费 7965.84 万元、生育保险 256.8 万元。2011 年,钢铁股份公司劳动合同签订数 12174 人,签订率 100%。2011 年,钢铁股份公司各单位召开本单位职代会组长会,按法律法规审议解除职工“劳动合同”,全年钢铁股份公司解除劳动合同 181 人、认定工伤职工停工留薪 63 人。

赵东旭

**【“创学习型企业、做知识型职工”工程】** 1. 钢铁股份公司第十三届职工技术比赛。2011 年 3 月 31 日,分别在新、老区进行由 934 名职工参加的第十三届职工技术比赛理论考试,产生 19 个班组 234 名职工参加 6 个集体项目的实作竞赛,102 名职工角逐 7 个单项实作竞赛:(1)长寿新区竞赛项目。4 月 18、19 日,热轧厂轧制作业区举行 3 个班组 52 人的“热轧一条龙”集体实作项目;4 月 26 日,物运部码头进行 12 名职工参赛的浮吊司机个人实作项目、品质部大楼进行 12 名职工参赛的轧钢质检个人实作项目;4 月 27 ~ 28 日,烧结厂烧结平台中控室进行 4 个班组 24 名职工参赛的“烧结一条龙”集体实作项目;4 月 28 日,物运部办公楼旁铁路库进行 14 名职工参赛的行车工个人实作项目；5月12日，能控中心轧钢站进行12名职工参赛的变配电值班员个人实作项目；5月11～12日，焦化厂干熄焦作业区进行3个班组30名职工参赛的干熄焦工序集体实作项目；5月17～18日，炼钢厂精炼作业区进行3个班组48名职工参赛的“精炼一条龙”实作集体项目；5月17～19日，炼铁厂铁水转运作业区进行3个班组56名职工参赛的铁水转运工序实作集体项目。5月20～23日，中厚板厂剪切作业区进行3个班组24名职工参赛的4100毫米精整剪切工序集体实作项目；5月25日，热轧厂准备作业区进行12名职工参赛的磨工个人实作项目。(2)大渡口老区竞赛项目。4月29日，重钢技校钳工实习场进行22名职工参赛的机修钳工个人实作项目；5月20日，动力厂办公楼天桥下进行9名、18名职工参赛的自动化设备点检及维护工个人实作项目。2011年6月，召开第十三届职工技术比赛总结表彰会，8个单位被评为技术竞赛获奖单位和优秀裁判组，12个班组获集体技术竞赛项目前两名，45名职工获个人竞赛项目前6名，有6名职工获1年每月100元的技术津贴。

2. 钢铁股份公司第三届“好书铸辉煌”职工读书征文活动。在208篇参评作品中评出优秀作品60篇，编辑发放第三届“好书铸辉煌”职工读书征文作品集。

3. 职业技能培训活动。钢铁股份公司各单位设立“职工大讲台”，开办青年夜校，开展专业技术带头人技术讲座、每周生产工艺流程讲座、职工岗位技能竞赛、技术运动会等活动，夯实“创学习型组织、做知识型职工”工程，2011年有14897人次参加264项次工种的技术练兵比赛。有16个单位建立职工书屋，藏书11983册，平均借阅人数682次/月；10个单位建立读书角，藏书1223册。

赵东旭

**【厂情教育】** 一是宣传党的十七大、十七届五、六中全会精神，让职工理解坚持发展才是硬道理的本质要求，树立“聚精会神搞建设、一心一意谋发展”的信心；宣传学习胡锦涛总书记在纪念建党90周年大会上的重要讲话，使职工了解党的90周年历程、中国改革开放所取得的成就；增强职工大局意识、责任意识，为推动企业又好又快发展贡献力量。二是宣传国家和重钢“十二五”规划，让职工了解国家“十二五”规划的指导思想、总体思路、目标任务、重大举措，增强职工主人翁责任感；让职工知晓重钢“十二五”发展战略、奋斗目标，激励职工为实现重钢“十二五”规划建功立业。三是宣传中央和重庆市经济工作会精神，认识到钢铁行业高成本、高价位、低利润的运行格局，教育职工两眼向内对标挖潜，提升经济技术指标，增加“追求成长，追求卓越”企业文化内涵。四是以“尽职尽责高效工作，降耗降本挖潜增效”为主题对职工进行厂情教育，重点宣传钢铁股份公司2011年生产经营目标、降耗降本措施；宣传重钢长寿新区600万吨钢规模全流程贯通和大渡口老区关停的目的和意义；增强职工的责任感和紧迫感，调动职工的积极性和创造性，为完成全年生产经营任务作贡献。五是开展危机意识教育，因2011年国内钢材市场萎缩，使钢铁股份公司效益下滑亏损，教育职工增强危机意识，立足岗位挖潜降本降耗，促进生产发展。六是宣传重钢120年历程，对职工进行厂史教育。七是开展“忠诚企业、遵纪守法、爱岗敬业”宣传教育活动，教育职工用“行为规范”约束自己，强化职工遵纪守法、爱岗敬业的意识，提升职工的文明素质。八是宣传获全国、重庆市表彰的优秀职工和钢铁股份公司月、季度明星职工的先进事迹，引导职工勤奋学习、锐意进取，争做推动科学发展、促进社会和谐的劳动者。

赵东旭

**【“庆、谈、访”活动】** 2011年，钢铁股份公司两级工会组织努力为职工群众办实事、做好事，履行“第一责任人”的职责。(1)钢铁股份公司召开“‘迎新春、话新区、保目标、做奉献’职工座谈会”“慰问困难职工座谈会”，钢铁股份公司代表重钢集团送困难慰问金10万元到长寿江南镇；2011年钢铁股份公司两级工会共筹集25.9557万元，采取召开座谈会、走访慰问等形式，慰问困难职工、劳动模范和先进工作者及生产骨干1068名。(2)加强251名困难职工档案动态管理，掌握解决他们的实际困难；全年上报重钢集团帮扶困难职工79名，重钢集团确定帮扶困难职工39名。(3)参与关爱“重钢老区留守儿童”活动，全年共上报“留守儿童”268名。(4)执行钢铁股份公司“庆、谈、访”制度，按规定给予78名职工子女考取大学奖励46100元；开展“金秋助学”活动，按要求上报困难职工子女上大学18名，其中8名获重庆市总工会资助、10名由重钢集团工会资助。

2011年，钢铁股份公司两级工会对2692人次进行困难补助，发放补助金72.68万元；对10750人次进行“庆、谈、访”活动，活动经费144万元；办理14名职工抚恤金95.86万元。

赵东旭

**【女职工工作】** (1)2011年，钢铁股份公司女职工委员会组织女职工立足岗位参与经济技术创新、合理化建议、技术革新、QC等活动，为钢铁股份公司生产经营作贡献，全年表彰先进女工班23个、先进女职工工作者11名、优秀女职工46名。(2)加强女职工拜师学技的合同签订与管理。2011年签订女职工拜师学技合同92份，签订女职工“夫妻安全共保协议”合同540份。(3)加强女职工“五期”保护，组织1355名女职工妇科体检并建立档案；组织90名女职工听“女职工‘五期’保护知识”讲座；每季为2645名女职工发放卫生费，全年共计63.48万元；建立女工卫生室15个。(4)组织各单位女工委员参加“重钢集团女职工工作经验交流会”，会上3

个单位作“女职工提升素质工程”“女职工建功立业工程”“关心、帮扶女职工”方面的交流发言。(5)开展文体活动,组织“三八”妇女节十字绣比赛,将80名女职工的十字绣作品在长寿新区管控中心进行展示;组织48名女职工参加女职工书法比赛。2011年,钢铁股份公司获“全国‘五一’巾帼标兵岗”车间1个、“重庆百佳‘五一’巾帼示范标兵岗”女工班1个、“重庆‘五一’巾帼标兵岗”女工班4个、“重庆‘五一’巾帼奖状”女工班1个;“全国‘五一’巾帼标兵”1名、“重庆‘五一’巾帼标兵”2名。

赵东旭

**【职工文化生活】** (1)2011年1月24日,组织400名职工观看由重钢集团工会、环保搬迁指挥工会在长寿新区联合组织的“重钢新区迎春文艺汇演”;(2)5月18日,组织纪念重钢建厂120周年职工薪火传递短跑比赛,22个单位261人次参加男、女60米短跑个人赛,4人男女混合60米接力赛,4人男、女子60米接力赛等5个项目的角逐。(3)与环保搬迁指挥部、长寿区晏家管委会、江南街道办事处等单位联合开展“建设新重钢,展示新江南”摄影比赛,参赛作品500幅;(4)7月18日,组织钢铁股份公司纪念建党90周年及重钢建厂120周年职工“歌曲填词”比赛,在23个单位的填词作品中,评出一等奖2个、二等奖3个、三等奖6个;(5)7月22日,组织“歌曲填词新唱”比赛,22个单位53名选手登台演唱了职工填写的歌曲,8个单位获金奖、14个单位获银奖;(6)9月25日,在钢花影剧院组织庆祝重钢建厂120周年“眷念·憧憬·辉煌”职工舞蹈表演,600名职工观看了由18个单位演出的节目;(7)11月9日,举行钢铁股份公司第二届职工消防运动会,21个单位的129名职工参加了5个项目的比赛;(8)“明厂史、颂党旗、赞国庆”职工摄影比赛,8月23日对237幅职工参赛作品进行评审,评审出一、二、三等奖28幅,制作展板在钢铁股份公司各单位巡回展出;(9)参与《社会保险法》宣传活动,编辑“百封安全家书”征文优秀作品集并举行发行仪式;(10)组织两个单位的30名男女青年联欢;完成长寿新区职工文体活动楼用能、各楼层房间功能定位和体育用品数量、规格等需求工作。(11)组织参加上级组织开展的广播体操比赛、拔河比赛、“一封安全家书”朗读会、“重钢职工心向党”诗歌征文和“重庆职工心向党”美术、书法、摄影作品展及职工游泳比赛等活动;(12)组织职工观看“重钢杯”全国冶金职工歌手大奖颁奖晚会、重庆“五一”文艺晚会、纪念重钢建厂120周年文艺晚会等演出;协助重钢集团组队参加“2011年全国拔河新星系列赛‘巨洲杯’重庆分站赛”和全国比赛。(13)各单位工会以兴趣爱好小组为载体,举办年会及培训活动,对文学爱好者的作品进行交流和讲评,进行摄影现场技术指导和技术交流;单位、作业区、单位间组织开展“唱传讲读”、职工拔河比赛、象棋赛、围棋赛、羽毛球比赛、仿桥牌比赛等208项系列群众性文体活动。

赵东旭

## 团委

**【概况】** 2011年,重钢股份公司团委下属24个二级团委(总支)、直属团支部,基层团支部173个,团员3269人,35岁以下青年4626人。有专职团干部12人,兼职团干部12人。设书记1人,办公室主任1人。2011年重钢股份公司团委继续保持重庆市国有资产监督管理委员会级“五四红旗团委”称号。

雷祖宁

**【钢铁股份公司“五四红旗团委”创建活动】** 2011年,钢铁股份公司团委按照“班子建设好、主题活动好、支部建设好、活动阵地好”的标准,在24个二级单位团组织中开展“五四红旗团委”创建活动。(1)在班子建设方面,各单位按照“随缺随补、先后衔接”的原则,“配齐配强”团的各级班子。2011年钢铁股份公司团委有专、兼职团干部24名,其中专职团干部12名,均为大专以上学历。(2)在主题活动方面,钢铁股份公司团委围绕生产经营重点,全年深入开展“尽职尽责高效工作,降耗降本挖潜增效”等团内主题活动。(3)在支部建设方面,钢铁股份公司团委在173个基层团支部中开展“五四红旗团支部”创建竞赛活动,各团支部按照团支部建设的19项量化竞赛指标开展工作,全年共开展基层调研2次。(4)在阵地建设方面,钢铁股份公司团委继续加强团委网络的建设,通过组建QQ群、飞信等平台,畅通团内信息,便捷团内宣传。钢铁股份公司两级团组织利用《重钢报》、重钢电视台等作为宣传阵地,加大宣传力度。

雷祖宁

**【钢铁股份公司“青”字号活动】** (1)青年创新创效活动。2011年,钢铁股份公司团委继续以“青年项目领办”制的工作模式,开展以技术创新为重点的青年创新创效活动。一是依托各单位青年协会组织和“青知”技术小组,带领青年知识分子开展技术创新立项攻关活动。2011年共签订攻关项目书106份,可实现经济效益460万元。二是钢铁股份公司团委和钢铁股份公司钢研所、人力资源处继续开展“青知”创新项目攻关活动。活动共收到各单位申报项目72个,经钢铁股份公司钢研所专业技术审查后立项36个,年终评选出一等奖6个,2等奖12个,三等奖18个。三是钢铁股份公司各单位团组织开展团支部“五小”QC活动。全年基层团支部共签订403个“五小”QC项目,可实现经济效益370万元。(2)“青安杯”竞赛活动。“青安岗”工作以保障安全生产、促进生产经营为中心任务,以提高青工岗位安全技能、强化青工安全文明生产意识、营造青年安全文化氛围、促进企业安全文明生产为最终目标。钢铁股份公司各级团组织履行“青安岗”的“查、促、反、保”职能，2011年共查隐患1322起，整改1288起，新设置标识牌191块。(3)“青年文明号”活动。2011年，钢铁股份公司团委要求各单位继续摸清青年班组状况，结合“青年文明号承诺服务”开展创建活动，特别是窗口服务班组，要完善“创管”结合工作机制，切实服务钢铁股份公司生产经营。2011年，钢铁股份公司各单位申报创建2012年度“重钢股份公司青年文明号”青年班组12个。2011年“五四”期间，钢铁股份公司团委评比表彰2010年度重钢股份公司“青年文明号”5个。(4)青年突击队活动。2011年，钢铁股份公司各单位青年突击队围绕本单位及车间生产急、难、险、重、新任务开展突击活动。全年在日常生产现场，钢铁股份公司各单位青年突击队开展定置整理、油漆设备、修旧利废等突击活动，为生产经营作出贡献。在围绕环境整治、治安巡逻、打击偷盗等新突击项目中，钢铁股份公司各单位青年突击队也切实发挥作用。2011年钢铁股份公司共开展各类突击活动212次。

雷祖宁

**【钢铁股份公司“党建带团建”工作】** 2011年，钢铁股份公司党委重视“党建带团建”工作，在工作中坚持“五带一优化”工作机制，以“五有”标准建设团组织，促进团的工作稳步提高。2011年钢铁股份公司团委与党委工作部评选出2010年度钢铁股份公司“党建带团建”先进单位5个、“党建带团建”先进集体10个。2011年，钢铁股份公司获重钢集团“党建带团建”先进集体称号。全年钢铁股份公司各级党团组织共推荐189名团员青年作为发展对象，被党组织吸纳104名。

雷祖宁

**【钢铁股份公司第十三届职工技术竞赛暨“青工技术明星”竞赛】** 2011年，钢铁股份公司团委与钢铁股份公司人力资源处、宣传处、工会、武装部联合完成第十三届职工技术竞赛暨“青工技术明星”竞赛理论和实作竞赛，共计500人报名参加。经过竞赛，有6个优胜班组、42名优胜个人获奖，其中2人被授予“青工技术明星”称号，6人获得1年期的技术津贴；热轧薄板厂获“岗位练兵优胜单位一等奖”；炼钢厂、能控中心获“岗位练兵优胜单位二等奖”；干熄焦工序裁判组、热轧一条龙裁判组、浮吊司机裁判组、行车工裁判组、变配电值班员裁判组获“优秀裁判组”称号。

雷祖宁

**【钢铁股份公司“青年职业生涯设计”活动】** 2011年，钢铁股份公司各级团组织继续把“岗位学习、岗位发展、岗位成才、岗位奉献”作为突破口，探索青年职业生涯设计的方法和模式。全年钢铁股份公司各单位着手实施青年职业生涯设计动态管理，利用网络、跟踪调查等方式建立青年职业生涯设计个人档案，掌握青年职工的培训需求、进度情况、思想状况等情况，并有针对性地开展工作。钢铁股份公司团委通过召开“青年职业生涯设计”活动研讨会，以交流研讨的方式促进各单位活动的开展。钢铁股份公司各单位团组织也开展多种形式的交流活动，2011年钢铁股份公司共有692人规划职业生涯。

雷祖宁

## 焦化厂

**【概况】** 重庆钢铁股份公司焦化厂是重庆钢铁股份有限公司下属生产厂。主要产品为冶金焦炭、煤气。生产工业萘、硫铵、粗苯等10种化工产品。2011年，焦化厂大渡口老区行政设4科1室（生产科、安全环保科、技术质科、机动能源科、厂办公室），7车间（一炼焦车间、二炼焦车间、原料车间、配煤车间、回收车间、焦油车间、理化车间）；党群系统设党委办公室、工会、团委。长寿新区设4作业区（配煤作业区、炼焦作业区、煤气净化作业区、干熄焦作业区）。年末在岗职工879人（其中劳务工385人），大专以上149人，管理、技术人员64人，高级职称5人。全年按政策办理职工“30、5年”（30年工龄、距法定退休年龄5年）退休99人。2011年焦化厂共有47人次参加钢铁股份公司各类岗位培训；有59人次参加职业资格培训及考试，获证13人；82人参加特种作业持证培训，40人获特种作业证。全年焦化厂培训操作人员1225人次，全员培训率100%；培训管理技术人员43人次，培训率80%。

2011年，长寿新区焦化2号干熄焦2月26日投产；3号焦炉4月29日装煤投入生产；5月下旬，3号焦炉正式达产达效，形成240万吨焦炭规模。8月31日5号焦炉点火烘炉，6号焦炉建设中。2011年1~9月大渡口老区焦炭产量96.1万吨，2011年长寿新区焦炭产量196.3万吨。焦化新、老区主要化工产品硫铵、粗笨、工业萘产量达到钢铁股份公司计划目标。

2011年，焦化厂接受国家环保部门4次废水监测，6次环保检查，污染物指标基本达到国家综合污染物排放标准。11月9日通过重庆市安监局危化品登记办公室的考核验收并取得危化品从业单位安全标准化国家Ⅲ级标准证书。全年无重伤死亡事故，轻伤4人（其中长寿新区2人）。动火作业安全率100%，隐患限期整改完成率100%。全年焦化厂根据新、老区机动能源及点检管理的不同情况，大渡口老区在关停前制定《焦化厂大渡口老区设备关停拆除及资产清理处置管理办法》《焦化厂大渡口老区拆除人员留守方案》等管理办法、方案、计划共10个。长寿新区组织编写修改AB类设备三大标准150个，设备使用规程100个，制定修改长寿新区设备管理制度20个，并制定推进长寿新区等级设备管理及基础管理的网络计划。2011年焦化厂点检站共下达周计划503项，其中机械268项，电气165项，其他70项，全部完工。停产检修465项，全部完成。月计划246项，全部完工。2011年，焦化厂根据长寿新区的新工艺及装备等开展提合理化建议及QC活动，全年提合理化建议405条，创效益70万元；QC成果275个，创效益52万元。

康群

**条目另见部目**

【老区焦化厂关停】：《环保搬迁》
【焦化厂老区拆除及资产处置】：《环保搬迁》

**【科技创新实现新区240万吨焦炭达产达效】** 2011年，随着长寿新区焦化3号焦炉、2号干熄焦、2号制酸系统的相继开工投产和达产，长寿新区焦化240万吨焦炭生产规模实现全面达产，主要技术指标达到设计能力：煤气中硫化氰含量200毫克/立方米以下、干熄焦率97%、工序能耗110千克/标煤以内，实现全面达效。全年围绕达产达效，焦化厂开展系列技术攻关："以提高焦炭产量和质量的技术攻关"、以"提高干熄焦率和蒸汽产率的技术攻关"和"提高脱硫脱氰效果和化产品回收率的技术攻关"等；并围绕岗位操作指标优化、精细调节为主开展岗位QC活动等。2011年，焦化厂通过科技创新，其各项技术经济指标得到提高，在钢铁股份公司进入全国同行业平均水平以上的5个指标中焦化占3个指标，其中干熄焦率达到国内先进水平，冶金焦率和粗苯回收率达到行业平均水平以上。

倪菠

**【推行设备单机保养，扩大设备定修范围】** 2011年4月30日，长寿新区焦化3号焦炉投产，长寿新区形成4座焦炉年产240万吨焦炭产能，因结焦时间为19小时，每天的检修时间有限，使四大车设备故障不能及时、彻底处理，导致四大车突发性设备事故增多影响生产。对此，焦化厂对焦炉四大车推行单机保养，即每周对四大车里的单台车辆计划检修6小时，检修项目由点检站确定，涵盖机械、电气、自动化、工业电视等方面，特别针对四大车易损件，在单机保养中进行定期检查、更换，并将设备的润滑、紧固、清洁纳入保养内容。实行四大车单机保养后，突发性故障减少，四大车运行率得到提高。同时，结合焦化厂AB类设备定修取得的效果，2011年焦化厂扩大设备定修范围，将焦炉自动放散点火、硫胺打包机、安全设施、工艺设备等设备纳入到定修范围，对设备定期保养和维护，扩大设备定修范围，保证了焦化生产的顺行。

吴朝宪

**【中水回用】** 重钢长寿新区焦化厂采用干熄焦工艺，焦化不再是中水回用的大户，2011年实现焦化废水全部回用。2011年1～4月，重钢长寿新区3号焦炉未投产时，回用水量150立方米/时，5月3号焦炉投产，达到240万吨焦炭设计生产能力，焦化回用水量185立方米/时，全年回用水量140万立方米。

王晓龙

**【危险化学品安全生产标准化建设】** 根据《重庆市安全生产监督管理局关于做好2010年危险化学品从业单位安全标准化工作的通知》（渝安监发〔2010〕19号文件），2011年3月成立以厂长为组长，各科室、作业区负责人为成员的焦化厂危险化学品安全标准化工作领导小组，2011年3～9月共分5个阶段，安全标准化工作办公室组织各科（室）、作业区按照业务范围负责具体工作，展开《危险化学品从业单位安全标准化》贯标工作：按国家安监总局颁布的《危险化学品从业单位安全标准化规范》（试行）和《危险化学品从业单位安全标准化考核评价标准》开展自查自纠，完成从软件到硬件的建设和完善，修订各种安全（生产、工艺、机动能源等）管理制度、办法及《焦化厂安全技术规程》，至2011年8月，完成准备策划、宣传动员、组织实施阶段的工作，并从2011年9月开始进入改进与提高阶段，10月进入全面实施阶段；7月28日工作组对照《危险化学品从业单位安全标准化考核评价标准》进行自评打分；通过打分，查找出不符合项进行整改。2011年10月将危险化学品从业单位安全标准化考核申请表报送钢铁股份公司安环处，由安环处报送重庆市安监局危化品登记办公室，并取得重庆市安监局危化品登记办公室考核验收审批手续。2011年11月9日，经考核验收专家组来厂评定达到国家Ⅲ级标准；在考核验收的同时专家组提出56个整改小项及整改要求，焦化厂组织各相关部门进行整改，并向重庆市安监局危化品登记办公室进行整改情况汇报，最终获得危化品从业单位安全标准化国家Ⅲ级标准证书。

王晓龙

**【老区生产】** 2011年，焦化厂大渡口老区焦炭年生产计划48万吨，目标50万吨。全年焦化厂克服新、老区生产并行，从大渡口老区抽调熟练工造成人员紧张的实际，在完成生产任务的同时，保证了全年安全稳定运行。为保证生产目标计划的实现，2011年初即围绕生产经营目标，组织生产，协调检修与生产的矛盾以及与炼铁厂生产的平衡问题。2011年1～9月共完成焦炭产量691336吨，完成目标计划138.26%，粗焦油29100吨，硫铵7286.22吨，粗苯7889吨。

汤明全

**【建立"三合一"体系】** 按钢铁股份公司统一安排，焦化厂自2010年开始建立"三合一"体系，完成焦化厂作业活动划分，危险因素、环境因素的辨识和厂级危险源和环境因素清单。并参与钢铁股份公司"三合一"体系程序文件和管理手册的编写。2011年8月，按钢铁股份公司程序文件要求，完善焦化厂“三合一”体系所需资料,2011年12月由中国船级社进行外审,钢铁股份公司通过职业健康管理体系和质量管理体系的认证。

刑利田

【培育党建工作“品牌”】 2011年,焦化厂党委在党建示范点工作中培育党建工作“品牌”。一是党建工作综合化。焦化厂党委以“创先争优”活动为抓手,紧扣党员承诺、党支部讲评、厂党委点评等内容,围绕企业生产经营实际,做到党建与生产经营工作同部署、同检查、同考核、同评比,实现党建与企业生产同步发展。二是基础建设标准化。按照“八个一”和“五个有”要求,巩固焦化厂党建示范点5个,力求在班子建设、活动阵地、规章制度、档案资料等方面达到标准,使党建示范点发挥样板作用。三是实践经验特色化。以党员牵手工程、学习型党支部项目领办制、党支部典型案例分析等实践特色工作的打造提升,推进“党建示范点”建设。四是党建效果形象化。以“一讲二评三公示”为载体,吸引党支部和党员参与“创先争优”活动,引导党员发挥“五好五带头”作用,力求在长寿新区生产、技术创新等方面培养一批“排头兵”,使基层党建工作看得见、摸得着。五是学习推广普及化。焦化厂党委重视党建示范点工作经验和总结的提炼,组织召开现场会、座谈交流会等,将党建示范点经验在焦化厂范围内推广普及,提升焦化厂基层党建工作水平。

方晓燕

【党员先锋工程】 2011年,焦化厂党委提出“行业争先进,岗位争先锋,个人争优秀”的党员先锋工程目标,使党的建设与生产达产达效形成相互促进、相互支撑的格局。为建立激励党员发挥作用的保障机制,焦化厂党员先锋工程对党员进行分类管理,即根据党员年龄、技能、综合素质等不同而提出不同的目标要求,实行不同的管理办法。2011年焦化厂党员在“党员牵手”活动中,结成技能帮扶对子22对、生活帮扶对子7对,党员350人次参与党内“创先争优”、创建学习型党员、党员技术攻关、党员安全岗、党员示范岗等党内各项活动。全年有党员示范岗、党员安全岗、党员包机台等58个。其中焦化厂炼焦作业区党员把推动4座焦炉实现达产达效纳入“党员承诺”,提出“以设备分级管理为基础,量化生产操作标准,实现标准化作业”的管理思路,党员干部到班组跟班作业。全年,焦化厂党员带领职工,完成焦炭产量186531吨,日平均产量达到6217.7吨,创焦化厂平均日产量新纪录,焦炉单孔平均产焦21.60吨,突破焦炉设计生产能力。

姚家勇

【“一规范、两示范”实施党务公开】 2011年焦化厂党务公开工作,一是通过规范公开制度和公开程序,保证党员“四权”。焦化厂党务公开以“先核准,后公开;先党内,后党外;先公开,后反馈”的公开制度和程序,遵循“重大事情先知道,重要文件先传达,重大问题先讨论,决策实施先发动”的原则,规范推进党务公开工作。二是规范公开内容。采取“核定范围、框定内容、确定时限、指定责任人、选定监督人”的“五定”工作法,着重对“党建工作情况、党组织和党员作用发挥情况、党员以及职工群众共同关注的焦点热点问题”等三方面内容进行规范,细化焦化厂党务公开7项内容。让党员通晓党内事务,参与党的活动。三是依托党务公开阵地,打造党务“示范点”。坚持“示范就是党建典型工作公开,示范就是党组织和党员个人发挥作用的公开”的理念,在长寿新区各作业区建立“党员学习室”,从硬件上建起党员自己的家。并依托这个家,打造厂内部的“示范点”,发掘和塑造各作业区党支部亮点工作,推进党建品牌特色工作,使其成为党组织和党员发挥作用的展示台,体现“示范效应”,建起党员思想上的家。其次是为加强“示范点”党务公开工作的规范性,焦化厂党委对每个示范点进行跟踪指导,从党务公开“五上墙”,党务公开资料整理,党支部读书角,党建光辉历程,廉政教育园地等方面,做到张贴规范,搭配有序。

方晓燕

## 烧结厂

【概况】 重庆钢铁股份有限公司烧结厂是钢铁股份公司下属生产厂,承担为高炉炼铁提供烧结矿和球团矿供应任务。截至2011年9月,在大渡口老区主要生产设备有240平方米烧结机1台(套),105平方米烧结机2台(套),8平方米球团竖炉2台(套)。2011年在长寿新区主要使用的生产设备有360平方米烧结机3台(套),200万吨链篦机-回转窑球团1台(套)。

2011年末在册人数571人,在岗人数561人;在岗人数中有管理技术人员93人,生产操作人员468人;高级技师2人,技师15人,高级工61人,中级工92人,初级工116人;具有高级职称的9人,中级职称的19人,初级职称的46人。另有在线劳务工286人。

刘云

**条目另见部目**

【老区烧结全线停产】:《环保搬迁》

【安全管理】 (1)安全检查活动。2011年,烧结厂安环科牵头组织对各作业区检查56次,查处问题204项,其中大渡口老区154项,长寿新区50项,发放整改通知单25份,考核处罚金额共计5106元。根据“三定四不推”原则,查处的问题全部明确责任人和整改时间,204项问题全部在规定时间内完成整改。每月烧结厂领导参加安全专项检查,全年共参加安全专项检查15次(包括皮带机专项检查、起重设备专项检查、煤气设备设施及管网专项检查、工业建筑安全通道和环境整治专项检查、防暑降温专项检查、节假日安全隐患排查等）。（2）安全基础管理。2011年初，烧结厂安委会完成厂长对作业区安全生产目标责任书，作业区对工长、班长安全生产目标责任书的签订。厂长与作业区签订安全生产目标责任书11份；作业区与工长、班长签订安全生产目标责任书153份，其中大渡口老区签订107份、长寿新区签订46份。全厂1018名职工签订2011年安全承诺书。烧结厂安环科结合职工身体健康和岗位实际情况，在职中开展“一帮一”结安全互保对子活动，共签订互保对子48对。每月月初，烧结厂领导组织召开安委会；2011年，烧结厂主体责任制达到A级。（3）营造安全氛围，提高职工安全意识。制定下发《烧结厂关于组织职工学习“安全两本书”和“冶金安全生产技术”的通知》，为厂、科两级安全管理人员以及工长、班长发放《重钢安全培训手册》和《重钢安全管理手册》140套。成立以厂长为组长，副厂长、厂党委书记为副组长的“安全月”活动领导小组，制定下发“烧结厂安全生产月的活动安排”，明确各部门责任分工。各作业区悬挂安全警示标语12幅，在重点区域、岗位、场所等悬挂上墙各类安全警示标识牌420块；组织职工参加钢铁股份公司“一封安全家书”活动，获一等奖一篇；组织参加钢铁股份公司“一封安全家书”演讲比赛；举办“关爱生命、维护安全”的安全生产知识抢答赛；组织职工参加“落实企业安全生产主体责任知识竞赛”，发出答题卡1200份。全年对转岗258人、实习生115人、大学生社会实践42人、新进厂工人148人进行安全教育培训。（4）完成1次煤气泄漏事故应急处理演练。组织对作业区主任、书记、正副工长、生产值班主任等36人进行煤气安全知识的闭卷笔试，参考率100%。

李德林

**【对标挖潜】** 2011年，烧结厂在长寿新区通过分解落实对标指标，学习先进企业唐钢，对烧结矿固体燃料消耗、返矿率、球团膨润土消耗等13个主要技术经济指标开展对标攻关。通过该活动的开展，长寿新区烧结矿合格率从上年85.19%提高至91.48%，一级品率从上年58.57%提高至79.40%，返矿率从14.31%降至10.99%，烧结固体燃料消耗从42.81千克标煤/吨降至41.18千克标煤/吨，工序能耗从51.36千克标煤/吨降到47.31千克标煤/吨，转鼓强度从78.24上升至80.14，利用系数从1.18吨/平方米·时上升至1.20吨/平方米·时，总体技术经济指标达到行业平均水平，其中烧结工序能耗和烧结固体燃料消耗两项指标达到国内同行业先进水平。

龚艺杰

**【新区200万吨链篦机－回转窑球团投产】** 重钢长寿新区200万吨链篦机－回转窑球团，于2011年4月9日开始热（重）负荷试车。截至2011年12月，共生产球团矿706098吨，基本达到设计能力要求。200万吨链篦机－回转窑球团主要包括配料及干燥系统、精矿高压辊磨系统、混合系统、造球系统、链篦机－回转窑－环冷机系统、成品系统等工艺环节。

王才文

**【技术工作】** 2011年，烧结厂根据新、老区两线生产的现实情况，在大渡口老区通过优化生产组织，加强大渡口老区烧结机和竖炉的末期维护，使大渡口老区生产各项指标保持稳定，实现平稳停产过渡，支持了长寿新区的生产。在长寿新区通过开展科研活动和生产实际相结合的方法，进行高碱度烧结实验研究与应用、型煤烧结实验研究、污泥水消化生石灰研究与应用等，进一步指导生产；通过加强生产专题技术分析和工艺参数测试抽检，为改进操作和设备提供依据；通过总结生产各类问题，完善各项规程和工艺制度，提高操作水平。烧结厂“长寿新区360平方米烧结机节能减排控制一体化改进”项目获重钢集团2011年度科技进步二等奖。

龚艺杰

**【设备管理】** 2011年，烧结厂新、老区两线生产。大渡口老区因设备劣化严重，且多处于运行末期，烧结厂加强设备点检管理，对设备劣化严重的105平方米烧结机和球团设备进行重点监护使用，做好突发事故的应急预案，避免事故发生，保证了大渡口老区的稳定生产。全年，长寿新区3台360平方米烧结机相继投产，200万吨球团在2011年4月建成投产，烧结厂以《重钢股份公司等级设备管理评定标准（2010年新区版）》为指导，推进等级设备管理和设备表面清洁管理。按照等级设备评定标准要求，制定《烧结厂2011年等级设备管理推进工作方案》，完成长寿新区等级设备网络电子版的移版工作。对照目录，建立和健全各类台账资料；对机械、电气、仪表、计算机、工业建筑、特种设备、点检定修及通用制度等文件进行重新清理与修订；编制了球团设备使用规程、维修技术标准、点检标准及给油脂标准；重新制定《烧结厂长寿新区2011年A、B、C类设备分类明细表及特种设备明细表》，对全厂的设备使用规程、标准及设备分类清单进行实效性评价；强化设备点检及定修管理，增大设备劣化倾向管理范畴；加强机旁备件及库房管理以及设备表面清洁的管理。2011年，烧结厂通过钢铁股份公司等级设备管理A级验收，实现管理目标。

李毅

**【学习型党组织建设】** 2011年，烧结厂党委围绕生产经营实际，制定《烧结厂创建学习型党组织的实施方案》，提出创建活动的总体目标和具体要求。一是党政工团分头并进、齐抓共管；二是领导带头、干部带头、党员带头；三是量化和细化学习内容；四是自愿组合，打破原有班组建制模式，鼓励党员、职工之间，以兴趣爱好、专业互补为前提，以解决实际工作难题、提升综合素质为目的，自由组合形成学习小组；五是学以致用，对疑难问题开展揭榜攻关活动，解决制约生产的重难点问题；六是加强党组织阵地建设，对长寿新区学习室在硬件、软件上进行整体规划和装饰，建立作业区职工读书角，配置相应的书籍。2011年，烧结厂学习型党组织建设被重钢集团作为先进典型进行经验交流发言。

刘云

**【"创先争优"活动】** 2011年，烧结厂两级党组织以"争当四强四优先锋，推进烧结两线生产"为主题，以"强化队伍综合素质提升、确保'四大战略'任务实现"为载体，与"老区生产稳定作表率，新区达产达效立新功"党内主题活动结合起来，做到党支部"五个好"、党员干部"五带头"，全力营造"创先争优"氛围。烧结厂党委向各个支部提出"注重'五个结合'并举，提升'创先争优'实效"的要求。一是"创先争优"与强化党员意识相结合；二是"创先争优"与降本增效实施相结合；三是"创先争优"与防范事故发生相结合；四是"创先争优"与学习型组织创建相结合；五是"创先争优"与解决生产疑难相结合。"五个结合"的实施，深化了"创先争优"活动，一是公开承诺具体；二是党员意识得以强化；三是结合生产解决疑难效果和党员示范作用效果显现。2011年，烧结厂党委通过重庆市国有资产监督管理委员会"五个好"党委的验收。

刘云

## 炼铁厂

**【概况】** 重庆钢铁股份有限公司炼铁厂2011年1～9月新、老区两线生产。2011年9月全面关停位于重庆市大渡口区李子林的老厂区，其大渡口老区的主要生产设备1座750立方米高炉、1座1350立方米高炉，分别于2011年9月21日、9月13日停产。长寿新区3座容积为2500立方米的2号高炉、1号高炉、3号高炉，分别于2009年12月23日、2010年11月26日、2011年9月16日建成投产。2011年，炼铁厂设综合办公室、生产科、安全环保科、设备管理科、技术质量科5科室和1号高炉、2号高炉、3号高炉、喷煤、供料、铁水转运等6个作业区。2011年大渡口老区固定资产原值9.42507亿元，净值6.22239亿元。截至2011年末，有在岗职工734名，其中管理技术人员125名，生产操作人员609名。管理技术人员中具有初级技术职称76人，中级技术职称35人，高级技术职称9人。

2011年，炼铁厂面对大渡口老区设备老化加剧、长寿新区外部工序影响不断，人力资源紧张、原燃料质量大幅波动、保产保供难度加大等压力，按照"安全第一、均衡稳定"的工作方针，组织现实生产，实现大渡口老区生产的平稳顺行和1350立方米、750立方米2座高炉的安全关停及长寿新区3号高炉安全开炉和达产达效，全年共生产生铁557.85万吨，生铁合格率100%。2011年，炼铁厂获重钢集团"四好"领导班子、"五好党委"和钢铁股份公司党风廉政建设"先进单位"称号。

杜传

**条目另见部目**

【老区750立方米、1350立方米高炉停产】:《环保搬迁》

【改进铁水罐砌筑工艺实现整体浇注】:《科学研究与应用》

【高炉脱水器托圈防松动和防位移的定位措施】:《科学研究与应用》

【新区喷煤喷吹主管吹扫系统技术改造】:《科学研究与应用》

【高炉休风不改全焦冶炼技术应用】:《科学研究与应用》

**【新区3号高炉开炉投产】** 长寿新区3号高炉容积2500立方米，是重钢环保搬迁长寿新区标志性工程。长寿新区3号高炉基础自2010年6月18日破土开挖，至2011年4月底高炉主体结构完成安装，于7月1日高炉本体实现送风烘炉，主体工程基本结束，建设周期12个月。

在3号高炉开炉准备过程中，炼铁厂在总结长寿新区1号高炉、2号高炉开炉经验的基础上，以"先进、实用、可靠、经济、环保"为原则，以3号高炉开炉前的人员技术培训为重点，以强化工艺技术攻关，优化高炉技术操作为手段，制定热风炉烘炉，高炉本体及煤气系统试压、试漏，高炉烘炉，开炉料计算，装料、测料面和高炉开炉送风、点火及高炉强化达产等开炉方案及操作规程。并把握时间节点，抓工程进度、施工质量等各环节的督促检查和验收把关。对热风炉、水渣、上料、槽下、重力除尘等系统中需整改的项目进行现场跟踪，对工程质量和施工进度进行把关。并进行12小时以上的联动试车，高炉各种计算机监控系统、仪表、仪器安装校对完毕，运转正常，在铁水转运作业区、喷煤作业区、供料作业区3个辅助车间制订相应的高炉开炉应急保障预案，为长寿新区3号高炉顺利开炉达产做准备。

2011年9月16日9时16分，3号高炉点火开炉，首炉即实现渣铁分离走水冲渣。3号高炉开炉投产后，因外部因素控制产量，炼铁厂组织专业技术人员对上料系统、炉顶设备、送风系统、煤气系统、煤粉喷吹系统和炉前设备等进行全面检查、维护。为缓解长寿新区3号高炉投产后焦炭缺口，对长寿新区1号、3号高炉共用喷吹罐工艺系统进行改进，10月14日成功实施1号、3号高炉共用喷吹罐，实现达产目标。10月29日，长寿新区3号高炉日均产量突破5000吨。

杜传

**【炼铁厂生产统计管理系统改造】** 炼铁厂生产统计管理系统是1997年由重钢电子公司与炼铁厂联合开发并投入正式运行的信息管理系统，主要用于铁水、铁渣等统计系统的管理。该系统自投入运行后，提高了数据的准确性。随着炼铁厂生产规模的扩大，其原有的数据处理方式，数据模型和算法不能适应需要。2011年炼铁厂对该系统全面升级。（1）主要措施。①建立铁水基础数据统计系统平台。将铁水按罐统计，系统自动显示每罐铁水的渣重、净重、巴包及巴包分摊，为每月铁水销售以及巴包率统计建立了1个汇总、计算、查询的基础平台。②建立铁水销售明细系统。根据生铁化学成分，系统自动按[硅]标准将生铁分类为L04、L08、L10、L20以及铸造生铁，并按生铁[硫]标准将各型号铁水分为特类、一类、二类、三类、四类及出格铁。③建立铁水巴包量及巴包率系统。借助建立的铁水巴包基础数据系统，将炼铁厂巴包和炼钢厂巴包分类统计。④建立铁水包重统计系统。在铁水基础系统平台按每罐铁水的重量，统计重包、轻包、和小包率。（2）实施效果。①实现铁水按罐统计渣量、净重、销量、巴包以及炼钢厂分摊巴包的铁水整体销售明细项；②实现铁水统计数据查询、核算、即时数据汇总计算功能。

康敏

**【思想政治工作“三化”构建和谐职工队伍】** （1）“固化”宣传教育。炼铁厂在开展宣传教育活动中，将党的理论政策、企业的规章制度加以“固化”，做到“三个坚持”。一是厂情教育，坚持“贯穿发展主线，频道始终不换”。2011年，炼铁厂厂情教育重点围绕“完成大渡口老区炼铁系统安全平稳关停，确保长寿新区3号高炉顺利投产，1号、2号高炉冲量达产、降本增效”等主线，履行党组织思想政治工作的主体责任、以“形势、目标、任务、责任”主题教育贯穿发展主线，开展危机教育、“四个三”教育，做到讲形势分析透彻；讲任务措施具体、目标明确。通过主题教育坚定职工“三心”（责任心、自信心、上进心）；树立职工“三感”（目标认同感、企业归属感、工作成就感）；加深职工“三情”：对企业有感情、对工作有热情、对创新有激情；强化职工“三性”：自觉性、积极性、创造性。二是队伍培养。炼铁厂的各级党组织坚持以艰苦奋斗为思想导向，以抓住关键带好队伍完成任务为着力点，以“纪律性、执行力、忠诚度”三项主题教育作为发挥政治核心作用贯穿各项工作的主线，以强化“创先争优”活动载体，抓科级干部打造“学习型组织、半军事化组织、竞争型组织”的主题调研活动；抓“一讲二评三公示”；抓先进典型事例和典型的提炼宣传工作。三是学习活动，坚持“带着问题调研，找到思路实干”。炼铁厂党委依托创建学习型组织活动，按照《炼铁厂党员学分制管理办法》规范管理，组织干部职工学习、参观、讲座、交流等形式，营造“推崇创新、追求创造”的浓郁氛围，采取干部读书、技术讲座、自主创新、课题攻关、命名先进操作法等多种形式，培养知识型职工和技术能手，全年80%的班组有QC成果，达到出人才和出效益的双重效果。（2）“液化”思想矛盾。一是用活动载体分散关注点，淡化矛盾。通过开展“冲刺600万吨钢产能，为长寿新区3号高炉投产再立新功”主题立功竞赛、炼铁厂第十四届职工技术比武赛、炼铁厂“走进新区、健康职工”系列文体活动，吸引职工注意力、分散关注点，淡化对局部矛盾的关注程度，把职工的思想、行为引导到立足岗位、作贡献上来。二是用原则和感情化解矛盾。对于国家和钢铁股份公司有明确规定的坚持原则性，按章解决；对无法解决或政策未明确的矛盾和问题，讲究策略和方法，有情操作，消除、化解引起和激化矛盾与思想困惑的不利因素。三是用先进典型同化思想和行为。“评比选树立标杆，人人身边有样板”，通过先进典型的引领作用，淡化职工思想矛盾，激发职工向先进典型学习的动力。2011年，炼铁厂有21名党员、7个党支部获钢铁股份公司和重钢集团党委表彰。（3）“汽化”具体问题。一是贯彻以人为本，“汽化”简单问题。炼铁厂领导班子坚持采取三走进、定期召开恳谈会和职工每月思想分析等方式了解职工实际问题，尽力当面解决当期职工关心的热点、难点问题。在恳谈会上职工与厂级领导班子成员和各职能部门负责人，面对面进行交流。厂领导对职工代表提出的问题进行现场回答，能解决的当面拍板，不能立刻解决的就责成相关部门做好记录，会后落实。截至2011年底，累计处理职工反映的生产、生活等问题40件，90%的职工表示满意。二是深化“两务”公开，“汽化”小道消息。在厂务公开工作中，炼铁厂党委坚持“一个标准，两个确保，六个必须”的原则，并按照“积极动员、稳步推进、规范操作”的思路，推进党务公开各项工作。2011年7月，炼铁厂党务公开工作接受重钢集团党委、重庆市国有资产监督管理委员会检查，获得好评。

周虎

**【加强思想政治工作，两个文明建设同步发展】** （1）抓实厂情教育，发挥思想政治工作的引导激励作用。围绕各个时期重点工作任务，深化“尽职尽责高效工作，降耗降本挖潜增效”主题厂情教育。针对大渡口老区全面关停，长寿新区生产达产达效，降本任务重，人员抽调、分流等实际情况。采取各级负责人深入职工讲形势任务、各单位分解目标上墙公示、班组学习宣传、利用《炼铁之声》《重钢报》等载体，利用党员“一讲二评三公示”现身说法，党员标兵、劳动模范示范激励等形式，开展厂情教育。2011年下发学习专题宣传资料、《炼铁之声》等共7期，在《重钢报》刊发宣传报道195篇，获得钢铁股份公司宣传思想政治工作和厂情教育“先进单位”称号。（2）加强企业文化建设，促进两个文明同步发展。一是以“打造半军事化组织、学习型组织、竞争型组织”，再造党政组织活力。炼铁厂行政以“瞄准行业先进水平，实施对标挖潜、科技攻关”为导向，针对工艺、设备、工序和原料等薄弱环节，定期组织对标挖潜分析攻关会，对制约生产的重点和难点，发动技术人员揭榜攻关，落实督办奖励，增强提升经济技术指标，解决实际问题，确保生产稳定顺行的竞争文化意识。二是开展创建“四好”班子、“四强”党组织和争当“四优”党员活动。实施《党风廉政建设责任制》分工制度，坚持民主测评厂、科两级领导班子制度和廉洁教育，在职工中开展遵纪守法、文明礼仪教育，全年党员、干部无违规违纪事件发生；在科级干部中开展打造“三个组织”调研活动，在基层党支部中开展“对标挖潜、党组织行动”主题竞赛活动，通过党支部立项攻关、党员包机台、党员示范岗、党员承诺，发挥党组织的战斗力，体现党员的先进示范效应；开展“冲刺600万吨钢产能，为长寿新区3号高炉投产再立新功”主题立功竞赛活动。厂各级党组织围绕生产设备中的难点、重点开展攻关活动，全年各党支部完成立项攻关15项，实现效益200万元。2011年炼铁厂获重钢集团“四好”领导班子和钢铁股份公司党风廉政建设“先进单位”称号，厂党委通过重钢集团党委“五好党委”验收命名。三是构建团结和谐企业文化。坚持职工代表大会制度，兑现共保合同，实施“三级”厂务公开制度，开展为职工办实事和爱心帮扶活动；工会以“走进新区、健康职工”为主题，开展系列文体活动。举办以“走进新区健康职工”为主题的趣味运动会、职工篮球及拔河比赛、职工夏季游泳比赛等。参加“唱红歌、读经典、讲故事、传箴言”文艺活动，其大型诗歌《红色记忆》获最佳节目奖。2011年在重钢“产业杯”职工混合4×4拔河比赛中获第2名、职工游泳比赛获团体第2名。厂职工舞蹈队在钢铁股份公司纪念重钢建厂120周年“眷念·憧憬·辉煌”职工舞蹈表演演出中获金奖；厂团委在团员、青年中开展“青年职业生涯设计”“青安岗”和青年达产达效立项攻关等活动；厂武装部开展民兵政治教育和民兵达产达效立项攻关活动。全厂在春节等重大节日期间开展“庆、谈、访”活动，为全厂职工发放节日物品，对360名困难职工、党员进行慰问，慰问费239100元。

杜传

## 炼钢厂

**【概况】** 重庆钢铁股份有限公司炼钢厂2011年有在岗职工1122人[长寿新区944人(不含劳务工252人)、大渡口老区178人]，其中管理岗位125人、操作人员997人，具有高级职称资格12人、中级职称47人，高级技师10人、技师33人。长寿新区设生产物资科、技术质量科、机动科、安全科、综合办公室7个科室和炼钢、精炼、连铸、精整、运转和公辅6个作业区。2011年9月炼钢厂大渡口老区全线停产后，相关车间、科室分别并入长寿新区对应的生产作业区和科室，而炉检车间、连检车间、供运车间因无对应归并单位而撤销。2011年底，按钢铁股份公司关于科级管理人员按职数核定重新任命的要求，调整任命科级管理人员36名(含二炼钢科级管理人员)。2011年，炼钢厂大渡口老区关停前有1号、2号、3号80吨转炉3座，弧型连铸机3台、LF精炼炉2座、900吨混铁炉2座以及转炉净浊环、连铸净浊环水处理环保设施。在长寿新区使用的生产设备有1号、2号、3号180吨转炉3座，1号、2号、3号板坯连铸机生产线3条，RH精炼炉1台，双工位LF精炼炉2台，双工位CAS站2座，脱硫设备1座及转炉干法除尘系统等炼钢配套环保设施。2011年长寿新区第2座LF炉竣工进入调试阶段，至此重钢环保搬迁工程长寿新区炼钢设备、设施建设基本完成。2011年9月21日10时，炼钢厂大渡口老区关停前的最后一炉钢出炉，结束了其在大渡口老区18年的转炉炼钢生产历史。

2011年，炼钢厂为达到安全平稳生产、有序退出大渡口老区生产的要求，加大对老旧厂房与设备设施锈蚀状况监护与整改，并针对行车运行情况、“四罐”运行情况、煤气泄漏情况等专项安全问题成立攻关组，实现大渡口老区炼钢厂安全有序关停。为实现长寿新区600万吨钢规模达产达效，在长寿新区开展“无障碍车间、零错误职工”评选活动，全年18项技术经济指标中的16项指标得以提高，职工微伤由上年的7人次降低至3人次，炼钢厂获2011年度重钢集团安全生产先进单位称号。2011年炼钢厂新、老区共生产合格钢600.853万吨，其中长寿新区产钢454.841万吨，大渡口老区至9月21日关停时实现产钢146.012万吨。全年铸坯综合合格率99.77%、探伤合格率98.64%，累计节约钢铁料消耗成本、辅料成本分别为9.50元/吨、1.50元/吨；综合能耗-3.04千克标煤/吨，长寿新区1号连铸机实现浇铸5000炉钢，创重钢历史上连续浇铸100万吨无漏钢的最高纪录；“干式真空系统应用于RH工艺技术研发”获全国冶金系统科学技术进步成果一等奖。2011年炼钢厂党委获重钢集团“红旗党委”“五个好党委”称号。

杨培德

**条目另见部目**

【老区炼钢厂设备停产】:《环保搬迁》

**【新区备件管理】** 炼钢厂为保证2011年长寿新区600万吨钢生产规模的实现，在备件管理上加强与装备处、机动处、维护检修部及建设公司等单位协调、沟通，克服长寿新区因备件图纸资料少，进口备件种类多、金额大、供货周期长等困难，全年根据设备劣化情况申报备件计划2050项，领回备件1826项，其中生产急件285项。开展备件的改、代和修旧利废工作，通过中央机修加工零备件22吨，工模具加工件10万件。大型备件协调外委修复钢车、渣车613台次，修复氧枪856支(次)，修复连铸辊子827根、连铸机架21台、风机和减速机等设备54台次。加强对备件和生产工模具的修复，中包塞棒芯、结晶器铜板等工模具的修复满足了生产所需。2011年因日本地震，炼钢厂订购的连铸机辊子用轴承日方(原设计)无法按时交货，炼钢厂采用国产轴承替代进口产品，在保证生产所需的基础上，节约生产成本950万元。制定《重钢长寿新区连铸机线外备件管理规定》，与维护检修部、机动处及建设公司协调，全年连铸机线外备件的修复基本保证连铸机检修所需，满足了长寿新区600万吨钢的生产规模要求。

吴积勇

**【600万吨钢规模形成】** 2011年炼钢厂产钢600.853万吨，与上年同比，长寿新区增产265.277万吨，大渡口老区减产116.272万吨，合计比上年增产149.05万吨，实现钢铁股份公司下达的在2011年形成600万吨钢规模的要求。2011年炼钢厂长寿新区生产钢坯453.97万吨，交库钢坯453.586万吨，均比上年同期增产1.4倍。其中8月消化2座高炉铁水产钢38万吨，达到年产450万吨钢水平；10月消化3座高炉铁水产钢50万吨，达到长寿新区年产600万吨钢规模的设计目标。①8月实现“三吹三浇”形成450万吨规模。②换包连浇攻关取得突破。5月第1次换包成功，6月3台连铸机大部分断面换包成功。③实现生产检修平衡。2011年9月3号高炉投产后，通过组织铁钢界面“一罐制”铁水供应，消化3号高炉前期高硅铁水及其他铁水。同时为解决600万吨钢规模达产后生产与检修间的矛盾问题，在生产组织上采用“三吹三浇”以及换包连浇方式，实现“三条线消铁水(铁水降低)→一条线定修(铁水逐渐积压)→三条线消铁水”的生产定修循环模式及在600万吨钢规模下生产、质量、设备三者间的稳定运行局面。④推行事故减半管理。全年炼钢在产能增倍的情况下，未发生因炼钢责任导致的高炉休风及轧机断料事故；铸机溢、漏钢事故与上年持平，未发生恶性漏钢事故。⑤理顺物流。全年通过对铁水过跨线、转炉加料跨、精炼跨、钢水接收跨及出坯跨的物流管理，理顺钢坯堆存及整理发运程序，优化各铸机热送和下线整理钢坯生产计划，实现600万吨钢规模下炼钢生产物流的顺行。⑥提高钢坯辊道及台车输送比。全面推行1780毫米轧机铸坯热送和辊道及台车送钢，实现1780毫米生产线2号机所有钢坯和1号机碳素钢及热轧普通低合金钢的全部热送，全年热送钢坯182.167万吨，其中2号机生产钢坯热送比达到81.28%，送4100毫米生产线钢坯辊道和台车送钢比从30%提高至80%以上。

蒲胜亮

**【新区实现“负能炼钢”】** 2011年，炼钢厂按照“节能、增效、降耗”的能源工作要求，一是采用余热发电节能技术，实现转炉蒸汽的全部回收发电；二是提高转炉煤气热值，规定一氧化碳浓度含量达到39%时才开始回收，以保证热值自上年平均1600大卡提高至2011年的平均热值大于1800大卡。为提升“负能炼钢”水平，2011年炼钢厂采取的措施有：①优化炼钢工序烘烤工艺和加快生产节奏，缩短烘烤时间和降低焦炉煤气的使用量；②从优化生产工艺、规范岗位操作、减少氧枪点吹率3个方面降低氧气消耗；③在转炉非吹炼期间，按《主要能耗设备管理制度》开停风机及水泵，将风机转速调至经济低速，同时加强厂房照明管理，规定连铸机开浇前的试水、试气时间以及出坯后的冷却设备时间，降低压缩空气和工业水的消耗。2011年综合能耗为-3.56千克标煤/吨，较上年综合能耗-3.25千克标煤/吨降低0.31千克标煤/吨。

杨俊

**2011年长寿新区炼钢主要能源单耗表**

| 项目 | 单位 | 上年 | 当年 | 比较差值 |
|---|---|---|---|---|
| 电 | 千瓦时/吨 | 99.46 | 58.96 | -40.5 |
| 焦炉煤气 | 立方米/吨 | 11.53 | 8.5 | -3.03 |
| 氧气 | 立方米/吨 | 58.83 | 57.98 | -0.85 |
| 氮气 | 立方米/吨 | 38.47 | 37.6 | -0.87 |
| 压缩空气 | 立方米/吨 | 90.42 | 63.37 | -27.05 |
| 外销蒸汽 | 千克/吨 | 94 | 100 | 6 |

杨俊

**【“干式真空系统应用于RH工艺技术研发”获一等奖】** 210吨RH真空精炼项目于2008年初启动，成立由机械、电气、仪表、计算机、除尘、冶金工艺等专业参与的攻关组，经1年半的研究与优化，2009年9月，首次应用于重钢长寿新区干式(机械)真空系统，作为真空获得装置的210吨RH真空精炼项目正式开工建设，于2010年6月一次性热试车成功。干式真空系统由19组双排并联的干式真空泵模块组成，其投运后与蒸汽泵相比降低7.74元/吨钢的运行成本。由于不使用蒸汽，转炉蒸汽可用于发电实现其高效回收。其设备稳定性高、操作简单、除尘效果好，启动和运行灵活，利于生产组织。经18个月的运行，截至2011年底共处理合格钢水190万吨，脱氢率63.5%，极限碳可达0.0010%，钢中全氧可达0.0015%，各项冶金指标均达到国内先进水平。该项目申请专利15项，其中发明专利2项，适用新型专利13项。2011年"干式真空系统应用于RH工艺技术研发"被中国钢铁工业协会、中国金属学会评定为冶金科技进步一等奖，同年被评为重庆市科技进步二等奖，并被列入2011年世界钢铁工业十大技术要闻。

马立华

**【新区蒸汽回收达到全国先进水平】** 为提高蒸汽回收量，2011年炼钢厂先后实施系列技术攻关：①加强日常维护检修，对转炉回收蒸汽垫片进行更换，对转炉烟罩进行定期检修等，避免因烟罩漏气而导致蒸汽回收量减少；②实施技术攻关。全年协同能控中心对原3个系统的余热蒸汽回收管道进行改造，提高2号余热管道回收使用率，从而提高蒸汽发电量；③为发挥2011年新增1套蒸汽发电系统的使用功能，炼钢厂优化操作工艺，加强对余热蒸汽能源回收系统的日常三级点检，做好疏水阀及检测脉冲管的维护，保证蒸汽回收设施的正常运转。2011年长寿新区炼钢蒸汽回收提高至100千克/吨，达到全国先进水平。

杨俊

**【炼钢厂老区生产】** 2011年是大渡口老区炼钢厂设备劣化趋势严重、关键备件质量不稳定以及铁水少、零星合同多、生产组织难的一年。炼钢厂一是利用库存资源降低资金积压，实现大渡口老区产能、效益的最大化，并以产能提升带动增产降本。2011年因受1350立方米高炉停产影响，大渡口老区钢产量较上年同期降低62万吨，但通过废钢回收钢铁料消耗反比上年同期降低4.463千克/吨；二是通过系统优化来保证产品质量。2011年1～9月指标与上年同期比有6项指标得到提高，质量事故3次，较上年同期减少18次；三是通过开展提高品种兑现攻关、含铝钢直走氩站工艺攻关、铸坯实物质量攻关等，使产品实物质量得以提升，品种兑现率较上年同期增加1.91%；四是针对125吨行车大梁炸裂、厂房屋面及煤气管网锈蚀严重、行车超载运行等安全隐患，成立"四罐"运行、行车安全、煤气防范督导等专项攻关组，开展安全整治活动，2011年炼钢厂大渡口老区职工微伤由上年的7人次下降为2人次；环保设施有效运行率为97.78%，综合排放率96.32%。按重钢环保搬迁工程推进的要求，大渡口老区炼钢厂4座转炉分别于2010年7月7日至2011年9月21日相继关停。截至2011年9月21日炼钢转炉全部关停时，大渡口老区2011年生产钢坯146.012万吨。

杨培德

**【强化技能培训适应规模生产】** 为掌握长寿新区新工艺、新设备，适应600万吨钢规模生产，2011年炼钢厂：①实施职工岗位适应性培训。全年共开设培训班34个，培训职工1786人次；②实施大渡口老区职工转长寿新区的岗前培训，按《炼钢厂老区关停岗位（上岗）培训管理办法》及《关于实施炼钢厂老区转新区职工岗位（上岗）理论培训计划》等要求，先后组织4个培训班共计84个课时，对200名大渡口老区关停后转入长寿新区炼钢厂工作的职工进行强化技能培训；③为让职工对"动态轻压下"等新兴技术熟练应用到生产实际，对炼钢厂技术科、机动科、连铸作业区、连检作业区、炼钢项目部等单位的工程管理技术人员、维护检修人员、生产操作人员共计51人进行培训理论考试；④党群系统介入职工技能提升培训。一是炼钢厂工会和团委利用职工休息时间，在长寿新区职工中开展"青工夜校"技能培训，共有300人次的青年职工参加；二是炼钢厂党政在长寿新区开展全员性的"冲刺600万吨钢规模职工技能大培训"活动，活动共培训36课时，参训人数680人次；⑤各作业区为提高职工实际操作技能，结合自身特点在各轮班中开展"一周一问答""技术员讲座"等针对性的专项培训，减少了事故的发生率。

郑传云

**【缩短38分钟冶炼周期取得突破】** 为适应重钢长寿新区600万吨钢规模达产时，炼钢各工序快捷的生产组织要求，突破制约冶炼周期的限制性环节，2011年炼钢厂从整改制约环节、巩固成功操作、提升技能水平3个环节入手，实现全钢种冶炼时间从2011年初的45分钟缩短在38分钟之内。（1）在整改阶段，通过改造废钢槽、增大吸铁盘吸铁量、调整出钢口内径、增大吹炼氧气流量试验等系列设备改造，实现ADQ228、AFT702、BFT003、CDQ209等钢种从第1次倒炉进料至出钢，保证了出钢至下氧枪时间平均21分15秒；通过提高行车工操作技能，使进料时间缩短至5分8.4秒；通过出钢口口径的扩大，出钢时间缩短为6分6.6秒；在保证溅渣护炉时间为4分钟15.6秒的同时，炼钢过程作业时间仅为7分33秒；优化炼钢供氧制度，吹氧时间缩短至15分55.2秒而不影响转炉炉内造渣。通过该系列攻关，转炉冶炼周期为41分5.4秒，完成第一阶段的整改目标。（2）在巩固阶段，利用3号高炉尚未出铁的时机，对第一阶段中存在的问题进行完善，缩短铁水到达吊装孔进料时间、减少设备故障率、减少等钢包的次数等重点指标进行攻关。2011年10月在3号高炉出铁正常后，在铁水、钢包能够保证的情况下，通过调整操作及强化管理，基本实现炼钢平均周期达到39分38.4秒，实现第二阶段的攻关目标。（3）在提升阶段，2011年4季度从每1炉进料、炼钢、精炼、行车运转、炉检、钢渣车到位等各个环节相互配合，转炉冶炼周期在各个环节的时间控制都有不同程度的降低，操作稳定性进一步提高，特别是下氧枪至出钢时间的稳定，为周期攻关目标的实现打基础，使冶炼周期控制在37分55.2秒的范围，实现2011年初提出的冶炼周期缩短至38分钟的既定目标。

燕飞

**【“无障碍车间、零错误职工”活动】** 2011年，炼钢厂为促进职工“自我学习、自我加压、自我改进、自我提高”，保证长寿新区600万吨钢生产规模形成和实现大渡口老区有序关停与拆迁，2011年7～12月炼钢厂在新、老区各车间（作业区）同时开展“无障碍车间、零错误职工”评选活动。该活动开展力争达到：工艺技术合理，生产过程顺行；生产过程中无人为错误发生，无人为设备故障发生，工序保证好。“无障碍车间、零错误职工”评选活动作为在炼钢厂内强制性开展的群众性活动，炼钢厂厂部根据各车间（作业区）在生产过程中所处的工序地位、工作难度、风险程度、事故几率等设计和下达了各单位评选条件及奖励额度，并根据各车间（作业区）各项指标的具体完成情况确定评选档次，实行按月考评。为保证活动目标的实现，炼钢厂各单位制订相应的对策和措施，抓措施的兑现与落实，工作取得成效：长寿新区各类事故由活动开展前的平均35次降低至年底的11次，其中责任事故由活动开展前的80%降低至年底的20%。该项活动历时半年，在参加活动的10个单位中共评出模范无障碍车间1个、优秀无障碍车间16个（次）、无障碍车间14个（次）。

许禾林

## 高速线材轧钢厂

**【概况】** 重庆钢铁股份有限公司高速线材轧钢厂拥有控冷控轧高速线材轧钢生产线1条，可生产$\phi5.5$～$\phi16$毫米的光面盘元，钢种：碳素结构钢、优质碳素钢、低合金钢、焊条钢、焊丝钢、铆螺钢等，产品广泛应用于工业和民用建筑、金属制品行业。2011年，高线厂按“扁平化”管理模式设置“二部一室”：生产技术部、设备部和办公室。截至2011年末，在岗职工159人，其中高级专业技术职称3人，中级专业技术职称12人，高级技师职业资格证9人，技师职业资格证11人，高级工职业资格证64人。

高线厂2011年主要工作：（1）开展“稳定顺行保安全，提升技能促搬迁”主题厂情教育活动，坚持“工作重点在现场，管理重心在一线”的指导思想，强化干部管理，抓职工队伍的稳定，全年生产合格钢材36.9312万吨，同比增产1.1012万吨。推动“钢坯热送热装”节能减排攻关项目，综合能耗为47.3千克标煤每吨，比上年降低0.331千克标煤每吨。抓产品质量和钢铁资源利用率，全年产品综合合格率99.81%，与上年持平；线材综合成材率98.50%，比上年提高0.09个百分点；均保持全国同行业先进水平。全年吨钢产品质量异议索赔为0.08元/吨，较目标值降低0.22元/吨。（2）推进环保搬迁和大渡口老区停产后的资产处置工作。完成搬迁方案的讨论、审查及招投标、设备技术协议谈判等工作，并于2011年7月进行实质性动工。（3）按钢铁股份公司决定将棒材生产线纳入高线厂管理，10月将原值共7145.43万元的型钢厂棒材生产线和部分中厚板厂固定资产划拨到高线厂。（4）钢铁股份公司产品结构调整项目启动后，高线厂成立资产清理、处置工作组，负责大渡口老区高线厂以及棒材车间的资产清理、处置工作。至11月，高线厂可利用资产111项，处置闲置资产得款388.35万元。

2011年，高线厂获重钢集团2009～2011年度先进单位称号，“高线厂驭火者”QC小组获2010年“冶金行业优秀质量管理小组”称号，高线厂“青安岗”获2010年度全国钢铁行业“青安杯”竞赛最佳“青安岗”称号。

杨淑礼

**条目另见部目**

【老区线棒材生产线搬迁】：《环保搬迁》

【高线厂老区拆除与资产处置】：《环保搬迁》

【高线厂新特产品开发与生产】：《科学研究与应用》

**【精细化管理“十个到位”】** 2011年初，高线厂以落实岗位作业标准为主线，推进“制度到位、管理到位、点检到位、日检到位、定修到位、准备到位、观察到位、检查到位、思考到位、调整到位”的“十个到位”精细化管理工作：一是以会议决定事项督办、每周综合检查、专业管理日常动态检查及中夜班突发故障挂号销号制度等为载体，全面强化执行。二是为实现目标管理与过程控制的统一，使管理标准细化、管理制度硬化、管理手段强化，确立以“工厂典型事故案例库的构建与应用”为突破口，推进企业管理精细化的工作思路，使典型事故案例分析与培训及网络集成作业形成制度。三是以“精细点检、精心维护、精准操作、精益生产”为总体要求，以优化完善管理制度、落实“十个到位”岗位工作职责、清理修订工艺设备事故、生产准备及设备的抢修检修定额标准为主要内容，以作业区为基本单元，以自查和检查的方式围绕岗位工作（作业）标准职责履行情况、案例培训管理及效果评价、定额标准管理、部门及作业区的重点工作等方面开展精细化管理检查评价活动，对检查的基本情况、存在的问题、下一步工作建议三方面的内容进行分析、总结，促进“十个到位”。

杨浩东

**【质量工作】** （1）2011年，高线厂继续完善企业以ISO9000－2008标准为基础构建的质量管理体系，确保该体系有效运作。按照ISO9000－2008标准要求，围绕以“关注顾客需求”为核心，突出“科技为先、全员参与、环环从严”的质量宗旨。在人员抽调和工艺装备老化的情况下，通过管理，产品质量保持稳定：综合成材率98.50%，创历史最高水平，居全国先进水平；综合合格率99.81%，保持全国先进水平；其余各项质量目标全面完成。(2)全年组织内审1次，产生观察项1项，轻微不符合项1项，并进行跟踪关闭；通过钢铁股份公司质量体系审核1次；落实2010年管理评审形成的5项决定，完成全部跟踪。(3)通过国家光圆钢筋盘条现场及资料认证和国家实物金杯奖认证复审。(4)通过重庆市和大渡口区对高线厂盘条的抽查，2次抽查合格率100%。(5)修改6.5毫米和8.0毫米规格成品孔，修改后产品质量状况较修改前有所改善，特别是8.0毫米规格头尾修剪量只有3圈(修改前5圈以上)，且降低了调整难度。(6)全年完成QC小组成果160个，其中“高线驭火者”QC小组获2011年冶金行业优秀质量管理小组称号。

张承林

**【“三新”技术运用】** (1)2011年，高线厂科技管理工作有序推进，三新技术取得成效：全年有1项重钢集团攻关项目、2项钢铁股份公司青知项目立项实施，2项重钢集团科技进步奖通过鉴定验收，1项获大渡口区科技进步二等奖。(2)将无孔型轧制推进到13H、14V机架后，对红坯料型和导卫结构进行优化，降低轧辊消耗，提高轧辊过钢量。同时优化1H～3H轧机停机控制程序，降低了堆钢事故处理时间。(3)无孔型轧制技术成功实现丢机架生产。2V和7H轧机空过工艺现场轧制，为高线生产提供更多的轧制技术储备。(4)研究并优化加热炉超维状态下的工艺操作技术，尤其针对提速生产条件下的加热工艺，优化热送热装与加热操作规程，保证加热炉安全运行，降低了煤气消耗。

卿俊峰

**【设备机动能源管理】** 2011年，高线厂设备管理工作按照“高速、高效、优质、一流”的工厂方针，突出“降本增效”主题，提升技术经济指标。(1)全年生产期间计划实施月修36次，计划停机270小时；实际实施定修10次，减少26次计划定修，全年设备事故故障总时间26小时56分，故障次数25次，设备事故故障停机率4.2‰，较考核指标10‰降低5.72‰；设备可开动时间6187小时34分，设备可开动率98.22%，较考核指标90%上升8.22个百分点。(2)2011年，钢铁股份公司安排高线厂设备维修费控制目标1200万元，全年累计使用1135万元，控制在指标内。(3)通过抓能源管理，全年综合能耗为47.3千克标煤每吨，较目标值48千克标煤每吨降低0.7千克标煤每吨。

李林洪

**【党建工作】** 2011年，高线厂党建工作：(1)通过中心组学习、党员轮训、专题学习研讨、组织生活、职工政治学习等方式开展形势任务教育，落实“工作重心在一线、管理重心在现场”抓各项工作。(2)以“五好党组织”建设为载体，深化建设学习型领导班子活动，加强廉政建设，职工代表对厂级干部清正廉洁认可率100%，对“两部一室”负责人清正廉洁认可率100%。(3)开展厂情教育。全年以稳定顺行保安全、提升技能促搬迁为主题，结合每季生产经营工作重点确定1个主题。全年1～4季度，分别围绕“抓好现实生产、实现开门红”“稳定顺行保安全、提升技能促搬迁”“尽心尽责、奋战3季度”和“保安全促稳定”4个主题，开展厂情教育活动。为保证生产经营目标实现，分层次开展渡难关、保目标、尽责任”专项教育活动。利用黑板报、宣传橱窗、电子显示屏、《青春高线》等阵地，公布各种指标，报道先进典型，营造降本增效氛围。(4)坚持每半年召开1次厂务公开工作会，保证职工的知情权、参与权、审议权和审议通过权。把职工群众反映的热点、难点问题作为重点，适时进行公开，高线厂厂务公开职工群众满意率90%。党务公开工作做到“六个结合”：一是与厂情教育相结合；二是与“创先争优”工作的“一讲二评三公示”相结合；三是与厂务公开的推进相结合；四是与每月进行的职工思想动态收集、处置相结合；五是与充分发挥“12371”党建信息平台作用相结合；六是与党内会议召开相结合。(5)围绕“设备、备件、工模具的代、改、修及使用过程监督”项目实施效能监察，节约备件采购成本9.2万元，节约设备、备件修复资金12万元，节约资金投入243.5762万元，降低辊环使用成本44.31万元。(6)抓关键岗位和“小金库”清理。全年重点抓关键岗位的清理，共查找出可能会出现商业贿赂的环节3个、关键岗位10个。建立关键岗位人员分级谈话制度，2011年，高线厂“两部一室”及厂部均无违规操作行为。(7)开展“创先争优”活动。以“争当四强四优先锋、促进高线科学发展”为活动主题，以“抓好现实生产、推进环保搬迁”为载体，全厂66名在岗党员在签订《2011年党员承诺书》基础上，将“创先争优”活动的要求纳入责任书，党员共同承诺事项5项，个人承诺事项136项，其中争做“四优党员”的承诺66条，在《青春高线》上向职工进行公布。(8)开展“稳定顺行保安全、提升技能促搬迁”党内主题活动。在每个党小组中设立1个攻关小组，把全体党员、入党积极分子、生产技术骨纳入攻关小组，党员参与主题活动面100%。将攻关工程纳入《党建责任书》目标中，对攻关工程完成情况实施动态管理。各党支部把提升技术经济指标、降低成本作为攻关工程的核心内容，2011年共设立党支部、小组攻关工程项目13项，全部完成，获经济效益109.71万元。(9)开展“五好党支部”建设、“走在前列党支部”竞赛及创建学习型党支部活动。各党支部将生产经营完成情况、班子建设、队伍管理、群众工作等进行细化、量化,促进支部的基础管理工作。2011 年高线厂 3 个党支部全部达标,达标率 100%,均获重钢集团“五好党支部”称号。(10)全年发展新党员 3 名,其中团组织推优 3 名;新写入党申请书 6 人。

吴晓芳

**【群众经济技术创新工作】** 2011 年高线厂以“自我管理、自主创新”为载体,推动群众经济技术创新工作开展。(1)根据开展经济技术创新项目的要求,组织职工实施 QC 项目,同时对群众经济技术创新项目进行选择性立项,从提高生产工艺技术、改善设备运行条件和提高设备使用性能出发,全年职工提出创新项目 27 项,实施完成 22 项,受表彰奖励 22 项,创经济效益 537.06 万元。(2)为深入开展群众经济技术创新活动,厂工会牵头召开高线厂 2011 年创新成果发布会,厂内发布创新成果 3 项,厂领导和部门负责人到场进行点评,并提出工作要求。2011 年,高线厂“加强工序质量控制,减少精轧机炸裂辊”获重钢集团群众经济技术创新工程二等奖、“加强上线工模具质量和辊环安装质量控制,减少精轧机炸裂辊”获群众经济技术创新工程鼓励奖、高线厂生产技术部技术组获创新示范科(班)组称号。

杨迪

# 型钢厂

**【概况】** 重庆钢铁股份有限公司型钢厂是重庆钢铁股份有限公司下属轧钢生产厂之一。在大渡口老厂区占地面积 10.5 公顷,厂区工业建筑面积 10.3 万平方米,绿化面积 4.11 万平方米。2011 年末,固定资产原值 3.42 亿元,净值 1.23 亿元;设安全环保科、生产调度科、技术质量科、机动能源科、厂办公室、点检站、大型轧钢车间、中型轧钢车间、棒材轧钢车间、成品车间、维检车间等 11 个科室、车间。2011 年底,在册职工 364 人,在岗职工 351 人,其中在岗生产操作人员 274 人(高级技师 4 人、技师 15 人、高级工 108 人);在岗管理技术员 77 人(高级职称 7 人、中级职称 38 人)。未在岗 13 人(居家休息 3 人,其他 10 人)。有大型轧机生产线、中型轧机生产线和棒材轧机生产线等 3 条生产线。主要产品:工字钢、槽钢、角钢、矿用钢、优扁钢、电极扁钢、汽车轮辋钢、圆钢、锚链钢、垫板钢、方钢、球扁钢、螺纹钢等 13 大系列 100 余个规格的钢材、品种。产能规模 100 万吨以上,可根据用户需求开发型材新产品。2011 年 9 月 14 ~ 22 日,型钢厂 3 部轧机先后全面关停,结束在大渡口老厂区的生产。

陈维斌

**条目另见部目**

【老区型钢厂 3 条生产线全面关停】:《环保搬迁》

【型钢厂新产品开发】:《科学研究与应用》

**【生产经营】** 型钢厂 2011 年生产经营主要结合环保搬迁开展工作,2011 年型钢厂在设备处于末期而且不再投入资金的情况下,发动职工加大设备维修力度,精心组织生产,合理组织利用库存钢坯保产,克服各种困难,保证了生产的基本顺行。截至 2011 年 9 月,大型、中型、棒材 3 部轧机关停时,共计生产钢材 19977431 吨。并保证了 2011 年 9 月 14 日大型轧机、9 月 19 日中型轧机、9 月 22 日棒材轧机的全面安全关停。

周刚

**【安全环保工作】** (1)指标完成情况。2011 年,型钢厂发生轻伤 1 件,微伤 1 件。重大环境污染事故、重大火灾、重大交通事故、重大险肇事故为零。安全环保限期隐患整改完成率 100%。环保指标达标,污染物综合排放合格率 100%。职业病新增人数为零。(2)强化安全环保职业卫生教育。抓“三级”安全教育,全年对各类新进厂人员 278 人进行了安全教育培训。每月坚持通过安委会、交接班安全讲话以及安全工作例会等形式进行安全教育。为加强起重作业管理,保证大渡口老区实现平安关停,2011 年 3 月组织型钢厂 116 名行车工进行安全培训,提高行车工的安全操作意识。(3)加大安全检查奖励考核力度,提高职工安全防范意识。2011 年,在全厂范围内开展安全生产“大排查、大整治、大执法、大宣教”专项行动,着力开展百日行车安全劳动竞赛和安全管理人员安全风险抵押承包,贯彻钢铁股份公司安全工作会议精神,发动职工查找身边的事故隐患,使职工对本岗位的不安全状态和不安全行为有所了解,增强职工的安全意识和预防事故的能力。同时加大型钢厂安全纠察队的执法力度,2011 年 1 ~ 9 月共组织执法检查 238 次,其中由厂领导带队的全厂性设备、安全大检查 12 次。查处隐患、违章行为 1003 项,提出考核 31 项,考核金额 16600 元,到期整改率 100%,安全绩效工资考核 31109 元。同时,加大对现场安全隐患、违章行为的查处,把责任追究制作为落实安全生产责任制的重要手段,控制安全事故的发生。(4)加强大渡口老区停产及检修拆迁工程项目的安全管理。为使大渡口老区实现安全关停,制定《型钢厂老区拆迁工程安全环保管理办法》《型钢厂老区停产安全工作方案》《各生产线工序停产安全措施实施确认表》和《老区拆迁停送电工作表》,明确大渡口老区停产关停后,进入拆迁阶段型钢厂各单位的安全管理职责及对施工单位的具体要求。(5)加强危险源(点)的管理。为防止安全事故的发生,对型钢厂 28 个重点危险源一一落实负责人和检查频次,按照《危险源管理办法》(型钢行发〔2010〕36 号文件)落实措施,使所有危险源处于受控状态。根据《型钢厂重大事故应急救援预案》(型钢行发〔2010〕5 号文件)组织应急演练,检验应急救援队伍的组织和反应能力。(6)环保职业卫生管理工作。按照钢铁股份公司安环处要求落实各项工作:一是完成2011年环境管理体系的监督审核工作;二是通过强化管理使型钢厂外排废水减少,大渡口区环保局抽检全部合格。大渡口老区关停以后,完成水处理除泥工作以及大渡口老区后期的废水处理,未发生环境污染事故;三是2011年6月完成型钢厂980名职工高温体检工作,同时建立、完善了职业卫生档案;四是配合安环处每月对岗位职业卫生状况进行监测;五是保证夏季防暑降温药品和防暑降温设施的落实,促进安全生产。

曹文江

【技术质量管理工作】 2011年,型钢厂按照ISO9000质量体系运行要求,全年组织2次厂内质量体系运行大检查,钢铁股份公司内审1次,均获通过。(1)开展群众性自主管理活动,全年组织1次QC成果发表会,共发表成果305个。(2)入库产品质量抽查合格率均≧95.5%。(3)根据钢铁股份公司总体部署,2011年9月型钢厂开展了质量月活动。

章崇先

**2011年型钢厂成材率完成情况表**

| 单位 | 目标值(%) | 上年完成(%) | 当年完成(%) | 与目标值比较(%) | 与上年比较(%) |
|---|---|---|---|---|---|
| 大型车间 | 92.20 | 92.4 | 92.74 | +0.54 | +0.34 |
| 中型车间 | 95.00 | 95.19 | 95.31 | +0.31 | +0.12 |
| 棒材车间 | 96.80 | 96.89 | 97.41 | +0.61 | +0.52 |

**2011年型钢厂考核品种合格率完成情况表**

| 单位 | 目标值(%) | 上年完成(%) | 当年完成(%) | 与目标值比较(%) | 与上年比较(%) |
|---|---|---|---|---|---|
| 大型车间 | 98.50 | 98.57 | 98.74 | +0.24 | +0.17 |
| 中型车间 | 98.50 | 98.90 | 99.05 | +0.55 | +0.15 |
| 棒材车间 | 99.10 | 99.57 | 99.70 | +0.60 | +0.13 |

**2011年型钢厂吨钢废品分析表**

| 单位 | 合格量(吨) | 废品总量(吨) | 全年吨钢废品量(千克/吨) | | |
|---|---|---|---|---|---|
| | | | 2009年 | 当年 | 与上年比较 |
| 大型 | 17653.458 | 70.117 | 11.55 | 3.81 | ↓7.74 |
| 中型 | 18830.879 | 187.639 | 10.16 | 9.87 | ↓0.29 |
| 棒材 | 28095.509 | 75.659 | 4.09 | 2.69 | ↓1.4 |
| 全厂 | 64579.846 | 333.415 | 8.15 | 5.08 | ↓3.07 |

章崇先

【设备管理工作】 2011年,型钢厂设备管理工作针对现实生产、设备利旧搬迁、长寿新区建设,制订相应的工作计划,克服其3条生产线关停前资金投入减少和保产的双重压力,落实分解指标,每月根据产量调整各种费用使用比例,将资金用在最需要的设备上,保证生产顺行。(1)针对减员分流后人员不足,推行关键设备液压润滑承包制。(2)加强点检定修,利用换辊时间进行设备隐患或故障处理,抓检修质量,减少重复事故发生,基本做到"预防维护、预知检修、快速处置、极限运行"。面对长寿新区抽调后人员整体技能水平下降,对重点关键设备推行签到式点检。(3)抓各生产线设备风险评估,杜绝设备过维修,同时对欠维修设备制订应急预案和措施,保证大渡口老区生产按计划平稳关停。(4)开展降本竞赛活动。为降低工序能耗,继续在3座加热炉开展加热操作节能竞赛。(5)2011年1~9月,型钢厂3条生产线的设备故障停机率为7.09‰,比计划指标10‰低2.91‰。(6)2011年1~9月,型钢厂综合能耗累计完成55.95千克标煤/吨,虽然关停前受待电、待坯和燃气等外部因素影响,仍比计划指标56千克标煤/吨低0.05千克标煤/吨;2011年1~9月型钢厂检修时间47天5小时,比上年少11天12小时43分。(7)物资辅料管理。执行《型钢厂物资管理标准》,根据原材料处、物运部管理流程的变化,抓分层次物资库房管理和现场物资清理工作,在保证生产、检修的前提下,由上年辅料消耗711.5842万元(含耐材775.3498万元)、吨钢消耗6.94元(含耐材7.56元)下降至2011年1~9月的322.0355万元(含耐材466.4092万元)。(8)备件及库房管理。执行评审制度,坚持清仓查库,定期盘点在途及库存备件。2011年日常备件消耗为519.58万元。较上年降低400.82万元。机电备件流动资金占用为2038.096万元，比上年占用下降172.623万元；(9)修旧利库，控制新购。2011年自修复机电备件节约费用395.826万元。(10)定期进行物资材料、固定资产和流动资产的盘点。成立领导机构和工作小组，对搬迁利用、报废回收、对外处置、工业遗产等制订工作计划，分类进行清理，分期进行处置，减少搬迁资产损失。

*廖万红*

**【党建工作】** (1)开展"创先争优"活动。2011年，型钢厂一是继续加强组织领导，成立以党委书记为组长的"创先争优"活动领导小组和"一讲二评三公示"活动督查小组，建立领导班子分工联系点，召开厂、车间两级班子及型钢厂党员干部动员会，围绕"党组织创先进、党员争优秀、企业上水平、职工提素质"的目标要求开展活动。二是做到"三个到位"。①履诺践诺到位。型钢厂党委将承诺分为目标指标承诺和特色服务承诺，改"一年承诺"为"一年一诺、半年一诺、一季一诺和一月一诺"。②讲述点评到位。型钢厂党委在每月党支部书记工作例会上对"创先争优"活动进行讲评，每次确定2个党支部重点介绍情况，其他支部一起讨论，相互学习，共同提高。③结果公示到位。型钢厂每个党支部均设置党员"创先争优"公示栏和"创先争优"展示台，同时结合厂内党务公开栏、OA系统、"型钢网站""12371"党建信息平台等展示活动效果，对"创先争优"月度考评结果进行公示。三是把党员责任岗、党员包机台、党员结对帮扶、党内攻关及党小组"三个一"活动与"创先争优"结合起来。四是继续按照"五个好、五带头"的要求，实现"四强四优"。五是抓党的组织建设工作，充实"三会一课"等党内生活制度，加强"创先争优"活动载体和阵地建设。(2)创建学习型党组织。①创造学习条件。利用钢铁股份公司党校、培训中心等教育培训主渠道，《重钢报》、重钢电视台等媒体传播阵地，提高培训平台；运用宣传橱窗、"OA"系统、"型钢网站"等传播介质，提高学习教育的信息化水平。②建立健全制度。型钢厂党委组织每月1次中心组织学习，开设1次自主讲座，聆听1场专题报告，开展1次专题研讨，推荐阅读1本书。各党支部每年开展集中学习活动不少于4次，党小组"三个一"活动不少于12次。③组织培训。开展职业技能培训、职业技能竞赛、群众性经济技术创新工程、导师带徒、推广先进操作法等活动，倡导"岗位成才、课题成才、项目成才、技能成才"。④领导干部带头示范形成学习氛围。型钢厂处级干部，自学1～3本管理书籍，到基层调研每年不少于60天，每年撰写1～2篇论文或调研报告；科干及管理人员，学习1～2本管理书籍和业务书籍，下基层调研学习不少于30天，撰写论文或调研报告不少于1篇；普通党员及职工，加强知识理论和岗位技能的学习，提高综合素质。⑤开展政研课题研究。2011年，型钢厂党委共收到政研论文28篇。(3)推进党务公开。型钢厂党委建立厂党委、党支部、党小组三级责任网络，建立收集、反馈、公开(或上报备案)系统；其公开内容涵盖各支部的工作安排、生产指标，并列入"五好党支部"的考核项目中；对两级领导干部的基本情况，干部选拔、任用、轮岗交流、考核奖惩情况等，通过党员大会、党小组会、班子例会或宣传栏进行通报。(4)开展"挖潜降本做表率，环保搬迁立新功"党内主题竞赛活动，围绕生产经营开展生产、工艺、设备技术攻关、精细管理攻关活动，2011年型钢厂党内主题攻关立项9项。(5)开展党员身边无事故活动。发挥各车间党组织的力量，宣传安全生产法规、规章制度，健全从党支部、团支部、党小组、团小组到党员、团员和职工的安全生产职责体系。(6)抓企业文化体制建设。以建党90周年、重钢建厂120周年为契机，在职工中开展企业文化理念的征集活动；制作型钢厂环保搬迁纪念画册《峥嵘岁月》和纪录片《型钢印象》；召开型钢厂老领导参加的"传承汉阳风骨、再续型钢辉煌"的座谈会。(7)抓职工的稳定工作。制定《型钢厂关停搬迁期间稳定工作预案》，并与各车间、科室签署《型钢厂关停搬迁期间稳定目标责任书》和《型钢厂搬迁及职工分流安置责任书》，将稳定工作的目标、任务、责任分解细化落实；制作《型钢厂职工搬迁分流安置意愿摸底调查表》，对型钢厂职工实行实名制调查，摸清职工思想动态；针对"30、5年"职工责任分区，落实人头，"点对点"进行梳理解释、帮扶。

徐鹏

**【群众经济技术创新工作】** 2011年，型钢厂工会结合企业生产经营的关键点和薄弱环节开展群众经济技术创新工程活动。全年共立项26项，上报重钢集团11项，其中获二等奖1个，鼓励奖1个，创造经济效益509.66万元。与此同时，型钢厂工会发动职工开展提合理化建议活动，全年共提合理化建议320条，实施195条，创效益125万元，其中棒材车间《棒材车间称量辊道改进》获重钢集团三等奖。

徐鹏

## 冷轧薄板厂

**【概况】** 重庆钢铁股份有限公司冷轧薄板厂位于重庆市长寿区晏家工业园，占地面积10.86公顷，厂房建筑面积43153平方米，2011年末固定资产3.91亿元。工厂实行"扁平化"管理设办公室、生产技术部、设备部、酸洗作业区、轧钢作业区、退火作业区、点检站、库管作业区8个部门。2011年末在岗职工184人，平均年龄35

现场指导　冷轧厂　供稿

岁,大专及以上文化程度102人,有高级职称3人、工程师13人、助理工程师23人,高级技师3人、技师12人,高级工职业资格证58人。

2011年,冷轧薄板厂有5套生产机组及配套设施,主要设备:250″×72.00″×72,000#HCl三段推拉式酸洗机组1套;ϕ431.8毫米/ϕ1117.6毫米×1727.2毫米单机架四辊可逆式冷轧机1台;ϕ431.8毫米/ϕ1117.6毫米×1727.2毫米四辊不可逆式平整机1台;全氢罩式退火炉24座;1700毫米重卷机组1套。整个生产工序间的计划发布、数据采集、数据分析和产品流转均是通过MES物流系统完成。主要辅助系统及装备:废乳化液处理装置、含酸废水处理装置;SAXWS450－25×6500高精度轧辊磨床1台、GNK7165×35数控激光毛化机床1台。产品:厚0.5～2毫米、宽870～1530毫米薄规格钢板,分SPCC/ST12/Q195(普通碳素钢)、SPCD/ST13(深冲钢)、SPCE/ST14(特深冲钢)3种钢质系列。2011年以普通碳素钢(SPCC)为主,产品规格集中在厚0.5～2毫米、1000～1250毫米,2010年被评为重庆市知名产品,主要应用于汽车、摩托车及其零部件、门类加工业、机械加工、包装材料、建筑等行业。

2011年,冷轧薄板厂坚持"阶段性满负荷"的生产运行组织模式;以"错峰节能"模式组织生产;抓"轧机功能保障",提升装备保障程度;以"四合一"达标建设、等级设备管理达标和创安全标准化企业为载体,落实精细化管理,开展岗位大练兵和技术技能竞赛,凝聚职工队伍,保证企业的和谐稳定和发展。

黄减生

**【精细化管理上台阶,能耗指标创新低】** 2011年,冷轧薄板厂加强精细化管理,等级设备管理通过钢铁股份公司"B级"复查验收。(1)推进等级设备管理,重点提高设备管理水平和设备保障能力。(2)点检管理。强化设备点检、定修计划、计划实施的过程控制和工作检查。(3)定修管理。根据生产特点及设备状况安排检修。检修管理按日常检修、委托检修和定修进行分类,保障检修质量。(4)强调设备清洁工作,组织各作业区和点检站,对设备本体清洁和周围环境清洁、液压站清洁进行协调分工,强调检修后的"三清"。(5)能源管理。通过能源监察,杜绝设备空载运行等能源消耗。全年,冷轧薄板厂综合能耗由上年56.802千克标煤/吨降为50.547千克标煤/吨,下降11%,创历史最高纪录。

唐建华

**【岗位技能培训】** 冷轧薄板厂2011年在轧钢、酸洗和退火3个作业区的重点岗位开展岗位技能培训和岗位技能达标培训,教师以专业技术人员为主,根据不同工种或岗位技能操作特点和规范要求及职工掌握操作技能的现状,重点加强岗位技能强化培训。培训内容以国家职业标准为依据,并结合长寿新区岗位设置、技能要求,突出岗位应知、应会和对工艺、技术、操作、安全等标准规程的学习和掌握,提高事故预防和应急处理能力。

涂江红

**【党员责任区"结对子"活动】** 2011年,冷轧薄板厂以"监护现场安全、提醒遵章守纪"为主要内容,组织开展"党员与职工群众结对子"活动,冷轧薄板厂70名党员分别与115名职工结成互帮互促对子。全年,设置"党员安全岗"24个、"党员安全岗"岗员18人,做到党员与职工结对子的全覆盖。一是冷轧薄板厂党政领导班子成员在与其党支部所在的职工结对子的基础上,还与基层作业区职工结对子,以通过沟通交流、现场督查提醒安全生产、遵章守纪等形式,开展互帮互促活动。在安全环保生产的重点区域、重点岗位和事故易发区域设置"党员责任区""党员安全岗",并把"党员安全岗"活动与安全主体责任、环保监察工作结合起来落实。二是在结对活动中既突出"监护现场安全、提醒遵章守纪"重点内容,又立足所在岗位工序的实效,从提升经济技术指标、提高生产操作和点检维修技能、解决工艺难关、保证板型质量和降低酸耗等生产经营方面,制定岗位个性化特点的互帮互促内容。三是党员职工针对安全环保工作的重难点、关键和薄弱环节,治理存在的安全环保隐患,防止各类事故发生。全年共查出安全隐患 144 项，整改 144 项，整改率 100%。

李杰

【安全环保职业卫生工作】 2011 年，冷轧薄板厂以落实企业安全生产主体责任制和安全生产标准化建设为契机，利用每周二"安全环保主题日"活动主题，开展安全生产工作。一是加强基础工作。分析安全生产现状，确定保障措施和重点安全技术措施项目，并将安全标准化建设作为安全工作重点之一。有针对性地完善制度和修订规程。全年共增补制度 7 个，与安全生产规章制度汇编成册，形成《冷轧薄板厂安全生产规章制度汇编》发布实施。修订《冷轧薄板厂安全操作规程》(02－A)，将按工艺编制的安全操作规程改为按岗位编制的安全操作规程，形成 24 个岗位安全操作规程和 17 个专业安全操作规程组织职工学习，提高职工的安全意识。对生产现场按"5S"进行规范，制作定置牌 87 块。对 3 个厂级重大危险源进行标识，标明控制措施、应急处置措施、责任人。二是坚持安全专题会制度。坚持厂领导带队的现场综合大检查及安委会制度。各作业区、生产班组进行班前安全讲话等。三是加强安全隐患排查治理，消除不安全因素。对重点危险源由专人进行重点管理。开展安全"四大行动"。2011 年 6 月开展"以人为本、安全发展"为主题的安全生产月活动。全年共排查出各类安全隐患 144 项，整改率 100%。四是开展事故应急预案培训和事故应急演练，增强职工突发事故处置能力。以《重钢安全培训手册》《重钢安全管理手册》等为内容进行职工安全培训，保证各岗位持证上岗。在生产现场制作安全学习专栏，每月制作安全专题板报，各作业区开设安全学习园地，在职工阅览室设立安全法律法规及安全环保类期刊的阅览角，加强安全理念宣传。促进安全文化建设。五是确定落实企业安全生产主体责任制工作目标、实施步骤，明确职责，对查出的问题，按"责任、措施、资金、期限和应急预案"五落实进行整改。2011 年 3 月 30 日，冷轧薄板厂落实企业安全生产主体责任工作通过由重庆市安全生产监督管理局、重庆市国有资产监督管理委员会组织，重庆市和长寿区安全生产监督管理局参加的评定，以 997 分的重庆市最高分达到安全生产主体责任制 A 级企业。六是围绕"安全生产基层基础攻坚年"主题，开展安全生产标准化工作建设。按不同类别对文件制度归类，查漏补缺，完善管理制度；查找隐患并按"责任、措施、资金、期限和应急预案"五落实进行整改。冷轧薄板厂安全标准化建设历经宣传发动和自查、自评阶段，整改阶段，厂评审阶段和钢铁股份公司评审阶段，于 2011 年 12 月 9 日通过由重庆市安全生产监督管理局、重庆市安全协会组织，重钢集团安全标准化建设专家参加的检查咨询。全年实现零工伤、零环境污染事故的工作目标。

高玉佩

【1780 毫米原料卷质量攻关】 冷轧薄板厂 2011 年以重钢热轧薄钢带为原料组织生产。在生产中逐步摸索稳定工艺技术，稳固及保持钢材性能。一是制定使用重钢热轧原料卷生产冷轧薄钢带的工艺制度。加大对工艺制度的落实抽查力度。对轧制规程执行情况、轧制道次与辊型匹配、退火温度制度、平整工艺与辊型匹配、重卷剪切等生产工艺进行监督和抽查并考核。二是重点对重钢卷原料生产冷轧薄钢带的退火、平整工艺实验，联同钢铁股份公司钢研所对其进行分析总结，优化 SPCC 钢卷的退火工艺制度，平整力参数等，提高性能合格率。针对 SPCC 的性能合格率低的实际情况，在退火工序调整退火温度，使之实现匹配，在保证钢带外形质量的情况下提高产品性能合格率。2011 年冷轧薄板厂使用重钢热轧原料卷共生产冷轧薄钢带产品 96964.792 吨，占总产量 98.61%，产品各项指标均接近外购原料卷指标。

问晓娟

【生产经营指标创新高】 2011 年，冷轧薄板厂克服能源供给不足、公辅设施不配套等困难，坚持"阶段性满负荷生产"的生产组织方式，按照"节能"错峰模式，全力抓生产进度的执行，重新核定各个工序的班定额，抓生产辅助时间，提高机组的机时产量；设备方面抓"轧机功能精度保障"，提升设备对生产的保障程度，支持规模生产。并在生产过程中加强工艺、技术质量管理，对轧机冷硬卷的卷心溢出、黏结、辊印、擦伤等产品质量问题进行重点攻关，优化生产工艺、强化过程控制，使各项技术经济指标稳步提升。使全年产量达到 9.78 万吨，同比增加 5.02 万吨；产品综合成材率 92.44%、优质品成材率 88.90%、优质品合格率 96.17%，同比分别增长 0.43%、1.04% 和 0.68%。产品综合能耗 50.55千克标煤/吨，同比降低 6.25 千克标煤/吨，各项生产经营指标均创历史新高。

周春

# 中厚板厂

【概况】 重庆钢铁股份有限公司中厚板厂是重庆钢铁股份有限公司下属的中厚板生产厂。该厂前身为原鞍钢第二中板厂。1965 年为响应国家"三线建设"的号召，整体迁至重庆市大渡口刘家坝地区，定名为重庆钢铁公司第五钢铁厂。1998 年更名为重庆钢铁股份有限公司五厂；2001 年 6 月 11 日，更名为重庆钢铁股份有限公司中板厂；2009 年 6 月 11 日，更名为重庆钢铁股份有限公司中厚板厂。

重庆钢铁股份有限公司中厚板厂有 4100 毫米厚板和 2700 毫米中板两条生产线，下设 1 室 4 科 1 站 11 个作业区：办公室、生产科、技术科、机动科、安环科、点检站、公辅作业区,4100毫米厚板生产线下设原料作业区、热轧作业区、精整作业区、热处理作业区及行车作业区,2700毫米中板生产线下设:原料作业区、热轧作业区、精整作业区、热处理作业区及行车作业区。截至2011年12月31日,在册职工911人,在岗职工867人,其中管理技术人员176人,操作人员691人,专业技术人员108人(高级职称13人、中级职称26人、初级职称69人),高级技师9人,技师34人,技术带头人2人,主任工程师5人,技能尖子8人。2011年,工业总产值86.68亿元,全员劳动生产率941.15万元/人。4100毫米厚板生产线固定资产原值25.73亿元(2700毫米中板生产线待转固),净值24.11亿元。

4100毫米厚板生产线于2009年9月24日在长寿新区建成投产,2011年具有生产厚度为8~100毫米,宽度为2000~3800毫米,定尺长度为6000~22000毫米,年产180万吨厚板的能力。产品品种有造船板、锅炉板、压力容器板、桥梁板、汽车大梁板、高层建筑和工程机械用结构钢板、低合金板、优碳板及其他特殊要求产品等。主要设备有火焰切割机2台,冷、热去毛刺机1台,步进式单蓄热加热炉3座,四辊可逆式粗、精轧机各1台,高压水除鳞系统1套,γ射线测厚仪1台,测宽仪1台,ACC层流冷却装置1套,热矫直机1台,热标志机1台,热切分剪1台,滚切式双切边剪1台,滚切式定尺剪2套,双边圆盘剪1台,全自动喷印机3台,辐射式无氧化热处理炉1座,铡刀剪1台,抛丸机1台,温、冷矫直机各1台,压力矫平机1台,厚板火焰切割机1台,数控轧辊磨床2台,数控剪刃磨床1台。

2700毫米中板生产线于2011年2月10日在大渡口老区停产,开始搬迁,于2011年6月10日在长寿新区建成投产。设计能力为年产130万吨(第一期年产100万吨),设计主要产品规格厚度为6~40毫米,宽度为1500~2500毫米,定尺长度为6000~12000毫米。产品品种包括造船板、锅炉板、压力容器板、桥梁板、汽车大梁板、高层建筑和工程机械用结构钢板、低合金板、优碳板及其他特殊要求产品等。主要设备有火焰切割机1台,去毛刺机1台,板坯喷印机1台,三段连续推钢式加热炉2座,高压水除磷系统1套,2700毫米粗、精轧机组各1套,轧后水冷系统1套,热矫直机2台,母板喷印机1台,热分断液压剪1台,3米横切剪5台,双边滚切剪机列1套,滚切式定尺剪1套,圆盘剪1套,全自动喷印机3台,辊底式无氧化热处理炉1座,抛丸机1台,热处理矫直机1台,七辊冷矫直机1台,轧辊磨床2套,剪刃磨床1套,自动探伤设备1套。在搬迁重建的同时,为提升生产及质量保障能力,在主体设备利旧的基础上,对原有的工艺布局及装备技术进行了系统的优化和升级。

中厚板厂秉承"质量是第一信誉"的理念,按照质量管理体系、环境管理体系、职业健康安全管理体系要求组织生产。2011年,4100毫米厚板生产线在中修13天的情况下,全年轧制量、剪切量、入库量分别完成156.71万吨、158.44万吨、161.33万吨,创造了生产历史最高纪录。同时性能合格率完成99.30%,比上年提高0.92%;块品种率完成96.97%,比上年提高0.95%;特厚板外形合格率最高达到86.9%,完成攻关目标。2700毫米中板生产线在长寿新区投产后,按照"边建设、边调试、边生产、边整改"的生产模式,推进工序优化和设备功能完善,全年共完成轧制量47.39万吨,剪切量48.80万吨、入库量47.89万吨,创造了投产即达效的成绩。

2011年,中厚板厂全力推进船钢认证和新产品开发工作:4100毫米厚板生产线的厚规格船板通过8个国家船级社认证;船钢通过ABS正火态生产认证;锅炉和压力容器钢板通过扩大规格认证;E40、E460、E47通过CCS、DNV、GL等3家船级社认证。2700毫米中板生产线一次性通过9家船级社热轧态船钢认证。开发出Q550D,60~100毫米厚度的Q370qD/E和Q420qD/E,70毫米厚度的E47、EH40、E460等高技术含量、高附加值产品。

2011年,中厚板厂团委获2010年度"重庆市五四红旗团委"称号;厚板生产线精整甲班获2010年度"重庆市工人先锋号"称号;2700毫米项目部获"重庆市一号工程劳动竞赛"先进单位称号。

黄莉

**条目另见部目**

【超高强度船板开发】:《科学研究与应用》

【长寿新区厚板生产线船板产量突破113万吨】:《生产经营》

【中板生产线完成搬迁重建工程并实现达产达效目标】:《环保搬迁》

**【厚板生产线突破设计产能】** 4100毫米厚板生产线自2009年9月24日建成投产后,中厚板厂通过对设备进行整改完善,开展工艺技术攻关,优化生产组织,用15个月的时间,于2011年实现设备作业率79.01%,小时产量达227吨的同行业先进水平,全年完成钢板轧制量156.7132万吨、剪切量158.4424万吨、入库量161.3296万吨,全面突破4100毫米厚板生产线150万吨的设计产能。

陶宏宇

**【中板生产线通过质量管理体系审核】** 2011年,中厚板厂在大渡口老区2700毫米中板生产线停产搬迁后,即开始着手重新搭建该厂的管理体系。为适应中板生产线搬迁长寿新区后中板和厚板两线的管理和各种认证需求,根据长寿新区运行模式,首先对厂质量管理体系文件(包括质量手册和程序文件等)进行更版性修订,同时对中板生产线的3大规程、岗位作业标准、点检标准、维修技术标准等也进行了修订,对覆盖中板和厚板两线的管理制度也作了全面更版,使中厚板厂的管理体系保持适宜性和有效性，为投产之后的生产和管理提供保障。

2011年6月，长寿新区2700毫米中板生产线在投产之初即通过质量管理体系的特别监督审核，拿到国内外市场的质量通行证，为后续的各种船钢认证和锅炉压力容器钢板许可认证打下基础。2011年下半年，该生产线先后通过CCS、BV、DNV、GL、LR、RINA、KR、NK、ABS九家船级社热轧态船钢认证，正火态船钢认证和锅炉压力容器钢板许可认证也具备了认证条件，拟于2012年内完成认证。

张翔

**【新区厚板生产线3号加热炉投产】** 3号加热炉是重钢长寿新区4100毫米宽厚板工程扩能补齐项目。重钢4100毫米宽厚板工程3号步进梁式空气单蓄热加热炉（220吨/时）包括其附属设施的工程设计、制造采购，施工总承包为赛能杰炉窑公司。该项目自2010年10月在原有预留土建基础上进入工程建设，2011年9月进入试生产后，3号加热炉各个系统总体运行较稳定，加热能力达到设计标准。整个施工过程中未发生安全事故，施工质量符合要求。拟于2012年进行功能考核及交工验收。

向军

**【厚板生产线实施“倍宽”钢板生产】** 2011年，在2700毫米中板生产线停产搬迁期间，为满足用户合同订货需求，保证宽度<1800毫米的窄钢板生产，中厚板厂利用4100毫米宽厚板轧机按“倍宽”方式组织生产（采用以原宽度两倍的“倍宽”轧制，然后火切剖分交货）。通过攻关，制订详细的轧制方案和管理办法，解决“倍宽”钢板生产过程中宽钢板轧制剪切、MES信息传递、产品管理等难题，实现“倍宽”钢板的正常生产。2011年4100毫米厚板生产线共轧制“倍宽”钢板35341吨，全部按合同实现按期交货。

闻佐龙

**【中厚板厂厚规格船板、容锅板通过认证】** 2011年5月，重钢股份公司中厚板厂开发的最大厚度80毫米最高钢级E36船板，通过BV、CCS、DNV、GL、KR、LR、NK、RINA等8家船级社的认证。2011年7月，其开发的最大厚度80毫米Q345R、09MnNiDR、15CrMoR、16MnDR、Q245R和最大厚度60毫米Q370R容锅板，通过中国特种设备检测研究院产品生产许可认证。

孟刚

**【新区厚板生产线实施首次中修工程】** 2011年，中厚板厂4100毫米厚板生产线自2009年9月24日投产后，运行近2年时间，累计生产200万吨钢板，主体设备部件陆续达到使用周期。根据设备的长周期及定修管理要求，该生产线于2011年9月3日开始实施第1次中修。中修共完成到期设备部件的更换，精、粗轧主电机转子抽芯，轧机压下减速机更换及双边滚切剪解体检修等项目。整个中修时间控制在15天。中厚板厂4100毫米厚板生产线中修工程，同时也是重钢长寿新区第1家实施的中修项目，为后续其他单位的中修提供了经验。

向军

**【中板生产线剪切机技改】** 2011年，大渡口老区2700毫米中板生产线在搬迁至长寿新区的过程中，为提高剪切质量和剪切效率，新增沈阳重型机械集团公司滚切式定尺剪，并于2011年6月15日投产使用。从而把钢板剪切工艺布局由“双边剪加两台横断剪”改造为“双边剪加定尺剪”。经过改造，将钢板剪切长度提高至2000～25000毫米，剪切宽度提高至1500～2500毫米，剪切厚度提高至6～50毫米，甩板问题得到解决，剪切质量提高，头尾变形小，其不平度也得到改善。同时，剪切品种结构得到优化，船板、桥梁板、容器板、低合金优质钢等高附加值钢板的比例增加。

陈代巧

**【清洁工厂创建】** 2011年，中厚板厂在“新区新形象奖竞赛”的基础上，组织清洁工厂建设竞赛。竞赛活动由各职能科室按细化的各专业检查标准按月进行检查和评价，每月从职工上浮工资中人均提取50元，按清洁工厂建设绩效进行考核和差别发放，以促进清洁工厂建设的进一步开展。2011年中厚板厂制定、下发《开展“两点”“两票”工作的规定》，成立厂领导小组和推进工作组，明确包括厂领导、各职能部门的职责，确定“两点”“两票”的产生方式，并自2011年11月开始正式实施，促进现场环境问题的整改落实。通过推行：(1)在4100毫米厚板生产线形成规范、整洁的生产现场，营造出清洁工厂的氛围。2011年10月，4100毫米厚板生产线成为钢铁股份公司唯一列入表彰的整条生产线，该生产线原料作业区在2011年底被评为钢铁股份公司的“亮点”单位。(2)2700毫米中板生产线投产伊始，中厚板厂即开始实施环境整治工作。2011年4季度，根据现场建设、施工进度和达产进展，开始推行生产线的定置管理工作，至2011年底初见成效，主要作业区定置区域得到划分和标识，环境卫生状况改观，清洁工厂建设步入正轨。

张翔

**【一线职工创新活动】** 2011年，中厚板厂通过自编教材、开展培训、辅导，促进群众性创新活动的开展，提高职工“创、做”积极性和创新技能，拓展职工技术创新活动的空间和渠道，全年中厚板厂开展群众性的创新型质量管理小组活动取得突破：由一线职工QC小组发表的创新型成果，2011年获重庆市QC成果发表竞赛第1名（为重钢集团历年参赛最好成绩），并获“国优”称号，被中国质量协会、全国总工会、共青团中央、中国科协和全国妇联联合表彰。截至2011年底，中厚板厂基层QC成果持续5年获“国优”；2009～2011年，中厚板厂从基层职工创新型QC成果中直接转化形成国家专利的有26项。

张翔

【"功勋传承，继往开来"火炬传递仪式】 2011年1月26日，钢铁股份公司中厚板厂以"功勋传承、继往开来"为主题，举行2700毫米轧机从大渡口老区迁至长寿新区的薪火相传仪式。重钢集团老领导郭代仪、钢铁股份公司党委书记陈山与100名职工代表参加在大渡口老区的火种采集、火炬传递仪式。重钢集团副总经理邓强、钢铁股份公司副总经理管朝晖在长寿新区与200名职工代表一起参加火盆点燃仪式和火炬传递活动。随后，象征着中厚板厂职工"爱厂敬业、艰苦奋斗、开拓进取、勇争一流"的火种被送入长寿新区4100毫米宽厚板生产线1号加热炉。

肖红兵

【功勋轧机企业文化长廊】 2011年12月中旬，钢铁股份公司中厚板厂功勋轧机企业文化长廊制作完成。该长廊以2700毫米中板生产线参观通道为依托，设置党建保障、思想政治工作理念、质量方针、光辉历程等16块大型展示牌和系列宣传标语，成为展示重钢长寿新区"新思维、新流程、新管理、新形象"党建工作的窗口，并成为弘扬传统的厂情教育平台。

肖红兵

【党建示范点建设】 2011年，中厚板厂遵循"示范性强、特色鲜明、化繁就简"原则，按照《重钢集团党建示范点物化效果展示基本规范》的要求，整合资源，依托厚板生产线作业区职工学习中心，打造钢铁股份公司级党建示范点。2011年初，中厚板厂党委下发《中厚板厂党建示范点建设规划》实施办法，明确基本要求和具体工作任务。以厚板生产线职工学习中心为平台，制作党务公开、厂务公开宣传栏，各党支部"创先争优"评比展示台，组织职工提炼中厚板厂46年发展历程中的企业文化和光荣传统，细化为"融合""奉献""秩序""成长"4张中厚板厂名片，制作中厚板厂愿景、思想政治工作理念、工作方针等14张展示牌，将学习中心打造成为展示长寿新区"新思维、新流程、新管理、新形象"的窗口。

2011年，中厚板厂首家在长寿新区建立车间信息化管理平台，实现党支部建设、车间建设、工会建家、团支部建设、思想政治工作等基础台账的网络电子化，并形成月有检查、季有评比的长效机制。实施班组长双月会制度，职工信息员制度，党支部每周与职工见面工作制度，建立中厚板厂班组长论坛、思想政治工作QQ群、党建工作飞信平台等，增强党建工作的覆盖面。各作业区还结合实际，制作行政、分工会、团支部园地，建立职工电教学习区，配备党建、文化、文学、修养、工艺技术、专业技术、班组建设等方面的书籍和资料，成为党员、职工日常活动的场所。重钢集团、钢铁股份公司党委领导也多次到现场指导工作，并对党建看板的设计、企业文化的提炼等工作做出指示。

张开平

【中厚板厂开展工作督查活动】 为强化管理，提高工作效率，促进各项工作的有序、按期完成，中厚板厂自2011年4月起，在全厂范围内开展工作督查活动，活动由厂行政办公室牵头负责，按月对主要生产经营指标完成情况，以及钢铁股份公司文件精神、厂部决定、阶段性重点工作、各项重要会议决定的落实和完成情况进行检查和督办，对未按进度和工作质量要求完成任务目标的，进行督促并追责，同时按月形成督查简报，在全厂通报。

黄莉

【推行党员学分制】 2011年，中厚板厂加大创建"学习型企业"工作力度，推行党员学分制。党员学分制是指在一定时间内，以学分为单位，把全体党员政治学习、岗位培训、技术创新等要素，折算成学分计算，实现对党员教育、学习、培训的量化管理。通过党员学分制活动的开展，提高党员学习、钻研知识和技能的积极性，促进表率作用的发挥。

肖红兵

## 热轧薄板厂

【概况】 重庆钢铁股份有限公司热轧薄板厂，2010年由重庆钢铁股份有限公司投资建成、其主体生产设备为1780毫米热轧薄板生产线。2011年主体设备有加热炉3座、可逆式粗轧机1架、精轧机7架、卷取机2座(3号卷取机2011年建设安装中)、平整分卷机1座，设备总重量2万吨。项目预算总投资28.7亿元(其中静态固定资产投资21亿元)。截至2011年底，签订各类合同(协议)141个，合同总金额21.7亿元。根据合同约定和执行进度，累计支付预付款、进度款17.9亿元。截至2011年底，完成土石方量37万立方米、混凝土浇筑量13.1万立方米、钢结构量2.2万吨。热轧薄板厂设计年产量306万吨，生产规格：1.2～19×800～1630毫米钢卷，最大卷重量32吨，产品最大抗拉强度800兆帕。产品可直接为冷轧钢卷供坯，运用于机械、建筑、工程、汽车、摩托车、造船、海洋石油、气瓶、锅炉、输油及输气管道等行业或产品用钢上。2011年设3科1室1站、6大作业区、44个班组。职工547人，其中劳务工120人。有研究生学历12人、大学本科学历69人、大专学历187人，高级职称14人、中级职称31人、初级职称92人，管理人员100人、生产操作人员327人。正式职工平均年龄29岁。管理体系建有部门、各专业、各层次的标准体系、规程体系、制度体系及职责体系。全年新建和完善规章制度29个。

邹开平

【人力资源和培训工作】 2011年，热轧薄板厂围绕"人员补充完善、结构调整、技能提升、绩效考评"四大方面开展其工作。完成精整工、行车工、磨工人员的充实及夏季高温期间的临时用工的补充；按人力资源规划，新进大专院校毕业生56人、技校毕业生40人作为人员调整的“蓄水池”，办理“30、5”(30年工龄，距法定退休年龄5年)人员6人、清退劳务工10人；编制岗位说明书，对轧制作业区进行岗位写实，完成“四班制”定员及人员调整，保证“三班制”向“四班制”的过渡。开展技能提升和职工培训，重点开展了岗位强化培训、“反违章、防事故”专项培训、带项目考察、专业技术培训、青工技能竞赛、冠军班组劳动竞赛等。通过培训，一是提高操作人员的操作技能及对事故的预判和应急处理能力，二是提高班组长的基层管理能力，三是促使技术人员向技术深度发展实现技术创新，四是提高科级人员的专业技术和管理能力，打造素质高、技能优、作风硬的职工队伍。2011年热轧薄板厂在钢铁股份公司的技能竞赛中，获“岗位练兵优胜单位一等奖”“热轧一条龙”第一名，青工“技术明星”竞赛行车工第一名，重庆市轧钢技能竞赛一、二名等荣誉。

周仕文　邹开平

**【生产经营】**　(1)生产。2011年是1780毫米热轧板带生产线投产运行的第1年。全厂职工以“样板工厂”和一流企业标准为目标，面对热轧板带轧机新生产线设备、工艺技术和生产管理模式，采取调整生产节奏，提高轧制成功率，细化从炉区到轧机再到卷取的各道工序管理规程，加强外围及工序间的协调，优化点检定修计划等措施，保证生产顺行。各生产班组以“定额管理”为目标，通过“控制事故时间，强突小时块数”，开展班组劳动竞赛等，刷新生产纪录27次，创造小时块数26块/时、小时产量733.6吨/时、平均一班小时块数达到21.96块/时，班块数235块、班产量5867吨和日块数421块、日产量11012吨及月产量21.468万吨的生产纪录。全年完成轧制量218.8万吨，入库量219.1万吨，实现投产第1年迈上两百万吨生产规模的台阶。(2)技术质量。技术质量工作以贯彻“工艺是主体、设备是基础、自动化是保障”的总体思路，强化质量意识，执行质量否决制，抓按炉送钢、工艺规程、工艺纪律制度的贯彻执行；建立和完善技术质量管理机制，落实质量责任，保证质量体系稳定运行；消化热连轧工艺技术，完成不同钢种、不同规格的生产工艺卡片制定，建立生产工艺质量控制数据库，并持续优化；不断优化工艺和二级模型，提高操作水平，提升产品实物质量；开展“质量季”专项活动，组织专项整改；以成材率和轧辊辊耗为重点开展技术攻关和对标挖潜，先后完成钢铁股份公司级攻关项目1个，厂级攻关项目23个。其中横折缺陷攻关效果显著，成材率由上年95.67%提升为97.31%，辊耗由上年的1.15千克/吨下降为0.59千克/吨，性能合格率99.19%、表检合格率94.87%、厚度命中率99.77%，钢卷外形合格率由82.17%提升为96.42%。(3)产品开发。开展对硅钢及冷轧基料、汽车用钢、管线钢等品种开发。2011年，用190毫米和230毫米厚度断面生产出98个厚度规格的钢卷产品，试生产出1.80毫米钢卷。在抓SPHC、造船板生产的同时，开发生产出CG380CL、CG510CL、CG490CL共3个强度级别汽车轮辐用钢带、取向硅钢、DR热轧硅钢，2011年10月试生产出X60M管线钢。

周仕文　邹开平

**主要经济技术指标完成情况表**

| 序号 | 指标 | 单位 | 完成情况 | 备注 |
|---|---|---|---|---|
| 1 | 轧制量 | 万吨 | 219.53 | |
| 2 | 入库量 | 万吨 | 219.19 | |
| 3 | 成材率 | % | 97.03 | 统计口径为入库量 |
| 4 | 性能合格率 | % | 99.39 | |
| 5 | 外形合格率 | % | 95.02 | |
| 6 | 轧辊消耗 | 千克/吨 | 0.94 | |
| 7 | 日历作业率 | % | 67.07 | |
| 8 | 小时产量 | 吨/时 | 369.46 | 小时块数为16.01 |
| 9 | 平均单重 | 吨/块 | 23.26 | |
| 10 | 综合能耗 | 千克标煤/吨 | 47.799 | |
| 11 | 混合煤气消耗 | 立方米/吨 | 118.56 | |
| 12 | 电耗 | 千瓦时/吨 | 85.883 | |

周仕文　邹开平

**【安全环保及治安消防】** 2011年，热扎薄板厂通过健全完善规章制度、抓夏季防暑降温、安全培训、推进职业健康安全、环境、质量管理体系"三合一"贯标等工作，实现死亡、重伤、重大环境污染事故、重大治安刑事案件、重大交通事故为零的目标。全年轻伤1人、微伤事故2件。制定规章制度21个(含办法、操作规程)；申请30台空调、34台轴流风扇、10台工业落地扇，发夏季防护药品1.6万元；现场巡查发出安全整改通知书43份，整改率98%，发出安全处罚通知书29份，处罚、考核金额5470元；为406人次进行职业健康体检，为轧线主要操作室配置5台空气清新机；新增消防器材544具，充装消防器材533具，开展3次消防知识及自动消防系统培训；全厂辨识出危险源1049个、环境因素756个，厂级重要危险源8个、厂级重要环境因素5个。

周仕文 邹开平

**【设备保障】** 2011年，热轧薄板厂设备系统以设备重特大事故为零、日历生产作业率>65%、产品综合能耗≤65千克标煤/吨、实现等级设备管理C级为目标开展各项工作。(1)基础管理。以包机制为基础推行重要设备机长制，理顺备件管理流程并制度化；建立点检定修体制，实现从事故维修状态向点检定修状态过渡；对生产中出现的阶段性问题和多发性事故进行重点攻关。(2)设备动态运行管理。推进点检定修制，签订"TPM"分工协议；加强检修全过程动态控制；制定和实施事故时间单项考核办法，对发生30分钟以上的设备事故、故障召开事故分析会，防止事故重复发生；开展精轧工作辊换辊时间、标定标准化、液压泵站稳定及连锁清理等技术攻关，保证生产顺行。(3)能源管理。初步建立能源监管体系。对出现的生活水消耗异常情况，组织专题攻关。全年各项指标达到并超过初步设计指标。(4)备件资材管理。将备件资材类消耗控制与经济责任制指标直接挂钩下达消耗控制指标，并对资材备件的供应方式进行持续改进，包括正常的计划采购、跟踪交付以及质量跟踪和异议处理，急件、事故急件的申报组织，零星采购的实施和报销结算，备件修复的申报实施和零星及委托加工的实施及新产品的试用推荐等，均形成相对稳定的计划采购和保供通道。

周仕文 邹开平

**【发挥党员表率，强调五个突出】** 2011年，热轧薄板厂党委以建设学习型党组织为契机，按照钢铁股份公司党委提出的打造"半军事化组织、学习型组织、竞争型组织"的总体要求，结合工厂实际强调活动的组织领导、机制建立、载体建设、互动交流和实力展示，发挥党员干部队伍的表率作用。(1)突出组织领导，营造学习氛围。厂党政工提出"统一领导，整合力量，同步协调，相互渗透，全力推进三项活动既快又好向前发展"的总体工作思路。成立领导小组和工作小组，通过党群工作例会、党支部"三会一课"、《热轧征程》等形式向党员宣传，为提高党员干部自觉加强自身学习，争当攻坚克难"排头兵"，打下思想基础。(2)突出机制建立，提供源头保障。在开展"半军事化组织"的建设活动中，以创建清洁文明工厂为突破口，教育职工养成清洁文明习惯。在开展"竞争型组织"的建设中，一方面开展"对标挖潜"活动，通过查找自身差距，开展"党员攻关""职工合理化建议"、小改小革等活动提高工厂核心竞争力。另一方面，通过在作业区、轮班、班组和同工种职工中建立业绩评价体系，激发团队的竞争意识形成"比学赶帮超"的热潮。在开展"学习型组织"建设中，通过建立引导学习机制及学习激励机制，提高职工的学习能力和创新创造能力。(3)突出载体建设，提供展示平台。以"学技术，练本领，展示实力"党内主题活动和"生产稳定顺行，指标不断超越"劳动竞赛为载体，发挥党员队伍的先锋模范作用。一方面通过建立"党员实力展示区"，由支部书记担任生产区域机长，负责涉及区域各专业技术力量的整合，对当期生产的突出问题进行技术攻关，以降低停机率，提高作业率，保证生产稳定顺行。另一方面在生产的关键工序，重要环节设立19个"党员实力展示岗"，发挥党员的模范带头作用，鼓励党员带头学习技能和展示实力，形成"学有榜样，赶有目标"的氛围。(4)突出交流互动，坚持学以致用。通过选定具有代表性的研讨课题，邀请北科大专家、中冶赛迪专家对典型事故案例进行讲解。同时，为提高各专业的事故分析能力，针对各阶段生产中出现的重点、难点问题，由相关专业人员以PPT展示的方式进行讲解，优化生产工艺，降低事故发生率。

余强

**【工会工作】** (1)2011年，热扎薄板厂工会收集厂职代会提案28个，解决涉及职工乘车、吃、住等提案17个，向上级相关部门反映11个；(2)围绕生产经营，组织开展以入库量、性能合格率、外形合格率为主要指标的厂级劳动竞赛、夏季防暑降温劳动竞赛及"反违章保安全"等劳动竞赛；(3)结合厂安全月发动职工提合理化建议15条，实施7条。组织职工代表查找安全隐患50人次，查出安全隐患40项，整改率100%。(4)开展安康、安保活动。全年签订夫妻"共保协议"17对，开展"一封安全家书"征文活动，收到12封。(5)工运研究。收到征文13篇，4篇论文分获钢铁股份公司一、三等奖。厂工会被评为重钢集团工运研究论文一片区"优秀组织单位"；(6)"创先争优"活动。各基层分工会兑现承诺74条，工会小组兑现承诺共38条。(7)送温暖活动。全年组织献爱心捐款26068元。慰问职工和家属共664人次，金额9.45万元；(8)发动职工申报群众性经济技术创新工程项目248项，实施206项，节约创造价值837万元；厂工会被重钢集团授予2011年度"创新工作先进单位”、《优化焦炉报警系统》获重钢集团“安全生产劳动保护”专项合理化建议优秀成果奖，群众性经济技术创新工程课题《事故轧辊的处理及修磨方法》获重钢集团一等奖、《1780毫米生产线运输区升降回转台回转油缸结构改造》获重钢集团二等奖、《加强精轧、层冷区域冷却水监控，提高钢卷综合合格率》《精轧机工作辊抬升辊道液压回路的优化》获重钢集团三等奖；(9)文体活动。全年举办唱红歌比赛、庆祝建党90周年“文艺汇演”、厂内篮球比赛、女职工十字绣比赛等活动。并组织参加重钢集团和钢铁股份公司工会举办的系列活动。设立作业区读书角，配备图书144册。

余霞　邹开平

【共青团工作】　2011年，热轧薄板厂团委加强基层团组织建设，增设机关二团支部，建有团支部8个、团小组29个。搭建飞信交流平台，覆盖全厂75%；开展“推优”工作，向党组织推荐13名入党积极分子已吸纳11名；组织青年志愿者活动，向长寿石堰小学留守儿童送去关爱，在长寿区江南镇开展青年志愿者服务社区活动；在“唱读讲传”活动中，多次组织团干部和青年骨干观看红色经典视频故事。组织红歌小合唱比赛和文艺汇演、观看“我爱你，中国”纪录片、听厂党委组织讲述的红色故事，开展“身边榜样给力青春”演讲比赛和读经典观后感写作比赛，组织团员青年和新进大学生座谈会，增强理想信念和归属感；各团支部召开“学创”活动示范讲评会，报送活动报道4篇；组织团员青年参加本厂和钢铁股份公司创新攻关，青知创新项目《提高带钢厚度控制精度及命中率》和《降低轧辊吨钢消耗量》获得钢铁股份公司立项，热轧薄板厂机关团支部生产技术攻关小组获钢铁股份公司“创新创效先进科技项目组”称号，各团支部完成的QC项目，获厂一等奖3个、二等奖1个、三等奖1个，团员青年参加“五小”QC项目90个，为提高产品实物质量、降低成本、优化工艺、节能减排等方面工作起到了作用；厂团委荣获重钢集团“青安杯”竞赛优胜集体称号。青安岗总岗长获“全国冶金行业‘青安杯’最佳青安岗岗长”称号；热轧薄板厂团员青年在钢铁股份公司举办的第十三届职业技能竞赛、技术竞赛中获一条龙竞赛一、二名，单位获岗位练兵一等奖。苏涛、熊伟、李品蔚分获行车工第一名、第三名、第五名，吴猛、江怀川、周围、杨志勇分获磨工第二名、第三名、第四名、第五名，熊创获自动化仪表点检及维护工第二名，苏涛获“青工技术明星”称号。厂团委主持编辑《热轧征程》12期，11.8万字。

陈琼芳　邹开平

## 能源管控中心

【概况】　重庆钢铁股份有限公司能源管控中心成立于2011年11月，其前身为钢铁股份公司动力厂，主要负责重钢长寿新区生产和生活能源的供应、调配和优化。2011年，能源管控中心在岗职工592人，在岗党员190人，专业工程师80人。主要使用的生产设备：220千伏变电站1座，110千伏变电站4座，35千伏变电站7座，中央水处理站1座，发电站5座，煤气净化站3座，30万立方米高炉煤气柜、15万焦炉煤气柜、12万转炉煤气柜各1座。

2011年，能源管控中心结合生产实际，将原热力作业区分解为热力和供风两大作业区；燃气和煤防作业区合并为燃气作业区，成立空压作业区，完成长寿新区600万吨钢系统规模保供机构设置。设有生产安全科、技术设备科、能源管理科、综合办公室3科1室及供电、供水、热力、燃气、电试、空压、供风、维护8个作业区。并根据重钢环保搬迁的进度要求和部署，能源管控中心成立大渡口老区保供及拆除指挥部，配合钢铁股份公司各单位停产拆迁。全年，为保障重钢环保搬迁建设用能和生产能源供应，以及大渡口老区停产用能，能源管控中心制定和完善各类事故应急预案31个，并组织职工开展反事故演练，提高事故处理能力，保障了供能稳定。同时优化系统工艺，加强对TRT发电站、余热发电站、中节能发电站的实时运行监控，通过对长寿新区电网无功投切的动态管理等。2011年，能源管控中心自发电量28954.343万千瓦时，吨铁TRT发电78.13千瓦时；吨钢转炉煤气回收60.59立方米，高炉煤气放散率13.26%；焦炉煤气放散率19.64%；吨钢新水耗4.58吨。

2011年，能控中心推进科技项目攻关和群众经济技术创新工作，全年获钢铁股份公司级科技攻关项目9个；群众经济技术创新项目34项，完成25项；QC课题300项；采纳合理化建议146条。

胡恩龙

**条目另见部目**

【老区能源保供及拆除】：《环保搬迁》

【厂情教育】　2011年，能源管控中心党委为配合长寿新区实现达产达效、大渡口老区稳定顺行和平稳关停，在职工中开展厂情教育活动，增强职工对完成生产经营任务的信心和决心。一是在每月编辑的厂情教育《动力人》学习资料上，设置上情下达、能控要闻、生产动态、党务公开等栏目，收集整理钢铁股份公司职工代表大会、党建工作会等有关精神，供新、老区各科室和作业区班组职工学习；二是能源管控中心班子成员走访新、老区班组，了解职工思想动态，做好减员分流政策的疏导和解释工作。同时每季度在新、老区组织召开班组信息员座谈会，掌握职工关心的热点、难点问题；三是通过生产例会、安委会、党支部书记例会、党群工作会等形式，对当期经营形势及钢铁股份公司有关会议精神进行传达；四是制订以“增强危机意识，坚定必胜信念，厉行节约降本，奋力扭亏增盈”为主题的厂情教育活动方案，并分别做出安排和要求，开展“我为党旗争光彩”征文活动“老区生产和新区达产达效”为主题的系列宣传等活动。

黄勤

**【自发电工作】** 2011年，重钢长寿新区主要自发电为TRT发电机组和1号、2号余热发电机组。全年，能源管控中心定时对设备进行点巡检，在1号、2号余热发电两个班站组织开展“提高余热发电量冠军班站”劳动竞赛活动，加强煤气调度与平衡，保证了中节能三峰能源公司CCPP发电量环比增加。2011年6月、10月钢铁股份公司连续2个月自发电量突破1亿千瓦时，创历史最高纪录。

张文荣

**【新区能源优化平衡工作】** （1）2011年，利用长寿新区“能源实时监控与数据采集系统”和“基础能源管理系统”对能源生产、输配和消耗实施动态监控，做到日监控、日分析，及早发现能源生产和使用异常，并查找原因检查处理，杜绝能源浪费。（2）专业技术人员到各压缩空气用户使用现场，了解压缩空气的使用状况，并据此提出压缩空气的改造方案，形成压缩空气的生产平衡方案，保证了2011年夏季及炼铁厂3号高炉、烧结厂3号烧结机等系统投运的生产所需。（3）将长寿新区工厂内的钢韵湖和柳韵湖连通，并在水系统设计时将钢韵湖与取水泵站通过DN1200毫米南北管道相连，既作为起水泵的保安措施，也把钢韵湖水作为中央水处理站的源水，以减少江中取水量。同时利用地势高差和峰谷电价模式错峰运行，在晚间电价低谷段将长江原水通过泵抽送至湖内储存；在白天电价高峰段，则停运取水泵，将钢韵湖内储存的水通过南北管道重力放至中央水处理站进行处理，以节约电费和水资源。

周宏

**【新区三净化站及3号TRT投产运行】** 1.三净化站。2011年8月，长寿新区能源管控中心燃气作业区三净化站完成调试后，如期投产运行。因煤气具有易燃、易爆、易中毒的特性，为保证在投产运行过程中的安全稳定，能源管控中心要求该作业区提前安排人员进场，熟悉环境、了解现场设备、掌握安全操作方法。为缩短煤气在除尘器内的置换时间及煤气置换过程中的现场安全，避免突发事故的发生。该作业区提前对整个净化站投产煤气管道进行氮气吹扫与保压，并用安全警戒线将该生产区域进行隔离，严禁其他人员进入该生产区域，并指派专人负责现场安全督查。因前期准备充分，从3号高炉投产，高炉煤气进入净化站开始进行置换作业到全系统完成置换用时不到1个小时，整个煤气置换过程全部按预定方案稳步进行，未出现任何意外情况。

2.3号TRT。2011年随着三净化站的投产，3号TRT发电机也进入最后的调试阶段。3号TRT发电机装机容量1.6万千瓦时，正常发电量可达1万千瓦/时，发电过程不需消耗任何燃料，发电成本低，投产后每年可为重钢创造经济价值5000万元。此外TRT发电机还消除了减压阀组的噪音污染，改善了生产环境。

杜康

## 维护检修部

**【概况】** 重庆钢铁股份有限公司维护检修部成立于2011年11月，主要负责长寿新区设备的动态管理。2011年底有在册职工1274人，其中管理技术人员88人，生产操作人员1186人。有初级技术职称44人，中级技术职称23人，高级技术职称7人；高级工473人，技师367人，高级技师9人。设4科1室3个作业区（计划调度科、技术管理科、机具材料科、安全环保科、综合办公室、铁前作业区、炼钢作业区、轧钢作业区）。铁前作业区下设物运站、焦化站、烧结站、炼铁站，炼钢作业区下设转炉公辅站、连铸运转站，轧钢作业区下设“4100站”“2700站”“1780站”。

2011年，维护检修部以“职工队伍和谐、设备运行稳定、服务对象满意、技经指标一流”的工作目标，以“快速反应、快速判断、快速组织、快速实施、快速恢复”的“损管”理念为指导，以保证长寿新区设备稳定运行为工作重点，保证600万吨钢规模达产达效，坚持“平安经济维检，科学高效维检，超前预知维检，文明环保维检”运行理念；按照“设备维检精细到位、优质保产服务到位”的工作要求，优化设备动态管理模式，完善事故应急管理机制，实施设备日常维护检修工作1.5万项，完成4100毫米轧机主电机烧损等突发事故抢修工作；组织实施长寿新区设备第1次年修，除因备件和生产安全原因无法实施的项目外，其余检修项目全部按进度计划完成，全年共完成检修项目1158项，检修项目兑现率98.36%，同时实施“1号高炉布料溜槽更换”等8项新增项目，实现“安全零事故、质量零缺陷、工期零误差、费用严控制、复产即达效”的年修目标；完成3台连铸机年修工作。

全年维护检修部设备故障停机率每月均低于钢铁股份公司下达的考核指标，全年设备故障停机率5.21‰，较钢铁股份公司考核指标8.67‰降低40%，实现职责范围内因维检原因影响生产的事故为零的目标，保产率100%；物运、焦化、烧结等区域设备实现月故障停机率为零的目标，炼铁区域设备实现11个月零故障运行。维护检修部获重庆市国有资产监督管理委员会2011年度“国企贡献奖”“五个好党组织”称号。

陈伟

**【“五个好党组织”创建】** （1）加强思想建设。一是通过职工政治学习、座谈会等形式组织职工学习贯彻党十七届五中、六中全会,胡锦涛总书记“七一”重要讲话精神,全年组织48次职工集中政治学习。二是开展主题厂情教育。2011年10月,针对钢铁股份公司亏损,在职工中开展以“增强危机意识,坚定必胜信念,厉行节约降本,奋力扭亏增盈”为主题的厂情教育活动,引导职工树立危机意识、责任意识,完成维护检修部的各项任务。(2)加强组织建设。一是领导班子建设。坚持每周召开党政联席会,对维护检修部人事任免、分配考核等问题讨论,集体决策。以“坚持以人为本理念,发扬密切联系群众优良作风”为主题,召开民主生活会,查找问题和差距,制定并落实整改措施。二是干部队伍建设。开展“理想信念、宗旨意识、廉洁从业”三项教育,增强党员干部对重钢的责任心。按德才兼备、以德为先、注重实绩、群众公认的原则,选拔9名职工到科级管理岗位。组织职工代表159人对维护检修部16名科级管理人员进行评议。三是党员队伍建设。坚持“三会一课”制度,在各作业区开展党员轮训的基础上,2011年3月组织122名党员分2批进行集中培训,党员参训率100%。召开维护检修部纪念中国共产党成立90周年大会暨优秀党员表彰大会,表彰优秀党员10名、先进党小组10个。抓“双向培养”,执行“发展党员公示制、票决制和责任追究制”,发展党员13人。四是人才队伍建设。组织开展“维护检修部第一届职工职业技能竞赛”活动,681名职工(含劳务工)参加钳工、起重工、电工、焊工共4个工种的理论知识考试,对34名优秀选手和焦化维护站等2个先进集体进行表彰。五是党支部建设。建立10个党支部,配备专职党支部书记,保证党组织覆盖。加强“12371”党建信息平台管理,建立维护检修部党群系统QQ群。2011年,维护检修部各党支部全部创建为“五个好”党支部。(3)深化“创先争优”活动。维护检修部党委一是坚持“一讲二评三公示”,各支部和全体党员结合“四强四优”的标准,以维护维检部稳定、降低设备故障停机率、实现降本降耗、提高技能等为重点作出承诺,党员承诺内容984项,党支部承诺内容36项,通过OA系统、上墙张贴等方式进行公布,每月进行讲评和表彰。开展“党员责任区”“党员示范岗”“党员身边无事故”等活动。二是开展“揭榜攻关”活动,职工实施《降低铁路永磁铁故障》等“揭榜攻关”项目11项,提高设备效能。(4)推进学习型党组织建设。一是组织职工学习“损管”理念。组织开展《设备维修管理技术》等内容的专题技术讲座培训9次。在《维检动态》上设立“学习园地”栏目,向职工介绍设备维修技术知识。举办党群系统人员业务知识培训2期。二是开展《用户满意度测评》。每月请各生产单位对维护检修部负责该单位设备维护检修的班组从维检技能、维检质量、反应速度等7个方面给予评价,2011年各单位对维护检修部的综合测评分达到90分。2011年,轧钢作业区“4100站”被重庆市总工会授予重庆市“工人先锋号”称号。(5)实施党务公开。成立维护检修部党务公开工作领导小组及工作办公室,制定下发《维护检修部党务公开工作实施办法》,召开党务公开动员大会,对党务公开工作的内容、流程、方式等,提出“五个必须”“七个结合”的要求。利用党务公开公示栏、《维检动态》等形式对评先推荐,人员任免等情况进行公开。(6)加强反腐倡廉建设。一是组织相关人员学习贯彻《国有企业领导人员廉洁从业若干规定》《重庆市〈国有企业领导人员廉洁从业若干规定〉实施办法》。制定《维护检修部2011年党风建设和反腐倡廉分工责任制》,落实领导干部个人重大事项报告制度。召开维护检修部科级管理人员廉洁从业恳谈会,二是开展效能监察工作。2011年确立《加强机具材料管理,降低维修费》重点效能监察项目,通过内部评审,共减少购置电动弯管机等机具472件套,审减费用100万元。(7)加强精神文明建设。一是组织开展维护检修部“永远跟党走”红歌赛,“红色经典”读后感征文等系列活动,维护检修部10个党支部均组队参加红歌赛。二是组织开展维护检修部“追求成长,追求卓越”班组长论坛活动,职工撰写《加强班组自主管理,提高反应速度》等论文52篇。在职工中开展管理理念征集活动,职工提炼出管理警句30条。三是培育精神风貌。在内部宣传资料《维检动态》上设立光荣榜,报道维护检修部取得的成绩。职工在《维检动态》上发表《维检人激情飞扬》等作品,展现精神风貌。四是开展党建和思想政治工作研究,职工撰写党建论文2篇、工运论文共8篇,纪检论文1篇。五履行社会责任。组织职工参加“绿化长江”植树活动,职工义务植树2000株;组织民兵、青年开展为民服务活动,义务修家电40台。2011年,维护检修部党委创建为重庆市国有资产监督管理委员会“五个好党组织”和重钢集团“五个好党委”。

陈伟

【人力资源整合和机构建设】 2011年,钢铁股份公司长寿新区维检系统进行集中管理,对维护检修部进行定员配置:600万吨钢规模定员1300人(含劳务工);相对大渡口老区300万吨钢规模2601名的维护检修定员(不含劳务工),长寿新区实行集中维检,精减定员,提高了劳动生产率。维护检修部自2009年6月筹建开始,先期主要抽调科室管理人员,至2009年12月31日共抽调15人,完成综合办公室、技术科、计划调度科、机具科的组建和基础制度的建立,并开展图纸资料的收集和长寿新区设备运行的动态管理工作;维护检修部自上年1月1日始,完成对物运部、焦化厂、中厚板厂(4100毫米生产线)维护检修工作的接手管理,分别成立铁前作业区维检物运站、维检焦化站、轧钢维检作业区和维检“4100站”；人力资源总数达到245人。2010年5月又接手烧结厂、炼铁厂的维护检修工作，成立铁前维检作业区、维检烧结站和维检炼铁站，并开始组建热轧薄板厂维检“1780站”，人员达到541人，其中在册458人，劳务83人。2011年5、6月，分别完成对中厚板厂（2700毫米生产线）、炼钢厂的维护检修工作的接手管理，成立维检“2700站”，炼钢维检作业区和维检转炉公辅站、维检连铸运转站，至此，维护检修部实现长寿新区主要生产流程的维检全集中。截至2011年12月，维护检修部在岗职工1256人，其中高级工程师7人、高级技师9人，工程师23人、技师37人、高级工478人，新进大学（大专）生125人；劳务工183人，人员总数1439人。

丁彤宇

**【制度建设】** 2011年，维护检修部根据钢铁股份公司管理要求的变化和维护检修部管理工作的深化，在由上年10月汇编印发，分别按安全环保类、党群类、行政类、机具材料类、技术管理类和设备运行管理类建立的管理制度，共计75项的基础上，组织人员对维护检修部管理制度进行时效性评价，修改补充技术管理类和运行管理类的相关文件制度。截至2011年底，共制定各类管理制度95项。各作业区、维护站也根据自身特点，分别制定了相应的管理办法。

丁彤宇

**【等级设备管理建立与完善】** （1）等级设备管理推进工作。2011年，维护检修部8个维护站接受年终评审，共执行3个书面改进项，5个口头改进项。经整改、自查并接受评审组的复审，各维护站均在钢铁股份公司评审组要求的关闭时间内完成各项整改项目。（2）设备管理基础工作。①建立各项管理制度，按要求规范建立各类台账；②组织学习《等级设备管理评定标准（2010新区版）》，并组织考试，落实各项条款的责任人与责任单位；③制定各区域《维修作业标准》；④组织更新各区域设备事故应急预案及定期演练；⑤建立并完善等级设备管理网络电子框架，每月上传资料和更新；⑥加强设备点检维护，保障设备正常运行，提高设备使用寿命。组织修订二级点检作业卡的相关内容，保证点检范围的全覆盖；⑦实行等级设备相关岗位人员风险承包制；⑧每月召开等级设备推进会，并下发会议纪要，查漏补缺。（3）设备运行管理。①加强站所管理，完善站所管理制度，保证站所设备安全、稳定运行；②每月进行1次现场设备综合检查，加大对现场设备的监管力度；消除设备故障隐患，督促设备表面清洁，并作一级点检的指导、督促工作；③建立三级点检评价体系，结合各区域实际情况，按月进行三级点检工作评价，提升三级设备点检兑现率，规范设备点检工作的开展，促进生产设备的顺行。2011年，维护检修部通过钢铁股份公司等级设备管理B级年终评审。

吴海燕

**【降本增效】** 2011年，维护检修部以“集中维检，经济维修”为理念，促进降本增效工作。（1）制度建立。制定《维护检修部修旧利废办法》，修订《维护检修部废旧物资管理办法》等11项管理制度。（2）规范运行。按照《维护检修部废旧物资管理办法》规定，规范各作业区对废旧物资的组织回收，分类存放，转运程序，跟车监督，畅通维检、生产、运输、回收渠道；根据《维护检修部修旧利废管理办法》规定，规范设备备件修旧利废的流程；建立废旧物资回收及修旧利废动态管理台账。2011年，维护检修部回收废钢250吨，价值100万元；自行修复设备备件2400件，节约价值5600万元。（3）大渡口老区闲置资产利用。全年，调拨大渡口老区工模机具400件，节约采购成本200万元；调拨大渡口老区工具用车13辆，节约价值100万元，制定维护检修部合装厂房的利旧方案，从大渡口老区调拨合装厂房利旧行车13台，节约价值1000万元。

安齐磊

**【群众经济技术创新】** 2011年，维护检修部围绕生产开展707个QC活动。其中物运维护站达产达效QC小组实施的《提高混匀取料机小时取料量》成果，在中国质量协会举办的“安阳钢铁杯”全国冶金行业QC小组活动成果发表竞赛中获二等奖、并获2011年“全国优秀质量管理小组”称号。同时，维护检修部烧结维护站机械白班，在全国冶金协会组织的国家级信得过班组评选中，获2011年“全国质量信得过班组”称号。全年维护检修部职工提合理化建议1391条，采纳1122条，实施980条，创造经济效益800万元。完成各项设备技术攻关、小改小革135项，实际消除设备隐患102个。群众经济技术创新项目上报重钢集团18个，获重钢集团二等奖3个，三等奖5个，创造经济效益2720万元。

赵瑾淄

**【维护检修部通过中国船级社三体系外审】** 2011年，中国船级社（ccsc）对钢铁股份公司进行ISO9001、ISO14001、GB/T28001的质量、环境、职业健康安全管理三体系审核。成立以维护检修部副主任为组长的工作小组，各作业区、科室负责人具体实施，推进三体系管理工作。全年，维护检修部根据钢铁股份公司质量、职业健康安全审核要求，参加钢铁股份公司安环处组织的关于危险源辨识、环境因素识别的工作例会。并邀请专家对维护检修部内审员进行培训，使内审员掌握审核工作重点，按要求去组织完善自身工作。同时，建立并完善审核相关文件、台账，组织职工学习质量、环境、职业健康安全程序文件与管理手册、维护检修部重要危险源等相关学习资料。将体系相关资料整理成册或编写上墙，让职工认识到体系的内涵及重要性，达到全员参与的要求。在2011年11月钢铁股份公司的内审及12月中国船级社的外审时，均通过审核验收。

龚建春

【新区设备动态管理】 2011年,长寿新区设备动态管理主要为两个方面。(1)运行、调度方面。以"五个快速"为核心的"损管"理念为指导,强化对设备的动态管理,在长寿新区管控大楼5楼调度大厅,设立维检调度台,对设备系统的运行进行集中的调度管理。并形成独立的设备调度体系,对长寿新区设备的动态运行进行统一调度。使突发设备事故后,维护职工能在15分钟内赶到现场进行处理,60分钟内负责人赶到现场,90分钟内维护检修部领导赶到现场指挥。基本实现"信息传递及时、人员到位迅速,故障判断准确,抢修组织有力,生产恢复迅速"。(2)定修方面。维护检修部承担整个长寿新区设备定修的动态管理。修订《钢铁股份公司定修管理实施细则》,从制度上理顺定修流程。每年下半年牵头各单位制定次年各工序的年度定修模型。并以此为依据,指导长寿新区各工序定修工作的开展与生产计划的安排。在跨区域定修的组织实施方面,维护检修部作为组织实施单位,将各区域检修项目统一安排、协调后实施。2011年组织以高炉为中心,各工序配套的联合检修15次,完成检修项目5626项,检修项目兑现率100%。2011年5月,组织完成长寿新区第1次全区域的年修。

杜静

## 环保设施运行部

【概况】 重庆钢铁股份有限公司环保设施运行部是经重钢集团2011年4月27日会议决定,从2011年5月1日起,将三峰科技公司为钢铁股份公司环保设施运行服务的职责和人员(不含财务人员)转入钢铁股份公司,并以转入人员为基础,于2011年11月成立的环保专门机构,主要履行长寿新区环保设施的运行和管理职责。2011年设3科1室1站5作业区:生产技术科、设备管理科、安全环保科,综合办公室,点检站,焦化物运作业区、烧结作业区、炼铁作业区、炼钢作业区。截至2011年年末,在册职工171人(在岗152人,不在岗19人),劳务用工188人。在岗职工152人中有生产操作120人、管理技术人员32人(厂处级2人,科级17人,一般管理技术人员13人)。至2011年底,环保设施运行部管理有除尘器77台套,1号、2号焦化废水处理系统及1个中央污水处理站(含生产、生活废水处理)。

2011年,环保设施运行部制定经济责任制考核等管理制度40项、设备管理类制度25项、生产技术类制度14项、安全环保类制度17项及部门职责255条、各岗位职责1030条。完成各项任务指标。

王莉敏

【新区环保设施运行管理】 2011年11月,环保设施运行部成立,开始履行长寿新区环保设施的运行管理职责,经过6个月的运行管理,实现环保设施运行管理模式的过渡,完成各项指标。(1)抓环保设施的管理,保证达标排放。2011年环保设备同步运行率99%(指标为97%);综合污染(废气)达标排放率100%(指标为95%);焦化废水处理达标率98%,超过设计处理能力;中央污水处理达标率100%;处理后的废水全部中水回用,实现零排放;重大及其以上环境事件为零;工业水消耗<120立方米/时,达到能耗指标控制管理要求。(2)规范设备基础管理,保证设备的完好率和同步运行率。全年修理费1468.4万元,较1808.03万元目标值降低18.78个百分点;备件费284.3万元,较399万元目标值降低13.71个百分点;材料费114.4万元,较161万元目标值降低28.94个百分点;外委工程费1069.74万元,较1248.03万元目标值降低14.29个百分点;设备同步运行率98%(目标值≥97%),设备完好率100%(目标值≥98%),检修计划兑现率94.7%(目标值≥90%)。2011年12月,通过钢铁股份公司等级设备C级检查。(3)安全环保工作。全年,实现安全事故为零、年度新增职业病为零。2011年11月"三体系"建设通过内部审核。

王莉敏

## 物流储运部(运输部)

【概况】 重庆钢铁股份有限公司物

重钢长寿新区成品码头 李科 摄影

流储运部成立于2011年11月21日，经2年的运行，在重钢长寿新区建立起一级物流管理体系和运作体系。2011年，围绕长寿新区环保搬迁工程600万吨钢系统的建成和投产，物流储运部进一步深化物流体系建设，推进企业精细化管理，保证长寿新区生产达产达效、稳定运行。在大渡口老区，运输部围绕大渡口老区现实保产和安全有序关停目标，大幅降低各项资金投入，在管理、技术、操作人员严重不足等困难情况下，整合资源，统筹协调抓大渡口老区生产顺行和逐步按期关停。同时，在长寿新区铁路运输系统相关配套设施建设尚不完善的情况下，运输部利用大渡口老区技术和设备力量，支撑物流储运部内燃机车检修等工作。2011年10月，在大渡口老区实现关停后，为整合物流储运部和运输部职能，强化长寿新区一级物流管理和优化物流运作体系，物流储运部根据管理要求和生产实际，对科室、作业区机构和职能进行整合和调整，增设铁路设备作业区，调整为6个科室、6个作业区，其主要职责：大宗原辅燃料卸载、物料堆存管理与供应、混匀矿生产、成品与副产品的出库和发运组织、备品备件和物资材料的仓储配送、废旧资源回收和加工利用管理等。投用主要设施：原料泊位4个，铁路工厂站1个，原料场（含码头受料系统、铁路受料系统、汽车受料系统、一次料场，混匀设施、供料系统）、备品备件和物资材料仓储库房3个，生铁和合金库房3个（其中2个为露天堆场），公路发运库1个，铁路发运库1个和成品外置库等。投用主要设备：A类设备36台（套），B类设备36台（套），C类设备141台（套）。截至2011年末，物流储运部在岗职工1185人（劳务568人），有高级职称9人，管理技术人员占职工总数7.9%。

2011年4月30日，长寿新区铁路专用线临时开通并投入试运行，同年11月，长寿新区0号码头建成投产，大宗原辅、燃料卸载能力增强，但因渝怀复线未开通，铁路月到达能力初期难以突破20万吨。为此物流储运部重点抓正式码头卸载品种的均衡，提高各临时码头卸量，保证了大宗原辅、燃料的卸载和供应。面对料线冲突和设备基础脆弱等困难，以精确物料需求计划为核心，优化生产组织模式，抓主体设备、关键设备对生产的保障作用，挖内部潜力提升原料码头产能和产品出库、发运组织效率，优化资源配置降低物流运输生产成本等，全面完成各项生产经营任务。

康中国

**2011年物流储运部（长寿新区）主要生产经营指标完成情况表**

| 指标 | 单位 | 年目标 | 年累计值 | 上年累计值 | 备注 |
|---|---|---|---|---|---|
| 一、主要考核指标 | | | | | |
| 1. 控制费用 | 万元 | 26950 | 23233.44 | | 1～11月累计 |
| 2. 保产率 | % | 100 | 100 | 100 | |
| 3. 大宗原辅、燃料卸载总量 | 吨 | 按月下达 | 12210472 | 5020000 | 完成 |
| （1）铁路卸载 | 吨 | | 988389 | | |
| （2）码头卸载 | 吨 | | 11222083 | 5020000 | |
| 其中：正式码头卸载 | 吨 | | 8076898 | | |
| 临时码头卸载 | 吨 | | 3145185 | | |
| 4. 产品入出库 | | 按月下达 | | | 完成 |
| 入库 | 吨 | | 4137808 | | |
| 出库 | 吨 | | 4105495 | 840000 | |
| 5. 卸载、加工、混匀综合电单耗 | 千瓦时/吨 | 1.9 | 1.6428 | | |
| 6. 设备修理费 | 万元 | 2770 | 2157 | | 1～11月累计 |
| 7. 事故故障停机率 | ‰ | 2.2/月 | 0.1/月 | | |
| 8. 混匀矿吨铁±0.5稳定率 | % | 90 | 91 | 64.78 | |
| 9. 混匀矿二氧化硅±0.3稳定率 | % | 90 | 90.76 | 86.7 | |
| 10. 生铁P含量 | % | ≦0.12 | 0.088 | 0.0865 | |
| 11. 入炉矿品味 | % | ≥56 | 56.47 | | |
| 12. 阶段性重点工作 | % | 100 | 100 | 100 | |

续表

| 指标 | 单位 | 年目标 | 年累计值 | 上年累计值 | 备注 |
|---|---|---|---|---|---|
| 13. 精神文明 | % | 100 | 100 | 100 | |
| 二、其他重点指标 | | | | | |
| 1. 水渣发运 | 吨 | | 1728504 | 720000 | 完成 |
| 2. 生产混匀矿 | 吨 | | 5354358 | 2250000 | 完成 |
| 3. 钢铁冷料出库 | 吨 | | 828006.78 | | 完成 |
| 4. 合金出库 | 吨 | | 77602.088 | | 完成 |
| 5. 直供辅料 | 吨 | | 884390.972 | 370000 | 完成 |
| 6. 直供耐火材料 | 吨 | | 114028.868 | | 完成 |
| 7. 保证生产、环保搬迁物资供应 | % | 100 | 100 | 100 | |
| 8. 仓储入库验收率 | % | 100 | 100 | 100 | |
| 9. 职业资格培训合格数 | 人次 | | 93 | 272 | |
| 三、安全环保 | | | | | |
| 1. 工亡事故 | 件 | 0 | 0 | 0 | |
| 2. 重伤事故 | 件 | 0 | 0 | 0 | |
| 3. 新增职业病 | 例 | 0 | 0 | 0 | |
| 4. 环境污染事故 | 件 | 0 | 0 | 0 | |
| 5. 重大交通和火灾事故 | 件 | 0 | 0 | 0 | |
| 6. 重大设备事故 | 件 | 0 | 0 | 0 | |
| 7. 千人负伤率 | ‰ | ≤1‰ | 0.625‰ | 0 | |

康中国

**条目另见部目**

【新区铁路专用线临时开通投运】:《环保搬迁》

**【新区启动废钢直供】** 2011年,物流储运部针对重钢长寿新区废钢仓储能力不足、废钢加工中心环境整治及二期建设制约废钢加工能力不能保产,大渡口老区关停后失去后方仓储支援及长寿新区加工基地未形成等情况。(1)首先借助大渡口老区减产及关停后其废钢仓储和加工的能力,供应部分合格废钢。其次针对长寿新区废钢边资源短缺的问题,采取在大渡口老区炼钢用废钢替代部分废钢边,前期每月为长寿新区供应3300吨,保证长寿新区炼钢的生产顺行。(2)根据长寿新区规划设计要求,长寿新区采取外购入炉废钢直送炼钢的供应模式,为落实钢铁股份公司加快推进长寿新区外购入炉废钢直送模式的要求,原材料处与中钢物资就入炉废钢直供战略合作协议和年度商务合同进行洽谈,同时,围绕长寿新区入炉废钢直送试运行的时间、地点、安全措施、计划对接方式、质量标准、物流运输路线、验收异议处置、现场料坑准备以及保供应急方案等,物流储运部、炼钢厂、原材料处、中钢公司等相关单位商定,明确入炉废钢直送试运行期间,日计划由物流储运部与中钢物资调度室对接,入炉废钢直送试运行期间验收标准由物流储运部牵头确定。物流储运部完成废钢验收、异议处置和处罚标准等相关管理制度的制定,并对相关工序人员实施培训,牵头完善直供废钢内控标准,督促中钢公司建立直供废钢质量保证体系。2011年3月19日,长寿新区废钢直供正式启动。2011年累计实现19万吨废钢供应量,占总废钢供应量52.7%,降低物流成本200万元,缓解长寿新区废钢加工压力,废钢保产、保供率100%。

朱军

**【大宗原辅、燃料卸载】** 2011年初,重钢实现450万吨钢系统稳定运行目标,2011年9月16日,长寿新区3号高炉投料开炉,重钢产能迈上600万吨钢系统规模,生产所需大宗原辅、燃料需求大幅提升。长寿新区生产所需大宗原辅、燃料主要通过铁路、码头卸载。(1)铁路卸载。2011年4月30日,重钢铁路专用线按期临时开通并投入运行,标志着长寿新区受料系统的全投入,为抓好铁路系统的投运,物流储运部在完善和优化铁路运输组织和管理方案的前提下,对火车到达整个作业过程进行写实,推进建立标准化管理工作体系,抓翻车机卸载作业的管理和铁路系统设备管理,针对铁路运量缺口大的问题，研究提高运量措施，加强对外协调，提高内部生产组织管理。2011 年 5 ~ 12 月通过铁路卸载物料总量 98.8389 万吨。(2)码头卸载。2011 年 1 月，码头卸载总量首次突破 100 万吨，但 1 季度码头卸载受北方冰冻影响，精矿中异物损伤皮带机严重；2 季度前期长江枯水期影响码头的正常卸载，至使一度处于停产的边缘；6 月中下旬又受入汛洪峰影响，5 千吨级以上船驳不能靠泊码头进行卸载作业。同时全年受水位变化大、到达品种不均衡以及料线冲突等因素制约了码头卸载能力的发挥。全年物流储运部通过优化生产组织，抓生产与设备检修维护的平衡，争取 0 号码头投运，组织临时码头卸载，在各作业区开展劳动竞赛，挖掘内部潜力平衡生产等，全年实现码头卸载总量 1221.047 万吨，月均卸载量 101.7539 万吨，满足了长寿新区生产需求。

何明

**【设备等级管理通过 B 级验收】** 2011 年，物流储运部有 A 类设备 36 台(套)，B 类设备 36 台(套)，C 类设备 141 台(套)，料线等设备运行环境恶劣，高空高架和关键设备多，利旧设备故障频发，同时翻车机、链斗卸车机等大量新系统、新设备投用给设备管理带来难度。2011 年，物流储运部以重钢股份公司等级设备管理条款为标准，强化设备点检定修和日常维护保养，按设备管理要求和设备管理现状，完善设备基础管理制度，建立健全各类基础台账，量化设备管理指标，加强设备动态管理和劣化倾向管理，针对设备缺陷和实际运行中存在的问题，组织专业技术人员开展技术改造和技术攻关，解决了铁路库永磁铁故障率高、堆取料机悬挂液压缸阀块易发生故障等影响生产的设备问题。2011 年 11 月，物流储运部通过重钢股份公司等级设备管理 B 级验收。

徐玉杰

**【“004”浮吊大修工程】** 重钢双 10 吨浮吊(“004”浮吊)2010 年由大渡口老区四码头移至长寿新区 1 号码头继续生产，因该设备已运行 19 年，其设备箱梁及机器间劣化倾向严重，影响作业安全。2010 年 12 月 31 日，物流储运部联系原生产厂家重庆安鼎起重机械有限公司对该吊机状况进行鉴定并做出大修方案。2011 年 5 月 30 日，完成“004 浮”大修工程招标。11 月 2 日第 1 期工程 1 号吊机大修开工，工期预计为 60 天。1 期工程大修内容：起升机构、变幅机构、旋转机构、臂架系统和所有轴承清洗换油等，更换全部滚动轴承和滑轮轴承，对轴承相关的损坏部件修复处理，对结构组合构件实行矫正挖补和更换修复。为保证生产与大修平衡，物流储运部采取单台修理、单台作业的模式，白天修理，晚上装卸，第 1 台机修好后再进行第 2 台机的修理。2011 年 12 月 26 日，“004”浮大修完成并逐一通过验收，比预计工期提前 4 天。

王昊东

**【强化生产组织保工序物流通畅】** 2011 年，长寿新区产能提升，原辅材料和设备备件的消耗成倍增长，保供保产工作面临挑战，物流储运部通过 4 个方面工作的开展，达到稳定保供和物流通畅的目标要求。(1)在抓大宗原辅、燃料卸载的基础上，优化料场生产，挖掘料场潜力。通过加快原料周转，抓料场小品种矿平衡，控制小品种矿位置，规划规范堆位，提高料场贮存能力；通过不断优化生产组织，减少受、供料及混匀矿生产之间的料线冲突，平衡物料进出，同时建立物料保供储备机制，保证原辅、燃料的保供。2011 年，综合料场供烧结焦丁、炼铁焦炭、烧结喷煤、炼铁喷煤等燃料配送 331.9696 万吨，供炼铁、炼钢用矿和混匀矿、球团造球用精矿等矿石配送 765.8432 万吨，供烧结、炼铁和焙烧石料配送 147.4179 万吨。(2)2011 年 3 月 29 日起，启动直供废钢模式；克服生铁料场功能不全，设备隐患较多，平稳做到大渡口老区关停后外购生铁和 3 号高炉开通后富余铁水铸块的接收工作；遵循废旧物资内部利用优先，资源利用最大化原则推进废旧资源利用工作，含铁资源在钢铁股份公司烧结、炼铁、炼钢工序得以利用，有色金属、橡胶、木材及除尘灰在钢铁股份公司相关单位得以部分利用；各单位基本实现废旧物资分类收集、集中有计划回收的目标，保证了各工序生产的顺行。全年废钢等钢铁冷料完成入库 85.0396 万吨，出库 82.8006 万吨；合金入库 7.6953 万吨，出库 7.7602万吨；直供耐材辅料 88.43 万吨。(3)围绕长寿新区 3 号高炉投产后的出库、发运任务，物流储运部以确保工序生产物流通畅为目标，全力抓成品出库和发运组织工作。一是建立成品出库、发运责任体系。二是推进技改、技措实施，提高发运能力。增设钢板对齐装置，实施铁路库平场、增加卷座、铺钢坯等措施，抓“2 板 1 卷”外置库的投用，从而提高装车效率和发运整体效率；三是强化管理，理顺物流。利用 4100 毫米生产线中修时机，抓 4100 毫米生产线、铁路库等降库工作，进一步理顺产品物流，为 3 号高炉投产后提高发运能力创造条件。为提高火车发运量，将翻车机、铁路库行车等纳入 A 类设备管理，保证铁路发运能力逐步提升；四是加强过程管理和控制，保证出库、发运的合同兑现。抓重点、抓信息反馈，平衡运力，提高设备作业率，全面提高出库、发运管理的有效性。(4)通过优化生产组织，加强与铁路局沟通协调，提高铁路作业效率，降低铁路运输成本。路车在厂卸车作业平均停留时间从 2011 年 5 月 26 小时 54 分下降至 12 月的 12 小时；装车作业平均停留时间从 2011 年 6 月 41 时 15 分下降至 12 月的 19 时 12 分。(5)深化“一级仓储、一级配送”管理模式。克服仓储库容不足，配送机具匮乏、配送量大、配送点多等困难，通过强化配送计划和资源配置的整合，加强库房物资的定置管理，保证了钢铁股份公司生产、重钢环保搬迁工程所需物资材料和设备备件的供应，完成全年的物资供应工作任务。仓储入库验收、配送准确率达到100%。2011年，长寿新区各单位设备备件实物到库金额7.1136亿元，配送金额5.3357亿元；材料入库金额2.726亿元，配送金额2.7341亿元。

康中国

## 重庆钢铁集团电子有限责任公司（自动化部）

**【概况】** 重庆钢铁集团电子有限责任公司（简称：电子公司），2010年9月由重庆钢铁（集团）有限责任公司转让给重庆钢铁股份有限公司，成为重庆钢铁股份有限公司的全资子公司。并在重钢股份公司内部履行自动化部职能。2011年5月19日在重庆市工商行政管理局大渡口区分局正式办理变更登记手续。

电子公司是国家科技部认定的国家高新技术企业，国家信息产业部认证的计算机信息系统集成二级资质企业，重庆市经济和信息化委员会认证的软件企业和软件外包企业。拥有科研开发与工程技术队伍及科研实力和实践经验，形成"三电"（自动化、信息化、检测技术）一体化的技术构架。2011年新增资质：重庆市软件企业、重庆市软件及信息服务外包企业。2011年新增授权专利4项：①热风炉空燃比控制方法（发明专利）；②码头物料趸船计量系统（发明专利）；③汽车衡无人值守计量系统（实用新型专利）；④合金料斗秤物资计量系统（实用新型专利）。

2011年电子公司围绕"生产经营、环保搬迁、企业改革、人才培养"四大战略任务，抓长寿新区自动化、信息化、计量、消防系统自动化设备的运行维护；做好大渡口老区钢铁生产运行维护保障；环保搬迁工程安全，按期完成球团项目、3号烧结项目、3号高炉项目"三电"工程建设，信息化系统与主线同步上线，完成重钢环保搬迁600万吨钢生产系统自动化、信息化、计量建设任务，推进重钢环保搬迁二炼钢等项目的自动化、信息化、计量工程项目及靖江物流基地、江津基地的"三电"建设。全年实现销售收入20808万元，利润1503万元，完成降欠109万元，外部货款回笼率104%，全面完成钢铁股份公司下达的各项生产经营指标。2011年电子公司获"重庆市五一劳动奖状"，其炼铁三电项目部获"重庆市工人先锋号"称号。

张怡

**【工程建设】** 2011年电子公司建立完善组织机构，成立由61名管理人员组成的管理团队和200名具备现场工程、安装、技术经验的施工队伍，全年共完成重钢集团环保搬迁炼铁项目三电设计、采购、施工总承包工程，长寿新区信息化应用软件研发及信息技术与集成工程，长寿新区物质计量系统设备采购（含制造）及施工总承包工程，长寿新区3号高炉项目计算机、仪表及通讯系统设计、采购（或制造）、施工，长寿新区"一卡通"系统设计、采购、施工总承包合同，3号烧结机三电总包合同，料场项目水渣外运、中央仓储、铁路成品发运库"三电"系统设备采购、施工总承包合同等18个工程项目。为加强工程质量，每月组织对工程质量、工作规范、服务质量开展专项检查活动，对发现的问题在每周例会上讲评通报，坚持"三抓"，即抓实体质量保精细化管理；抓验收评比，提高责任意识；抓安全检查，保证良性互动；做到每天"有布置，有检查"，并责任到人，奖罚兑现。2011年，电子公司炼铁三电项目部获"重庆市工人先锋号"称号。

张勇

**【计量服务】** 2011年自动化部完成各种物资计量5530.26万吨，其中火车计量769.37万吨，轮船计量1311.05万吨，汽车计量824.02万吨，皮带计量2004万吨，其他计量621.82万吨。全年在监督方面对3503辆汽车、1967艘轮船、492辆火车、287个理化样进行监督，总重量为1162万吨。发现异常情况860次。并按制度对码头工作人员进行轮换，保证检尺工作的客观公正性。在建设方面完成长寿新区3台静态和2台动态轨道衡的安装、调试和检验校对工作；完成物流计量中心与物流的信息的链接，为无人值守做准备；完成3号高炉6台铁水液位计的安装及2号焦炉干熄焦轨道衡的安装、调试和检验校对工作，实现干熄焦轨道衡系统四机联锁。

沈伟

**【效能监察】** 2011年，电子公司完善监督体制，将计量数据管理监督和标准检定业务从计量车间中分离，成立计控管理科，加强对计量业务的约束与相互制约，同时形成自动化部纪委、计控管理科、计量车间三级协同的监督机制。新修订和梳理"计量、监督"管理办法和规定：《自动化部物资计量监督管理办法》《计量人员八不准守则》《计量人员违纪行为行政处分的暂行规定》等，规范计量行为，增强法纪观念。实行物资计量廉政建设风险责任制。物资计量相关人员根据岗位交纳一定风险金，并与自动化部纪委签订《物资计量廉政建设风险责任书》。若违纪受到纪律处分，扣除风险金，其他人员也相应扣除部分奖励。形成责任明确、有奖有罚、风险共担的机制，促进物资计量廉政建设。执行重要岗位、关键环节人员交流管理办法，全年自动化部长寿新区码头计量员交流6人、其他计量点交流22人，大渡口老区交流30人。同时，提高计量质量，保证重钢对大宗原辅料的需要，维护钢铁股份公司新、老区生产的顺行。2011年5月开始，电子公司每月由党政领导主持，计量车间、计控管理科、纪检监察等相关部门参加，召开计量专题工作会，检查当月计量和监督工作，总结经验，发现问题及时制定措施整改，同时提出要求和布置工作任务。全年加大对重钢新、老区码头检尺计量的抽检查力度，由自动化部纪委牵头、纪检、计控管理科、计量部等相关部门人员组成的计量监督、抽检小组，采取复查检尺和跟踪检尺的方式检查其计量是否规范操作、检尺刻度的准确度等。

张怡

【“创先争优”活动】 2011年，电子公司“创先争优”活动，一是以党组织创先进带动单位创先进，以党员争优秀带动身边职工争优秀，发挥群团组织作用。在开展“创先争优”活动中，电子公司党委、工会、团委、武装部一同布置，一同讲评，一同检查，调动职工群众的主动性、创造性。搞好“六个结合”即结合好生产经营，结合好组织建设，结合好帮扶救助，结合好职工教育，结合好劳动竞赛，结合好学习型组织建设，推进“创先争优”活动开展。全年电子公司各支部党员参与技术攻关项目79个；工会系统各工会组织和工会干部做出承诺，服务职工，维护职工的合法权益，促进企业向更高更好发展；在团员青年中开展重钢青年“学创”活动，全年制定一级项目3个，二级项目12个，三级项目175个；在武装系统中开展“在管理中降本，在工作中增效”活动，全年立项13个，实现效益376万元。二是推行“一讲二评三公示”。电子公司各党支部、各党支部书记、各党员，围绕全年生产经营重点工作就如何发挥作用，做出承诺。电子公司党政负责人根据联系点分工，到各联系点组织讨论，并针对不同部门、不同岗位、不同职责提出具体承诺、践诺的要求，对承诺效果进行逐一点评。在承诺内容上，结合本单位开展的“明星职工”评选、合理化建议、阶段性劳动竞赛等活动，激励职工学习先进、争当先进、赶超先进，做出具体承诺，促使其向承诺目标和方向努力。同时，开展优秀共产党员、优秀(生产)工作者、民兵降本增效等先进集体和个人的评比表彰。并将先进个人的照片和先进事迹编印到《重钢电子》上，使职工与职工之间、团队与团队之间形成你追我赶、互帮互助的氛围，“一讲二评三公示”活动得到有效开展。

张怡

## 重庆钢铁集团运输有限责任公司

【概况】 重庆钢铁集团运输有限责任公司(简称：运输公司)位于重钢长寿新区“195平台”。距重钢集团长寿新区管控大楼2.2千米。运输公司的前身为重钢汽车大队，1996年1月9日，重庆钢铁(集团)有限责任公司批复同意运输公司根据《公司法》改制为重庆钢铁(集团)有限责任公司的全资子公司，更名为重庆钢铁集团运输有限责任公司。2010年4月，运输公司交由重庆钢铁股份有限公司代管。2011年正式进入重庆钢铁股份有限公司，但保留其对外经营资格。截至2011年底，运输公司有职工330人、劳务工410人，汽车490台，设一大队、二大队、三大队、修理厂、三峰物流及物调科、安全科、技术科和办公室4科室，有代管集体企业1个，在大渡口老区设有留守队1个。2011年完成营业收入22238万元，利润661万元。并于2011年11月完成运输公司第四届党委会的换届改选工作。

陈伟

【新区生产组织】 2011年，运输公司在重钢长寿新区的运输组织按“一级管理、集中指挥”的管理模式，建立以生产副经理为首、物调科为核心、其他职能管理部门为辅助、各大队(分公司)具体执行的生产调度系统。物调科负责长寿新区全部生产运输任务和大渡口老区至长寿新区运输任务的归口管理，以及计划统编、任务统筹、过程统管的管理职能，并负责运输信息的汇总、汇报和异常问题的协调和处理工作。

2011年，运输公司在生产组织工作中，按“求真务实、及时高效”“安全第一、保证设备”的原则，以长寿新区的生产现状为基础，结合汽车运输的特点，细化方案保证生产组织实施，健全物流运输标准化制度；理顺长寿新区600万吨钢规模的物流运输组织，完成汽车替代火车运输炼钢高温液态渣，及“点对点”成品运输，实现长寿新区供应物流、生产物流、回收物流、销售物流的组织实施。

林辉

【CNG加气站储气系统改造】 重钢长风CNG加气站建于1998年，建站时储气系统采用气瓶串联方式储存，至2010年12月，气瓶达到报废年限，不能继续使用，同时按照新的规范须采用储气井方式。2011年，运输公司对CNG站立项实施储气系统改造，经公开招标四川自贡华气科技开发有限公司中标。该工程2011年3月动工，2011年7月竣工，同年8月恢复生产。共建储气井4个，容积共计18立方米，投资总额122.5万元。

龙晓容

【燃油供应】 运输公司长寿新区临时加油站自2007年6月6日建立后，经历4次搬迁，为长寿新区工地供油27839吨，油站加油9232吨，截至2011年底共计为长寿新区供油37071吨。大渡口老区临时加油站自2009年7月建立，至2011年11月30日临时加油站撤出，共计加油3993吨。截至2011年12月31日，新、老区共计供油41064吨。

赵颖

【生产基地建设】 运输公司自重钢长寿新区平场开始就为施工单位现场提供燃油，组建江南临时加油站，随着长寿新区基础设施的建设，运输公司除供燃油外还供应砂石，同时组建江南物流公司参与设备、钢结构的运输；2008年又开始进入长寿新区执行通勤任务；自长寿新区2号高炉投产，运输公司开始参与焦炭、废钢等物资的转运工作。为解决运输公司生产用地，重钢集团划出位于长寿段长江边一码东侧3.53公顷土地（称“195平台”）给运输公司作为生产基地。截至2011年底，运输公司在“195平台”建有360平方米的办公室、食堂、澡堂、活动板房4栋、洗车场、临时加油站、会议室及1300平方米临时修理厂等。2011年，运输公司规划在该3.53公顷土地上修建1座二级加油站、汽车保养修理厂及调度楼、停车场等设施，以上设施由重庆化工研究院设计中。

李堂明

**【落实“两票制”】** 2011年，运输公司开展以职工围绕企业管理中的问题，提出问题、建议为内容的“两票制”落实工作，全年共收到“两票”54件，至2011年底，共办理43件、11件办理中；其中围绕生产管理22件、围绕成本管理20件、围绕后勤服务4件、其他问题8件，全年共产生经济效益31万元。

陈诗华

**【青年明星评选】** 2011年，运输公司团委为激励青年员工立足长寿新区本职岗位，踏实工作，启动青年岗位明星“12+3+1”争创活动。活动评比流程是每月由各支部提名，经过运输公司团委评定每月产生1位青年明星，全年产生青年明星12位。年底对12位青年明星进行综合评比，采用候选人公示、组织讲述会、团员青年投票等形式从中产生3位青年岗位能手。同时报运输公司党委审定，从中产生运输公司青年模范1位。2011年共评比出运输公司青年明星12位，其中管理人员3人，操作人员9人。

何飞

## 三峰靖江港务物流有限责任公司

**【概况】** 三峰靖江港务物流有限责任公司（简称：三峰靖江物流公司）成立于2010年1月12日，由6家股东组成，总股本为3亿元，其中重庆钢铁股份有限公司占总股本51%、中国长江航运（集团）总公司占总股本28%、重庆轮船集团有限责任公司占总股本10%、江苏新扬子造船有限公司占总股本5%、靖江新世纪投资有限公司占总股本5%、靖江天骄物资有限公司占总股本1%。三峰靖江港务物流有限责任公司位于江苏省靖江市新港园区，是重钢靖江物流基地项目中港口物流项目的立项实施单位。该项目位于长江下游北岸，江苏省靖江市境内，西连扬州，东依南通，上距南京187千米，下距上海205千米，南与江阴市和张家港市隔江相望，背靠苏北地区；具有通江达海的区位优势，处于沿海、沿江经济带的辐射带动区域，地理位置优越。规划用地66.67公顷，总投资为13.7亿元。设计吞吐量3000万吨/年，其中矿石2400万吨/年，钢铁600万吨/年。

曹玉峰

**【港口物流项目建设】** 该项目规划用地66.67公顷，首期总投资为13.7亿元，设计是按重钢年产量1000万吨钢材总体规划设计。码头设计吞吐量为3000万吨/年，其中矿石2400万吨/年，钢铁600万吨/年。海轮泊位建7万吨级（兼顾10万吨级）通用散杂货泊位1个、4万吨级件杂泊位1个、2万吨级件杂泊位1个，占用长江岸线684米。内港池泊位建5000吨级散货泊位1个、5000吨级杂货泊位2个、3000吨级（兼顾5000吨级）杂货泊位1个，占用焦港河岸线525米。并配套建设相应的堆场、道路和仓库等设施。项目全部建成后，上承内陆钢材精品生产基地，下接江海船舶制造产业。

项目一期建设矿石料条3个，钢材堆场2个。截至2011年4月，完成项目立项所需的岸线、环评、海事、航道、安全评估、行洪、地质灾害评估各项专项报告和地方海事、地方航道的专项评估，并报江苏省发展和改革委员会备案。截至2011年底，长江码头、焦港码头完成规划设计工作内容90%，陆域一期完成规划设计工作内容70%；并于2011年12月19日举行开港运营庆典，实现钢材的装卸作业。

2011年还完成了三峰钢材加工配送中心项目报江苏省发展和改革委员会的立项工作，并取得了29公顷土地的使用权。

曹玉峰

## 靖江三峰钢材加工配送有限公司

**【概况】** 靖江三峰钢材加工配送有限公司（简称：三峰钢材配送公司）2011年5月23日成立。主要从事配送、切割、预处理、扁钢制作、半自动焊接T型材。注册资本为1亿元人民币。由5家股东组成，其中重庆钢铁股份有限公司占该公司注册资本的51%、扬子江船业（集团）有限公司占注册资本15%、春和集团有限公司占注册资本15%、重庆轮船（集团）有限公司占注册资本15%、靖江市天骄物资有限公司占注册资本4%。为重庆钢铁股份有限公司的控股子公司。截至2011年底有职工3人，“三峰钢材加工配送中心项目”建设中，预计2012年建成投产。

曹玉峰

## 重庆钢铁集团朵力房地产股份有限公司

**【概况】** 重庆钢铁集团朵力房地产股份有限公司（简称：朵力房地产公司）是国家一级开发企业，重钢集团控股子公司，注册资本33218.02万元。2011年下设14个部门和2个全资子公司，年末在册职工220人，有专业技术人员116人,高、中级技术职称47人。2011年营业收入45359.98万元,利润8424.5万元,至2011年连续3年为重钢集团第3利润大户,总资产122857.85万元。2011年获"重庆市房地产开发行业企业社会信用等级AAA"、列"重庆市第七届房地产开发企业五十强"第27名、被重庆市国有资产监督管理委员会授予"五个好"党委和基层红旗党委称号、通过重庆市"模范职工之家"验收。

2011年完成的主要工作:(1)长寿新区办公和后勤项目建设。截至2011年末,累计完成会议中心、文体综合楼工程及炼钢中控楼装修等26个项目。(2)职工住宅管理。全年房屋安全巡回检查1705人(次),实施住宅排危工程5个;完成日常维修2626户(处),清掏化粪池9个、窨井736个,疏通暗沟和明沟36762米,清运垃圾25.46吨,瓦屋面翻盖和检漏1822平方米。全年出售公有住房246户(配套房235户,加厕房11户),回收资金397.5万元;出售"农转非"房15户,收回房款10191.3元。配合大渡口区政府危旧房拆迁工作,收回房屋拆迁补偿款134.49万元。发放已出售公有住房产权证265个。(3)物业管理。2011年朵力物业公司实现营业收入2082.86万元,利润20.17万元的历史最高纪录。全年按管理程序完成维保项目手续118件,所管理的小区、写字楼、厂房接待报修共计28776次(户),处理完成28360次(户),完成率98.55%。此外,各小区累计交房109户,申办装修户数共1759户,竣工验收共1330户,办理入住共971户。

龚东梅

**条目另见部目**

【入选重庆市第七届房地产开发企业五十强】:《生产经营》

**【年度主要经营指标完成情况】** (1)经营业绩。2011年营业收入、利润、上缴税金均创历史最高纪录。全年实现营业收入45359.98万元,完成年度计划和重钢集团下达计划33000万元的137.45%,较上年增长17.53%;实现利润8424.5万元,完成年度计划和重钢集团下达计划5000万元的168.49%,较上年增长18.39%。上缴税金8033万元,较上年增长54.42%。(2)盈利能力。2011年总资产利润率7.62%,较上年提升1.44个百分点,资产收益率5.17%,较上年提升0.72个百分点,净资产收益率11.09%,较上年提升1.05个百分点,销售利润率18.57%,较上年提升0.13个百分点,存货周转率0.39次,较上年快0.04个百分点,期间费用率7.79%,较上年下降2.49个百分点。其中净资产收益率达到行业先进水平。(3)经营规模。2011年合同销售金额、资金回款、合同登记和办理权证均创历史最高纪录。①全年销售合同金额82051.78万元,较上年增长18.65%。销售住宅3032户,面积227839.04平方米,合同金额67943.79万元;销售商铺58个,面积11204.72平方米,合同金额8232.28万元;销售车位783个,合同金额5875.71万元。②全年销售和团购回款65217.89万元,较上年增长171.25%。住宅回款51308.17万元["朵力·半岛香颂"(西苑)销售回款47788.63万元、"朵力·半岛香颂"(东苑)团购回款3468万元、"朵力·6号原舍"回款51.54万元];商铺回款8034.01万元("朵力名都"等存货4470.79万元、"朵力·尚美国际"2896.92万元、"朵力·6号原舍"666.3万元)。车位回款5875.71万元("朵力名都"81.76万元、"朵力·尚美国际"4695.3万元、"朵力·6号原舍"1098.65万元)。③全年完成合同登记4422件,办理权证1791户,分别比上年增长326.85%和72.88%。

刘钢

**【项目开发】** (1)"朵力·半岛香颂"(一期)。总体量27.51万平方米,3038户住宅。2011年全部封顶。(2)"朵力·半岛香颂"(二期)。总体量12.67万平方米,1156户住宅。2011年高层住宅两个标段开工,面积5.38万平方米;多层住宅平基土石方工程进场施工。(3)"朵力·品道"。总体量18.37万平方米,1608户住宅。2011年项目第一、四标段开工,面积9.33万平方米。(4)"朵力·江畔"。总体量11.75万平方米,1745户住宅。2011年项目取得规划用地许可证,完成规划方案设计并进入审批阶段。(5)朵力含谷项目。2011年,重庆市新的轨道方案基本确定,朵力房地产公司已与重庆市九龙坡区和高新区规划局联系沟通,在高新区编制含谷、白市驿区域控制性详规时一并落实项目规划指标。预计总体量7.34万平方米,600户住宅。(6)2011年新开工面积14.71万平方米(其中"朵力·半岛香颂"高层5.38万平方米,"朵力·品道"第一、四标段9.33万平方米);在建面积42.22万平方米。

刘钢

**【房地产开发一级资质通过审查】** 2011年7月,朵力房地产公司经重庆市城乡建设委员会同意,报送房地产开发一级资质(延续)申报材料到中华人民共和国住房和城乡建设部审批;8月17日,朵力房地产公司延续一级资质的申请获得通过,并于9月13日正式取得中华人民共和国房地产开发企业一级资质证书。

龚东梅

**【市级模范职工之家创建】** 在创建过程中着力"五个家"建设。(1)着力"效益之家"建设。通过发动职工开展"群众性经济技术创新工程""合理化建议""劳动竞赛"等系列活动,促进朵力房地产公司效益上台阶。(2)着力"民主之家"建设。完善和建立健全《职工大会工作制度》《民主评议领导干部实施办法》等规章制度,坚持每季厂务公开,重大事项公开。(3)着力"温暖之家"建设。把维护职工合法权益作为首要任务,让职工感到"工会是我家,温暖你我他",在此基础上做好《集体合同》《工资集体协商》的签订和实施，履行和兑现《集体合同》《工资集体协商》所约定的各项内容。(4)着力"文明之家"建设。开展文化活动，营造文化氛围，起到影响人、教育人、塑造人和改造人的作用，激发职工的劳动热情和创造活力，促进企业精神文明建设。(5)着力"安全之家"建设。坚持"安全第一、预防为主"的方针，提高主动安全意识，抓安全防范，落实隐患整改，实现安全事故为零。2011年10月10日，朵力房地产公司创建重庆市模范职工之家通过重庆市总工会的检查验收。

李敏

## 重庆三钢钢业有限责任公司（中兴公司）

**【概况】** 重庆三钢(中兴)钢业有限责任公司(简称:三钢公司)系重钢集团控股子公司，位于重庆市大渡口区茄子溪街道刘家坝社区电业村68号，注册资金8300万元，占地17.2公顷，以生产和销售热轧、冷拔无缝钢管为主业，机电设备加工维修、钢管行业工模具及备配件制造、运输等为辅业，年生产热轧、冷拔无缝钢管近10万吨。三钢公司建于1937年，1958年开始生产冷拔无缝钢管，主要品种:高压锅炉管、中低压锅炉管、石油裂化管、输送流体管、汽车半轴套管、液压支架管、结构管等，"三峰牌"热轧、冷拔无缝钢管在国内市场受用户好评。

2011年，三钢公司设2个车间(热轧车间、冷拔车间)、4个分公司(宏发房地产开发公司、商务公司、建筑公司、运输公司)、1个全资子公司(嘉实物业公司)、1个控股公司(渝汉钢管实业有限公司)、16个职能部室(含党群系统)。在册职工608人，其中在岗职工568人;具有高级职称14人、中级职称51人、工人技师10人。2011年末，总资产24580万元。主要设备:150吨冷剪机、50吨冷剪机、斜底式加热炉3座、$\phi90$穿孔机组、$\phi50$穿孔机组、$\phi40$穿孔机组、八机架微张力减径机、辊底式连续退火炉2座、冷拔机8台、矫直机、液压万能材料试验机、微控电子万能试验机、数显洛式硬度计、摆锤式冲击试验机、红外定碳硫仪、涡流探伤仪、超声波自动探伤仪、直读光谱仪等，共有设备100余台(套)，设备生产能力10万吨。生产产品:热轧无缝钢管、冷拔无缝钢管两大类，6个品种，2000个规格。产品材质19种，其中热轧无缝钢管5个钢种、冷拔无缝钢管19个钢种。产品通过质量管理体系IS9000监督审核修订并发布C版《质量手册》《程序文件》。

李泽梁

**【生产经营】** 2011年，三钢公司全年合并盈利26.6万元(三钢公司盈利26万元，中兴公司亏损49.4万元，渝汉公司盈利50万元)，完成重钢集团下达的经营目标和三钢公司2010年职代会确定的各项工作目标。(1)生产。三钢公司全年生产钢管57482吨，同比增加4238吨，增长7.96%;实现产值31167万元，同比增加7498万元，增长31.68%。其中渝汉公司2011年因完善污水处理项目，年初停产50天，3月中旬开始正式生产，受搬迁后设备磨合、整改等因素影响，有效作业时间下降，产品质量、成材率、成本均受影响。全年生产、销售无缝钢管2.46万吨，比年计划2.5万吨减产0.04万吨;销售收入1.32亿元;综合成材率91.4%，同比降低0.2%;货款回笼率100%，全年报表利润50万元。(2)销售。全年销售量55111吨，同比增加900吨，增长1.6%;销售收入3.592亿元，同比增加5341万元，增长17.45%;坯材价差总额7766万元，同比增加672万元，增长9.47%;销售均价6518元/吨，同比增加877元/吨，增长15.54%;产销率95.88%，货款回收率100%。2011年，销售量创三钢公司历史最高水平，坯材价差比上年增加122元/吨。全年处理质量异议共计16件，赔偿金额149994元，与上年相比质量异议赔偿件数减少11件，赔偿金额减少10838元，平均每月1.249万元，低于1.25万元的考核指标。(3)采购。全年采购管坯100551吨，其中重钢坯87611吨(含渝汉公司)，外购钢坯12940吨;全年物资采购共计采购硫酸862吨，带锯条2465条，工业盐80吨，耐酸尼龙吊带1710付，高速增加切割片23275片，磷化剂104吨，轴承2701套;零星非标物资招投标坚持"多家竞争，比价采购，质优价宜"的原则，在掌握市场行情的前提下引入竞争机制，降低采购成本，保障生产正常运行。

李泽梁

**【质量管理】** 2011年，三钢公司加大内部质量监督检查、管理考核力度，全年工艺纪律检查47次，产品质量抽查54次;修订并发放技术质量管理文件9件，质量专项考核共计150868.66元。2011年完成产品物理性能检测试验批数11037个令号，进厂验收管坯78961.12吨。2011年9月，三钢公司一次性通过北京新世纪认证公司对其质量管理体系的监督审核。

李泽梁

**【第三产业生产经营】** 2011年，三钢公司第三产业合计收入3064万元，其中游泳池片区开发收入2740万元，门面租赁收入324万元。相关子公司指标完成情况:(1)宏发公司。全年共回收资金2740万元;完成大小维修项目19个;完成极鼎代建车库(5000平方米)的调整及结算工作，向煌华出售8000平方米房屋住宅(预售)，对游泳池工程进行监督管理，调研对外开发项目5个(遵义、黔江、江津、巴中、新港保税区)。(2)商务公司。全年租赁收入276万元(其中中兴公司片区租赁收入202万元，三钢公司片区租赁收入74万元)，同比增长17%。(3)嘉实物业公司。全年实现利润1.2万元，同比增长20%。(4)建安公司。全年实现产值2100万元。

(5)运输公司。全年产值232万元,利润8.43万元。(6)机动部工具段。全年产值345.83万元,利润17.27万元。

李泽梁

【技术改造及产品开发】 2011年,三钢公司技改、技措项目立项11个,至年底所有项目处于总结中;《SRM355I微张力减径机$\phi$60毫米产品开发》项目获重钢集团科技进步三等奖,《加热炉、退火炉自控系统自主检修》项目获重钢集团合理化建议活动三等奖;通过对孔型参数的优化,开发出$\phi$60、$\phi$68、$\phi$114毫米系列的热轧成品管和SA-210C高压锅炉管;完成液压打头机技改项目;实现冷拔管六角形包装;采用并规范硫酸抑雾剂,解决硫酸用量大、酸雾浓以及钢管酸洗后表面黑渣的问题。

李泽梁

【人力资源管理】 (1)调整工资结构。2011年,三钢公司按重钢集团要求,调整职工工资结构,基础工资套改靠标后人均基础工资1185元,同比增加115元。在此基础上,值重钢集团建厂120周年厂庆,职工基础工资又增加两级,人均基础工资达到1285元。2011年,中兴公司职工人均收入31400元,同比增加收入2950元,增长10%;三钢公司职工人均收入38130元,同比增加收入3470元,增长10%。(2)人员分流。2011年办理环保搬迁提前退休手续50人,办理集体职工"直通车"2人。全年新招聘职工44人(本科毕业生4人,专科毕业生5人,技校毕业生35人),外借工人数由上年的144人减至126人,职工平均年龄40.5岁。截至2011年12月31日,三钢公司在册职工608人(其中在岗职工749人),外借工126人,退休返聘52人,"直通车"留岗3人,共计789人。(3)职工培训。全年工艺规程培训220名、内审员资格25名、继续教育培训18名,选拔23名选手参加重钢集团第十届职业技能竞赛。(4)完善技术人才成长激励机制。制定《三钢公司技术专家、技能专家管理办法(试行)》,选拔聘任三钢公司首批技术专家和技能专家5名,其中主任工程师1名,副主任工程师1名,技术能手2名,技能尖子1名。

李泽梁

## 重庆四钢钢业有限责任公司

【概况】 重庆四钢钢业有限责任公司(简称:四钢公司)是重庆钢铁(集团)有限责任公司控股90%的子公司,2003年8月由重钢四厂通过改制更名为"重庆四钢钢业有限责任公司"。位于綦江区城东南17千米的三江街道西侧,紧邻210国道、渝湘公路、G75高速公路及渝黔铁路,厂区的铁路专用线与渝黔铁路连接,经高速公路到重庆主城52千米。

截至2011年末,四钢公司总资产48186.87万元,固定资产原值37910.61万元,净值8239.57万元。占地面积52.27公顷。在岗职工762人,离退休职工2654人,有各类专业工程技术人员123人,其中具有中级技术职称36人、高级技术职称7人。主要生产热轧硅钢片、单张热镀铅板、冷轧钢带、连续热镀锌钢带、彩涂钢带等产品。设部门(单位)总数17个,其中党群系统包括党群部,行政系统包括总经理办公室、财务部、生产设备部、安全环保部、技术发展部、营销部、供应部、保卫部、硅钢片厂、冷轧厂、镀层厂、镀铅板厂、动力厂、物流储运部;后勤系统包括生活服务部、职工医院。

李晓秋

【生产经营】 2011年,四钢公司对外承受原料、能源、融资等成本上涨和有效产能过剩的困难;对内承担主导产品规模小利润薄、新产业链尚未形成的压力。全年,四钢公司一是保价促销,抓电工钢等主导产品生产销售,2011年共销售热轧电工钢23762吨,吨钢销售价格5457元,保持同行业最高水平。二是增收节支,全年累计增收453.85万元。三是统筹资金,保证资产流动性,保证财务资金运转基本正常。四是点面结合,推动产品结构调整,全年实现加工特殊钢、冷轧高硅钢,使用长寿新区4.5毫米DR卷坯料、突破热硅冷轧生产工艺等工作。五是强化设备管理,抓节能降耗。六是加强安全生产和环保工作。

周鹏

【企业管理改革】 2011年,四钢公司一是根据生产经营工作的需要,实施机构整合和职能职责的调整。完成镀层厂和彩涂厂合并、人力资源部和总经理办公室的合并、生活部和离退部的合并。2011年底,四钢公司部门(单位)总数17个,较年初减少15%。二是引进冷轧技术咨询服务。冷轧厂引入技术咨询服务后,冷轧成材率和质量得以提高,并降低了生产成本。三是按照重钢集团的要求,开展二级法人企业的清盘注销工作。2011年如期完成了交通公司的清盘注销。四是加强后勤系统管理,引导后勤系统按照市场化原则推进工作。五是加强能源管理。通过将工业用能计量器具进行更换,发挥冷轧配套功率因数补偿作用,加大争取国家节能降耗补贴政策的力度,理清能源转供中存在的问题,合理排产、错峰用电等措施的实施使得四钢公司在提高产能的同时只小幅增加能源消耗量。

罗开龙

【人力资源优化】 一是根据四钢公司生产经营管理需要,实施人员分流安置。2011年四钢公司通过职能整合、划转、内部招聘、选岗、调配、分流等途径,内部调配安置职工220人次,保障职工有岗可上和现实生产经营的人员需求。二是按政策实施"环保搬迁、提前退休"。2011年办理职工"提前退休"58人;指导集体企业享受"环保搬迁政策",办理"大龄职工直通车"15人;办理职工自愿解除劳动合同35人。三是实用为主,开展职工培训。全年自办岗位培训班4个,培训职工128人次、送外培训30人。2011年高级工鉴定合格1人,初级工鉴定合格82人。完成特种作业新复训186人。生产操作人员持职业资格证96%,高级及以上占生产操作人员36%。全年"导师带徒"培训9人,组织3个工种共6人参加重钢集团第十届职业技能竞赛,其中2名职工分获焊工(兼作组)第6名、热工仪表工第6名。四是建立技能技术专家管理细则,拓展人才发展职业通道。制定并实施《四钢公司技术专家技能专家选拔聘任实施细则》,按照重钢集团专业工种岗位和职数规定,报经重钢集团同意后聘任副主任工程师2人,技术能手2人;被重钢集团聘为技术专家1人。五是规范外用工管理标准和程序,全年按程序解聘劳务用工40人,解除返聘协议33人。

罗开龙

**【1450毫米十二辊可逆式冷轧机设备验收并引入技术咨询服务】** 四钢公司1450毫米十二辊可逆式冷轧机经半年的试生产,于2011年6月通过设备最终考核验收。在考核期间,机组最大轧制速度720米/分,电气设备及自动化系统整体运行可靠性99.77%(72小时运行考核),厚度公差值在±0.005毫米以内的比例95%以上,并按《技术协议》规定对轧机的产能及其他性能、质量保证值进行考核,均达到《技术协议》要求,完成设备最终考核验收。2011年10月11日,中国金属学会组织国内有关专家对北京斯蒂尔罗林科技发展有限公司为四钢公司设计制作的"1450毫米十二辊可逆式冷轧机"进行项目成果评价。认为:该轧机为国内外首创的12/20辊系可换轧机,其性能达到国际同类型轧机的先进水平。

为掌握该轧机的性能,提高操作技能,使其达到设计产能,四钢公司引入技术咨询服务。2011年8月与南京恺韬冷轧技术服务有限公司签订《1450毫米十二辊冷轧机技术咨询服务协议》。主要是给与技术服务公司一定的用人和分配的自主权,通过对其在生产成本和产品质量的考核,使生产管理得到改观,生产成本降低,提高产品质量。

黄云

**【推进党内"创先争优"活动】** 2011年,四钢公司党委以"争当四强四优先锋、控亏减亏勇作贡献、达产达效再立新功、促进四钢科学发展"为主题,"以企业文化管理为抓手,深入开展'四优'党员竞赛活动"为载体,以深入推进"一讲二评三公示"为主线,开展"创先争优"活动。在推进"创先争优"活动中,四钢公司党委结合企业各阶段的生产经营重点和难点问题,通过各种形式的会议和教育活动,组织党员学习重钢集团2011年职代会、党建工作会精神。要求各基层党组织及党员干部:一是与本单位、本岗位实际相结合,分析和总结回顾2011年工作情况,找出差距和不足,提出改进措施和方案,明确努力方向;二是与党员干部作风建设相结合,增强"五种意识",提高"四种能力",为企业的生存发展提供内在动力;三是与"创先争优"活动相结合,开展好建设学习型党组织、创建"五个好"党组织、"党员先锋工程"及党内主题活动等活动,激发职工爱岗敬业、"创先争优"的工作热情和向上的精神风貌;四是与企业和本单位下阶段的中心工作相结合,抓住生产经营、改革改制、产品开发三大重点,加强管理,推动四钢公司实现企业的可持续发展。

四钢公司各级党组织推行"一讲二评三公示",注重实效。对照"四强"党组织、"四优"党员要求,围绕本单位中心工作、重点任务和岗位职责,基层党(总)支部和党员均作出承诺,并进行公示。公示方式有会议传达、上墙张贴、制作公示栏、党员挂牌进班组等,接受职工群众的监督。按照重钢集团党委要求,扎实推进,突出特色。如:四钢公司硅钢片厂在1台轧机定员、两台轧机生产的情况下,号召全厂39名党员、132名职工"团结一心,从我做起,克服困难,攻坚克难,完成交库",党员以身作则,带领职工全力组织生产,顺利完成交库目标;交通公司开展"一专多能走在前,党员示范争创先"特色活动,党员职工只要是工作需要,就顶岗作业;供应部围绕"保供、降本、创增"工作,发挥党员的先锋模范作用;动力厂提出以"保障能源供应,确保三线正常生产"为特色开展工作。

罗小会

**【建设学习型党组织】** 2011年,四钢公司党委围绕企业实现转型升级、推进产品结构调整、1450毫米冷轧机组顺行等工作目标,开展建设学习型党组织活动。其活动重点是:党委制定双月学习要点,指导支部结合实际通过"三会一课"等方式开展学习;坚持党委中心组学习制度,带动各单位党员和职工学习;以纪念中国共产党成立90周年为契机,开展"学党史、强党性"和"唱读讲传"活动;在党员领导干部中开展"三新""三学习"活动;在党员干部中开展"学习法律、依法治企"活动。此外,根据《四钢公司2011年建设学习型党组织实施方案》文件要求,四钢公司党委号召全体职工认真学习《责任胜于能力》《员工岗位精神》两本书,并在科级管理人员中开展"两本书"学习心得征文竞赛活动,以推进学习型党组织建设,提高领导干部、党员职工的政治素质、道德修养和业务水平,形成重视学习、崇尚学习、坚持学习的氛围。四钢公司各单位学习形式以集体学习与个人自学相结合、岗位培训与专题学习相结合为主。

罗小会

**【开展劳动竞赛】** 2011年初,四钢公司上报重钢集团工会的"涂镀产品达产达效"劳动竞赛项目,被确定为重钢集团十大重点劳动竞赛项目。4月6日四钢公司成立以总经理为组长,党委书记、副总经理、工会主席为副组长,各二级参赛单位党政负责人为成员的劳动竞赛领导小组，同时制定劳动竞赛考核体系。于4月12日召开由领导小组成员、参赛单位负责人、骨干等120人参加的四钢公司2011年重点劳动竞赛启动大会。后因企业产品结构调整重点的变化，于7月将此项竞赛项目调整为“冷轧生产线顺产顺行劳动竞赛”。在推进此项重点劳动竞赛项目的同时，提出并实施四钢公司冷轧厂和镀层厂“达产达效”劳动竞赛、硅钢片厂全员劳动竞赛、交通公司“降本增效”劳动竞赛、动力厂“保障能源供应、确保安全生产”劳动竞赛、物运部“保发运、降停时、节燃料”劳动竞赛、供应部“降低辅料消耗、加强库房管理”劳动竞赛、营销部“确保电工钢全年销量3万吨”劳动竞赛共8个子项目竞赛。2011年四钢公司共加工冷轧高硅钢469吨，7月开发出冷轧高硅钢产品；8月完成酸洗机组圆盘剪的更换，消除主要设备故障，实现1450毫米冷轧生产线设备的正常运行。连镀机组利用1450毫米机组轧制的冷硬卷生产出0.25毫米规格薄镀锌板，减少锌合金消耗，达到22千克/吨，创四钢公司历史最高水平。12月开始探索热硅冷轧新工艺，以降低电工钢生产成本、提高成材率。全年竞赛期间，四钢公司工会配套出台了“冠军班组”“明星职工”的季度评选活动，全年共表彰6个班组和12名职工。2011年四钢公司1450毫米轧机乙班获重钢集团表彰。

吴文强

## 重庆新港装卸运输有限公司

**【概况】** 重庆新港装卸运输有限公司(简称:新港公司)是以港口装卸、仓储及水路运输代理为主营业务的国有公司制企业。办公地址为大渡口区李子林钢铁路58号。1998年由重钢集团和长航集团重庆公司共同出资2900万元组建，其中重钢集团出资额占总额55%，长航集团重庆公司出资额占总额45%，1999年1月正式投入营运，是重钢集团的控股子公司。2011年，该公司坚持“保障重钢、服务社会”的基本经营原则，在重钢钢铁主业营销环节中，提供水路销售钢材的堆存、装卸及发运的全程承运服务。在社会经营业务中，主要以集装箱、钢材、机电设备、沙石以及散装料装卸作业为主。

新港港区位于长江北岸重庆市大渡口区大渡村，港区紧邻大渡口火车站，拥有码头泊位3个，其中3号泊位为多功能滚装式码头，配置一艘起吊能力分别为40吨和20吨的双浮吊趸船。2号泊位为直立式预应力码头，配置一台起吊能力为100吨的桥式行车。1号泊位作为提供沙石和其他散装料装卸的专用泊位。港区货物堆场总面积23500平方米，其中集装箱堆场11000平方米，配置起吊能力为40吨的桥式行车2台；件杂货、机电设备、汽车等货物的堆场4个，面积共计10500平方米，配置起吊能力为40吨的门式行车2台，20吨的门式行车1台，15吨的门式行车2台；用于集装箱掏、装箱及存储忌日晒雨淋货物的室内货场2000平方米。

2011年，新港公司下设办公室、财务部、集装箱营运部、生产安全部，截至2011年末，从业人员80人。其中生产操作人员占80%，管理技术人员占20%。资产总额7720万元，净资产7259万元，资产保值增值率100.9%。

柳纲

**【经营管理】** 2011年，新港公司完成营业收入1922万元，利润总额85.8万元，完成重钢集团2011年下达的经营计划及资产经营责任制的各项考核指标。但因重钢大渡口老区在2011年内分阶段实施停产，钢材发运逐月减少，堆场积压待定产品严重，周转困难，而开拓集装箱、机电设备等社会货源需要一个过程，加上宏观经济的影响，全年除集装箱吞吐量外，各项经营指标同比均有不同程度下滑。(1)件杂货方面。新港公司继续遵循“保障重钢，服务社会”的基本经营原则，将装卸发运重钢各类钢材放在经营的首位，努力为重钢钢材销售发运提供服务。2011年，因重钢大渡口老区环保搬迁分阶段实施停产，社会件杂货源恢复艰难，作业不饱满，加上重钢股份公司堆放钢材积压严重，对发运效率要求又高，货主也对交货质量和时限有要求等因素，使2011年件杂货经营业务困难。全年完成件杂货吞吐量52.5万吨，同比下降39%，其中发运重钢钢材47万吨，占件杂货总量89%，同比下降43%；重钢外件杂货吞吐量完成5.5万吨，占件杂货总量11%，同比增加89%。(2)集装箱方面。2011年，根据实际经营形势需要，恢复集装箱业务：一是调查，走访，理顺关系。对各大船公司、箱公司进行走访和沟通。二是改善硬件环境。为开拓集装箱业务，与重庆海关协调保留海关监管场所资质，按海关要求，投资180万元实施海关监管场所整改工程，配置码头视频监控系统，并与港航管理局监控集中平台联网，使港口硬、软件配套设备达到相关职能部门的管理要求。2011年，新港公司集装箱业务完成吞吐量7219标箱，同比增加38%。其中重箱5467标箱，同比增加41%；空箱1752标箱，同比增加30%。全年装拆箱完成563标箱，同比增加110%。内贸箱4232标箱，同比增加103%；外贸箱2987标箱，同比降低5%。(3)继续签订联营协议，通过有偿提供作业场地，将0、1号泊位作为提供沙石及其他散货的装卸专用泊位。全年吞吐量32.5万吨，同比降低36%。(4)管理方面。一是按照激励和约束相结合的原则，继续推行和执行两个责任制考核体系，继续贯彻执行以保证完成年度生产经营目标为中心的经济责任制考核分配体系，将经营指标完成结果与职工收入挂钩。二是根据管理工作的实际需要，对2008年编制的《安全管理制度汇编》进行补充修订，并更名为《经营管理制度汇编》，做到管理经营有章可循。三是继续推行职工、部门、公司三级安全监管责任制，在现场中张贴安全警示，制作安全宣传专栏，发放安全提示卡，将安全指标纳入考核体系，实施安全风险抵押奖励等安全工作。四是加强设备管理，全年共排查、处理设备安全隐患26起，投入整改资金30万元。完成3号双浮吊设备设施大修。全年未发生人身安全、设备安全事故。

柳纲

## 重庆新港长龙物流有限责任公司

**【概况】** 重庆新港长龙物流有限责任公司（简称：新港长龙公司）是以港口装卸、仓储及水路运输代理为主营业务的股份制企业。位于重庆市长寿区江南镇重钢长寿新区。2007年8月工商注册组建，注册资本金11000万元。是重钢的相对控股子公司。股东出资额及比例为重庆钢铁（集团）有限责任公司3300万元，占总出资额30%；长航集团凤凰股份公司3080万元，占总出资额28%；重钢集团路桥公司1980万元，占总出资额18%；重庆港务物流集团公司1320万元，占总出资额12%；民生轮船股份公司1320万元，占总出资额12%。

2011年，新港长龙码头5号泊位为起吊能力双40吨的钢结构双浮吊趸船，6号泊位为起吊能力40吨和20吨的钢结构双浮吊趸船，2个泊位均用钢构混凝双引斜桥连接陆域部分。堆场面积44000平方米，配置门式行车8台，其中5台起吊能力45吨，3台起吊能力40吨。新港长龙公司下设综合部、财务部、商务部、生产安全部，截至2011年末，从业人员151人，其中生产操作人员80%，管理技术人员20%。资产总额36155万元，净资产10470万元，资产负债率71%，资产保值增值率101%。

2011年，新港长龙公司按"保障重钢长寿新区达产达效"的基本经营原则，为重钢长寿新区成品钢材的水路发运提供"一体化"的全程承运服务。

柳纲

**【经营管理】** 2011年，随着重钢长寿新区600万吨钢产能的达产达效，新港长龙公司共完成货物吞吐量181万吨，营业收入5546万元，利润总额121.8万元，完成重钢集团下达的经营计划及资产经营责任制的各项考核指标。

1.经营。2011年，新港长龙公司克服行车能力不足、料场超库存、船舶运力阶段性紧张、汛期6号码头不能作业、4号码头施工建设等困难，保障重钢长寿新区水路销售钢材的发运和用户对交货期的要求：一是结合长寿新区生产经营特点，采用全时段分区多次配载，调整计划方式，减少堆场翻堆作业问题，提高生产作业率。同时，为缓解堆存和发运压力，采用多港发运模式，与冯家湾化工码头、长明码头合作，利用其料场和设备发运长寿新区部分钢材，降低库存，提高码头发运能力。二是为满足用户对交货及时性的要求，在配载时根据库存钢板情况，安排装船单位，减少到港个数，缩短到港水运合同钢板在料场的集载及堆存时间。并按合同管理办法的要求，以先到先走的原则保障交货期。同时，编制船舶航运表，从发航起点每日跟踪船舶动态，协调处理因卸货港造成的船舶卸货延误问题，加快船舶周转速度及物运时间。三是投入60万元，开发投运一套长龙码头货运管理信息系统，提高生产作业效率。

2.管理。一是制定并执行《2011年生产经营计划》《技术专家管理实施办法》《技能专家管理实施办法》等规章制度和实施办法。根据管理工作的实际需要，修订2008年版《安全管理制度汇编》，补充相关内容并更名为《经营管理制度汇编》。年末，为合理使用劳动力资源，在生安部一线职工中实施四班两运转作业班制。二是抓安全管理。全年集中对各班组（特别是新进员工）进行安全讲座学习，开展"停电保磁""防洪渡汛""绞排趸船"等安全演练；在生产现场张贴安全警示，制作安全宣传专栏，发放安全提示卡，实施安全风险抵押奖励。2011年，新港长龙公司通过《重庆市交通运输企业落实企业安全生产主体责任评估》的整改升级评估、《重庆市长寿区港航管理处关于开展散货（件杂）码头安全管理专项整治活动》的检查验收。三是提高职工素质和业务技能。全年，定期编印重钢集团、新港长龙公司生产经营形势教育专题等内容的厂情宣传教育材料，下发至各部门和作业班队，使职工明厂情，树立安全意识、高效意识、危机意识。全年按培训计划及实际需要，组织岗位"一对一""师带徒"培训及安全、业务技术技能讲座，采用"夜校"等形式开展技术练兵、演习等活动，2011年共进行岗位技能培训63人次。

柳纲

## 重庆朝阳气体有限公司

**【概况】** 重庆朝阳气体有限公司（简称：朝阳公司）是重庆钢铁（集团）有限责任公司（控股）和重庆钢铁（香港）有限公司及重庆钢铁集团朵力房地产股份有限公司合资组建的中外合资企业，于1993年9月20日经重庆市人民政府外经贸渝资〔1993〕0494号文件批准成立。朝阳公司属高新技术生产经营企业，企业注册资本12553万元，2011年资产总值91789万元，实现工业总产值97239万元，销售收入68057万元，利润5841万元。

朝阳公司原系重庆钢铁（集团）

有限责任公司氧气厂，组建于1987年（1993年12月～1999年3月与法国液化空气有限公司合资经营），截至2011年有25年生产历史。2011年有大型制氧机组5台套，全液体空分1台套，制氢机组2台套，液化装置2台套，生产能力为氧气、氮气各101000立方米/时，氢气64立方米/时，液态气体300千升/日；有多套气瓶充装设备，瓶装气生产能力100万瓶/年；配置管网调压球罐1000立方米8台、400立方米6台和650立方米1台；配备大型超低温液体贮槽17台，液体贮存总能力7150千升；建有顾客供气服务站32个；拥有49辆以低温槽车为主的化学危险品运输车辆，液体运输能力25万吨/年。主要产品：医用氧（含家用便携式瓶装医用氧），工业级和高纯超高纯的氧、氮、氩、氢、氦，工业二氧化碳，各类混合气体以及液态氧、氮、氩。产品除保证重钢集团钢铁生产用气外，还给重庆及西南地区400家大中型企事业单位使用，是重庆地区规模最大、品种最多的专业气体公司。2011年朝阳公司设13部2室，员工356人，其中大专以上学历192人，专业技术人员107人，其中高级技术人员11人，中级专业技术人员28人。

朝阳公司于2000年通过ISO9001质量体系认证、2004年通过ISO14001环境体系认证、2006年取得药品GMP证书，至2011年各体系均持续有效运行。2011年朝阳公司获全国机械冶金建材系统工会工作先进集体，重庆市厂务公开民主管理先进单位、市安全文化建设示范企业、市安全生产A级企业，重庆制造业企业100强、最具影响力的重庆知名品牌企业、重钢集团2009～2011年度先进集体等荣誉，产品多次获“重庆市名牌产品”称号。

2009年朝阳公司在重庆长寿江南镇重钢长寿新区建成投运1套35000立方米/时制氧机组，2010年完成1套18000立方米/时制氧机组的搬迁，2011年建成投运1套30000立方米/时制氧机组；2010年开始在重庆大渡口区建桥工业园C区新建1个制气基地，即新建1套4000标准立方米/时全液体装置，1套60立方米/时制氢机组，迁建原有的瓶装气充装线、液体贮槽、医用氧充装专属区、氢气生产及充装专属区、晨曦验瓶中心、销售、研发中心等，其预留的一套6000标准立方米/时全液体空分装置、4000标准立方米/时全液体装置于2011年建成投产，至2011年底，长寿和建桥2个制气基地已初具规模。

彭俊喜

**条目另见部目**

【长寿制气基地30000立方米/时制氧机组建成投运】：《环保搬迁》

【朝阳公司老区安全平稳关停】：《环保搬迁》

**【生产经营业绩创历史新高】** 2011年，朝阳公司面对长寿、主城、建桥三线作战及边生产边搬迁边建设等困难，“以保产求生存、以营销促发展”，完成2011年各项目标任务，营业收入、利润等指标均创历史新高：实现营业收入68057万元，同比增长56.78%，其中外部市场收入9219万元，同比增长14.42%，外部市场货款回收率100%；利润5841万元，超目标29.8%，同比增长90.94%；资产总额91789万元，资产净值26979万元，净资产收益率18.12%，国有资产保值增值率116.62%；实现工业总产值97239万元，全年氧气产量65442.1万立方米，氮气产量98587.8万立方米，液氧产量52080.9千升，液氮产量25158.2千升，液氩产量19096.3千升，瓶装气产量34万瓶，各产量指标均较上年有大幅增长，产品出厂合格率100%；全年制氧单耗0.584千瓦时/立方米氧气，同比下降2.9%；实现重大人身安全责任事故、重大设备事故、重大交通事故、重大环境污染事故为零。

2011年朝阳公司根据重钢集团“十二五”规划，明确自身的发展战略。一是明确战略目标。2011年4月29日，朝阳公司召开战略发展研讨会，重新进行战略定位，将“打造资源节约、环境友好、客户信赖、高效和谐的中国一流气体公司和研发营运型企业”作为中长期发展目标。二是构建稳定顺行的生产保障系统。坚持“安全第一、预防为主、综合治理”的方针，全面提高安全保障能力，朝阳公司被重庆市安监局评为“安全生产A级企业”。结合钢铁主线用气负荷，实施生产运行优化工程，合理安排设备开机，综合能耗较上年下降8.66%。以设备“0”缺陷运行为目标，推行以“点检定修为核心的全员生产维修”工作模式，完成35000立方米/时和2号18000立方米/时制氧机组年度检修，保证了新、老区生产设备的安全、稳定运行。三是推进大营销体系建设。朝阳公司在保证保产资源储备量充足的前提下，2011年上半年加大外购保产保销力度，下半年拓展外部市场，外销收入首次突破9000万大关。1～8月外购液体10720千升，保证内部供应与外销的均衡稳定和有效控制。新机组投产后，采取“内稳外拓”的方法扩大营销渠道，全年新市场开发签约合同额3400万元，同比增长111.2%，实现外部市场货款回收率100%。四是加大技改技措和新产品研发力度。同设备厂家开展技术交流与合作，于2011年5月13日同河南开元空分签署战略合作协议。集中力量对新机组工艺技术进行消化吸收，30000立方米/时制氧机组和4000标准立方米/时全液体空分装置均在投产当月实现达产达效。开展合理化建议创新活动，2011年共提出合理化建议84条，创效1万元。投入80万元购置新产品研发仪器设备，全年研发新产品零级空气产品1个，二氧化碳干冰产品1个，完成4个标准气取证工作，高纯氢－氮混合气产品的开发项目获重钢集团“合理化成果奖”。五是精细化管理。以精细化管理为抓手，推行“自下而上”逆向管理，全年实现合同“零”纠纷。2011年朝阳公司获“重钢集团先进单位”“重庆制造业企业100强”“最具影响力的重庆知名品牌企业”等称号。六是加强职工培训和人才培养工作,职工全员培训率100%,特殊工种培训持证率100%。根据精干、高效的原则,聘任了2名主任工程师,3名技能专家。

彭俊喜

**【建桥制气基地4000标准立方米/时全液体空分装置建成投运】** 该项目2007年规划立项。后因项目选址、土地使用权属获取、规划许可办理等因素影响,至2010年5月26日,4000标准立方米/时全液体空分装置才正式破土动工。工程开工后因施工能源供应不足,开闭所建设及受电进展缓慢;居民房屋拆迁纠纷等,工程建设处于停工或半停工状态;自2011年初起,因重庆遭遇“电荒”,拉闸限电频现。在大渡口区委区政府、建桥工业园区管委会及重钢集团的支持下,朝阳公司加强与上级有关部门的沟通和联系,克服困难推进项目建设:2011年3月,4000标准立方米/时全液体空分装置空分塔、空压机和循环压缩机等主体设备安装基本完成,土建施工进入收尾阶段;5月底,机、电、仪、工艺安装及管道试压全部完成,具备单机试机条件;7月18日15时28分,4000标准立方米/时全液体空分装置合格产出液态氧、氮,机组正式建成投产。

4000标准立方米/时全液体空分装置集纳了分子筛净化、增压透平双膨胀、规整填料、无氢制氩等空分工艺技术,机组配置达到当期国内一流水平。机组投产后,可日产液氧120立方米、液氮45立方米、液氩4立方米。该套机组是朝阳公司在重钢以外向地区经济发展投资建设的第1个气体项目。

彭俊喜

**【“五大平台”助推学习型党组织建设】** 2011年,朝阳公司党委搭建“五大平台”助推学习型党组织建设。一是“朝阳论坛”。立足于“论”,聚集党员职工智慧,以“科学发展和创新朝阳”为主题举办朝阳论坛活动。发动生产骨干、两级干部借鉴全国优秀企业的先进经验和成功做法,就朝阳公司当期管理、技术、工艺、装备以及企业文化等发表观点和看法。全年朝阳公司各系统先后开展各种微型论坛活动,推动全员的读书活动,丰富了职工文化生活。二是“朝阳讲堂”。立足于“讲”,借助专家、领导智慧,开设“朝阳大讲堂”。主要涉及形势任务教育,法律法规教育,企业管理、制氧工艺、安全生产、养生保健、市场营销、企业文化和党的建设等方面内容。通过“讲”,让职工在实际工作中有更广的关注面,更深的解析度,更好的领悟力。三是“职业发展”。2011年,出台《朝阳公司技能专家管理办法(试行)》《朝阳公司技术专家管理办法(试行)》,聘任2名主任工程师,3名技能专家。四是“创新工程”。开展群众经济技术创新工程、合理化建议活动,展示党员职工智慧,营造以知识和能力为基础的技术创新、产品创新、市场创新等文化氛围。2011年加大新产品研发力度,全年研发零级空气产品1个,二氧化碳干冰产品1个,完成4个标准气的取证工作;高纯氢-氮混合气产品的开发项目获重钢集团“合理化成果奖”。五是“保障支持”。首先是制度保障。制定并实施完善考评制度:朝阳公司各级党组织进行政治学习考勤,对缺课漏课、考核考评不达标党员,采取党支部书记谈话、党小组长授课的方式进行补学补课。同时朝阳公司党委全程跟踪考察支部抓理论学习和书记履行职责情况,每月20日前根据考评结论,出具考核意见,在工资收入中进行挂钩考核。形成主题教育制度:结合党和国家重大会议召开、重大政策出台、重大节庆日、重钢集团和朝阳公司重大活动开展等,开展阶段性主题教育活动,把党员干部的学习建立在党员的关注点、兴奋点上,激发党员的学习热情。其次是扶持指导。朝阳公司党委定期到各支部开展讲评活动,肯定建设学习型党组织的好做法、好经验,指出存在的不足和努力的方向。组织各支部进行相互交流,互学所长,使建设学习型党组织活动扎实开展。第三是资金支持。2011年,朝阳公司开展的“传箴言”“好书我荐”“拥抱朝阳,唱响红歌”和“朝阳论坛”活动均获其专项资金支持。

张高怡

## 重庆重钢矿产开发投资有限公司

**【概况】** 重庆重钢矿产开发投资有限公司(简称:重钢矿投公司)2009年11月5日由重庆钢铁(集团)有限责任公司和重庆对外经贸(集团)有限责任公司共同出资成立,注册资金9亿元人民币,重钢集团持股85%、重庆外经贸集团持股15%。2011年11月由重庆市国有资产监督管理委员会主导的重庆市能源投资集团公司以现金5亿元人民币入股重钢矿投公司完成其全部法律程序,重钢矿投公司注册资金增至14亿元人民币,重钢集团持股54.6%,能投集团持股35.71%,重庆外经贸集团持股9.64%;董事由6人增至7人,董事长仍由重钢集团总经理兼任,设总经理1人、副总经理3人、财务总监1人。截至2011年12月,重钢矿投公司在册员工10人,其中1人派驻亚钢控股公司(香港),4人办理澳洲“457”工作签证派驻佩斯EHPL。

2011年,重钢矿投公司主要负责开发建设澳大利亚伊斯坦鑫山磁铁矿项目即澳矿项目。

周式庆

**【澳矿项目推进情况】** 2011年4月8日,经招标和竞选,中标单位沃利帕森斯项目管理公司与亚钢公司下属公司EHPL签订伊斯坦鑫山磁铁矿项目管理服务合同,成为澳矿项目建设第一阶段的项目管理公司。截至2011

年底，沃利帕森斯项目管理公司完成项目执行研究报告（初稿），EHPL 和重钢矿投公司对该研究报告（初稿）评审优化中。

2011 年 8 月 25 日，国家发展和改革委员会以发改外资〔2011〕1893 号文《国家发展和改革委员会关于重庆重钢矿产开发投资有限公司开发建设澳大利亚西澳洲伊斯坦鑫山磁铁矿项目核准的批复》，核准项目建设，重钢澳矿项目完成在国内的全部审批工作。

2011 年 9 月，国家发展和改革委员会组织国家开发银行和冶金工业规划研究院对澳矿项目进行评估，认为伊斯坦鑫山磁铁矿项目与众多国内企业在外投资的矿山资源项目相比，在资源品质、采选条件、基础设施配套及投资回报等方面均属上乘。评估意见同时也显示重钢矿投公司和项目另一股东宬隆公司，在开发该项目时存在融资困难的情况。

2011 年 12 月 2 日，由重庆市副市长凌月明率领的重庆市政府和企业代表团前往佩斯，同澳洲当地政府官员和各界人士在项目所在地为重钢澳矿项目举行正式开工典礼，该项目进入实质性建设阶段。

周式庆

## 重庆钢铁集团矿业有限公司

**【概况】** 重庆钢铁集团矿业有限公司（简称：矿业公司）成立于 1996 年 7 月，是重钢集团的全资子公司。2011 年末，矿业公司在册职工 2675 人、在岗职工 2654 人。2011 年实现销售收入 275235 万元、利润 15137 万元。2011 年，矿业公司机关设党政工作部、财务部、营销部、技术发展部、安全生产部 5 个职能部门。下属二级企业有西昌矿业有限公司（原太和铁矿）、綦江铁矿、歌乐山石灰石矿、大宝坡石灰石矿、景星白云石矿、乐山耐火材料厂、接龙铁矿、耐火材料公司、陕西三金矿业股份有限公司、重庆巫峡矿业股份有限公司。主要产品有球团矿、铁精矿、钛精矿、铁矿石、石灰、石灰石、白云石、活性白云石、机制砂、特种耐火砖及耐火材料制品等。转供产品有喷煤、膨润土、硫酸渣。矿业公司还具备矿石采掘、开发，矿产品深加工，耐火材料研发、生产的技术优势和实力。

罗圆园

**【矿山项目工程建设情况】** （1）西昌公司 300 万吨/年采选扩建工程。2011 年，300 万吨/年采选扩建工程累计完成工程形象进度 90%，大部分工程处于项目收尾阶段。选矿系统于 2011 年 11 月下旬进入重负荷试车阶段。（2）大宝坡石灰石矿项目。2011 年烧结石灰回转窑项目有序推进，累计完成工程形象进度 80%。（3）歌乐山矿白云石深加工项目。2011 年白云石深加工项目进入土建施工前期，截至 2011 年底该项目进行总图优化布置的设计，项目其余分步工程推进中。（4）接龙铁矿建设项目。2011 年，接龙铁矿建设项目处于平硐掘进、生产矿块准备和选矿焙烧工艺建设收尾阶段。选矿系统建设进入收尾阶段，项目各分步工程推进中。（5）耐火材料生产线建设。耐火材料生产线建设项目 2011 年全面建成，处于设备调试和试生产中。（6）景星白云石矿项目。景星白云石矿二期工程建设项目、万盛石灰石矿工程建设项目 2011 年建成；生产生活基地建设工程处于施工准备阶段，待施工手续完善和项目资金到位即投入建设。

罗圆园

**【技术创新】** 1. 完成钒钛球团矿竖炉还原实验。2011 年，为开发西昌矿业有限公司钒钛资源，摸索适合攀西资源特性且能实现铁、钒、钛分离及综合回收的工艺流程和设备，实现攀西钒钛资源的有效综合利用，开展了钒钛球团矿竖炉还原试验项目的相关工作。2011 年，完成竖炉还原和电炉熔分渣的实验室试验和工业性试验、还原气制取实验室验证等工作，取得较好的技术指标；攻克了钒钛球团低温粉化难题；并根据实验形成的结论，获得重钢集团对“50 万吨/年 DRI 钒钛资源综合利用项目”的立项批文。

2. 2011 年开展的科研项目。（1）西昌矿业有限公司进行高压辊磨的场内优化设计，工程技术人员采用优化总图、共用筛分楼、加皮带机等简化工艺流程，用中间料仓取代圆筒矿仓、给料斗取代料仓等降低厂房跨度和高度，使流程优化流畅，节约投资。（2）针对接龙铁矿矿体的特点和地下采矿的实际情况，开展“接龙铁矿采矿工艺研究”，确定采场要素和生产技术参数，为采、选全流程生产做准备。（3）针对桃花鲕状赤铁矿难选的特点，结合开发的规划设计方案，开展“重钢桃花鲕状赤铁矿利用技术实验研究”，确定与其资源条件相适应的工艺流程、开采规模及投资规模。（4）针对辅料矿山的实际情况，开展“白云石优化利用深加工工艺研究”“石灰石资源优化综合利用”“大宝坡矿供电系统稳定性研究及实施”等科研项目，优化产品结构和生产工艺，改善技术质量指标，推进节能减排，为增加经济效益和保产保供提供保障。

罗圆园

**【企业管理】** （1）安全管理。2011 年矿业公司一是落实安全生产主体责任，完善安全管理规章制度，夯实安全生产基础工作；二是按照重钢集团要求，抓安全生产重点部位和重点作业场所的安全管理监管监控工作；三是推进矿业公司各单位安全生产标准化建设工作，提高矿业公司各单位安全生产标准化建设工作内容；四是开展安全生产大宣教、大排查、大整治、大执法专项行动；五是抓安全生产教育培训工作，全年矿业公司各单位共举办班组长培训班 7 期，培训班组长 326 人。（2）营销管理。一是针对 2011 年钢材市场波动，营销的环境变化，调整营销策略，全面完成保产保供任务；二是加强对各单位营销工作的不定期检查和指导，提高营销管理水平，推动营销工作的持续稳定发展。(3)财务管理。一是按照财经制度要求，加强会计基础管理；二是根据矿业公司的经营方针及发展规划，安排融资进度与额度，以保证生产经营所需；三是通过对各项融资方式的比较、选择，节约财务费用；四是参与矿业公司冶金材料厂企业性质的策划工作，开展冶金材料厂初始建账及在长寿税收运作、所得税策划等工作；五是完成重庆渝富资产管理有限公司再次对矿业公司的5亿元增资。(4)人力资源管理。一是完善人力资源信息系统工作；二是按照重钢集团要求制定矿业公司统一的基础工资标准；三是规范2011年养老保险申报工作；四是组织矿山职工参加职工技能竞赛，取得较好成绩；五是加强职工培训，与四川建院等高校合作办班，多渠道培养人才。2011年，各矿共培训人员599人次，自办班218人次；获初级职称15人，中级职称7人；新增持证人员60人，矿业公司持证率达到92.8%，有中级工612人，高级工836人，技师39人，高级技师6人。(5)工程建设管理。一是加强招投标管理工作，健全完善招投标管理制度，做到程序合法，手续完备；二是对重点工程建设项目进行效能监察，开展了工程建设领域突出问题专项治理工作，保证工程建设各项工作的规范和程序化。

罗圆园

## 冶金材料厂

**【概况】** 重庆钢铁集团矿业有限公司冶金材料厂是重庆钢铁集团矿业有限公司下属分支机构，由重庆钢铁集团矿业有限公司乐山耐火材料厂和重庆钢铁集团耐火材料有限责任公司(简称：耐火材料公司)合并而成，于2011年3月注册成立，位于重庆市长寿区晏家三峰工业园区内，距长寿主城区18千米，距重钢长寿新区10千米，距渝怀铁路长寿火车站和四川维尼纶厂铁路专线货运站2千米，占地面积12.6公顷。总投资15551万元。

2011年7月，冶金材料厂组建领导班子建立机构，设车间4个(特耐车间、普耐车间、不定型车间、模具车间)、科室5个(党政办公室、财务科、安全生产科、技术质量科、供销科)，留守组两个(乐山耐火材料厂留守组、耐火材料公司留守组)。在册职工278人(含乐山耐火材料厂留守组45人，耐火材料公司留守组17人，矿业公司自主用工28人)，其中硕士研究生2人、大学本科31人、大学专科生38人、中专学历75人、中技学历35人，具有高级职称2人、中级职称20人、初级职称49人，工人技师6人、高级工51人、中级工31人、初级工93人。主要生产线：2万吨/年含碳制品生产线、1.5万吨/年高铝生产线、0.4万吨/年高炉炮泥生产线，年生产能力3.9万吨。主要产品：脱硫铁包砖、转炉镁碳砖、LF炉渣线砖、复合刚玉碳砖、尖晶石碳砖和高铝砖及高炉炮泥等。产品主要服务于重钢股份公司炼钢厂、炼铁厂，为重钢集团环保搬迁工程的配套项目。

何叶茂

**【耐材项目建设】** (1)矿业公司3.9万吨/年耐火材料生产线建设项目自2010年6月18日开工后，因受"巴斯夫项目"的因素其施工进度曾受到影响。2011年3月3日，矿业公司与重庆市晏家工业园区建设发展有限公司签订《投资协议书》，耐材项目建设才得以明确不受"巴斯夫项目"影响，施工进度开始加快。2011年9月下旬碾泥生产线联动试车成功并投入试生产，2011年11月上旬整个工程全部完工，11月23日隧道窑点火成功，开始烘窑，12月中旬镁碳生产线、高铝生产线全线热负荷联动试车成功，进入生产线全线试生产阶段。该项目2011年发生工程建设费7798.837万元(不含资金利息)，至2011年12月底，累计发生工程建设费13216.959万元(不含资金利息)，占投资计划85%。该项目工程建设共有9家施工单位及设备制造厂家参与工程施工和设备安装，该项目指挥部加强安全监管，督促施工单位进行安全隐患整改，全年实现安全施工目标。(2)2011年，耐材项目办理手续有工商营业执照、机构代码证、税务登记证、重庆市企业投资项目备案证、建筑项目安全设施设计专题备案表、建设项目环境影响评价文件批准书、建筑施工图审查合格书等。

向利平

**【乐山耐火材料厂、耐火材料公司整合】** 2011年，随着矿业公司耐材项目工程的整体推进，人员陆续到位，2011年12月冶金材料厂进入试生产阶段，重钢集团矿业有限公司乐山耐火材料厂和重钢集团耐火材料有限责任公司两家企业实现平稳搬迁，两厂整合为冶金材料厂。(1)机构整合。设4科1室4车间，另设乐山耐火材料厂和耐火材料公司2个留守组负责善后工作；按矿司党发〔2011〕21号文《关于组建矿业公司冶金材料厂党组织的通知》要求和有关批复，组建中共重庆钢铁集团矿业有限公司冶金材料厂委员会、纪律检查委员会、工会委员会和共青团委员会，党委和纪委隶属中共重庆钢铁集团矿业有限公司委员会。(2)人员整合。2011年年初，开始按工程建设需要抽调人手，9月开始成建制从两厂向冶金材料厂转移职工关系。2011年底冶金材料厂各岗位、人员和人数进行确定，全厂定员244人。(3)分配方式整合。出台《重钢集团矿业有限公司冶金材料厂工资管理办法》，解决原"两厂分灶吃饭"带来的职工同工不同酬的问题。(4)管理方式整合。截至2011年底，出台《劳动纪律管理办法》《安全管理规定及处罚标准》《生产管理办法》等19个管理办法。(5)职工思想整合。一是树立优胜劣汰的观念。引导职工必须转变“国企就是铁饭碗”的旧观念，增强学习自觉性，提高技术业务能力，跟上企业发展的步伐；二是树立爱岗敬业的观念。让职工知道，新厂的建成和运转，对职工也提出更高的要求，具有爱岗敬业精神，才能搞好工作；三是树立效益决定分配的观念。完善分配制度，在职工中树立有效益才有分配的思想观念。

彭文均

**【乐山耐火材料厂安全工作】** (1)健全制度，完善管理办法。下发《2011年安全环保职业卫生工作要点》《2011年全员安全环保职业卫生风险承包办法》。向各单位转发《关于安全生产基层基础攻坚年实施意见》。下发《关于做好2011年防洪抢险救灾工作的通知》。(2)贯彻国发〔2010〕23号文件，落实企业安全生产主体责任。厂与各车间、车间与班组签订2011年安全责任书，职工签订安全承诺书共109份。因普耐车间撤销，对其重点部位和重点场所安全监管责任人进行调整。由厂领导带队对各矿山、车间进行2011年春节前后安全大检查。坚持每月召开厂安委会安全会议，通报、总结上月和安排当月的安全工作。(3)推进矿山安全标准化工作。要求达到4级安全标准，对矿山安全避险六大系统进行布置。对矿山各矿井安全标准化建设情况进行检查，各矿井安装井下安全避险“六大系统”，其中部分矿井完成矿山监测系统、通信联络、供水施救、压风自救和紧急避险系统安装。(4)职业卫生健康管理。对全体从业人员进行职业卫生体检，从本次全厂108名从业人员体检结果看，无1例职业病。(5)安全生产月活动。下发《关于开展2011年“安全生产月”活动的通知》。参加乐山市沙湾区安委会组织的全区“安全生产月活动”。同时职工参加《落实企业安全生产主体责任知识竞赛》，开展“十个一”活动。(6)传达重钢集团2011年5月23日安全工作紧急会议精神，加强防暑降温和防洪防汛工作检查，保证安全度夏。开展春季设备安全大检查，保各类设备安全运行。(7)完成各井口《安全生产许可证》主要负责人的变更工作。(8)重点部位和重点场所管理。2011年上半年对炸药库、普耐烟囱、特耐天然气站、特耐5吨行车、特耐空压机、厂部配电站、矿山炸药库、井下通风排水、运输和支护等重点部位和重点场所实施重点监管并进行专项检查。查出厂级安全隐患9处，整改率100%。(9)加大安全投入，共投入45.26万元。全年实现安全生产，2011年底，乐山耐火材料厂普耐生产线和特耐生产线及其配套生产线实现安全关停。

徐有清

**【耐火材料公司生产经营】** 2011年，耐火材料公司产品产量15033吨，完成年计划94%，销售收入3250万元，完成年计划99%。利润-497.7万元。全年为保证耐火材料公司新、老区平稳过渡，老区安全关停。(1)以“整体搬迁，两线安排”的工作思路对职工分流安置。2011年办理符合重钢环保搬迁提前退休政策的8人；将符合2012年重钢环保搬迁提前退休政策的17人安排在原老厂区工作；其余74人(含自主用工20人)根据工作需要安排到长寿晏家新区相应的岗位工作。(2)以防止国有资产流失、保证职工正常生活及稳定为宗旨做留守方案。启动耐火一车间进行部分生产，为下步土地资源开发利用实现利益最大化做准备，同时保障留守人员工资收入和离退休职工服务工作，实现一方稳定。(3)以“适应新区岗位”开展职工培训，2011年耐火材料公司完成烧成和机压工初级6名、中级工52名的职工培训，为新厂区人才储备打基础。(4)耐火材料公司炮泥生产线是供钢铁股份公司炼铁厂1号、2号、3号高炉炮泥，2011年在长寿晏家工业园新区炮泥生产线未投产前，该生产线为保证高炉炮泥供应，预存高炉炮泥200吨。并于2011年12月26日实现关停，其生产设备整体搬迁至长寿晏家冶金材料厂。2011年9月，耐火材料公司1000吨压机实现安全关停，隧道窑维持小量生产。

何叶茂

**【冶金材料厂生产线联动负荷试车成功】** 冶金材料厂2011年6月完成各类生产准备计划表，选定合格供货商，分批次签合同，编制资金使用计划。7月各类生产所需原材料全部到位，安全技术、工艺技术、维护规程完成编制；各类生产设备、备品备件、工模具等全部到场，并初步完成现场定置管理。8月完成人员初步培训工作，拟订企业相关的安全管理制度及安全管理办法等，同时在生产现场挂安全警示牌138张，设置消防、保安设施。9月查漏、填平补齐工作；不定型车间9月29日试生产出合格无水炮泥，投入重钢长寿新区高炉使用。10月冶金材料厂全部设备单机负荷试车成功。11月冶金材料厂全部设备联动负荷试车成功。其普耐车间于11月20日开始试生产，隧道窑于11月23日点火进行烘窑，烧出合格成品。特耐车间于12月12日开始生产，生产出合格含碳制品。

代旭波

**【乐山耐火材料厂党建工作】** (1)加强思想政治工作。①学习贯彻党的十七届六中全会、重庆市国有企业党建工作会和重钢集团职代会精神，坚持中心组学习、党支部“三会一课”等学习制度，做到集中学习和自学及专题讨论相结合。②开展厂情教育。结合生产经营和两厂整合实际，一是认识该厂的发展将面临一些不确定因素，增强职工的危机意识及树立战胜困难的信心。二是发挥宣传导向作用，做好生产经营、精细化管理、降本增效、安全环保等工作和先进典型的宣传报道，激发职工工作热情。三是把厂情教育与阶段性的重点工作结合起来，有针对性地进行宣传教育。全年编撰和印发《知厂情明任务，全力实现2011年各项工作目标》厂情教育资料并制作专刊。(2)加强基层党组织建设。①开展"创先争优"活动。一是各党支部把开展"创先争优"活动与深入学习实践科学发展观活动相结合;与创建"四好"领导班子活动相结合,形成加强和改进国有企业党建工作氛围;与争创"四强"党组织争做"四优"共产党员活动结合起来,增强企业党建工作的生机与活力。二是建立长效机制。各党支部定期评比表彰,建立长效机制,把"创先争优"活动持久开展下去。②开展党内主题活动和党员攻关活动。围绕生产经营的重点难点立项开展主题活动,并与"党员责任区""党员身边无事故""党员目标卡"等活动相结合。③做好党员发展工作,把"一线、骨干、青年"作为发展党员工作的重点,坚持"成熟一个,发展一个",全年新发展党员2人。(3)党风廉政建设。①建立反腐倡廉机制。制定、落实党风廉政建设责任制及考核办法,重点抓责任分工、督促检查、责任追究3个环节的工作,并与考核分配,工作任用结合起来,建立形成年初部署、年中督查、年末考核的工作机制。②抓党风廉政建设的学习和教育。以党员领导和关键岗位人员为重点,开展党性党风党纪教育,提高其反腐倡廉的自觉性。深化廉洁文化建设,营造廉洁文化氛围。③开展效能监察,发挥监督作用。围绕生产经营中的重点、难点和薄弱点环节选题立项,加强在大宗物资采购、设备大修、基础建设、产品销售等方面的监督。(4)以建设和谐文化为重点,推进精神文明工作。推进企业核心价值体系建设,用"发展是第一要务"统一思想,加强社会主义荣辱观教育。以增强诚信意识为重点,提高职工的思想道德素质。继续开展"文明单位"竞赛活动。在职工中开展普法宣传答题等活动,提高职工的法制观念,增强职工遵纪守法的意识。

李伯均

**【耐火材料公司党建工作】** (1)开展厂情教育活动。2011年围绕重钢集团"建设新重钢、实现新跨越"厂情教育主题,结合其发展实际,开展以"建设新耐材、实现新跨越"为主题的厂情教育活动。(2)开展党内"创先争优"活动。开展"一帮一"活动,把"创先争优"活动延伸到职工群众中。开展"生产经营作表率,环保搬迁立新功"党内主题活动和党员先锋工程等,使党内"创先争优"活动渗透到企业生产经营、管理和改革、发展、稳定的全过程。(3)基层党组织建设。落实《重钢集团党委实施"固本强基"战略纲要》确定的目标任务,继续开展"五个好"党组织创建活动。2011年巩固"五个好党委",保持党支部"五个好"称号。推进1个阵地、2项公开、5本台账的"125"工程,加强党支部阵地建设和以基本制度、基础资料、基本能力、信息化建设为主要内容的"三基一化"建设,发挥基层党支部战斗堡垒作用。按照"四优"标准,加强党员队伍建设。在"一线、骨干、青年"中发展党员。全年送培1名入党积极分子,发展1名党员。(4)党风廉政建设。利用讲座、参观、学习资料等载体,以正面典型教育和反面警示教育为重点,以各级领导人员和关键岗位人员为重点,以学习宣传、贯彻落实《国有企业领导人员廉洁从业若干规定》和《重庆市〈国有企业领导人员廉洁从业若干规定〉实施办法》为主要内容,开展党性党风党纪教育,提高领导人员的党性修养,增强拒腐防变能力。全年围绕生产经营中的重点、难点和薄弱环节确定效能监察项目:"量化工作目标,做好搬迁分流工作""产品配方优化,严控钢包砖变动成本""充分利用谷电组织生产、攻克燃气居高、避峰用电""有效使用资金,积极催收老款""生产设备改进利用",并在立项时就进行其可行性论证,制定效能监察项目的措施办法,保证项目的实施。开展工程建设领域突出问题专项治理工作,重点加强对工程建设项目招投标、合同签订、合同审批、工程质量和资金管理等关键环节的监督管理和效能监察,保证操作程序规范、手续资料完备。(5)精神文明建设。深化"创建学习型企业、争做知识型职工"活动。结合创建"学习型党组织"工作,加大"创争"活动的宣传力度。坚持以提高职工技能水平和职业道德素质为核心,以培养高技能人才为重点,以提升企业自主创新能力和核心竞争力为目标,完善党委统一领导、行政主要负责、工会组织实施、各方协调配合的工作机制,形成"全员学习、全过程学习、团队学习"和"工作学习化、学习工作化"的长效机制。全年完成职工培训109人次,师带徒6对,完成初级工6人,中级工52人的自办班等培训工作。开展"传箴言"活动,以《矿业公司"三合一"达标活动实施办法》为具体内容,抓文明单位创建工作。开展"五五"普法活动,增强职工法制观念和遵纪守法意识。(6)结合耐火材料公司改革实际,抓维护稳定工作。以构建和谐企业为目标,坚持"以发展求稳定、以稳定促发展"的方针,把维护稳定工作放在重要位置,落实稳定工作领导责任制,坚持"早发现、早控制、早报告、早解决"的工作原则。2011年未发生职工群众集访事件。

何叶茂

**【耐火材料公司、乐山耐火材料厂老区关停】** (1)耐火材料公司2011年关停的耐火车间黏土砖生产线于1992年技改建设,1995年建成投产。其设计产能为年产1万吨粘土质、高铝质制品。1998年达产,2000年后,年产量稳定保持在设计产能的12%~14%之间。主要设备:1台1500毫米×5700毫米球磨机、1台颚式破碎机、1台圆锥破碎机、4台260吨摩擦压力机、1台750毫米拌料机、1台2000毫米湿碾机、1个68.8米隧道窑、1台5吨行车。(2)耐火材料公司耐火三车间镁碳砖生产线于1992年开始技改建设,1995年建成投产。设计产能:年产5000吨镁碳质制品。投产后主要因外部原因未达到设计产能，年产量维持在3000吨左右。主要设备：1台11200毫米×4500毫米球磨机、1台颚式破碎机、1台圆锥破碎机、1台1000吨摩擦压力机、1台630吨摩擦压力机、1台5吨行车、1台高速拌料机。(3)耐火材料公司耐火二车间防安生产线于1976年开始建设，1979年建成投产。设计产能：年产6000吨粘土质、高铝质制品。1980年达产，是当时较先进的1条生产线，破粉碎部分实行设备联动，配、拌料部分采用程序控制器自动控制。颗粒状物料的输送采用负压风力输送管道，采用向动力磁铁吸铁措施，安装有3台肺冲袋式除尘器消除粉尘。(4)耐火材料公司耐火纤维生产线于1977年开始建设，1979年建成投产。设计产能：年产300吨耐火纤维棉质制品。1983年达产，1988年2次技改，电炉喷吹成棉部分采用重庆电子研究所的工业控制微机8050作自动控制。2002年停产。(5)耐火材料公司微孔硅酸钙生产线于1984年开始建设，1986年建成投产。设计产能：年产4000立方米微钙制品。当年达产，其后维持设计产能120%以上的年产量。二十世纪90年代后期，因外部需求减少，产量逐步降低，2002年停产。(6)耐火材料公司耐火材料炮泥生产线于2008年开始建设，当年建成投产试运行，2010年全面通过鉴定，2011年底搬迁至长寿冶金材料厂。(7)乐山耐火材料厂普耐车间于1987年6月开始建设，1988年11月建成投产。主要生产各类烧成制品，耐火泥和散装料。2011年2月全面停产。(8)乐山耐火材料厂特耐车间于1994年11月开始建设，1995年10月建成投产，主要生产不烧含碳制品，应用于炼钢厂、炼铁厂。于2011年12月全面停产。

罗向东　眭平

# 綦江铁矿

【概况】　重庆钢铁集团矿业有限公司綦江铁矿位于重庆市綦江区赶水镇小鱼沱，占地面积105.35公顷。距重庆市区120千米，距綦江县城80千米，距大渡口区重钢本部110千米。矿区有自备铁路专用线小赶线（小鱼沱——赶水）与渝黔铁路相连。綦江铁矿是重钢集团的铁矿石供应基地，因铁矿石含二氧化硅高、品位低、难选以及资源枯竭致生产成本高等原因，1979年开始限量生产。1989年7月1日，冶金部以矿字〔1989〕第379号文件《关于重钢綦江铁矿封闭矿井停产转向问题的批复》，綦江铁矿正式闭坑封井，停止采选矿生产。停产转向后，綦江铁矿致力于产品开发和发展多种经营。1990年开始，重钢每年对綦江铁矿生产实行定额亏损补贴，当年亏损补贴为1582.6万元（最高补贴）；自1998年开始，重钢给綦江铁矿下达控亏指标而不再实行补贴。2002年6月，綦江铁矿正式恢复平硐矿区铁矿石开采。2005年6月，綦江铁矿又恢复白石潭矿区地下开采铁矿石。

2011年綦江铁矿主要生产经营指标完成情况表

| 序号 | 指标 | 单位 | 年计划 | 完成 | 完成年计划(%) | 备注 |
|---|---|---|---|---|---|---|
| 1 | 销售收入 | 万元 | 78000 | 92787.45 | 119% | 报表 |
| 2 | 利润 | 万元 | 1000 | -2126 | -212.6% | 报表 |
| 3 | 实现利税 | 万元 | / | -1148 | / | 报表 |
| 4 | 主要产品 | | | | | |
| (1) | 洗精煤 | 万吨 | 75 | 71.65 | 96% | 销售量 |
| (2) | 铁矿石 | 万吨 | 15 | 8.20 | 54% | 销售量 |
| | 其中：规格矿 | 万吨 | / | 5.91 | / | 销售量 |
| | 粉矿 | 万吨 | / | 2.29 | / | 销售量 |
| (3) | 铁路货运量 | 万吨 | 60 | 48.09 | 80% | 结算量 |
| 5 | 重要指标完成情况 | | | | | |
| (1) | 费用 | 万元 | / | 5616 | / | |
| (2) | 货款回笼率 | % | / | 100% | / | |
| (3) | 文明和谐建设 | % | 5 | 5 | 100% | |
| (4) | 职工培训 | 人·次 | / | 833 | / | |
| (5) | 安全指标 | 人.次 | 轻伤≤2人，污染物综合排放合格率≥93%，环保设施运行率≥96%，岗位粉尘合格率≥85% | 轻伤=0人，污染物综合排放合格率≥93%，环保设施运行率≥96%，岗位粉尘合格率≥85% | 100% | |

王国春

2011年末，綦江铁矿固定资产原值7416.80万元，净值5421.9万元。全年实现利润-2126万元；销售收入9.28亿元；实现利税-1148万元。全年共采购冶金用洗精煤71.65万吨；矿石8.2万吨，确保重钢生产所需，实现保产保供任务。2011年主要生产经营项目：煤炭贸易、矿产品营销、铁路货运等。2011年綦江铁矿设10个科室：党政办公室、财务科、安全生产科、技术发展科、项目开发办公室、营销科、采购供应科、矿工会办公室、保卫科、退休职工及家属管理科，7个下属二级单位：发电厂、矿产运销分公司、平硐车间、白石潭车间、选矿车间、综合部、职工医院。2011年末在册职工464人（管理技术人员118人、操作人员346人），离退休人员2964人。在册职工平均年龄42.67岁。研究生4人，管理技术人员占职工比例25.43%；大学本科生41人，占职工比例8.83%；大学专科生124人，占职工比例26.72%；技师4人，占操作岗位人员1.15%；高级技工150人，占操作岗位人员43.35%；中级技工136人，占操作岗位人员39.30%。

王国春

**【綦江铁矿扩大采矿权至40万吨/年】** 2009年10月22日，綦江铁矿获綦江县发展和改革委员会签发的綦江铁矿地下开采项目土台、白石潭矿区井下开采铁矿石由9万吨/年扩大至40万吨/年的重庆市企业投资项目备案证书。2011年5月30日，重庆市环境保护局下发给矿业公司《同意綦江铁矿土台和白石潭矿区井下开采9万吨/年扩大到40万吨/年目的环境影响评审》渝（市）环准〔2011〕76号文件。2011年6月13～24日先后获得綦江铁矿白石潭矿区15万吨/年采矿许可证和綦江铁矿土台矿区25万吨/年采矿许可证。2011年8月2日，綦江铁矿土台、白石潭两个矿区扩大采矿权的出让合同分别签订，綦江铁矿扩大采矿权至40万吨/年。

王国春

**【筹建矿山机械制造厂】** 綦江铁矿一是从2011年5月开始，选派人员对安徽宁国凤形耐磨材料股份有限公司、诚信耐磨材料有限公司和志诚机械制造有限公司、重钢西昌矿业公司等单位进行实地考察铸造生产技术、设备选型、工艺流程、产品成本等，完成《綦江铁矿兴建矿山机械制造厂考察报告》；二是根据《綦江铁矿兴建矿山机械制造厂考察报告》、铸造技术工艺操作规程以及前期市场调查总结，编制《重钢矿业公司綦江铁矿兴建1万吨/年矿山机械制造厂项目建议书》上报重钢集团；三是于2011年9月13日至10月28日组织綦江铁矿10名职工到重庆德昂铸造有限公司培训实习。四是论证綦江铁矿机械制造厂的各项经济技术指标。2011年11月18日矿业公司召开专题会议研究，并下发《綦江铁矿1万吨/年矿山机械制造厂项目建议书》初步审查会议纪要第14期，该项目通过初步论证。2011年12月6日，矿业公司召开董事会，并下发重庆钢铁集团矿业有限公司第五届第十五次董事会决议，同意“綦江铁矿1万吨/年矿山机械制造厂项目”立项，项目总投资4011.44万元，安置职工150人。截至2011年底，该项目正在筹建准备中。

王国春

**【矿机关大院改造】** 2011年1月18日，綦江铁矿机关大院改造项目启动排危工程。2011年8月8日，开始场地平整施工。2011年10月底工程竣工。工程总投资60万元。这是自1963年7月至2011年，綦江铁矿机关从土台搬迁至小鱼沱驻地的48年里最大1次改造。

王国春

## 歌乐山矿

**【概况】** 重钢集团矿业有限公司歌乐山矿是重钢矿业公司的下属矿山，分支机构。位于重庆市沙坪坝区歌乐山镇。主要产品有炼钢用活性白云石、轻烧白云石粉、掺合料。至2011年末，歌乐山矿固定资产原值2281.58万元，净值827.01万元。全年工业总产值（现行价格）12737.78万元，营业收入20025.39万元，利润3354.76万元，共缴纳各种税费1474万元。

2011年歌乐山矿设党政办公室、财务科、安全生产科、供销科等4个科室和建材厂、水电车间、煅烧车间3个车间，年末有在册职工95人（管理技术人员30人，生产操作人员65人），离休1人、退休职工601人。高级政工师1人，中级职称8人，技师3人，高级工17人，职业资格持证比例90%。全年歌乐山矿自办计算机应用培训、安全知识培训和消防知识培训等5个培训班，培训职工167人次，送外培训41人次，投入培训费13.43万元。

胡玲

**【生产经营】** 2011年是歌乐山矿矿区闭坑转型发展的第1年。在彻底关闭冶金石灰石的情况下，歌乐山矿以白云石深加工产品为主导开展当期生产经营。（1）完成保产保供任务。把营销放在首位，加强与用户单位重钢股份公司炼钢厂、烧结厂的沟通，协调解决供货过程中的问题，全年销售活性白云石13.10万吨、轻烧白云石粉20.44万吨，同比分别增长27.31%、17.20%。加强与万盛、长寿火车站的协调沟通，掌握发运信息，解决运输矛盾，全年完成白云石运输49.60万吨，同比增长54.61%。开展湖南白云石的卸船工作，完成白云石卸船8万吨。全年实现营业收入20025.39万元，比计划增长48.33%，比上年增加3017.56万元，增幅17.74%。（2）开展白云石煅烧技术攻关。将矿石混合体分为2～4厘米，4～8厘米，8～12厘米三个等级分别煅烧，使轻烧白云石班产量提高15吨/班，3台风机吹风时间下降4小时/天，煤耗下降10千克/吨，年节约煤炭费15.84万元。全年平均消耗原煤67.94千克/吨，比计划下降17.06千克/吨。(3)资源利用。采取收集、液压破碎等措施，将采区闭坑后散落的大块石回收利用，共回收矿石11.28万吨，创利润100万元。(4)引进合作单位在长寿新区新建80万吨/年的矿渣微细粉生产线项目，于2011年8月获重钢集团批复同意。该项目建成后将成为歌乐山矿新的经济增长点，也将为重钢股份公司高炉保产起到重要支撑作用。

胡玲

2011年歌乐山矿主要经济技术指标完成情况表

| 名称 | 单位 | 计划 | 实际 | 完成率(%) | 比上年(%) |
|---|---|---|---|---|---|
| 1. 工业总产值(现价) | 万元 | | 12737.78 | | 18.36 |
| 2. 营业收入 | 万元 | 13500 | 20025.39 | 148.34 | 17.74 |
| 3. 利润 | 万元 | 2500 | 3354.76 | 134.19 | 44.19 |
| 4. 产品产量 | | | | | |
| (1)白云石运输 | 万吨 | 50 | 49.60 | 99.20 | 54.61 |
| (2)活性白云石 | 万吨 | 16.20 | 13.10 | 80.86 | 27.31 |
| (3)轻烧白云石粉 | 万吨 | 12 | 20.44 | 170.33 | 17.20 |
| (4)冶金石灰石 | 万吨 | | 2.77 | | |
| (5)建材矿 | 万吨 | | 13.77 | | |
| (6)掺合料 | 万吨 | 9 | 16.74 | 186 | -22.09 |
| 5. 产品销售量 | | | | | |
| (1)白云石运输 | 万吨 | 50 | 49.60 | 99.20 | 54.61 |
| (2)活性白云石 | 万吨 | 16.20 | 13.10 | 80.86 | 27.31 |
| (3)轻烧白云石粉 | 万吨 | 12 | 20.44 | 170.33 | 17.20 |
| (4)冶金石灰石 | 万吨 | | 2.77 | | |
| (5)建材矿 | 万吨 | | 13.77 | | |
| (6)掺合料 | 万吨 | 9 | 16.74 | 186 | -22.09 |

胡玲

**【安全实现“六个零”】** (1)2011年，歌乐山矿修订《安全生产奖实施办法》《安全环保职业卫生目标风险承包实施办法》《安全绩效工资实施办法》。(2)安全责任目标层层分解。歌乐山矿与重钢矿业公司签订安全责任书1份、车间科室签订安全责任书7份，车间科室与职工签订安全责任书90份。组织职工签订安全承诺书99份。(3)确定边坡排土场、江边囤船、电站、10千伏线路4个重点作业场所(部位)，并对该4个重点作业场所(部位)实施安全责任承包，建立安全检查记录台账，发现隐患立即整改，确保重点作业场(部位)的安全。(4)开展安全法律法规和管理制度普及教育、消防预案演练等活动，全年开展职工安全教育培训(含劳务工及返聘职工)381人次。(5)修订歌乐山矿应急救援总预案，其中包括供水系统事故应急救援、边坡排土场事故应急救援、电站应急救援、防洪防汛应急救援、医疗卫生应急救援、自然灾害应急救援、10千伏线路事故应急救援等7个子预案。(6)抓安全检查和隐患排查治理。组织开展春、秋两季安全大检查，查改重点设备安全隐患2项；派专人值守采区关停后遗留的积水坑并竖立安全警示牌；跟踪敦促“梨新路工程”建设单位完成该工程对歌乐山矿2号水泵站、10千伏供电线路造成的安全隐患整改。组织开展安全专项治理行动和“大排查、大整治、大执法”专项活动，活动覆盖面100%。全年共组织专业综合检查19次，排查治理安全隐患13项，投入安全整改资金26.42万元。歌乐山矿2011年未发生一起安全生产事故，实现“六个零”(职工因工死亡及重大急性中毒、火灾、交通、职工重伤、环境污染事故)目标。

胡玲

【白云石深加工项目建设】 歌乐山矿白云石深加工项目是重钢环保搬迁的配套项目，在长寿新区采用回转窑生产工艺加工白云石，为重钢股份公司长寿新区炼钢厂提供优质活性白云石产品。该项目2010年8月筹建。2011年初歌乐山矿成立白云石深加工项目部，先后完成项目选址方案并通过矿山专委会的审查，获得重钢集团立项批准、用地批复和燃气使用指标；与洛阳矿业机械设计院签订该项目设计合同，并于2011年6月完成初步设计；委托重钢设计院地勘所完成地质勘察。2011年5月25日该项目破土动工，土建工作随即全面展开，至年末完成回转窑项目"三通一平"，三大主机基础，窑头厂房施工，成品库完成承台基础开挖换填，具备回转窑大型设备安装条件。完成主体设备招投标合同的签订。截至2011年12月末，该项目累计完成工程土建及设备投资1532.9万元，其中土建工程费用用851.7万元，回转窑三大主机设备制作安装预付款610万元，设计费71.2万元。

胡玲

【采石场综合治理项目启动】 歌乐山矿溶剂用石灰石岩矿经52年的开采，地质和生态环境被破坏，其矿区堆积大量废渣和弃土无植被覆盖；采区遗留有数个高陡裸露边坡，由于爆破和风化作用影响，表面有裂隙，有浮石滚落，需采取措施进行矿山环境恢复治理。歌乐山矿采石场综合治理项目是对闭坑后采区环境进行地质灾害治理，整治高陡危岩、坑洼沟槽、排土场等，降低边坡高度和放缓坡度，形成安全平台。并对外排土场整个区域进行场地平整及绿化复垦，解决该区域闭坑矿山遗留的高陡危岩问题，根治该区域山洪和泥石流形成，消除安全隐患。2010年5月，重庆市沙坪坝区国土资源管理分局委托北京华源地质环境工程有限公司开展"重庆钢铁集团矿业有限公司歌乐山采石场综合治理可行性研究"，并向国土资源部提交《重庆钢铁集团矿业有限公司歌乐山采石场综合治理工程可行性研究报告》，经《财政部、国土资源部关于下达2010年矿山地质环境治理项目预算的通知》(财建〔2010〕615号文件)批准后，该项目获专项资金2400万元，并明确重钢集团为项目组织实施单位。项目主要工程内容包括：对采矿遗留边坡进行削坡和坡面清理，对废渣堆积区和排土场进行绿化，对遗留边坡进行绿化等。整个治理项目分为确定业主、确定勘查单位、确定设计单位、组织招标、确定施工单位、项目竣工和组织验收等7个步骤。2011年4月，重钢集团以《关于加快推进实施重钢歌乐山采石场综合治理的复函》(重钢函发〔2011〕17号文件)委托重钢矿业公司作为项目代理业主。2011年5月，歌乐山矿根据《沙坪坝区国土资源管理分局关于加快推进实施重钢歌乐山采石场综合治理的函》(沙国土资源发〔2011〕119号文件)精神，成立地质环境治理项目部，下设工程技术组、后勤服务组和资金保障组3个组。2011年7月4日该项目勘查和设计的招标工作在重庆三环建设监理咨询有限公司开标，正式启动该项目；10月17日《重庆钢铁集团矿业有限公司歌乐山石灰岩矿矿山环境治理工程勘察报告》通过重庆市国土局的审查；11月15日重庆市国土局下达矿山地质环境治理工程地质勘查报告的批复，同年11月歌乐山矿向重庆市沙坪坝区国土资源管理分局提交《重庆钢铁集团矿业有限公司歌乐山石灰岩矿矿山环境治理工程初步设计》及投资概算。

胡玲

【歌乐山矿土地开发利用前期工作】 2011年初，重钢集团向重庆市政府递交《关于歌乐山矿关闭后土地调规的请示》(重钢文〔2011〕58号文件)并得到重庆市政府批复"同意转请市规划局牵头，会同沙区政府、市国土局研究处理"。截至2011年末重庆市规划局正在调研中。2011年3月歌乐山矿与重庆大学签订《歌矿老年度假中心项目及地块利用开发前期概念规划合同》，2011年7月与重庆大学签订《老年度假中心项目前期策划与技术咨询合同》，其中概念规划初步完成。2011年，歌乐山矿就土地开发利用同多家房地产开发公司进行了项目合作洽谈。

胡玲

## 景星白云石矿

【概况】 重庆钢铁集团矿业有限公司景星白云石矿位于重庆市万盛区黑山镇向阳山，占地16公顷，储量5376万吨，距离重钢长寿新区170千米，是重钢白云石矿生产加工基地。景星白云石矿由重钢股份公司投资并委托重钢矿业公司建设和管理，2001年7月投产，年产设计规模25万吨。2004年技术改造后，生产能力达到50万吨，经过矿山二期建设，到2011年生产能力又扩大到70万吨。景星矿采用深孔爆破分层开采模式，集规模化、机械化优势。固定资产原值117.3万元，净值64.6万元。主要生产设备44台套，租赁万盛区508库原部队营房作为生活及办公区。主要产品包括炼钢用轻烧白云石、烧结用白云石及轻烧白云石粉。景星白云石矿的产品销售、价格、成本计算均以重钢内部结算方式进行。2011年末全矿在册职工168人，其中管理技术人员41人，操作人员126人。退休职工75人。在册职工平均年龄37岁。大学本科学历17人，专科学历36人。高级职称4人，中级职称9人，初级职称28人，高级工33人。设党政办公室、供销科、安全生产科、财务科和采矿车间、煅烧车间、石灰石车间、回转窑项目筹建办公室。

2011年，景星白云石矿白云石销售收入完成2251.3万元，超计划

12.55%;利润完成63.14万元,超计划5.23%。获重钢集团"红旗党委""党建示范点"称号。

文自联

【生产经营】 2011年,景星白云石矿完成保产保供任务,采剥总量实现123.88万吨(其中剥离58.72万吨,成品矿65.16万吨),创历史之最。(1)实行双台阶作业,保证重钢股份公司存料和万盛军用站及清溪桥货场的存料保持合理水平。(2)掘沟剥离与矿石生产同步进行,实现产销无缝衔接。(3)实现经济配矿,全年综合利用废弃矿石13万吨,创利润260万元。(4)破碎工艺系统安装1台液压破碎机,更换1块粗破齿板,对5台红岩车发动机进行大修。(5)挖潜增效,采矿炸药单耗比计划降低4.5%、采矿费用比计划降低0.2%、采矿变动成本比计划降低0.16%,煅烧费用、煤耗、电耗分别比计划下降0.58%、13.48%和4%。制定《活性白云石生产工艺操作细则》,明确石料及燃煤配比,布料、焙烧、吹风、出窑各工艺流程操作实施规范。火车单车装载量保持高位,全年减少运费支出38万元。(6)产品质量达到重钢标准,全年白云石原矿二级品率达到98.8%,煅烧产品一级品率达到56.71%。

文自联

【安全工作】 2011年,景星白云石矿安全生产实现"5个零"。(1)开展安全生产教育培训,印发事故案例教育30篇,安全常识12期,设置安全培训室,坚持矿长安全讲话12期。(2)完善安全制度及现场安全设施,制作安装现场安全标识牌25块,制度牌20块,修订编印《景星白云石矿安全教育制度》《爆破作业管理办法》《景星白云石矿安全管理制度汇编》共计8万字。(3)开展安全检查整改,全年组织安全专项检查40次,发出安全通报13期,查出并整改隐患94处。(4)爆破作业、铲装作业、汽车运输、排土作业实现安全重点监控无事故目标。(5)开展安全主体责任创建工作,获国务院安委会督查组好评,达到安全生产A级企业标准。(6)景星矿二期建设、万盛石灰石矿项目建设完善安全"三同时"手续,外委施工或零星工程均全部签订安全作业施工协议。(7)全年安全投入288万元,其中安全措施投入91.3万元。(8)全年污染物排放合格率达到100%、环保设备开动率达到98%,岗位粉尘合格率达到82%。

文自联

【基础管理】 2011年设置万盛石灰石矿管理机构,明确岗位配置及人员(全矿共设54人)。进行矿级领导分工,成立安全委员会,建立完善全矿岗位职责65条。制定《公务用车管理办法》。制定《合同管理办法》,全年签订内外部合同90个,全部建立电子档案。对7名科级干部进行岗位调整。撤销炸药库值守岗位,富余人员全部安排到生产班组。完成统一基础工资标准为核心的工资套改工作。全年新招自主用工7人,自主用工续签合同14人,利用重钢环保搬迁政策办理退休3人。组织实施操作证、安全知识、继续教育、技术技能和文化提升等教育培训439人次,签订师带徒合同5份,使用培训费6.5万元。组织职工参加重钢集团第十届职业技能竞赛,1名职工获钻孔机司机第3名。2011年职工收入同比增长12%。全年开展"庆谈访"活动218人次,慰问金额3.45万元,发放困难职工补助38人次,补助金额3.2万元。开展国家级绿色矿山创建工作,在重庆地质矿产研究院指导下,编制国家级绿色矿山申报书、图片册及视频影像资料,相关创建材料正接受国家国土资源部审查。

文自联

【工程及项目建设】 1.景星白云石矿二期排土场建设完善了林业使用手续,修建排土公路1千米,构筑高30米、长200米拦渣坝,修建排洪沟1000米,整个土建工程全部完成,通过重钢集团工程建设验收。

2.完成万盛石灰石矿项目建设准入立项,签订安全预评价、开采设计和验收及其评审安全"三同时"合同,完成已建生产线的防腐、安全护栏及安全标志牌的制作安装工作,建立完善《万盛石灰石矿建设项目安全主体责任制度》汇编。向万盛区国土局申报临时用地手续资料,等待批复。

3.生产生活基地建设项目由重钢建设公司中标,至2011年底,开工建设的各项准备工作到位,变压器安装完成,正实施跨河桥混凝土基础,待施工许可证手续完善和项目资金到位后即进入全面建设阶段,预计生产生活基地建设工期为1年。

文自联

# 大宝坡石灰石矿

【概况】 重庆钢铁集团矿业有限公司大宝坡石灰石矿位于重庆市大渡口区跳蹬镇,距重钢本部铁路里程19千米,公路里程30千米。土地使用面积95.76公顷,其中土地产权面积44.5公顷。大宝坡矿属中型露天机械开采矿山,是重钢冶炼添加剂石灰石生产基地,石灰石年设计生产能力100万吨,精炼灰产能5万吨,炼钢灰产能43万吨。主要产品有石灰石、精炼石灰、冶金石灰、烧结石灰等。截至2011年,属重钢集团投资的主要设备170台套,其固定资产原值4114.87万元,净值2339.31万元,属钢铁股份公司投资的主要设备112台套,其设备固定资产原值3063.89万元,净值1982.04万元。2011年,设有1室5科2车间即党政办公室、营销科、财务科、安全生产科、机动能源科、技术开发科、采矿车间、冶金石灰车间以及重庆钢洲建筑安装工程公司(厂中厂)。2011年9月21日,撤销原精炼灰车间、综合车间,新增机动能源科、技术开发科。截至2011年底,在册职工281人,其中管理技术岗位68人,另自主用工51人,退休人员286人。

2011年,大宝坡矿对外采购优质炼钢石灰石56万吨,销售结算石灰石97万吨,精炼石灰2.3万吨,冶金石灰22.8万吨,烧结石灰2.7万吨,水泥石料开发77万吨,回收矿石56.4万吨。完成销售收入20927万元,利润123万元。

周利琴

**【1号回转窑点火投产】** 1号回转窑是矿业公司大宝坡石灰石矿冶金石灰项目分项目之一,属于重钢环保搬迁至长寿新区的配套项目。冶金石灰项目采取组合窑方式规划建设,最初计划建设日产500吨套筒窑2座,日产800吨回转窑1座,后新增建设1座日产800吨的烧结回转窑,最终达到日产2600吨冶金石灰的生产规模。该分项目自2008年12月17日动工,其中1号套筒窑项目于2010年2月6日点火投产,并达产达效。

1号日产800吨回转窑项目于2010年7月31日完成土建工程,12月如期完成主体设备的安装,并于2011年4月26日点火,进入投产试运行阶段。截至2011年底,1号日产800吨回转窑生产石灰产品2.3万吨,为重钢长寿新区600万吨钢规模用石灰的生产做准备。

周利琴

**【精炼灰回转窑系统关停】** 大宝坡石灰石矿精炼灰回转窑系统于2005年6月19日建成投产,于2005年9月25日达产。该系统以转炉煤气和天然气的混合气体为燃料,采用带竖式预热器和竖式冷却器的回转窑煅烧系统生产活性石灰的生产工艺方法,为重钢炼钢提供优质石灰,该系统生产规模为年产5万吨。

2011年,按重钢集团环保搬迁的整体部署和大渡口老区生产线关停节奏,精炼灰回转窑系统于2011年9月12日停火;所在的精炼灰车间于2011年9月21日予以撤销,该车间工作职责和部分人员并入重钢长寿新区冶金石灰车间。

周利琴

**【五项基础管理】** (1)安全环保管理。大宝坡石灰石矿2011年安全环保管理工作措施:①加强对重点环节、要害部位的现场安全管理,尤其是节日期间的爆破安全检查与教育。②重视生产现场环保工作的开展,重新对全矿各生产车间噪音、粉尘岗位进行清理统计,完善生产现场除尘、监控、噪音等设施,为岗位职工备齐防尘防噪劳保用品。③按一岗双责完成各级安全责任书的签订与风险抵押金的缴纳,执行安全奖惩制度。全员签订安全风险抵押承包,执行安全绩效工资,形成安全考核制度化、规范化的长效机制。④以"隐患排查治理"为首,开展每月定期检查、季节性(防洪抗旱、中暑等)检查、特种设备和特种人员持证上岗检查、专项检查,从工程设计、系统管理、工具、设备、环境因素着手,尽可能解决存在的不安全状态,降低安全事故发生率。(5)坚持各级安全讲话制度,并加强职工安全培训和安全文化宣传,提升职工安全技能。(6)设置环保设备考核指标,即设备完好率、环保设备与主体设备同步运行率、环保设备排放达标率3项指标。2011年,大宝坡矿人身伤亡事故为零。标准化矿山建设工作通过区、市安监局验收,落实企业主体责任工作通过重庆市安监局验收,被评为A级企业。(2)设备管理。针对所属车间的设备现状,推进包机制与巡检制,并通过举办设备管理专题讲座等培训形式强化设备管理和操作维护人员的技能。①抓设备基础管理。对全矿设备进行清理、分类,按对生产的影响大小把设备进行A、B、C分类,实行设备分级管理。对A类设备按"1机1档"模式建立技术档案,对新进设备编制操作和维护规程。②强化设备润滑管理。对重点设备制定润滑"五定图",把点检与考核相结合。③加强设备运行、维护、维修和事故管理。各流水线作业设备实行在岗人员的岗检、维修人员的专检、技术人员巡检的三级点检制。④加大设备事故的考核力度,调查并形成事故分析报告,纳入矿经济责任制考核体系。(3)动力能源管理。调整能源管理职责,将能源管理的重心下移至车间,能耗数据的统计工作由职能部门统计改为车间分级统计,让车间相关人员清楚本车间工序能耗,从而提高车间员工节能降耗的主动性。同时对产成品每道工序进行能耗监控,采集数据,分析能源消耗,进行消耗测评,为下达能耗指标和制订相关考核做准备。在技改工作中。大宝坡矿自行设计并安装尤里斯凯破碎设备的控制柜以及芭蕉角码头装船系统的自动化控制系统。在各项工程项目的设计初期,设备选型重视从节能降耗的角度出发,优化工艺组合、选择先进节能设备。(4)人力资源管理。在劳动人事方面:①完善人事资料档案管理工作,加强职工劳动合同的管理。②管理技术人员的学历职称、素质提升工作。2011年申报工程师1人,助理工程师1人,取得注册安全工程师职业资格证2人。③按重钢人资发〔2011〕112号"关于统一基础工资标准的通知"文件精神,对在册职工的职称、学历、技术等级等做查证工作,保证上报资料的真实完整。④做好班组长津贴、"三高津贴"以及书报费等费用的审核发放工作。培训方面:①2011年送外培训23人次,送重钢集团培训72人次,自办培训班6个。②职工职业资格鉴定。2011年职工申报参加技师鉴定的5人,高级工5人,中级工9人。技师鉴定合格1人,高级工鉴定合格1人。③组织10名职工参加重钢集团第十届职业技能竞赛,其中5名职工进入决赛,大宝坡石灰石矿获钻孔机司机工种竞赛第1名。收入分配方面:坚持效率优先、绩效挂钩的原则,坚持分配向关键、重点岗位、生产骨干倾斜。(5)合同管理。指派专人对合同进行登记并统一送审,进一步完善、规范合同管理。2011年大宝坡石灰石矿共签订经济合同135件，其中10万元以上的合同35件，涉及金额16376.2917万元；10万元以下合同103件，涉及金额42452.88万元。全年未发生合同纠纷。

周利琴

【技术创新工作】 2011年，大宝坡石灰石矿技术创新工作主要针对回转窑焦煤管道项目、江钢烧结石灰项目、矿码头噪声与粉尘治理、破碎生产线扩能及石灰粉压球工艺技术等项目。其中破碎生产线扩能改造、石灰粉压球工艺技术两项目与矿业公司签订了技术攻关合同。回转窑焦煤管道、江钢烧结石灰、码头通道项目噪声与粉尘治理向重钢集团上报了技术攻关任务书。并提交了“石灰石尾矿制砖信息及市场调查报告”，完成重钢集团“石灰石资源优化综合利用”与“大宝坡矿供电系统稳定性研究及实施”两个科技项目的合同审批表。

周利琴

【矿党委主要工作】 (1)开展“矿山大发展、大矿新机遇”厂情教育主题活动。2011年，大宝坡石灰石矿通过职代会、党训班等会议，以及自办网站、《大矿宣传》、宣传橱窗、宣传展板等形式，向职工宣传重钢和本矿的生产经营形势，传递稳质保供、资源开发、冶金石灰项目建设的压力，强调安全生产、环境整治，宣传节能减排、“三合一”及“6S”管理等重点工作，增强职工的危机感、紧迫感和责任意识。(2)围绕生产经营和改革发展目标任务，开展“生产经营创业绩，资源开发立新功、项目建设作贡献”党内主题实践活动。落实党组织实现生产经营目标的保证体系，大宝坡石灰石矿在岗党支部均立项开展了党内主题活动，全年完成党员攻关项目11个。(3)开展“创先争优”活动。活动以“创先争优当先锋，科学发展作贡献”为主题，以“推进稳质保供、建设石灰项目、实施资源战略”为载体，与评选党员生产(工作)“季度之星”活动相结合，由支部和党员做出公开承诺。支部每两个月、党员每个月，分别对照公开承诺进行1次讲评活动，并将评比情况及“季度之星”评选情况在“‘创先争优’活动公示栏”“‘创先争优’活动展示台”进行公开。(4)推进党务公开。采取会议、文件、党务公开栏、党支部园地、“季度之星”评选结果公示栏、各种宣传橱窗、OA系统、自办网站等形式，公开包括党组织机构设置、人员变动、换届选举、党员发展、“创先争优”承诺、“一讲二评三公示”、党员生产(工作)“季度之星”评选、党费的收缴和使用情况、“党员之家”活动情况、党风廉政建设责任制等涉及党的建设方面事项26项。(5)推进学习党组织建设。坚持利用支部书记会、两级班子会、本矿中心组学习、参加上级组织的集中学习、党内“三会一课”组织生活、职工政治学习、知识竞赛等形式，按时下达每月的学习任务，组织党员和职工学习贯彻党的十七大，十七届五中、六中全会精神以及重钢集团党建工作会精神、重钢集团职代会精神、重钢集团“十二五”规划等，并与每月的生产经营任务同步检查，同步考核；并为各支部发放《中国共产党党史第二卷》；改革书报费的发放方式，即由各专业技术管理人员，凭所购专业技术图书发票进行报销。(6)开展“四好”领导班子创建活动。对4名科级管理人员进行岗位交流调整，推进科级管理人员的动态管理；开展“三项行动”自查自纠、工程建设领域突出问题专项治理工作；对本矿各种产品的物流环节的情况进行分段清查，对烧结石灰回转窑项目建设开展效能监察工作。(7)开展“党员之家”活动。2011年共慰问生病住院10人，慰问金额3750元；欢送退休2人，发放欢送费500元；帮助工作有困难的党员11人，22次；疏通党员思想68人次；奖励党员142人，奖励金额4.96万元。(8)召开大宝坡石灰石矿第二次党员代表大会，选举产生第二届矿党委、新一届矿纪委领导班子。(9)承办重钢集团政研会、党建研究会片区年会，推荐题为《推行安全文化建设，促进大矿安全发展》的论文获一等奖。

徐晓平

## 接龙铁矿

【概况】 重庆钢铁集团矿业有限公司接龙铁矿位于巴南区接龙镇，距重钢集团大渡口区5千米，项目建设工业场地距接龙镇2千米，重庆巴南至南川干线公路由矿区经过，运输道路与区域内县、乡、镇公路、国道及渝湘高速公路相通。采用国家大网电供电，用白杨坪河和开采井下水作为生产用水。产值规模按40万吨/年原矿和20万吨/年精矿设计，矿区探明铁矿石资源储量3314.4万吨，矿石性质属綦江式铁矿为赤菱铁矿，其中菱铁矿占80%以上，原矿平均品位为全铁34.09%，品位低，采用常规的选别工艺不能获得理想的技术指标，属难选矿石。项目采用我国自主知识产权的新技术(中冶长天国际工程有限公司设计的回转窑焙烧－磁选工艺及工艺技术)利用难选铁矿资源生产铁精矿，提高资源的综合利用水平。

接龙铁矿于2007年5月28日开工建设，项目总投资计划33564万元，至2011年底，完成投资30017万元。2011年设办公室、安环科、生产技术科、财务科、选矿车间筹备组。截至2011年底有职工122人，95%以上职工具有大专及以上学历。

*唐君*

【项目建设进度与管理】 1.工程建设情况。(1)井巷建设。至2011年12月，运输大巷完成2230.3米、穿脉及采准工程完成922.4米、+300米车场完成392.1米、回风竖井完成

72.1米，合计完成井巷掘进6616.9米；采准和试采出矿2.0万吨。完成+300米以上与中回风井、北回风井之间的贯通并完善中回风和+420米回风巷道通风系统建设。(2)选矿建设。2011年完成施工图设计及设备定购；选矿工程土建形象进度完成95%，设备安装基本到位，处于收尾、隐患和缺陷处理及单机试车阶段；同时完成1号排土场截水沟施工。

2.工程管理。(1)工程投资。全年完成投资18537万元，其中井巷建设2780万元，选矿建筑安装完成投资7307万元，设备购买4954万元，其他3496万元。(2)工程监督。全年按合同对施工单位(或总包单位)施工过程中存在的质量问题下达整改通知书10份，合计整改70项，处罚相关施工单位6.6万元。

唐君

**【矿山生产准备情况】** (1)2011年，编制完成设备管理制度、操作规程和各种工具、备品备件及大宗原材料计划、试生产方案。(2)重点工作完成情况。完成井下"六大系统"中的监测监控及人员定位系统安装及调试运用，完成"资保项目"的实施方案编制及审查；完成井下盲主副井及配套工程的招标；优化+300米、+370阶段开拓系统和采矿工艺，采矿试验实施中；推进+300米～-100米阶段矿石资源增划工作(采矿权价款)，截至2011年底，完成划定矿区范围、储量核实报告、开发利用方案的审批工作，采矿权价款的评估工作进行中。

唐君

## 重钢西昌矿业有限公司

**【概况】** 重钢西昌矿业有限公司(简称:西昌矿业公司)地处四川省西昌市太和镇，由原重钢集团矿业有限公司太和铁矿改制而成，为重庆钢铁集团矿业有限公司的全资子公司，其所在的太和矿区是攀西四大钒钛磁铁矿床之一，矿石中富含钒、钛、镍、钴、铜等贵重金属。主要产品有钒钛铁精矿、钛精矿、钒钛氧化球团矿、硫钴矿等。

2011年，西昌矿业公司有职能科室16个，设采矿车间、选矿车间和球团厂3个主要生产车间及医院1个；有控股公司2个:西昌泰明建设公司和西昌新太平冶金炉料公司。截至2011年末，在岗职工1506人(其中管理技术人员251人，生产操作1255人)，离休、退休职工1902人。

2011年，西昌矿业公司完成采剥总量1622万吨(其中原矿194万吨)，生产钒钛铁精矿89万吨，钛精矿8.8万吨，钒钛氧化球团矿103万吨(球团厂23万吨，新太平公司80万吨)，硫钴矿0.5万吨。全年实现销售收入81117.62万元，利润12620.4万元，上缴税收8876万元，资产负债率58.98%。

2011年5月，在"全国资源综合利用科技大会上"，西昌矿业公司获"国家金属尾矿综合利用先进适用技术依托单位及示范工程"证书，成为全国首批获此证书单位。

柳阳

**【300万吨/年采选扩建工程建设】** (1)破石头沟改道工程。截至2011年底，破石头沟改道工程附属工程完成形象进度95%，累计投入建设资金178832156元。(2)新建选矿厂。①选铁部分。筛分洗矿间、磨矿仓、中细碎、主厂房内主体设备及电气完成安装，各系统之间外部连接施工基本完成；浓缩池完成建设；选铁系统附属工程即加压泵站、环水泵站，软水泵站、办公与备品备件库等子项工程主体设备完成安装。②选钛部分。选钛系统除钛精矿烘干系统外，选钛主厂房、钛硫精矿库、钛精矿包装间主体设备完成安装。(3)西漂尾矿库技改工程初期坝、排水系统完成建设，至2011年底该工程进入后期各子坝施工中。(4)铁精矿仓。竣工。(5)王家坡110千伏变电所。2011年10月竣工。截至2011年12月，累计完成投资147087.832万元(不含破石头沟工程)。

柳阳

## 重庆巫峡矿业股份有限公司

**【概况】** 重庆巫峡矿业股份有限公司(简称:巫峡矿业公司)是由重庆钢铁(集团)有限责任公司和重庆中梁山煤电气有限公司于2008年共同出资组建的股份制企业。主要从事矿业资源的投资与开发，矿产品运输、仓储，煤炭贸易等。2011年，巫峡矿业公司销售精煤28.6万吨，实现销售收入3.66亿元，完成年计划105%；实现利润114万元，完成年计划110%。

2011年主要工作:1.巫山桃花铁矿开发建设。(1)完成采矿许可证相关要件的办理。(2)2011年3月完成桃花铁矿长槽沟尾矿库工程物探勘察及评审。经物探探明，长槽沟地质结构复杂，不适合建立尾矿库，故对其采空区用充填技术进行了回填处理。(3)委托中国地质科学院矿产综合利用研究所完成对巫山桃花铁矿的工艺矿物学研究。(4)2011年6月完成桃花铁矿1:500地形图测量。(5)2011年7～12月完成桃花铁矿实验室及扩大连续试验研究。(6)2011年8月与巫山县国土事务所签订工业场地勘界合同，桃花铁矿200万吨/年(一期80万吨/年)选矿厂厂址地质初勘工作基本完成。

2.煤炭经营。2011年4月外租江津石门码头作为巫峡矿业公司煤炭仓储基地，提高煤炭中转和运送能力，以保障重钢长寿新区1/3的焦煤、气煤需求。

邵校

# 直属单位

## 重钢总医院

**【概况】** 重钢总医院是一所集医疗、教学、科研、预防、社区卫生服务为一体的区域中心医院,承担大渡口区、九龙坡区和高新区40万常住人口的医疗服务。2011年,有开放病床600张,在岗职工733人(含招聘职工),卫生专业技术人员620人,博士、硕士研究生43人,本科生236人,专科生298人。设心内科、呼吸科、消化神经内科、胸脑泌尿外科、妇产科、骨科、普外科等32个临床科(组)室,放射科、药剂科等6个医技科室;一个门诊部、两个社区卫生服务中心(下辖17个社区卫生服务站),1个重钢长寿新区医疗救治中心。拥有1.5T磁共振(MRI)、16排CT、DSAC臂数字减影X线机、彩色多普勒、模块式全自动生化分析仪、AK—超100人工肾、电子系列内窥镜、诱发电位、体外碎石机、高压氧舱、直线加速器等医疗设备420台,设备总值6775.9万元,固定资产13483.2万元。

随着重钢股份公司及相关子公司从大渡口区整体搬迁到重钢长寿区江南镇,重钢总医院撤销了原重钢股份公司8个保健站和朝阳公司保健站,保留重钢股份公司培训中心保健站。成立重钢总医院江南医疗救治中心,开展基本诊断、治疗、检查、检验等业务。2011年重钢总医院住院量19750人次,门诊量352888人次,手术4218台次,治愈好转率97.5%,危重病人抢救成功率88%,病床使用率122%,平均住院天数12.5天。全年医疗收入2.3亿元。

2011年,重钢总医院内科综合大楼及门诊楼工程项目完成设计、报建、招标、合同签订手续,12月21日该工程项目举行开工奠基仪式。

龚鹏飞

**条目另见部目**

【一门诊部】:《职工生活》

【急诊抢救】:《职工生活》

【跃进村街道社区卫生服务中心(三门诊部)】:《职工生活》

【九宫庙街道社区卫生服务中心(二门诊部)】:《职工生活》

**【医疗工作】** (1)2011年,重钢总医院落实医疗质量和医疗安全制度,推行临床路径,规范诊疗行为,合理检查、合理诊疗;规范重症医学科、血透室等科室建设。(2)医疗技术临床应用管理。贯彻实施《医疗技术临床应用管理办法》等规范性文件,建立医疗技术准入和管理制度,建立医疗技术管理档案。对开展的第一类医疗技术进行技术审核;同时做好第二类和第三类医疗技术临床应用前第三方技术审核的申请工作,按规定开展相关医疗技术的临床应用,停止心脏介入等手术的开展。加强手术分级管理制度的监督检查落实,修订手术分级目录,按规定对医师的专业技术能力进行审核并通过后,才授予相应的手术权限,并实施动态管理。(3)药事管理。健全药事管理组织;落实《中国国家处方集》,执行处方点评制度;开展《抗菌药物临床应用指导原则》培训、考试;建立健全抗菌药物分级管理制度,明确各级医师使用抗菌药物的处方权限;开展I类切口手术预防用药专项检查;建立抗菌药物临床应用和细菌耐药预警机制;健全并落实毒、麻、精、放等特殊药品的安全管理制度;引进临床药师,逐步建立临床药师制。(4)医疗服务重点环节的安全管理。按照卫生部2011年"病人安全目标"规定,加强病人安全管理,截至2011年底未发生院内摔倒、坠床、压疮等事件;实施《手术安全核查制度》,做好手术安全核查工作;重点落实查对制度,做好输血、用药、检验等医疗服务重点环节的安全核查工作;落实《医院感染管理办法》和相关技术规范和指南,加强重点科室、重点部门、重点环节的医院感染控制工作。(5)临床用血管理。遵守《中华人民共和国献血法》《医疗机构临床用血管理办法》等相关规定,保证临床用血来自重庆市中心血站;加强临床用血的规范管理和技术指导工作,开展临床合理用血、科学用血的教育和培训工作;加强血库的管理,保证合理有效库存,做好临床用血的储存、检测和发放。(6)医疗安全管理。制定《重钢总医院安全管理办法》《重钢总医院安全风险承包责任制》,各科室、部门与重钢总医院签订《安全责任书》,建立安全激励机制;树立"安全第一、防范为先"观念,制定《重钢总医院医疗安全(不良)事件报告管理办法》,对可能引发医疗纠纷或医疗事故的因素和事件实施报告制度,提前介入,预防为主;建立和完善医患告知制度,加强与病人的交流,构建和谐医患关系。2011年1~11月,重钢总医院赔偿金额较上年下降34.71万元,无重大医疗缺陷和医疗事故发生。(7)继续开展医疗支农,支援重钢长寿新区建设。2011年重钢总医院与忠县三汇镇中心卫生院结成对口支援对子,主要协助受援医院组织开展技术培训、手术示教、人才培养、学科建设、疑难病例和死亡病例讨论以及医院管理等方面工作。支援重钢长寿新区建设,2011年共承担长寿新区各类应急任务5次,派出医务人员15人次。

赵庆

**【科研与教学】** 1.科研。(1)2011年,重钢总医院立项14个新技术项目和3个科研项目,《利尿剂配合输尿管镜气压弹道碎石术的临床研究》《同眼自体角巩膜板层部分移植临床应用研究》两项科研成果获重钢集团科技进步三等奖,《同眼自体角巩膜板层部分移植临床应用研究》获2011年大渡口区科学技术进步三等奖。《暴发性胰腺炎救治的临床研究》科技项目完成结题鉴定和成果登记,并申报中国金属学会冶金医学奖。(2)2011 年 1 ~ 11 月,在有"国家统一 ISSN 及 CN 期刊号"的各级医学专业杂志上发表论文 21 篇,其中 CSCD 数据库期刊发表 2 篇,科技论文统计源期刊发表 19 篇。论著 1 篇,临床研究 5 篇,综述 3 篇,临床经验交流 10 篇,个案 2 篇。

2. 教学。(1)组织完成重庆医科大学、川北医学院、重庆医药高等专科学校、重庆卫校等影像、口腔、检验、护理专业 499 人次实习,接收 7 名医疗医技人员来院进修,开展医学岗位培训实习人员 10 人次;2011 年 1 ~ 3 季度,重钢总医院共组织科内教学小讲座 366 次,教学查房 223 次,教学病例讨论 91 次;执行《重钢总医院教学管理办法(试用)》,加大教学工作督查力度,1 ~ 3 季度共发放教学工作奖 11.63 万元,教学质量考核 3527 元。(2)2011 年举办第六届医师护理技能竞赛,重钢总医院共有 30 个科室 344 名医生护士参加竞赛。组织开展重钢总医院第三届教师讲课比赛,15 名老师参加,6 名医生获奖。组织参加重庆医科大学临床学院第八届教师讲课比赛,2 人获奖;组织开展我院第一届教师教学查房比赛,14 名老师参加,6 名医生获奖;开展"优秀带教老师"评选活动,评选出"优秀带教老师"20 名;组织院内医学继续教育学术讲座共 16 次。(3)创建重庆医药高等专科学校非直管附属医院。2011 年 11 月 11 日,重庆市卫生局、市教委和重庆医药高等专科学校评审专家组一行就重钢总医院作为非直属附属医院进行了检查评估。

罗茂秋

**【三级综合医院创建】** 2011 年,重钢总医院按照《三级综合医院评审标准》(2011 年版),推动创建工作。(1)加强创建组织领导。一是成立以院长为组长、职能科长为成员的创建三级综合医院领导小组,下设以院班子成员为组长的各个专业小组和以科室主任为组长的科室工作小组;二是对照《三级综合医院评审标准》,逐条落实,责任到人,限期完成,职能部门加强对各专业学科规章制度、操作规程、法律法规落实的检查监督力度;三是制定三级医院创建奖惩办法,推动创建工作开展。(2)针对创建"核心条款"逐条落实。①结合新标准和重庆市政府对口支援要求,制定医院 2011 年对口支援忠县三汇镇卫生院工作计划和实施办法,向受援医院捐助 10 万元,培养 3 名医务人员,派驻 2 名医务人员,举办学术讲座 1 次,大型义诊 1 次。②制订医院中长期应急工作规划和年度计划,建立医院应急指挥系统及应急管理委员会,并印制《医院应急手册》。③制定《重钢总医院保障患者及家属合法权益的实施办法》《重钢总医院住院和手术"绿色通道"标准及实施办法》《院科两级医疗质量与安全管理期限整改实施办法》《重钢总医院感染监控管理办法》《重钢总医院抗菌药物合理使用管理办法》《重钢总医院多重耐药菌监控管理办法》《重钢总医院输血管理办法》等管理办法。④完成重钢总医院 CIS 标识视觉系统初稿及内部审核工作。⑤建立健全重钢总医院医疗安全不良事件与隐患缺陷报告制度及工作流程,建立院科两级医疗护理重点查对、交接工作督察办法,健全手术安全核查及风险评估制度。⑥按照三级医院标准要求,对疑难、恶性肿瘤病人多学科联合会诊治疗进行全面评估;对麻醉复苏、全程监测、麻醉记录,并发症的防范进行全面评估;对手术、介入、麻醉等高风险有创技术操作人员实行授权和定期技术能力与质量绩效评价与评估。⑦根据分级护理的原则和要求,落实责任制;为患者提供连续、全程的监测护理和专业技术服务。⑧控制与降低能源消耗,有措施与控制指标;有保障设备处于完好状态的制度与规范,建立有应急调配机制;医院消防系统管理符合国家相关标准,灭火器材、压力容器、电梯等设备按期年检。(3)加强重点学科建设和科研技术攻关及人才队伍建设。确定普外科、耳鼻喉科、心内科、呼吸科为市级重点学科创建科室,对重点专科或有发展前景的科室给予重点扶持,从设备购置、人才培养给予重点倾斜,促进科室发展。(4)医疗质量改进。①制度建设。修订和完善 480 万字的《重钢总医院医院工作制度》《岗位说明书》,组织职工学习落实。②病历质量监管。落实《病历书写基本规范》,每月开展病历点评,提高病历质量;2011 年 1 ~ 11 月病案甲级率 91.7%,无丙级病历。③开展临床路径工作。10 个

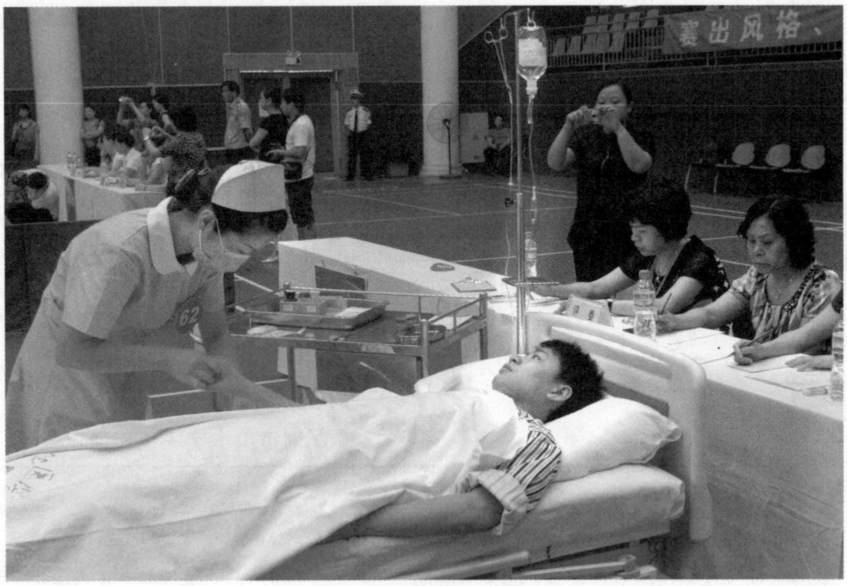


2011 年,重钢总医院医护人员参加重庆市企业医院护理技能竞赛　郑玉明　摄影

科室开展包括腹股沟疝、计划性剖宫产、2型糖尿病在内的10个病种临床路径管理。④“优质护理服务示范病房”创建。2011年按标准要求重钢总医院25%的护理病房创建“优质护理服务示范病房”。

赵庆

【业务培训与人力资源结构优化】(1)2011年,重钢总医院送外进修12人次,考察学习、短期培训66人次;引进医疗、护理本科毕业生5人,硕士研究生8人;遴选3名优秀非在编人员为在编人员;招聘非在编医药护士57人;举办各类学术专题讲座16次(其中市级继续医学教育项目8项),听讲人数1160人次;对新进本科护士和招聘护士进行岗前培训;继续开展评先评优活动,一批成绩突出的医护人员分别被评为年度“优秀医院管理工作者”“十佳医生”“星级护士”。(2)2011年通过外引内培,优化人力资源结构,截至2011年11月底,重钢总医院在岗职工733人(含招、返聘人员),在岗专业技术人员620人,占85%;博士、硕士生占7%,大学本科占38%,大专占48%;高级职称占14%,中级职称占34%;医师占31%,护士占54%,行政管理人员占7%,后勤辅助人员占10%。

黄卫红

**2011年重钢集团子公司通讯录**

| 单位 | 电话 | 传真 | 地址 | 邮编 |
|---|---|---|---|---|
| 重钢进出口公司 | 023－68849141 | 023－68849181 | 重庆市大渡口区大堰三村2幢2号 | 400080 |
| 重庆东华特殊钢有限责任公司 | | 023－65137021 | 重庆市沙坪坝区双碑团结坝155号 | 400032 |
| 重庆钢铁(香港)有限公司 | 0852－28386193 | 0852－28386973 | 香港湾仔壮士敦道181号大有大厦13字楼1313室 | |
| 重庆钢铁集团产业有限公司 | 023－68846131 | 023－68845262 | 重庆市大渡口区钢花路8号钢城大厦1102室 | 400080 |
| 重庆钢铁集团钢管有限责任公司 | 023－62590757 | 023－62590757 | 重庆市巴南区土桥王家坝新溪村1号 | 400054 |
| 重庆钢铁集团建设工程有限公司 | 023－68840138 | 023－68841703 | 重庆市大渡口区三岗门 | 400084 |
| 重庆钢铁集团矿业有限公司 | 023－68846964 | 023－68844119 | 重庆市大渡口区大堰一村81幢 | 400080 |
| 重庆钢铁集团三峰工业有限公司 | 023－40711619 | 023－40713306 | 重庆市长寿晏家重钢三峰工业园区 | 401221 |
| 重庆钢铁集团设计院 | 023－68846193 | 023－68844329 | 重庆市大渡口区大堰三村1幢1号6楼 | 400080 |
| 重庆钢铁集团生活服务有限责任公司 | 023－68845085 | 023－68876028 | 重庆市大渡口区大堰二村路口电信大楼3楼 | 400080 |
| 重庆钢铁集团铁业有限责任公司 | 023－47681045 | 023－47681045 | 重庆市江津夏坝镇 | 402268 |
| 重庆钢铁研究所有限公司 | 023－86689911 | 023－86689910 | 重庆市大渡口建桥工业园A区镁桥路2号 | 400084 |
| 重庆三环建设监理咨询有限公司 | 023－68876815 | 023－68845544 | 重庆市大渡口区大堰二村电信大楼5楼 | 400080 |
| 重庆钢铁股份有限公司 | 023－68843292 | 023－68876788 | 重庆市大渡口区钢铁路30号 | 400084 |
| 重庆钢铁集团朵力房地产股份有限公司 | 023－68842351 | 023－68842351 | 重庆市大渡口区钢花路8号钢城大厦1902室 | 400080 |
| 重庆三峰环境产业集团有限公司 | 023－86318888 | 023－86686500 | 重庆市大渡口区建桥园区A区建桥大道5号 | 400084 |
| 重庆三钢钢业有限责任公司(中兴实业公司) | 023－67854377 | 023－67855989 | 重庆市江北区中兴段1号 | 400020 |
| 重庆四钢钢业有限责任公司 | 023－48249442 | 023－48241010 | 重庆市綦江县三江镇磨滩 | 401431 |
| 重庆新港装卸运输有限公司 | 023－68843133 | 023－68843593 | 重庆市大渡口钢铁路58号 | 400084 |
| 重庆朝阳气体有限公司 | 023－68843504 | 023－68429551 | 重庆市大渡口区钢铁路1号 | 400084 |
| 重钢总医院 | 023－68846213 | 023－68842805 | 重庆市大渡口区大堰三村特1号 | 400081 |
| 重庆重钢矿产开发投资有限公司 | 023－68846316 | 023－68840187 | 重庆市大渡口区大堰三村2栋 | 400080 |
| 重庆新港长龙物流有限责任公司 | 023－68843176 | 023－68843593 | 重庆市大渡口钢铁路58号 | 400084 |

陈曼玲

本部目编辑　龙志敏
本部目校对　龙志敏

14

# 人物

重钢年鉴

2012

# 先进人物

## ·重庆五一劳动奖章获得者·

王邦春

吴益平

李培武

郑权

常晓冬

**王邦春** 男，1963 年 3 月生，汉族，1998 年 7 月加入中国共产党，重庆钢铁股份有限公司炼钢厂炼钢车间主任、党支部书记。2007 年《优化脱硫生产组织模式，提高铁水脱硫比》项目获重钢集团创新工程一等奖。

王邦春在工作中带领车间全体职工按照“高标准、严要求、创一流”的工作要求，奉行“勤政、求实、创新、发展”的工作理念，为炼钢厂的发展做出了突出贡献。截至 2010 年，大渡口老区炼钢车间在产量、质量、品种、管理等方面不断跃上新的台阶："节铁增钢"工作的开展使钢铁股份公司钢产量从300万吨跃升到350万吨；"节能降耗"工作承担了炼钢厂80%以上成本，降低炼钢用石灰消耗为39.8千克/吨，达到当期国内领先水平；此外在铁水消耗、冶炼合格率、综合炼成率、转炉炉龄等经济技术指标上，也达到当期国内同类型转炉的先进水平。他参与的新产品钢种开发达23个，有效解决了12Lw(东)、Q195Ls等钢种脱氧与浇注的技术难题，还结合重钢实际开发形成了"转炉双联冶炼"新工艺，提升了重钢生产低磷低硫钢的能力。王邦春还带领全体职工吸收、消化、应用长寿新区的新工艺、新技术，其中转炉一次干法除尘技术应用达到当期国内领先水平。

**吴益平**　男，中共党员，重庆钢铁股份有限公司炼铁厂点检站站长、检修车间主任，2005年重钢集团"先进生产(工作)者"。

2010年，为保证重钢长寿新区1号高炉顺利开炉，吴益平带领技术骨干多次对相关建设单位进行督促和协调项目整改，查找出336个整改项目。在重钢环保搬迁项目部对1号高炉设备还未正式移交的情况下，他带领点检站职工，提前介入对1号高炉安装质量进行监管，对发现的设备安装不合理的地方，督促相关单位和部门进行整改，保诬蔑下了1号高炉在2010年11月26日顺利投产，第1炉就实现渣铁分离，产铁250吨，创造了全国同类高炉开炉最好记录。同年，在大渡口老区三高炉修复工程中，对于其所负责的施工计划组，他做了大量的组织、协调工作，提出"统一部署，对口交接"要求，施工计划组克服复产修复工程准备时间短、工期紧等困难，保障了整个工程的有序推进，并在修复工程中荣立"个人特等功"，所带领的施工计划组立"集体一等功"。吴益平还注重培养年轻的技术骨干，先后培养了多名高级工、技师、高级技师，为重钢炼铁设备系统人才队伍建设作出了贡献。

**李培武**　男，汉族，1985年2月生，本科学历，重钢环保搬迁工程4100毫米厚板项目部技术员。

李培武在担任4100毫米厚板项目部液压组组长期间，主要负责该生产线的液压、润滑事宜，在工作中与设计单位配合，跟进液压、润滑施工进度，并提出多条整改措施，保证了4100毫米厚板生产线精粗轧主电机在目标时间内试车。在担任重钢2700毫米中板项目部液压组组长期间，主要管理全线液压、润滑事宜。他检查施工进度，落实施工要求，对施工质量进行把关，先后完成"6·6"热负荷试车，以及"6·10"中厚板厂试生产的任务。在投产初期，逐步转向生产运行管理，发挥敢打硬仗的精神，解决现场发生的设备问题，使轧线以及精整线产能稳步提高、液压油脂消耗逐步下降。在2700毫米中板项目剪切线投产之后，对剪机效率进行攻关，使剪切效率稳步提升，提高精整剪切线作业率。同时，制定相应的液压、润滑设备维护使用规程和制度，规范维护人员对设备的正确维护和操作人员对设备的正确操作，避免了因维护不到位或操作不正确导致的液压设备损坏事故的发生。

**郑权**　男，1964年5月生，汉族，重庆钢铁集团建设工程有限公司副总经理，工程硕士。

郑权参与了重钢环保搬迁工程平场、炼钢、2700毫米中板生产线搬迁及3号高炉公辅设施等多个工程项目。炼钢项目是重钢长寿新区主流程最重要的项目之一，也是建设公司至2011年施工承担的最大工程。在施工中，郑权带领项目部职工，发挥管理中的"主心骨"作用，创新实施了"服务型"工程管理模式，用16个月完成国内同类项目建设周期为18～20个月的炼钢项目工程建设。2700毫米中板生产线搬迁工程是重钢长寿新区实现600万吨钢生产能力的标志性工程。作为该项工程的分管领导，他在项目部班子的搭设、人员的配备、战前的动员、施工的组织方式、备品备件的制作运输等各方面做了详尽的部署。在他的组织下，建设公司吹响"奋战120天，确保2700毫米中板生产线搬迁工程2011年6月10日达到热负荷试车条件"的冲锋号。在4个月时间里，所有参建职工昼夜奋战，完成了2万多吨设备的拆、运、修、安工作，为2700毫米中板生产线顺利搬迁作出了贡献。

**常晓冬**　男，汉族，1967年11月生，中共党员，研究生学历，重钢集团党委宣传部部长。

常晓冬在建设公司工作期间，着手成立了建设公司长寿新区建设工作与大渡口老区搬迁筹备工作2个小组，就其新、老区项目的"技术、拆除、运输、安装、调试、经济预算方案"作编制，并构筑资金、供应、安全、技术质量、人力资源、人员思想等六大保障体系，为其管理工作提供保障。截至2009年底，建设公司参与重钢环保搬迁合同总量30.526亿元，在工程中创造了长寿新区多个第一、实现多个重大节点、完成多项任务突击，建设公司立"重庆市一号工程劳动竞赛"集体一等功，并被授予"重庆五一劳动奖状"，连续3年被评为"重庆市建筑业先进企业"。常晓冬在担任重钢环保搬迁指挥部工程管理部部长后，统筹各方实现重钢环保搬迁工程二、三系统开通的既定目标，督办各方队伍完成突击性、抢攻性的任务，协调保障了各参战单位急需协调事项的合理诉求。组织落实了重钢环保搬迁工程600万吨钢系统工程建设责任状，保证了重钢长寿新区各项工程建设的有序推进及按期投产。

## ·重钢集团劳动模范·

（2009～2011年度）

马渐平

王小明

伍宏

江洪

张万国

张毅

邹岷

赵知祥

赵俐

原建华

黄志权

程健

蒲建

廖雪峰

谭亚夫

**马渐平** 男,1966年6月生,汉族,高中文化,2000年12月加入中国共产党,重庆钢铁股份有限公司物运部原料码头作业区作业长助理。重庆钢铁股份有限公司"技能尖子",2011年重庆市国有资产监督管理委员会"优秀共产党员"。

马渐平2008年至2009年5月在湖北监造重钢长寿新区2号、3号码头浮吊及趸船制造,前后3年时间里,马渐平多次往返渝鄂两地,前往武汉港机厂、鄂州造船厂等单位负责浮吊船的监造工作。期间,他向厂家提出船体113项、吊机26项改造建议均被采纳,节约建造成本175.48万元,在他的建议下改造的趸船、吊机更符合重钢长寿新区码头水上设备使用工况。2009年5月,3号浮吊船到达重钢长寿新区,随船回渝的他开始承担配合组装、守船护趸、抛锚定位等工作职责,使码头按时投用。马渐平在水上作业和浮机操作方面都是一把好手,重钢长寿新区码头使用的是国内内河至2011年最先进的浮吊工作船,采用PLC变频控制技术,只有高中学历的他自费购买变频专业书籍,利用空余时间学习钻研,在和设备厂家的配合、交流过程中,当厂方专家听说他没有高学历、高职称,却有全面而专业的知识时,都由衷地感到钦佩。自两艘浮吊船到港后,他参与了吊机功能调试,并独自进行船体平衡调试,最终实现码头料线运输设备一次性重负荷试车。重钢长寿新区原料码头投产至2011年,码头保产率100%,卸载量连创纪录,2011年1月过100万吨,超设计能力,名列国内同类港口第一。

**王小明** 男,汉族,1956年8月生,大专文化,1977年1月加入中国共产党,重庆三环建设监理咨询有限公司驻外项目总监、高级工程师。曾获重庆市"优秀监理工程师"、重钢集团"知识型职工"等称号。

王小明担任监理工程师和项目总监理工程师后,立足本职岗位,任劳任怨、开拓进取、掌握多个专业的基本知识和技能,成为技术、管理等比较全面的总监理工程师。在福建三安钢铁公司100万吨棒、线材轧钢建设工程监理过程中他坚持以合同管理为主线,以质量管理为中心,实现规范化管理分析了解各方的诉求,最大限度赢取业主单位的支持和施工单位的配合。在质量控制、进度控制、投资控制、安全控制、合同信息管理、协调工作等方面工作中,切实把质量第一落到实处,控制预算、合理安排进度,使工程项目在保证质量和满足进度要求的前提下,控制实际投资不超过计划投资,得到了业主单位的充分肯定和高度评价。王小明注重自身素质的提高,在6年时间里陆续通过了注册设备监理工程师、注册监理工程师、二级建造师、一级建造师、招标师、造价师、注册咨询工程师执业资格考试。所著论文曾在《中小企业管理与科技》发表并获得优秀理论成果一等奖。

**伍宏** 男,汉族,1969年7月生,大专文化,1990年12月加入中国共产党,重庆钢铁股份有限公司维护检修部1780站机械维护班大班长,钳工技师。重庆钢铁股份有限公司"技术尖子"、2010~2011年度"创先争优活动先进党员"。

维护检修部1780维护站自2011年2月组建之初,人员结构特殊,由转正劳务工、转岗技校生、江南劳务工和小部分熟练普工组成,平均年龄24岁,70%的职工未从事过设备维护工作。面对重钢长寿新区1780毫米热轧薄板生产线的新设备、新工艺、新流程,作为机械运行维护大班的领头人,伍宏深知自己肩负的责任和压力,制定对职工的培训计划,搜集各类相关资料,把缺乏实际操作经验的新进职工编组分配,采取边熟悉现场设备情况边理论与实践相结合的培训方式,使职工转变思想观念,提高业务技能,适应了岗位需求。通过努力,2011年重钢1780毫米生产线作业率由33%提高到73.26%,产量从29388吨提高到214168吨,油脂消耗从0.854千克/吨下降至0.295千克/吨,停机率降至50‰以下。伍宏还主持制订《1780毫米粗轧主辊轧机接轴吊装预案》等16项预案,完成"1780毫米精轧鼓形齿接轴拐轴改造"等8项改造,实施"减少打捆机故障"等5项攻关,带领班组开展QC活动41项、提合理化建议227条。

**江洪** 男,1966年9月生,汉族,大专文化,1996年8月加入中国共产党,高级工程师,重钢设计院动力设计室主任。2011年获重庆市"城乡建设系统优秀共产党员"称号。

江洪在20余年的工作中完成各类设计项目500项。在垃圾焚烧发电技术方面,担任了三峰环境集团公司福建南安、莆田和山东聊城及云南大理等项目设计负责人,设计了重庆三峰垃圾焚烧炉制造基地、重庆同兴垃圾焚烧发电厂、福州红庙岭垃圾焚烧发电厂等10余座垃圾焚烧发电厂,获国家发明及实用新型技术专利8项,并主编编制《重庆市市政环境卫生工程设计评审要点的规定》《重庆市市政环境卫生工程初步设计深度的规定》。作为主要发明人,研究设计至2011年世界首套"RH干式抽真空精炼装置",该项目获国家专利13项,全国冶金科技进步一等奖,该项目投运后大幅度提升重钢钢材附加值、降低吨钢成本。

**张万国** 男,1971年5月生,汉族,初中文化,重庆三钢钢业有限责任公司[钢管(三钢)公司]冷拔车间酸洗班酸洗工,劳务派遣人员。

张万国自2005进厂开始,通过自身学习业务知识,钻研专业技术,严格执行操作规程,很快适应本职岗位工作,成为生产操作骨干。2011年1月,张万国开始担任酸洗三班班长,他协调上下班组之间的衔接与配合,带头提高班组实战技能水平,班组工作起色大,工序质量较优,全年未发生一起安全事故。其班组被该车间誉为“执行制度的楷模”。张万国在班组工作中强调成本控制，通过加强对酸洗、磷化、润滑、冷拔以及退火质量的控制，实行优化，减少其道次，实现二火成材。仅2011年1～9月，帮助车间节约磷化液3.726吨，节约成本17866元，节约润滑剂2.433吨，节约成本16829元；共优化冷拔工艺毛管3018.258吨，同时20G$\phi$51×5、$\phi$42×5等的各种合同，连拔出成品率超过95%，达到预期要求。

**张毅** 男，1969年9月，汉族，高中文化，1991年5月加入中国共产党，焊接技师，建设公司检修公司施工员、大班长。

张毅参与的《带压煤气管道抢修中采用密封罩包覆》项目获国家知识产权局专利，曾两次代表重钢集团参加重庆市职工技能大赛焊接专业（氩弧焊组）团体赛，分获二、三名。

张毅先后参加了重钢股份公司炼钢厂新建、焦化厂4号、5号焦炉设备扩建、喷煤主体钢结构安装、中板厂改造及重钢环保搬迁等重点工程技改和厂内各项检修、抢修任务。在工程的磨砺中，他逐渐成长为一名班长骨干，不仅在实际施工中能熟练运用所学的焊接技术，而且在困难面前、在检修任务进入攻坚阶段，他都以身作则地冲在前，干在前，不计较个人得失，带领攻坚小组成员迎难而上。无论在重钢的内外各项检修、抢修及重钢环保搬迁的一线施工现场，还是在管理炼钢、炼铁区域设备常年维护检修项目中，总能看到他工程施工管理的身影。

**邹岷** 男，1956年12月出生，汉族，大专文化，高级经济师，重庆钢铁股份有限公司销售处广东销售公司经理。

邹岷自1999年开始担任重庆钢铁股份有限公司广东销售公司经理，负责重钢钢材产品尤其是船板在广东地区的销售工作。在担任销售公司负责人期间，坚持以市场需求为导向，以用户满意为宗旨，贯彻落实重钢股份公司营销战略思想，其公司销售量从1999年9.5万吨上升至2010年的41.25万吨。2011年在重钢2700毫米轧机搬迁的情况下，1～10月实现钢材销售23.19万吨。1999年至2011年累计实现钢材销售308万吨，其中船板占98%以上，销售收入超过110亿。使重钢在广东地区造船行业中建立了较高的知名度和良好信誉，在广东中船系统内占有率超过70%。邹岷长期树立“主打船板销售、揽大宗订单”的思维方式，贯彻执行重钢股份公司“沿江、沿海为突破口”的营销战略理念，开拓船板市场，做好客户维系工作，率先实现钢企与船企签订5年期战略合作协议，建立和维系广船国际公司等4家战略客户的关系，进一步巩固了重钢产品在广东区域的销售市场，提升了重钢品牌在华南地区的知名度。

**赵知祥** 男，1963年5月生，汉族，大学文化，2002年11月加入中国共产党，重钢环保搬迁指挥部炼钢项目部工程组组长。曾获“环保搬迁科技功臣”、重庆市“西部大开发先进个人”、重庆市“建好一号工程”劳动竞赛个人二等功、“感动重钢十大人物”等荣誉。

赵知祥在重钢环保搬迁指挥部炼钢项目部担任工程组组长，主要负责该项目的工程管理工作。重钢环保搬迁炼钢项目工序繁杂，工程投资大，采用自主集成，包含铁水脱硫、转炉、CAS、LF、RH、连铸等诸多工艺，同时，项目所涉及总包及施工单位众多，炼钢项目主体被切割为13个总承包合同，进场的施工队伍20余家，施工难度大。特别是塔楼等大型钢结构的安装及大型设备安装，对建设施工是极大的挑战。赵知祥制订精炼跨施工方案，详细落实塔吊的退出步骤、施工的先后顺序、进度节点要求、保障措施等，使得炼钢项目总体工程进度推进迅速，在形成重钢长寿新区400万吨钢生产能力和600万吨钢生产规模形成等关键节点上，均全面达到重钢环保搬迁指挥部的总体要求。

**赵俐** 女，1961年10月生，汉族，大专文化，重庆钢股份有限公司机动处资产管理科固定资产管理员。

2009年赵俐调整到固定资产管理、固定资产处置及固定资产改良项目管理的管理岗位上，她学习固定资产相关管理制度，向相关业务部门人员请教，较快掌握了固定资产管理、资产处置及固定资产改良项目管理业务。赵俐在工作中踏实肯干、顾全大局，严格执行钢铁股份公司各项管理制度、办法和决议，完成重钢股份公司闲置报废资产处置1万项，实现闲置、报废资产处置收入3973.38万元，资产处置溢价收益达到2898.38万元，力创钢铁股份公司资产处置效益最大化。在一次旧城改造涉及重钢股份公司房屋拆迁赔付的2个项目中，据理力争为重钢争取赔付危改金122.71万元；完成重钢股份公司内部闲置利用资产调拨260项，利用总金额66.9万元，降低了固定资产投资额度；组织审查生产维修设备的改良、新增项目共42项，金额4116.86万元，实际金额2615.02万元，审减投资1501.84万元。

**原建华** 男，1961年11月生，工商管理硕士，1984年10月加入中国共产党，重庆钢铁股份有限公司品质部主任，高级工程师。拥有《球扁钢开发研究》等国家专利，20余项省部、钢铁股份公司级科技成果。

在原建华的带领下，品质部质量体系持续健全完善，“九国”船钢认证创造“重钢速度”，检测中心通过“CNAS”认可。2009年9月24日重钢长寿新区4100毫米生产线建成投产，重钢股份公司要求品质部必须在2个月时间内完成船钢认证，为长寿新区生产取得市场准入证，在原建华的直接指挥下，品质部按时完成“九国”船级社（CCS、LR、GL、DNV、RINA、BV、NK、KR、ABS）工厂认证。2011年，原建华以“集中认证”的创新方式推动船钢认证工作，完成重钢至2011年难度最大的80毫米正火态钢板一次性“八国船级社联合认证”和80毫米容器钢扩大规格认证，按照TM工艺生产的钢铁股份公司至2011年最高级别船钢E460、E47通过CCS、DNV、GL认证，认可厚度达到70毫米。在日常生产检验中，原建华围绕“一入一出”2个检验重点，保证了重钢长寿新区600万吨钢产能检验目标的实现。2010年至2011年底，共查处异常原料53批次，按低品位结算、退货、收取处置费等方式，为重钢避免直接经济损失440万元，保证了“老区质量稳定、新区质量提升”的总体质量目标实现，维护了“三峰”品牌信誉。

**黄志权** 男，1962年12月生，汉族，中专文化，1994年6月加入中国共产党，重钢股份公司烧结厂二烧作业区值班工长。2005年、2007年烧结技术尖子。

黄志权作为轮班负责人，在日常生产中深入现场，充分调动生产骨干的积极性。重钢长寿新区二烧投产后，他带领职工参与作业区治理烧结系统漏风改造、圆筒翻料整改、烧结机尾大梭槽除尘管改造、台车卡篦条平台改造、烧结助燃风机控制阀改造、烧结煤气系统改造。黄志权针对长寿新区二烧高架皮带多、不易更换的难题开展攻关，探索出“黄氏皮带更换新法”，该方法只需10余分钟，可节约1个多小时。2011年黄志权所在的大班生产质量指标名列各大班前茅，其中1～9月，他所在的大班烧结矿产量5次列第1名，质量重要指标，碱度稳定率达97.5%，平均碱度稳定率达94.1%，合格率8月达到100%，一级品率达88.8%。并累计完成QC成果30项，合理化建议20项，创造价值50万元。

**程健** 男，汉族，1963年5月生，大学文化，1995年6月加入中国共产党，高级工程师，2009年任重庆钢铁研究所有限公司总经理。数次获重钢集团科技进步奖。

程健任重庆钢铁研究所有限公司总经理后，带领重庆钢铁研究所有限公司两级班子开拓航空航天市场，制定“科研与生产经营并重”“外部市场与内部市场并重”“军品与民品市场并重”“产品结构调整与系统降本并重”的经营方针，以市场为突破口，针对市场开拓、产品结构调整、科研工作、精益管理、降本增效、生产模式等进行系列的探索和创新。使重庆钢铁研究所有限公司产量从2009年345吨增加至2011年的1400吨，销售收入从2009年2945万元增加至2011年的7500万元，利润增长近2倍，职工收入年增长25%左右。从2010年开始，重庆钢铁研究所有限公司通过“产、学、研”合作，同重庆大学、北京科技大学、重庆理工大学、重庆科技学院等单位建立了科技合作关系，同时申报和承担各级政府部门科技项目，使各级政府增加对重庆钢铁研究所有限公司的科技经费支持。在程健的努力下，2011年重庆钢铁研究有限公司成功申报“重庆市高性能钢铁材料工程技术研究中心”。

**蒲建** 男，1969年11月生，汉族，大学文化，1997年1月加入中国共产党，矿业公司景星矿采矿车间高级钳工。曾获重钢集团“安全生产工作者”，景星矿“优秀党务工作者”“优秀党员”等称号。

蒲建主要负责景星矿采矿车间设备维护、维修及管理工作。在其负责的颚式破碎机、振动筛、皮带等矿选矿设备安装工作中，用两个多月完成设备安装任务并一次试车成功；对CG980×1240槽式给矿机技术改造使班产量增加约200吨；其负责组织实施的“综合配矿”党员技术攻关项目，给景星矿带来上百万的经济效益。同时，他还先后参与编制《采矿作业设备运行基础管理》《利旧设备操作与维护规程》《新购设备定人定机制度》等设备管理汇编文件。蒲建还担任了景星矿车间分工会主席，坚持“建家就是建企业，建家就是建队伍”的指导思想，把建家工作植根于基层班组，加大班组建设力度，把创一流班组工作与建设职工小家有机地结合起来，使采矿车间破碎大班创建为重庆市“模范职工小家”。

**廖雪峰** 男，汉族，1976年1月生，大专文化，2002年7月加入中国共产党，重庆钢铁股份有限公司炼钢厂炼钢作业区1号炉乙班炉长，炼钢技师。2008、2009年重庆钢铁股份有限公司“技能尖子”，2011年重钢集团“十佳党员标兵”。

廖雪峰转炉炼钢操作技能娴熟，28岁被提升为转炉炉长。在7年的炉长历练中，立足本职，通过理论与实践相结合不断提高技能水平，消化重钢长寿新区炼钢新工艺、新技术，针对“一罐制”操作控制困难、易喷溅的特点提出开炉高硅铁水转炉冶炼操作工艺，成为率先掌握新工艺的标兵。廖雪峰在工作中抓班组基础管理，所带班组成为作业区最先掌握模型炼钢的队伍，并做到班组副枪测成率≥98%、干法除尘泄爆次数为零。廖雪峰把自己总结出来的工作经验传授给班员，自2009年12月25日重钢长寿新区开炉至2011年底，廖雪峰所在班组共生产3683炉钢，生产合格钢水781861.3吨，事故为零。

**谭亚夫** 男，1954年5月生，汉族，大学文化，1978年7月加入中国共产党，教授级高级政工师，重钢集团党委组织部部长、人事处处长。曾获重庆市“优秀组工干部”称号。

谭亚夫按照重钢党政的总体部署，抓党的组织建设和领导班子建设工作。在党的组织建设工作中，推进党内民主建设，打造“四优”党员队伍，重钢党建工作受到上级党组织肯定，重钢被重庆市委“创先争优”活动领导小组确定为重庆市重点宣传的10个先进单位之一。2011年7月，重钢集团党委被中央授予“全国先进基层党组织”称号。在领导班子和干部队伍建设中，认真组织实施“四好”

班子创建活动,2004～2011年重钢集团“四好班子”达标率均在95%以上,领导干部称职率均在99%以上;围绕重钢实施四大战略任务选干部、配班子,保证了重钢经营发展对班子配备的需要;推进干部管理制度建设,牵头组织制定《重钢厂处干部管理办法》《重钢厂处管理人员问责办法》《重钢厂处级管理人员后备人选管理办法》等;深化干部人事制度改革,完善民主推荐、比较考察、公开选拔等系列干部任用改革措施,扩大干部工作中的民主,提高选人用人的公信度;加强后备干部队伍建设,2007年重钢环保搬迁工作开展至2011年,重钢有115名后备人选走上厂处岗位。

谷名庆

# 逝世人物

## ·2011年逝世的离休干部·

**陈生道** 男,汉族,1924年2月20日出生,陕西韩城人。1948年2月参加革命,1952年12月加入中国共产党。1984年6月离休,离休前为重钢经理办公室干部,离休后享受副县(处)级政治、生活待遇。2011年3月13日病逝。

赵喜生男,汉族,1927年10月13日出生,河北易县人。1946年10月参加革命,1947年4月加入中国共产党。1987年10月离休,离休前曾任重钢乐山粘土矿党委副书记,离休后享受副县(处)级政治、生活待遇。2011年3月23日病逝。

**柴林宝** 男,汉族,1923年2月7日出生,河北邯郸人。1943年2月参加革命,1947年2月加入中国共产党。1983年3月离休,离休前为重庆江津钢铁厂干部,离休后享受副厅(局)级医疗待遇。2011年3月25日病逝。

**徐振强** 男,汉族,1927年7月14日出生,江苏沭阳人。1945年8月参加革命,1946年2月加入中国共产党。1987年7月离休,离休前为重庆耐火材料厂武装部部长,离休后享受副厅(局)级医疗待遇。2011年4月30日病逝。

**任自聪** 男,汉族,1933年9月2日出生,河南滑县人。1945年7月参加革命,1949年3月加入中国共产党。1993年9月离休,离休前为重钢公安分局局长,离休后享受副厅(局)级医疗待遇。2011年6月1日病逝。

**李福荣** 男,汉族,1924年11月1日出生,河北迁西人。1942年2月参加革命,1943年6月加入中国共产党。1982年9月离休,离休前为重钢太和铁矿干部,离休后享受县(处)级政治、生活待遇。2011年7月14日病逝。

**李朝贵** 女,汉族,1923年7月15日出生,重庆万州人。1949年9月参加革命,1972年12月退休,1987年4月改离休。离休前为重钢三厂子弟校教师,离休后享受副县(处)级政治、生活待遇。2011年9月5日病逝。

**秦伯琳** 女,汉族,1920年9月29日出生,重庆合川人。1938年7月参加革命,同年加入中国共产党。1986年12月离休,离休前为重钢三厂子弟校教师,离休后享受副厅(局)级医疗待遇。2011年10月14日病逝。

**江盛伟** 男,汉族,1929年5月4日出生,四川云阳人。1949年7月参加革命,1980年8月加入中国共产党。1989年5月离休,离休前为重钢五厂教育科副科长,离休后享受副县(处)级政治、生活待遇。2011年10月31日病逝。

**原玉华** 女,汉族,1929年10月1日出生,山西阳城人。1949年3月参加革命,1994年4月加入中国共产党。1985年2月离休,离休前为重钢卫生处护师,离休后享受副县(处)级政治、生活待遇。2011年11月4日病逝。

**王来云** 男,汉族,1929年12月27日出生,山西襄垣人。1945年10月参加革命,1948年8月加入中国共产党。1989年12月离休,离休前为重钢技改部设备处干部,离休后享受副县(处)级政治、生活待遇。2011年11月5日病逝。

吴建霞

**本部目编辑　张红海**
**本部目校对　张红海**

15

# 媒体看重钢

重钢年鉴

2012

# 一线钢铁工人耐劳累耐寂寞坚守“五十度”

刘志强

熊熊炉火旁，汗珠往下淌；高温车间里，机器轰隆响。8月26日一早，记者来到重庆钢铁集团长寿新区炼钢厂车间，探访常年工作在生产一线的钢铁工人，了解他们的工作生活，倾听他们的所思所想。

“不能在我这里出了差错”

在连铸作业区，冉敬东正坐在距离连铸机6米的座位上，控制着钢水流速，确保生产出的钢坯平整、无裂缝。

冉敬东是这个作业区的白班作业长，主要负责查看工人操作情况，遇到急难问题时则亲自上马操作。冉敬东手下有甲乙丙3个班，每班12人，工序是将液态的钢水通过结晶器冷却之后成为固态的钢坯。

“你看这个小伙子，为了防止被钢水中飞溅出的火星烫伤，要一直穿着长衣长裤，坐在这50多度的连铸机旁，守上40分钟才能休息一下，1天工作的大部分时间都要守在这儿。”冉敬东指着旁边1名正在工作的年轻工人说。一线浇铸工人除了要耐住高温和体力的考验之外，还一定要耐得住寂寞。

在冉敬东看来，浇铸工有很高的技术含量。师傅曾告诉他，1个浇铸工的最高境界是通过肉眼判断出钢水的温度，冉敬东就是花了2年多的时间才达到这个程度，而如今现代化的科技手段可以实时显示钢水温度，冉敬东的“绝活”似乎失去了意义。

精炼作业区的技术员王六五就比一线工人有着更强的技术能力和理论修养。33岁的他从西安科技大学毕业后，应聘来到重钢，成为1名技术员，主要从事生产技术和工艺的研发，并在生产异常时指导工人。

不过，王六五的工作也不轻松。他除了少部分时间能在操作间里吹吹空调，大部分时间还是要在车间里巡视指导，“不管技艺怎么改进，效率怎么提高，生产一线肯定比坐办公室辛苦得多。”

冉敬东和王六五现在上的都是长白班，每天8点钟上班，下午5点30分下班，不过最近工作繁忙，冉敬东“只有1次准时下班”，而王六五则“经常忙到晚上八九点”。尽管能领到超时补助，但激励他们坚持下去的信念还是“工作需要，不能在我这里出了差错。”

“工厂就是我们的家”

刚过11点，冉敬东所在的作业区休息室内便走进3名年轻的工人。他们拿起饭桌上的盒饭，大口地吃了起来。两荤两素，每份7元，是作业区负责人员提前打电话让食堂送来的。七八分钟的时间，工人们便吃完了午饭，喝了几口水后就又重返工作岗位了。

“我们几乎没时间去食堂吃饭。”冉敬东说，尽管走路到食堂时间不长，但由于工作实在繁忙，工人的午饭大多是在休息室内解决的。

在冉敬东看来，食堂的菜品还是足够丰富，“就拿早餐来说，有馒头、花卷、稀饭、银耳汤、麻团、豆浆、牛奶等等”；重钢股份公司每天给每人往饭卡里打15元钱，食堂里的价格也比较便宜，在重庆市区要卖4元钱的2俩小面在食堂只卖3元。

以厂为家，是重钢长寿新区工人的生活写照。由于长寿新区离大渡口老厂区有1个半小时的车程，大部分的工人住在倒班房宿舍里。普通员工住的是4人间，有木质结构的上下铺，有空调和21英寸彩电，还有独立卫生间。“晚上在宿舍，大家有的看电视，有的打游戏，有的看看专业书籍补课，就像大学宿舍一样。”冉敬东每天会和住在大渡口的妻儿通上几分钟电话，周末才能回家，“每次坐在回去的班车上，我都希望司机师傅开得快些”。

一到傍晚，宿舍旁边的篮球场和乒乓球桌旁总会聚集起下班休息的工人们。同样人气颇高的去处是工会、图书馆办的青年读书室。据工作人员介绍，宿舍旁3层的文体大楼也将向工人开放。

“我要在重钢待一辈子”

42岁的冉敬东从部队退伍后就

来到重钢,从最初的见习生到熟练工,再到作业长,如今已过去19个春秋。“我非常热爱这份工作!”冉敬东说,他们一家都是重钢人,祖父以前在厂区操控火车,父亲则是精工车间的车工,“我也要在重钢待一辈子了”。

老家在安徽蚌埠的王六五也做好了终生奉献重钢的打算。当年刚工作时,王六五花了3个月的时间才听懂工友们的方言,而如今他已经不自觉地说起了一口带有重庆味道的普通话。他已在重庆结婚生子,“基本不会离开这里了”。

和冉敬东、王六五不同,今年7月刚从四川大学冶金专业毕业的余晓艳算是重钢的新人。

“上学时想象不到工人们会这么累,但重钢的规模和工作环境比一些小厂好太多了。”23岁的余晓艳坦陈自己对未来还没做太多长久的打算,但她对这里还是很有信心,“有人觉得新厂区比较偏僻、封闭,但我觉得重钢这个大企业会带动起周边的发展,最后这里也会成为繁华的市区”。

(原载《人民日报》2011年8月28日·重钢图书馆供稿)

# 共产党员冲在前　百年重钢换新颜

冉瑞成　刘玄　刘世华

6月10日,重庆钢铁股份有限公司长寿新区中厚板厂彩旗招展,一片欢声笑语。作为重钢环保搬迁一期标志性工程之一的2700毫米功勋轧机在新区实现一次性热负荷试车成功,如期实现4个月完成搬迁重建的目标,创造了冶金轧钢厂异地搬迁建设的又一奇迹。

记者在采访中了解到,环保搬迁中中厚板厂不辱使命,实现了率先投产、快速达产达效,成为目前国内首条投产1年就达到100万吨产能的生产线。不仅如此,还实现了搬迁生产两不误,1月至4月的钢板产量高达51.25万吨,居全国同类第二。而中厚板厂的热轧车间表现不凡,2010年全年完成热轧量121.9万吨,每小时产量达到154.7吨。

热轧车间主任曹开宸介绍说,车间党支部有28名共产党员,分成了4个党员小组,他们在生产搬迁中很好地发挥了先锋模范作用。2月到4月,是热轧车间最为艰苦的日子,既要老厂搬迁,又要完成合同,这时全体党员身先士卒,带动起全车间职工的积极性。因为要搬迁,加热炉等设备末期检修工作搁浅,设备若检修要投资1000多万元,而且只能用4个月,若不检修,就会带来许多问题。最严重的是钢板生产过程必须经过加热炉这一重要工序,而这时的设备已经到了使用末期,加热炉的瓶筋管烧裂的状况频发,导致轧好的钢坯出不来,就会卡在加热炉内。

为了解决这一问题,吴军、马跃飞等党员成立了机动小组,分批穿上湿漉漉的棉袄,只身进到200摄氏度至300摄氏度的加热炉里,忍耐着高温,硬生生徒手用钩子将卡在瓶筋管内的钢坯拔了出来,保证了生产线的正常运转,也使得合同规定产量及时达产。

每当关键时刻总是共产党员冲在前面。为了解决生产中出现的“麻点”问题,党员带队跟班收集数据,钟卫等党员利用热轧机停轧间歇时间,一遍遍地用手在很烫的滚道表面检查有没有毛刺;组织所有的加热轧机人员到现场确认,将钢板表层打掉,分析每一个麻点,逐一进行排查,从加热工艺、杂质等方面分析形状、部位以及分布形态,终于彻底解决了“麻点”问题,使热轧性能合格率高达99.19%。

“我们的岗位很普通,但我们的事业不平凡。我们共产党员要敢于扛大旗,不怕岗位小,就怕志气小!”周亚平20岁不到就到了热轧车间,迄今已30多年,作为共产党员他的脚步从来就没有停歇过。只要你敢想敢干、能干巧干、苦干实干,普通的轧钢工同样可以创造奇迹!”周亚平总是用这种想法激励自己,他大胆创新,创造了许多全新的轧钢操作方法,比如“前后台摆钢缓冷”“模拟压下指针盘”“头部微压下”等,均获得了肯定和推广。其中,“前后台摆钢缓冷”生产工艺解决了传统按序轧钢的弊端,在轧钢温度的把握上,根据轧钢生产现场粗轧机和精轧机之间距离短促,进行两块钢板同时交替冷却,以达到轧钢机不停。这既保证了质量又提高了产量,得到了业内人士的一致好评,被国内同行广泛采用。

现在,周亚平担任车间党支部书记。他说,作为党员就要发挥党员示范带头作用,为企业的发展多出力。

作为重钢盈利最多的1个生产厂,重钢中厚板厂创造了重钢的多个第一。其主要产品船板的产量已进入全国前3名,生产的锅炉压力容器用钢板和船体结构用钢板双双获得“中国名牌产品”称号,船板则获得九国船级社认证,被用户誉为“金牌产品”。

近来,热轧车间党支部又在创先争优活动中交出了承诺书,开展了“四个承诺”:目标承诺、学习承诺、服务承诺、结对承诺,将党员的承诺数据化和量化,实实在在发挥了党支部的战斗堡垒作用。支部还实行了以党员承诺为核心的每月点评制度。记者了解到，该车间党员在日常生产生活中也乐于为群众办实事，他们从身边小事做起，为大家搬饮水机水桶、自发清洁操作室空调、夏季每天中午为群众送清凉饮料。在结对承诺中，党员也发挥自身优势，手把手地培养新人，为车间的发展储备生力军。

（原载《经济日报》2011 年 6 月 27 日 · 重钢图书馆供稿）

# 重钢澳矿项目开工

夏元

记者 7 日从重钢集团获悉，本月 2 日，重钢集团总投资近 30 亿美元的澳大利亚伊斯坦鑫磁矿山铁矿项目正式开工，标志着我市最大的海外投资项目进入实质性建设阶段。

据介绍，重钢澳矿项目勘测资源量为 16.68 亿吨，预测远期资源储量超 37 亿吨，可以开采上百年。重钢集团表示，澳矿项目的原矿平均品位为 39.4%，通过选矿后的铁精矿品位达 67% 以上，将为重钢炼钢主业提供优质的矿源补给。

按照重庆市政府要求，重钢澳矿一期工程计划在 2013 年底基本建成，2014 年出矿投产，实现年产铁精矿 1000 万吨的目标。

重庆市副市长凌月明出席开工仪式。

（原载《重庆日报》2011 年 12 月 8 日 · 重钢图书馆供稿）

# 重钢集团与韩国浦项签订合作协议

何清平

经过一年多的友好协商，昨日，重庆钢铁（集团）有限责任公司（以下简称为“重钢集团”）与韩国 POSCO 株式会所（以下简称为“韩国浦项”）就 FINEX 综合钢厂项目合作达成共识，签订项目合作协议书暨保密协议，标志着重钢成为浦项在中国内地唯一的合作伙伴。重庆市市长黄奇帆出席签约仪式。

FINEX 工艺是目前工业化生产运行最好的熔融还原炼铁新技术，较之传统高炉流程，省去了污染严重的焦化和烧结工序，低碳环保，建设成本和生产成本更低，符合钢铁行业发展方向。该技术的成功引进，将对重钢集团乃至中国钢铁工业的节能减排、结构调整和淘汰落后产能起到积极的作用。

黄奇帆说，协议的签订标志着重钢与浦项的合作进入了新的阶段。从去年 4 月双方启动合作意向以来，经过一年多时间的探讨，取得了三方面的成果。一是国务院和有关部门认可了重钢有能力引进熔融还原炼铁技术，二是有关部门和专家对该技术的价值有了共识，三是浦项与重钢从一见钟情相恋，走到了如今正式联姻。

黄奇帆说，重钢集团和韩国浦项关于 FINEX 综合钢厂项目合作协议签订后，双方将立即争取中韩两国政府的审批，力争明年内项目开工，两三年内投产，为重钢在未来 5 年实现千万吨目标作出贡献。

签约仪式前，黄奇帆会见了韩国浦项成长投资事业部部门长朴基洪一行。

（原载《重庆日报》2011 年 7 月 13 日 · 重钢图书馆供稿）

# 重钢举行建厂 120 周年纪念大会

肖竹

昨日，重庆钢铁（集团）有限责任公司在重庆市委大礼堂举行纪念大会，隆重庆祝建厂 120 周年。重庆市委主要领导出席并会见了参会嘉宾，重庆市市长黄奇帆致辞。全国人大环资委副主任委员、重庆市原市长蒲海清，全国政协社法委副主任委员、四川省原政协主席秦玉琴，重庆市人大常委会主任陈光国、市政协主席邢元敏出席活动。

重钢集团是一家有着百年历史的特大型钢铁联合企业，前身为1890年9月湖广总督张之洞创办的汉阳铁厂。1938年3月，在抗战的烽火硝烟中，为坚决抗击日本侵略者，保存我国的民族基础工业，汉阳铁厂、大冶铁矿、上海炼钢厂等内迁重庆，奠定了重钢的基础。新中国成立后，重钢人励精图治，顽强拼搏，毛泽东、邓小平、江泽民等党和国家领导人也多次考察重钢，给予关心和指导。如今的重钢，已拥有23家子公司，是市属最大国有工业企业，其核心子公司——重钢股份公司分别在香港联交所和上海证交所上市。

黄奇帆在致辞中说，今天我们欢聚一堂，隆重庆祝重钢建厂120周年华诞。120年炉火熊熊，120年筚路蓝缕，重钢在见证国家由弱到强、民族巍然屹立的同时，也锻造了攻坚克难的钢筋铁骨，谱写了浴火重生的壮美诗篇，成为民族工业的一面旗帜、重庆近现代工业的脊梁。在重钢120岁华诞之际，我代表重庆市委、市人大常委会、市政府、市政协表示热烈的祝贺！?

黄奇帆说，重钢120年的发展史，是一部负重自强、勇于拼搏的奋斗史。自诞生之初，重钢就肩负着为国家富强、民族振兴奋起抗争的艰巨使命，开启了近代民族工业的"破冰"之旅。抗战时期，重钢作为抗御强敌最大的后方钢铁基地，全力投身民族军事工业，为八年浴血奋战提供了钢筋铁骨。新中国成立后，重钢以钢铁强国为己任，不甘人后，奋勇争先，创下了第一根钢轨、第一台立式方坯连铸机、第一台弧线板坯连铸机、第一条中厚钢板控轧控冷示范生产线等一系列新中国第一。直辖以后，更全面融入新重庆建设，用一系列大手笔续写了改革发展新的辉煌。

黄奇帆说，重钢120年的发展史，是一部与时俱进、革故鼎新的嬗变史。抗战之初，重钢抓住迁建之机，推动相关钢铁企业资源整合，成功打造了轰动一时的钢铁"航母"。经济体制改革大潮下，重钢率先突破钢材购销模式，推动厂长负责制，开启了国内钢铁企业市场化、自筹资金搞技改等先河。进入新世纪，重钢顺应时代需求，积极推动特钢公司破产关闭，这几年又抓住机遇，并购12家本土小型钢铁企业，组建重钢股份公司，勃勃生机正在重钢强劲涌动。

（原载《重庆日报》2011年9月23日·重钢图书馆供稿）

# 炉渣淘"真金"重钢矿业16亿建生产线

陈柯

炉渣里也能淘"真金"。昨日，记者从重钢集团矿业公司获悉，重钢投资16.5亿元打造的钒钛资源综合开发利用项目（竖炉直还试验生产线）日前已经正式通过立项，今年年底一期年产50万吨DRI生产线将正式开建。据悉，该生产线将进一步提高炼铁过程中钒、钛等贵金属的利用率，减少废渣排放。

重钢矿业公司总经理陈大元介绍，重钢所拥有的太和矿区是攀西地区四大钒钛磁铁矿区之一，铁矿石远景储量30亿吨，且富含铁、钒、钛等多种有用元素，其经济价值达6.69万亿元。

然而由于钒钛难以提取，很难实现资源综合利用。重钢矿业公司依照"依托资源、科技创新、综合利用"的发展理念，完成了全钒钛酸性氧化球团、表外矿利用、多金属回收等新项目开发；其全粒级钛铁矿浮选装置、护炉氧化球团矿及其生产工艺等技术获得多项国家专利，选钛工艺被推荐为同行业推广使用流程。除了每年多生产出8万吨的钛精矿，并为企业新增1.5亿元的年收入外，这项技术创新还减少了企业废渣的排放量，使自然资源得到更充分利用。

重钢集团矿业公司总经理陈大元介绍，该生产线可实现铁钒钛有效分离并综合回收，从而实现对钒钛的全面利用。

据了解，虽然经历了选矿流程，但是部分铁矿中仍然含有钒、钛等贵金属，在传统的程序里，这些金属的存在不仅影响铁矿品质，还会形成大量的炉渣。而该生产线则能实现富钛料、片钒提炼，再经过后续加工生产成为钛白粉、五氧化二钒等产品。陈大元表示，据测算，试验生产线投产后，每年可增加17.84亿元的销售收入，产生利润2.65亿元。

为了充分利用好资源，达到节能减排的效果，重钢集团在各个生产环节都努力通过技术创新，实现资源的最大化利用，这不仅仅为重钢省下了巨额的生产成本，还创造了新的收入渠道。

如在长寿新厂区通过采用煤调湿等技术减少了主焦煤用量；采用分质用水等实现零排放。据重钢环保搬迁能控项目部提供的数据显示，重钢长寿新厂采用低温余热发电，每年外供电量可达2.3亿度，每年节约标准煤9418万吨。据悉，新重钢在未来两三年内将通过建设运营垃圾发电厂、制造销售焚烧炉等方式，形成销售收入100亿元的环保产业。

（原载《重庆商报》2011年11月17日·重钢档案馆供稿）

# 重钢垃圾焚烧发电厂落户鲁皖滇

夏元　姜孟冬

19日，在渝洽会重点项目签约仪式上，重钢集团三峰公司分别与山东东营、安徽六安和云南大理三地市政府签署合作协议，将在当地建立垃圾焚烧处理厂，每年可为三地各自"消化"22万吨生活垃圾用于发电。

据介绍，2005年3月，由重钢三峰公司投资兴建的北碚同兴垃圾发电厂，通过引进德国马丁垃圾焚烧发电技术进行再创新，研发出具有自主知识产权的垃圾焚烧发电技术，并建成国内最大的垃圾焚烧炉基地。此次三峰公司与3个城市签约合作金额总计为6.9亿元，将分别在三地建立垃圾焚烧发电炉等成套设备。

"此次与东营等3个城市签署建立垃圾焚烧处理厂协议后，国内将有20个城市使用重钢三峰的垃圾焚烧发电技术。"三峰公司负责人称，此前重钢的垃圾焚烧技术及设备已先后卖到福州、上海、成都等17个城市，占据了国内垃圾焚烧发电技术1/4的市场份额。此外，在今年年初，重钢三峰公司垃圾焚烧发电设备还成功出口到美国塔尔萨市，实现了国内垃圾焚烧发电设备出口"零突破"。

（原载《重庆日报》2011年5月21日·重钢档案馆供稿）

2011年报刊有关重钢的部分报道索引

| 标题 | 来源 | 时间 | 版次 |
|---|---|---|---|
| 重庆市12家"全部按时关闭" | 中国冶金报 | 2011－1－8 | 1 |
| 重钢2010年融资额达到85亿元 | 中国冶金报 | 2011－1－8 | A2 |
| 环保搬迁 百年重钢新生之路 | 中国环境报 | 2011－2－10 | 2 |
| 重庆资本海外探路 | 重庆日报 | 2011－2－15 | 10 |
| 重庆主城生活垃圾将告别填埋 | 工人日报 | 2011－3－3 | 6 |
| 重庆主城生活垃圾将告别填埋 | 工人日报 | 2011－3－3 | 6 |
| 重钢牵手涪陵 打造两人基地 | 重庆晨报 | 2011－3－9 | 38 |
| 重钢去年船板产量居全国第二位 | 冶金报 | 2011－3－15 | B1 |
| 重钢"功勋轧机"开始迁到长寿 | 重庆商报 | 2011－3－16 | 26 |
| 企业建造书屋　让每个职工都能读到好书 | 重庆日报 | 2011－3－24 | A3 |
| 企业建个书屋请职工读书上网 | 重庆时报 | 2011－3－24 | 17 |
| 重钢建桥工业园区成立职工书屋 | 重庆晚报 | 2011－3－24 | 28 |
| 重钢图书馆读书屋局域网任你读 | 重庆晨报 | 2011－3－24 | C43 |
| 重庆企业建 助职工读书学习 | 重庆商报 | 2011－3－24 | 25 |
| 重钢股份与四川宏华石油设备公司"联姻" | 冶金报 | 2011－3－29 | A2 |
| "重钢杯"全国冶金职工歌手大赛落幕 | 中国冶金报 | 2011－5－12 | 2 |
| 重钢垃圾焚烧发电厂落户鲁皖滇 | 重庆晨报 | 2011－5－20 | A7 |
| 重钢垃圾焚烧发电厂落户鲁皖滇 | 重庆日报 | 2011.5.21 | 3 |
| 重钢搬迁9月完成 | 重庆日报 | 2011－6－2 | 3 |
| 中国垃圾焚烧处理工程技术中心落户重庆 | 中国改革报 | 2011－6－23 | 7 |

续表

| 标题 | 来源 | 时间 | 版次 |
|---|---|---|---|
| 共产党员冲在前　百年重钢换新颜 | 经济日报 | 2011－6－27 | 8 |
| 张再坤:建成新钢城,重钢搬活了 | 重庆晨报 | 2011－7－1 | E98 |
| 重钢集团与韩国浦项签订合作协议 | 重庆日报 | 2011－7－13 | 2 |
| 重钢与韩国浦项正式“联姻” | 中国冶金报 | 2011－7－14 | 1 |
| 黄奇帆到重钢长寿新区调研 | 中国冶金报 | 2011－8－16 | B1 |
| 53℃向我们的炼钢工人致敬 | 重庆日报 | 2011－8－17 | A5 |
| 重钢一个月自发电上亿 | 重庆日报 | 2011－8－19 | A7 |
| 重钢承办青年金属轧制工决赛 | 中国冶金报 | 2011－8－23 | B4 |
| 一线钢铁工人耐劳累耐寂寞坚守“五十度” | 人民日报 | 2011－8－28 | A1 |
| 重钢集团再获16亿元融资 | 重庆日报 | 2011－8－31 | B6 |
| 国家级环保工程技术中心落户重钢环保公司 | 重庆日报 | 2011－9－5 | A1 |
| 昨晨0:56“老重钢”开始关闸熄火 | 重庆日报 | 2011－9－14 | A1 |
| 十万张老照片述说重钢 | 重庆晚报 | 2011－9－16 | 20 |
| 重钢环保搬迁(一期)工程全线投产 | 重庆日报 | 2011－9－17 | 1 |
| 热烈祝贺重庆钢铁集团建厂120周年 | 重庆日报 | 2011－9－22 | 1 |
| 钢魂聚焦重钢环保搬迁 | 重庆日报 | 2011－9－22 | b1～b6 |
| 重钢举行建厂120周年纪念大会 | 重庆日报 | 2011－9－23 | 1 |
| 再见,老重钢 | 重庆日报 | 2011－9－23 | 1 |
| 别了,钢的城! | 重庆日报 | 2011－9－23 | A12 |
| 重钢120周年专题报道 | 重庆商报 | 2011－9－23 | 2～11 |
| 重钢120周年专题报道 | 重庆时报 | 2011－9－23 | 2 3 |
| 重钢120周年专题报道 | 重庆晚报 | 2011－9－23 | 2、33、34 |
| 重钢120周年专题报道 | 重庆晨报 | 2011－9－23 | 2～11 |
| 企业携手 斥资2亿 新重钢打造生态客厅 | 重庆晚报 | 2011－9－27 | 12 |
| “散伙饭”上的老故事 | 重庆日报 | 2011－10－13 | B13 |
| 重钢销售收入将冲击千亿元 | 中国冶金报 | 2011－10－13 | B1 |
| 重钢环保搬迁建设劳动竞赛 两年技术攻关367 | 重庆日报 | 2011－10－15 | 2 |
| 钢铁助力“天宫一号”翱翔太空 | 中国冶金报 | 2011－10－18 | A1 |
| 神八明眸善睐 眼睛是我重庆造 七成黑色金属来自重钢 | 重庆商报 | 2011－11－1 | 4 |
| 百年重钢环保搬迁,带动城市绿色发展 | 重庆日报 | 2011－11－9 | A4 |
| 装备国产化引领钢铁项目建设新变革 | 中国冶金报 | 2011－11－24 | B1 |
| 重钢澳矿项目开工 | 重庆日报 | 2011－12－8 | A2 |
| 以开放战略推动钢铁行业做大做强 | 中国冶金报 | 2011－12－10 | A3 |
| 重钢集团江苏靖江物流基地投产 | 重庆日报 | 2011－12－21 | B5 |
| 重钢垃圾焚烧发电技术服务成都 | 重庆日报 | 2011－12－21 | B5 |
| 张再坤代表:用钢魂铸就责任 | 公民报 | 2011－12－23 | 4 |
| 重钢靖江物流基地一期工程投产 | 中国冶金报 | 2011－12－27 | 1 |

张红海　何志群

本部目编辑　张红海
本部目校对　张红丽

16

# 统计资料

重钢年鉴

2012

## 2011 年重钢集团主要指标完成统计

| 名称 | 单位 | 完成 | 增减(%) | 名称 | 单位 | 完成 | 增减(%) |
|---|---|---|---|---|---|---|---|
| 一、工业产值 | | | | 9. 钢材质量优等品率 | % | 23.29 | -33.95 |
| 1. 工业总产值(当年价格) | 万元 | 2997146 | 41.75 | 10. 锭坯至材综合成材率 | % | 92.47 | 0.1 |
| 其中:新产品产值 | 万元 | 227951 | -17.02 | 五、能耗 | | | |
| 2. 工业销售产值(当年价格) | 万元 | 2998576 | 40.09 | 1. 能源消耗总量 | 万吨标煤 | 401.81 | 38.09 |
| | | | | 2. 万元产值能耗 | 吨标煤/万元 | 1.73 | -6.49 |
| | | | | 3. 万元增加值能耗 | 吨标煤/万元 | 26.8 | 40.61 |
| 二、主要产品产量 | | | | 4. 吨钢综合能耗 | 千克标煤/吨 | 669.2 | -0.42 |
| 1. 铁矿石原矿 | 吨 | 1937817 | -5.47 | 5. 吨钢可比能耗 | 千克标煤/吨 | 601.72 | 4.28 |
| 2. 铁矿石成品矿 | 吨 | 890252 | -4.95 | 6. 吨钢耗新水 | 立方米/吨 | 1.17 | -88.53 |
| 3. 烧结铁矿 | 吨 | 9174765 | 24.32 | 六、财务 | | | |
| 4. 球团铁矿 | 吨 | 2146065 | 26.31 | 1. 主营业务收入 | 万元 | 3040626 | 43.2 |
| 5. 生铁 | 吨 | 5578510 | 25.51 | 2. 主营业务税金及附加 | 万元 | 15226 | 27.24 |
| 6. 粗钢 | 吨 | 6029905 | 32.24 | 3. 利税总额 | 万元 | -31856 | -129.1 |
| 7. 钢材 | 吨 | 5541427 | 37.09 | 其中:利润总额 | 万元 | -95400 | -398.18 |
| 8. 焦炭 | 吨 | 2662066 | 18.97 | 4. 应交税金 | 万元 | 74061 | -12.68 |
| 9. 耐火材料制品 | 吨 | 25584 | -23.11 | 5. 管理费用 | 万元 | 165352 | 20.64 |
| 10. 企业自发电量 | 万千瓦小时 | 122852 | 119.54 | 6. 财务费用 | 万元 | 91720 | 73.37 |
| 11. 钢丝 | 吨 | | -100.00 | 7. 营业费用 | 万元 | 52473 | -6.74 |
| 三、销售及库存 | | | | 8. 净利润 | 万元 | -106351 | -525.52 |
| 1. 钢材销售量 | 吨 | 5711147 | 42.38 | 9. 资产合计 | 万元 | 6755979 | 26.33 |
| 2. 钢材库存量 | 吨 | 151160 | 14.81 | 10. 负债合计 | 万元 | 5013855 | 29.00 |
| 3. 钢坯销售量 | 吨 | 224815 | 12.28 | 七、劳动工资 | | | |
| 4. 钢坯库存量 | 吨 | 274812 | -1.05 | 1. 全部从业人员劳动生产率 | 元/人·年 | 1366189 | 54.58 |
| 5. 产品销售率(实物) | % | 99.27 | 0.04 | 2. 年末全部从业人员 | 人 | 21897 | -6.83 |
| 6. 产品销售率(价值) | % | 100.05 | -1.18 | 3. 全部从业人员平均人数 | 人 | 21938 | -8.3 |
| 四、产品质量及物耗 | | | | 4. 全部从业人员工资总额 | 万元 | 120973 | 3.55 |
| 1. 生铁一级品率 | % | 49.43 | -9.43 | 八、固定资产投资 | | | |
| 2. 炼铁原料矿石消耗 | 千克/吨 | 1720 | -2.49 | 本年固定资产投资完成额 | 万元 | 297271 | 83.69 |
| 3. 综合焦比 | 千克/吨 | 526 | -0.38 | 九、安全环保 | | | |
| 4. 喷煤比 | 千克/吨 | 128 | 9.4 | 1. 千人负伤率 | ‰ | 1.19 | |
| 5. 粗钢钢铁料消耗 | 千克/吨 | 1088 | -0.64 | 2. 千人工亡率 | ‰ | | -0.16 |
| 6. 转炉炉衬寿命 | 炉 | 9828 | -25.32 | 3. 死亡人数 | 人 | | -100.00 |
| 7. 电炉冶炼综合电耗 | 千瓦时/吨 | | | 4. 工业废水排放处理率 | % | 100 | |
| | | | | 5. 工业废气排放处理率 | % | 100 | |
| 8. 钢材质量等级品率 | % | 85.01 | -28.4 | 6. 污染物综合排放合格率 | % | 89.76 | 0.41 |

重钢经济运行处供稿

## 2011年重钢集团钢铁工业主要产品生产能力统计

| 产品名称 | 单位 | 年初生产能力 | 年末生产能力 | 产品名称 | 单位 | 年初生产能力 | 年末生产能力 |
|---|---|---|---|---|---|---|---|
| 1. 黑色金属矿采选 | | | | 厚板 | 万吨/年 | 89 | 96 |
| 铁矿石开采能力 | 万吨/年 | 220 | 220 | 热轧中板 | 万吨/年 | 147.3 | 177 |
| 铁矿石选矿处理原矿能力 | 万吨/年 | 220 | 220 | 热轧薄板 | 万吨/年 | 2 | 2 |
| 2. 人造块矿 | | | | 热轧中厚宽钢带 | 万吨/年 | 303 | 303 |
| 烧结铁矿 | 万吨/年 | 1127.8 | 1069.2 | 热轧薄宽钢带 | 万吨/年 | 3 | 3 |
| 球团铁矿 | 万吨/年 | 180 | 300 | 热轧电工钢板 | 万吨/年 | 8 | 8 |
| 3. 炼铁产品 | | | | 冷轧(拔)钢材 | 万吨/年 | 70.35 | |
| 生铁 | 万吨/年 | 576.2 | 603.75 | 冷轧薄宽钢带 | 万吨/年 | 32 | 30 |
| 4. 粗钢 | 万吨/年 | 669.1 | 600.3 | 冷轧窄钢带 | 万吨/年 | 0.2 | 0.2 |
| 转炉钢 | 万吨/年 | 640 | 600 | 电工钢板(带) | 万吨/年 | 8 | |
| 电炉钢 | 万吨/年 | 29.1 | 3 | 冷轧(拔)无缝钢管 | 万吨/年 | 8.5 | 8.5 |
| 5. 连铸坯 | 万吨/年 | 842 | 600 | 焊接钢管 | 万吨/年 | 1.5 | 1.5 |
| 方坯 | 万吨/年 | 136 | | 其他冷轧(拔)钢材 | 万吨/年 | 2.5 | 0 |
| 矩形坯 | 万吨/年 | 66 | | 镀涂层板(带) | 万吨/年 | 21.5 | 21.5 |
| 板坯 | 万吨/年 | 640 | 600 | 镀层板(带) | 万吨/年 | 11.5 | 10 |
| 6. 钢材生产能力 | 万吨/年 | 746.1 | 657.7 | 其中:镀锌板(带) | 万吨/年 | 10.5 | 10 |
| 热轧钢材 | 万吨/年 | 675.75 | 596 | 其中:热镀锌板(带) | 万吨/年 | 1.5 | 1.5 |
| 热轧大型型钢 | 万吨/年 | 8 | | 涂层板(带) | 万吨/年 | 10 | 10 |
| 其中:H型钢 | 万吨/年 | 0.5 | | 锻、挤、旋压钢材 | 万吨/年 | 4.15 | |
| 热轧中小型型钢 | 万吨/年 | 13 | | 锻压钢材 | 万吨/年 | 4.15 | |
| 热轧棒材 | 万吨/年 | 27.25 | | 7. 焦炭 | 万吨/年 | 294 | 240 |
| 热轧钢筋 | 万吨/年 | 31 | | 机焦 | 万吨/年 | 294 | 240 |
| 线材(盘条) | 万吨/年 | 37 | | 8. 耐火材料制品总计 | 吨/年 | 55800 | 55800 |
| 其中:高速线材 | 万吨/年 | 35 | | 致密定型耐火制品 | 吨/年 | 55800 | 55800 |
| 特厚板 | 万吨/年 | 7.2 | 7 | | | | |

重钢经济运行处供稿

## 2011年重钢集团钢铁工业主要产品产量统计

(单位:吨)

| 名称 | 产量 | 名称 | 产量 |
|---|---|---|---|
| 一、黑色金属、非金属矿采选及辅助原料矿煅烧产品 | | 3. 铁矿石成品矿 | 890252 |
| (一)铁矿 | | 铁精矿 | 890252 |
| 1. 铁矿采剥(掘)总量 | 16218957 | 磁选 | 890252 |
| 掌子出矿量 | 1992820 | 磁精矿 | 890252 |
| 露天 | 1992820 | (二)石灰石矿 | |
| 剥离量 | 14226137 | 1. 石灰石矿采剥(掘)总量 | 2505201 |
| 2. 铁矿石原矿量 | 1937817 | 掌子出矿量 | 936762 |
| 露天原矿 | 1937817 | 露天 | 936762 |
| 入选原矿(不含外购原矿) | 1937817 | 剥离量 | 1568439 |
| 磁铁矿 | 1937817 | 2. 石灰石原矿量 | 936762 |

续表

| 名称 | 产量 | 名称 | 产量 |
|---|---|---|---|
| 3. 石灰石成品矿 | 873951 | 特殊质量低合金钢 | 1154397 |
| 冶金用石灰石 | 689256 | 特殊低合金结构钢 | 1154397 |
| 其他用石灰石 | 184695 | 3. 合金钢(不含不锈钢) | 101942 |
| 4. 焙烧石灰 | 162101 | 优质合金钢 | 47737 |
| 冶金用石灰 | 162101 | 一般结构用合金钢 | 860 |
| (三)白云石矿 | | 电工用硅(铝)钢 | 46877 |
| 1. 白云石矿采剥(掘)量 | 1250215 | 特殊质量合金钢 | 54205 |
| 掌子出矿量 | 651635 | 合金结构钢 | 53331 |
| 露天出矿量 | 651635 | 合金弹簧钢 | 18 |
| 剥离量 | 598580 | 合金工具钢 | 369 |
| 2. 白云石原矿量 | 651635 | 高合金工具钢 | 310 |
| 3. 白云石成品矿 | 651635 | 高速工具钢 | 142 |
| 白云石块矿 | 248202 | 轴承钢 | 35 |
| 白云石粉矿 | 403433 | 4. 不锈钢 | 6353 |
| 4. 煅烧白云石 | 651635 | 铬系不锈钢 | 4524 |
| 轻烧白云石 | 651635 | 铬镍系不锈钢 | 1249 |
| 二、人造块矿产品 | | 耐热不锈钢 | 580 |
| 人造富铁矿 | 11320830 | (二)按状态分: | |
| 1. 烧结铁矿 | 9174765 | 连铸坯 | 6004310 |
| 普通烧结矿 | 9174765 | 1. 连铸坯按形状分 | |
| 2. 球团铁矿 | 2146065 | 方坯 | 1047500 |
| 高炉用球团铁矿 | 2146065 | 大方坯 | 1047500 |
| 三、炼铁产品 | | 矩形坯 | 231015 |
| 1. 生铁 | 5578510 | 大矩形坯 | 231015 |
| 炼钢生铁 | 5578510 | 板坯 | 4725795 |
| 2. 高炉炼铁副产品 | | 厚板坯 | 4725795 |
| 炼铁水渣 | 2643863 | 2. 连铸坯按化学成分分 | |
| 四、炼钢产品(粗钢) | 6029905 | 非合金钢 | 3586756 |
| (一)按化学成分分类: | | 普通质量非合金钢 | 1634091 |
| 1. 非合金钢 | 3591452 | 一般用途碳素结构钢 | 1634091 |
| 普通质量非合金钢 | 1634103 | 优质非合金钢 | 1749435 |
| 一般用途碳素结构钢 | 1634103 | 优质碳素结构钢 | 1749435 |
| 优质非合金钢 | 1751692 | 特殊质量非合金钢 | 203230 |
| 优质碳素结构钢 | 1751560 | 特殊碳素结构钢 | 203230 |
| 易切削非合金钢 | 132 | 低合金钢 | 2330063 |
| 特殊质量非合金钢 | 205657 | 普通质量低合金钢 | 772985 |
| 特殊碳素结构钢 | 203250 | 一般低合金结构钢 | 509708 |
| 碳素弹簧钢 | 1384 | 低合金钢筋钢 | 263277 |
| 碳素工具钢和中空钢 | 960 | 优质低合金钢 | 402681 |
| 原料纯铁 | 63 | 优质低合金结构钢 | 402681 |
| 2. 低合金钢 | 2330158 | 特殊质量低合金钢 | 1154397 |
| 普通质量低合金钢 | 772993 | 特殊低合金结构钢 | 1154397 |
| 一般低合金结构钢 | 509708 | 合金钢(不含不锈钢) | 87491 |
| 低合金钢筋钢 | 263285 | 优质合金钢 | 46877 |
| 优质低合金钢 | 402768 | 电工用硅(铝)钢 | 46877 |
| 优质低合金结构钢 | 402768 | 特殊质量合金钢 | 40614 |

续表

| 名称 | 产量 | 名称 | 产量 |
|---|---|---|---|
| 合金结构钢 | 40614 | 1. 转炉钢按转炉类型分 | |
| 模铸钢锭 | 24648 | 顶吹转炉钢 | 6004310 |
| 1. 非合金钢 | 4444 | 2. 转炉钢按化学成分分 | |
| 普通质量非合金钢 | 12 | 非合金钢 | 3586756 |
| 一般用途碳素结构钢 | 12 | 普通质量非合金钢 | 1634091 |
| 优质非合金钢 | 2012 | 一般用途碳素结构钢 | 1634091 |
| 优质碳素结构钢 | 1880 | 优质非合金钢 | 1749435 |
| 易切削非合金钢 | 132 | 优质碳素结构钢 | 1749435 |
| 特殊质量非合金钢 | 2420 | 特殊质量非合金钢 | 203230 |
| 特殊碳素结构钢 | 20 | 特殊碳素结构钢 | 203230 |
| 碳素弹簧钢 | 1384 | 低合金钢 | 2330063 |
| 碳素工具钢和中空钢 | 960 | 普通质量低合金钢 | 772985 |
| 原料纯铁 | 56 | 一般低合金结构钢 | 509708 |
| 2. 低合金钢 | 87 | 低合金钢筋钢 | 263277 |
| 优质低合金钢 | 87 | 优质低合金钢 | 402681 |
| 优质低合金结构钢 | 87 | 优质低合金结构钢 | 402681 |
| 3. 合金钢(不含不锈钢) | 13764 | 特殊质量低合金钢 | 1154397 |
| 优质合金钢 | 173 | 特殊低合金结构钢 | 1154397 |
| 一般结构用合金钢 | 173 | 合金钢(不含不锈钢) | 87491 |
| 特殊质量合金钢 | 13591 | 优质合金钢 | 46877 |
| 合金结构钢 | 12717 | 电工用硅(铝)钢 | 46877 |
| 合金弹簧钢 | 18 | 特殊质量合金钢 | 40614 |
| 合金工具钢 | 369 | 合金结构钢 | 40614 |
| 高合金工具钢 | 310 | 3. 转炉钢按产品状态分 | |
| 高速工具钢 | 142 | 连铸坯 | 6004310 |
| 轴承钢 | 35 | 方坯 | 1047500 |
| 4. 不锈钢 | 6353 | 大方坯 | 1047500 |
| 铬系不锈钢 | 4524 | 矩形坯 | 231015 |
| 铬镍系不锈钢 | 1249 | 大矩形坯 | 231015 |
| 耐热不锈钢 | 580 | 板坯 | 4725795 |
| 铸造用液态钢 | 947 | 厚板坯 | 4725795 |
| 1. 非合金钢 | 252 | 4. 转炉钢按脱氧程度分 | |
| 优质非合金钢 | 245 | 镇静钢 | 6004310 |
| 优质碳素结构钢 | 245 | 电弧炉钢 | 23952 |
| 特殊质量非合金钢 | 7 | 1. 电弧炉钢按电弧炉类型分 | |
| 原料纯铁 | 7 | 普通电弧炉钢 | 23952 |
| 2. 低合金钢 | 8 | 2. 电弧炉钢按化学成分分 | |
| 普通质量低合金钢 | 8 | 非合金钢 | 4696 |
| 低合金钢筋钢 | 8 | 普通质量非合金钢 | 12 |
| 3. 合金钢(不含不锈钢) | 687 | 一般用途碳素结构钢 | 12 |
| 优质合金钢 | 687 | 优质非合金钢 | 2257 |
| 一般结构用合金钢 | 687 | 优质碳素结构钢 | 2125 |
| (三)按脱氧程度分: | | 易切削非合金钢 | 132 |
| 镇静钢 | 6028958 | 特殊质量非合金钢 | 2427 |
| (四)按冶炼方法分: | | 特殊碳素结构钢 | 20 |
| 转炉钢 | 6004310 | 碳素弹簧钢 | 1384 |

续表

| 名称 | 产量 | 名称 | 产量 |
|---|---|---|---|
| 碳素工具钢和中空钢 | 960 | 五、钢加工产品 | |
| 原料纯铁 | 63 | (一)商品连铸、轧制、锻造钢坯 | 224906 |
| 低合金钢 | 95 | 1. 按加工艺分: | |
| 普通质量低合金钢 | 8 | 连铸坯 | 163121 |
| 低合金钢筋钢 | 8 | 轧制坯 | 61785 |
| 优质低合金钢 | 87 | 2. 按形状及用途分: | |
| 优质低合金结构钢 | 87 | 方坯 | 13680 |
| 合金钢(不含不锈钢) | 13762 | 大方坯 | 13616 |
| 优质合金钢 | 860 | 小方坯 | 64 |
| 一般结构用合金钢 | 860 | 矩形坯 | 8036 |
| 特殊质量合金钢 | 12902 | 大矩形坯 | 8036 |
| 合金结构钢 | 12087 | 板坯 | 51895 |
| 合金弹簧钢 | 18 | 厚板坯 | 40133 |
| 合金工具钢 | 369 | 薄板坯 | 11762 |
| 高合金工具钢 | 310 | 管坯 | 151295 |
| 高速工具钢 | 83 | (二)钢材 | 5541413 |
| 轴承钢 | 35 | 1. 按化学成分分: | |
| 不锈钢 | 5399 | 非合金钢 | 3347491 |
| 铬系不锈钢 | 4197 | 普通质量非合金钢 | 1561414 |
| 铬镍系不锈钢 | 622 | 一般用途碳素结构钢 | 1561414 |
| 耐热不锈钢 | 580 | 优质非合金钢 | 1627345 |
| 3. 电弧炉钢按产品状态分 | | 优质碳素结构钢 | 1627332 |
| 模铸钢锭 | 23005 | 易切削非合金钢 | 13 |
| 铸造用液态钢 | 947 | 特殊质量非合金钢 | 158732 |
| 4. 电弧炉钢按脱氧程度分 | | 特殊碳素结构钢 | 157276 |
| 镇静钢 | 23005 | 碳素弹簧钢 | 719 |
| 感应电炉钢 | 1643 | 碳素工具钢和中空钢 | 737 |
| 1. 感应电炉钢按炉子类型分 | | 低合金钢 | 2101363 |
| 非真空感应电炉钢 | 1643 | 普通质量低合金钢 | 976766 |
| 2. 感应电炉钢按化学成分分 | | 一般低合金结构钢 | 717746 |
| 合金钢(不含不锈钢) | 689 | 低合金钢筋钢 | 259020 |
| 特殊质量合金钢 | 689 | 优质低合金钢 | 1124597 |
| 合金结构钢 | 630 | 优质低合金结构钢 | 1124597 |
| 高速工具钢 | 59 | 合金钢(不含不锈钢) | 87998 |
| 不锈钢 | 954 | 优质合金钢 | 45467 |
| 铬系不锈钢 | 327 | 一般结构用合金钢 | 6664 |
| 铬镍系不锈钢 | 627 | 电工用硅(铝)钢 | 37550 |
| 3. 感应电炉钢按产品状态分 | | 地质、石油钻探用合金钢 | 1253 |
| 模铸钢锭 | 1643 | 特殊质量合金钢 | 42531 |
| 4. 感应电炉钢按脱氧程度分 | | 合金结构钢 | 41340 |
| 镇静钢 | 1643 | 合金弹簧钢 | 583 |
| 附一:二次冶金钢 | 6023382 | 合金工具钢 | 313 |
| 转炉二次冶金钢 | 6004310 | 高合金工具钢 | 176 |
| 电炉二次冶金钢 | 19072 | 高速工具钢 | 86 |
| 附二:重熔钢 | 3408 | 高温合金钢 | 8 |
| 电渣重熔钢 | 3408 | 轴承钢 | 25 |

续表

| 名称 | 产量 | 名称 | 产量 |
|---|---|---|---|
| 不锈钢 | 4561 | 按化学成分分： | |
| 铬系不锈钢 | 3641 | 非合金钢 | 167196 |
| 铬镍系不锈钢 | 382 | 普通质量非合金钢 | 7357 |
| 耐热不锈钢 | 538 | 一般用途碳素结构钢 | 7357 |
| 2. 按加工工艺分： | | 优质非合金钢 | 159810 |
| 热轧钢材 | 5295059 | 优质碳素结构钢 | 159797 |
| 冷轧(拔)钢材 | 217897 | 易切削非合金钢 | 13 |
| 镀层、涂层钢材 | 19566 | 特殊质量非合金钢 | 29 |
| 锻压、挤压、旋压钢材 | 8891 | 碳素弹簧钢 | 13 |
| 3. 按品种细分类： | | 碳素工具钢和中空钢 | 16 |
| (1)大型型钢 | 96378 | 低合金钢 | 94253 |
| 按化学成分分： | | 普通质量低合金钢 | 879 |
| 非合金钢 | 11727 | 一般低合金结构钢 | 879 |
| 普通质量非合金钢 | 11727 | 优质低合金钢 | 93374 |
| 一般用途碳素结构钢 | 11727 | 优质低合金结构钢 | 93374 |
| 低合金钢 | 84651 | 合金钢(不含不锈钢) | 37136 |
| 普通质量低合金钢 | 74900 | 特殊质量合金钢 | 37136 |
| 一般低合金结构钢 | 74900 | 合金结构钢 | 37058 |
| 优质低合金钢 | 9751 | 合金弹簧钢 | 21 |
| 优质低合金结构钢 | 9751 | 合金工具钢 | 19 |
| 按加工工艺分： | | 高速工具钢 | 38 |
| 热轧大型型钢 | 96378 | 不锈钢 | 3842 |
| 按品种分： | | 铬系不锈钢 | 3172 |
| 大型I型钢(大型工字钢) | 33379 | 铬镍系不锈钢 | 338 |
| 大型角钢 | 50199 | 耐热不锈钢 | 332 |
| 其他品种大型型钢 | 12800 | 按加工工艺分： | |
| (2)中小型型钢 | 65457 | 热轧棒材 | 292475 |
| 按化学成分分： | | 冷轧（拔）棒材 | 1066 |
| 非合金钢 | 39348 | 锻压、挤压棒材 | 8886 |
| 普通质量非合金钢 | 13709 | 其中：锻压棒材 | 8886 |
| 一般用途碳素结构钢 | 13709 | 按品种(形状)分： | |
| 优质非合金钢 | 25639 | 圆钢 | 299908 |
| 优质碳素结构钢 | 25639 | 大型圆钢 | 74316 |
| 低合金钢 | 26109 | 小型圆钢 | 225592 |
| 普通质量低合金钢 | 3797 | 扁钢 | 2519 |
| 一般低合金结构钢 | 3797 | 大型扁钢 | 2184 |
| 优质低合金钢 | 22312 | 小型扁钢 | 335 |
| 优质低合金结构钢 | 22312 | (4)钢筋 | 257856 |
| 按加工工艺分： | | 按化学成分分： | |
| 热轧中小型型钢 | 65457 | 低合金钢 | 257856 |
| 按品种分： | | 普通质量低合金钢 | 257856 |
| 中小I型钢（小工字钢） | 13709 | 低合金钢筋钢 | 257856 |
| 矿用刮板钢 | 3797 | 按加工工艺分： | |
| 特殊中小型型钢 | 47951 | 热轧钢筋 | 257856 |
| (3)棒材 | 302427 | 按品种分： | |
| | | 带肋钢筋 | 257856 |

续表

| 名称 | 产量 |
|---|---|
| 按规格分: | |
| 直径≥12毫米 | 257856 |
| 按强度等级分: | |
| 二级钢筋 | 7499 |
| 三级钢筋 | 250357 |
| (5)线材(盘条) | 369518 |
| 按化学成分分: | |
| 非合金钢 | 368148 |
| 普通质量非合金钢 | 151122 |
| 一般用途碳素结构钢 | 151122 |
| 优质非合金钢 | 59750 |
| 优质碳素结构钢 | 59750 |
| 特殊质量非合金钢 | 157276 |
| 特殊碳素结构钢 | 157276 |
| 低合金钢 | 1164 |
| 普通质量低合金钢 | 1164 |
| 低合金钢筋钢 | 1164 |
| 不锈钢 | 206 |
| 耐热不锈钢 | 206 |
| 按生产设备分: | |
| 高速无扭轧机产线材(盘条) | 369518 |
| 按规格分: | |
| 12毫米≤直径<18毫米 | 673 |
| 6.5毫米≤直径<12毫米 | 368845 |
| 按用途分: | |
| 工程及建筑结构用线材 | 146943 |
| 制品原料用高碳钢线材(硬线) | 217026 |
| 拉拔用线材(软线) | 5549 |
| (6)特厚板 | 46026 |
| 按化学成分分: | |
| 非合金钢 | 9463 |
| 普通质量非合金钢 | 6151 |
| 一般用途碳素结构钢 | 6151 |
| 优质非合金钢 | 3312 |
| 优质碳素结构钢 | 3312 |
| 低合金钢 | 36484 |
| 普通质量低合金钢 | 21326 |
| 一般低合金结构钢 | 21326 |
| 优质低合金钢 | 15158 |
| 优质低合金结构钢 | 15158 |
| 合金钢(不含不锈钢) | 79 |
| 特殊质量合金钢 | 79 |
| 合金结构钢 | 79 |
| 按用途分: | |
| 造船及舰艇用特厚钢板 | 15738 |
| 容器用特厚钢板 | 13 |
| 其中:高压容器用特厚钢板 | |
| 桥梁用特厚钢板 | 2902 |
| 其他用途特厚钢板 | 27373 |
| (7)厚钢板 | 694309 |
| 按化学成分分: | |
| 非合金钢 | 180732 |
| 普通质量非合金钢 | 74396 |
| 一般用途碳素结构钢 | 74396 |
| 优质非合金钢 | 106336 |
| 优质碳素结构钢 | 106336 |
| 低合金钢 | 513129 |
| 普通质量低合金钢 | 148813 |
| 一般低合金结构钢 | 148813 |
| 优质低合金钢 | 364316 |
| 优质低合金结构钢 | 364316 |
| 合金钢(不含不锈钢) | 448 |
| 特殊质量合金钢 | 448 |
| 合金结构钢 | 448 |
| 按用途分: | |
| 锅炉及火箱用厚钢板 | 69 |
| 造船及舰艇用厚钢板 | 431126 |
| 容器用厚钢板 | 3521 |
| 桥梁用厚钢板 | 9980 |
| 其他用途厚钢板 | 249613 |
| (8)中板 | 1358138 |
| 按化学成分分: | |
| 非合金钢 | 592317 |
| 普通质量非合金钢 | 63942 |
| 一般用途碳素结构钢 | 63942 |
| 优质非合金钢 | 526981 |
| 优质碳素结构钢 | 526981 |
| 特殊质量非合金钢 | 1394 |
| 碳素弹簧钢 | 673 |
| 碳素工具钢和中空钢 | 721 |
| 低合金钢 | 760575 |
| 普通质量低合金钢 | 169586 |
| 一般低合金结构钢 | 169586 |
| 优质低合金钢 | 590989 |
| 优质低合金结构钢 | 590989 |
| 合金钢(不含不锈钢) | 4777 |
| 特殊质量合金钢 | 4777 |
| 合金结构钢 | 3719 |
| 合金弹簧钢 | 546 |
| 合金工具钢 | 263 |
| 高合金工具钢 | 176 |
| 高速工具钢 | 48 |

续表

| 名称 | 产量 | 名称 | 产量 |
|---|---|---|---|
| 轴承钢 | 25 | 按规格分: | |
| 不锈钢 | 469 | 宽度<600毫米 | 126 |
| 铬系不锈钢 | 469 | 1毫米≤厚度<2毫米 | 9 |
| 按加工工艺分: | | 2毫米≤厚度<3毫米 | 117 |
| 热轧中板 | 1358138 | 按用途分: | |
| 按生产设备分: | | 汽车用热轧薄板 | 117 |
| 其他轧机生产的中板 | 1358138 | 容器用热轧薄板 | 9 |
| 按规格分: | | 热轧薄板中: | |
| 3毫米≤厚度<4.75毫米 | 1654 | 未经酸洗热轧薄板 | 126 |
| 非合金钢中板 | 513 | (10)中厚宽钢带 | 2014789 |
| 低合金钢中板 | 999 | 按化学成分分: | |
| 合金钢中板 | 142 | 非合金钢 | 1696958 |
| 4.75毫米≤厚度<10毫米 | 96109 | 普通质量非合金钢 | 1215369 |
| 非合金钢中板 | 50704 | 一般用途碳素结构钢 | 1215369 |
| 低合金钢中板 | 42305 | 优质非合金钢 | 481589 |
| 合金钢中板 | 2794 | 优质碳素结构钢 | 481589 |
| 不锈钢中板 | 306 | 低合金钢 | 310084 |
| 厚度≥10毫米 | 1260375 | 普通质量低合金钢 | 298445 |
| 非合金钢中板 | 541100 | 一般低合金结构钢 | 298445 |
| 低合金钢中板 | 718270 | 优质低合金钢 | 11639 |
| 合金钢中板 | 984 | 优质低合金结构钢 | 11639 |
| 不锈钢中板 | 21 | 合金钢(不含不锈钢) | 7747 |
| 按用途分: | | 优质合金钢 | 7747 |
| 锅炉及火箱用中板 | 100 | 电工用硅(铝)钢 | 7747 |
| 造船用中板 | 1038869 | 按生产设备分: | |
| 汽车用中板 | 48360 | 连轧机生产的中厚宽钢带 | 2014789 |
| 容器用中板 | 9293 | 按加工工艺分: | |
| 桥梁用中板 | 5334 | 热轧中厚宽钢带 | 2014789 |
| 其他用途中板 | 256182 | 按规格分: | |
| (9)热轧薄板 | 126 | 3毫米≤厚度<4.75毫米 | 786839 |
| 按化学成分分: | | 非合金钢中厚宽钢带 | 774779 |
| 非合金钢 | 48 | 低合金钢中厚宽钢带 | 4313 |
| 普通质量非合金钢 | 9 | 合金钢中厚宽钢带 | 7747 |
| 一般用途碳素结构钢 | 9 | 4.75毫米≤厚度<10毫米 | 867560 |
| 优质非合金钢 | 6 | 非合金钢中厚宽钢带 | 667455 |
| 优质碳素结构钢 | 6 | 低合金钢中厚宽钢带 | 200105 |
| 特殊质量非合金钢 | 33 | 10毫米≤厚度<20毫米 | 360390 |
| 特殊碳素结构钢 | | 非合金钢中厚宽钢带 | 254724 |
| 碳素弹簧钢 | 33 | 低合金钢中厚宽钢带 | 105666 |
| 合金钢(不含不锈钢) | 78 | 按用途分: | |
| 特殊质量合金钢 | 78 | 造船用中厚宽钢带 | 594847 |
| 合金结构钢 | 31 | 汽车用中厚宽钢带 | 11425 |
| 合金弹簧钢 | 16 | 管线用中厚宽钢带 | 215 |
| 合金工具钢 | 31 | 其他用途中厚宽钢带 | 1408302 |
| 按生产设备分: | | (11)热轧薄宽钢带 | 49407 |
| 其他轧机生产的热轧薄板 | 126 | 按化学成分分: | |

续表

| 名称 | 产量 | 名称 | 产量 |
|---|---|---|---|
| 非合金钢 | 26656 | (14)镀层板(带) | 18422 |
| 优质非合金钢 | 26656 | 按化学成分分: | |
| 优质碳素结构钢 | 26656 | 非合金钢 | 18422 |
| 低合金钢 | 17058 | 普通质量非合金钢 | 16087 |
| 优质低合金钢 | 17058 | 一般用途碳素结构钢 | 16087 |
| 优质低合金结构钢 | 17058 | 优质非合金钢 | 2335 |
| 合金钢(不含不锈钢) | 5693 | 优质碳素结构钢 | 2335 |
| 优质合金钢 | 5693 | 按镀层金属分: | |
| 电工用硅(铝)钢 | 5693 | 镀锌板(带) | 16087 |
| 按生产设备分: | | 热镀锌板(带) | 16087 |
| 连轧机生产的热轧薄宽钢带 | 49407 | 镀铅板(带) | 2335 |
| 按规格分: | | 按形状分: | |
| 1毫米≤厚度<2毫米 | 53 | 镀层板 | 2335 |
| 非合金钢热轧薄宽钢带 | 53 | 镀层带 | 16087 |
| 2毫米≤厚度<3毫米 | 49354 | 按规格分: | |
| 非合金钢热轧薄宽钢带 | 43661 | 宽度≥600毫米 | 18422 |
| 合金钢热轧薄宽钢带 | 5693 | 其中:厚度<0.3毫米 | 13 |
| 按用途划分: | | 非合金钢镀层板(带) | 13 |
| 造船用热轧薄宽钢带 | 539 | 0.3毫米≤厚度<0.5毫米 | 1458 |
| 其他用途热轧薄宽钢带 | 48868 | 非合金钢镀层板(带) | 1458 |
| 热轧薄宽钢带中: | | 0.5毫米≤厚度<1毫米 | 12925 |
| 未经酸洗热轧薄宽钢带 | 49407 | 非合金钢镀层板(带) | 12925 |
| (12)冷轧薄宽钢带 | 97752 | 1毫米≤厚度<3毫米 | 4026 |
| 按化学成分分: | | 非合金钢镀层板(带) | 4026 |
| 非合金钢 | 97752 | 按用途分: | |
| 优质非合金钢 | 97752 | 建筑用镀锌板(带) | 16087 |
| 优质碳素结构钢 | 97752 | 其他用途镀层板(带) | 2335 |
| 按规格分: | | (15)涂层板(带) | 1144 |
| 0.5毫米≤厚度<1毫米 | 16617 | 按化学成分分: | |
| 非合金钢冷轧薄宽钢带 | 16617 | 非合金钢 | 1144 |
| 1毫米≤厚度<3毫米 | 81135 | 普通质量非合金钢 | 1144 |
| 非合金钢冷轧薄宽钢带 | 81135 | 一般用途碳素结构钢 | 1144 |
| 按用途分: | | 按形状分: | |
| 其他用途冷轧薄宽钢带 | 97752 | 涂层板 | 1144 |
| (13)冷轧窄钢带 | 401 | 按规格分: | |
| 按化学成分分: | | 宽度≥600毫米 | 1144 |
| 非合金钢 | 401 | 0.3毫米≤厚度<0.5毫米 | 1144 |
| 普通质量非合金钢 | 401 | 非合金钢涂层板(带) | 1144 |
| 一般用途碳素结构钢 | 401 | 按用途分: | |
| 按规格分: | | 建筑用涂层板(带) | 1144 |
| 0.5毫米≤厚度<1毫米 | 336 | (16)电工钢板(带) | 24110 |
| 非合金钢冷轧窄钢带 | 336 | 按化学成分分: | |
| 1毫米≤厚度<3毫米 | 65 | 合金钢(不含不锈钢) | 24110 |
| 非合金钢冷轧窄钢带 | 65 | 优质合金钢 | 24110 |
| 按用途分: | | 电工用硅(铝)钢 | 24110 |
| 打包用冷轧窄钢带 | 401 | 按加工工艺分: | |

续表

| 名称 | 产量 | 名称 | 产量 |
|---|---|---|---|
| 热轧电工钢板 | 24110 | 无镀层、涂层焊接钢管 | 10062 |
| 按品种分： | | 按规格分： | |
| 无取向电工钢板(带) | 24110 | 直径<76毫米 | 10062 |
| 按形状分： | | 按用途分： | |
| 电工钢板 | 24110 | 汽车自由轴用焊接钢管 | 985 |
| 按规格分： | | 输送用焊接钢管 | 3619 |
| 宽度≥600毫米 | 24110 | 结构用焊接钢管 | 5458 |
| (17)无缝钢管 | 135086 | (19)其他钢材 | 5 |
| 按化学成分分： | | 按化学成分分： | |
| 非合金钢 | 127117 | 合金钢(不含不锈钢) | 5 |
| 优质非合金钢 | 127117 | 特殊质量合金钢 | 5 |
| 优质碳素结构钢 | 127117 | 合金结构钢 | 5 |
| 合金钢(不含不锈钢) | 7925 | 按加工工艺分： | |
| 优质合金钢 | 7917 | 锻压、挤压、旋压其它钢材 | 5 |
| 一般结构用合金钢 | 6664 | 按品种分： | |
| 地质、石油钻探用合金钢 | 1253 | 锻钢件 | 5 |
| 特殊质量合金钢 | 8 | 按用途分： | |
| 高温合金钢 | 8 | 模块 | 5 |
| 不锈钢 | 44 | 附一：外购国产钢材中再加工成钢材的耗用量 | 165851 |
| 铬镍系不锈钢 | 44 | 棒材 | 148804 |
| 按生产工艺分： | | 其中：圆钢 | 148804 |
| 热轧无缝钢管 | 26470 | 中厚宽钢带 | 2175 |
| 冷轧(拔)无缝钢管 | 108616 | 冷轧薄宽钢带 | 1380 |
| 按规格分： | | 冷轧窄钢带 | 11178 |
| 直径<76毫米 | 77811 | 镀层板(带) | 2314 |
| 76毫米≤直径<114毫米 | 57275 | 附二：境内订货者来料加工钢材量 | 2503 |
| 按用途分： | | 棒材 | 1468 |
| 地质专用无缝钢管 | 1126 | 其中：圆钢 | 1468 |
| 高压锅炉用无缝钢管 | 38932 | 线材(盘条) | 210 |
| 低中压锅炉用无缝钢管 | 22356 | 冷轧薄宽钢带 | 469 |
| 结构用无缝钢管 | 33435 | 镀层板(带) | 117 |
| 其他用途无缝钢管 | 39237 | 电工钢板(带) | 239 |
| 无缝钢管中： | | 附三：委外加工钢材量 | 21766 |
| 异型无缝钢管 | 3060 | 中小型型钢 | 18107 |
| 薄壁无缝钢管 | 52 | 中小型I型钢 | 13709 |
| 其他类型无缝钢管 | 131974 | 棒材 | 3453 |
| (18)焊接钢管 | 10062 | 其中：圆钢 | 3118 |
| 按化学成分分： | | 扁钢 | 335 |
| 非合金钢 | 10062 | 线材(盘条) | 206 |
| 优质非合金钢 | 10062 | 附四：境内订货者来料热压延加工钢材量 | 449 |
| 优质碳素结构钢 | 10062 | 线材(盘条) | 210 |
| 按加工工艺分： | | 电工钢板(带) | 239 |
| 电焊焊接钢管 | 10062 | 附五：委外热压延加工钢材量 | 308 |
| 按品种分： | | 棒材 | 308 |
| 直缝焊接钢管 | 10062 | 其中：圆钢 | 308 |
| 按表面处理方式分： | | 六、耐火材料制品总计 | 25588 |

续表

| 名称 | 产量 | 名称 | 产量 |
| --- | --- | --- | --- |
| (一)致密定型耐火制品 | 20771 | 焦炉煤气 | 199210648.11 |
| 1.黏土质砖 | 7917 | 高炉煤气 | 4830668.51 |
| 一般砖 | 7078 | 转炉煤气 | 65019606.85 |
| 其他黏土砖 | 839 | 2.煤气总计 | 1155488.80 |
| 2.高铝质砖 | 2541 | 焦炉煤气 | 117180 |
| 一般砖 | 1804 | 高炉煤气 | 1002093 |
| 炼钢电炉顶用砖 | 24 | 转炉煤气 | 36215.80 |
| 盛钢桶、浇注用砖 | 364 | (三)煤化工产品 | |
| 其他高铝砖 | 349 | 1.焦炉煤气净化回收的产品 | |
| 3.硅质砖 | | 煤焦油 | 100088 |
| 4.其他砖 | 6 | 粗(轻)苯,重苯 | 31697 |
| 5.特种耐火制品 | 10307 | 粗苯(折合量) | 29796 |
| 含碳制品 | 9888 | 粗苯(实物量) | 31697 |
| 其他特种耐火制品 | 419 | 化肥 | |
| (二)隔热耐火制品 | 200 | 氮肥 | 5866 |
| 黏土质砖 | 200 | 硫酸铵 | 5866 |
| (三)不定形耐火制品 | 4617 | 硫酸铵优质品 | 5866 |
| 1.浇注料 | 661 | (四)煤焦油粗加工产品 | |
| 2.可塑料 | 2333 | 1.煤焦油 | 19707 |
| 3.耐火泥浆 | 669 | 洗油 | 1872 |
| 4.其他不定型耐火制品 | 954 | 脱酚油 | 281 |
| 七、焦炭及煤制品 | | 蒽油 | 3168 |
| (一)焦炭 | 2662067 | 煤沥青 | 8459 |
| 1.机械化焦炉生产的焦炭 | 2662067 | 中温沥青 | 8459 |
| 冶金焦 | 2483430 | 2.萘类精制产品 | |
| 小块焦 | 162568 | 工业萘 | 1767 |
| 粉焦 | 16069 | 3.酚类焦化副产品 | |
| (二)煤气 | | 粗酚 | 106 |
| 1.煤气总计 | 269060923.47 | | |

重钢经济运行处供稿

## 2011年重钢集团劳动工资统计

(单位:人)

| 名称 | 人数 | 名称 | 人数 |
| --- | --- | --- | --- |
| 1.单位从业人员年末人数 | 21897 | (4) 录用的大、中专、技工学校毕业生 | 619 |
| 其中:女性 | 5541 | (5) 调入 | 2 |
| 2.在岗职工 | 21897 | 由外省、自治区、直辖市调入 | 1 |
| 3.离开本单位仍保留劳动关系的职工年末人数 | 319 | (6) 其他 | 11 |
| 4.单位从业人员年平均人数 | 21938 | 减少人数 | 2474 |
| 在岗职工 | 21938 | (1) 离休、退休、退职 | 2021 |
| 5.离开本单位仍保留劳动关系的职工年平均人数 | 330 | (2) 开除、除名、辞退 | 10 |
| 6.单位从业人员变动情况 | | (3) 终止、解除合同 | 386 |
| 增加人数 | 868 | (4)离开本单位仍保留劳动关系的职工 | 0 |
| (1)从农村招收 | 1 | (5)死亡 | 28 |
| (2)从城镇招收 | 89 | (6)调出 | 28 |
| (3)录用的退伍军人 | 146 | (7) 其他 | 1 |

重钢人力资源处供稿

## 2011年重钢集团劳动报酬统计

| 名称 | 金额 |
|---|---|
| 1. 单位从业人员劳动报酬 | 1209725千元 |
| 在岗职工工资总额 | 1209725千元 |
| 2. 离开本单位仍保留劳动关系的职工生活费 | 1448千元 |

重钢人力资源处供稿

## 2011年重钢集团工业企业科技活动情况统计

| 名称 | 单位 | 本年实际 | 名称 | 单位 | 本年实际 |
|---|---|---|---|---|---|
| 一、科技活动人员情况 | | | 2. 机构人员合计 | 人 | 361 |
| (一)科技活动人员合计 | 人 | 1012 | 其中:博士毕业 | 人 | 3 |
| 1. 参加科技项目人员 | 人 | 927 | 硕士毕业 | 人 | 17 |
| 科技管理和服务人员 | 人 | 85 | 本科毕业 | 人 | 98 |
| 2. 女性 | 人 | 225 | 3. 机构经费支出 | 千元 | 26985 |
| 3. 高中级技术职称人员 | 人 | 720 | 4. 仪器和设备原价 | 千元 | 386178 |
| 4. 全时人员 | 人 | 65 | 其中:进口 | 千元 | 5607.3 |
| 二、科技活动费用情况 | | | 五、科技活动产出及相关情况 | | |
| (一)企业内部用于科技活动的经费支出 | 千元 | 719005 | (一)自主知识产权情况 | | |
| 1. 人员人工费(包含各种补贴) | 千元 | 87858 | 1. 专利申请数 | 件 | 104 |
| 2. 原材料费 | 千元 | 522856 | 其中:发明专利 | 件 | 15 |
| 3. 折旧费用与长期费用摊销 | 千元 | 91662 | 2. 有效发明专利数 | 件 | 72 |
| 4. 无形资产摊销 | 千元 | 8817 | (二)新产品生产及销售情况 | | |
| 5. 其他费用 | 千元 | 7812 | 1. 新产品产值 | 千元 | 8659120 |
| (二)委托外单位开展科技活动的经费支出 | 千元 | 226000 | 2. 新产品销售收入 | 千元 | 8685685 |
| 1. 对境内研究机构支出 | 千元 | 54892.7 | (三)其他情况 | | |
| 2. 对境内高等学校支出 | 千元 | 165500 | 1. 发表科技论文 | 篇 | 48 |
| 3. 对境外支出 | 千元 | 5607.3 | 2. 拥有注册商标 | 件 | 2 |
| (三)当年形成用于科技活动的固定资产 | 千元 | 63625 | 3. 形成国家或行业标准 | 项 | 2 |
| 仪器和设备 | 千元 | 63625 | 六、其他相关情况 | | |
| (四)使用来自政府部门的科技活动资金 | 千元 | 6500 | (一)政府相关政策落实情况 | | |
| 三、科技项目情况 | | | 高新技术企业减免税 | 千元 | 14591.4 |
| 1. 全部科技项目数 | 项 | 48 | (二)技术获取和技术改造情况 | | |
| 2. 全部科技项目经费内部支出 | 千元 | 427987 | 1. 引进技术的消化吸收经费支.4 | 千元 | 8276 |
| 四、企业办科技机构情况 | | | 2. 购买国内技术经费支出 | 千元 | 18553 |
| 1. 机构数 | 个 | 2 | 3. 技术改造经费支出 | 千元 | 158377 |

重钢经济运行处供稿

## 2011年重钢集团规模以上工业企业能源购进、消费与库存统计

| 指标名称 | 单位 | 年初库存量 | 本年购进量 | | 本年消费量 | | | | | 年末库存量 | 采用折标系数 | 参考折标系数 |
|---|---|---|---|---|---|---|---|---|---|---|---|---|
| | | | 实物量 | 金额（千元） | 合计 | 1. 工业生产消费 | | 2. 非工业生产消费 | 运输工具消费 | | | |
| | | | | | | 工业生产消费（合计） | 用于原材料 | | | | | |
| 原煤 | 吨 | 59066 | 1105899 | 1363573.467 | 921490 | 921490 | | | | 25558 | | |
| 1. 无烟煤 | 吨 | | | | | | | | | | | 0.9 |
| 2. 炼焦烟煤 | 吨 | | | | | | | | | | | 0.9 |
| 3. 一般烟煤 | 吨 | 59066 | 1105899 | 1363573.467 | 921490 | 921490 | | | | 25558 | 0.7143 | 0.7143 |
| 4. 褐煤 | 吨 | | | | | | | | | | | 0.4286 |
| 洗精煤 | 吨 | 225948 | 4152080 | 5588699.68 | 3802580 | 3802580 | 3802580 | | | 205377 | 0.9037 | 0.9 |
| 其他洗煤 | 吨 | | | | | | | | | | | 0.4643 |
| 煤制品 | 吨 | | | | | | | | | | | 0.5286 |
| 焦炭 | 吨 | 76181 | | | 2696652 | 2696652 | | | | 26348 | 0.97 | 0.9714 |
| 其他焦化产品 | 吨 | | | | | | | | | | 1.30 | 1.1－1.5 |
| 焦炉煤气 | 万立方米 | | | | 114318.10 | 114318.10 | | | | | 5.50 | 5.714－6.143 |
| 高炉煤气 | 万立方米 | | | | 955729 | 955729 | | | | | 1.13 | 1.286 |
| 转炉煤气 | 万立方米 | | | | 23228.70 | 23228.70 | | | | | 2.50 | 2.714 |
| 发生炉煤气 | 万立方米 | | | | | | | | | | | 1.786 |
| 天然气（气态） | 万立方米 | | 1539.2360 | 32323.956 | 1259.264 | 1068.285 | | 190.9790 | | | 11.314 | 13 |
| 液化天然气（液态） | 吨 | | | | | | | | | | | 1.7572 |
| 煤层气（煤田） | 万立方米 | | | | | | | | | | | 11 |
| 原油 | 吨 | | | | | | | | | | | 1.4286 |
| 汽油 | 吨 | | 157 | 1536.716 | 157 | | | 157 | 157 | | 1.4714 | 1.4714 |
| 煤油 | 吨 | 4.80 | 66 | 598.62 | 65 | | | 65 | | | 1.4714 | 1.4714 |
| 柴油 | 吨 | 88.84 | 1520 | 12286.16 | 2037 | 1069 | | 968 | 1904 | 39 | 1.4571 | 1.4571 |
| 燃料油 | 吨 | | | | | | | | | | | 1.4286 |
| 液化石油气 | 吨 | | | | | | | | | | | 1.7143 |
| 炼厂干气 | 吨 | | | | | | | | | | | 1.5714 |
| 石脑油 | 吨 | | | | | | | | | | | 1.5 |
| 润滑油 | 吨 | 321.20 | 3825 | 92251.35 | 3504 | 3504 | | | | 96.07 | 1.4143 | 1.4143 |
| 石蜡 | 吨 | | | | | | | | | | | 1.3648 |
| 溶剂油 | 吨 | | | | | | | | | | | 1.4672 |
| 石油焦 | 吨 | | | | | | | | | | | 1.0918 |
| 石油沥青 | 吨 | | | | | | | | | | | 1.3307 |
| 其他石油制品 | 吨 | | | | | | | | | | | 1.4 |
| 热力 | 百万千焦 | | | | 527391.3760 | 527391.3760 | | | | | 0.0341 | 0.0341 |

续表

| 指标名称 | 单位 | 年初库存量 | 本年购进量 | | 本年消费量 | | | | | 年末库存量 | 采用折标系数 | 参考折标系数 |
|---|---|---|---|---|---|---|---|---|---|---|---|---|
| | | | 实物量 | 金额（千元） | 合计 | 1. 工业生产消费 | | 2. 非工业生产消费 | 运输工具消费 | | | |
| | | | | | | 工业生产消费（合计） | 用于原材料 | | | | | |
| 电力 | 万千瓦小时 | | 212999 | 1445411.214 | 260416 | 250236 | | 10180 | | | 1.229 | 1.229 |
| 煤矸石用于燃料 | 吨 | | | | | | | | | | | 0.2857 |
| 城市生活垃圾用于燃料 | 吨 | | | | | | | | | | | 0.2714 |
| 生物质废料用于燃料 | 吨 | | | | | | | | | | | 0.5 |
| 余热余压 | 百万千焦 | | | | 6291615.7700 | 6291615.7700 | | | | | 0.0341 | 0.0341 |
| 其他工业废料用于燃料 | 吨 | | | | | | | | | | | 0.4285 |
| 其他燃料 | 吨标准煤 | | | | | | | | | | 1 | 1 |
| 能源合计 | 吨标准煤 | | | | 9052236.55 | 9035827.47 | | 16409.08 | | | | |

重钢经济运行处供稿

## 2011 年重钢集团固定资产投资完成情况统计

（单位：万元）

| 项目名称 | 开工年月 | 建成投产年月 | 计划总投资 | 自开始建设至本年底累计 | | 本年计划投资 | 本年完成投资合计 | | | | | |
|---|---|---|---|---|---|---|---|---|---|---|---|---|
| | | | | 完成投资 | 新增固定资产 | | 完成投资合计 | 建筑工程 | 安装工程 | 设备购置 | 其他费用 | 铁矿采选 |
| 合计 | | | 699043 | 451153 | 5091 | 523789 | 297271 | 157430 | 12008 | 93433 | 34400 | 119801 |
| 50－3000 万元项目小计 | 11.01 | 11.12. | 17392 | 6843 | 5091 | 13801 | 6594 | 2423 | 252 | 3748 | 171 | |
| 太和铁矿 630 万吨/年采选工程 | 07.01. | | 202249 | 163865 | | 140588 | 105925 | 48894 | 9503 | 41336 | 6192 | 105925 |
| 接龙铁矿建设 | 06.09. | | 21525 | 26740 | | 18000 | 13191 | 7691 | 917 | 2414 | 2169 | 13191 |
| 建桥制氧基地 | 08.11. | | 12232 | 17641 | | 11141 | 9903 | 7456 | 800 | 1415 | 232 | |
| 成都市九江环保发电厂 | 09.11. | | 71337 | 58282 | | 9721 | 26759 | 3125 | | 18263 | 5371 | |
| 重庆市第二垃圾发电厂 | 10.04. | | 89773 | 67961 | | 10619 | 30933 | 23970 | | 6537 | 426 | |
| 昆明空港经济区垃圾焚烧发电项目 | 11.03. | | 34742 | 21632 | | 1567 | 21632 | 17619 | | 3587 | 426 | |
| 大理市第二（海东）垃圾焚烧发电工程 | 11.06. | | 21586 | 2953 | | 4500 | 2953 | 1426 | | 917 | 610 | |
| 耐火材料生产线建设 | 10.05. | | 15551 | 13655 | | 2758 | 8237 | 2843 | 536 | 3225 | 1633 | |
| 巫山桃花铁矿建设 | 09.02. | | 58935 | 782 | | 4500 | 345 | | | | 345 | 345 |
| 小金河磁铁矿试验生产线建设 | 11.04. | | 6935 | 340 | | 42000 | 340 | | | | 340 | 340 |
| 长寿成品码头二期工程 | 11.01. | | 10786 | 3532 | | 9600 | 3532 | 1687 | | 1572 | 273 | |
| 烧结石灰项目 | 11.07. | | 6000 | 2227 | | | 2227 | 296 | | 1919 | 12 | |
| 靖江物流基地港口物流 | 11.03. | | 130000 | 64700 | | 254994 | 64700 | 40000 | | 8500 | 16200 | |

| 项目名称 | 本年完成投资合计（续） | | | | | | | | | | | | | | 房屋面积 | | 本年新增固定资产 | 本年固定资产投资资金来源 | | | | | | |
|---|---|---|---|---|---|---|---|---|---|---|---|---|---|---|---|---|---|---|---|---|---|---|---|---|
| | 烧结 | 球团 | 炼铁 | 炼钢 | | | 连铸 | 轧材 | 铁合金 | 焦化 | 耐火 | 炭素 | 金属制品 | 其他 | 施工面积 | 竣工面积 | | 上年末结余资金 | 国家预算内资金 | 国内贷款 | 债券 | 利用外资 | 自筹资金 | 其他资金来源 |
| | | | | 炼钢合计 | 电炉 | 转炉 | | | | | | | | | | | | | | | | | | |
| 合计 | | | | | | | | | | | | | | 177470 | 180987 | | | | | 189183 | | | 108448 | |
| 50－3000 万元项目小计 | | | | | | | | | | | | | | 6594 | | | | | | | | | 6954 | |
| 太和铁矿 630 万吨/年采选工程 | | | | | | | | | | | | | | | | | | | | 66488 | | | 39437 | |
| 接龙铁矿建设 | | | | | | | | | | | | | | | | | | | | 2959 | | | 10232 | |
| 建桥制氧基地 | | | | | | | | | | | | | | 9903 | | | | | | | | | 9903 | |
| 成都市九江环保发电厂 | | | | | | | | | | | | | | 26759 | 26960 | | | | | 26759 | | | | |
| 重庆市第二垃圾发电厂 | | | | | | | | | | | | | | 30933 | 33160 | | | | | 30933 | | | | |
| 昆明空港经济区垃圾焚烧发电项目 | | | | | | | | | | | | | | 21632 | 66667 | | | | | 11632 | | | 10000 | |
| 大理市第二（海东）垃圾焚烧发电工程 | | | | | | | | | | | | | | 2953 | 54200 | | | | | 2953 | | | | |
| 耐火材料生产线建设 | | | | | | | | | | | | | | 8237 | | | | | | | | | 8237 | |
| 巫山桃花铁矿建设 | | | | | | | | | | | | | | | | | | | | | | | 345 | |
| 小金河磁铁矿试验生产线建设 | | | | | | | | | | | | | | | | | | | | | | | 340 | |
| 长寿成品码头二期工程 | | | | | | | | | | | | | | 3532 | | | | | | 532 | | | 3000 | |
| 烧结石灰项目 | | | | | | | | | | | | | | 2227 | | | | | | 2227 | | | | |
| 靖江物流基地港口物流 | | | | | | | | | | | | | | 64700 | | | | | | 44700 | | | 20000 | |

重钢经济运行处供稿

**本部目编辑　张　萍**

**本部目校对　张　萍**

17

# 拾遗与补正

重钢年鉴

2012

# 拾遗与补正

## 钢铁厂迁建委员会职员吕基湛1949年日记

（节选）

**编者注**：重钢档案馆保存的吕基湛（时任29兵工厂秘书处专员）日记系抄件，始于1949年6月1日，终于1949年12月28日，期间不连续。对于二十九厂迎接解放、护厂运动等重大历史事件均有涉及，有史料价值。

**6月1日**

旧任本决定截至5月31日终止，但新任今日并未到班，形成真空状态。新任厂长均进城开会，据闻系讨论裁人事。下午，张厂长返厂后，仍上班清理未了档案件，关于南桐购米之批答今日下午发出。

**6月2日**

今日起离厂长室，改在总工程师办公处上班。计自上年4月间调厂长室，迄今1年有零。处此嫌疑之地，幸未留下任何痕迹，差堪自慰。

**6月3日**

上午，彭主任秘书召告以下5时来厂长室谒见厂长。下午秘书处侯见。但因进见者往来不绝，秘书处、文书课两室内熙熙攘攘。守候良久，不得机会，仍返总工处。下班前再来晴川院，由主任秘书引见，决定明日仍回厂长室办公，当日即将此事报告唐总工程师。

**6月22日　星期三　雨**

晨冒雨动身赴渝。及抵杨家坪，会厂长、主任秘书及田处长进城洽公。应田处长邀，随搭小车入城，在两路口上车。

**7月5日　星期二　晴热**

今日上午8时，厂长会议，厂长进城。

下午，取到借支2元5角。

**7月15日　星期五　晴热**

上午，有爆炸声3响。第3声最强烈。

**7月25日　星期一　晴**

下午又讨论编制事，余即回避。

上午见报载镍币当银元辅币，十足通用。但晚间听广播又暂停使用。如此大事形同儿戏，政府休矣。

**7月28日　星期四　晴热**

今日厂长会议，主要为缩编事。本厂在编人员为200人，聘雇约40人，其余资遣。子弟学校停办1年，故陈校长尊生兄所签裁并班次之理由已失失效。

**7月29日　星期五　晴热**

为资遣问题，厂长室人来人往，甚为紧张。

**8月13日　星期六**

南桐3课长来厂为裁人事有所请求。

**8月27日　星期六　晴**

今日孔子诞日，定放假。因杨署长继曾即将来渝，厂中筹开百吨炉，工作紧张，暂不放假，改在9月3日补休1日，由秘书处通知各单位。

署长由穗来渝，厂长赴渝迎接。

**8月29日　星期一　晴**

明日百吨炉开始冶炼，署长原定上午前来点火，中午接电话，谓署长改于下午3时来厂。

**8月30日　星期二　晴热**

上午将近10时点火。复接署中电话，谓署长仍于上午11时动身前来，一时忙乱。黄处长钟声急忙出发赴渝迎接。12时果然到达。据闻下午1时点火，下午3时许离去。据闻，李云公、赵处长苍岩、左秘书永泽、俞科长锡侯留厂未走云。

9月1日　星期四　晴

赴美实习人员张如宾等4位，由港返渝。

9月6日　星期三　阴雨

厂长与主任秘书偕赴20厂，据闻系杨署长赴20厂，该厂邀各厂长作陪。

晚听广播，据BBC报告：昆明情形紧张，云南当局限26军（中央军）48小时退出。

9月15日　星期四　晴热

工程师学会开会，请出国实习人员讲演。

访徐工程师万邦兄。

10月3日　星期一　雨

晚，听广播，苏联于昨日承认北京政府。

10月6日　星期四　晴

今日中秋节，将明年元旦之假借于今日休息。

今日气候爽朗，万里无云。晚，月色皎洁，银光泻地。但处此乱世，有何心情赏月也。

10月21日　星期五　阴

马彩佼、钟家镜两兄由附属机关调查归来，报告产运情况。

10月26日　星期三　薄阴

厂长将于日内偕马彩佼、简国治两位随署长赴昆明。闻系筹备昆明钢铁厂复工。下午21厂来电话，催缴相片及名单，当即引导厂长赴申家院子拍照。

10月28日　星期五　阴

厂长明日偕简国治、马彩佼两位飞昆明，今日甚为忙碌。待解决事项：计有七所火工部铅丸被盗1.800吨案、运输所调整工资案及其上月中送来之小组会议记录。

11月2日　星期三　阴雨

赴渝兵工署听本厂出国人员讲演。

11月26日　星期六　阴

赴钢条厂沐浴，遇潘所长（即潘继庆，抄者注），谈及厂中应变事项，私议应即行停工，以资节省用煤。

南桐警卫队撤退来厂，并将该矿电台宋台长要挟一同撤退，拘留于（上草下木）中队部。大家都急于一见宋台长，藉明真相。无奈消息不能相通，该队部并造出宋台长另有嫌疑，用心实在太狠。前此南桐电讯曾两日不通，原来是这么回事。

发12月份薪饷，已经不易买东西。

11月27日　星期日　阴

据闻，厂长进城参加厂长会议。

收捡衣物。

晚，听广播，解放军入南川、桐梓。

11月28日　星期一　阴

上班时，遇常作之兄。据云：警卫队劫持张勤兄，夺去天府煤矿款黄金一百余两。

上午，办公室乱纷纷。某炮兵队来布阵地，交警及内二警来厂接警卫队防务。警卫队及稽查组索军衣请款。

下午，某部队在猫鼻梁我住宅附近挖战壕，人心惶惶。惟据各种情形推测，大渡口并非可守之地，且士无斗志，不会有什么战事在此发生（后来证实果然如此）。

警卫队在厂内抓兵，工作停顿。

下午，西南方闻炮声，办公室人员大半离去。

百吨炉、钢条厂停工。

晚，听广播（BBC），据由重（庆）抵香港人谈，解放军已逼近重庆，今晚或明晨即可入城。蒋昨日飞成都。

电灯通宵未熄，继续收捡衣物，并准备躲避南岸。

晚，有机枪声。

11月29日　星期二　阴

起晚。据云，厂内已禁止进入，大概是交警守卫。据云，有破坏厂中设备之准备。各单位主管及厂长要求保留一所发电设备以供水电，大概无效。

上午10时，赴琴台院看厂长，行至修德门为岗警所阻，经解说始放行。后遇1工役相告，厂长已避往李子林医院，乃作罢。沿路看王伯母、景和兄等。

炮兵已撤走。夜间东北方有爆炸声。以为破坏厂库，不似炮声。终日，西南方有枪炮炸弹声，飞机来往频繁，大概系飞往投弹。

傍午，在建国洞门前闻南服周兄谈解放军自鱼洞（或江口）渡江，占白市驿机场。此说甚近情理。如此，则大渡口无战事矣。

晚间停电，忧虑厂区破坏被波及。

11月30日　星期三　阴

据闻，厂区守卫已于昨晚撤走，在重要厂房内安置炸药不少。

工友进厂私担焦炭。

上午约9时，厂中忽发生爆炸。下山打听，悉为交流厂拆除炸药而爆炸，究为定时爆炸，抑系不慎所致，未能判明。闻厂长移至夜班宿舍办公。

12月1日　星期四　阴

重庆已解放。附近仅有零星战斗，有时稀疏枪声。

下午，百吨炉爆炸。

夜间有剧烈爆炸，天花石灰被震落。疑为百吨路鼓风房。亦有传闻，为场外某库者，未得究竟。

12月2日　星期五　阴

闻厂长在李子林医院办公，乃前探听消息。见右侧房内正在办理自卫队事项及征求拆除炸药人员。

闻厂长步行进城。

12月3日　星期六　晴

上午11时，厂长陪同解放军工兵人员来厂（为拆除厂内炸药而来），先在中山堂举行一非正式之自由参加之欢迎会，不期而来者约三数百人。解放军1排长及厂长、黄处长钟声，先后作简单之演说，大意均系安心静候、保护设备等。会毕，赴图书馆阅报，登载21兵工厂因破坏，炸死两三千人，瓷器口集中营集体杀害政治犯700余人。此种惨杀，于一即行灭亡之政权不知有何补益。

出阅报室，遇李毅兄，邀赴其府上闲叙。据渠云：昨晚巡逻（自组之巡逻队）时，在李子林东尽头遇大批人在某同事家避难，内有范景和、胡国探兄机器宝眷均在焉。据云：因观文岩火药库已被装上定时引信，将于今晚（二日晚）爆炸。言之凿凿，甚至使李兄晚间亦不能安眠。

**12月6日　星期二　阴**

阅布告，自昨日下午赴恢复上班。厂长进城。

**12月7日　星期三　阴**

闻军管会已派军代表陆凤翔来厂。

**12月28日　星期三　大雾**

见报载：旅大区51万人签名向毛主席致敬书。作为一个革命者或前进者，对于把一个偌大古老国家扭转到新方向的领导人物自然有无限的钦敬。但歌功颂德之类的事，是值得一个领袖人物警惕的。

重钢历史文化研究中心供稿

# 重钢环保搬迁组织机构与负责人名录

（2007～2010年）

**重钢环保搬迁指挥部**

指挥长：董林

副指挥长：张再坤　刘加才　董荣华　郭德勇　李岚峰　袁进夫

指　挥：曹敬明　周宏　徐刚　邓强　涂德令　赵拓山

张明富（2007年1月～2009年11月）

唐清（2007年1月～2009年2月）

沈勇革（2009年2月任）

吴自生（2009年7月～2011年4月）

**矿山、西昌项目建设分指挥部**

机构及人员另定。

**工程管理部**（与技改处一套班子、两块牌子）

主　任：刘东（2007年1月～2010年5月）

常晓东（2010年5月～2011年11月）

副主任：杨伟才　郭明（2007年1月～2009年7月）

**设备材料采购部**（与装备处一套班子、两块牌子）

主　任：冯成伟（2007年1月～2009年2月）

姚小虎（2009年2月起）

副主任：李巍

**规划与设计管理部**

主　任：章金楠

常务副主任：谢朝忠（2007年1月～2011年11月）

副主任：杨发金（2009年2月起）

**财经部**

主　任：涂德令

副主任：刘代华

**综合部**

主　任：夏彤（2007年1月～2011年11月）

常务副主任：左宁松（2007年1月～2009年2月）

副主任：何男男（2007年1月～2009年2月）

常务副主任：何男男（2009年2月起）

**焦化项目部**

经　理：常恨非

常务副经理：毛小英

**烧结项目部**

经　理：张理全

常务副经理：林福生

**炼铁项目部**

经　理：鲁德昌

常务副经理：张勇

**炼钢项目部**

经　理：李家春（2007年1月～2010年11月）

周宏（2010年11月起）

常务副经理：安昌遐

执行副经理：吴银兵（2008年10月）

副经理：刘伟（2009年2月起）

**中、宽厚板项目部**（2010年1月更名为中厚板项目部）

经　理：管朝晖（2007年1月～2010年11月）

罗运清（2010年11月起）

常务副经理：刘树（2007年1月～2010年1月）

杨斌（2010年1月起）

副经理：杨斌（2008年10月～2010年1月）

**型钢项目部**

经　理：李兴国

**高线项目部**（2010年1月更名为线棒材项目部）

经　理：王绍斌（2007年1月～2010年1月）

陈志伟（2010年1月起）

**热轧宽带项目部**(2010年1月更名为热轧板带项目部)
经　理:黄仑(2007年1月~2010年1月)
刘树(2010年1月起)
副经理:杨发金(2007年1月~2009年2月)
黄仑(2010年1月起)

**冷轧涂镀项目部**
经　理:李兰天
常务副经理:申志强

**机动能源项目部**(2009年3月更名能源管控项目部)
经　理:姚小虎(2007年1月~2009年2月)
李红宇(2009年2月~3月)
黄龙强(2009年3月起)
常务副经理:郑含燕

**码头铁路运输项目部**
经　理:鄢培
常务副经理:王德智

**三电项目部**
经　理:李建中(2007年1月~2009年5月)
张桥川(2009年5月起)
常务副经理:何秉专(2007年1月~2009年5月)

**制氧项目部**
经　理:罗绯
常务副经理:袁红

**特钢项目部**
经　理:张培(2007年1月~2010年9月)
张军(2010年9月起)
常务副经理:任德友(2010年9月起)
副经理:张景惠(2007年1月~2010年9月)
李顺成(2010年9月起)

**钢管项目部**
经　理:熊明祥
副经理:宋大宁　谢光健(2007年4月起)

**冶金辅料及资源综合利用项目部**
经　理:戴英(2007年1月~2010年11月)
赵亮(2010年11月起)
常务副经理:王贵伟(2007年1月~2010年1月)
副经理:尹开政(2010年1月起)

**料场项目部**(2007年4月12日成立)
常务副经理:杨腾跃

**理化检验项目部**(2007年9月5日成立)
经　理:李红

**机械制造项目部**(2009年3月成立)
经　理:黄健
常务副经理:卢巍

**后勤管理项目部**(2009年4月成立)
经　理:唐世明(2009年4月~2010年11月)
陈红(2010年11月起)
副经理:陈红(2009年4月~2010年11月)
陈造(2007年1月~2011年11月)

**重钢FINEX项目筹备组**(2010年9月设立)
常务副组长:朱斌(2010年11月起)
副经理:李顺成(2010年11月起)

重钢环保搬迁综合部供稿

**本部目编辑　温勇耀**
**本部目校对　张　萍**

18

# 附录

重钢年鉴

2012

# 文件选编

## 重钢集团技术专家管理办法(试行)

重钢人资发〔2011〕154号

**第一章 总则**

**第一条** 为贯彻落实科学发展观和科学人才观,加快实施人才强企战略,健全专业技术人才职业发展通道,完善专业技术人才成长激励机制,促进重钢集团高层次的专业技术人才队伍建设,为重钢集团跨越式发展提供坚强的人才支撑,特制定本办法。

**第二条** 本办法所称技术专家是指在重钢集团各重点专业和核心技术领域内具有较高学术技术水平,能够有效推动企业技术进步、科技创新,并对企业发展做出较大贡献的专业技术人才。

**第三条** 技术专家选拔应遵循的原则:服务发展、按需设置;公开选聘、竞争择优;统筹兼顾、合理布局;严格条件、宁缺毋滥;统一规范、动态管理。

**第四条** 重钢集团人力资源处负责本办法的组织实施和日常管理。

**第二章 职数设置及任职条件**

**第五条** 技术专家按专业设置五个职级,由低到高分别为:副主任工程师、主任工程师、技术专家、高级技术专家、首席技术专家。名称统一为:××副主任工程师、××主任工程师、××技术专家、××高级技术专家、××首席技术专家(注:××为专业名称)。

**第六条** 技术专家选拔在各子公司(厂、矿)主要专业中进行,原则上按照逐级选拔的方式,特别优秀的可适当放宽。技术专家、高级技术专家、首席技术专家纳入重钢集团统一选拔聘任和考核管理;副主任工程师、主任工程师纳入各子公司统一选拔聘任和考核管理。

**第七条** 技术专家的任职基本条件

(一)身体健康,具有良好的思想政治素质和职业道德,有不断创新的科学精神。

(二)有深厚学术造诣、系统的专业技术理论知识,一般应具有本专业或相关专业大学本科及以上学历。

(三)技术职称及执业资格条件:

首席技术专家、高级技术专家、技术专家:一般应具有本专业或相关专业高级技术职称或取得本专业或相关专业的一级注册师执业资格,且未担任厂处级及以上领导职务的在岗专业技术人员。

主任工程师、副主任工程师:一般应具有本专业或相关专业中级及以上技术职称,且未担任科级及以上领导职务的在岗专业技术人员。

(四)具备下列各层次对应的专业技术水平、能力及业绩条件:

首席技术专家:在本专业领域具有较高的权威和很强的创新能力,所从事的专业处于国际先进或国内(行业)领先水平;或主持过市级(行业)及以上重大科研项目或建设工程,并获得市级(行业)及以上科技进步奖;或拥有授权发明专利,在所在领域做出创造性的成就或重大贡献。

高级技术专家:在本专业技术领域能独当一面,在本专业(行业)内有一定影响；或主持过重钢集团级及以上大中型科研项目或建设工程，并获得重钢集团科技进步二等奖（排名前三）及以上奖励；或能解决本专业疑难技术问题，有较强的创新能力，取得一定价值的科技成果或在技术创新中取得较大的经济效益和社会效益。

技术专家：有丰富的技术实践经验，能解决本专业较复杂的技术问题；或主持或组织过本单位重要技术项目和攻关项目，曾获得重钢集团科技进步奖及以上技术成果奖（排名前三）；或业绩突出，在科技应用、专利技术、创新创造方面取得良好的经济效益或社会效益。

主任工程师、副主任工程师：作为技术骨干承担、参加过本单位大中型技术项目或重点科研项目，能解决本专业较复杂的技术问题；有较强的创新能力，取得一定价值的科技成果或在技术创新中取得良好的经济效益或社会效益。

特别优秀的或因工作特殊需要的，可不受上述条件限制破格聘任。

**第八条** 技术专家各层次数量应根据单位规模大小、技术密集度、主要专业和专业技术人员总量等因素而设置，并严格按职数控制。

重钢集团将根据各单位情况，结合重钢发展和合理的专业结构比例需要，下达各层次设置的数量。“十二五”期间，首席技术专家、高级技术专家、技术专家总数原则上控制在50人以内，其中首席技术专家控制在10%以内，高级技术专家控制在30%以内。各子公司选聘的主任工程师总量原则上不超过其专业技术人员总数的10%，副主任工程师的数量原则上控制在主任工程师的3倍以内（具体设置专业及职数由重钢集团人力资源处核定下达）。

**第三章 选拔聘任程序**

**第九条** 重钢集团成立技术专家考评委员会，负责重钢集团技术专家及以上人才的评审和考核工作。考评委员会委员由重钢集团人力资源处、党委组织部（人事处）、技术发展办公室、机动处、科协和钢铁股份公司人力资源处等部门负责人及科协有关专委会主任组成，设主任委员一名，由重钢集团分管领导担任。考评委员会下设日常工作办公室，挂靠重钢集团人力资源处。

**第十条** 技术专家及以上人才的聘任程序

（一）提名推荐。各子公司通过单位推荐或群众推荐的方式，从聘任在岗的技术带头人、主任工程师或科级管理人员中提名推荐，经子公司领导班子集体讨论通过后，将推荐人选材料报重钢集团人力资源处。

（二）专业评审。重钢集团人力资源处对各子公司推荐人选进行汇总后，提交重钢集团技术专家考评委员会，考评委员会采取审阅材料、答辩评审、无记名投票表决等方式对推荐人选的任职条件、技术水平及业绩进行综合评审。

（三）组织考察。重钢集团人力资源处牵头组织对考评委员会评审通过的人选组织进行考察，并开展民意测评。

（四）对象公示。在《重钢报》或公司网站上对考察对象进行公示，公示时间为五个工作日。

（五）党政联席会审定。经公示无异议的技术专家及以上层次人选报重钢集团党政联席会研究决定，重钢集团行聘任通报。

**第十一条** 主任工程师、副主任工程师的选拔聘任程序

（一）子公司拟定实施办法，报重钢集团人力资源处审核备案。并成立由行政、工会、技术、设备等部门组成的考核工作组；

（二）基层单位推荐或本人申报；

（三）子公司组织评选；

（四）公示；

（五）子公司办公会审定后，行聘任通报，并报重钢集团人力资源处备案。

**第四章 职责和待遇**

**第十二条** 技术专家在任期内的职责

（一）认真履行本岗位职责，做好本职工作。

（二）任期内特有业绩职责。

首席技术专家：准确把握本专业、本行业的发展方向，提出重钢集团或本单位专业领域内具有战略性、前瞻性、创造性的研究构想；或参与重钢集团中长期发展规划的制定与实施；或每年至少负责组织实施一项重钢集团战略发展所需重大科研项目、工艺技术攻关和技术创新活动，并取得重大经济和社会效益；或推进国内外技术交流，带领本专业、本行业赶超国内外先进水平。

高级技术专家：牵头解决本专业范围内关键技术难题，每年至少负责组织或主持一项重钢集团级及以上重大技术改造、重要产品开发和重大工艺质量或设备改进等重要技术论证和技术攻关；或任期内在推动科技成果、专利技术转化应用中创造较大经济和社会效益。

技术专家：牵头解决本专业内较复杂的技术难题，每年至少负责主持或组织一项本单位重要技术项目和攻关项目；或任期内在推动科技成果、专业技术转化应用中取得良好的经济和社会效益。

主任工程师：主动承担或参加本单位的技术改造、产品开发、技术质量、生产工艺或设备改进等重要技术论证和技术攻关，组织解决本专业范

围内的技术难题,每年至少参与一项本单位重要科技项目。

副主任工程师:主动参与本单位的技术改造、产品开发、技术质量、生产工艺或设备改进等技术论证和技术攻关,参与解决本专业范围内的技术难题,每年至少参与一项本单位重要科技项目。

(三)技术专家及以上人才每年至少作一次较大规模的专业技术讲座以及在国内公开发行的专业期刊上至少发表一篇专业学术论文。

(四)领衔本专业、本行业、本领域学术技术团队,积极培养本专业领域骨干人才和后备人才,在专业理论和生产实践等方面做好传、帮、带工作。

**第十三条** 技术专家的待遇

(一)任期内的薪酬标准:首席技术专家执行重钢集团副总工程师级薪酬标准;高级技术专家执行所在单位正处级薪酬标准;技术专家执行所在单位副处级薪酬标准;主任工程师执行所在单位正科级薪酬标准;副主任工程师执行所在单位副科级薪酬标准。由子公司按各层级技术专家任期内的考核意见兑现。

(二)技术专家及以上人员可针对性地参加两级中心组学习和本单位有关生产技术方面的领导班子会。

(三)培训专项经费:参照重钢集团相关文件规定,享有个人培训专项经费。技术专家及以上人员培训专项经费标准为5000元/人·年;主任工程师为2000元/人·年;副主任工程师为1000元/人·年。

(四)参加重钢集团或所在子公司(单位)有关专业及重大科技项目的论证会。

(五)技术专家及以上人员优先推荐参加市级及以上专业技术人才的评选。

**第五章 管理和考核**

**第十四条** 技术专家实行动态管理和任期制,每届任期两年,任期届满后需重新参加选拔和履行聘任手续。各子公司在推荐或评选技术专家时,应坚持注重选拔程序,"宁缺毋滥",按照符合一个,推荐或评选一个的原则,进行择优推荐或评选。

**第十五条** 技术专家的考核

(一)考核原则和内容

技术专家考核应坚持实事求是、客观公正、民主公开、注重实绩的原则,考核内容包括履行专家职责和岗位职责、工作绩效、敬业精神、群众公认度等情况。

(二)考核方式和方法

技术专家的考核与本单位主要经济指标挂钩,以单位考核为主,坚持季度考核与年度考核相结合的方式。

1.技术专家及以上人员的考核

(1)季度考核。技术专家被聘任后,由重钢集团授权所在子公司与其签订年度工作责任书,明确任期内职责和具体任务。季度考核由所在子公司(单位)每季末前提出考核意见,考核结果经所在单位领导班子集体研究,按优秀、合格、基本合格和不合格四个等次确定,报重钢集团人力资源处。

(2)年度考核。由重钢集团人力资源处牵头组织开展年度业绩考核、民意测评。技术专家年底前需向所在子公司(单位)提交年度工作报告、考核表等资料。

(3)综合评价。重钢集团技术专家考评委员会综合技术专家的年度业绩考核、年终民主测评等情况,提出综合考核意见,并按优秀、合格、基本合格和不合格四个等次返各子公司分别兑现薪酬标准的100%、90%、70%、40%。

(4)重钢集团人力资源处建立技术专家的考核档案。

2.主任工程师、副主任工程师的考核由各单位参照技术专家及以上人员的考核办法执行。

**第十六条** 技术专家与行政职务原则上不交叉任职。

**第十七条** 技术专家在任期内有下列情形之一的,解除聘任,不再享受技术专家的待遇。

(一)违反国家有关法律、法规和规定,受到相应处理的;

(二)任期内对所负责或承担的工作不能保质保量地完成,或出现重大失误和造成严重经济损失的;

(三)任期内年度考核被认定为不合格者或两次均为基本合格者;

(四)弄虚作假,谎报业绩成果,违背技术专家所须具备的道德标准的;

(五)离开重钢或离开被聘任专业技术岗位的或办理退休的;

(六)因其他原因,不能履行技术专家职责的。

**第六章 附则**

**第十八条** 本办法自颁布之日起执行。各子公司已聘任在岗,任期未届满的技术带头人、主任工程师可按本办法重新申报,未申报或未被评选上的人员仍按原规定执行至届满。

**第十九条** 本办法由重钢集团人力资源处负责解释。重钢集团《关于强化人才激励促进科技创新的实施意见》(重钢人资发〔2006〕110号)中与本办法不一致的按本办法执行。原重钢人资发〔2005〕49号文件《关于在子公司选拔培养科技带头人和技能尖子的意见》及重钢人资发〔2009〕298号文件《子公司技术带头人和技能尖子及后备队伍的培养选拔管理办法》停止执行。

重庆钢铁(集团)有限责任公司

2011年6月28日

# 文件编目

## ·国家·

1.《关于同意渝富公司对重钢集团矿业有限公司增资的批复》，重庆市国有资产监督管理委员会渝国资〔2011〕28号，2011年1月7日

2.《关于要求重庆钢铁股份有限公司加强环境管理的通知》，重庆市环境监察总队渝环监察发〔2011〕4号，2011年2月1日

3.《关于恳请协调解决重庆矿投海外有限公司海外发行债券评级所需资料的请示》，领导批示，2011年2月5日

4.《关于恳请协调江苏省政府有关部门支持重钢靖江物流项目建设的请示》，领导批示，2011年2月15日

5.《关于办理国有股转持用外资项目的通知》，重庆市国有资产监督管理委员会渝国资〔2011〕50号，2011年2月17日

6.《关于大渡口老区钢铁生产设施关停的报告》，领导批示，2011年3月28日

7.《关于同意重庆矿投海外有限公司增资及转持亚洲钢铁控股有限公司60%股权的批复的通知》，重庆市对外贸易经济委员会渝外经贸发〔2011〕141号，2011年4月8日

8.《关于重钢用煤免征煤炭价格调节基金请示的复函》，重庆市煤炭价格调节基金管理办公室渝价调函〔2011〕1号，2011年4月14日

9.《关于对"关于重钢工程质量监督站变更站长的函"的批复》，冶金工业工程质量监督总站冶建监〔2011〕10号，2011年4月21日

10.《关于下达2011年度重庆钢铁(集团)有限责任公司改革工作目标的通知》，重庆市国有资产监督管理委员会渝国资〔2011〕207号，2011年5月4日

11.《重庆钢铁(集团)有限责任公司关于歌乐山矿关闭后土地调规的请示》，领导批示，2011年5月5日

12.《关于国家档案局对我市重点建设项目档案工作检查情况的通报》，重庆市档案局渝档发〔2011〕29号，2011年5月5日

13.《关于与韩国浦项合作及急需协调解决有关问题的情况报告》，领导批示，2011年5月13日

14.《关于同意重庆钢铁(集团)有限责任公司协议转让房产的批复》，重庆市国有资产监督管理委员会渝国资〔2011〕261号，2011年5月16日

15.《公约重钢集团老厂区关闭工作的会议纪要》，重庆市人民政府办公厅专题会议纪要(2011)14期，2011年5月16日

16.《转发商务部〈关于同意重庆矿投海外有限公司增资及转持亚洲钢铁控股有限公司60%股权、变更经营范围的批复〉》，重庆市对外贸易经济委员会渝外经贸发〔2011〕204号，2011年5月25日

17.《关于同意重钢中兴实业公司改制的批复》，重庆市国有资产监督管理委员会渝国资〔2011〕298号，2011年5月31日

18.《关于同意重钢集团转让所持重庆钢铁集团铁业有限责任公司股权的批复》，重庆市国有资产监督管理委员会渝国资〔2011〕315号，2011年6月7日

19.《关于冷轧项目相关事项的请示》，领导批示，2011年6月14日

20.《关于同意重钢集团设立财产权信托的批复》，重庆市国有资产监督管理委员会渝国资〔2011〕349号，2011年6月16日

21.《关于同意重庆市铁路自备车有限公司协议转让所持重庆钢铁集团朵力房地产股份有限公司股份的批复》，重庆市国有资产监督管理委员会渝国资〔2011〕345号，2011年6月20日

22.《关于同意降价处置重钢集团运输有限责任公司部分房产的批复》，重庆市国有资产监督管理委员会渝国资〔2011〕400号，2011年7月25日

23.《关于重庆钢铁(集团)有限责任公司2010年度财务决算的批复》，重庆市国有资产监督管理委员会渝国资〔2011〕424号，2011年7月28日

24.《关于重庆钢铁(集团)有限责任公司2010年度工资总额清算结果的批复》，重庆市国有资产监督管理委员会渝国资〔2011〕440号，2011年7月28日

25.《关于重钢集团和韩国浦项FINEX综合钢厂合作项目开展前期工作的复函》，重庆市发展和改革委员会渝发改工函〔2011〕499号，2011年8月22日

26.《关于重庆重钢矿产开发投资有限公司开发建设澳大利亚西澳洲伊斯坦鑫山磁铁矿项目核准的批复》，国家发展和改革委员会发改外资〔2011〕1893号，2011年8月31日

27.《转发国家发展和改革委员会关于重庆重钢矿产开发投资有限

公司开发建设澳大利亚西澳洲伊斯坦鑫山磁铁矿项目核准批复的通知》,重庆市发展和改革委员会渝发改外〔2011〕1269号,2011年8月31日

28.《关于重庆钢铁集团环保搬迁后社会职能移交及人员安置和社会保险有关问题的会议纪要》,重庆市人民政府办公厅专题会议纪要(2011)171期,2011年9月13日

29.《关于2010年度重庆钢铁(集团)有限责任公司绩效评价结果的通报》,重庆市国有资产监督管理委员会渝国资〔2011〕616号,2011年9月27日

30.《关于研究重庆三峡油漆厂和重钢五、六厂地块整治出让有关问题的会议纪要》,重庆市人民政府办公厅专题会议纪要(2011)189期,2011年10月9日

31.《关于急需解决重钢长寿新区国土规划问题的情况报告》,领导批示,2011年10月12日

32.《关于转发〈商务部同意重庆重钢矿产开发投资有限公司向其在英属维尔京群岛设立的重庆矿投海外有限公司增资的批复〉的通知》,重庆市对外贸易经济委员会渝外经贸发〔2011〕380号,2011年11月2日

33.《关于重钢长寿生产厂区外修建职工住宅需要用地的请示》,领导批示,2011年11月15日

34.《重钢集团关于厂办集体改制企业享受环保搬迁优惠政策的请示》,领导批示,2011年11月30日

35.《关于支持重钢环保搬迁项目的函》,国家发展和改革委员会办公厅发改办产业〔2011〕2980号,2011年12月4日

36.《关于重庆钢铁集团环保搬迁工程融资及澳矿项目有关问题的会议纪要》,重庆市人民政府办公厅专题会议纪要(2011)238期,2011年12月5日

37.《关于重钢新区长材项目建设的报告》,领导批示,2011年12月13日

38.《关于恳请给予重庆钢铁集团环保搬迁工程金融支持的函》(给国家开发银行的信),重庆市人民政府办公厅渝府函〔2011〕238号,2011年12月14日

## ·重钢行政·

1.《关于印发〈重庆钢铁(集团)有限责任公司"十二五"发展规划纲要的通知》,重钢技发发〔2011〕31号,2011年1月28日

2.《关于印发〈重钢统计报表管理规定〉的通知》,重钢经运发〔2011〕32号,2011年1月30日

3.《关于印发〈重钢统计数据提供和使用规定〉的通知》,重钢经运发〔2011〕33号,2011年1月30日

4.《关于印发〈重钢原始记录管理规定〉的通知》,重钢经运发〔2011〕34号,2011年1月30日

5.《关于印发〈重庆钢铁(集团)有限责任公司统计管理规定〉的通知》,重钢经运发〔2011〕37号,2011年1月31日

6.《关于安全生产基层基础攻坚年工作的实施意见》,重钢安环发〔2011〕39号,2011年2月16日

7.《关于重钢总医院建设内科综合大楼重新立项的批复》,重钢技发发〔2011〕42号,2011年2月16日

8.《关于设立重钢集团老区关停后资产处置组织机构和监督机构的通知》,重钢经办发〔2011〕45号,2011年2月23日

9.《关于印发"重钢集团平安重庆·应急联动防控体系数字化建设工程项目实施方案"的通知》,重钢保卫发〔2011〕52号,2011年3月1日

10.《关于印发"老区资产处置专项管理办法"的通知》,重钢财务发〔2011〕59号,2011年3月9日

11.《关于印发"重钢集团内部控制制度审计评价办法"的通知》,重钢审计发〔2011〕61号,2011年3月10日

12.《关于印发"重钢集团工程审计办法"的通知》,重钢审计发〔2011〕62号,2011年3月10日

13.《关于印发"重钢集团经济责任审计办法"的通知》,重钢审计发〔2011〕63号,2011年3月10日

14.《关于印发"重钢集团大渡口老区环保拆迁工程安全环保管理暂行办法"的通知》,重钢安环发〔2011〕65号,2011年3月14日

15.《关于印发〈重庆钢铁(集团)有限责任公司放射性同位素与射线装置防护管理办法〉的通知》,重钢安环发〔2011〕94号,2011年4月15日

16.《关于老区资产处置管理有关问题的补充通知》,重钢财务发〔2011〕101号,2011年4月26日

17.《关于印发〈重钢集团老区工业建(构)筑物拆除处置专项管理办法〉的通知》,重钢机动发〔2011〕118号,2011年5月12日

18.《关于印发〈重钢集团不合格供应商评定与处置办法(试行)〉的通知》,重钢监察发〔2011〕119号,2011年5月13日

19.《关于健全和完善〈重钢(集团)有限责任公司全员业绩评价考核暂行管理办法〉的通知》,重钢经运发〔2011〕130号,2011年5月27日

20.《关于重钢环保搬迁指挥部项目部人员安排的通知》,重钢人资发〔2011〕131号,2011年5月30日

21.《关于印发"重钢集团长寿新区电站安全工作规程(试行)"的通

知》,重钢机动发〔2011〕148号,2011年6月23日

22.《关于印发"重庆钢铁(集团)有限责任公司关于废金属及渣源管理办法"的通知》,重钢经运发〔2011〕151号,2011年6月27日

23.《关于印发〈重钢集团技术专家管理办法(试行)〉的通知》,重钢人资发〔2011〕154号,2011年6月30日

24.《关于印发〈重钢集团技能专家管理办法(试行)〉的通知》,重钢人资发〔2011〕155号,2011年6月30日

25.《关于撤销三峰传媒公司的通知》,重钢人资发〔2011〕159号,2011年7月14日

26.《关于重钢集团机关职工统一基础工资标准实施办法的通知》,重钢人资发〔2011〕176号,2011年8月8日

27.《关于印发〈重钢集团外来建设施工单位治安管理规定〉的通知》,重钢保卫发〔2011〕197号,2011年9月13日

28.《关于对〈重钢集团大渡口老区环保拆迁工程安全环保管理暂行办法〉进行补充、修改的通知》,重钢安环发〔2011〕198号,2011年9月14日

29.《关于颁发〈重钢股份公司老区利旧设备搬迁技措项目管理办法〉的通知》,重钢机动发〔2011〕208号,2011年10月9日

31.《关于印发〈重钢钢花影剧院使用及收费管理办法〉的通知》,重钢财务发〔2011〕210号,2011年10月12日

31.《关于转发〈关于对重钢集团老区拆除工程中违反厂区治安管理的处罚规定〉的通知》,重钢保卫发〔2011〕242号,2011年10月27日

32.《关于印发〈重庆钢铁(集团)有限责任公司环境保护监察处罚管理办法〉的通知》,重钢安环发〔2011〕246号,2011年11月28日

33.《关于调整重钢集团档案鉴定委员会的通知》,重钢档案发〔2011〕255号,2011年12月1日

34.《关于聘任重钢集团首批技能专家的通知》,重钢人资发〔2011〕273号,2011年12月22日

35.《关于聘任重钢集团首批技术专家的通知》,重钢人资发〔2011〕275号,2011年12月22日

36.《关于印发〈重钢集团技术技能专家业绩考评与薪酬管理实施办法〉的通知》,重钢人资发〔2011〕282号,2011年12月28日

37.《关于办理加载金融功能的社会保障卡及住房公积金联名卡的通知》,重钢财务发〔2011〕295号,2011年12月31日

## ·重钢党委·

1.《关于印发〈重钢集团党委2011年工作要点〉的通知》,重钢党发〔2011〕1号,2011年1月5日

2.《关于印发〈重钢集团2011年党风建设和反腐倡廉分工责任制〉的通知》,重钢党发〔2011〕18号,2011年3月21日

3.《关于印发〈重钢集团贯彻中央(关于实行党风廉洁建设责任制的规定)的实施办法〉的通知》,重钢党发〔2011〕19号,2011年3月21日

4.《关于印发〈重钢集团老区关停后资产处置监督工作实施办法〉的通知》,重钢党发〔2011〕20号,2011年3月21日

5.《重钢集团关于加强和改进新形势下思想政治工作的意见》,重钢党发〔2011〕21号,2011年3月25日

6.《关于印发〈重钢集团关于在全体职工中开展法制宣传教育的第六个五年规划〉(2011~2015年)的通知》,重钢党发〔2011〕25号,2011年4月18日

7.《关于印发〈重钢集团党组织日常工作经费管理办法〉的通知》,重钢党发〔2011〕23号,2011年4月19日

8.《关于在全公司开展"三项行动"工作的意见》,重钢党发〔2011〕28号,2011年5月11日

9.《关于印发〈重钢集团党务公开实施办法〉的通知》,重钢党发〔2011〕30号,2011年5月27日

10.《关于印发〈重钢文化建设"十二五"规划〉的通知》,重钢党发〔2011〕32号,2011年6月21日

11.《关于统一征收宣传服务费的通知》,重钢党发〔2011〕36号,2011年7月5日

12.《关于推动干部下访群众制度化的实施意见》,重钢党发〔2011〕38号,2011年7月8日

13.《关于印发〈重钢集团学习型党组织建设管理办法〉的通知》,重钢党发〔2011〕45号,2011年10月31日

14.《关于钢铁股份公司下属部分团组织撤销、更名的通知》,重钢团发〔2011〕13号,2011年12月12日

15.《关于表彰重钢集团2009~2011年度劳动模范、先进生产(工作)者、先进集体的决定》,重钢党发〔2011〕53号,2011年12月28日

16.《关于印发〈重钢(集团)有限责任公司党委2011年工作总结〉的通知》,重钢党发〔2011〕55号,2011年12月29日

17.《重钢(集团)有限责任公司团委2011年工作总结》,重钢团发〔2011〕14号,2011年12月31日

## ·重钢工会·

1.《重钢集团各级工会和职工开展创先争优活动的实施办法》,重集工发〔2011〕4号,2011年1月31日

2.《重钢集团工会财务管理办法》,重集工发〔2011〕29号,2011年5月26日

3.《重钢集团工会财务会计档案管理办法》,重集工发〔2011〕30号,2011年5月26日

4.《工会经费收入专用收据管理办法》,重集工发〔2011〕31号,2011年5月26日

5.《重钢集团工会会计电算化管理办法》,重集工发〔2011〕36号,2011年6月14日

方小容

# 荣誉

## 2011年重钢获国家、部、市(省)荣誉称号

| 名称 | 授予部门 | 获奖单位 |
| --- | --- | --- |
| "十一五"时期社会主义劳动竞赛先进集体 | 中华全国总工会 | 重钢公司 |
| 统计工作先进集体 | 中国钢铁工业协会 | 重钢公司<br>钢铁股份公司 |
| 全国先进基层党组织 | 中共中央组织部 | 重钢党委 |
| 全国质量信得过班组 | 中国质量协会、中华全国总工会、中国科学技术协会、共青团中央、中华全国妇女联合会 | 炼钢厂炼钢车间2号炉丙班<br>维检部烧结维护站机械白班 |
| 全国模范职工之家 | 中华全国总工会 | 钢铁股份公司工会 |
| 全国工人先锋号 | 中华全国总工会 | 重钢三峰卡万塔公司制造部 |
| 全国五一巾帼标兵岗 | 中华全国总工会 | 炼钢厂动环车间电站 |
| 全国内部审计先进集体(2008~2010年) | 中华人民共和国审计署 | 审计处 |
| 全国机械冶金建材系统工会工作先进集体 | 中国机械冶金建材工会全国委员会 | 矿业公司工会 |
| 全国钢铁行业"青安杯"竞赛青年安全生产示范岗 | 共青团中央城市青年工作部、全国钢铁行业青年工作会组织委员会 | 重庆钢研所第一车间维修班<br>中厚板厂公辅作业区青安岗 |
| 全国钢铁行业"青安杯"竞赛最佳青年安全监督岗 | 共青团中央城市青年工作部、全国钢铁行业青年工作年会组织委员会 | 品质部青安岗<br>焦化厂青安岗<br>高线厂青安岗<br>产业公司钢渣车间青安岗<br>重钢总医院青安岗<br>三钢公司青安岗 |
| 全国钢铁行业"青安杯"竞赛优秀组织单位 | 共青团中央城市青年工作部、全国钢铁行业青年工作年会组织委员会 | 重钢团委 |
| 全国钢铁行业"青安杯"竞赛先进集体 | 共青团中央城市青年工作部、全国钢铁行业青年工作年会组织委员会 | 炼铁厂团委<br>朝阳公司团委 |
| 工会财务工作先进单位 | 中华全国总工会 | 重钢工会 |
| 先进记者站 | 中国冶金报社 | 重庆记者站(重钢站) |

续表

| 名称 | 授予部门 | 获奖单位 |
|---|---|---|
| “重庆国企新闻奖”组织奖 | 中共重庆市国资委委员会 | 重钢公司 |
| “我为党旗争光彩”征文比赛组织奖 | 中共重庆市国资委委员会 | 重钢公司 |
| 重庆市经济运行工作先进单位 | 重庆市经济与信息化委员会 | 重钢公司 |
| 西南国防动员建设十佳单位 | 四川省成都军区国防动员委员会 | 重钢公司 |
| 重庆市宣传思想政治工作先进集体 | 中共重庆市委宣传部 | 重钢公司 |
| 国企贡献奖－先进集体 | 中共重庆市国资委委员会、重庆市国有资产监督管理委员会 | 重钢公司<br>大宝坡矿<br>维检部<br>重庆钢研所 |
| 国企贡献奖－科技创新团队 | 中共重庆市国资委委员会、重庆市国有资产监督管理委员会 | 重钢《干式真空系统应用于 RH 工艺技术研发》项目小组<br>重庆三峰环境公司自主知识产权焚烧炉产品产业化研发组<br>重庆钢研所 |
| 重庆五一劳动奖状 | 重庆市总工会 | 矿业公司<br>热轧薄板厂<br>电子公司<br>建设公司环保搬迁指挥部<br>重钢工会 |
| 重庆市工人先锋号(2011) | 重庆市总工会 | 环保搬迁焦化项目部<br>电子公司炼铁三电项目部<br>建设公司第二项目部<br>建设公司第三项目部<br>监理公司制造部<br>三峰科技公司项目部管理部<br>设计院 2700 毫米中板生产线搬迁工程工程设计项目组<br>产业公司废钢车间乙大班<br>朵力房地产公司长寿(新区)项目部<br>大宝坡矿冶金石灰车间行政管理班<br>朝阳公司 35000 立方米/时制氧班<br>物运部回收加工管理科<br>能控中心 220 千瓦电站<br>焦化厂干熄焦作业区二大班 |
| 重庆市工人先锋号(2010 年) | 重庆市总工会 | 景星白云石矿采矿车间<br>中厚板厂精整作业区甲班<br>炼铁厂四高炉炉前二班<br>物运部综合料场乙大班<br>建设公司检修公司筑炉作业队 |
| 重庆市模范职工之家 | 重庆市总工会 | 朵力房地产公司 |
| 重庆市内部审计先进集体(2008 ~ 2010 年) | 重庆市人力资源和社会保障局、重庆市审计局 | 审计处 |
| 重庆市档案工作先进集体 | 重庆市档案局 | 档案处 |
| 重庆“十一五”节能减排先进集体 | 重庆市环境保护局 | 重钢安全环保办公室 |
| 重庆市房地产开发企业五十强 | 重庆市房地产开发协会 | 朵力房地产公司 |
| 非煤矿山安全生产先进单位 | 重庆市人民政府安全生产委员会 | 矿业公司 |

续表

| 名称 | 授予部门 | 获奖单位 |
| --- | --- | --- |
| 重庆市先进基层党组织 | 中共重庆市委 | 矿业公司党委 |
| 重庆市先进基层党组织 | 中共重庆市国资委委员会 | 朵力房地产公司党委<br>中厚板厂党委<br>重庆同兴垃圾处理有限公司党支部<br>重钢环保搬迁指挥部铁前党支部<br>建设公司第三项目部党支部<br>朝阳公司制造部党支部 |
| 重庆市法制宣传教育先进集体(2006～2010年) | 重庆市国有资产监督管理委员会 | 重钢普法办公室 |
| 重庆市宣传文化工作先进集体 | 中共重庆市委宣传部 | 宣传部 |
| 重庆市工会帮扶工作标兵单位 | 重庆市总工会 | 重钢工会 |
| 工会财务会计综合竞赛特等奖 | 重庆市总工会 | 重钢工会 |
| 重庆五一巾帼奖状 | 重庆市总工会 | 物运部中央仓储作业区大件库收发女工班 |
| 重庆百佳五一巾帼示范标兵岗 | 重庆市总工会 | 财会处财会成本科 |
| 重庆五一巾帼标兵岗 | 重庆市总工会 | 炼钢厂运转作业区行车乙班<br>生活服务公司食品科指挥中心食堂<br>四钢公司硅钢片厂行车班<br>大宝坡矿综合车间库管班<br>建设公司电器修造公司电试班<br>型钢厂成品收发一班<br>能控中心供水作业区高炉1号水站 |
| 重庆市先进女职工组织 | 重庆市总工会 | 重钢工会女职工委员会 |
| 重庆市质量管理小组活动优秀企业 | 重庆市质量技术监督局、重庆市经济委员会、重庆市国有资产监督管理委员会、重庆市总工会、共青团重庆市委员会、重庆市科学技术协会、重庆市工商联合会 | 钢铁股份公司 |
| 重庆市质量管理小组活动优秀组织单位 | 重庆市质量技术监督局、重庆市经济委员会、重庆市国有资产监督管理委员会、重庆市总工会、共青团重庆市委员会、重庆市科学技术协会、重庆市工商联合会 | 钢铁股份公司 |
| 重庆市质量信得过班组 | 重庆市质量技术监督局、重庆市经济委员会、重庆市国有资产监督管理委员会、重庆市总工会、共青团重庆市委员会、重庆市科学技术协会、重庆市工商联合会 | 焦化厂作业区热调班 |
| 重庆市共青团工作目标考核特等奖(2010年) | 共青团重庆市委 | 重钢团委 |
| 重庆市五四红旗团委 | 共青团重庆市委 | 中厚板厂团委 |
| 重庆市五四红旗团支部 | 共青团重庆市委 | 质管处取样中心团支部 |
| 重庆市优秀青年突击队 | 共青团重庆市委 | 环保搬迁指挥部炼铁项目部青年突击队 |

## 2011年重钢获市以上科技进步奖

| 项目 | 完成单位 | 主研人员 | 等级 | 授予部门 |
|---|---|---|---|---|
| 干式(机械)真空系统应用于RH工艺技术研发 | 重钢集团 | 董荣华 江　洪 杨伟才 周　宏 安昌遐 胡　兵 熊银成 李家春 何维祥 刘建虎 吴银兵 马立华 付志红 陈郁伶 何宏侠 | 一等奖 | 中国钢铁工业协会<br>中国金属学会 |
| 干式(机械)真空系统应用于RH工艺技术研发 | 重钢集团 | 董荣华 江　洪 杨伟才 周　宏 安昌遐 胡　兵 熊银成 李家春 何维祥 | 二等奖 | 重庆市人民政府 |
| 特大型钢铁企业整体环保搬迁工程的系统化管理 | 重钢集团 | 董　林 董荣华 夏　彤 何男男 刘　东 常晓东 谢朝忠 | 三等奖 | 重庆市人民政府 |
| 孔型合并技术研究与应用 | 重钢高线厂 | 朱敬华 刘　勇 卿俊峰 袁太勇 杨文兵 刘　彬 | 三等奖 | 重庆市人民政府 |

## 2011年重钢获市以上优秀工程勘察设计奖

| 项目 | 完成单位 | 主研人员 | 等级 | 授予部门 |
|---|---|---|---|---|
| 重钢节能环保搬迁长寿江南新区全厂挡土墙工程勘察 | 设计院 | 江　涛 向纪双 尹祖华 欧汶鑫 刘素碧 宋大永 朱如渝 陈晓波 陈永渝 唐宗鹏 辛国品 陈广智 郑　惊 何　平 徐恩海 邱　虎 | 二等奖 | 中国冶金建设协会 |
| 福州红庙岭垃圾焚烧发电厂工程勘察 | 设计院 | 何秀明 江　洪 吕少伟 孙晋诚 李宏亮 黄建辉 刘　军 万明勇 蒲小方 冯亚彬 何建敏 江　军 董　欣 严　静 蒋孝兵 | 三等奖 | 中国勘察设计协会 |
| 重钢环保搬迁低温余热发电厂工程设计 | 设计院 | 江　洪 张　佩 刘建虎 孙晋诚 李宏亮 雷　波 江　军 叶　劲 余中华 周　伟 冯亚彬 吴　燕 严　静 | 二等奖 | 中国冶金建设协会 |
| 重钢环保搬迁冷固球团工程设计 | 设计院 | 杨宝成 郭德勇 廖　伟 李　蒙 吕和平 周　伟 黄建辉 饶　彬 张群力 董　欣 徐洪峰 李宏亮 刘　军 严　静 杨　勇 | 三等奖 | 中国冶金建设协会 |
| 重庆市巫溪县工业园区尖山组团道路工程设计 | 设计院 | 侯　力 王　盛 卢玉婷 陈晓波 宋大永 | 三等奖 | 中国冶金建设协会 |
| 重钢新区轧钢水处理系统工程设计 | 设计院 | 谷道川 孙长领 何秀明 苏　芸 万明勇 代正东 陈旭东 江　军 姚　容 唐　俊 张渝康 邹　宇 黄生合 | 三等奖 | 中国冶金建设协会 |
| 重钢集团环保搬迁炼钢水处理系统项目工程设计 | 设计院 | 孙长领 刘　鸥 刘恪志 刘　军 刘　菲 黄生合 江　军 董　欣 何　力 刘　亚 唐　俊 陈旭东 姚　容 程汝琼 | 三等奖 | 重庆市勘察设计协会 |
| 重钢节能环保搬迁长寿江南新区全厂挡土墙工程勘察 | 设计院 | 江　涛 向纪双 孙长领 宋大永 陈永渝 刘素碧 尹祖华 陈晓波 朱如渝 邱　虎 徐恩海 周绪健 朱　华 | 三等奖 | 重庆市勘察设计协会 |

## 2011 年重钢获市以上优质工程奖

| 项目 | 完成单位 | 奖项 | 授予部门 | 颁奖时间 |
|---|---|---|---|---|
| 1780 热轧板带项目 | 热轧薄板厂 | 冶金行业优质工程 | 中国冶金建设协会 | 2011 年 5 月 |

## 2011 年重钢获市以上优秀成果奖

| 项目 | 类别及等级 | 完成单位 | 主研人员 |
|---|---|---|---|
| 重钢(集团)有限责任公司长寿新区 CCPP－CDQ 余热回收利用工程可行性研究 | 重庆工程咨询协会优秀工程咨询成果一等奖 | 设计院 | 叶继承 江 洪 李宏亮 雷 波 周 伟 佘中华 陈永渝 赵 富 江 军 严 静 |
| 重庆市第二垃圾处理厂项目场外配套工程及三期扩建工程可行性研究 | 重庆工程咨询协会优秀工程咨询成果二等奖 | 设计院 | 江 洪 孙长领 张 未 程汝琼 孙晋诚 江 军 万明勇 |
| 重钢环保搬迁长寿新区 2700 毫米项目可行性研究 | 重庆工程咨询协会优秀工程咨询成果二等奖 | 设计院 | 曹敬明 张小清 段桂花 郭德勇 胡 坚 陈 冰 江 军 |
| 重钢集团环保搬迁炼钢水处理系统项目可行性研究 | 重庆工程咨询协会优秀工程咨询成果三等奖 | 设计院 | 孙长领 刘 鸥 刘 军 江 军 董 欣 |
| 企业档案服务产品化探索 | 重庆市档案局 2009～2011 年度优秀科技成果一等奖 | 档案处 | 黄二卫 张 兵 徐华伟 陈曼玲 张红海 龙志敏 黄 蕾 陈雪梅 方小容 |
| 大型企业迁建工程项目档案管理模式 | 重庆市档案局 2009～2011 年度优秀科技成果二等奖 | 档案处 | 黄二卫 彭地富 张 蓉 唐克洪 陈光云 郝高潮 郑玉明 王 祯 王许广 邓 英 |
| 依托档案资源打造独具特色的企业厂情馆 | 重庆市档案局 2009～2011 年度优秀科技成果三等奖 | 档案处 | 黄二卫 唐克洪 文祖风 王素兰 董塞南 胡昌碧 温勇耀 李富蓉 郑文婧 |

## 2011 年重钢获市以上优秀 QC 成果奖

| 项目 | 类别及等级 | 完成单位 |
|---|---|---|
| 提高混匀取料机小时取料量 | 中国质量协会优秀 QC 小组(成果)奖 | 维检部物运维护站达产达效 QC 小组 |
| 研制吊钩钩柄卡死装置 | 中国质量协会优秀 QC 小组(成果)奖、重庆市优秀 QC 小组(成果)奖 | 中厚板厂行车作业区天马 QC 小组 |
| 降低膨润土消耗 | 中国质量协会冶金分会优秀 QC 小组(成果)奖 | 烧结厂球团作业区值班室 QC 小组 |
| 70 号高碳钢加热工艺优化 | 中国质量协会冶金分会优秀 QC 小组(成果)奖 | 高线厂加热炉作业区 QC 小组 |
| 提高钢板探伤合格率 | 中国质量协会冶金分会优秀 QC 小组(成果)奖 | 钢研所炼钢科 QC 小组 |
| GK 型内燃机车双机重连牵引技术改造 | 中国质量协会冶金分会优秀 QC 小组(成果)奖 | 运输部内燃机组 QC 小组 |
| 归档文件整理编目工作标准规范化 | 中国质量协会冶金分会优秀 QC 小组(成果)奖 | 档案处管理科 QC 小组 |
| 气提升机改造 | 中国质量协会冶金分会优秀 QC 小组(成果)奖 | 炼铁厂点检站机械 QC 小组 |

续表

| 项目 | 类别及等级 | 完成单位 |
| --- | --- | --- |
| 重钢1780产热卷生产冷轧薄钢带的产品质量控制 | 中国质量协会冶金分会优秀QC小组(成果)奖 | 冷轧薄板厂生产技术部工艺质量QC小组 |
| 控制并优化新区吨钢废品产生量 | 中国质量协会优秀QC小组(成果)奖 | 品质部生产技术科QC小组 |
| 减少Φ50圆钢折叠 | 重庆市优秀QC小组(成果)奖 | 型钢厂中型车间工艺QC小组 |
| 降低理化辅料消耗 | 重庆市优秀QC小组(成果)奖 | 品质部型材站理化消耗QC小组 |
| 稳定操作提高连铸恒速率 | 重庆市优秀QC小组(成果)奖 | 炼钢厂连铸作业区大板坯生产攻关QC小组 |
| 提高带钢厚度命中率 | 重庆市优秀QC小组(成果)奖 | 热轧薄板厂生产技术攻关QC小组 |
| 提高水泵设备完好率 | 重庆市优秀QC小组(成果)奖 | 能控中心供水作业区中央水处理站QC小组 |
| 提高挥发酚测定准确率 | 重庆市优秀QC小组(成果)奖 | 焦化厂理化车间生化室QC小组 |
| 规范大宗原辅料的采购、质量、计量监督 | 重庆市优秀QC小组(成果)奖 | 党委工作部QC小组 |
| 实现新区轧钢浊环水水质稳定达标 | 重庆市优秀QC小组(成果)奖 | 安全环保处环保科QC小组 |
| 酸洗出口切头剪控制方式改进 | 重庆市优秀QC小组(成果)奖 | 电子公司PLC计算机QC小组 |
| 提高巡逻犬的工作能力 | 重庆市优秀QC小组(成果)奖 | 保卫处巡逻中队导犬班QC小组 |
| 加强备件管理 | 重庆市优秀QC小组(成果)奖 | 钢管公司50车间设备QC小组 |
| 降低穿孔机故障维修率 | 重庆市优秀QC小组(成果)奖 | 钢管公司76车间设备QC小组 |
| 加强酸洗质量提高冷拔合格率 | 重庆市优秀QC小组(成果)奖 | 钢管公司76车间工艺QC小组 |
| 提高热轧成品管合格率 | 重庆市优秀QC小组(成果)奖 | 钢管公司76车间工艺QC小组 |

## 2011年重钢获国家、部、市先进个人

| 姓名 | 单位 | 奖项 |
| --- | --- | --- |
| 张再坤 | 重钢党委办公室 | 重庆市优秀党务工作者 |
| 刘加才 | 经理办公室 | “2011十大重庆经济年度人物”、中共重庆市国资委委员会优秀共产党员、重庆市国企贡献奖—先进个人 |
| 郭德勇 | 经理办公室 | 重庆市国企贡献奖—先进个人 |
| 董荣华 | 经理办公室 | 中共重庆市委、重庆市人民政府“振兴重庆争光贡献奖”提名奖 |
| 潘向宇 | 工会 | 重庆市国有资产监督管理委员会法制宣传教育先进个人(2006~2010年)、重庆市女职工之友 |
| 李红宇 | 机动处 | 全国巾帼建功立业先进个人、全国五一巾帼标兵 |
| 金华聪 | 科协 | 全国科协系统先进工作者 |
| 蔡志清 | 经济运行处 | 中国钢铁工业协会钢铁统计工作先进个人 |
| 刘卫兵 | 机动处 | 中国钢铁工业协会钢铁统计工作先进个人 |
| 刘世华 | 宣传部 | 中国冶“金报社优秀”站长 |
| 吴　冬 | 朝阳公司 | 全国优秀共青团干部 |
| 时　靖 | 型钢厂 | 全国钢铁行业“青安杯”竞赛先进个人 |
| 黄　莺 | 三峰环境公司 | 全国钢铁行业“青安杯”竞赛先进个人 |
| 杨　超 | 物运部 | 全国钢铁行业“青安杯”竞赛最佳青安岗岗长(员) |
| 李　涛 | 冷轧薄板厂 | 全国钢铁行业“青安杯”竞赛最佳青安岗岗长(员) |
| 阙　飞 | 大宝坡矿 | 全国钢铁行业“青安杯”竞赛最佳青安岗岗长(员) |

续表

| 姓名 | 单位 | 奖项 |
|---|---|---|
| 陈琼芳 | 热轧薄板厂 | 全国钢铁行业“青安杯”竞赛最佳青安岗岗长(员) |
| 肖　胜 | 朵力房地产公司 | 全国钢铁行业“青安杯”竞赛最佳青安岗岗长(员) |
| 杜　康 | 能控中心 | 全国钢铁行业“青安杯”竞赛最佳青安岗岗长(员) |
| 吴益平 | 炼铁厂 | 重庆五一劳动奖章 |
| 王邦春 | 炼钢厂 | 重庆五一劳动奖章 |
| 常晓冬 | 党委宣传部 | 重庆五一劳动奖章 |
| 李培武 | 环保搬迁指挥部 | 重庆五一劳动奖章 |
| 郑　权 | 建设公司 | 重庆五一劳动奖章 |
| 李选彬 | 炼铁厂 | 重庆市优秀共产党员 |
| 王锡萍 | 经济运行处 | 重庆工业企业50强优秀联络员 |
| 冷强红 | 经济运行处 | 重庆市经济运行工作先进个人 |
| 余　沛 | 安全环保处 | 重庆“十一五”节能减排先进个人 |
| 李正琦 | 热轧薄板厂 | 重庆市杰出技能人才 |
| 蹇　丹 | 中厚板厂 | 重庆市优秀技能人才、重庆市国企贡献奖—先进个人 |
| 朱　兵 | 炼钢厂 | 重庆市优秀技能人才 |
| 陈　强 | 建设公司 | 重庆市优秀技能人才 |
| 雷钦平 | 三峰环境公司 | 重庆市国企贡献奖—先进个人 |
| 李保卫 | 纪委监察处 | 重庆市国企贡献奖—先进个人、中共重庆市国资委委员会优秀党务工作者 |
| 陈大元 | 矿业公司 | 第二届重庆十大创新型企业家 |
| 梁正明 | 矿业公司 | 全市非煤矿山安全生产工作先进个人 |
| 李仁生 | 股份公司经理办公室 | 中共重庆市国资委委员会优秀共产党员 |
| 黎　伟 | 朵力房产公司 | 中共重庆市国资委委员会优秀共产党员 |
| 黄二卫 | 档案处 | 中共重庆市国资委委员会优秀共产党员 |
| 汪海兵 | 建设公司 | 中共重庆市国资委委员会优秀共产党员 |
| 马渐平 | 物运部 | 中共重庆市国资委委员会优秀共产党员 |
| 孙耿涅 | 环保搬迁指挥部 | 中共重庆市国资委委员会优秀共产党员 |
| 朱红成 | 产业公司 | 中共重庆市国资委委员会优秀共产党员 |
| 王大元 | 三环监理公司 | 中共重庆市国资委委员会优秀共产党员 |
| 段晓强 | 钢管公司 | 中共重庆市国资委委员会优秀共产党员 |
| 甘伟前 | 矿业公司 | 中共重庆市国资委委员会优秀党务工作者 |
| 黄文才 | 宣传部 | 重庆市国有资产监督管理委员会法制宣传教育先进个人(2006~2010年) |
| 李美军 | 宣传部 | 重庆市国有资产监督管理委员会法制宣传教育先进个人(2006~2010年) |
| 杨浩东 | 高线厂 | 重庆市QC小组活动优秀推进者 |
| 罗　琳 | 工会 | 重庆市先进女职工工作者 |
| 陈　也 | 三环监理公司 | 重庆百佳五一巾帼示范标兵 |
| 周　莉 | 炼铁厂 | 重庆五一巾帼示范标兵 |
| 张小梅 | 焦化厂 | 重庆五一巾帼示范标兵 |
| 蒋大春 | 三峰环境公司 | 重庆五一巾帼示范标兵 |
| 程　卓 | 能控中心 | 重庆市优秀共青团干部 |

续表

| 姓名 | 单位 | 奖项 |
|---|---|---|
| 张　涛 | 重钢总医院 | 重庆市优秀共青团干部 |
| 刘　荷 | 三峰传媒公司 | 重庆市优秀共青团干部 |
| 李　超 | 自动化部 | 重庆市优秀共青团干部 |
| 赵　磊 | 炼钢厂 | 重庆市优秀共青团干部 |
| 祁苗苗 | 型钢厂 | 重庆市优秀共青团干部 |
| 练　琴 | 培训中心 | 重庆市优秀共青团干部 |

## 2011 年重钢获市以上优秀论文奖

| 题目 | 获奖类别及等级 | 作者单位 | 作者 |
|---|---|---|---|
| 奇帆情怀—忆黄奇帆常务副市长视察重钢环保搬迁现场 | 中共重庆市国资委委员会“我为党旗争光彩”征文比赛一等奖 | 宣传部 | 余新庆 |
| 重钢—我们的家园 | 中共重庆市国资委委员会“我为党旗争光彩”征文比赛二等奖 | 烧结厂 | 李　毅 |
| 90 后，我们一如既往 | 中共重庆市国资委委员会“我为党旗争光彩”征文比赛优秀奖 | 炼钢厂 | 代　伟 |
| “三三三”工程—先进文化建设的引擎 | 重庆市企业联合会企业文化优秀论文奖 | 朝阳公司 | 吴　冬　张高怡 |

## 2011 年重钢文体获市(省)以上奖

### ·文化教育·

| 名称 | 类别 | 奖项 | 获奖者 | 获奖时间 |
|---|---|---|---|---|
| 重钢电视台 | 刊物 | 中国电视艺术家协会全国最佳企业电视台称号 | 重钢电视台 | 2011 年 12 月 |
| 《钢花》 | | 重庆市新闻出版局重庆市 2010 年度优秀连续性内部资料 | 重钢公司 | 2011 年 6 月 |
| 全国“安康杯”竞赛(2010 年度) | | 优胜单位 | 重钢公司 | 2011 年 1 月 |
| 全国“安康杯”竞赛(2010 年度) | | 优胜班组 | 中厚板厂机修车间起重班、西昌矿业公司新太平公司维修班 | 2011 年 1 月 |
| 全国安全生产督导师人员培训 | | 先进集体 | 重钢工会 | 2011 年 1 月 |
| 庆祝建党 90 周年全国产业(行业)系统书法美术摄影精品展 | | 优秀组织奖 | 重钢工会 | 2011 年 9 月 |
| “国家电网杯”主题团日活动 | | 优秀组织奖 | 重钢团委 | 2011 年 10 月 |
| 重庆市“能源杯”青年职业技能大赛组织工作 | | 先进集体 | 重钢团委 | 2011 年 12 月 |
| 重庆市“能源杯”青年职业技能大赛组织工作 | | 先进个人 | 刘畅 | 2011 年 12 月 |

续表

| 名称 | 类别 | 奖项 | 获奖者 | 获奖时间 |
| --- | --- | --- | --- | --- |
| 重庆市“能源杯”青年职业技能大赛金属轧制工(板带组) | | 一等奖 | 林辉 | 2011年12月 |
| 重庆市“能源杯”青年职业技能大赛金属轧制工(板带组) | | 二等奖 | 兰金辉 | 2011年12月 |
| 重庆市“能源杯”青年职业技能大赛金属轧制工(板带组) | | 三等奖 | 罗帝简 | 2011年12月 |
| 重庆市“能源杯”青年职业技能大赛金属轧制工(棒线组) | | 一等奖 | 许凯 | 2011年12月 |
| 重庆市“能源杯”青年职业技能大赛金属轧制工(棒线组) | | 二等奖 | 刘明亮 | 2011年12月 |
| 重庆市“能源杯”青年职业技能大赛金属轧制工(棒线组) | | 三等奖 | 谢琦 | 2011年12月 |
| 重庆市“能源杯”青年职业技能大赛焊工 | | 二等奖 | 胡晓明 | 2011年12月 |
| 重庆市“能源杯”青年职业技能大赛焊工 | | 三等奖 | 林明英 | 2011年12月 |
| 重庆市“能源杯”青年职业技能大赛电工 | | 二等奖 | 张文淋 | 2011年12月 |
| 重庆市“能源杯”青年职业技能大赛车工 | | 三等奖 | 陈峥 | 2011年12月 |
| 《百年重钢》 | 电视形象片 | 中国电视艺术家协会评比一等奖 | 重钢电视台 | 2011年12月 |
| 《不忘护厂先烈,退休老人扫墓数十载》 | 电视新闻片 | 中国电视艺术家协会评比三等奖 | 重钢电视台 | 2011年12月 |
| 《重钢老厂区钢铁生产全线关停》 | 电视新闻片 | 中国电视艺术家协会评比三等奖 | 重钢电视台 | 2011年12月 |
| 《写在7平方公里热土上的“答卷”》 | 通讯 | 冶金记协好新闻一等奖、重庆市企业报协会好新闻二等奖 | 余新庆　许珀 | 2011年5月 |
| 《重钢气“吞”澳矿》 | 通讯 | 冶金记协好新闻二等奖、重庆市企业报协会好新闻一等奖 | 易巨淳 | 2011年5月 |
| 《重钢铁业全面关停》 | 消息 | 冶金记协好新闻二等奖、重庆市企业报协会好新闻一等奖 | 吴琼 | 2011年5月 |
| 《给FINEX技术找了个好“婆家”》 | 消息 | 冶金记协好新闻三等奖、重庆市企业报协会好新闻三等奖 | 袁矗 | 2011年5月 |
| 《心系重钢关心职工》 | 通讯 | 重庆市企业报协会好新闻二等奖 | 潘明 | 2011年5月 |
| 《当违规成为“习惯”出事不在是“偶然”》 | 言论 | 重庆市企业报协会好新闻三等奖 | 袁矗 | 2011年5月 |
| 《美化环境始于美化心灵》 | 言论 | 重庆市企业报协会好新闻三等奖 | 刘南 | 2011年5月 |
| 《重钢报》二版(2010年11月25日) | 新闻 | 重庆市企业报协会好版面三等奖 | 周吉琼 | 2011年5月 |
| 《重钢报》三版(2010年6月28日) | 新闻 | 重庆市企业报协会好版面三等奖 | 刘小芬 | 2011年5月 |
| 《轧钢线上的一把手》 | 图片 | 重庆市企业报协会优秀奖 | 王钢 | 2011年5月 |
| 《盛夏》 | 国画 | “工行杯”重庆职工心向党美术、书法、摄影作品展比赛金奖 | 蹇文波 | 2011年5月 |

续表

| 名称 | 类别 | 奖项 | 获奖者 | 获奖时间 |
| --- | --- | --- | --- | --- |
| 《此荷今日秋》 | 国画 | 第15届重庆市美术、书法、摄影联展比赛二等奖、第12届亚洲艺术节暨第3届中国文化艺术节执委会“都市风采”京、津、沪、渝书画联展比赛三等奖 | 蹇文波 | 2011年9、10月 |
| 《社区老人唱红歌》 | 摄影 | “寿星杯”全国老年摄影(节)大赛主题摄影展优秀奖 | 郑玉明 | 2011年9月 |
| 《百年重钢》 | 摄影 | “工港杯”首届重庆百年工业摄影大型摄影比赛二等奖 | 郑玉明 | 2011年8月 |
| 《火热的钢厂》《春天植树忙》 | 摄影 | 第15届重庆市美术、书法、摄影联展比赛二等奖、优秀奖 | 郑玉明 | 2011年9月 |
| 《钢铁梦幻》 | 摄影 | “工行杯”重庆职工心向党美术、书法、摄影作品展比赛三等奖 | 欧山洪 | 2011年5月 |
| 《我只愿睡在我的龙床上》 | 音乐 | “重钢杯”全国冶金职工歌手比赛美声组金奖 | 徐小舟 | 2011年5月 |
| 《月亮颂》 | 音乐 | “重钢杯”全国冶金职工歌手比赛美声组银奖 | 先佳 | 2011年5月 |
| 《雁南飞》 | 音乐 | “重钢杯”全国冶金职工歌手比赛通俗组金奖 | 范开韵 | 2011年5月 |
| 《三天两夜》 | 音乐 | “重钢杯”全国冶金职工歌手比赛通俗组铜奖 | 余科海 | 2011年5月 |
| 《黄河渔娘》 | 音乐 | “重钢杯”全国冶金职工歌手比赛民族组铜奖 | 王国萍 | 2011年5月 |

## ·体育·

| 名称 | 获奖等级 | 获奖者 | 获奖时间 |
| --- | --- | --- | --- |
| 全国职工健身活动月 | 优秀组织奖 | 重钢公司 | 2011年12月 |
| 第四届全国冶金职工运动会象棋比赛 | 第七名 | 重钢代表队 | 2011年4月 |
| 第四届全国冶金职工运动会乒乓球比赛 | 第九名 | 重钢代表队 | 2011年4月 |
| 第四届全国冶金职工运动会乒乓球混双比赛 | 第四名 | 钱锋、汪萍 | 2011年4月 |
| 第四届全国冶金职工运动会象棋比赛 | 第六名 | 冯忠来 | 2011年4月 |
| 全国拔河新星系列赛“巨洲杯”重庆分站比赛 | 冠军 | 重钢拔河队 | 2011年5月 |
| 第二十一届中国西部友好城市老年足球比赛 | 第五名 | 重钢中老年足球队 | 2011年5月 |
| 重庆市“重庆足球俱乐部杯”业余足球联赛 | 第五名 | 重钢中老年足球队 | 2011年11月 |
| 重庆市“电力杯”职工篮球联赛 | 第九名 | 重钢男篮队 | 2011年10月 |
| 重庆市“昇福门业杯”老年人健身球操比赛 | 优胜奖 | 重钢九九艺社 | 2011年5月 |
| 重庆市太极拳(剑)比赛太极拳 | 一等奖 | 重钢太极社 | 2011年6月 |
| 重庆市老年人太极拳(剑)比赛太极拳 | 一等奖 | 重钢太极社 | 2011年9月 |
| 重庆市老年人太极拳(剑)比赛太极剑 | 一等奖 | 重钢太极社 | 2011年9月 |
| 重庆市老年人太极拳(剑)比赛,各式拳类赛展示的陈式56式太极拳 | 一等奖 | 刘金惠 | 2011年9月 |

续表

| 名称 | 获奖等级 | 获奖者 | 获奖时间 |
| --- | --- | --- | --- |
| 重庆市老年人太极拳(剑)比赛,其他器械类赛展示的武当剑 | 一等奖 | 王鸿民 | 2011年9月 |
| 重庆市老年人太极拳(剑)比赛42式拳 | 一等奖 | 张林英 | 2011年9月 |
| 重庆市老年人太极拳(剑)比赛42式剑 | 一等奖 | 刘小萍、魏宗兰 | 2011年9月 |
| 重庆市第二届健身气功交流比赛六字诀 | 一等奖 | 重钢太极社 | 2011年10月 |
| 重庆市第二届健身气功交流比赛五禽戏 | 一等奖 | 重钢太极社 | 2011年10月 |
| 重庆市第二届健身气功交流比赛六字诀 | 一等奖 | 张林英 | 2011年10月 |
| 重庆市第二届健身气功交流比赛五禽戏 | 一等奖 | 姚芳 | 2011年10月 |
| 重庆市第二届健身气功交流比赛易筋经 | 三等奖 | 刘芝碧 | 2011年10月 |

方小容

本部目编辑　方小容
本部目校对　方小容

# 索引

·说明·

1. 本索引采用主题词索引，按主题词（关键词）首字汉语拼音顺序排列；
2. 括号里的字系本部目名称的第一个字，表示主题词反映的条目在此部目；
3. 页码后面标注的“左”“中”“右”系说明此条目在页码的左栏、中栏、右栏，无标注则为通栏；
4. 部目相同相似的条目用互见参见形式表示；
5. “专文专论”“大事记”“媒体看重钢”“子公司”“统计资料”“附录”等部目作部分索引；
6. 为方便检索，冠以“重钢”两字的单位名称除易产生歧义外均予省略。

龙志敏

# 《重钢年鉴》(2012)组稿人员名录

(按来稿先后)

1. 蔡强　香港公司　00852－28386193
2. 松阳　西昌矿业公司　0834－43651003
3. 胡玲　歌乐山矿　86274193
4. 陈晋　巫峡矿业公司　68845931
5. 文自联　景星矿　48269272
6. 夏丹旎　矿投公司 68848196
7. 吴建霞　离休干部办公室　68845684
8. 刘卫国　设计院　68846193
9. 许明光　重钢武装部　68847733
10. 马云峰　三峰工业公司　40711619
11. 杨浩东　高线厂　68846580
12. 康中国　物运部　68983427
13. 何娟　行政管理处　68843214
14. 赵东旭　股份工会　68983488
15. 孔干　产业公司　68842826
16. 樊向忠　东华特殊钢公司　65137021
17. 陈义茂　销售处　68840363
18. 张辉　环保搬迁指挥部　40726543
19. 柳纲　新港及新港长龙公司　68873664
20. 何小川　退工处　68841806
21. 刘勇　党委组织部(人事处)　68845222
22. 曾礼玲　运输公司　68840061
23. 李朝钢　钢研所　68845235
24. 李泽梁　三钢公司　61584005
25. 杨红艳　生产指挥中心　68873192
26. 杨大均　安环处　68873994
27. 黄紫群　经济运行处　68842281
28. 罗圆园　矿业公司　68405290
29. 邓春春　纪委监察处　68846098
30. 周利琴　大宝坡矿　68530930
31. 杜传　炼铁厂　68873255
32. 王莉敏　环运部　68873523
33. 刘钢　朵力房地产公司　68846215
34. 洪郁　建设公司　68845042
35. 张怡　自动化部　68873980
36. 黄减生　冷轧薄板厂　40711457
37. 邹开平　热轧薄板厂　68873729
38. 胡思龙　能控中心　68873722
39. 刘文玥　人力资源处　68846228
40. 唐瑛　技术发展办公室　68846180
41. 王国春　綦江铁矿　48795432
42. 曾德棋　机动处　68840350
43. 何叶茂　矿业公司冶金材料厂　40719585
44. 谢晓玲　铁业公司　47681712
45. 刘壮　三环监理公司　68841445
46. 梁星全　股份公司经理办公室　68983487
47. 卓洪玉　国土办公室　68843728
48. 张娟　技改处　40726524
49. 段永兰　原材料处　68843095
50. 吴娟　培训中心　68843126
51. 左玉兰　保卫处　68983305
52. 康群　焦化厂　68873410
53. 赵瑾淄　维检部　68873951
54. 彭俊喜　朝阳公司　68423824
55. 李青　中厚板厂　68873134
56. 涂江涛　审计处　68840333
57. 彭国菊　股份公司董事会秘书室　68983481
58. 刘凌鸥　宣传部　68846149
59. 陈维　型钢厂　68849390
60. 罗永华　法律事务室　68846155
61. 雍池　党委办公室　68849471
62. 古毅　工会　68877691

63. 袁国利　装备处　68873297
64. 杨培德　炼钢厂　68873235
65. 刘云　烧结厂　68873968
66. 陈琳琳　股份公司党委工作部　68983021
67. 雷祖林　股份公司团委　68841584
68. 吴庆　质管处 68873547
69. 汪祥义　科协　68846500
70. 杨炯　总工程师室　68983311
71. 王桂荣　钢管公司　62590131
72. 刘畅　重钢团委　68842216
73. 唐君　矿业公司接龙铁矿　66478005
74. 杨庆　重庆钢研所　86689928
75. 曹峰　靖江物流公司　0523－84814366
76. 方小容　档案处　68846570
77. 龙志虹　进出口公司　68846326
78. 汪诚智　环投公司　86318888－8008
79. 李红　财务处　68846486
80. 周鹏　四钢公司　48242513
81. 陈唐思　股份公司人力资源处　68873283
82. 李霞　财会处　68873282
83. 李建业　经理办公室　68845616
84. 覃亚红　后勤处　68873519
85. 朱靖　生活服务公司　68840209
86. 龚鹏飞　重钢总医院　68846213

方小容

## 《重钢年鉴》(2012)条目截稿日期交稿单位名单

(2012 年 2 月 29 日)

1. 香港公司
2. 西昌矿业公司
3. 歌乐山矿
4. 巫峡矿业公司
5. 景星矿
6. 矿投公司
7. 离休干部办公室
8. 设计院
9. 武装部
10. 三峰工业公司
11. 高线厂
12. 物运部
13. 行政管理处
14. 股份公司工会
15. 产业公司
16. 东华特殊钢公司
17. 销售处
18. 环保搬迁指挥部
19. 新港及新港长龙公司
20. 退工处
21. 党委组织部(人事处)
22. 运输公司
23. 钢研所
24. 三钢公司
25. 生产指挥中心
26. 安环处
27. 经济运行处
28. 矿业公司
29. 纪委监察处
30. 大宝坡矿
31. 炼铁厂
32. 环运部
33. 朵力地房产公司
34. 建设公司
35. 自动化部
36. 冷轧薄板厂
37. 热轧薄板厂
38. 能控中心
39. 人力资源处
40. 技术发展办公室
41. 綦江铁矿
42. 机动处
43. 矿业公司冶金材料厂
44. 铁业公司
45. 三环监理公司
46. 股份公司经理办公室
47. 国土办公室
48. 技改处
49. 原材料处
50. 培训中心
51. 保卫处
52. 焦化厂
53. 维检部
54. 朝阳公司
55. 中厚板厂

方小容

重钢年鉴
编辑部
chgnjbjb@126.com